U0145637

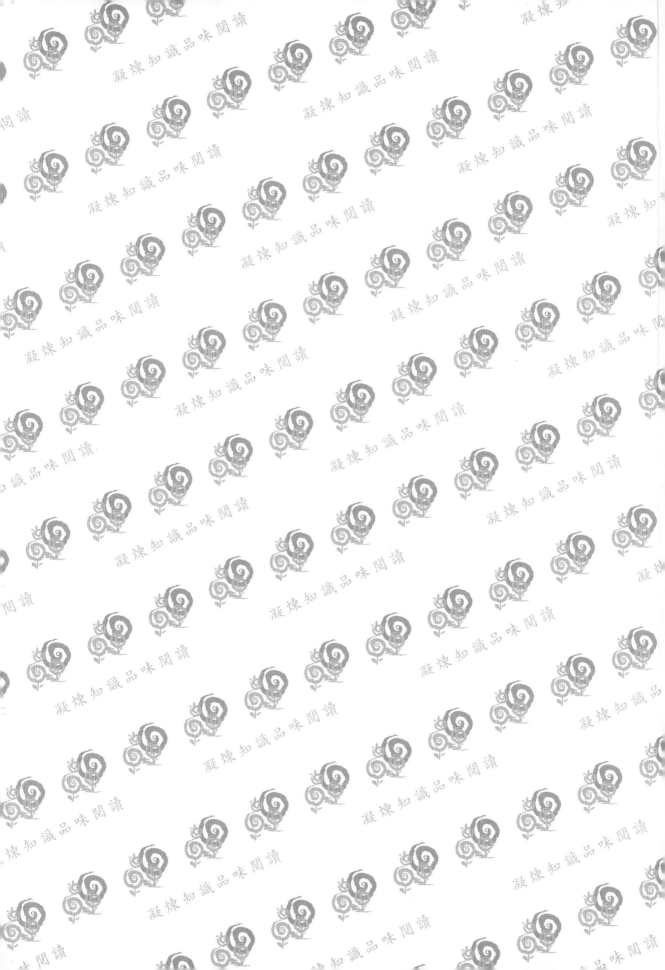

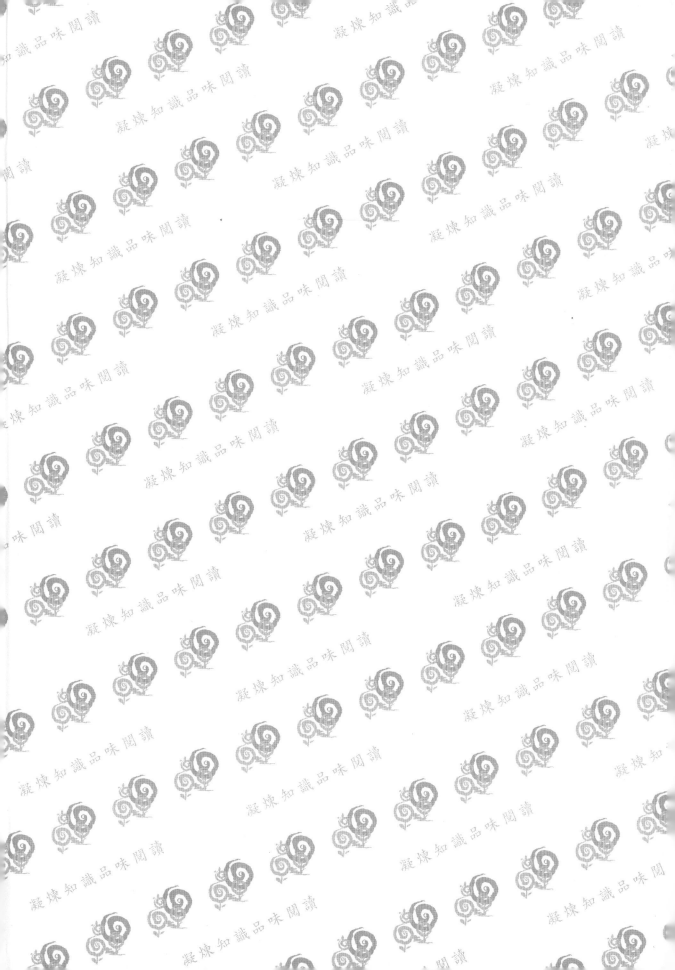

# 多變量統計之線性代數基礎
# ——應用 SPSS 分析

張紹勳、林秀娟 著

五南圖書出版公司 印行

# 自 序

SPSS 是社會科學有名的統計軟體，迄今亦在生物醫學大流行。特別是最近幾年，各大學研究生人數逐年大增，基於學位學術撰寫的需要，多變量統計更是不可或缺。

一般研究者從事研究時，常有的難題包括：

(1) 應該採用哪一種統計方法來檢定研究假定 (assumptions) 及假設 (hypothesis)？

(2) 如何使用電腦統計程序，以正確且快速地分析研究資料？

(3) 統計程式所輸出的數據所代表的意義為何？又該如何解釋？

筆者在從事研究與教學之際，乃針對此問題，將各種類型的統計方法，以學習者與使用者的觀點歸納整理，並以範例呈現，期使讀者在了解統計方法之後能快速學會使用 SPSS，做最有效率的統計分析。

本書章節包括：平均數之假設檢定 (Hypothesis testing of means)、多變量變異數分析 (Multivariate analysis of variance, MANOVA)、典型相關分析 (Canonical correlation analysis)、判別分析 (Discriminant analysis)、主成分分析 (Principal component analysis)、因素分析 (Factor analysis)、集群分析 (Cluster analysis) 和多元標度法 (Multidimensional scaling, MDS)。此外，結構方程模式 (Structural equation modeling, SEM)，及階層線性模式 (Hierarchical linear model, HLM) 作者另有 STaTa 專書介紹。

多變量分析主要應用在：社會科學、生物學 (Biology)、經濟學 (Economics)、工程學 (Engineering)、遺傳學 (Genetics)、市場行銷 (Marketing)、醫學 (Medicine)、精神病學 (Psychiatry)、教育學、心理學、人管、生產管理。應用科系包含：經濟系、風險管理系、航運管理、財務金融、會計、公共衛生、工業工程和土木……。

有鑑於國內統計使用者眾多，可是目前較缺「理論、統計及方法論」系統性的書，加上 SPSS v25 市面上鮮少有教科書來介紹新統計功能。並附上範例之資料檔供讀者實作：

一、《高等統計：應用 SPSS 分析》一書，該書內容包括：描述性統計、樣本數的評估、變異數分析、相關、迴歸建模及診斷、重複測量……。

二、《多變量統計之線性代數基礎：應用 SPSS 分析》，該書內容包括：
平均數之假設檢定、MANOVA、典型相關分析、判別分析、主成分分析、因素分析、集群分析、多向度量尺/多維標度法。

三、《邏輯斯迴歸分析及離散選擇模型：應用 SPSS》一書，該書內容包括：
邏輯斯迴歸、Probit 迴歸、多項式邏輯斯迴歸、Ordinal 迴歸、Poisson 迴歸、負二項迴歸等。

四、《多層次模型 (HLM) 及重複測量：使用 SPSS 分析》一書，該書內容包括：線性多層次模型、panel-data 迴歸⋯⋯。

五、《存活分析及 ROC：應用 SPSS》一書，該書內容包括：類別資料分析 (無母數統計)、logistic 迴歸、存活分析、流行病學、配對與非配對病例對照研究資料、勝出比 (Odds Ratio) 的計算、篩檢工具與 ROC 曲線、Cox 比例危險模型、Kaplan-Meier 存活模型、參數存活分析有六種模型⋯⋯。

研究者如何選擇正確的統計方法，包括適當的估計與檢定方法、與統計概念等，都是實證研究中很重要的內涵，這也是本書撰寫的目的之一。期望籍由本書的幫助讓研究者能正確且精準使用橫斷面之多變量統計迴歸。

張紹勳 林秀娟 敬上

# Contents

自 序

| Chapter 01 | 多變量：統計概念的基礎 | 1 |

1-1 認識數學符號 .................................................................28

　　1-1-1 數學符號 ...........................................................28

　　1-1-2 希臘字符號 .......................................................35

1-2 統計技術之分類 ...........................................................36

　　1-2-1 統計分析技術之分類 .......................................37

　　1-2-2 單變量 vs. 多變量統計 ...................................39

　　1-2-3 生醫之單變量 vs. 多變量統計 .......................43

1-3 單變量：統計學回顧 ...................................................45

　　1-3-1 統計分析法 .......................................................45

　　1-3-2 統計公式之重點整理 .......................................54

　　1-3-3 檢定與信賴區間之關係 ...................................76

1-4 多變量常態分布、樣本平均數、變異數和共變異數：統計基礎 .............78

　　1-4-1 多變量假定：常態分布之統計基礎 ...............78

　　1-4-2 數據矩陣的列 (row) 與行 (column)：多變量統計基礎 .................92

　　1-4-3 共變異數矩陣的性質：多變量統計基礎 .......................................98

　　1-4-4 樣本平均數、變異數和共變異數：統計基礎 ...........................104

1-5 多變量：矩陣運算 .....................................................110

　　1-5-1 特徵值 (Eigen value) 及特徵向量 (Eigen vector) 之物理意義 ......110

1-5-2 特徵值 (Eigen value) 及特徵向量 (Eigen vector)...........................113

**Chapter 02**

# 統計基礎：一個和二個母群平均數之 Hotelling's T² 檢定 (GLM 指令 )　117

2-1　幾種常用的多變量分析方法 ....................................................118
2-2　單變量：Student's t-distribution 及 t 檢定統計基礎 ....................128
　　2-2-1　單變量：Student's t-distribution ....................................128
　　2-2-2　單變量：Student's t 檢定 ..............................................134
2-3　多變量：單一獨立樣本平均數之 Hotelling's T² 檢定 (GLM 指令 )....142
　　2-3-1　多變量：Hotelling's T² 檢定之概念 ...............................143
　　2-3-2　Hotelling's t 檢定：智力量表 ( 語文和作業 )....................146
2-4　兩個獨立樣本平均數之 Hotelling's T² 檢定 (GLM 指令 ) ..............152
2-5　配對組法及前測後測設計之 t 檢定 .........................................158
　　2-5-1　多變量配對組 t 檢定 (Multivariate paired Hotelling's t-square) ........158
　　2-5-2　多變量配對組 t 檢定 (GLM 指令 ) .................................160
2-6　重複量數單因子 ANOVA (GLM 指令比較 ) ..............................170
　　2-6-1　重複量數單因子 ANOVA (GLM 指令 ) ≒混合設計二因子 ANOVA(UNIANOVA 指令 ) .......................................................170
　　2-6-2　SPSS 資料檔：從 wide 格式轉成 long 格式 (varstocases 指令 ).....177
　　2-6-3　wide 格式：repeated-measures 單因子 ANOVA(GLM 指令 ).......183

# Contents

**Chapter 03**

多變量變異數分析：獨立樣本
(GLM、MANOVA 指令)     187

3-1 t檢定、ANOVA、判別分析、迴歸的隸屬關係 (t-test、oneway、regression、discriminant 指令) ........................................188

3-2 多變量：one-way 變異數分析 (GLM 指令) ........................208

   3-2-1 one-way 多變量變異數分析之概念 ........................208

   3-2-2 K-group between-subjects MANOVA：教學法影響學生性格
     (GLM 指令) ........................................212

3-3 Factorial MANOVA：二因子變異數分析 ........................224

   3-3-1 混合設計 Two-way 變異數分析≒實驗組—控制組「前測—後測」
     設計 ........................................226

   3-3-2 Factorial between-subjects MANOVA：交互作用不顯著 (GLM 指令)
     ........................................231

3-4 Factorial MANOVA：細格人數不等的二因子變異數分析 ........246

   3-4-1 二因子 MANOVA：交互作用之單純主要效果 (GLM 或 MANOVA
     指令) ........................................247

   3-4-2 Factorial MANOVA：細格人數不等二因子變異數分析
     (無交互作用項) (GLM 指令) ........................................266

3-5 三因子：Factorial between-subjects MANOVA ........................270

   3-5-1 Three-way MANOVA(「A×B」、「B×C」交互作用)(GLM 指令)
     ........................................270

   3-5-2 三因子 MANOVA(「A×C」、「B×C」交互作用)：
     塗層織品的磨損數據 (GLM 指令) ........................................282

3-6　階層 (hierarchical) 設計 MANOVA(GLM 指令 )............................284

　　3-6-1　階層 (hierarchical) 設計 MANOVA(MANOVA 指令 )..................289

　　3-6-2　練習題：nested( 階層 / 巢狀 ) 設計 MANOVA(MANOVA 指令 )

　　　　　..........................................................................................................296

3-7　Latin 方格的多變量變異數分析：平衡掉交互作用項.........................298

　　3-7-1　拉丁方陣實驗設計之概念...........................................................299

　　3-7-3　拉丁方格設計 MANOVA：去除交互作用項 (GLM 指令 )........313

## Chapter 04

# 單層 vs. 雙層次 ANOVA 模型：
# 重複測量 (Repeated measures)　　323

4-1　單層次：重複測量的混合效果模型 (Mixed effect model for repeated

　　measure).......................................................................................................328

　　4-1-1　ANOVA 及無母數統計之分析流程圖.......................................343

　　4-1-2　重複測量 ANOVA 之 F 檢定公式.............................................343

　　4-1-3　練習題：重複測量 ANOVA( 單層 )..........................................347

4-2　雙層次：重複測量的混合效果模型.........................................................355

　　4-2-1　雙層次 vs. 二因子混合設計 ANOVA：wide 格式 (GLM、MIXED

　　　　　指令 )...............................................................................................356

　　4-2-2　雙層次 vs. 二因子混合設計 ANOVA：long 格式 (MIXED 指令 )

　　　　　..........................................................................................................376

# Contents

**Chapter 05** 多變量共變數分析 (Multivariate analysis of covariance, MANCOVA 指令 )    391

5-1 單因子 MANCOVA ...................................................................392

   5-1-1 單因子 MANCOVA 之原理 .........................................392

   5-1-2 單因子 MANCOVA 之重點整理 .................................399

5-2 單因子 MANCOVA：3 個檢定 (GLM 指令 )........................404

   5-2-1 獨立樣本單因子多變量共變數分析 ( 二個非時變的共變量 )(GLM 指令 )........................................................406

   5-2-2 單因子 MANCOVA：3 個 assumption 檢定 (GLM 指令 ) ..........416

5-3 為何要 MANCOVA 取代 MANOVA 呢？ANCOVA ≠ ANOVA (UNIANOVA、GLM 指令 ).......................................................428

   5-3-1 二因子 MANOVA 與 MANCOVA 平均數及效果比較 ( 交互作用顯著 )(UNIANOVA、GLM 指令 )........................428

   5-3-2 二因子 MANCOVA：3 個非時變的共變數 ( 無交互作用 ) (MANOVA、manovatest 指令 ) ........................................456

   5-3-3 二因子 MANCOVA：一個非時變的共變數 ( 交互作用不顯著 ) ........................................................................461

5-4 階層 (hierarchical / 巢狀 nested) 設計二因子 (MANOVA 指令 ) ............467

5-5 帶共變數的重複測量 ANOVA：五種模型 (GLM、MANOVA、MIXED 指令 ).....................................................................475

## Chapter 06 典型相關分析 (Canonical correlation, CANON 指令) 485

6-1 典型相關 (Canonical correlation) 之概念 ..........488
6-2 單變量：相關係數之統計基礎 ..........495
6-3 典型相關分析 (MANOVA xx WITH xx / DISCRIM 等指令) ..........499
    6-3-1 典型相關分析：3 項心理變數對 4 項學業成績
    (MANOVA xx WITH xx / DISCRIM 等指令) ..........499
    6-3-2 典型相關：5 項高中測驗對 2 項大學入學成績
    (MANOVA xx WITH xx / DISCRIM 等指令) ..........510

## Chapter 07 判別分析 / 區別分析 (Discriminant analysis, DISCRIMINANT 指令) 521

7-1 區別分析 / 判別分析 (Discriminant analysis) 之概念 ..........528
    7-1-1 貝氏 (Bayes) 定理及分類 (classification) ..........529
    7-1-2 線性與二次分類方法 ..........534
    7-1-3 費雪 (Fisher) 的判別分析與線性判別分析 ..........539
7-2 判別分析 (Discriminant analysis, DISCRIMINANT 指令) ..........550
    7-2-1 判別 / 區別分析：3 個職位分類是否適合不同人格類型
    (DISCRIMINANT) 指令 ..........554
    7-2-2 判別分析：3 組高中生對 3 種成就測驗
    (DISCRIMINANT 指令) ..........571

# Contents

**Chapter 08** 集群 (cluster) 分析 / 聚類分析    577

8-1   集群分析 / 聚類分析 (Cluster analysis) 之概念 ......................580

8-2   階層聚類分析 / 集群分析 (Hierarchical cluster)：範例 (cluster, cluster dendrogram, cluster generate,cluster kmeans and kmedians 指令 ) ...........595

    8-2-1   階層集群分析：17 學區的 4 項學生成績 (CLUSTER xx /METHOD xx 指令 ) 有 7 種集群法 ......................598

    8-2-2   練習題：mammal 資料 (CLUSTER xx /METHOD xx 指令 ) 有 7 種方法 ......................612

8-3   大樣本之 K-means 集群分析 (K-means and k-medians cluster analysis)：50 棵植物 4 個化學實驗數據 (QUICK CLUSTER 指令 ) ........................614

8-4   二元變數 (Binary variables) 之集群分析 (CLUSTER /METHOD XX / MEASURE=BSEUCLID(1,0) 指令 ) ......................625

    8-4-1   二元變數關聯性 (association) 之概念 ......................625

    8-4-2   二元變數之集群分析 (cluster analysis for binary variables)：35 題是非題 (CLUSTER /METHOD XX / MEASURE=BSEUCLID(1,0) 指令 ) ......................627

**Chapter 09** 主成分分析 (Principal components analysis, PCA 指令 )    633

9-1   主成分分析 (Principal components analysis) 之重點整理 (PCA 指令 ).....636

    9-1-1   主成分分析之概念 ......................636

9-1-2　主成分分析之統計基礎 ....................................................642

9-1-3　主成分分析：標準化居住品質 9 指標 (EXAMINE、COMPUTER、
　　　　FACTOR、CORRELATIONS 指令 ) ....................................................650

9-2　練習題：主成分分析 (EXAMINE、COMPUTER、FACTOR、
　　　CORRELATIONS 指令 ) ....................................................669

## Chapter 10　測量工具檢定：信度 (reliability) 與建構效度 (Construct validity)　675

10-1　測量工具檢定：信度 (reliability) 與效度 (validity) ....................................678

10-1-1　信度與效度之重點整理 ....................................................678

10-1-2　因素分析 (Factor analysis, FA)，又譯因子分析 ....................681

10-2　因素分析之重點整理 ....................................................682

10-2-1　因素分析之概念 ....................................................682

10-2-2　因素分析：居住社區 9 個評量指標 (factor 指令 ) ....................689

10-3　探索性因素分析≒建構效度 (factor 指令 ) ....................................................716

10-3-1　建構效度 (Construct validity) ....................................................717

10-3-2　因素分析 4 種估計法的取捨：醫生對成本的 6 態度 (factor 指令 )
　　　　....................................................718

10-3-3　探索性因素分析 (EFA) ≒建構效度 ( 來篩選問卷題目 )(factor 指
　　　　令 ) ....................................................726

# Contents

**Chapter 11**

## 多維標度法 / 多向度量尺：空間 / 心理距離 (Multidimensional scaling)    739

11-1 古典 (classical) 多維標度法 / 多向度量尺 (Multidimensional scaling, MDS) 之重點整理 (MDS 指令 )......................................................................740

    11-1-1 多維標度法 / 多向度量尺之概念 ...........................................742

    11-1-2 古典多維標度法 / 多向度量尺之統計基礎 .........................748

11-2 多維標度法 / 多向度量尺 (Multidimensional scaling, MDS) 之範例........755

    11-2-1 古典 MDS：美國 10 城市 ( 對稱 ) 距離 (Alscal 指令 ).............756

    11-2-2 古典多維標度法 / 多向度量尺：美國 10 城市社會經濟特徵 ( 非對稱距離 )(infile、mds、screeplot、mdsconfig、mdsshepard 指令 ) .............................................................................759

**Chapter 12**

## 對應分析 (Correspondence analysis, CORRESPONDENCE 指令 )    763

12-1 對應分析之概念 ...............................................................................764

12-2 簡單的對應分析 ...............................................................................768

    12-2-1 對應分析：「性別與學歷」對科學信仰之對應 (Correspondence table 指令 )...............................................................768

    12-2-2 輸入矩陣：5 個國家與 11 個資源之 11×5 矩陣 ( 非 725×2)(Anacor table 指令 )...........................................................779

## 參考文獻    783

# 多變量：
# 統計概念的基礎

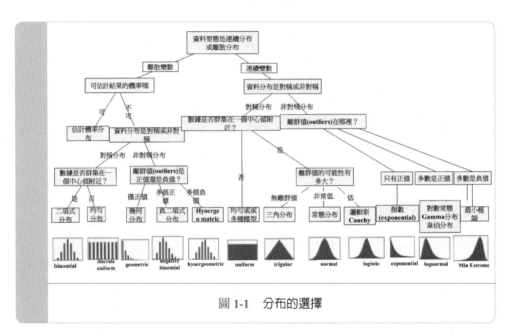

圖 1-1　分布的選擇

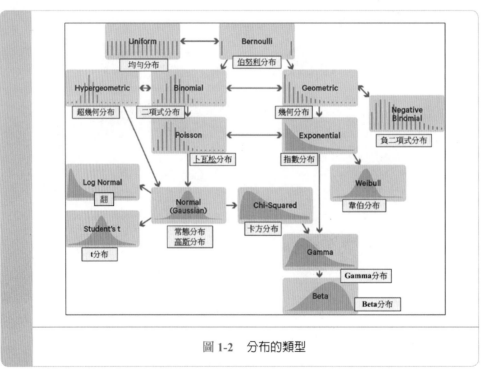

圖 1-2　分布的類型

1. 均勻分布：一個均勻分布在區間 ($a$ 到 $b$ 之間 ) 上的連續型隨機變數。一隨機的連續變數 $X$，其值介於最小值 $a$ 到最大值 $b$ 之間。假設每一點出現的機率都是均等，那麼就稱這個變數 $X$ 的機率分布是連續均勻分布。例如：生物學上如族群密度中所提及。竹林或針葉樹林的分布因陽光、空間關係，故維持一定的均勻分布情形亦稱之；人造林與水稻田的分布亦屬之。

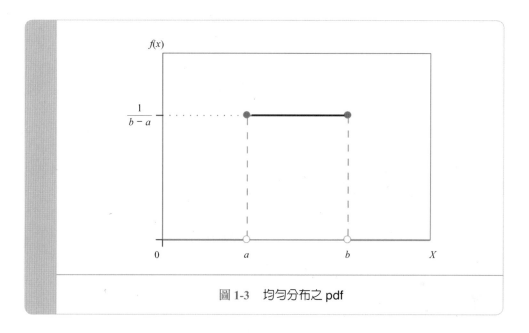

圖 1-3　均勻分布之 pdf

2. 伯努利分布 (*Bernoulli distribution*，又名兩點分布或者 0-1 分布，是一個離散型概率分布，為紀念瑞士科學家雅各布·伯努利而命名。) 若伯努利試驗成功，則伯努利隨機變數取值為 1。若伯努利試驗失敗，則伯努利隨機變數取值為 0。記其成功概率為 $p$ $(0 \leq p \leq 1)$，失敗機率為 $q = 1 - p$。

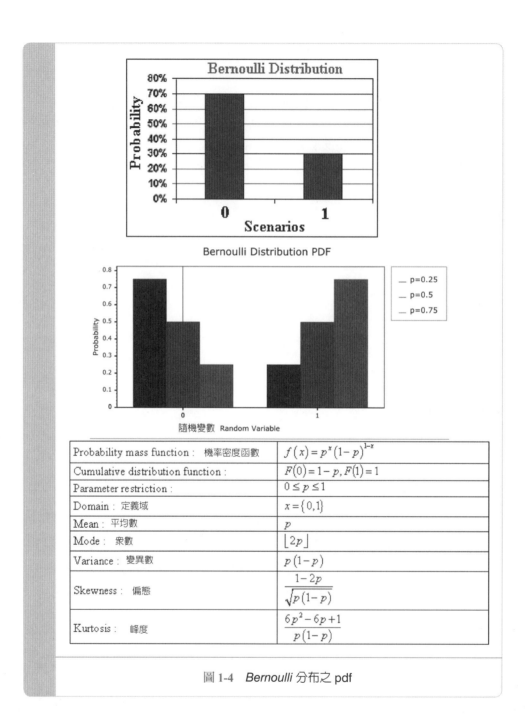

| Probability mass function： 機率密度函數 | $f(x) = p^x (1-p)^{1-x}$ |
|---|---|
| Cumulative distribution function： | $F(0) = 1-p, F(1) = 1$ |
| Parameter restriction： | $0 \leq p \leq 1$ |
| Domain： 定義域 | $x = \{0,1\}$ |
| Mean： 平均數 | $p$ |
| Mode： 眾數 | $\lfloor 2p \rfloor$ |
| Variance： 變異數 | $p(1-p)$ |
| Skewness： 偏態 | $\dfrac{1-2p}{\sqrt{p(1-p)}}$ |
| Kurtosis： 峰度 | $\dfrac{6p^2 - 6p + 1}{p(1-p)}$ |

圖 1-4　*Bernoulli* 分布之 pdf

3. 超幾何分布 (Hypergeometric probability distribution) 指在伯努力試驗中，若每次成功的機率不一樣，則次試驗後，所得成功次數就不是二項分布了。試驗中抽樣歸還時，使用二項分配計算機率。不歸還時，使用超幾何分配計算機率。

因此民意調查及品質管制的研究裡常出現此分布。生物學例子如：標記再捕捉
法。計算河川中魚的數量時，可將依定數量的魚做標記動作，而後假設捉出
十隻中有六隻標記即可回推河川中總共的魚數，即為該分布情形。

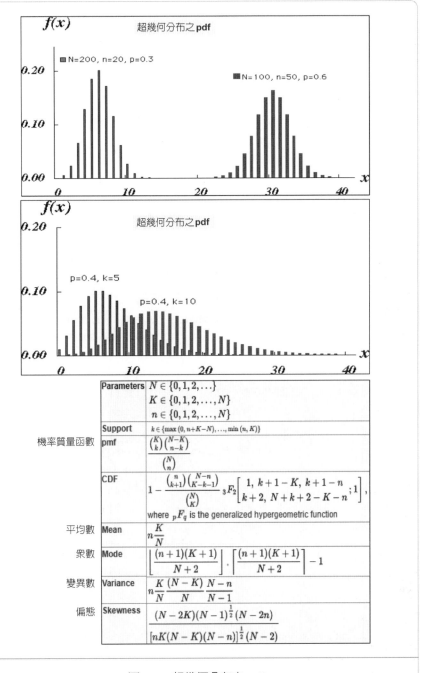

| 機率質量函數 | Parameters | $N \in \{0,1,2,\ldots\}$ <br> $K \in \{0,1,2,\ldots,N\}$ <br> $n \in \{0,1,2,\ldots,N\}$ |
|---|---|---|
| | Support | $k \in \{\max(0,n+K-N),\ldots,\min(n,K)\}$ |
| | pmf | $\dfrac{\binom{K}{k}\binom{N-K}{n-k}}{\binom{N}{n}}$ |
| | CDF | $1 - \dfrac{\binom{n}{k+1}\binom{N-n}{K-k-1}}{\binom{N}{K}}\,{}_3F_2\!\left[\begin{matrix}1,\ k+1-K,\ k+1-n\\ k+2,\ N+k+2-K-n\end{matrix};1\right],$ <br> where ${}_pF_q$ is the generalized hypergeometric function |
| 平均數 | Mean | $n\dfrac{K}{N}$ |
| 眾數 | Mode | $\left\lfloor\dfrac{(n+1)(K+1)}{N+2}\right\rfloor,\ \left\lceil\dfrac{(n+1)(K+1)}{N+2}\right\rceil-1$ |
| 變異數 | Variance | $n\dfrac{K}{N}\dfrac{(N-K)}{N}\dfrac{N-n}{N-1}$ |
| 偏態 | Skewness | $\dfrac{(N-2K)(N-1)^{\frac{1}{2}}(N-2n)}{[nK(N-K)(N-n)]^{\frac{1}{2}}(N-2)}$ |

圖 1-5　超幾何分布之 pdf

4. 二項式分布 (Binomial distribution) 指 $n$ 個獨立的「是／非」試驗中，成功次數的離散分布機率。用二項式分布來計算機率的前提是，每次抽出樣品後再放回去，並且只能有兩種試驗結果，例如：丟銅板正面跟反面。

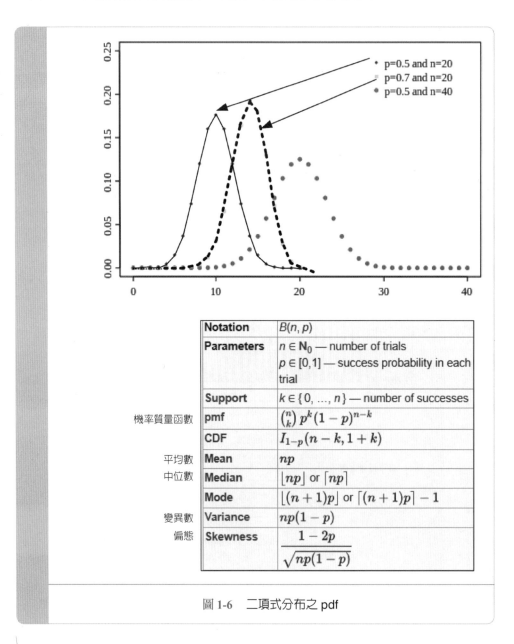

| 機率質量函數 | Notation | $B(n, p)$ |
|---|---|---|
| | Parameters | $n \in \mathbf{N}_0$ — number of trials<br>$p \in [0,1]$ — success probability in each trial |
| | Support | $k \in \{0, ..., n\}$ — number of successes |
| 機率質量函數 | pmf | $\binom{n}{k} p^k (1-p)^{n-k}$ |
| | CDF | $I_{1-p}(n-k, 1+k)$ |
| 平均數 | Mean | $np$ |
| 中位數 | Median | $\lfloor np \rfloor$ or $\lceil np \rceil$ |
| | Mode | $\lfloor (n+1)p \rfloor$ or $\lceil (n+1)p \rceil - 1$ |
| 變異數 | Variance | $np(1-p)$ |
| 偏態 | Skewness | $\dfrac{1-2p}{\sqrt{np(1-p)}}$ |

圖 1-6　二項式分布之 pdf

**機率質量函數**

如果隨機變數 $X$ 服從參數為 $n$ 和 $p$ 的二項分布，我們記 $X \sim b(n, p)$ 或 $X \sim B(n, p)$。$n$ 次試驗中正好得到 $k$ 次成功的機率由機率質量函數給出：

$$f(k; n, p) = \Pr(X = k) = \binom{n}{k} p^k (1 - p)^{n-k}$$

對於 $k = 0, 1, 2, \cdots, n$，其中 $\binom{n}{k} = \dfrac{n!}{k!(n-k)!}$

是二項式係數 ( 這就是二項分布的名稱的由來 )，又記為 $C(n, k)$，$_nC_k$，或 $^nC_k$。該公式可以用以下方法理解：我們希望有 $k$ 次成功 ($p^k$) 和 $n - k$ 次失敗 $(1 - p)^{n-k}$。然而，$k$ 次成功可以在 $n$ 次試驗的任何地方出現，而把 $k$ 次成功分布在 $n$ 次試驗中共有 $C(n, k)$ 個不同的方法。

在製造二項分布機率的參考表格時，通常表格中只填上 $n/2$ 個值，這是因為 $k > n/2$ 時的機率可以從它的補集計算出：

$f(k; n, p) = f(n - k; n, 1 - p).$

因此，我們要看另外一個 $k$ 和另外一個 $p$ ( 二項分布一般不是對稱的 )。然而，它的表現不是任意的，總存在一個整數 $M$，滿足

$(n + 1)p - 1 < M \leq (n + 1)p.$

作為 $k$ 的函數，表達式 $f(x; n, p)$ 當 $k < M$ 時單調遞增，$k > M$ 時單調遞減，只有當 $(n + 1)p$ 是整數時例外。在這時，有兩個值使 $f$ 達到最大：$(n + 1)p$ 和 $(n + 1)p - 1$。$M$ 是伯努利試驗的最可能的結果，稱為眾數。注意它發生的機率可以很小。

5. 幾何分布指的是以下兩種離散型機率分布中的一種：(1) 在伯努利試驗中，得到一次成功所需要的試驗次數 $X$，$X$ 的值域是 $\{1, 2, 3 \cdots \cdots\}$；(2) 在得到第一次成功之前所經歷的失敗次數 $Y = X - 1$。

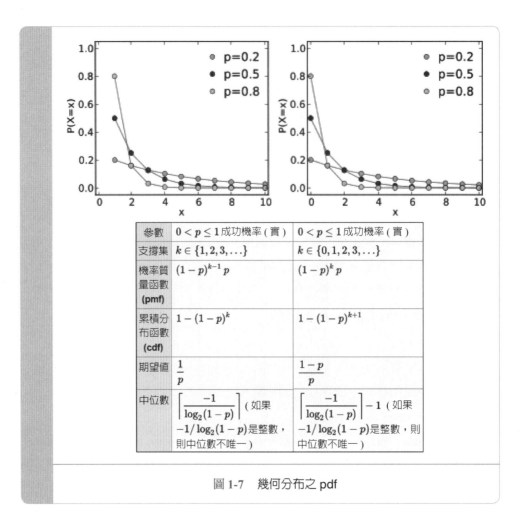

| 參數 | $0 < p \leq 1$ 成功機率（實） | $0 < p \leq 1$ 成功機率（實） |
|---|---|---|
| 支撐集 | $k \in \{1, 2, 3, \ldots\}$ | $k \in \{0, 1, 2, 3, \ldots\}$ |
| 機率質量函數 (pmf) | $(1-p)^{k-1} p$ | $(1-p)^k p$ |
| 累積分布函數 (cdf) | $1 - (1-p)^k$ | $1 - (1-p)^{k+1}$ |
| 期望值 | $\dfrac{1}{p}$ | $\dfrac{1-p}{p}$ |
| 中位數 | $\left\lceil \dfrac{-1}{\log_2(1-p)} \right\rceil$（如果 $-1/\log_2(1-p)$ 是整數，則中位數不唯一） | $\left\lceil \dfrac{-1}{\log_2(1-p)} \right\rceil - 1$（如果 $-1/\log_2(1-p)$ 是整數，則中位數不唯一） |

圖 1-7　幾何分布之 pdf

6. 負二項分布：是統計學上一種離散概率分布。常見離散隨變數的分布如下表五種：

| | | | |
|---|---|---|---|
| 二項分配 | $X \sim B(n, p)$<br>$P(X=x) = C_x^n p^x q^{n-x}$ | $E(X) = np$ | $V(X) = npq$ |
| 負二項分配 | $X \sim NB(k, p)$<br>$P(X=x) = C_{k-1}^{x-1} p^k q^{x-k}$ | $E(X) = \dfrac{k}{p}$ | $V(X) = k \cdot \dfrac{q}{p^2}$ |
| 幾何分配 | $X \sim G(p)$<br>$P(X=x) = pq^{x-1}$ | $E(X) = \dfrac{1}{p}$ | $V(X) = \dfrac{q}{p^2}$ |

| 超幾何分配 | $X{\sim}HG(n, K, N)$<br>$P(X=x) = \dfrac{C_x^K C_{n-x}^{N-K}}{C_n^N}$ | $p = K/N$<br>$E(X) = np$ | $V(X) = npq \cdot \dfrac{N-n}{N-1}$ |
|---|---|---|---|
| 卜瓦松分配 | $X{\sim}Poi(\lambda),\ \lambda = np$<br>$P(X=x) = \dfrac{e^{-\lambda}\lambda^x}{x!}$ | $E(X) = \lambda$ | $V(X) = \lambda$<br>(1) $n > 20\ \&\ p <= 0.05$<br>(2) $n > 50\ \&\ p < 0.1$ |

「負二項分布」與「二項分布」的區別在於：「二項分布」是固定試驗總次數 $N$ 的獨立試驗中，成功次數 $k$ 的分布；而「負二項分布」是所有到成功 $r$ 次時即終止的獨立試驗中，失敗次數 $k$ 的分布。舉例說：若我們擲骰子，擲到一即視為成功。則每次擲骰的成功率是 1/6。要擲出三次一，所需的擲骰次數屬於集合 $\{3, 4, 5, 6 \cdots\cdots\}$。擲到三次一的擲骰次數是負二項分布的隨機變數，要在第三次擲骰時，擲到第三次一，則之前兩次都要擲到一。

注意擲骰是伯努利試驗，之前的結果不影響隨後的結果。

．二項分布：丟出現正面機率為 $p$ 的銅板 $n$ 次，出現 $k$ 次正面的機率為

$$\binom{n}{k} p^k (1-p)^{n-k}$$

．負二項分布：丟出現正面機率為 $p$ 的銅板，在失敗 $r$ 次後，出現 $k$ 次正面的機率為下式：$(n = r + k)$

$$\binom{-r}{k} p^k (1-p)^{n-k} = \binom{-r}{k} p^k (1-p)^r = (-1)^k \binom{r+k-1}{k} p^k (1-p)^r$$

．例如：成功機率 0.6，5 次內有 3 次成功的機率為

$$\binom{5}{3} \times \left(\frac{3}{5}\right)^3 \left(\frac{2}{5}\right)^2 = 0.3456$$

．在失敗 2 次前已經 3 次成功的機率為

$$(-1)^3 \binom{-2}{3} \times \left(\frac{3}{5}\right)^3 \left(\frac{2}{5}\right)^2 = \binom{3+2-1}{3} \times \left(\frac{3}{5}\right)^3 \left(\frac{2}{5}\right)^2 = 0.13824$$

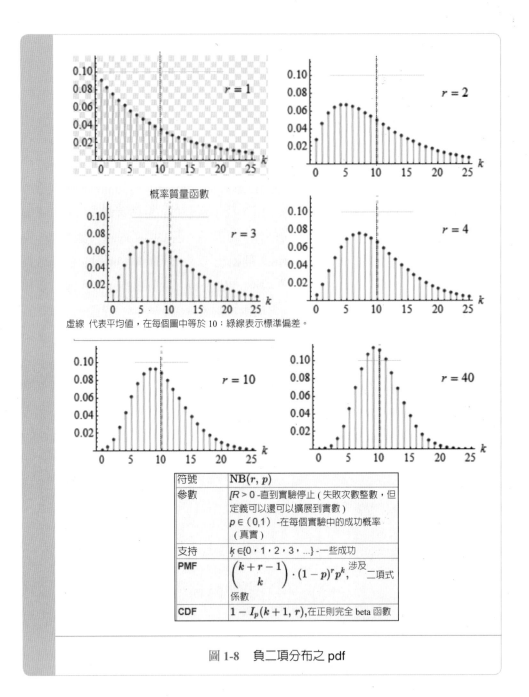

虛線 代表平均值，在每個圖中等於 10；綠線表示標準偏差。

| 符號 | NB(r, p) |
|---|---|
| 參數 | [R > 0 -直到實驗停止 ( 失敗次數整數，但定義可以還可以擴展到實數 )<br>$p \in (0,1)$ -在每個實驗中的成功概率 ( 真實 ) |
| 支持 | $k \in \{0, 1, 2, 3, ...\}$ -一些成功 |
| PMF | $\binom{k+r-1}{k} \cdot (1-p)^r p^k$, 涉及二項式係數 |
| CDF | $1 - I_p(k+1, r)$,在正則完全 beta 函數 |

圖 1-8　負二項分布之 pdf

7. 卜瓦松 (Poisson) 分布指適合於描述單位時間內隨機事件發生的次數的機率分布。例如：7-11 便利商店每個小時的來客數，因為以時段區分，所以有間隔屬於離散。

又如：某一服務設施在一定時間內受到的服務請求次數、電話交換機接到呼叫的次數、汽車站台的候客人數、機器出現的故障數、自然災害發生的次數、DNA 序列的變異數、放射性原子核的衰變數、雷射的光子數分布等。

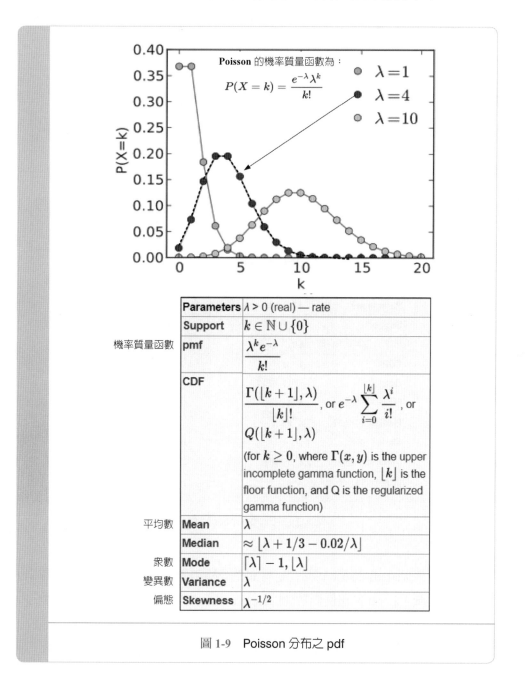

圖 1-9　Poisson 分布之 pdf

8. 指數分布 (Exponential distribution) 是一種連續機率分布。指數分布可以用來表示獨立隨機事件發生的時間間隔。

例如：旅客進入機場的時間間隔、打進客服中心電話的時間間隔、中文維基百科新條目出現的時間間隔等。此指數關係，常見於邏輯斯迴歸或存活分析的分布圖。

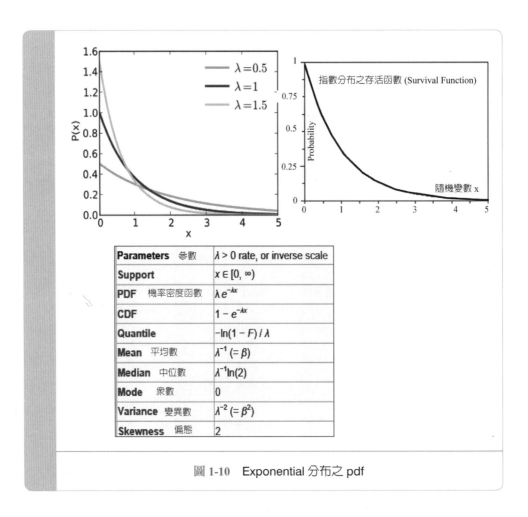

| Parameters 參數 | $\lambda > 0$ rate, or inverse scale |
|---|---|
| Support | $x \in [0, \infty)$ |
| PDF 機率密度函數 | $\lambda e^{-\lambda x}$ |
| CDF | $1 - e^{-\lambda x}$ |
| Quantile | $-\ln(1 - F) / \lambda$ |
| Mean 平均數 | $\lambda^{-1} (= \beta)$ |
| Median 中位數 | $\lambda^{-1} \ln(2)$ |
| Mode 眾數 | $0$ |
| Variance 變異數 | $\lambda^{-2} (= \beta^2)$ |
| Skewness 偏態 | $2$ |

圖 1-10　Exponential 分布之 pdf

9. 韋伯分布（Weibull distribution）是可靠性分析和壽命檢驗的理論基礎，其中 $x$ 是隨機變數，$\lambda > 0$ 是比例參數（Scale parameter），$k > 0$ 是形狀參數（Shape parameter）。顯然，它的累積分布函數是擴展的指數分布函數，而且 Weibull distribution 與很多分布都有關係。如：當 $k = 1$，它是指數分布；$k = 2$ 時，是

Rayleigh distribution（瑞利分布）。

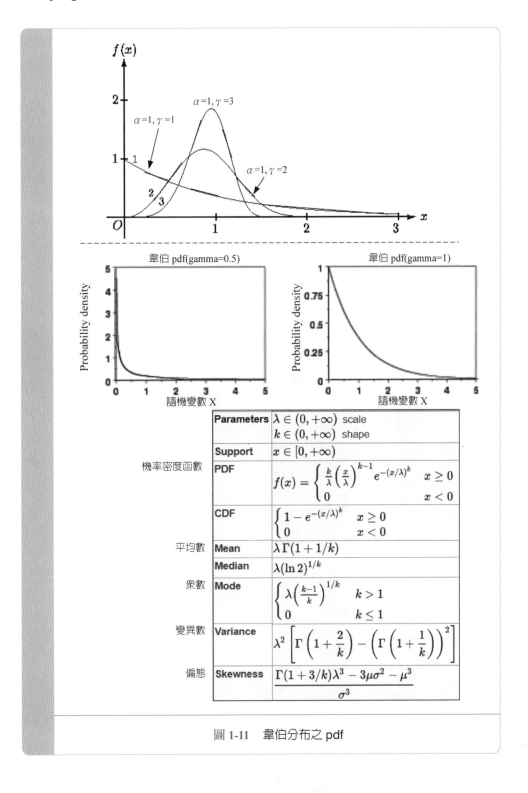

| Parameters | $\lambda \in (0, +\infty)$ scale<br>$k \in (0, +\infty)$ shape |
|---|---|
| Support | $x \in [0, +\infty)$ |
| 機率密度函數 PDF | $f(x) = \begin{cases} \frac{k}{\lambda}\left(\frac{x}{\lambda}\right)^{k-1} e^{-(x/\lambda)^k} & x \geq 0 \\ 0 & x < 0 \end{cases}$ |
| CDF | $\begin{cases} 1 - e^{-(x/\lambda)^k} & x \geq 0 \\ 0 & x < 0 \end{cases}$ |
| 平均數 Mean | $\lambda\,\Gamma(1 + 1/k)$ |
| Median | $\lambda(\ln 2)^{1/k}$ |
| 眾數 Mode | $\begin{cases} \lambda\left(\frac{k-1}{k}\right)^{1/k} & k > 1 \\ 0 & k \leq 1 \end{cases}$ |
| 變異數 Variance | $\lambda^2\left[\Gamma\left(1 + \frac{2}{k}\right) - \left(\Gamma\left(1 + \frac{1}{k}\right)\right)^2\right]$ |
| 偏態 Skewness | $\dfrac{\Gamma(1 + 3/k)\lambda^3 - 3\mu\sigma^2 - \mu^3}{\sigma^3}$ |

圖 1-11　韋伯分布之 pdf

10. t 分布 (Student's t-distribution) 是用於根據小樣本來估計呈常態分布且變異數未知總體的均值。如果總體變異數已知 ( 例如：在樣本數量足夠多時 )，則應該用常態分布來估計總體均值。它是對兩個樣本均值差異進行顯著性測試的學生 t 檢定的基礎。此圖形呈現較常態分布瘦長。

t 分布可用來描述 $n$ 個常態分布樣本平均值的分布，與常態分配密切相關，且是對「常態分配 – 中央極限定理 / 樣本平均數分配 – 統計顯著性考驗」程序的一種特殊情形處理。如果要比較的數據有三組以上時，因為誤差無法被壓低，此時可以用變異數分析（ANOVA）代替 t 檢定。

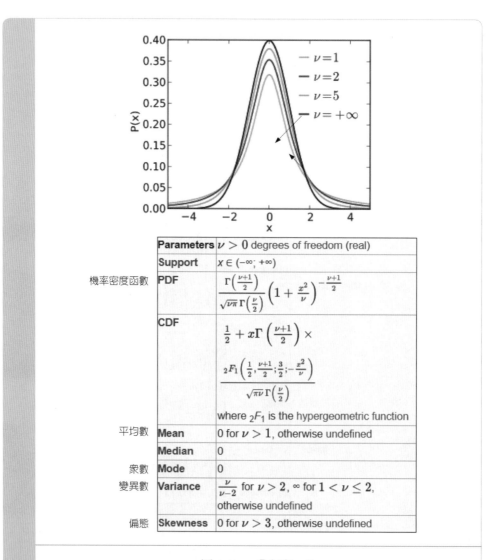

| Parameters | $\nu > 0$ degrees of freedom (real) |
|---|---|
| Support | $x \in (-\infty; +\infty)$ |
| 機率密度函數 PDF | $\dfrac{\Gamma\left(\frac{\nu+1}{2}\right)}{\sqrt{\nu\pi}\,\Gamma\left(\frac{\nu}{2}\right)} \left(1 + \dfrac{x^2}{\nu}\right)^{-\frac{\nu+1}{2}}$ |
| CDF | $\dfrac{1}{2} + x\Gamma\left(\dfrac{\nu+1}{2}\right) \times$ <br><br> $\dfrac{{}_2F_1\left(\frac{1}{2}, \frac{\nu+1}{2}; \frac{3}{2}; -\frac{x^2}{\nu}\right)}{\sqrt{\pi\nu}\,\Gamma\left(\frac{\nu}{2}\right)}$ <br><br> where ${}_2F_1$ is the hypergeometric function |
| 平均數 Mean | 0 for $\nu > 1$, otherwise undefined |
| Median | 0 |
| 眾數 Mode | 0 |
| 變異數 Variance | $\frac{\nu}{\nu-2}$ for $\nu > 2$, $\infty$ for $1 < \nu \leq 2$, otherwise undefined |
| 偏態 Skewness | 0 for $\nu > 3$, otherwise undefined |

圖 1-12　t 分布之 pdf

11. 常態分布（高斯分布，Gaussian distribution）是一種理論模式，其分部曲線最重要的特性是其形狀為左右對稱如同鐘形的曲線。此曲線眾數，並與中位數、平均數三者合一。曲線兩尾項兩端無限延伸。

於生物學上常見的常態分布為多基因遺傳中，如：人身高、膚色、果實重量等。

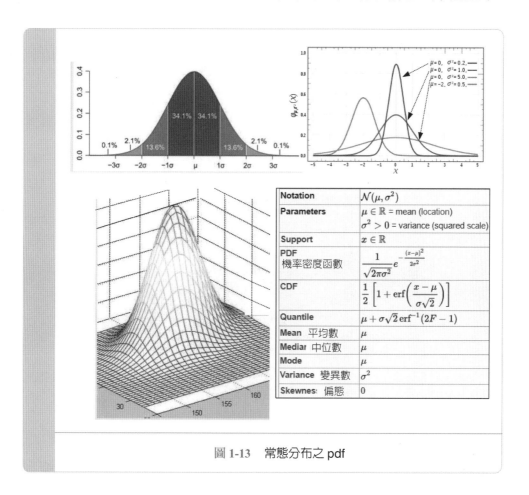

圖 1-13　常態分布之 pdf

12. 卡方分布 (Chi-square distribution, $\chi^2$-distribution) 是概率論與統計學中常用的一種概率分布。$k$ 個獨立的標準常態分布變數的平方和服從自由度為 $k$ 的卡方分布。卡方分布是一種特殊的伽瑪分布，是統計推斷中應用最為廣泛的概率分布之一，例如：假設檢驗和置信區間的計算。

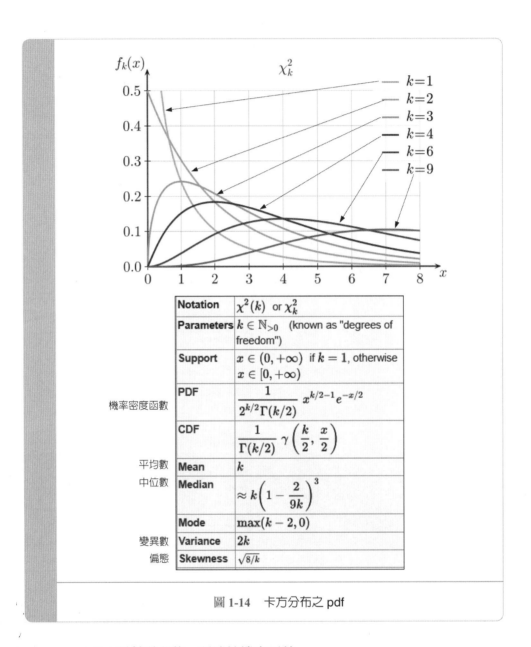

圖 1-14　卡方分布之 pdf

13. Gamma 分布是統計學的一種連續機率函數。

Gamma 分配家族包括：t 分配、卡方分配、F 分配、Beta 分配、Poisson 分配（類同以上分配，當計量對象為類別資料時）。伽瑪分布可用來計算等候時間。在波氏歷程裡，單位時間成功次數為 $\lambda$，那麼等候第一個成功事件出現的時間，平均就需要 $b = 1/\lambda$。若要等候至第 $n$ 個成功事件，那麼 $\mu = n$，這個等候的

時間就是伽瑪分布。

指數分布和伽瑪分布可用來計算等候時間、產品可靠度、排隊問題等。

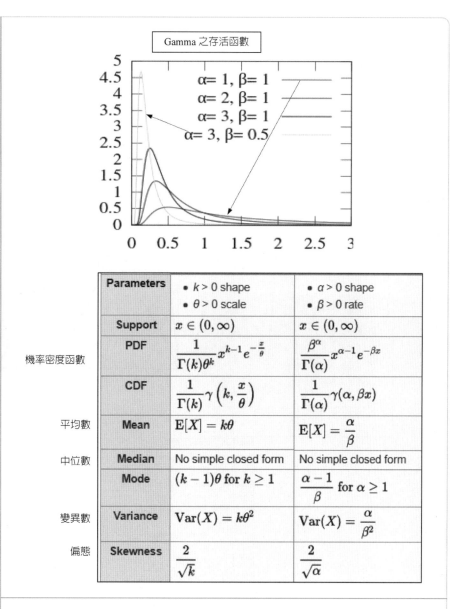

機率密度函數

平均數

中位數

變異數

偏態

| Parameters | $\bullet$ $k > 0$ shape <br> $\bullet$ $\theta > 0$ scale | $\bullet$ $\alpha > 0$ shape <br> $\bullet$ $\beta > 0$ rate |
|---|---|---|
| Support | $x \in (0, \infty)$ | $x \in (0, \infty)$ |
| PDF | $\dfrac{1}{\Gamma(k)\theta^k} x^{k-1} e^{-\frac{x}{\theta}}$ | $\dfrac{\beta^\alpha}{\Gamma(\alpha)} x^{\alpha-1} e^{-\beta x}$ |
| CDF | $\dfrac{1}{\Gamma(k)} \gamma\left(k, \dfrac{x}{\theta}\right)$ | $\dfrac{1}{\Gamma(\alpha)} \gamma(\alpha, \beta x)$ |
| Mean | $\mathrm{E}[X] = k\theta$ | $\mathrm{E}[X] = \dfrac{\alpha}{\beta}$ |
| Median | No simple closed form | No simple closed form |
| Mode | $(k-1)\theta$ for $k \geq 1$ | $\dfrac{\alpha-1}{\beta}$ for $\alpha \geq 1$ |
| Variance | $\mathrm{Var}(X) = k\theta^2$ | $\mathrm{Var}(X) = \dfrac{\alpha}{\beta^2}$ |
| Skewness | $\dfrac{2}{\sqrt{k}}$ | $\dfrac{2}{\sqrt{\alpha}}$ |

圖 1-15　gamma 分配之機率密度函數

14. Beta 分布指觀察一系列的二項分布，但是每一個二項分布的 $n, p$ 都是未知的情況下，成功率 $p$ 的分布。其中 $\alpha$ 與成功事件數相關，$\beta$ 與失敗事件數相關。例如：在一個收費站，收費站一段時間 ( 假設每隔 1h) 會經過一些車 ($n$ 輛 )。假設經過的車只分兩種，大車和小車。你希望通過觀察收費站一長段時間 ( 假設 10h) 的車輛經過情況，估計小車占所有車的比例 ($p$)。這時候就可以使用 beta 分布，記每小時的小車數爲 $\alpha$，大車數爲 $\beta$，則小車的比例爲 frac{$\alpha$}\{$\alpha$ + $\beta$}。而這個比例就服從 beta($\alpha$, $\beta$)。也就是說，計算每小時觀測到的小車比例，可以認爲他們服從 beta 分布。

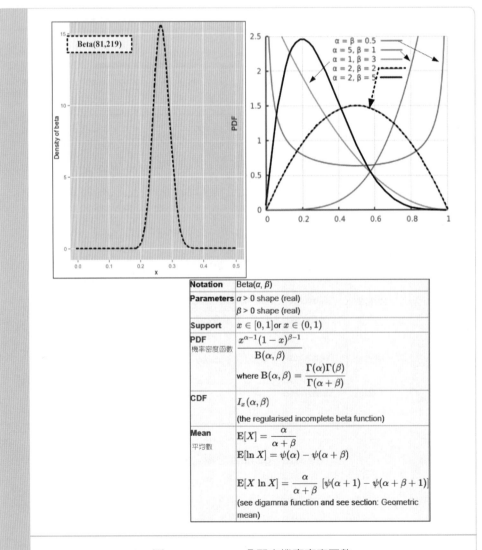

| Notation | Beta($\alpha$, $\beta$) |
|---|---|
| Parameters | $\alpha > 0$ shape (real) |
| | $\beta > 0$ shape (real) |
| Support | $x \in [0, 1]$ or $x \in (0, 1)$ |
| PDF<br>機率密度函數 | $\dfrac{x^{\alpha-1}(1-x)^{\beta-1}}{\mathrm{B}(\alpha, \beta)}$<br><br>where $\mathrm{B}(\alpha, \beta) = \dfrac{\Gamma(\alpha)\Gamma(\beta)}{\Gamma(\alpha + \beta)}$ |
| CDF | $I_x(\alpha, \beta)$<br><br>(the regularised incomplete beta function) |
| Mean<br>平均數 | $\mathrm{E}[X] = \dfrac{\alpha}{\alpha + \beta}$<br>$\mathrm{E}[\ln X] = \psi(\alpha) - \psi(\alpha + \beta)$<br><br>$\mathrm{E}[X \ln X] = \dfrac{\alpha}{\alpha + \beta}\left[\psi(\alpha + 1) - \psi(\alpha + \beta + 1)\right]$<br>(see digamma function and see section: Geometric mean) |

圖 1-16　gamma 分配之機率密度函數

15. 對數常態分布是指一個隨機變數的對數服從常態分布，則該隨機變數服從對數常態分布。對數常態分布從短期來看，與常態分布非常接近。但長期來看，對數常態分布向上分布的數值更多一些。此分布結果如生物學上的演化上因環境極端異同，而使得物種分布呈現對數常態分布。

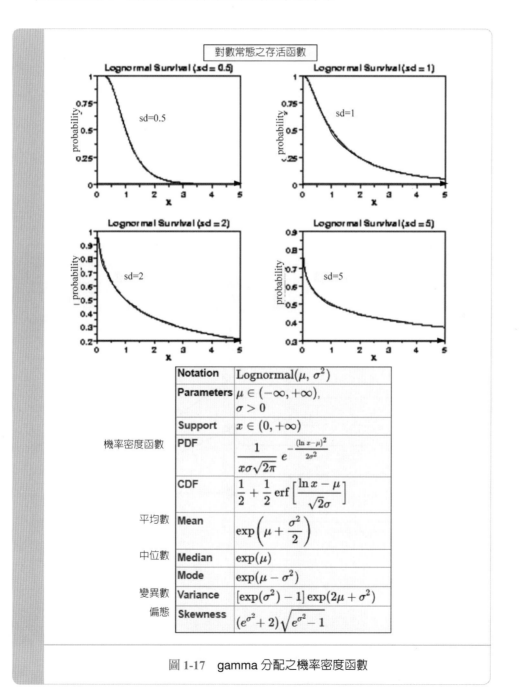

圖 1-17 gamma 分配之機率密度函數

　　自然界社科界，常會針對某研究主題，同時測量一大堆不同變數(調查性狀)的資料，但我們並非針對個別變數進行統計分析，而是將所有變數合起來共同討論，針對這樣資料的統計分析，就需要用到多變量分析技術。

　　多變量分析 (Multivariate analysis) 是又分橫斷面 (MANOVA 、因素分析、對應分析) 及縱貫面分析法 (VAR 、VECM……)。橫斷面多變量分析能夠在多個研究對象和多個指標相互關聯的情況下分析出它們的統計規律，非常適合農業科技研究的特點。所謂變數 (variable，又稱變量)，就是所觀測的特性，如株高、乾物重、產量、糖分含量、花色等。變數的結果，即所觀測特性的測定值，稱為觀測值 (observation，又稱變數值，variate)。

　　多變量分析 (MVA) 是基於線性代數的統計學原理，它涉及一次觀察和分析多個統計結果變數。多變量分析之目標有 4 類，如下圖。

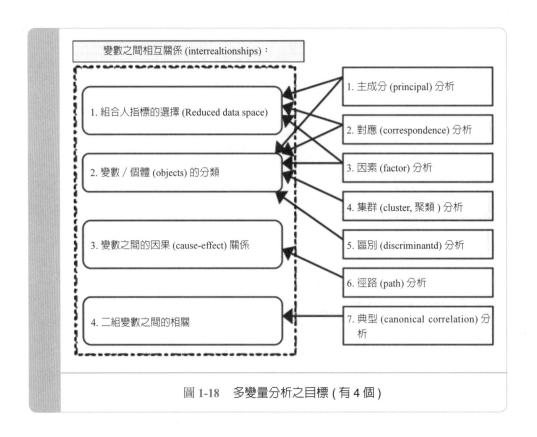

圖 1-18　多變量分析之目標 ( 有 4 個 )

## 1. 主成分分析 (PCA 指令 )

對農業而言，自然界的事物往往為多個指標的綜合結果，例如代表一個果實品質的諸種特徵，包括大小、形狀、甜度、表皮外觀、纖維質含量、水分含量等性狀；反映一個昆蟲形態的諸種特徵，包括體長、體寬、前翅長、觸角長、後翅數等性狀；代表氣候條件中的氣象因素，包括氣溫、日照時數、日照強度、風速等。

以果實品質而言，可能有些品種的果實較大但甜度欠低，另有些品種則甜度和水分含量很高卻較小，其他品種又可能夠大也甜但纖維較多，因此我們不能單就一個特定性狀來決定品質的好壞，而必須將所有性狀變數一起共同考量，即應使用一個綜合性指標。

就統計上而言，數值能產生愈大變異，愈能反映彼此間之差異，但是將這些不同測量單位的性狀數值相加起來或求其平均，未必可斷言此指標就是最好的。若是對不同變數給予不同的權重，那麼加權的比重到底要設多少，也很難有一個明確的基準。因此在縮減原始變數個數以產生一個綜合性指標時，我們總希望在選擇變數 ( 愈少愈好 ) 與所能解釋的變異 ( 愈多愈好 ) 中達到平衡點，那意味著所找到新的變數不但精簡且具有代表性。

在這些場合中依變數太多而不易處理時，利用變數間的相依結構，將手上許多相關性很高的變數轉化成彼此互相獨立的變數 ( 線性組合 )，能由其中選取較原始變數個數少，且能解釋大部分資料中的變異的幾個新變數，此即所謂的主成分 (principal component) ，而這幾個主成分也就成為我們用來解釋資料的綜合性指標。經由這種主成分分析 ( 簡稱 PCA)，我們可以搜尋出主要潛在因子，捨棄次要因子，以簡化資料結構，並用來選擇變數的綜合性指標，使觀測值在這些主成分方面顯出最大的個別差異來。

## 2. 對應分析 (CA、MCA 指令 )

對應分析 (Correspondence analysis, CA) 的邏輯係採用列聯表 (Contingency table) 為基礎，來分析兩個或兩個以上的類別變數資料。CA 是自 1960 年代後，開始盛行於歐洲國家的資料維度縮減之統計方法，最先提倡對應分析的學者是法國社會科學家 J. P. Benzecri (Clausen, 1998)。Bourdieu 在〈Distinction: A Social Critique of the judgment of Taste〉一文中，大量使用對應分析來研究法國人的生活風格，確立了對應分析在社會學研究中的正當性 (Clausen, 1998)。

延續上述主成分的概念，對於實際問題，當我們希望同時求得變數和樣本的

主成分，對變數和樣本對應進行主成分分析的方法，稱為對應分析。對應分析的優點及實質用途，是可使特徵值相同的 R 型和 Q 型主成分能用同一座標軸表示，以便在同一座標平面上可同時標示出樣本和性狀的散布圖，以同時表達出變數和樣本兩者之間的相互關係，從而可檢視出各類樣本的主要變數為何。這種同時將變數和樣本標在一起的圖，稱為雙標圖 (biplot)。但對應分析並非陳述概念之間的因果關係，而僅僅是統計學意義上的對應關係而已。

對應分析最早由 Benzécri (1973) 提出，演變迄今，在很多不同時代裡該法的名稱和原理基礎略有不同 (Oksanen 2004)：如最適尺度法 (Optimal scaling)、相互平均法 (Reciprocal averaging)。最適尺度法是市場、社會、心理學上常用的方法，又稱雙重尺度法 (Dual scaling, Nishisato 1980)；相互平均法為 Hill (1974) 所提出，目前名稱仍維持存在，但其算法幾乎罕見；現代統計軟體均以對應分析來稱呼，且演算法採卡方測度 ($\chi^2$ metric) 的加權主成分，即分析過程如同主成分分析一樣求特徵值分析，但不同處在於以「卡方測度」取代「歐氏測度」(Euclidean metric)。簡言之，對應分析相當於列聯表 (Contingency table) 資料的加權之主成分分析，是一種用來尋求列聯表的行列兩種變數之間聯繫的低維圖示法。對應分析無需太多統計前提，它所處理的資料形式，不限連續 (continous) 或離散 (discrete) 變數，離散變數且不限計數 (count) 或序位 (ordinal) 變數，即使數字符號的虛擬變數 ( 例如：不存在 =0，存在 = 1) 亦可。因此，對應分析非常適合於描述生物性資料，早已廣泛應用於生態學，尤其是植物生態學 (Lepš & Šmilauer 1999)，現並大量應用到其他各方面之研究領域 (Beh 2004)，包括基因組分析，如胺基酸組成 (Tekaia et al. 2002)、密碼子使用偏好性 (Gupta and Ghosh 2001, Liu et al. 2004a, b)、微陣列分析 (Tan et al. 2004) 等。

3. 因素分析 (factor、factormat 指令 )

很多測定性狀之間通常彼此相關，形成的背景原因各式各樣，而其共同原因稱為共同因素 (common factor)。我們希望能用這些較少的共同因素來表現原先的資料結構，以尋求基本結構、簡化觀測系統，找出資料背後隱藏的含意或潛在特徵，這是因素分析的主要目的。例如將某種紅酒與對照酒作比較，就諸多個品評項目在 −4 到 +4 的量表上給分，如酸味、苦味、甜味等，可利用因素分析將資料分成少數幾個共同因素，並將這些因素命名為辛辣、總品質、香醇等；將不同水稻品種穀粒形態的諸多項幾何特徵之測量值，利用因素分析將資料分成少數

幾個共同因素，以從中找出最能代表水稻粒形的量化指標；將不同玉米雜交種的諸多種性狀，用因素分析將資料分成少數幾個共同因素，如第一因素反映出成熟期、分蘗、粒數與抽穗期，第二因素主要反映成熟期和粒重，第三因素反映株高。

因素分析是主成分分析的衍生方法，因此一般電腦軟體進行因素分析的主要流程，仍會先經由主成分分析程序，計算出相關矩陣的特徵值及特徵向量以決定共同因素的個數，然後從相關矩陣中抽取共同因素，計算因素負荷矩陣 (Factor loading matrix) 及其變方，並旋轉因素以增加變數與因素之間關係的解釋，最後計算出旋轉因素的得分值 (Rotated factor score)，使能對變數或樣本進行分類。轉軸的方法很多，但基本原則在於使經過轉軸後的因素矩陣中每一個變數都只歸於一個或少數幾個因素上，使矩陣中 0 或接近於 0 的因素負荷量增多，以減低因素的複雜性，使因素的解釋由繁雜趨向簡單。決定因素數目的方法，與主成分分析一樣，都是依據每一因素的特徵值 ($\lambda$) 大小，特徵值愈大，代表該因素的解釋力愈強。

### 4. 集群分析 (cluster kmeans、cluster kmedians 指令)

集群分析是將具有多個變數的一群樣本加以區分歸類，使得性質特徵相近者納入一類。經濟、社會、人口、生物研究等領域中都存在大量分類研究、構造分類模式的問題。過去人們主要靠經驗和專家知識，作定性分類處理，很少利用數學方法，以致許多分類往往帶有主觀性和隨意性，無法揭示客觀事物內在的本質差異性和關連性，特別是對於多因素、多指標的分類問題，定性分類更難以實現準確分類。因此，我們利用集群分析，以客觀統計分析的方式，將一批樣本或變數，按照它們在性質上的親疏程度 ( 彼此間距離或某種相似係數 )，「物以類聚」地把相似的個體 ( 或觀測值 ) 歸於一群。集群分析在農業研究上的應用，例如調查蛋白質、碳水化合物、脂肪、卡路里、維生素等營養成分含量，對不同品牌穀類製品進行分群；調查各種血液蛋白質位點基因頻率，對不同黃牛品種進行分群；調查各種形態特徵，對某種昆蟲不同品種或棲息地進行分群等。

雖然集群分析是多變數分析方法中較簡單的一種，但其分析方法和結果判讀，一直以來爭議不斷。

### 5. 判別分析 (discrim、discrim knn、discrim lda 指令)

判別分析是在已知的分類之下 ( 如草本類和木本類兩個類別 )，選出具有代表性的樣本 ( 如牽牛花、劍蘭代表草本類植物，而玫瑰代表木本類植物 )，然後

由這些樣本的屬性中找出一套最有效的判別函數，這個 ( 些 ) 函數可用來執行分類的工作，一旦遇到有新的樣本時，可以利用此法選定一判別標準，以判定該新樣本應歸屬於哪個類群。判別分析法的用途很多，如動植物分類、醫學疾病診斷、社區種類劃分、氣象區劃分、土壤類型分類、產品等級分類、職業依能力分類、人類考古學之年代或人種分類等。集群分析與判別分析都是用來處理數值分類問題，其間的差異在於集群分析是不存在一個事前分類的情況下進行資料結構的分類，而判別分析則是已知當前研究對象的分類狀況下，建立適當的判別標準後，將某些未知個體正確地歸屬於其中某一類。集群與判別往往在一個問題上要連續運用，如先進行集群分析，再進行判別分析，就可以進行樣本的識別。

　　一般電腦軟體進行判別分析的主要流程，首先計算組內各變數的平均值、總平均值、離差矩陣、共變數矩陣等統計值，然後求出判別函數作為綜合判別指標，再計算各組判別係數及判別效果的檢驗統計量，以判斷待判樣本屬於何群並計算後驗機率。判別的規則，最直覺的觀念是求得各群各一個判別函數，將待判樣本帶入各群函數，以函數值最大者代表此一觀測值所被分配到的群別。但判別分析法發展至今，已產生出各種判別函數與規則，如Fisher 線性判別、距離判別、Bayes 判別、逐步判別等 (Yuan & Zhou 2003)。我們可以將待判樣本的觀測值 ( 不管新值或舊值 ) 帶入各群所屬的判別函數：使用新的樣本觀測值，可以判斷該樣本的歸屬群別；若是使用原經驗樣本的舊值帶入各群所屬的判別函數，則可以針對判別結果進行驗證以確認其分群的正確度。分群的正確度，簡稱判別率，為判別正確之個數除以所有測試樣本個數。

　　6. 路徑分析：SEM(sem、gsem、mvreg 指令 )

　　一連串的分析變數多半依時間順序先後發生，先發生者視為解釋變數，後發生者視為反應變數，而路徑分析就是在探討分析變數間之單向影響關係，找出變數之間的路徑係數，並畫出路徑分析圖。藉由路徑圖，研究者能清楚了解變數間之影響途徑 ( 箭頭方向 ) 及影響方向 ( 正向、負向、模糊等 )，利用這樣的因果模式來幫助說明假設中的因果關係。我們常以兩變數之簡單 ( 直線 ) 相關係數來衡量其相關程度，但此相關係數並無法說明變數間的因果關係，例如口香糖的銷售量與犯罪率之間有正相關，但在未做路徑分析之前，不可斷言口香糖銷售量高是犯罪率高的「原因」。路徑分析法最早由遺傳學者 Wright 於 1921 年所提出，主要用來解釋人類基因間的因果關係 (Wright 1921)；他將路徑分析首次應用於經

濟學上，用來分析玉米及毛豬的價格 (Wright, 1925)。然後再被後人擴大應用至其他各領域。必須特別注意的是，路徑分析法雖屬相關關係的研究，但仍須小心下結論，除非證據十分明確，不可輕易下因果關係的結論。因果模式只是用來幫助「說明」假設中的因果關係，而非用來「證實」這種因果關係。路徑分析法的一個貢獻是鼓勵研究者在進行研究之前作理智的預測，而非毫無方向、漫無目標的摸索，研究者也必須在不斷研究的過程中，不斷修正其因果模式直到能正確說明該現象爲止 (Shen, 1998)。

　　路徑分析是迴歸模型的一種延伸，其計算流程相當簡單。但首先在執行電腦程式之前，研究者必須視其研究對象和目標，擬定可能的路徑圖架構，然後依據研究者所擬定的路徑，以變數間的相關係數作爲資料，進行迴歸分析，計算所得的各路徑之迴歸係數，即路徑係數。從顯著的路徑係數估計值之正負和大小，可以判斷影響作用是正或負、以及它的影響程度。

　　有關 SEM 詳情，你可看作者《STaTa 在結構方程模型及試題反應理論的應用》一書，該書內容包括：路徑分析、結構方程模型、測量工具的信效度分析、因素分析……。相對地，mvreg 指令之範例如下：

```
* 範例 mvreg 指令
. sysuse auto

* Fit multivariate regression model
. mvreg  headroom  trunk  turn  = price mpg displ gear_ratio length weight


Equation          Obs     Parms       RMSE      "R-sq"          F          P
-----------------------------------------------------------------------------
headroom           74         7    .7390205     0.2996   4.777213     0.0004
trunk              74         7    3.052314     0.5326   12.7265      0.0000
turn               74         7    2.132377     0.7844   40.62042     0.0000


-----------------------------------------------------------------------------
            |    Coef.   Std. Err.      t     P>|t|    [95% Conf. Interval]
------------+----------------------------------------------------------------
headroom    |
      price | -.0000528    .000038    -1.39   0.168    -.0001286     .0000229
        mpg | -.0093774   .0260463    -0.36   0.720     -.061366     .0426112
```

```
displacement |    .0031025    .0024999     1.24   0.219    -.0018873    .0080922
  gear_ratio |    .2108071    .3539588     0.60   0.553    -.4956976    .9173119
      length |     .015886     .012944     1.23   0.224    -.0099504    .0417223
      weight |   -.0000868    .0004724    -0.18   0.855    -.0010296    .0008561
       _cons |   -.4525117    2.170073    -0.21   0.835    -4.783995    3.878972
-------------+----------------------------------------------------------------
 trunk       |
       price |    .0000445    .0001567     0.28   0.778    -.0002684    .0003573
         mpg |   -.0220919    .1075767    -0.21   0.838    -.2368159    .1926322
displacement |    .0032118    .0103251     0.31   0.757    -.0173971    .0238207
  gear_ratio |   -.2271321    1.461926    -0.16   0.877    -3.145149    2.690885
      length |     .170811    .0534615     3.20   0.002     .0641014    .2775206
      weight |   -.0015944     .001951    -0.82   0.417    -.0054885    .0022997
       _cons |   -13.28253    8.962868    -1.48   0.143    -31.17249    4.607429
-------------+----------------------------------------------------------------
 turn        |
       price |   -.0002647    .0001095    -2.42   0.018    -.0004833   -.0000462
         mpg |   -.0492948    .0751542    -0.66   0.514    -.1993031    .1007136
displacement |    .0036977    .0072132     0.51   0.610    -.0106999    .0180953
  gear_ratio |   -.1048432    1.021316    -0.10   0.919    -2.143399    1.933712
      length |     .072128    .0373487     1.93   0.058    -.0024204    .1466764
      weight |    .0027059     .001363     1.99   0.051    -.0000145    .0054264
       _cons |    20.19157    6.261549     3.22   0.002     7.693467    32.68968
------------------------------------------------------------------------------
* Replay results, suppressing header and coefficient tables but reporting correla-
tion matrix
. mvreg, notable noheader corr
```

### 7. 典型相關 (CANON 指令)

我們對一組變數綜合結果和另一組變數綜合結果間的關係感到興趣，且想從其中一組變數來預測另一組變數，例如：作物的一組生長特性和一組氣象因素間的關係、作物的一組產量性狀和一組品質性狀間的關係、某家禽的一組生長性狀和一組生蛋性狀間的關係、農業產銷研究中一組價格指標和一組生產指標間的關係等。在農業科技研究上，我們常需要瞭解生物群與其環境間的關係、育種目標性狀與選拔性狀間的關係等，故不少實際問題可歸結為典型相關研究。為探討兩

組變數 ( 反應變數 Y 和解釋變數 X) 間的關係，找出 X 的線性組合與 Y 的線性組合，以使這兩個線性組合之間具有最大的簡單相關關係。而能使這兩組變數的線性組合相關最大的權重，稱為典型相關係數。因此，Tatsuoka(1988) 將典型相關視為一種「雙管的主成分分析」。

簡單相關、複相關和典型相關之間的差異。典型相關分析除了可以反映出兩組變數之間相互關係的絕大部分訊息，也能揭示兩組變數之間的內部關係。

一般電腦軟體進行典型相關的主要流程，是由變數間的相關矩陣，分別導出 X 和 Y 的兩個線性組合 ( 此即典型變數 )，使該兩個典型變數的共變數最大，以計算出典型相關係數及進行其顯著性測驗，最後計算重疊指數 (redundancy index，有如複迴歸分析中的決定係數 $R^2$)，以衡量典型相關所能解釋的變異程度。

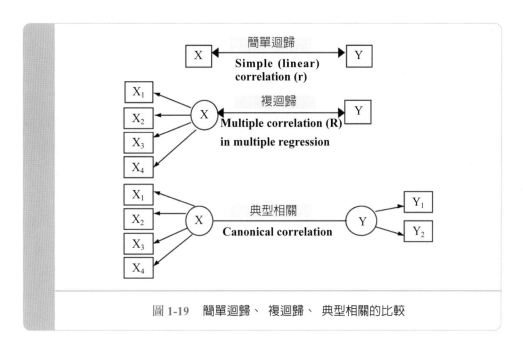

圖 1-19　簡單迴歸、 複迴歸、 典型相關的比較

# 1-1 認識數學符號

## 1-1-1 數學符號

攻讀社會科學的人，常會很害怕數學及統計，追根究底，就是無法深入理解抽象的數學符號，導致量化研究常常無法有新突破，尤其在方法論與統計的結合方面，總是有填不完的漏洞。常見的數學符號如下：

1. 英文字母：在工程數學、微積分、線性代數、統計學、資料結構、數值分析的書中，常見的：大小寫 a、b、c 代表常數 (constant) 或係數 (coefficient)。f、g、h 代表函數。i、j、k 代表整數。小寫 x、y、z 代表變數；大寫 X、Y、Z 代表矩陣。

2. $|X|$：若 X 為變數，則 $|X|$ 為絕對數，例如：$|-8| = 8$。若 X 為 m×n 矩陣，則 $|X|$ 為行列式 (determinant)，它是將 m 列 ×n 行矩陣 ( 二維陣列 ) 轉成常數值。行列式在數學中，是一個函數，其定義域為矩陣 A，「取值」為一個純量，寫法 det(A) 或 $|A|$。行列式可以看作是有向面積或體積的概念在一般的歐幾里得空間中的推廣。或者說，在 n 維歐幾里得空間中，行列式描述的是一個線性變換對「體積」所造成的影響。無論是在線性代數、多項式理論，還是在微積分學中 ( 如：換元積分法 )，行列式作為基本的數學工具，都有著重要的應用。行列式概念最早出現在 17 世紀，使用行列式來確定線性方程組解的個數以及形式。19 世紀以後，矩陣概念的引入使得更多有關行列式的性質被發現，行列式在許多領域都逐漸顯現出重要的意義和作用，出現了線性自同態和向量組的行列式的定義。行列式的特性可以被概括為一個多次交替線性形式，這個本質使得行列式在歐幾里德空間中可以成為描述「體積」的函數。

3. $\bar{X}$ (bar)：代表某一序列 $X_i$ 的算術平均數。

4. $\bar{X}$：$\bar{X}$ 為 m×1 向量 (vector)，它是二維矩陣 (matrix) 的特例，$\bar{X}$ 是 m 列 1 直行的矩陣，格式如：$\bar{X} = \begin{bmatrix} 0.3 \\ 0.1 \\ 0.2 \\ 0.4 \end{bmatrix}$

5. $\widetilde{X}$：$\widetilde{X}$若爲模糊數 (fuzzy number)，最常見的是三角模糊數，例如$\widetilde{X}$=( 下界 , 平均數 , 上界 )=(4,5,6)，亦可能是梯形模糊數，例如$\widetilde{X}$=(3,4,7,9)。$\widetilde{X}$若爲多項式，例如$\widetilde{X} = X_1 + X_2 + X_3$，則$\widetilde{X}$可能是投資組合，其中，$X_1$ 爲電子股，$X_2$ 爲金融股，$X_3$ 爲營建股。

6. $\hat{X}$ (hat)：變數 X 的預測值。例如：簡單迴歸式 $\mathbf{Y = bX + a}$ 中，採最小平方法的目標係求誤差 $\varepsilon$ 的總和 $\sum_{i=1}^{n}(Y_i - \hat{Y})^2$ 達到最小值，利用偏微分來求得線性迴歸的預測值 $\hat{y}$，其公式如下：

$$b_{Y.X} = \frac{\sum_{i=1}^{N} X_i Y_i - \dfrac{\sum_{i=1}^{N} X_i \sum_{i=1}^{N} Y_i}{N}}{\sum_{i=1}^{N} X_i^2 - \dfrac{(\sum_{i=1}^{N} X_i)^2}{N}} = \frac{\sum_{i=1}^{N}\left(X_i - \overline{X}\right)\left(Y_i - \overline{Y}\right)}{\sum_{i=1}^{N}\left(X_i - \overline{X}\right)^2}$$

$$= \frac{Cross\text{-}Product}{SS_X} = \frac{\dfrac{\sum_{i=1}^{N}(X_i - \overline{X})\left(Y_i - \overline{Y}\right)}{N-1}}{\dfrac{\sum_{i=1}^{N}\left(X_i - \overline{X}\right)^2}{N-1}} = \frac{COV_{xy}}{S_x^2}$$

$$a = \overline{Y} - b\overline{X}$$

其中，Cross-Product：交乘積。

7. $X'$(prime)：有三種意義：

(1) 在微積分、微分方程式中，$X'$ 代表「常微分一次」。例如：假設 $Y = X^2 + 3$，則 $Y' = \dfrac{dy}{dx} = 2X$。

(2) 在多變量統計學中，$X'$ 代表矩陣 $X$ 的轉置，例如：$X = \begin{bmatrix} 0.2 & 0.1 & 0.4 \\ 0.5 & 0.2 & 0.4 \\ 0.3 & 0.7 & 0.2 \end{bmatrix}$，則

$X' = \begin{bmatrix} 0.2 & 0.5 & 0.3 \\ 0.1 & 0.2 & 0.7 \\ 0.4 & 0.4 & 0.2 \end{bmatrix}$，$X^2 = X'X = \begin{bmatrix} 0.2 & 0.5 & 0.3 \\ 0.1 & 0.2 & 0.7 \\ 0.4 & 0.4 & 0.2 \end{bmatrix} \times \begin{bmatrix} 0.2 & 0.1 & 0.4 \\ 0.5 & 0.2 & 0.4 \\ 0.3 & 0.7 & 0.2 \end{bmatrix}$。

(3) 在變數變換時，常用新變數 $X'$ 來代表原先 X 變數經轉變後之值。日常中常

見的變數變換，包括，尺度變換 ( 正規化 / 標準化、常態化 )、空間變換 ( 例如 X-Y 二維平面空間的各種轉軸變化 ) 兩種。

8. $X^{t}$ (transpose)：代表矩陣 X 的 90° 轉置。

9. $X^{-1}$ (inverse)：若 X 為變數，則 $X^{-1}$ 為倒數，例如：$4^{-1} = 0.25$，即 $4 \times 4^{-1} = 1$。若 X 為 m×n 矩陣，則 $X^{-1}$ 為反矩陣，即 $XX^{-1} = I$( 單位矩陣 )。例如：

$$X = \begin{bmatrix} 0.2 & 0.1 & 0.4 \\ 0.5 & 0.2 & 0.4 \\ 0.3 & 0.7 & 0.2 \end{bmatrix}, 則 X^{-1} = \begin{bmatrix} 1 & 0 & 0 \\ 0 & 1 & 0 \\ 0 & 0 & 1 \end{bmatrix} / \begin{bmatrix} 0.2 & 0.1 & 0.4 \\ 0.5 & 0.2 & 0.4 \\ 0.3 & 0.7 & 0.2 \end{bmatrix}$$

我們要如何求反矩陣呢？方法有二：(1) 例如 A 矩陣，求 A 的反矩陣，令 [A|I]，經由高斯消去法，得 [I|B]，其中，B 為 A 的反矩陣。(2) 例如 A 矩陣，求 A 的反矩陣，公式為：反矩陣 = [adjA]/|A|。A 的反矩陣 =A 的伴隨矩陣 /A 的行列式值。由此可見，反矩陣不一定存在，因為 |A| 有時會為 0。

10. $X_{m \times n} = [x_{ij}]$：$[x_{ij}]$ 為矩陣 $X_{m \times n}$ 中第 i 列，第 j 直行的元素。小寫 x、y、z 代表變數；大寫 X、Y、Z 代表矩陣。小寫 $\varepsilon$、$\beta$、$\gamma$、$\tau$、$\omega$ 等希臘字代表迴歸模型之係數；大寫 $\Gamma$、$\Omega$、$\Pi$、$\Phi$、$\Psi$ 等希臘字代表迴歸模型之係數矩陣。

11. 函數 (function)：以 f、g、h 符號表示。例如：f(x) = 2x + 3、g(x,y) = 3x − 2y。一個函數表示每個輸入值對應唯一輸出值。函數 f 中對應輸入值 x 的輸出值的標準符號為 f(x)。包含某個函數所有的輸入值的集合被稱作這個函數的定義域，包含所有的輸出值的集合被稱作值域 (range)。函數常見衍生型式，有三種：

(1) y = f(t) 是一般常見的函式，代表給定一個 t 值，丟到 f 函式中會回傳一個值給 y。

(2) y = max f(t) 代表：y 是 f(t) 函式所有的值中最大的 output。

(3) y = arg max f(t) 代表：y 是 f(t) 函式中，會產生最大 output 的那個參數 t。

12. $\sum X$ 或 $\sum_{i=1}^{n} X_i$ (summation)：將數列 $X_1$、$X_2$、$X_3$、...、$X_N$ 全部加總。即 $\sum_{i=1}^{n} X_i = X_1 + X_1 + ... + X_N$。算術平均數 $M = \dfrac{\sum_{i=1}^{n} X_i}{n}$，它常當作統計學、財經學之平均數。

13. $\Pi X$ 或 $\prod_{i=1}^{n} X_i$ (multiplication)：求 n 個數列元素連乘，

$\prod_{i=1}^{n} X_i = X_1 \times X_2 \times X_3 \times ... \times X_n$。幾何平均數 $M = \sqrt[n]{\prod_{i=1}^{n} X_i}$，它常當作模糊數之平均數。

14. $\dfrac{dx}{dt}$ (differential) 或 $\dot{X}$ (dot)：在物理學中，位移距離 x 對時間 t 的常微分，所得的值叫速度 v，牛頓以 $\dot{X}$ 代表速度 v。在電子學中，$\dfrac{dI}{dt}$，電流 I 對時間 t 微分一次，就是電容器對電壓的反應。在機械學中，避震器伸縮距離 x 對時間 t 微分一次，就是機車後輪之彈簧型避震器的伸縮特性，即避震器因震動而產生「伸縮 X 距離」之速度 ($\dfrac{dx}{dt}$) 大小，係與外力大小成正比。

15. $\dfrac{d^2 x}{dt^2}$ 或 $\ddot{X}$ (double dot)：在物理學中，矩離 X 對時間 t 微分二次，所得的值謂之加速度 a，牛頓以 $\ddot{X}$ 代表加速度 a。在電子學中，$\dfrac{d^2 I}{dt^2}$，電流 I 對時間 t 微分二次，就是電感 ( 感應電圈 ) 對電壓的反應。在機械學中，避震器伸縮距離 x 對時間 t 微分二次，就是野狼 125 機車前輪之液壓型避震器的伸縮特性，即避震器因震動而產生「伸縮 x 距離」之加速度 ($\dfrac{d^2 x}{dt^2}$) 大小，係與外力大小成正比。

表 1-1　微分方程式之背後意義

| 符號 \ 學科 | y | $\dfrac{dy}{dx}$ | $\dfrac{d^2 y}{dx^2}$ |
|---|---|---|---|
| 電子學 | 電阻 R 定態時，電流 I 與電壓 V 成正比 ($I = \dfrac{V}{R}$)，即常數比。<br>電阻符號 | $\dfrac{dI}{dt}$<br>電容器<br>電容器符號 | $\dfrac{d^2 I}{dt^2}$<br>感應電圈<br>電感符號 |

| 符號<br>學科 | $y$ | $\dfrac{dy}{dx}$ | $\dfrac{d^2y}{dx^2}$ |
|---|---|---|---|
| 機械學 /<br>波動學 | 施力 F 定態時，物體移動距離 x 與重量 M 成反比 (F=xM)；作用力 F 與被移動體的重量 y 成正比。 | $\dfrac{dx}{dt}$<br>彈簧型避震器<br><br>螺旋彈簧符號<br>作用力 F 與螺旋彈簧的速度 $\dfrac{dx}{dt}$ 成正比。 | $\dfrac{d^2x}{dt^2}$<br>液壓型避震器<br><br>液壓避震符號<br>作用力 F 與液壓型避震器的加速度 $\dfrac{d^2x}{dt^2}$ 成正比。 |
| 物理學 | x 代表距離<br> | $\dot{X}$ 代表速度 v | $\ddot{X}$ 代表加速度 |

微分方程式、工程數學：$a\dfrac{d^2y}{dx^2} + b\dfrac{dy}{dx} + cy = 0$，對應的學域如下：

機械學之微分方程式的示意圖：

汽車底盤之避震器

土木建築學 _ 電子學波動之微分方程式的示意圖：

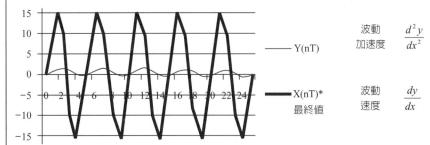

波動 加速度 $\dfrac{d^2y}{dx^2}$

—— Y(nT)

—— X(nT)*
最終值

波動 速度 $\dfrac{dy}{dx}$

電子學之微分方程式的示意圖：

電阻之電壓 V
與電流 I 成正比    $V = I \times R$

電容之電壓 V 與
電流速度成正比    $V = \dfrac{dI}{dt}$

電感之電壓 V
與電流加速度正比    $V = \dfrac{d^2I}{dt^2}$

電阻 + 電容 + 電感，形成「微分方程式」= ay + by' + cy" 基本型

16. $\int f(x)dx$ (integration)：求 f(x) 積分在 X 軸之積分，即求「X 軸與 Y 軸」之間的曲線面積。假設 Y = f(x) = 2x + 3，則 $\displaystyle\int_0^4 (2x+3)dx = (x^2+3x)\Big|_0^4 = (16+12)-(0)$

= 28，其對應的幾何圖形之面積如下：

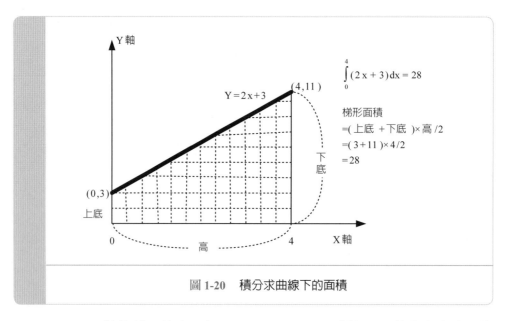

圖 1-20 積分求曲線下的面積

17. $\Delta X$(Delta)：對數列 X 差分一次。$\triangle X_t = X_t - X_{t-1}$，例如：X 代表台積電 N 期的股價，假設數列 X = (50, 51, 51, 50, 48, 53, 54, 52)，則 $\Delta X$ = (., 1, 0, −1, −2, 5, 1, −2)。在時間數列中，若遇到非定態的數列，在求其波動特性 ( 如 auto-regression ，ARIMA 等 ) 前，常常需將它差分一次後，再代入向量自我迴歸 (VAR) 或 VECM 求出因果關係。

18. $\frac{\partial f}{\partial x}$ (Partial differential)：「$\partial$」偏微分符號，舉個簡單例子，$f$ 對 $t$ 微分：

假設 $f = f(x, y, z)$，$x = x(t)$，$y = y(t)$，$z = z(t)$

$$\frac{df}{dt} = \frac{\partial f}{\partial x} \times \frac{dx}{at} + \frac{\partial f}{\partial y} \times \frac{dy}{at} + \frac{\partial f}{\partial z} \times \frac{dz}{at}$$

等號左邊 $\frac{df}{dt}$ 為全微分量。

等號右邊 $\frac{\partial f}{\partial x} \times \frac{dx}{dt} + \frac{\partial f}{\partial y} \frac{dy}{dt} + \frac{\partial f}{\partial z} \frac{dz}{dt}$ 為偏微分量。

例如：$f(x_1, x_2) = x_1 \times x_2^2$

則 $f(x_1, x_2)$ 對 $x_1$ 偏微分的結果為何？將 $x_2$ 當常數。$\frac{\partial f}{\partial x_1} = x_2^2$

$f(x_1, x_2)$ 對 $x_2$ 偏微分的結果為何？將 $x_1$ 當常數。$\frac{\partial f}{\partial x_2} = 2x_1 x_2$

## 1-1-2 希臘字符號

在傳統之統計學裡，樣本的參數 ( 平均數 M 、標準差 S……) 慣用大寫英文字；母群體樣本的參數 ( 平均數 μ 、標準差 σ…) 慣用小寫希臘字。習慣上，大小寫 a 、b 、c 代表常數 (constant) 或係數 (coefficient)。f 、g 、h 代表函數。i 、j 、k 代表整數。小寫 x 、y 、z 代表變數；大寫 X 、Y 、Z 代表矩陣。倘若這些英文字「符號」仍不夠用，統計學家會納入希臘字符號。

在多變量統計、計量經濟之時間序列裡，由於它包含多個迴歸式，這多個迴歸「恆等式」同時求解，就叫聯立方程式，又稱向量迴歸。人們為了簡化這種波動性「向量迴歸」的預測或共整合關係式，就改用「矩陣形式」恆等式來求該係數矩陣的特徵值(Eigen value)、特徵向量(Eigen vector)，進而求出「聯立迴歸式」的解。為了統合這些代表矩陣的符號，於是，數學家就以「小寫英文字」代表變數 ( 序列 )。「大寫希臘字」代表係數向量 / 係數矩陣 (Coefficient matrix)，它是 ($m \times n$) 矩陣。「小寫希臘字」代表單一係數 (coefficient)。

### 表 1-2　希臘字母大小寫之意義

| 大寫 | 對應小寫 | 發音 | 大寫 | 對應小寫 | 發音 |
|---|---|---|---|---|---|
| A( 係數矩陣 ) | α( 係數，係數向量 ) | Alpha | N( 樣本數 ) | ν( 常數項 ) | Nu |
| B( 係數矩陣 ) | β( 係數，係數向量 ) | Beta | Ξ( 係數矩陣 ) | ξ( 殘差項 ) | Xi |
| Γ( 係數矩陣 ) | γ( 係數 ) | Gamma | O( 演算法時間複雜度 ) | o | Omicron |
| Δ 或 ∇( 差分運算子 ) | δ( 誤差 ) | Delta | Π( 連乘運算子、係數矩陣 ) | π( 係數 ) | Pi |
| E( 期望值 ) | ε( 誤差 ) | Epsilon | P | ρ( 相關係數 ) | Pho |
| Z( 內生矩陣 ) | ζ( 誤差 ) | Zeta | Σ( 連加，共變數矩陣 ) | σ( 標準差 ) | Sigma |
| H | η( 係數 ) | Eta | T ( 時間總期數 ) | τ( 無母數統計量 ) | Tau |
| Θ( 誤差矩陣 ) | θ( 參數，誤差 ) | Theta | Υ( 內生變數矩陣 ) | υ( 殘差項 ) | Upsilon |

| 大寫 | 對應小寫 | 發音 | 大寫 | 對應小寫 | 發音 |
|---|---|---|---|---|---|
| I( 整合階數數 ) | ι | Iota | Φ( 係數矩陣 ) | φ( 相關係數 ) | Phi |
| K( 共整合個數 ) | κ( 無母數統計量 ) | Kappa | X( 外生變數矩陣 ) | χ( 統計量 ) | Chi |
| Λ( 共變數矩陣或MANOVA 統計量 ) | λ( 特徵值 ) | Lambda | Ψ( 殘差矩陣 ) | ψ( 殘差項 ) | Psi |
| M( 樣本平均數 ) | μ( 平均數 ) | Mu | Ω( 係數矩陣 ) | ω | Omega |

# 1-2 統計技術之分類

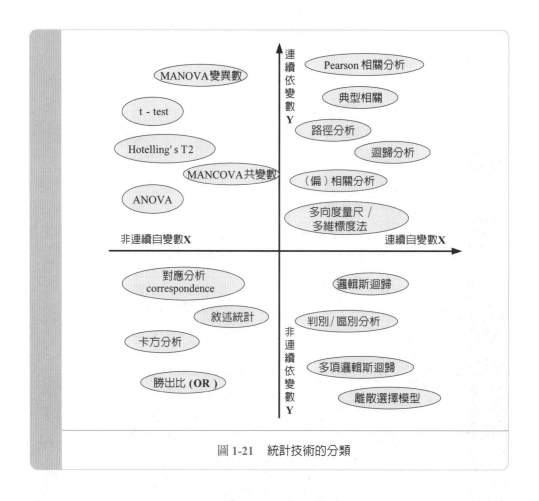

圖 1-21　統計技術的分類

## 1-2-1 統計分析技術之分類

統計分析技術之分類的應用，從簡單到複雜，包含有相當多種的分析技術，我們大致可以將之區分為敘述統計 (Descriptive statistics)、推論統計 (Statistical inference)，與多變量分析 (Multivariate analysis) 等三大類技術。

### 1. 敘述統計

敘述統計技術主要是利用位置變量與離散變量來描述樣本資料的特性，以協助研究人員瞭解樣本特性。位置變量描述的是資料的集中性，亦即利用資料的集中位置來作為特徵值，包括平均數、中位數、眾數等統計量；離散變量則是用來描述資料的分布情形，像是全距、變異數、標準差、變異係數等統計量。

### 2. 推論統計

推論統計技術主要是根據所收集的樣本資料，對母體作區間估計或假設檢定。在程序上，首先提出虛無與對立假設，其次選擇合適的檢定統計量，並且設定顯著水準，然後依據顯著水準決定拒絕法則，最後利用樣本資料計算後達成結論。推論統計技術主要有以下六種應用：(1) 利用 Z 檢定或 t 檢定來從事母體平均數 $\mu$ 的估計或檢定；(2) 利用 Z 檢定或 t 檢定來從事兩母體平均數 $\mu_1 = \mu_2$ 的估計或檢定；(3) 利用 $\chi^2$ 檢定來從事母體變異數 $\sigma^2$ 的估計或檢定；(4) 利用 F 檢定來從事兩母體變異數 $\sigma_1^2 = \sigma_2^2$ 的估計或檢定；(5) 利用 F 檢定或 Z 檢定來從事母體比例 $p$ 的估計或檢定；(6) 利用 Z 檢定來從事兩母體比例差 $p_1 = p_2$ 的估計或檢定。

### 3. 多變量分析

多變量分析技術是用來分析多變量資料的統計方法，它包含有複迴歸 (Multiple regression)、多變量變異數分析 (MANOVA) ／多變量共變數分析 (MANCOVA)、聯合分析 (Conjoint analysis)、區別分析 (Discriminant analysis)、典型相關分析 (Canonical correlation analysis) 等相依方法，以及因素分析 (factor analysis)、集群分析 (Cluster analysis)、多維尺度分析 (Multidimensional scaling analysis) 等互依方法。Hair et al.(1998) 依據研究的目的、變數的關係與變數的型態，界定出適合多變量分析技術的選擇法則 ( 如圖 1-5 所示 )。在附錄中，我們列出各種多變量分析技術在資管研究中的應用實例。

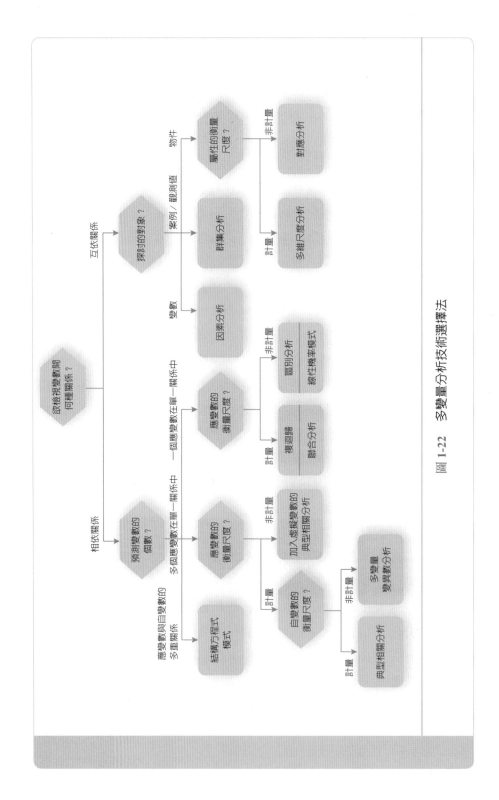

圖 1-22　多變量分析技術選擇法

**(一) 使用統計分析技術之分類時的易犯錯誤**

　　統計分析技術之分類可以應用的範圍相當廣泛，然而在使用時需要相當小心。研究設計的目的、變數衡量的尺度、自變數與應變數的個數、樣本數目的多寡，以及資料分配的情形等，皆會影響統計分析方法的選用。以多變量分析技術來說，雖然它可以應用來解決許多複雜的問題，但一旦方法使用錯誤或在使用過程中稍有疏忽，都可能導致整個研究結果的錯誤。Hair et al.(1998) 提出六階段的多變量分析應用步驟，以確保研究結果的正確性。這六個階段分別為：(1) 定義研究問題、目的，與要使用的多變量分析技術；(2) 發展分析計畫；(3) 評估多變量分析技術的基本假設；(4) 計算並評估多變量分析模式；(5) 解釋變異與結果；(6) 驗證多變量分析模式。表 1-3 中整理出常用多變量分析技術的用途、基本假定 (assumption)、樣本數限制、變數衡量尺度，以及其他應注意事項。此外，統計檢定力 (Statistical power) 也是經常被忽略的問題。所謂統計檢定力是指避免接受錯誤的虛無假設的機率。統計檢定力對於研究結果的影響相當大，如果檢定力太低，研究發現容易有不一致的現象產生。因此，要使研究更具價值，則研究者必須在使用統計分析方法時，特別注意統計檢定力的提升。一般來說，要增加檢定力，可由樣本大小、顯著水準，以及效果規模 (effect size) 等三方面來考量。Cohen(1977) 建議在 $\alpha$ 值為 0.05 的顯著水準下，檢定力至少要達到 0.8 較為合理。

## 1-2-2 單變量 vs. 多變量統計

1. 單變量分布 (univariate)：若我們只關心母體的某項特性，如產品之抗拉強度、個人滿意度等，則此母體分布稱為單變量分布。
2. 雙變量分布 (bivariate)：若我們關心母體的兩項特性，如產品的抗拉強度與重量的關係、個人滿意度與離職意願的因果關係等，則此母體分布稱為雙變量分布。
3. 多變量分布 (multivariate)：若我們關心母體兩項以上的特性，如「產品的抗拉強度、重量與抗壓強度」、「個人滿意度、組織承諾與離職意願的因果關係」，則此母體分布稱為多變量分布。

表 1-3　各種多變量分析技術的用途與限制

| 多變量分析技術 | 用途 | 基本假定 | 樣本數限制 | 變數衡量尺度 | 其他 |
|---|---|---|---|---|---|
| 因素分析 | 找出變數間的結構關係；從大量的變數中定義出一些具有代表性的變數。 | 1. 變數符合常態性。<br>2. 變數間存在有一些 Underlying structure。 | 1. 不得低於 50，最好有 100 以上。<br>2. 至少為變數個數的 5 倍，最好 10 倍。 | 量化 | 因素負載大於正負 0.3 符合最小的限制；大於正負 0.5 才視為比較重要。 |
| 複迴歸 | 檢測單一應變數與多重自變數之間的關係。 | 1. 應變數與自變數間具線性關係。<br>2. 變異數同質性。<br>3. 誤差項獨立。<br>4. 應變數與自變數符合常態性。 | 至少須為自變數個數的 5 倍，一般要求為 15~20 倍，50 倍最好。 | 應變數：量化<br>自變數：量化 | 1. 質化自變數須以虛擬變數 (Dummy variables) 處理。<br>2. 當自變數間產生共線性的問題時，迴歸分析結果的可信度與穩定性會大大降低。 |
| 區別分析 | 利用一群能夠說明不同群體間差異的自變數建立區別函數，而據此來將觀測值分群。 | 1. 自變數符合常態性。<br>2. 應變數與自變數間具線性關係。<br>3. 自變數不能有共線性存在。<br>4. 變異數同質性。 | 至少須為自變數個數的 5 倍，建議為 20 倍，而且每個群組分類最少應有 20 個觀測值。 | 應變數：質化<br>自變數：量化 | 1. 對離群群值 (outliers) 很敏感。<br>2. 應變數的群組分類必須滿足 multually exclusive 與 exhaustive 的特性。 |
| MANOVA / ANOVA | 瞭解多個質化自變數對於一個或多個量化應變數的影響。 | 1. 觀測值須獨立性。<br>2. 變異數同質性。<br>3. 變數符合常態性。<br>4. 應變數與自變數間具線性關係。 | 每個實驗方格的觀測值須大於應變數個數，建議應有 20 個以上。 | 應變數：量化<br>自變數：質化 | 1. 應變數間不存在共線性。<br>2. 對離群群值很敏感。<br>3. 量化自變數可使用 MANCOVA / ANCOVA 來加入分析。 |

| 多變量分析技術 | 用途 | 基本假定 | 樣本數限制 | 變數衡量尺度 | 其他 |
|---|---|---|---|---|---|
| 典型相關分析 | 測定兩組變數之間是否相互獨立或測定兩組變數間相關性的大小；找出一組變數與另一組變數中變數的權重，這組權重可以將兩組變數的相關性最大化。 | 1. 變數間為線性關係。<br>2. 變異數同質性。<br>3. 變數間不能有共線性存在。 | 至少應維持每個變數有10個以上的觀測值。 | 量化 | |
| 集群分析 | 辨認某些特性相似的事物，並按照這些特性劃分成幾個群集，使在同一個群集內的個體具有同質性。 | 1. 樣本具有母體代表性。<br>2. 變數間不能有共線性存在。 | | 量化 | 對離群值很敏感 |
| SEM | 估計多組自變數與應變數之間相互交錯的相依關係；找出存在於這些關係間的不可直接觀察的構面，並且將衡量誤差列入考量。 | 1. 變數與變數間為因果關係。<br>2. 變數與變數間之關係為線性。 | 為估計參數總數10倍比較合適；如果資料不為多元常態則須提高至15倍；又若能用最大概似法來估計參數則最小樣本需要100-150。 | 應變數：量化<br>自變數：量化 | 避免 Offending estimates 的錯誤，包括：(1)對於任一構面，出現負的或不顯著的誤差變異；(2)標準化係數超過或非常接近1.0；(3)估計參數的估計標準誤差非常大。 |

## 一、單變量及多變量邏輯斯迴歸

在各種計量方法中，只針對單一變數進行分析的方法稱為「單變量分析」(Univariate analysis，比如用直方圖去分析某班學生英語的期末考成績的分布)；同時分析兩個變數的方法稱為「雙變量分析」(Bivariate analysis)，這類的分析方法很多，比如用關聯性 (association) 分析去探討中學生的身高與體重的關係；用簡單迴歸 (Simple regression) 或 t-test 去比較小學生的身高有沒有因為性別 ( 男女兩組 ) 不同而不一樣；用 Analysis of variance (ANOVA) 去分析不同屬性醫院 ( 營利、非營利與公立共三組 ) 的經營績效是否有所不同，等等。

多變量分析 (Multivariate analysis) 是泛指同時分析兩個以上變數的計量分析方法。在實際的情況中，我們所關心的某種現象通常不只跟另一個變數有關係，比如會影響醫院績效的變數不只是醫院的屬性而已，可能還與醫院本身的經營策略、醫院所在的地區、健保給付方式等有密切關係，因此多變量分析應該對實際的研究工作較有幫助。不過多變量分析的數統推論與運算過程比較複雜，如果要靠人去進行相當費時費工，但是在電腦時代，這些繁複運算便不成問題，因此多變量分析漸漸被廣泛運用。

最常見的多變量分析是複迴歸分析 (Multiple regression)，除此之外，社會科學的研究還用到許多其他的多變量分析方法，以下簡單介紹幾種較常見的方法，以及這些方法在醫務管理可能的應用。

### ( 一 ) 多變量變異數分析 (Multivariate analysis of variance, MANOVA)

MANOVA 也是 ANOVA 的延伸與拓展。MANOVA 與 ANOVA 最大的不同在於 ANOVA 一次只能分析一種應變數，而 MANOVA 能夠同時比較兩個或以上的應變數。比如我們想比較前面三組肝癌病人的三年存活率與治療後的生活品質。如果用 ANOVA 的話，我們必須做兩次 ANOVA 分析，一次針對病人的三年存活率，另一次比較病人的生活品質差異。如果是用 MANOVA 的話，只要一次就可以同時分析這兩個我們所關切的預後指標。

事實上，在這種情況下，MANOVA 不僅在分析手續上比較省事，也比較準確，因為如果肝癌病人治療後三年存活率與生活品質這兩個指標之間有某種相關性的話 ( 比如生活品質較高對存活率有所幫助 )，則分開單獨分析 (ANOVA) 所得到的結果會有偏差。而用 MANOVA 可以考慮這兩個指標之間的關聯性，提供

我們較準確的結果。

## (二) 多變量共變異數分析 (Multivariate analysis of covariance, MANCOVA)

這其實就是 MANOVA 與 ANCOVA 的結合，不僅可以同時比較多個應變數，還可以考慮或控制多個會影響應變數的變數。因此，我們可以使用 MANCOVA，在考量病人的病情並將這些變數的影響消除後，去同時比較這三組肝癌病人治療後的三年存活率與生活品質。

## (三)GLM

General Linear Mode (GLM)，旨在發展出一種廣泛通用的線性計量模型。GLM 可以用來處理許多種計量方法所要處理的問題，包括：複迴歸、ANOVA、ANCOVA、MANOVA、MANCOVA、區別分析、因素分析、邏輯斯迴歸等等。看來，未來計量方法的「廣義化」是指日可待的。不過，我也在想，從理論上來講，越是一般化與通用的計量模式，背後一定牽涉到更多的數統假定 (assumption)才能夠成立，這些假定之先決條件應該也會對適用的情況產生某種程度的限制，這也是我們在瞭解與使用某種計量方法時，必須隨時保持警覺的。

# 1-2-3 生醫之單變量 vs. 多變量統計

## 一、醫學統計經常混淆的名詞

在應用統計分析作學術研究的各個領域中，醫學領域可說是其中的非常大宗，據統計目前全世界約有 3 萬種的醫學期刊，約占了科技期刊的四分之一之多。而在這塊這麼大的市場中，我觀察到在醫學領域所使用的統計名詞，經常與統計教科書有相當多的出入，本篇文章擬將這些常見的混淆之處作個釐清。

### 1. 單變量或多變數迴歸分析

假使我們現在要進行依變數 (Dependent variable) 的預測，如果我們的自變數 (Independent variable) 只有一個，那麼這種迴歸模式稱之為簡單迴歸 (Simple regression)，不過在醫學期刊常見以單變量迴歸 (Univariate regression) 來表達；倘若我們的自變數是 2 個以上，那麼我們稱之為多元迴歸 (Multiple regression)，但在醫學期刊則部分稱之為多變量迴歸 (Multivariable regression) 或多變量迴歸 (Multivariate regression)。

特別值得說明的是，「多變量」(Multivariate) 在一般統計教科書是專門指同時有 2 個以上的依變數的統計方法，例如主成分分析、因素分析、集群分析、結構方程模式、典型相關等；但在醫學領域中，不管依變數有多少個，只要自變數 2 個以上，就會稱之為多變量分析 ( 比較正確來說應該是多變數分析 )，這是蠻特別的一點。

### 2. 自變數、依變數或控制變數

統計教科書皆把依變數定義為 Dependent variable，不過實際醫學期刊比較常見以結果變數 (outcome) 來稱呼之；如果我們的模式有許多個 (2 個以上 ) 自變數，而所關注的是其中一個變數，那麼此時其他變數便稱作控制變數 (Control variable)，但在醫學期刊的習慣來說，並非主要研究變數的控制變數都叫做共變量 (Covariate)。

### 3. 迴歸分析的細節

在多變數迴歸 (2 個以上的自變數 ) 中，每一個自變數的迴歸係數皆是已經考慮其他變數的效果，一般我們會說控制或考慮其他變數效果之下 (Controlling or considering other variables)，不過醫學期刊特別偏好使用「調整」(Adjust) 這個字。「Adjusted」，例如：adjusted OR 或 adjusted HR 以標明此為多變數分析之下的結果；相較之下，如果是單變數的模式 ( 只有一個自變數 )，醫學期刊也偶爾會看到用 naïve 或 crude 這兩個字來表示這是一個單變數分析，例如 crude OR 或 naïve analysis。

以上介紹了一些常見的醫學統計容易造成混淆的名詞，並且以與迴歸分析相關的名詞為主，以下表格為將以上內容作個整理，希望幫助大家未來在閱讀醫學期刊時有所幫助。

| 名詞或情境 | 醫學領域 | 其他領域 |
|---|---|---|
| 單變量的迴歸分析 | Univariate regression | Simple regression |
| 多變量的迴歸分析 | Multivariate regression or multivariable regression | Multiple regression |
| 控制變數 ( 共變量 ) | Covariate | Control variable |
| 依變數 ( 結果變數 ) | Outcome (variable) | Dependent variable |
| 考慮其他變數之下的效果 ( 通常是迴歸分析 ) | Adjusting for other covariates | Controlling or considering other variables |
| 迴歸係數 ( 多變量的迴歸分析之下 ) | "Adjusted" coefficient (e.g. adjusted OR or HR) | Regression coefficient |

# 1-3 單變量：統計學回顧

## 1-3-1 統計分析法

　　常見的資料分析統計方法，包括：t 檢定、變異數 F 檢定、相關 / 迴歸 r 等統計量，可歸納成表 1-4、表 1-5。

表 1-4　資料分析方法之參考表

| 自變數 ＼ 依變數 | 單一類別變數 單因子 | 一個類別變數 兩因子關係 | 二個連續變數 兩因子線性 關係 | 多個類別變數 多因子關係 ( 有依變數 ) | 多因子 關係 ( 無依變數 ) |
|---|---|---|---|---|---|
| 連續變數 ( 平均數 為比較基 準 ) | 1. Z-test(e.g. 常態分配之偏態 / 峰度檢定 )<br>2. t-test<br>3. ANOVA<br>4. 無母數統計 (Wilcoxon rank test 等 ) | ANOVA 、 ANCOVA | 相關分析、線性模型、時間序列 (ARIMA) | 迴歸分析、時間序列 ( 自身相關、向量自我迴歸、VECM) 、複迴歸之交互項 | 多變量分析：如因素分析、集群分析、MDS…等 |
| 類別變數 (% 為比較基準 ) | 1. z-test<br>2. 卡方檢定 (e.g. 樣本代表性或隨機性檢定、樣本 non-responded bias 、適合度檢定 )<br>3. 勝出比 odds ratio(logistic 迴歸 )<br>4. risk ratio<br>5. Tetrachoric 相關 | 類別資料分析：卡方檢定 ( 獨立性、% 同質性、對稱性檢定 ) 、Conjoint 分析等 | 廣義估計 (GEE) 分析法進行重複性資料的比較 | 對數線性 (loglinear) 模型、區別分析、Probit 模型、survival 模型、Multinomial Logit 等。Multilevelmixed-effects 迴歸 | |

註：若分析資料，結合橫斷面及縱貫面，則採 panel data 迴歸或 Multilevel and Longitudinal 模型、Treatment Effects 模型 ( 虛擬變數 )

1. 因子：類別自變數。例如性別、教學法、實驗處理效果 vs. 對照組。
2. 單因子：一個類別自變數；二因子：二個類別自變數。
3. 實驗處理或實驗水準：因子的類別或水準。
　　例如：實驗組 vs 控制組；或高 vs. 中 vs. 低分組。
4. 獨立樣本：每一組受試者僅接受一種實驗處理。
5. 相依樣本：受試者需接受所有的實驗處理，例如教學法。

表 1-5 常見之統計模型

自變數 Independent Variables

| | | 全是類別變數 | 至少有一個整數或連續變數 |
|---|---|---|---|
| 依變數<br>Dependent<br>Variable | 二分<br>Binary | 2×c×… 行列表分析；機率單元 (probit) 模型、勝算對數 (logit) 模型 | 機率單元模型、成長曲線 (logistic) 迴歸 |
| | 無次序<br>Nominal | r×c×… 行列表分析；多項 (multinomial) 之機率單元模型、勝算對數模型 | 多項之機率單元模型、勝算對數模型 ( 成長曲線迴歸 ) |
| | 有次序<br>Ordinal | r×c×… 行列表分析；有序多分類之機率單元模型、依序之勝算對數模型 | 有序多分類之機率單元模型、依序之勝算對數模型 |
| | 整數<br>Integer | * 對數線型 (loglinear) 模型；卜瓦松 (Poisson) 迴歸及其延伸 | 卜瓦松迴歸及其延伸 |
| | 連續<br>Continuous | 變異數分析 (ANOVA)；線型或非線型迴歸 | 共變數分析 (ANCOVA)；線型或非線型迴歸 |

\* 註：嚴格說來，對數線型模型並不區分自變數與依變數，而是以行列表細格內之聯合次數分布為解釋對象，並以組成行列表的所有變數及其互動作為解釋變數。

# 一、推論統計主要工作

推論統計指用概率形式來決斷數據之間是否存在某種關係及用樣本統計值來推測總體特微的一種重要的統計方法。推論統計包括總體參數估計和假設檢定，最常用的方法有 Z 檢定、t 檢定、卡方檢定等。推論統計主要工作如下：

1. 估計 (estimation)：利用一組由母體所取之隨機樣本資料的資訊，來推估母體之未知參數。常見有 (1)「點估計量」：由樣本資料計算的統計量，使用來估計母體參數。(2)「區間估計：某區間會涵蓋母體參數的可能性。(3)「信賴區間 (Confidence interval)」：在特定機率下，估計母體參數可能落在的數值範圍。此特定的機率值可以稱為信賴水準。

2. 假設檢定 (Testing of hypothesis)：研究者對現象 ( 參數 ) 提出主觀的研究假設，再利用樣本特徵的資訊 ( 抽樣數據 ) 來對研究假設進行檢定，以做管理的正確決策。

通盤來說，假設檢定都可分解成下列五個步驟：

(1) 設定虛無假設 $H_0$：針對母體設定之基本假設。對立假設 $H_1$：針對題意欲測試之方向設定之假設。

(2) 利用樣本數據來算出檢定統計量 (Test statistics)：例如卡方值、t 值、F 值、r 值、z 值……。

(3) 給定顯著水準 $\alpha$( 通常 Type I error 設爲 0.05)。$\alpha$ 係指檢定顯著 ( 差異 / 關聯 ) 性之機率值。

(4) 找出「拒絕區」( 可查統計書之附錄表 ) 或計算 p-value( 本書 STaTa 、CMA 、RevMan 軟體會自動算出 p)。

所謂「p 值」是指在「虛無假設 $H_0$ 爲眞」的情況下，得到「$\geq$ 此一觀察結果之統計檢定的機率」。例如：假定檢定結果得 Z = 2.08，電腦報表顯示 p = 0.0367，表示得到 Z 值 $\geq$ 2.08 的機率只有 0.0367，故拒絕 $H_0$，或是說此項檢定達到 0.05 顯著水準。

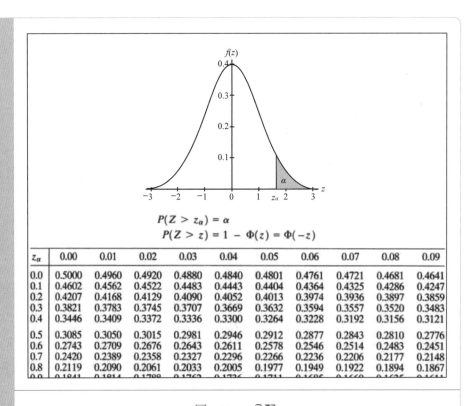

$$P(Z > z_\alpha) = \alpha$$
$$P(Z > z) = 1 - \Phi(z) = \Phi(-z)$$

| $z_\alpha$ | 0.00 | 0.01 | 0.02 | 0.03 | 0.04 | 0.05 | 0.06 | 0.07 | 0.08 | 0.09 |
|---|---|---|---|---|---|---|---|---|---|---|
| 0.0 | 0.5000 | 0.4960 | 0.4920 | 0.4880 | 0.4840 | 0.4801 | 0.4761 | 0.4721 | 0.4681 | 0.4641 |
| 0.1 | 0.4602 | 0.4562 | 0.4522 | 0.4483 | 0.4443 | 0.4404 | 0.4364 | 0.4325 | 0.4286 | 0.4247 |
| 0.2 | 0.4207 | 0.4168 | 0.4129 | 0.4090 | 0.4052 | 0.4013 | 0.3974 | 0.3936 | 0.3897 | 0.3859 |
| 0.3 | 0.3821 | 0.3783 | 0.3745 | 0.3707 | 0.3669 | 0.3632 | 0.3594 | 0.3557 | 0.3520 | 0.3483 |
| 0.4 | 0.3446 | 0.3409 | 0.3372 | 0.3336 | 0.3300 | 0.3264 | 0.3228 | 0.3192 | 0.3156 | 0.3121 |
| 0.5 | 0.3085 | 0.3050 | 0.3015 | 0.2981 | 0.2946 | 0.2912 | 0.2877 | 0.2843 | 0.2810 | 0.2776 |
| 0.6 | 0.2743 | 0.2709 | 0.2676 | 0.2643 | 0.2611 | 0.2578 | 0.2546 | 0.2514 | 0.2483 | 0.2451 |
| 0.7 | 0.2420 | 0.2389 | 0.2358 | 0.2327 | 0.2296 | 0.2266 | 0.2236 | 0.2206 | 0.2177 | 0.2148 |
| 0.8 | 0.2119 | 0.2090 | 0.2061 | 0.2033 | 0.2005 | 0.1977 | 0.1949 | 0.1922 | 0.1894 | 0.1867 |
| 0.9 | 0.1841 | 0.1814 | 0.1788 | 0.1762 | 0.1736 | 0.1711 | 0.1685 | 0.1660 | 0.1635 | 0.1611 |

圖 1-23　z 分配

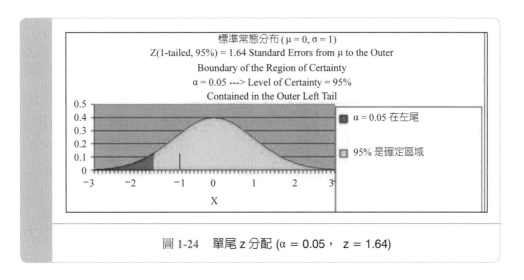

圖 1-24 單尾 z 分配 (α = 0.05， z = 1.64)

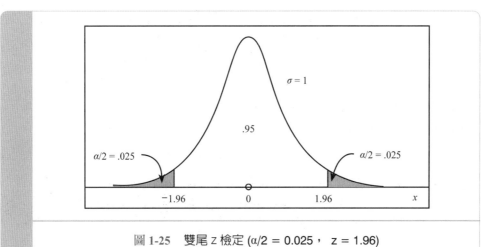

圖 1-25 雙尾 z 檢定 (α/2 = 0.025， z = 1.96)

註：一般電腦統計之迴歸分析報表，迴歸係數 β 顯著性 t 檢定 (z 檢定) 是以此「z = 1.96」為假設檢定之臨界點。

(5) 作決策：通常，檢定統計量大於查表 (如卡方表、t 表、F 表…) 或 p-value<α，則表示「達顯著」，反之亦反。

(6) 根據題意下結論。

補充說明：

1. 檢定值 (Test value)：只在平均值相等時之 95% 信賴區間之臨界值 (Critical value)。

2. 臨界值 (Critical value)：在常態母族群時，指標準常態分布下小於等於 (≤) 或 大於等於 (≥)1−α 範圍之 Z 值。在樣本族群時，指依不同自由度下，小於等 於 (≤) 或大於等於 (≥)1−α 範圍之 t 值。

3. 自由度 (df) 是指當以樣本統計量來估計母體參數時，樣本中能夠獨立或自由變 動的個數 (Glenn & Littler, 1984)。例如：在估計變異數時，是利用離均差平方 和 (Sum of squares of deviations from mean) 除以其相對應的自由度後 ( 此即樣 本的變異數 )，再剔除掉樣本個數的影響 ( 除以總樣本數 )。

4. 統計學裡所教導的、不論是估計或是推論，都是建立於「簡單隨機抽樣法——抽出放回」設計的前提條件下，亦即是服從所謂「彼此相互獨立且具有相同 的分配」(Independent and identically distributed，簡稱 i.i.d.) 的原理。

### 3. 樣本平均數的標準誤

樣本平均數抽樣分配的標準差，稱為「標準誤」(Standard error)。

$\sigma_{\bar{X}} = \dfrac{\sigma}{\sqrt{n}}$，其中，$\sigma_{\bar{X}}$ 為樣本平均數的標準誤的符號。

$\sigma$ 為母體標準差。

n 為樣本大小。

### 4. 95% 信賴區間 (CI) 與標準誤 $\sigma_{\bar{X}}$

(1) 若母體標準差 $\sigma$ 已知，且樣本個數大於 30，我們使用 Z 分配。

$\bar{X} \pm Z_{\alpha/2} \times \dfrac{\sigma}{\sqrt{n}}$，Z = 1.96 時為 95%CI。即 95% CI = $\bar{X} \pm 1.96\sigma_{\bar{X}}$。

(2) 若母體近似常態分配而母體標準差未知，且樣本個數小於 30，我們使用 t 分配。在給定信賴係數下，t 分配的值依賴自由度而定。

$\bar{X} \pm t_{(\alpha/2,n-1)} \times \dfrac{s}{\sqrt{n}}$，查表得 $t_{(n-1)}$ 值時，為 95%CI。

(3) 母體比例 p 的 95% 信賴區間的估計公式為：

$p \pm 1.96\sqrt{\dfrac{p(1-p)}{n}}$，p 成功率；(1−p) 失敗率。

檢定結果，若 95%CI 未含「0」，則表示該檢定達 0.05 顯著水準。

### 5. 假設檢定的意義

事先對母體參數 ( 如平均數、標準差、比例值等 ) 建立合理的假設，再由樣 本資料來測驗此假設是否成立，以為決策之依據的方法，稱為統計假設檢定或假 設檢定 (Hypothesis testing)。在實際的生物試驗中，往往是針對欲了解或改進的

方法進行檢測，比對原有或已知的方式 ( 對照組 )，以確知其差異性，此時即可利用統計假設檢定方式進行。假設之成立與否，全視特定樣本統計量與母體參數之間，是否有顯著差異 (Significant difference) 而定，所以假設檢定又稱顯著性檢定 (Test of significance)。

　　進行假設檢定時，同時有兩種互斥假設存在：

1. 虛無假設 (Null hypothesis) $H_0$

　　通常為我們所欲否定的敘述，一般即訂為 $\theta = \theta_0$ ( 或 $\theta \leq \theta_0$、$\theta \geq \theta_0$)，$\theta$ 為母體參數，$\theta_0$ 為母體參數假設值。

2. 對立假設 (Alternative hypothesis) $H_1$

　　通常為我們所欲支持的敘述，有三種

(1) 母體參數可能改變，訂為 $\theta \neq \theta_0$

(2) 母體參數可能變大，訂為 $\theta > \theta_0$

(3) 母體參數可能變小，訂為 $\theta < \theta_0$

## 二、統計公式回顧

　　傳統統計學，常用公式，整理如下：

1. Pearson 積差相關 $r_{xy} = \dfrac{\sum\limits_{i=1}^{n}(x_i - \overline{x})(y_i - \overline{y})}{\sqrt{(x_i - \overline{x})^2}\,\sqrt{(y_i - \overline{y})^2}}$

2. Z 檢定值：$Z = \dfrac{\overline{x} - \mu}{\sigma/\sqrt{n}}$，符合 N(0,1) 分配。

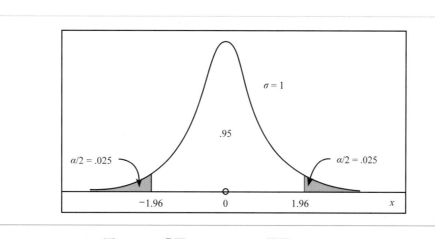

圖 1-26　Z 分配 (α/2=0.025，　雙尾 Z=1.96)

3. 單一樣本 t 檢定值：$t = \dfrac{\bar{x} - \mu}{S_{\bar{x}}} = \dfrac{\bar{x} - \mu}{\dfrac{S}{\sqrt{n}}}$，符合 $t_{(n-1)}$ 分配。

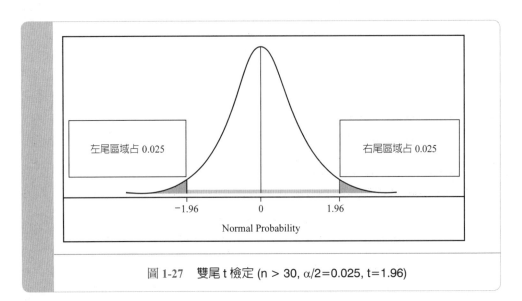

圖 1-27　雙尾 t 檢定 (n > 30, $\alpha/2$=0.025, t=1.96)

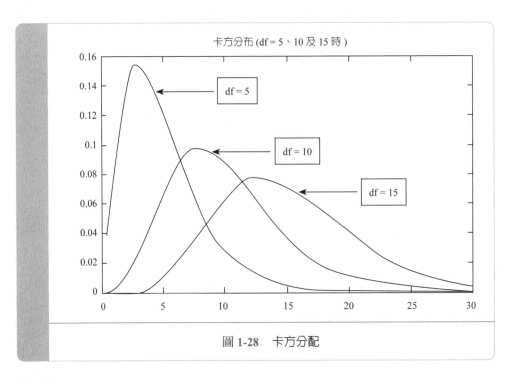

圖 1-28　卡方分配

4. 卡方檢定值：$\chi^2 = \sum_{i=1}^{n} \sum_{j=1}^{m} \dfrac{(o_{ij} - e_{ij})^2}{e_{ij}} = (\dfrac{\overline{x} - \mu}{\sigma/\sqrt{n}})^2 = Z_1^2 + Z_2^2 + \cdots + Z_n^2$，符合 $\chi^2_{(n-1)}$ 分配。

5. F 檢定值：$F = \dfrac{SS_B/(K-1)}{SS_W/(N-K)} = \dfrac{\sum\limits_{i=1}^{k} \sum\limits_{j=1}^{n_i} \left(\overline{Y_i} - \overline{\overline{Y}}\right)^2 /(K-1)}{\sum\limits_{i=1}^{k} \sum\limits_{j=1}^{n_i} \left(Y_{ij} - \overline{Y_i}\right)^2 /(N-K)} = \dfrac{\chi^2(V_1)/V_1}{\chi^2(V_2)/V_2}$

$F\sim$ 符合 $F_{(K-1, N-K)}$ 分配。K 為處理水準 (level)

6. 95% 信賴區間 (Type I error, $\alpha = 0.05$)：

(1) 當 $\sigma$ 已知時，母群平均數的區間估計為：

$\overline{X} - z_{\frac{\alpha}{2}} \sigma_{\overline{X}} < \mu < \overline{X} + z_{\frac{\alpha}{2}} \sigma_{\overline{X}}$，即

$\overline{X} - 1.96\sigma_{\overline{X}} < \mu < \overline{X} + 1.96\sigma_{\overline{X}}$

(2) 當 $\sigma$ 未知時，母群平均數的區間估計為：

$\overline{X} - t_{\frac{\alpha}{2},(N-1)} S_{\overline{X}} < \mu < \overline{X} + t_{(1-\frac{\alpha}{2}),(N-1)} S_{\overline{X}}$，即

$\overline{X} - 2.262 S_{\overline{X}} < \mu < \overline{X} + 2.262 S_{\overline{X}}$ 或

$\overline{X} - 2.262 \dfrac{S}{\sqrt{N}} < \mu < \overline{X} + 2.262 \dfrac{S}{\sqrt{N}}$

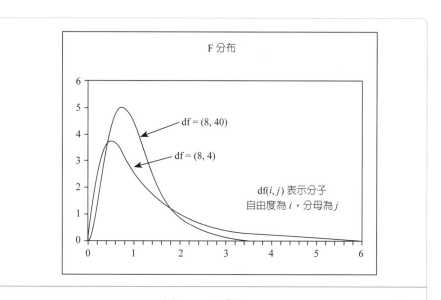

圖 1-29　F 分配

## 1-3-2 統計公式之重點整理

常見的高等統計技術如下表。

| | 類別變數 | 連續變數 |
|---|---|---|
| 無因果關係 | 敘述性統計<br>複選題分析<br>(多重)交叉分析<br>卡方(同質、獨立、適合度)檢定 | 主成分分析<br>因素分析<br>集群分析<br>(偏)相關分析 |
| 有因果關係 | 二元邏輯斯迴歸<br>區別分析 | 偏相關分析<br>迴歸(路徑)分析<br>(多變量)變異數分析<br>偏最小平方迴歸 |

## 1-3-2a t 統計公式

1. 單一樣本平均數之 t 檢定

資料：隨機變數 (R.V.)$X_1, X_2, X_3, \cdots, X_n \overset{i.i.d}{\approx} N(\mu, \sigma^2)$

檢定：(a)$H_0: \mu \geq \mu_0$ vs. $H_1: \mu < \mu_0$

(b)$H_0: \mu \leq \mu_0$ vs. $H_1: \mu > \mu_0$

(c)$H_0: \mu = \mu_0$ vs. $H_1: \mu \neq \mu_0$

檢定量為：(1) $\sigma^2$ 已知時，$Z = \dfrac{\overline{X} - \mu_0}{\sqrt{\dfrac{\sigma^2}{n}}} \sim N(0,1)$

(2) $\sigma^2$ 未知時，$t = \dfrac{\overline{X} - \mu_0}{\dfrac{s}{\sqrt{n}}} \sim t_{(n-1)}$

決策：以「檢定 (a)」為例，拒絕區 $= \{t_0 < -t_{\alpha(n-1)}\}$、p-value $= P_r(T < t_0)$

## 2. 兩個獨立樣本 t 檢定

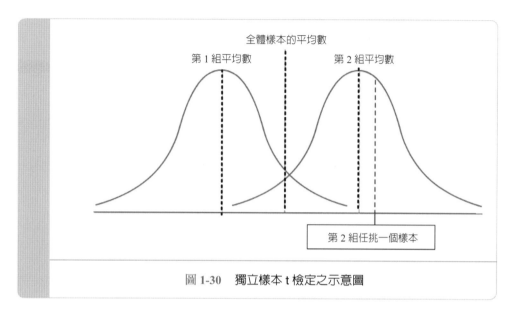

第 1 組平均數　全體樣本的平均數　第 2 組平均數

第 2 組任挑一個樣本

圖 1-30　　獨立樣本 t 檢定之示意圖

統計資料分析時常必須比較不同兩群體的某種特性是否一致，或對某問題的觀點是否一致。獨立樣本的 t 檢定是用以檢定兩群體特性的期望值是否相等之一種常用的統計方法。

假設兩組連續型獨立數據如下：

資料：隨機變數 (R.V.)$X_1, X_2, X_3, \cdots, X_{n_1} \overset{i.i.d}{\approx} N(\mu_1, \sigma_1^2)$，樣本平均數 $\overline{X} = \dfrac{\sum\limits_{i=1}^{n_1} X_i}{n_1}$

隨機變數 (R.V.)$Y_1, Y_2, Y_3, \cdots, Y_{n_2} \overset{i.i.d}{\approx} N(\mu_2, \sigma_2^2)$，樣本平均數 $\overline{Y} = \dfrac{\sum\limits_{i=1}^{n_2} Y_i}{n_2}$

樣本變異數：$S_X^2 = \dfrac{\sum\limits_{i=1}^{n_1}(X_i - \overline{X})^2}{n_1 - 1}$，$S_Y^2 = \dfrac{\sum\limits_{i=1}^{n_2}(Y_i - \overline{Y})^2}{n_2 - 1}$

標準誤（平均數的標準差）：$\dfrac{S_X}{\sqrt{n_1}}, \dfrac{S_Y}{\sqrt{n_2}}$

$D \sim N(\mu_D, \sigma_D^2)$

其中 $\mu_D = \mu_1 - \mu_2$，$\sigma_D^2 = \dfrac{\sigma_1^2}{n_1} + \dfrac{\sigma_2^2}{n_2}$

檢定：$H_0: \mu_1 = \mu_2$ vs. $H_1: \mu_1 \neq \mu_2$ ( 即 $\mu_1 - \mu_2 \neq 0$)

先檢定「變異數同質性」：$H_0: \sigma_1^2 = \sigma_2^2$ vs. $H_1: \sigma_1^2 \neq \sigma_2^2$

檢定統計量為 F=max( $S_1^2$, $S_2^2$ )/min( $S_1^2$, $S_2^2$ )~F($n_1$-1, $n_2$-1) 或 F($n_2$-1, $n_1$-1)

決策：拒絕區 $= \dfrac{S_1^2}{S_2^2} \geq F_{\frac{\alpha}{2}}(n_1-1, n_2-1)$ 或 $\dfrac{S_1^2}{S_2^2} \geq F_{\frac{\alpha}{2}}(n_2-1, n_1-1)$

p-value = 2 min$\{P_r(F > f_0), P_r(F < f_0)\}$

情況 1「變異數異質性」：若不可假定 $\sigma_1^2 = \sigma_2^2$ (Behrens-Fisher 問題 )

檢定量為 $T = (\overline{X} - \overline{Y}) / \text{s.e.}(\overline{X} - \overline{Y}) = (\overline{X} - \overline{Y}) / \sqrt{\dfrac{S_1^2}{n_1} + \dfrac{S_2^2}{n_2}}$ ~近似 t 分配。

$\text{d.f.} = (\dfrac{S_1^2}{n_1} + \dfrac{S_2^2}{n_2})^2 / \left[ \dfrac{S_1^4}{n_1^2(n_1-1)} + \dfrac{S_2^4}{n_2^2(n_2-1)} \right]$：*Welch's* test 的自由度。

註：此自由度 (d.f.) 可能非整數

情況 2「變異數同質性」：若可假定 $\sigma_1^2 = \sigma_2^2 = \sigma^2$

$\hat{\sigma}^2 \cong \sigma_P^2 = [ \sum_1^{n_1}(X_i - \overline{X})^2 + \sum_1^{n_2}(Y_i - \overline{Y})^2 + ]/(n_1 + n_2 + 2)$

檢定量為 $T = (\overline{X} - \overline{Y}) / \text{s.e.}(\overline{X} - \overline{Y}) = (\overline{X} - \overline{Y}) / \sqrt{(\dfrac{1}{n_1} + \dfrac{1}{n_2})S_p^2} \sim T(n_1 + n_2 - 2)$

若從觀測值所計算出來的 T 值為 t，顯著水準為 $\alpha$ 時。若 $P(|T| > |t|) = p < \alpha$，則拒絕虛無假設 $H_0：\mu_1 = \mu_2$；亦即接受對立假設 $H_1：\mu_1 \neq \mu_2$。

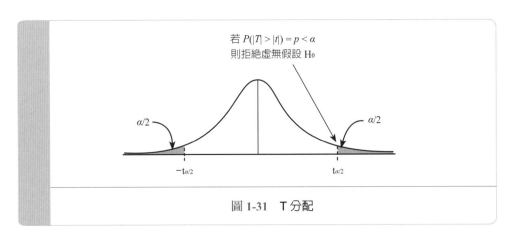

**圖 1-31　T 分配**

觀點：當檢定 $\mu_1 > \mu_2$ 時，基本上看 $(\overline{X} - \overline{Y})$ 差距是否夠大，大到某程度，才可說顯著具有 $\mu_1 > \mu_2$ 的性質。

決策 $1$：(1) $H_1: \mu_1 > \mu_2$ 拒絕域爲 $(\overline{X} - \overline{Y}) > \sqrt{(\dfrac{1}{n_1} + \dfrac{1}{n_2})S_p^2} \times t_\alpha(n_1 + n_2 - 2)$

(2) $H_1: \mu_1 < \mu_2$ 拒絕域爲 $(\overline{X} - \overline{Y}) < -\sqrt{(\dfrac{1}{n_1} + \dfrac{1}{n_2})S_p^2} \times t_\alpha(n_1 + n_2 - 2)$

(3) $H_1: \mu_1 \neq \mu_2$ 拒絕域爲 $|\overline{X} - \overline{Y}| > \sqrt{(\dfrac{1}{n_1} + \dfrac{1}{n_2})S_p^2} \times t_{\alpha/2}(n_1 + n_2 - 2)$

決策 $2$：以檢定 (3) 爲例，若從觀測值所計算出來的 T 值爲 t，顯著水準爲 $\alpha$ 時，其 p-value = $2\,P_r(T > |t_0|)$，若 $p$ 值 $< \alpha$ 則拒絕虛無假設 $H_0$。

3. 相依樣本 t 檢定

假設存在二組具有常態分配之隨機變數 X 及 Y，分別爲

$X：X_1, X_2, X_3, \cdots, X_n \sim N(\mu_1, \sigma_1^2)$

$Y：Y_1, Y_2, Y_3, \cdots, Y_n \sim N(\mu_2, \sigma_2^2)$

當這二組隨機變數是成對出現時，亦即

$(X_1, Y_1), (X_2, Y_2), \cdots, (X_n, Y_n)$

令新變數 $D = X - Y$，則

$D_1 = (X_1 - Y_1)$

$D_2 = (X_2 - Y_2)$

………

$D_n = (X_n - Y_n)$

由於 X 與 Y 變數都是常態隨機變數，故兩者的差 D 亦是常態分配，期望值是 $\mu_D$，變異數是 $\sigma_D^2$。即

$D：D_1, D_2, D_3, \cdots, D_n \sim N(\mu_D, \sigma_D^2)$

其中，$\mu_D = \mu_1 - \mu_2$

$\sigma_D^2 = \sigma_1^2 + \sigma_2^2 - 2COV(X, Y)$

期望值是 $\mu_D$ 可用樣本平均數 $\overline{D}$ 來估計。變異數是 $\sigma_D^2$ 可用樣本變異數 $S_D^2$ 來估計：

$$\overline{D} = \dfrac{\sum\limits_{i=1}^{n} D_i}{n} \sim 符合\ N(\mu_D, \sigma_D^2/n)$$

$$S_D^2 = \dfrac{\sum\limits_{i=1}^{n}(D_i - \overline{D})^2}{n-1}$$

$\overline{D}$ 的標準差 $\dfrac{\sigma_D}{\sqrt{n}}$ 可用 $\dfrac{D_D}{\sqrt{n}}$ 來估計。

檢定：虛無假設 $H_0$: $\mu_1 = \mu_2$ ( 即 $\mu_D = \mu_1 - \mu_2 = 0$) vs. $H_1$: $\mu_1 \neq \mu_2$( 即 $\mu_1 - \mu_2 \neq 0$)

檢定統計量 T：$T = \dfrac{\overline{D} - \mu_D}{\dfrac{S_D}{\sqrt{n}}} \sim t_{(n-1)}$ 分配。

決策：若從觀測值所計算出來的 T 值為 t，顯著水準為 $\alpha$ 時。若 $P(|T| > |t|)$ $= p < \alpha$，則拒絕虛無假設 $H_0$：$\mu_1 = \mu_2$；亦即接受對立假設 $H_1$：$\mu_1 \neq$ $\mu_2$。反之則反。

## 1-3-2b ANOVA 統計公式

變異數分析 (ANOVA) 是一種特殊形式的統計假設檢定，廣泛應用於實驗數據的分析中。統計假設檢定是一種根據數據進行決策的方法。測試結果 ( 通過 0 假設進行計算 ) 如果不僅僅是因為運氣，則在統計學上稱為顯著。統計顯著的結果 ( 當可能性的 p 值小於臨界的「顯著值」) 則可以推翻 null 假設 ($H_0$)。

在變異數分析的經典應用中，原假定是假設所有數據組都是整體測試對象的完全隨機抽樣。這說明所有方法都有相同效果 ( 或無效果 )。推翻原假設說明不同的方法，會得到不同的效果。在操作中，假設測試限定 I 類型錯誤 ($\alpha$ 為假陽性導致的假科學論斷 ) 達到某一具體的值。實驗者也希望 II 型錯誤 ($\beta$ 為假陰性導致的缺乏科學發現 ) 有限。II 型錯誤受到多重因素作用，例如取樣範圍 ( 很可能與試驗成本有關 )，相關度 ( 當實驗標準高的時候，忽視發現的可能性也大 ) 和效果範圍 ( 當對一般觀察者來說效果明顯，II 型錯誤發生率就低 )。

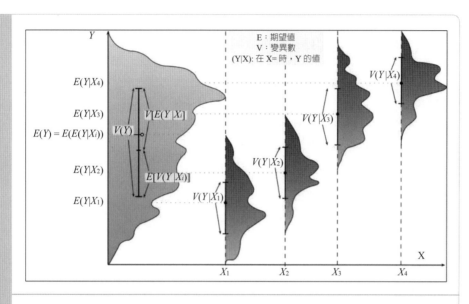

圖 1-32　ANOVA 之示意圖 (4 個類組之分布形狀， 看起來不一樣， 疑似變異數異質性 )

## ( 一 )ANOVA 重點整理

### 1.實驗樣本資料

| level | 總樣本數 | 邊際平均數 (margin) |
|-------|---------|-------------------|
| 1 | $X_{11}, X_{12}, \ldots\ldots X_{1n_1}$ | $X_{1\cdot}$ |
| 2 | $X_{21}, X_{22}, \ldots\ldots X_{2n_2}$ | $X_{2\cdot}$ |
| … | ……………… | … |
| K | $X_{K1}, X_{K2}, \ldots\ldots X_{Kn_K}$ | $X_{k\cdot}$ |

其中，總樣本數 $n = \sum_{i=1}^{k} n_i$

### 2.「事先」假定條件

$$X_{ij} = \mu + \alpha_i + \varepsilon_{ij}，i = 1, 2, \cdots, k，j = 1, 2, \cdots, n_i$$

μ：所有母體平均、$\alpha_i$：第 $i$ 個 level 之處理效果、$\varepsilon_{ij}$：表實驗誤差，一般假設 $\varepsilon_{ij} \overset{i.i.d}{\sim} N(0, \sigma^2)$，由此可知 Random Variable $X_{ij} \overset{i.i.d}{\sim} N(\mu + \alpha_i, \sigma^2)$。

$\varepsilon_{ij}$ 假定條件：(1) 常態：樣本來自之母群，在依變數上的機率分配呈常態分配。(2) 變異數同質性：各組樣本來自同一母群，故各組樣本在依變數得分的變異數應該具有同質性。(3) 獨立性：樣本之抽取須符合均等與獨立原則。

3. 假設檢定：

虛無假設 $H_0$：k 個 level 之平均值均相等，即 $H_0 = \alpha_1 = \alpha_2 = \cdots = \alpha_k = 0$。

對立假設 $H_1$：有一不等。即 $H_1$：不全相等。

4. ANOVA 計算步驟：

Step1：尋找檢定統計量

因為：$\sum_i \sum_j (X_{ij} - \overline{X}..)^2 = \sum_i \sum_j (X_{ij} - \overline{X}_i.)^2 + \sum_i \sum_j (X_{i.} - \overline{X}..)^2$

$$\begin{array}{ccc} \| & \| & \| \\ SS_T & SS_E & SS_B \end{array}$$

( 所有資料之變異 ) ( 各組內部之變異 ) (k 組之間變異 )

檢定統計量：$F_0 = \dfrac{SS_B / k-1}{SS_E / n-k} = \dfrac{MS_B}{MS_E} \sim F(k-1, n-k)$ 分配

Step2：決策：1. 拒絕：$\{F_0 > f_a(k-1, n-k)\}$

2. P 值：$P_r(F > f_0)$，其中 F ~ F(k-1,n-k) 分配。

Step3：ANOVA 摘要表之格式：

| Source | Sum of Square | df | MS | F | P 值 |
|--------|--------------|-----|--------|-----------|------|
| Between | $SS_B$ | k-1 | $MS_B$ | $MS_B/MS_E$ | |
| Error | $SS_E$ | n-k | $MS_E$ | | |
| Total | $SS_T$ | n-1 | | | |

**( 二 ) ANOVA 三種假定 (assumption) 條件的檢定法**

1. 常態性檢定

可用 (1) 繪圖法：Normal probability plot(p-p plot)、Normal quantile-quantile(q-q plot)。(2) 檢定法：卡方檢定、Kolmogorov-Smirnov 法、Shapiro-Wilks 法 ( 一般僅用在樣本數 n < 50 的情況 )。

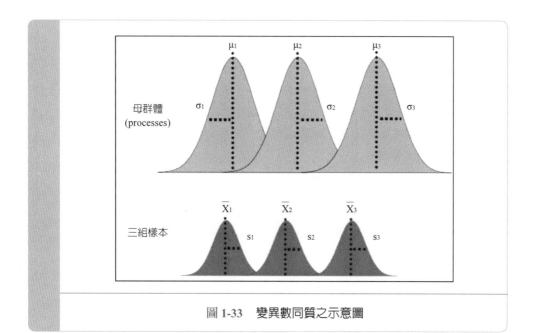

母群體
(processes)

三組樣本

圖 1-33　變異數同質之示意圖

2. 各處理水準 (level) 之間的變異數都須同質

即 $H_0: \sigma_1^2 = \sigma_2^2 = \sigma_3^2 = \cdots = \sigma_k^2 = \sigma^2$

方法一：Bartlett 檢定 (Levene 檢定 )，較適合各組的樣本人數相同時。

檢定統計量：$b = \dfrac{(S_1^2)^{n_1-1}(S_2^2)^{n_2-1}...(S_k^2)^{n_k-1}}{(S_p^2)^{n-k}} \sim$ Bartlett 分配

其中，$S_p^2 = \dfrac{\sum\limits_{i}^{k}(n_i-1)S_i^2}{n-k}$

拒絕區：$\{b < b_k(a; n_1, n_2, n_3, \cdots, n_k)\}$

其中，$b_k(\alpha; n_1, n_2, \cdots, n_k) = \dfrac{\sum\limits_{i}^{k} n_i b_k(\alpha, n_i)}{n}$

修正檢定：$b = 2.303(g/c)$，

其中，$g = (n\text{-}k)\log_{10} S_p^2 - \sum\limits_{i=1}^{k}(n_i-1)\log_{10} S_i^2$

$c = 1 + \dfrac{1}{3(k-1)}(\sum\limits_{i=1}^{k}\dfrac{1}{n_i-1} - \dfrac{1}{n-k})$。$\rightarrow$ 拒絕區：$\{b > \chi_\alpha^2(k-1)\}$

方法二：Cochran's 檢定：

$$檢定統計量 G = \frac{Max(S_i^2)}{\sum\limits_{i=1}^{k} S_i^2} > g_\alpha，則拒絕 H_0。$$

3. 獨立性：

(1) 見本書「ch06 線性迴歸的診斷」。

(2)《STaTa 與高等統計分析》一書的「第 4 章 STATA 各種迴歸之模型」，「殘差自我相關」有三種校正法：

(I) Prais-winsten 迴歸：prais 指令。

(II) Cochrane-orcutt 迴歸：prais 指令，corc 選項。

(III) 殘留 Newey-west 標準誤之迴歸：newey 指令。

## 1-3-2c 簡單迴歸分析

### 一、簡單迴歸的由來

1886 年，英國遺傳學家高爾頓爵士 (Sir Francis Galton) 進行了一項親子身高的研究，他發現親子的身高雖然具有相關性 ( 父母的身高會遺傳給子女 )，但子女的身高卻有逐漸「迴歸到平均值」(Regression toward the mean) 的現象，以下簡稱為「迴歸均值」。直白地說，高父母生出高子女，但其子女往往比父母矮小；或者打個誇張的比喻，偉人的後代子孫多半平庸。高爾頓提出的「迴歸均值」不僅是一個機率統計學的概念，還表明從分布的邊緣往中心移動是一個無可避免、持續不斷的動態過程，致使常態分布成為與此過程一致的結果。英國統計學家皮爾生 (Karl Pearson) 也是高爾頓傳記的作者，說道：「高爾頓對我們的科學觀念發動一場革命，修正了我們的科學哲學，甚至也校訂了人生。」

1885 年，高爾頓被選為不列顛科學協進會 (British Association for the Advancement of Science，後更名為 British Science Association) 主席，並獲得了一筆經費從事親子身高變化的研究。他收集 205 對父母，及其 928 名成年子女的身高數據。高爾頓先校正男女的身高差異，他將每一位女性身高乘以調節數字，並以父母身高的平均數，稱為父母平均高 (Heigh to fmid-parent)，作為分析的變數。同時，高爾頓也確認了數據資料不存在高男人娶高女人，或矮女人嫁矮男人的系

統化傾向。次年，高爾頓發表了他的研究結果，**親子身高的統計資料**整理如下表（單位吋）。

| | Total | < | 62.2 | 63.2 | 64.2 | 65.2 | 66.2 | 67.2 | 68.2 | 69.2 | 70.2 | 71.2 | 72.2 | 73.2 | > | Total | Median |
|---|---|---|---|---|---|---|---|---|---|---|---|---|---|---|---|---|---|
| > | 5 | - | - | - | - | - | - | - | - | - | - | - | 1 | 3 | - | 4 | - |
| 72.5 | 6 | - | - | - | - | - | - | 1 | 2 | 1 | 2 | 7 | 2 | 4 | - | 19 | 72.2 |
| 71.5 | 11 | - | - | - | 1 | 3 | 4 | 3 | 5 | 10 | 4 | 9 | 2 | 2 | - | 43 | 69.9 |
| 70.5 | 22 | 1 | - | 1 | - | 1 | 1 | 3 | 12 | 18 | 14 | 7 | 4 | 3 | 3 | 68 | 69.5 |
| 69.5 | 41 | - | - | 1 | 16 | 4 | 17 | 27 | 20 | 33 | 25 | 20 | 11 | 4 | 5 | 183 | 68.9 |
| 68.5 | 49 | 1 | - | 7 | 11 | 16 | 25 | 31 | 34 | 48 | 21 | 18 | 4 | 3 | - | 219 | 68.2 |
| 67.5 | 33 | - | 3 | 5 | 14 | 15 | 36 | 38 | 28 | 38 | 19 | 11 | 4 | - | - | 211 | 67.6 |
| 66.5 | 20 | - | 3 | 3 | 5 | 2 | 17 | 17 | 14 | 13 | 4 | - | - | - | - | 78 | 67.2 |
| 65.5 | 12 | 1 | - | 9 | 5 | 7 | 11 | 11 | 7 | 7 | 5 | 2 | 1 | - | - | 66 | 66.7 |
| 64.5 | 5 | 1 | 1 | 4 | 4 | 1 | 5 | 5 | - | 2 | - | - | - | - | - | 23 | 65.8 |
| < | 1 | 1 | - | 2 | 4 | 1 | 2 | 2 | 1 | 1 | - | - | - | - | - | 14 | - |
| Total | 205 | 5 | 7 | 32 | 59 | 48 | 117 | 138 | 120 | 167 | 99 | 64 | 41 | 17 | 14 | 928 | - |
| Median | - | - | - | 66.3 | 67.8 | 67.9 | 67.7 | 67.9 | 68.3 | 68.5 | 69.0 | 69.0 | 70.0 | - | - | - | - |

1. 最左欄為父母平均高級距，左起第二欄 (Total) 為該組包含多少對父母，譬如：有 22 對父母的平均高為 70.5 吋。資料顯示父母平均高呈常態分布。

2. 最上列為成年子女身高級距，右起第二欄 (Total) 表示各組父母共有多少名成年子女，最右欄 (Median) 是這些子女的身高中位數。譬如：平均身高為 70.5 吋的父母共有 68 名成年子女，他們的身高中位數是 69.5 吋，其中 7 人的身高是 71.2 吋。底起第二列 (Total) 顯示子女身高呈常態分布，而且每組父母生育的子女身高亦為常態分布。

3. 資料從左下角至右上角呈對角線分布，父母與成年子女的身高具有正相關性，即高父母的子女身高也超過同儕。

4. 比較最右欄 (Median) 與最左欄，證實「迴歸均值」現象的確存在：當父母平均高大於親系平均身高 68.5 吋時，子女的身高中位數都小於父母平均高；當父母平均高小於 68.5 吋時，子女的身高中位數皆大於父母平均高。譬如：父母平均高為 70.5 吋 ( 比 68.5 吋高 2 吋 ) 的子女平均身高為 69.2 吋，與父母平均高的差距 (1.3 吋 ) 僅及父母平均高偏移親系平均身高的 2/3。

　　從因果論來看，如果沒有「迴歸均值」，那麼高父母的後代會一代比一代高，矮父母的後代則一代比一代矮，最後世上只見巨人和侏儒。高爾頓對於觀察出的迴歸現象如此解釋：「孩子的遺傳一部分得自父母，一部分得自祖先。一般而言，族譜向上追溯愈久遠，祖先人數就愈多，也更加多樣化，最後就跟採自任何種族，人數一樣多的任意樣本，沒有什麼差別。」高爾頓的理論並不正確，因為子女僅從父母身上得到基因，所有祖先的基因物質都透過父母遺傳給子女。

　　撇開遺傳學，我們可以從機率模型來解釋「迴歸均值」。令 $x$ 表示父母平均高，$y$ 表示成年子女的身高。如果父母平均高和子女身高服從二變量常態分布，則給定 $x$，條件密度函數 $p(y|x)$ 亦為常態分布，且條件期望值 $E[y|x]$ 滿足：

$$\frac{E[y|x] - E[y]}{\sigma_y} = \rho \frac{x - E[x]}{\sigma_x}$$

條件變異數則為

$$\mathrm{var}[y|x] = \sigma_y^2(1 - \rho^2)$$

其中 $\rho$ 是 $x$ 與 $y$ 的相關係數 (Correlation coefficient)，$E[x]$ 和 $E[y]$ 分別是 $x$ 和 $y$ 的期望值，$\sigma_x$ 和 $\sigma_y$ 分別是 $x$ 和 $y$ 的標準差。如果 $\sigma_x = \sigma_y$ 且 $-1 < \rho < 1$，則

$$|E[y|x] - E[y]| < |x - E[x]|$$

換句話說，子女身高 $y$ 的條件期望值偏離子系平均身高 $E[y]$ 不會大於父母平均高 $x$ 偏離親系平均身高 $E[x]$。

## 二、簡單迴歸之重點整理

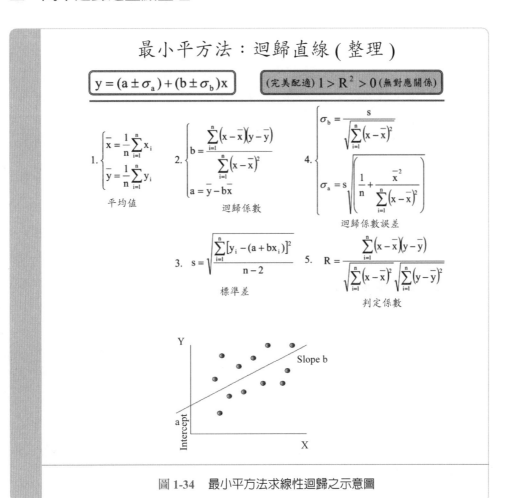

最小平方法：迴歸直線 ( 整理 )

$$y = (a \pm \sigma_a) + (b \pm \sigma_b)x$$

( 完美配適 ) $1 > R^2 > 0$ ( 無對應關係 )

1. $\begin{cases} \bar{x} = \dfrac{1}{n}\sum_{i=1}^{n} x_i \\ \bar{y} = \dfrac{1}{n}\sum_{i=1}^{n} y_i \end{cases}$

平均值

2. $\begin{cases} b = \dfrac{\sum_{i=1}^{n}(x-\bar{x})(y-\bar{y})}{\sum_{i=1}^{n}(x-\bar{x})^2} \\ a = \bar{y} - b\bar{x} \end{cases}$

迴歸係數

4. $\begin{cases} \sigma_b = \dfrac{s}{\sqrt{\sum_{i=1}^{n}(x-\bar{x})^2}} \\ \sigma_a = s\sqrt{\dfrac{1}{n} + \dfrac{\bar{x}^2}{\sum_{i=1}^{n}(x-\bar{x})^2}} \end{cases}$

迴歸係數誤差

3. $s = \sqrt{\dfrac{\sum_{i=1}^{n}[y_i-(a+bx_i)]^2}{n-2}}$

標準差

5. $R = \dfrac{\sum_{i=1}^{n}(x-\bar{x})(y-\bar{y})}{\sqrt{\sum_{i=1}^{n}(x-\bar{x})^2}\sqrt{\sum_{i=1}^{n}(y-\bar{y})^2}}$

判定係數

圖 1-34　最小平方法求線性迴歸之示意圖

### ( 一 ) 迴歸公式

1. 簡單線性迴歸 (Simple regression)

   $y_i = \beta_0 + \beta_1 x_i + \varepsilon_i$，$i = 1, 2, 3, \cdots, n; \varepsilon_i$：誤差。

2. 多重 ( 複合 ) 迴歸

   $y_i = \beta_0 + \beta_1 x_{i1} + \beta_2 x_{i2} + \cdots + \beta_k x_{ik} + \varepsilon_i$

   迴歸分析之基本假定：$(1)\{\varepsilon_1, \varepsilon_2, \cdots, \varepsilon_n\}$ 相互獨立；$(2)E(\varepsilon_i) = 0 \, (3)Var(\varepsilon_i) = \sigma^2$。

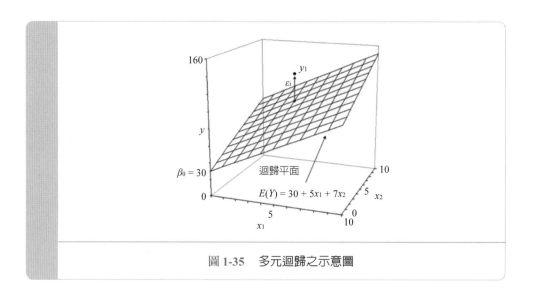

圖 1-35　多元迴歸之示意圖

### (二) 簡單迴歸之建模步驟

Step 1：尋找迴歸係數 ( 即估計 $\hat{\beta}_0, \hat{\beta}_1$ )。

Step 2：判斷此模型之適切性

1. 檢定 $H_0 : \beta_1 = 0$ vs. $H_0 : \beta_1 \neq 0$。

   方法一：利用 t 檢定。

   方法二：利用 ANOVA 分析法：$F = \dfrac{MS_R}{MS_E}$。

2. 判定係數 $R^2$ 愈靠近 1，表示適配佳 ( 表示此時自變數 X 可以解釋大部分之依變數 Y 的變動 )。

Step 3：假設條件之驗證——殘差值 $e_i$ 之檢定

   先決條件：$\varepsilon_1, \varepsilon_2, \cdots, \beta_n \overset{iid}{\sim} N(0, \sigma^2)$

1. 繪圖法：(1) $e_i$ 對 X 之圖形：可看出是同質性變異 $Var(\varepsilon_i) = \sigma^2$。

   (2) $e_i$ 對 $\hat{Y}$ 之圖形：應表示出 $e_i$ 與 $\hat{Y}$ 無相關。

   (3) 繪製殘差 $e_i$ 之常態機率圖 (Normal probability plot)。

2. 殘差之獨立性檢定：(STaTa 有外掛指令可處理 )

   檢定：$H_0 : \rho_s = 0$ vs. $H_0 : \rho_s = \rho^s$ ( 其中令 $e_i = pe_{i-1} + z_i$ )

方法：Durbin-Waton test：$DW = \dfrac{\sum\limits_{i=2}^{n}(e_i - e_{i-1})^2}{\sum\limits_{i=1}^{n}e_i^2}$

一般 $1.5 \leq DW \leq 2.5$ 表示無自我相關現象。

(ps. 若本身資料即沒有自然之次序關係即可不用檢定 )。

Step 4：極端值之檢查 ( 有極端值應予以刪除 )

( 注意事項：當違反基本條件假定時，建議：(1) 重新建立模型 —— 採加權最小平均估計法；(2) 將變數轉換，例如取 log(x)。)

## ( 三 ) 迴歸之估計與假設檢定 —— 以簡單線性迴歸為例

### 1. 迴歸估計

估計之方式採最小平方估計量 (Least squared estimators, LSE)。

令 $f(\beta_0, \beta_1) = \sum\limits_{i=1}^{n}(y_i - \beta_0 - \beta_1 x_i)^2$

則迴歸係數之估計，係對這 2 個迴歸係數，取偏微分：

$$\frac{\partial f}{\partial \beta_0} = -2\sum_{i=1}^{n}(y_i - \beta_0 - \beta_1 x_i) = 0$$

$$\frac{\partial f}{\partial \beta_1} = -2\sum_{i=1}^{n}x_i(y_i - \beta_0 - \beta_1 x_i) = 0$$

其解爲 $\begin{cases} \hat{\beta}_1 = \dfrac{S_{xy}}{S_{xx}} = \dfrac{\sum\limits_{i=1}^{n}(x_i - \bar{x})(x_i - \bar{x})}{\sum\limits_{i=1}^{n}(x_i - \bar{x})^2} \\[4mm] \hat{\beta}_0 = \bar{y} - \hat{\beta}_1 \bar{x} \end{cases}$

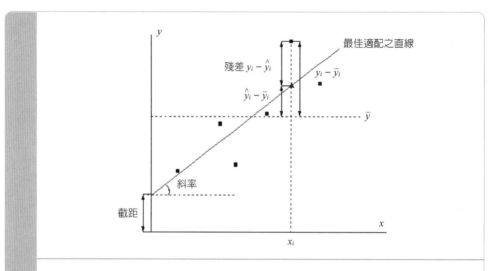

**圖 1-36　最小平方法之示意圖**

殘差 $e_i = y_i - \hat{y} = y_i - (\hat{\beta}_0 + \hat{\beta}_1 x_i)$，必滿足 $\sum\limits_{i=1}^{n} e_i = 0$ 且 $\sum\limits_{i=1}^{n} x_i e_i = 0$。

殘差和：$SS_E = \sum\limits_{i=1}^{n} e_i^2 = \sum\limits_{i=1}^{n} [y_i - (\hat{\beta}_0 + \hat{\beta}_1 x_i)]^2 = S_{yy} - \hat{\beta}_1 S_{xx}$

殘差和的用處：利用 $\dfrac{SS_E}{n-2}$ 估計 $\sigma^2$，即取 $s^2 = \dfrac{SS_E}{n-2}$ 估計 $\sigma^2$。

## 2. 迴歸係數顯著性之假設

(1) 檢定 $H_0 : \beta_1 = b_1$ vs. $H_0 : \beta_1 \neq b_1$

迴歸係數 $\beta_1$ 係數之 t 檢定 $= \dfrac{\hat{\beta}_1 - b_1}{s / \sqrt{S_{xx}}} \sim$ 符合 $t_{(n-2)}$ 分配

$\beta_1$ 之 $(1 - \alpha)$ 信賴區間為 $\hat{\beta}_1 \pm \dfrac{s}{\sqrt{S_{xx}}} \times t_{(\alpha/2, n-2)}$。

(2) 檢定 $H_0 : \beta_0 = b_0$ vs. $H_1 : \beta_0 \neq b_0$

迴歸係數 $\beta_0$ 之 t 檢定 $= \dfrac{\hat{\beta}_0 - b_0}{s \sqrt{\dfrac{1}{n} + \dfrac{\overline{x}^2}{S_{xx}}}} \sim$ 符合 $t_{(n-2)}$ 分配。

$\beta_0$ 之 $(1 - \alpha)$ 信賴區間為 $\hat{\beta}_0 \pm \sqrt{\dfrac{1}{n} + \dfrac{\overline{x}^2}{S_{xx}}} \times t_{(\alpha/2, n-2)}$。

3. 迴歸之變異數解釋量 $R^2$

決定 ( 判定 ) 係數 (Coefficient of determination)：$R^2$

令 $SS_E = \sum_{i=1}^{n} e_i^2 = \sum_{i=1}^{n} [y_i - (\hat{\beta}_0 + \hat{\beta}_1 x_i)]^2 = S_{yy} - \hat{\beta}_1 S_{xx}$。

$\sum_{i=1}^{n} [y_i - \hat{\beta}_0 - \hat{\beta}_1 x_i]^2 = S_{yy} - \hat{\beta}_1^2 S_{xx}$，得 $S_{yy} = \hat{\beta}_1^2 S_{xx} + SS_E$，即 $SS_T = SS_R + SS_E$。

$R^2 = 1 - \dfrac{SS_E}{S_{yy}} = \dfrac{\hat{\beta}_1^2 \times S_{xx}}{S_{yy}} = \dfrac{SS_R}{SS_T}$

當 $R^2$ 靠近 1，表示迴歸式適配佳。

4. 迴歸性質

(1) $\hat{\beta}_0$ 及 $\hat{\beta}_1$ 均為數據 $\{y_1, y_2, \cdots, y_n\}$ 之線性加權估計量。

(2) $E(\beta_0) = \hat{\beta}_0$，$E(\beta_1) = \hat{\beta}_1$

(3) $Var(\hat{\beta}_0) = \sigma^2 \left( \dfrac{1}{n} + \dfrac{\overline{x}^2}{S_{xx}} \right), Var(\hat{\beta}_1) = \dfrac{\sigma^2}{S_{xx}}$

## ( 四 ) 迴歸係數之 Meta 法：單位轉換

詳見張紹勳著：《Meta 分析實作：使用 Excel 與 CMA 程式》之「2.1.2 迴歸模型之效果量換算程序」。

## ( 五 ) 迴歸係數之假定

進行迴歸分析必須先符合四種假定 (assumption) 檢定：線性 (Linearity of the phenomenon)、變異數同質性 (Constant variance of the error term)、誤差項獨立 (Independence of the error term)、常態性 (Normality of the error term distribution)。線性部分由自變數與依變數的相關係數來判斷。變異數同質性部分使用 Box's M 方法檢查變異數同質性 (homoscedasticity) 之假定。誤差項獨立部分以 Durribin-Watson 來判斷，其值介於 1.5 至 2.5 之間是合適的。常態分配部分可以利用其分配的偏態 (skewness) 和峰態 (kurtosis) 的 Z 值來與研究所需的顯著水準臨界值比較，以判斷是否符合常態分配。

常態性的檢查可以利用偏態 (skewness) 和峰度 (kurtosis) 的 Z 值來與研究所需的顯著水準臨界值比較，以判斷是否符合常態性。要達 $\alpha = 0.05$ 顯著水準，所計算雙尾 z 值不能超過 95% 信賴區間之臨界值 (+1.96 ~ −1.96)。其計算公式如

下 (Hair et al., 1998)：

$$Z_{skewness} = \frac{skewness}{\sqrt{6/N}}, (N：樣本數)$$

$$Z_{kurtosis} = \frac{kurtosis}{\sqrt{24/N}}, (N：樣本數)$$

常態分配時，其偏態峰度為 0，但做研究時，觀察各變數偏態峰度值雖然不為 0，但須接近 0，不可超過 z 值的臨界值 (+1.96 ～ −1.96)。

## 三、從線性變換解釋最小平方法之近似

在整個線性代數領域，移動向量空間的線性變換以不同面貌貫穿許多重要的主題。線性代數初學者經常將線性變換侷限於單純的幾何變換，例如：旋轉、拉伸、鏡射等。實際情況是線性變換幾乎無所不在，線性變換就隱藏在矩陣向量的乘法運算。直白地說，矩陣向量乘法是線性變換的具體實現，而線性變換則是矩陣向量乘法的情境描述。下面我從線性變換觀點解釋最小平方近似問題的解決過程與意義，透過線性變換觀點不但可使原本抽象的內容變成容易理解的敘事情境，線性變換的映射機制也為線性代數理論與其應用搭建一座橋梁。

令 $A$ 為一個 $m \times n$ 階實矩陣且 $b \in \mathbb{R}^m$。線性方程 $A\mathbf{x} = b$ 是一致的（有解）充要條件可以從兩個觀點表述。寫出 $A = [a_1 \cdots a_n]$，其中 $a_j \in \mathbb{R}^m$ 是 $A$ 的行向量 (Column vector)。第一個觀點是線性組合：常數向量 b 可表示為 $a_1, \cdots, a_n$ 的線性組合：

$$b = x_1 a_1 + \cdots + x_n a_n = [a_1 \cdots a_n] \begin{bmatrix} x_1 \\ \vdots \\ x_n \end{bmatrix} = A\mathbf{x}$$

上面使用了 $x_i a_i = a_i x_i$。第二個觀點是線性變換：b 屬於線性變換 $A$ 的值域 (range)，即行空間 (Column space) $C(A) = \{A\mathbf{x} | \mathbf{x} \in \mathbb{R}^n\}$，$b = A\mathbf{x}$ 稱為 x 經映射 $A$ 的像 (image)。如果線性方程 $A\mathbf{x} = b$ 無解，這時我們只能求其最佳近似解，也就是找出 $\hat{\mathbf{x}}$ 使得誤差向量 $e = b − A\hat{\mathbf{x}}$ 有最小的長度平方，即：

$$\underset{\hat{\mathbf{x}}}{\text{minimize}} \ \|b − A\hat{\mathbf{x}}\|^2$$

假設 $\hat{x} \in \mathbb{R}^n$ 經線性變換 $A$ 映射至 $p = A\hat{x} \in C(A)$，或表示為 $\hat{x} \xrightarrow{A} p$。反過來問，我們想知道行空間 $C(A)$ 中那個 p 會產生最小的誤差 $\|e\|$？從三維幾何空間直觀，最小誤差發生於 $e = b - p$ 與 p 正交 ( 請你自己畫一個圖確認 )，也就是說 p 是向量 b 至行空間 $C(A)$ 的正交投影。

令 $P$ 代表正交投影至行空間 $C(A)$ 的變換矩陣使得 $p = Pb$，記為 $b \xrightarrow{P} p$。因為 $C(A)$ 是 $\mathbb{R}^m$ 的一個子空間，正交投影矩陣 $P$ 是 $m \times m$ 階並滿足 $P^2 = P = P^T$。欲求出正交投影矩陣 $P$，投影矩陣性質 $P^2b = Pb = P$ 說明投影一次與投影兩次的結果相同。因此，$Pp = P(Pb) = P^2b = p$，於是有

$$P(b - p) = p - p = 0$$

上式說明 $b - p$ 屬於 $P$ 的零空間 $N(P)$，幾何意義是 $b - p$ 與行空間 $C(A)$ 正交致使投影向量為 0。我們可以證明 $C(P) = C(A)_{[1]}$ 且 $N(P) = N(A^T)_{[2]}$。因此，$e = b - p = b - A\hat{x}$ 屬於 $C(A)$ 的正交補餘 (Orthogonal complement)$C(A)^\perp = N(A^T)$，或稱 $A$ 的左零空間：

$$A^T e = A^T(b - A\hat{x}) = 0$$

改寫成

$$A^T A\hat{x} = A^T b$$

上式稱為正規方程 (normal equation)，這裡 normal 表示垂直，意思是殘差 $e = b - A\hat{x}$ 正交於 $C(A)$。正規方程的解即為 $Ax = b$ 的最小平方近似解。當 $A$ 的行向量是線性獨立時，$\text{rank}A = n$，$A$ 稱為滿行秩。在此情況下，零空間退化為 $N(A) = \{0\}$，列空間 $C(A^T)$ 充滿整個 $\mathbb{R}^n$。因為 $\text{rank}A = \text{rank}(A^T A)$，可知 $n \times n$ 階交互乘積 $A^T A$ 是可逆的，故存在唯一的最小平方近似解：

$$\hat{x} = (A^T A)^{-1} A^T b$$

由此立刻推論出最小誤差平方的投影向量

$$p = A\hat{x} = A(A^T A)^{-1} A^T b$$

正交投影矩陣即為

$$P = A(A^TA)^{-1}A^T$$

底下補充說明常數向量 b 與誤差向量 e 的關係。因為

$$(I - P)^2 = I - 2P + P^2 = I - 2P + P = I - P$$

$I - P$ 也是一個投影矩陣，且

$$(I - P)\mathbf{b} = \mathbf{b} - P\mathbf{b} = \mathbf{b} - \mathbf{p} = \mathbf{e}$$

因此，向量 b 經 $I - P$ 正交投影至 $\mathbf{e} \in N(A^T)$。

最後我們將最小平方近似問題涉及的幾個線性變換整理於下 ( 見下圖 )：

1. 常數向量 $\mathbf{b} \in \mathbb{R}^m$ 經正交投影矩陣 $P = A(A^TA)^{-1}A^T$ 映至行空間 $C(A)$ 的投影向量 p：

$$\mathbf{b} \xrightarrow{P} \mathbf{p}$$

2. 常數向量 $\mathbf{b} \in \mathbb{R}^m$ 經正交投影矩陣 $I - P$ 映至左零空間 $N(A^T)$ 的最小誤差向量 e：

$$\mathbf{b} \xrightarrow{I - P} \mathbf{e}$$

3. 常數向量 $\mathbf{b} \in \mathbb{R}^m$ 經變換矩陣 $(A^TA)^{-1}A^T$ 映至列空間 $C(A^T)$ 的最小平方近似解 $\hat{\mathbf{x}}$：

$$\mathbf{b} \xrightarrow{(A^TA)^{-1}A^T} \hat{\mathbf{x}}$$

4. 最小平方解 $\hat{\mathbf{x}}$ 經矩陣 $A$ 映至行空間 $C(A)$ 的投影向量 p：

$$\hat{\mathbf{x}} \xrightarrow{A} \mathbf{p}$$

因此，將常數向量 b 映射至投影向量 p 的正交投影矩陣 $P$ 可以理解為二個線性變換的複合：

$$\mathbf{b} \xrightarrow{(A^TA)^{-1}A^T} \hat{\mathbf{x}} \xrightarrow{A} \mathbf{p}$$

但如果 $A$ 有線性相關的行向量，則 $A^TA$ 是一個不可逆矩陣，這時便不存在唯一的最小平方近似解。

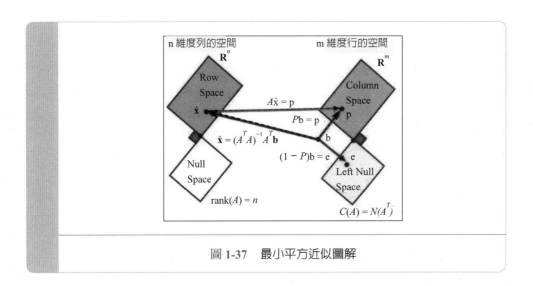

圖 1-37　最小平方近似圖解

## 1-3-2d 卡方檢定

### ( 一 ) 卡方分布 (Chi-square distribution)

　　檢定的時候，當資料是屬於名目 (nominal) 時，而要檢驗一個自變數對應變數的效果爲何，就需要使用到卡方分布 ($\chi^2$)。卡方分布大約是在 1990 年首先由 Pearson 提出，由常態分布中所變化出來的，卡方值就是標準常態分布變數 Z 的平方所得到，其公式如下：

$$Z^2 = \frac{(x - \mu)^2}{\sigma^2} \text{ 或 } Z^2 = \frac{n(\overline{x} - \mu)^2}{\sigma^2}$$

上述公式中，樣本的均值爲 $\overline{x}$，母群的平均值爲 $\mu$，母群的變異數爲 $\sigma^2$，假若由常態分布母群裡面抽出 n 個樣本，並把每一個樣本 $x_i$，帶入上述公式，並求其總和，可得到：

$$\sum_{i=1}^{n} Z_i^2 = \sum_{i=1}^{n} \frac{(x - \mu)^2}{\sigma^2} = \frac{\sum (x_i - \mu)^2}{\sigma^2}$$

上式 Pearson 稱自由度爲 df = n 的卡方值，其卡方值的公式可表示如下：

$$\chi^2_{(n)} = \frac{\sum (x_i - \mu)^2}{\sigma^2}$$

若是由 n 個樣本資料，可以得到自由度為 (n–1) 的卡方值，其公式如下：

$$\chi^2_{(n-1)} = \sum Z_i^2 = \frac{\sum (x_i - \overline{x})^2}{\sigma^2}$$

因此可以說，卡方值為 Z 分數的平方和。

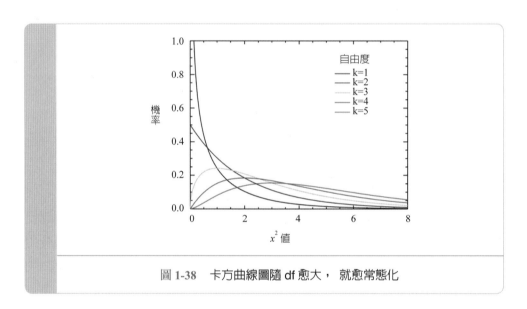

圖 1-38　卡方曲線圖隨 df 愈大，就愈常態化

## (二) 卡方檢定的多種用途

卡方檢定主要是用於等距變數或是比例變數的資料。

(1) 適配度檢定 (Goodness of fit test)：

卡方檢定可用於檢定對某件事物的機率分布是否是眞還是不眞，這個檢定就稱作是適配度檢定。例如：新開發的農藥殺蟲效果，是不是與藥商所說的符合。

$$\chi^2 = \sum_{i=1}^{k} \frac{(O_i - E_i)^2}{E_i}$$

其中，$O_i$ = 樣本的觀察值。

$E_i$ = 理論推算的期望值。

(2) 獨立性檢定 (Test of independence)：

卡方檢定可以用於檢定同一個母群中的兩個變數之間，彼此是不是無關、是否獨立，這就稱作是獨立性檢定。例如：男女性別的差異，與對事物看法的觀點是否獨立。

在進行獨立性檢定時，I×J 交叉表的兩個變數均為設計變數，且為 2×2 交叉表，則其 $\chi^2$ 公式可改寫成：

$$\chi^2 = \frac{N(AD-BC)^2}{(A+B)(C+D)(A+C)(B+D)}$$

| A | B | (A+B) |
|---|---|-------|
| C | D | (C+D) |

(A+C)　(B+D)

其中 A、B、C 和 D 代表 2×2 交叉表內各細格人數。

(3) 同質性檢定 (Test of homogeneity)：

卡方檢定可用於檢定不同的樣本資料是不是都來自同一個母群，此種卡方檢定，就稱作是同質性檢定。例如：三種不同廠牌的維骨力，對於治療退化性關節炎的效果是否相同。

同質性檢定的統計量 $\chi^2_{(R-1)(C-1)} = \sum_{i=1}^{R}\sum_{j=1}^{C}\frac{(O_{ij}-E_{ij})^2}{E_{ij}}$

其中，O 為觀察次數，E 為期望次數。

若 $\chi^2 > \chi^2_{(R-1)(C-1),\alpha}$ 則拒絕虛無假設 $H_0$

(4) Meta 之異質性 Cochrane Q 檢定 (Chi-square test of Cochran Q statistic)：

$Q = \sum_{i=1}^{K} w_i \times (ES_i - \overline{ES})^2$ ~ 符合 $\chi^2_{(K-1)}$ 分配。

若 $Q > \chi^2_{(K-1),0.05}$ 分配的臨界值，則表示每篇研究間具有異質性。

(5) 改變的顯著性檢定 (Test of significance of change)：

當二樣本資料取得時彼此具有連帶關係，並不是獨立取得，假如要比較檢定此二樣本資料是否有差異，就稱為改變的顯著性檢定。

### 1-3-3 檢定與信賴區間之關係

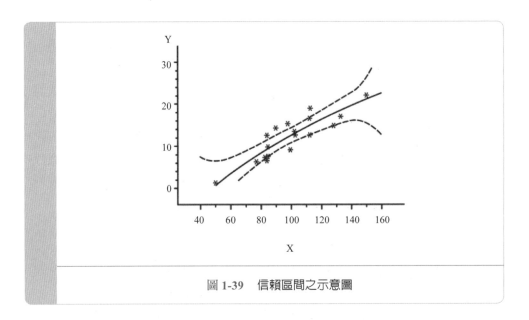

圖 1-39 信賴區間之示意圖

樣本統計是點估計，是我們的猜測。區間估計則是母體參數有可能落在其中的眾多點估計。要正確估計母體參數是不可能的，但是可以假設母體參數應該落在一定的區間，稱為信賴區間 (Confidence interval)。點估計加減誤差便是區間估計。

信賴區間的定義：由樣本資料定義一段數值區間，宣稱有多少信心可以估計母體的參數包含於此區間內 (The level of uncertainty in the estimate of treatment effect)。該數值區間上、下限稱為信賴界限 (Confidence limit)。用以估計的信心程度稱為信賴(心)水準 (Confidence level)。因此，信賴區間估計常表示為：

$$[p - Z_{(1-\alpha/2)} \times (s.e), p + Z_{(1-\alpha/2)} \times (s.e)]$$

當母體為連續變數時，我們使用樣本平均值推論母體平均值。$\overline{X}$ 的標準誤 (s.e) 為 $\dfrac{S_x}{\sqrt{n}}$。

一般常以 95% 或 99% 為信賴水準指標；相對應的 Z 分數 ( 相差幾個標準差 ) 分別為 1.96 與 2.58。即 CI 可表示為：

(1) 95% 信心估計母群體平均數，在樣本平均數 ±1.96×( 母群體標準差 / 樣本數 n 的平方根 ) 的範圍內。當我們抽樣夠多次，則其中約有 95% 左右個 (100 個之中有 95 個 ) 信賴區間會包含 μ。

(2) 99% 信心估計母群體平均數，則在樣本平均數 ±2.58×( 母群體標準差 / 樣本數 n 的平方根 ) 的範圍內。

CI 科學符號表示有二方式：

$$\mu \text{ 之 } 95\% \text{ CI} = \overline{X} \pm 1.96 \times \frac{\sigma}{\sqrt{n}}$$

$$\mu \text{ 之 } 99\% \text{ CI} = \overline{X} \pm 2.58 \times \frac{\sigma}{\sqrt{n}}$$

由上式可看出，在相同的樣本變異數 $\sigma^2$ 下，抽樣樣本 n 越大，樣本平均值的標準誤越小，則信賴區間也越小，也就是不確定程度越小。

例如：平均值標準誤 (Standard error of the mean)，它是我們藉著手邊的樣本 (sample) 資料，對母群體 (population) 平均值做估計時，對這個估計結果誤差程度的表示方法，我們也可以把標準誤轉換成信賴區間的方式，來表示對所估計母群體平均值的把握程度。因此，若我們的樣本數 (Sample size) 越大，所得的標準誤越小，亦即信賴區間越小，表示我們對所獲得的數據 ( 平均值 ) 越有把握。例如：當電腦報表上印出 10 位病人的血壓平均為 120.4mmHg，標準差 13.2mmHg，和標準誤 4.18mmHg 時，意味著這種情況的病人血壓大約為以 120.4mmHg 為中心，呈現標準差為 13.2mmHg 之分散程度的分布。由於這個資料乃根據 10 位病人的血壓值來估計，以樣本平均血壓 120.4mmHg 來估計母群體平均血壓的誤差程度為標準誤 4.18mmHg，我們並可計算由此樣本所得母群體平均值的 95% 信賴區間 (95% Confidence interval) 為 111.0mmHg 至 129.8mmHg。簡言之，在此區間 (111.0 mmHg,129.8mmHg) 內有 95% 的機率會包括真實的母群體平均血壓值。

標準差 (S) 及標準誤 (s.e.)，這兩種表示法傳遞不同的訊息。當以「平均值 ± 標準差」來描述資料時，是表示這個資料的中央趨勢 ( 用平均值來描述 ) 和分散程度 ( 用標準差來描述 ) 兩樣性質。而若以「平均值 ± 標準誤」時，則僅描述了這個資料的中央趨勢 ( 用平均值來描述 )，以及對母群體平均值估計的可能

誤差程度。

在同樣 Type I error($\alpha$ 值 ) 的情形下，信賴區間可以用來判定樣本平均值與假定母體平均值是否有顯著差異，結論會跟雙尾檢定相同。若以樣本平均值推論出 $\mu$ 的信賴區間，包含了原本假定的母體平均值，則表示樣本平均數與母體平均值沒有顯著差異。若以樣本平均值推論出 $\mu$ 的信賴區間，不包含原本假定的母體平均值，則表示樣本平均數與母體平均值有顯著差異。

常態母體，$\sigma$ 未知時。假設 type I 誤差＝$\alpha$，自由度＝n-1，平均數的信賴區為：

$$\overline{Y} \pm t_{\alpha/2,n-1} \times (s.e.)，其中 s.e. = \frac{S}{\sqrt{n}}。$$

例如：從一常態母體中隨機抽出 n = 25 的樣本，並得到樣本平均數 $\overline{Y}$ = 50，樣本標準差 s = 8，則母體平均數的數的 95% 信賴區間為：

$$\overline{Y} \pm t_{\alpha/2,n-1} \times \frac{S}{\sqrt{n}} = 50 \pm 2.0639 \times \frac{8}{\sqrt{25}}$$

如果 n >= 30，t 值亦會趨近於 Z 分數。當樣本標準差 S 已知，且樣本個數大於 30，我們改用 Z 分配求 95%CI：

$$95\%CI = \overline{X} \pm Z_{\alpha/2} \times \frac{S}{\sqrt{n}} = \overline{X} \pm 1.96 \times \frac{S}{\sqrt{n}}$$

# 1-4 多變量常態分布、樣本平均數、變異數和共變異數：統計基礎

## 1-4-1 多變量假定：常態分布之統計基礎

STaTa 常態分布之指令，常見包括：swilk 、sktest 、qnorm 、pnorm 、qqplot 、mvtest normality 指令。

在數學、統計學、物理和工程等領域，常態分布 (Normal distribution 、Gaussian distribution) 是一個非常重要的連續型機率 ( 概率 ) 分布模型。本文將回答下列問題：

1. 如何推導多變量常態分布的機率密度函數 (Probability density function)？
2. 怎麼證明服從常態分布的隨機向量的線性變換也為常態分布？
3. 怎麼證明服從常態分布的多隨機變數的子集合亦為常態分布？
4. 如何判別二組 ( 常態分布 ) 隨機變數集的獨立性？
5. 具有常態分布的條件機率密度函數為何？
6. 給定條件機率密度函數 $p(\mathrm{y}|\mathrm{x})$，如何計算 $p(\mathrm{x}|\mathrm{y})$？

　　為了避免繁瑣的積分運算，我們以動差生成函數 (Moment generating function) 推演，這個方法的理論基礎在於動差生成函數唯一決定機率密度函數。下面先介紹標準多變量常態分布，隨後通過仿射變換 (Affine transformation) 推廣至一般多變量常態分布。

## 一、標準多變量常態分布

　　令 $z$ 為一個連續型隨機變數，其值域為實數系 $\mathbb{R}$。機率學經常以 $Z$ 表示隨機變數，$z$ 表示其值。為簡化符號，在不造成混淆的情況下，本文以 $z$ 代表隨機變數或其值。變數 $z$ 服從標準常態分布 (Standard normal distribution)，若機率密度函數為：

$$p_z(z) = \frac{1}{\sqrt{2\pi}} \exp\left\{-\frac{z^2}{2}\right\}$$

密度函數 $p_z(\cdot)$ 的下標 $z$ 表示隨機變數，引數 $z$ 表示其值。我們可以證明 $p_z(z)$ 是一個合法的機率密度函數，因其回傳值不為負並滿足歸一性：

$$\int_{-\infty}^{\infty} p_z(z)dz = 1$$

期望值為 $\mathrm{E}[z] = 0$，且變異數為 $\mathrm{var}[z] = 1$。以下用 $z \sim N(0, 1)$ 來表示連續型隨機變數 $z$ 服從標準常態分布。單變量標準常態分布可推廣至多變量標準常態分布。令 $z = (z_1, \cdots, z_p)^T$ 為隨機向量，其中 $z_1, \cdots, z_p$ 是連續型隨機變數。我們說隨機向量 $z$ 服從標準多變量常態分布，若聯合 (joint) 機率密度函數為：

$$p_z(z) = \frac{1}{(2\pi)^{p/2}} \exp\left\{-\frac{z^T z}{2}\right\}$$

(1) 多變量機率密度函數與單變量密度函數的關係

將標準常態分布的聯合機率密度函數改寫如下：

$$p_z(z) = \underbrace{\frac{1}{\sqrt{2\pi}} \frac{1}{\sqrt{2\pi}} \cdots \frac{1}{\sqrt{2\pi}}}_{p \text{ times}} \exp\left\{ -\frac{z_1^2}{2} - \frac{z_2^2}{2} - \cdots - \frac{z_p^2}{2} \right\}$$

$$= \frac{1}{\sqrt{2\pi}} \exp\left\{ -\frac{z_1^2}{2} \right\} \cdot \frac{1}{\sqrt{2\pi}} \exp\left\{ -\frac{z_2^2}{2} \right\} \cdots \frac{1}{\sqrt{2\pi}} \exp\left\{ -\frac{z_p^2}{2} \right\}$$

$$= f(z_1) \cdot f(z_2) \cdots f(z_p)$$

上面定義了

$$f(z_i) = \frac{1}{\sqrt{2\pi}} \exp\left\{ -\frac{z_i^2}{2} \right\}$$

接著證明 $f(z_i)$ 是變數 $z_i$ 的邊際 (marginal) 密度函數。使用標準常態分布的密度函數的歸一性：

$$p_{z_i}(z_i) = \int_{-\infty}^{\infty} \cdots \int_{-\infty}^{\infty} p_z(z_1, \cdots, z_{i-1}, z_i, z_{i+1}, \cdots, z_p) dz_1 \cdots dz_{i-1} dz_{i+1} \cdots dz_p$$

$$= \int_{-\infty}^{\infty} \cdots \int_{-\infty}^{\infty} f(z_1) \cdots f(z_{i-1}) f(z_i) f(z_{i+1}) \cdots f(z_p) dz_1 \cdots dz_{i-1} dz_{i+1} \cdots dz_p$$

$$= f(z_i) \int_{-\infty}^{\infty} f(z_1) dz_1 \cdots \int_{-\infty}^{\infty} f(z_{i-1}) dz_{i-1} \int_{-\infty}^{\infty} f(z_{i+1}) dz_{i+1} \cdots \int_{-\infty}^{\infty} f(z_p) dz_p$$

$$= f(z_i)$$

所以，$z_i \sim N(0, 1)$，$i = 1, \cdots, p$，且彼此獨立。

(2) 期望值

標準常態分布的隨機向量 z 的期望值為：

$$E[z] = \begin{bmatrix} E[z_1] \\ \vdots \\ E[z_p] \end{bmatrix} = \begin{bmatrix} 0 \\ \vdots \\ 0 \end{bmatrix} = 0$$

因為每一 $z_i \sim N(0, 1)$ 的期望值等於 0。

(3) 共變異數矩陣

隨機向量 z 的共變異數矩陣定義為：

$$\text{cov}[z] = \text{E}[(z - \text{E}[z])(z - \text{E}[z])^T]$$

$$= \begin{bmatrix} \text{var}[z_1] & \text{cov}[z_1, z_2] & ... & \text{cov}[z_1, z_p] \\ \text{cov}[z_2, z_1] & \text{var}[z_2] & ... & \text{cov}[z_2, z_p] \\ \vdots & \vdots & \ddots & \vdots \\ \text{cov}[z_p, z_1] & \text{cov}[z_p, z_2] & ... & \text{var}[z_p] \end{bmatrix}$$

因為 $z_1, \cdots, z_p$ 是彼此獨立並為標準常態分布的隨機變數，$\text{var}[z_i] = 1$，$i = 1, \cdots, p$，且 $\text{cov}[z_i, z_j] = 0$，$i \neq j$，故 $\text{cov}[z] = I$。我們用 $z \sim N(0, I)$ 表示隨機向量 z 服從多變量標準常態分布。

(4) 聯合動差生成函數

連續型隨機變數 z 的動差生成函數定義為：

$$m_z(t) = \text{E}[\exp(t_z)]$$

類似地，隨機向量 z 的聯合 (joint) 動差生成函數定義為：

$$m_z(t) = \text{E}[\exp(t^T z)] = \text{E}[\exp(t_1 z_1 + \cdots + t_p z_p)]$$

其中 $t = (t_1, \cdots, t_p)^T$。使用 $z_1, \cdots, z_p$ 的獨立性：

$$m_z(t) = \text{E}[\exp(t_1 z_1 + \cdots + t_p z_p)]$$

$$= \text{E}\left[\prod_{i=1}^{p} \exp(t_i z_i)\right]$$

$$= \prod_{i=1}^{p} E[\exp(t_i z_i)]$$

$$= \prod_{i=1}^{p} m_{z_i}(t_i)$$

標準常態分布的隨機變數 $z_i$ 的動差生成函數為：

$$m_{z_i}(t_i) = \exp\left(\frac{t_i^2}{2}\right)$$

因此，標準常態分布的隨機向量 z 的動差生成函數如下：

$$m_z(t) = \prod_{i=1}^{p} m_{z_i}(t_i)$$

$$= \prod_{i=1}^{p} \exp\left(\frac{t_i^2}{2}\right)$$

$$= \exp\left(\frac{1}{2} \sum_{i=1}^{p} t_i^2\right)$$

$$= \exp\left(\frac{t^T t}{2}\right)$$

## 二、一般多變量常態分布

令 z 為 $p$ 維標準常態分布的隨機向量，$\mu$ 為 $p$ 維常數向量，且 $B$ 是 $p \times p$ 階可逆矩陣。據此，$\sum = BB^T$ 為對稱正定矩陣。考慮下列仿射變換 ( 即線性變換加上平移 )：

$$x = G(z) = Bz + \mu$$

其中 $G : \mathbb{R}^p \to \mathbb{R}^p$ 是一對一可導函數 ( 因為 $B$ 可逆 )。如何由隨機向量 z 的機率密度函數 $p_z(z)$ 得到 x 的機率密度函數 $p_x(x)$？考慮隨機向量 z 出現在一個微小長方體 $R = [z_1, z_1 + dz_1] \times \cdots \times [z_p, z_p + dz_p]$ 的機率值，下列二個算式相等：

$$p_x(x)dV = P_z(z)dz_1 \cdots dz_p$$

其中 $dV$ 是 $G(R) = \{G(z)|z \in R\}$ 在 $\mathbb{R}^p$ 的體積，可表示為：

$$dV = |\det J(z)|dz_1 \cdots dz_p$$

這裡 $J(z)$ 是 $G(z)$ 的 Jacobian 矩陣，即：

$$J(z) = \begin{bmatrix} \dfrac{\partial x_1}{\partial z_1} & \dfrac{\partial x_1}{\partial z_2} & \cdots & \dfrac{\partial x_1}{\partial z_p} \\ \dfrac{\partial x_2}{\partial z_1} & \dfrac{\partial x_2}{\partial z_2} & \cdots & \dfrac{\partial x_2}{\partial z_p} \\ \vdots & \vdots & \ddots & \vdots \\ \dfrac{\partial x_p}{\partial z_1} & \dfrac{\partial x_p}{\partial z_2} & \cdots & \dfrac{\partial x_p}{\partial z_p} \end{bmatrix} = B$$

合併上面結果，經過仿射變換後的機率密度函數為：

$$p_x(x) = \frac{1}{|\det J(z)|} p_z(z) = \frac{1}{|\det B|} p_z(z)$$

代入 $z = B^{-1}(x - \mu)$，使用標準常態分布的密度函數，可得 ( 非退化 ) 多變量常態分布的密度函數：

$$\begin{aligned}
p_x(x) &= \frac{1}{|\det B|} p_z (B^{-1}(x - \mu)) \\
&= \frac{1}{|\det B|} \frac{1}{(2\pi)^{p/2}} \exp\left\{ -\frac{1}{2} (B^{-1}(x - \mu))^T (B^{-1}(x - \mu)) \right\} \\
&= \frac{1}{|\det B|^{1/2}} \frac{1}{|\det B|^{1/2}} \frac{1}{(2\pi)^{p/2}} \exp\left\{ -\frac{1}{2} (x - \mu)^T (B^{-1})^T B^{-1}(x - \mu) \right\} \\
&= \frac{1}{|\det B|^{1/2}} \frac{1}{|\det B^T|^{1/2}} \frac{1}{(2\pi)^{p/2}} \exp\left\{ -\frac{1}{2} (x - \mu)^T (B^T)^{-1} B^{-1}(x - \mu) \right\} \\
&= \frac{1}{|\det (BB^T)|^{1/2}} \frac{1}{(2\pi)^{p/2}} \exp\left\{ -\frac{1}{2} (x - \mu)^T (BB^T)^{-1}(x - \mu) \right\} \\
&= \frac{1}{(2\pi)^{p/2} (\det \Sigma)^{1/2}} \exp\left\{ -\frac{1}{2} (x - \mu)^T \Sigma^{-1}(x - \mu) \right\}
\end{aligned}$$

最後一個步驟移除了絕對值符號，乃因 $\Sigma$ 是正定矩陣，其行列式大於 0。

(1) 期望值

沿用前述記號，由期望值算子的線性性質可知：

$$E[x] = E[Bz + \mu] = BE[z] + \mu = B \times 0 + \mu = \mu$$

(2) 共變異數矩陣

使用共變異數矩陣的仿射變換性質：

$$cov[x] = cov[Bz + \mu] = B\, cov[z]B^T = BIB^T = BB^T = \Sigma$$

具有多變量常態分布的隨機向量 x 的密度函數完全由 $\mu$ 和 $\Sigma$ 決定，記為 x ～ $N(\mu, \Sigma)$，其中 $\mu = (\mu_1, \cdots, \mu_p)^T$ 為平均數向量，$\Sigma = [\sigma_{ij}]$ 為共變異數矩陣。

(3) 相關係數

給定共變異數矩陣 $\Sigma = [\sigma_{ij}]$，定義變數 $x_i$ 和 $x_j$ 的相關係數 (Correlation coefficient) 為：

$$\rho_{ij} = \frac{\sigma_{ij}}{\sqrt{\sigma_{ii}}\sqrt{\sigma_{jj}}} = \frac{\sigma_{ij}}{\sigma_i\sigma_j}$$

其中 $\sigma_i = \sqrt{\text{var}[x_i]}$ 和 $\sigma_j = \sqrt{\text{var}[x_j]}$ 分別是變數 $x_i$ 和 $x_j$ 的標準差 (Standard deviation)。因為 $\sigma_{ij} = \sigma_{ji}$，相關係數具有對稱性：$\rho_{ij} = \rho_{ji}$。正定矩陣的任一主子陣都是正定的，故

$$\begin{bmatrix} \sigma_{ii} & \sigma_{ij} \\ \sigma_{ji} & \sigma_{jj} \end{bmatrix} = \begin{bmatrix} \sigma_i^2 & \sigma_i\sigma_j\rho_{ij} \\ \sigma_i\sigma_j\rho_{ij} & \sigma_j^2 \end{bmatrix}$$

是正定矩陣，即知

$$\begin{vmatrix} \sigma_i^2 & \sigma_i\sigma_j\rho_{ij} \\ \sigma_i\sigma_j\rho_{ij} & \sigma_j^2 \end{vmatrix} = \sigma_i^2\sigma_j^2(1 - \rho_{ij}^2) > 0$$

因此，$-1 < \rho_{ij} < 1$。

若隨機向量 $\text{x} = (x_1, \cdots, x_p)^T$ 服從常態分布，則密度函數的設定參數包含平均數 $\mu_i$，$i = 1, \cdots, p$，變異數 $\sigma_i^2$，$i = 1, \cdots, p$，以及相關係數 $\rho_{ij}$，$i, j = 1, \cdots, p$，$i \neq j$。以二變數常態分布 ($p = 2$) 為例。對於隨機向量 $\text{x} = (x_1, x_2)^T$，平均數向量為：

$$E[\text{x}] = E\begin{bmatrix} x_1 \\ x_2 \end{bmatrix} = \begin{bmatrix} E[x_1] \\ E[x_2] \end{bmatrix} = \begin{bmatrix} \mu_1 \\ \mu_2 \end{bmatrix}$$

共變異數矩陣為：

$$\Sigma = E[(\text{x} - \mu)(\text{x} - \mu)^T] = E\left(\begin{bmatrix} x_1 - \mu_1 \\ x_2 - \mu_2 \end{bmatrix}[x_1 - \mu_1 \quad x_2 - \mu_2]\right)$$

$$= E\begin{bmatrix} (x_1 - \mu_1)^2 & (x_1 - \mu_1)(x_2 - \mu_2) \\ (x_2 - \mu_2)(x_1 - \mu_1)^2 & (x_2 - \mu_2)^2 \end{bmatrix}$$

$$= \begin{bmatrix} E[(x_1 - \mu_1)^2] & E[(x_1 - \mu_1)(x_2 - \mu_2)] \\ E[(x_1 - \mu_1)(x_2 - \mu_2)] & E[(x_2 - \mu_2)^2] \end{bmatrix}$$

$$= \begin{bmatrix} \sigma_{11} & \sigma_{12} \\ \sigma_{21} & \sigma_{22} \end{bmatrix} = \begin{bmatrix} \sigma_1^2 & \sigma_1\sigma_2\rho \\ \sigma_1\sigma_2\rho & \sigma_2^2 \end{bmatrix}$$

其中 $\rho$ 是 $x_1$ 和 $x_2$ 的相關係數。共變異數矩陣的逆矩陣為：

$$\Sigma^{-1} = \frac{1}{\sigma_1^2\sigma_2^2(1-\rho^2)}\begin{bmatrix} \sigma_2^2 & -\sigma_1\sigma_2\rho \\ -\sigma_1\sigma_2\rho & \sigma_1^2 \end{bmatrix} = \frac{1}{1-\rho^2}\begin{bmatrix} \dfrac{1}{\sigma_1^2} & -\dfrac{\rho}{\sigma_1\sigma_2} \\ -\dfrac{\rho}{\sigma_1\sigma_2} & \dfrac{1}{\sigma_2^2} \end{bmatrix}$$

因此，$x_1$ 和 $x_2$ 的聯合機率密度函數如下：

$$p_{x_1,x_2}(x_1, x_2) = \frac{1}{2\pi\sigma_1\sigma_2\sqrt{1-\rho^2}} \times$$

$$\exp\left\{-\frac{1}{2(1-\rho^2)}\left[\frac{(x_1-\mu_1)^2}{\sigma_1^2} - 2\rho\frac{(x_1-\mu_1)(x_2-\mu_2)}{\sigma_1\sigma_2} + \frac{(x_2-\mu_2)^2}{\sigma_2^2}\right]\right\}$$

(4) 聯合動差生成函數

根據定義，使用 $x = Bz + \mu$ 及標準常態分布的聯合動差生成函數，可得：

$$\begin{aligned} m_x(t) &= E[\exp(t^T x)] \\ &= E[\exp(t^T(Bz+\mu))] \\ &= \exp(t^T\mu)\, E[\exp((B^T t)^T z)] \\ &= \exp(t^T\mu)m_z(B^T t) \\ &= \exp(t^T\mu)\exp\left(\frac{1}{2}t^T BB^T t\right) \\ &= \exp\left(t^T\mu + \frac{1}{2}t^T\Sigma t\right) \end{aligned}$$

(5) 仿射變換

令 x 為 $p$ 維隨機向量，且 $x \sim N(\mu, \Sigma)$。考慮仿射變換 $y = Ax + b$，其中 y 是 $n$ 維隨機向量，$A$ 是 $n \times p$ 階常數矩陣，b 是 $n$ 維常數向量。運用聯合動差生成函數可證明：

$$E[y] = A\mu + b, \quad \text{cov}[y] = A\Sigma A^T$$

且 y 是常態分布的隨機向量，即 $y \sim N(A\mu + b, A\Sigma A^T)$，推導過程如下：

$$m_y(\mathrm{t}) = \mathrm{E}[\exp(\mathrm{t}^T \mathrm{y})]$$

$$= \mathrm{E}[\exp(\mathrm{t}^T (A\mathrm{x} + \mathrm{b}))]$$

$$= \exp(\mathrm{t}^T\mathrm{b})\mathrm{E}[\exp((A^T\mathrm{t})^T\mathrm{x})]$$

$$= \exp(\mathrm{t}^T\mathrm{b})m_\mathrm{x}(A^T\mathrm{t})$$

$$= \exp(\mathrm{t}^T\mathrm{b}) \exp\left((A^T\mathrm{t})^T\mu + \frac{1}{2}(A^T\mathrm{t})^T\Sigma(A^T\mathrm{t})\right)$$

$$= \exp\left(\mathrm{t}^T(A\mu + \mathrm{b}) + \frac{1}{2}\mathrm{t}^T(A\Sigma A^T)\mathrm{t}\right)$$

將上式與常態分布的聯合動差生成函數 (4) 相比較，即證得所求。隨機向量 y 為非退化常態分布的條件是 $\mathrm{cov}[\mathrm{y}] = A\Sigma A^T$ 可逆，也就是說，$\mathrm{rank}A = n \leq \mathrm{p}$。

下面介紹分塊隨機向量分析法。對於一個 $p$ 維隨機向量 $\mathrm{x} \sim N(\mu, \Sigma)$，將 x 分解成：

$$\mathrm{x} = \begin{bmatrix} \mathrm{x}_a \\ \mathrm{x}_b \end{bmatrix}$$

其中 $\mathrm{x}_a$ 是 $q$ 維隨機向量，$\mathrm{x}_b$ 是 $p - q$ 維隨機向量。為便利說明，令 $\mu_a = \mathrm{E}[\mathrm{x}_a]$，$\mu_b = \mathrm{E}[\mathrm{x}_b]$，$\Sigma_a = \mathrm{cov}[\mathrm{x}_a]$，$\Sigma_b = \mathrm{cov}[\mathrm{x}_b]$，並定義 $\mathrm{x}_a$ 和 $\mathrm{x}_b$ 的交互 (cross) 共變異數矩陣為下列 $q \times (p - q)$ 階矩陣：

$$\Sigma_{ab} = \mathrm{cov}[\mathrm{x}_a, \mathrm{x}_b] = \mathrm{E}[(\mathrm{x}_a - \mathrm{E}[\mathrm{x}_a])(\mathrm{x}_b - \mathrm{E}[\mathrm{x}_b])^T]$$

因此，

$$\mu = \begin{bmatrix} \mu_a \\ \mu_a \end{bmatrix}, \ \Sigma = \begin{bmatrix} \Sigma_a & \Sigma_{ab} \\ \Sigma_{ab}^T & \Sigma_b \end{bmatrix}$$

(6) 隨機變數的子集合

隨機變數 $x_1, \cdots, x_p$ 的任何子集合所構成的隨機向量為常態分布，即常態分布的邊際分布也服從常態分布。具體地說，$\mathrm{x}_a \sim N(\mu_a, \Sigma_a)$ 且 $\mathrm{x}_b \sim N(\mu_b, \Sigma_b)$，見下圖。

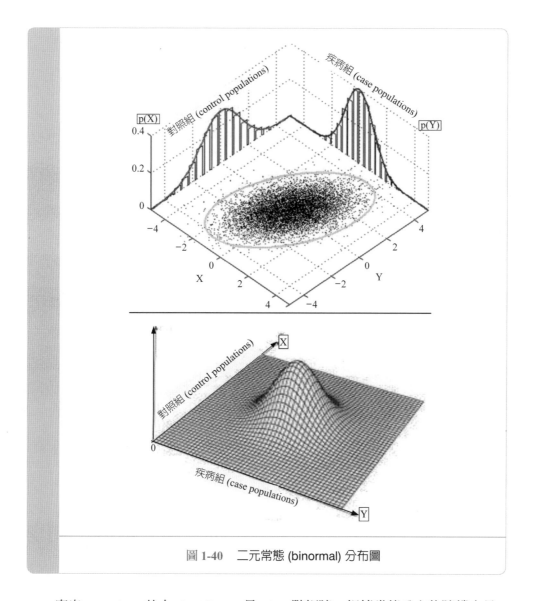

圖 1-40　二元常態 (binormal) 分布圖

寫出 $x_a = Ax$，其中 $A = [I_q \quad 0]$ 是 $q \times p$ 階矩陣。根據常態分布的隨機向量 x 的仿射變換性質 (5)，可知 $x_a$ 為常態分布的隨機向量，且

$$E[x_a] = A\mu = \begin{bmatrix} I & 0 \end{bmatrix} \begin{bmatrix} \mu_a \\ \mu_b \end{bmatrix} = \mu_a$$

$$\mathrm{cov}[x_a] = A\Sigma A^T = \begin{bmatrix} I & 0 \end{bmatrix} \begin{bmatrix} \Sigma_a & \Sigma_{ab} \\ \Sigma_{ab}^T & \Sigma_b \end{bmatrix} \begin{bmatrix} I \\ 0 \end{bmatrix} = \Sigma_a$$

使用相同的方法亦可證明 $x_b$ 是常態分布的隨機向量，$E[x_b] = \mu_b$ 且 $cov[x_b] = \Sigma_b$。

(7) 獨立的隨機向量

若 $\Sigma_{ab} = 0$，則 $x_a$ 和 $x_b$ 是獨立的隨機向量，反之亦然。欲證明 $x_a$ 和 $x_b$ 是獨立的隨機向量，我們只要證明 $x$ 的聯合動差生成函數等於 $x_a$ 和 $x_b$ 的聯合動差生成函數之積。性質 (6) 說 $x_a \sim N(\mu_a, \Sigma_a)$ 且 $x_b \sim N(\mu_b, \Sigma_b)$，可知聯合動差生成函數為：

$$m_{x_a}(t_a) = \exp\left(t_a^T \mu_a + \frac{1}{2} t_a^T \Sigma_a t_a\right)$$

$$m_{x_b}(t_b) = \exp\left(t_b^T \mu_b + \frac{1}{2} t_b^T \Sigma_b t_b\right)$$

令 $t = \begin{bmatrix} t_a \\ t_b \end{bmatrix}$。推演過程如下：

$$
\begin{aligned}
m_x(t) &= \exp\left(t^T \mu + \frac{1}{2} t^T \Sigma t\right) \\
&= \exp\left([t_a^T \quad t_b^T]\begin{bmatrix} \mu_a \\ \mu_b \end{bmatrix} + \frac{1}{2}[t_a^T \quad t_b^T]\begin{bmatrix} \Sigma_a & \Sigma_{ab} \\ \Sigma_{ab}^T & \Sigma_b \end{bmatrix}\begin{bmatrix} t_a \\ t_b \end{bmatrix}\right) \\
&= \exp\left(t_a^T \mu_a + t_b^T \mu_b + \frac{1}{2}t_a^T \Sigma_a t_a + \frac{1}{2}t_a^T \Sigma_{ab} t_b + \frac{1}{2}t_b^T \Sigma_{ab}^T t_a + \frac{1}{2}t_b^T \Sigma_b t_b\right) \\
&= \exp\left(t_a^T \mu_a + \frac{1}{2}t_a^T \Sigma_a t_a + t_b^T \mu_b + \frac{1}{2}t_b^T \Sigma_b t_b\right) \\
&= \exp\left(t_a^T \mu_a + \frac{1}{2}t_a^T \Sigma_a t_a\right) \exp\left(t_b^T \mu_b + \frac{1}{2}t_b^T \Sigma_b t_b\right) \\
&= m_{x_a}(t_a) m_{x_b}(t_b)
\end{aligned}
$$

(8) 條件機率密度函數

給定 $x_b$，若 $\det \Sigma_b > 0$，則 $x_a$ 的條件分布為常態分布，且

$$E[x_a \mid x_b] = \mu_a + \Sigma_{ab}\Sigma_b^{-1}(x_b - \mu_b)$$

$$cov[x_a \mid x_b] = \Sigma_a - \Sigma_{ab}\Sigma_b^{-1}\Sigma_{ab}^T$$

直接計算條件機率函數相當麻煩，這裡介紹一個運用矩陣代數的間接證法。寫出 $p \times p$ 階矩陣：

$$A = \begin{bmatrix} I_q & -\Sigma_{ab}\Sigma_b^{-1} \\ 0 & I_{p-q} \end{bmatrix}$$

考慮 $\mathrm{x} - \mu$ 的線性變換：

$$A(\mathrm{x} - \mu) = \begin{bmatrix} I & -\Sigma_{ab}\Sigma_b^{-1} \\ 0 & I \end{bmatrix} \begin{bmatrix} \mathrm{x}_a - \mu_a \\ \mathrm{x}_b - \mu_b \end{bmatrix} = \begin{bmatrix} \mathrm{x}_a - \mu_a - \Sigma_{ab}\Sigma_b^{-1}(\mathrm{x}_b - \mu_b) \\ \mathrm{x}_b - \mu_b \end{bmatrix}$$

其共變異數矩陣爲：

$$\mathrm{cov}\,[A(\mathrm{x} - \mu)] = A\Sigma A^T$$

$$= \begin{bmatrix} I & -\Sigma_{ab}\Sigma_b^{-1} \\ 0 & I \end{bmatrix} \begin{bmatrix} \Sigma_a & \Sigma_{ab} \\ \Sigma_{ab}^T & \Sigma_b \end{bmatrix} \begin{bmatrix} I & 0 \\ -\Sigma_b^{-1}\Sigma_{ab}^T & I \end{bmatrix}$$

$$= \begin{bmatrix} \Sigma_a - \Sigma_{ab}\Sigma_b^{-1}\Sigma_{ab}^T & 0 \\ 0 & \Sigma_b \end{bmatrix}$$

由性質 (7) 可知 $\mathrm{x}_a - \mu_a - \Sigma_{ab}\Sigma_b^{-1}(\mathrm{x}_b - \mu_b)$ 和 $\mathrm{x}_b - \mu_b$ 是獨立的隨機向量。又因 $\mathrm{E}\,[A(\mathrm{x} - \mu)] = A(\mathrm{E}[\mathrm{x}] - \mu) = 0$，由 (5) 和 (6) 推得：

$$\mathrm{x}_a - \mu_a - \Sigma_{ab}\Sigma_b^{-1}(\mathrm{x}_b - \mu_b) \sim N(0, \Sigma_a - \Sigma_{ab}\Sigma_b^{-1}\Sigma_{ab}^T)$$

當 $\mathrm{x}_b$ 給定時，$\mu_a + \Sigma_{ab}\Sigma_b^{-1}(\mathrm{x}_b - \mu_b)$ 爲常數向量，故上式中，$\mathrm{E}[\mathrm{x}_a - \mu_a - \Sigma_{ab}\Sigma_b^{-1}(\mathrm{x}_b - \mu_b)] = 0$ 等價於：

$$\mathrm{E}[\mathrm{x}_a] = \mu_a + \Sigma_{ab}\Sigma_b^{-1}(\mathrm{x}_b - \mu_b)$$

且

$$\mathrm{cov}[\mathrm{x}_a] = \mathrm{cov}[\mathrm{x}_a - \mu_a - \Sigma_{ab}\Sigma_b^{-1}(\mathrm{x}_b - \mu_b)] = \Sigma_a - \Sigma_{ab}\Sigma_b^{-1}\Sigma_{ab}^T$$

利用條件密度函數的一般表達式很容易推演出給定常態分布變數 $x$，常態分布變數 $y$ 的條件密度函數 $p_{y|x}(y|x)$。將 $\mathrm{x}_a$ 和 $\mathrm{x}_b$ 分別以 $y$ 和 $x$ 取代，可得：

$$\mathrm{E}\,[y|x] = \mu_y + \frac{\sigma_{xy}}{\sigma_x^2}(x - \mu_x) = \mu_y + \rho\,\frac{\sigma_y}{\sigma_x}\,(x - \mu_x)$$

以及

$$\text{cov}\,[y|x] = \sigma_y^2 - \frac{\sigma_{xy}^2}{\sigma_x^2} = \sigma_y^2(1 - \rho^2)$$

其中$\mu_x = \text{E}\,[x]$，$\mu_y = \text{E}\,[y]$，$\sigma_x = \sqrt{\text{var}[x]}$，$\sigma_y = \sqrt{\text{var}[y]}$，$\sigma_{xy} = \text{cov}[x, y]$，$\rho$ 是 $x$ 和 $y$ 的相關係數。所以：

$$y|x \sim N\!\left(\mu_y + \rho\,\frac{\sigma_y}{\sigma_x}(x - \mu_x),\, \sigma_y^2(1 - \rho^2)\right)$$

(9) 變數置換的條件密度函數

令 x 為 $p$ 維隨機向量，y 為 $n$ 維隨機向量。假設

$$\text{x} \sim N\,(\mu, \Sigma), \quad \text{y}|\text{x} \sim N(A\text{x} + \text{b}, \Psi)$$

其中 $A$ 是 $n \times p$ 階常數矩陣，b 是 $n$ 維常數向量。我們的目標是求得 y 的密度函數與 x|y 的條件機率密度函數。先計算 x 與 y 的聯合密度函數。在不造成混淆的情況下，省略密度函數的下標。令

$$\text{z} = \begin{bmatrix} \text{x} \\ \text{y} \end{bmatrix}$$

利用聯合動差生成函數可以證明 z 服從常態分布。底下計算 z 的平均數向量與共變異數矩陣。考慮聯合密度函數的對數：

$$\log p(\text{z}) = -\frac{1}{2}(\text{z} - \text{E}[\text{z}])^T \text{cov}[\text{z}]^{-1}(\text{z} - \text{E}[\text{z}])$$

$$= -\frac{1}{2}\text{z}^T\text{cov}[\text{z}]^{-1}\text{z} + \text{z}^T\text{cov}[\text{z}]^{-1}\text{E}[\text{z}] + c_1$$

使用定義：

$$\log p(\text{z}) = \log p(\text{x}, \text{y}) = \log\,(p(\text{x})p(\text{y}|\text{x})) = \log p(\text{x}) + \log p(\text{y}|\text{x})$$

$$= -\frac{1}{2}(\text{x} - \mu)^T\Sigma^{-1}(\text{x} - \mu) - \frac{1}{2}(\text{y} - A\text{x} - \text{b})^T\Psi^{-1}(\text{y} - A\text{x} - \text{b}) + c_2$$

其中 $c_1, c_2$ 代表所有與 x, y 和 z 無關的常數之和。整理上式中涉及 x 和 y 的二次項，如下：

$$-\frac{1}{2}x^T\left(\Sigma^{-1}+A^T\Psi^{-1}A\right)x-\frac{1}{2}y^T\Psi^{-1}y+\frac{1}{2}x^TA^T\Psi^{-1}y+\frac{1}{2}y^T\Psi^{-1}Ax$$

$$=-\frac{1}{2}\begin{bmatrix}x\\y\end{bmatrix}^T\begin{bmatrix}\Sigma^{-1}+A^T\Psi^{-1}A & -A^T\Psi^{-1}\\ -\Psi^{-1}A & \Psi^{-1}\end{bmatrix}\begin{bmatrix}x\\y\end{bmatrix}$$

$$=-\frac{1}{2}z^T\mathrm{cov}[z]^{-1}z$$

可得：

$$\mathrm{cov}[z]=\begin{bmatrix}\Sigma^{-1}+A^T\Psi^{-1}A & -A^T\Psi^{-1}\\ -\Psi^{-1}A & \Psi^{-1}\end{bmatrix}^{-1}=\begin{bmatrix}\Sigma & \Sigma A^T\\ A\Sigma & \Psi+A\Sigma A^T\end{bmatrix}$$

上面使用了二階分塊方陣的逆矩陣公式。接著提出 log $p(z)$ 中涉及 x 和 y 的一次項：

$$x^T\Sigma^{-1}\mu-x^TA^T\Psi^{-1}b+y^T\Psi^{-1}b=\begin{bmatrix}x\\y\end{bmatrix}^T\begin{bmatrix}\Sigma^{-1}\mu-A^T\Psi^{-1}b\\ \Psi^{-1}b\end{bmatrix}$$

$$=z^T\mathrm{cov}[z]^{-1}E[z]$$

即可得到：

$$E[z]=\mathrm{cov}[z]\begin{bmatrix}\Sigma^{-1}\mu-A^T\Psi^{-1}b\\ \Psi^{-1}b\end{bmatrix}$$

$$=\begin{bmatrix}\Sigma & \Sigma A^T\\ A\Sigma & \Psi+A\Sigma A^T\end{bmatrix}\begin{bmatrix}\Sigma^{-1}\mu-A^T\Psi^{-1}b\\ \Psi^{-1}b\end{bmatrix}$$

$$=\begin{bmatrix}\Sigma(\Sigma^{-1}\mu-A^T\Psi^{-1}b)+\Sigma A^T\Psi^{-1}b\\ A\Sigma(\Sigma^{-1}\mu-A^T\Psi^{-1}b)+(\Psi+A\Sigma A^T)\Psi^{-1}b\end{bmatrix}$$

$$=\begin{bmatrix}\mu\\ A\mu+b\end{bmatrix}$$

從 E[z] 與 cov[z] 的表達式立刻讀出

$$E[y]=A\mu+b,\quad \mathrm{cov}[y]=\Psi+A\Sigma A^T$$

使用性質 (8)，x|y 的平均數向量與共變異數矩陣分別為：

$$E[x|y] = \mu + \Sigma A^T (\Psi + A\Sigma A^T)^{-1}(y - A\mu - b)$$

$$cov[x|y] = \Sigma - \Sigma A^T (\Psi + A\Sigma A^T)^{-1} A\Sigma$$

套用 Woodbury 矩陣公式：

$$(\Sigma^{-1} + A^T \Psi^{-1} A)^{-1} = \Sigma - \Sigma A^T (\Psi + A\Sigma A^T)^{-1} A\Sigma$$

經過複雜的分解重組步驟，可得

$$E[x|y] = (\Sigma^{-1} + A^T \Psi^{-1} A)^{-1} (A^T \Psi^{-1}(y - b) + \Sigma^{-1}\mu)$$

$$cov[x|y] = (\Sigma^{-1} + A^T \Psi^{-1} A)^{-1}$$

常態分布在統計學的多變量分析和機器學習極具重要性，例如：線性判別分析，日後我們將討論多變量常態分布的最大概似估計，並介紹它在線性迴歸分析的應用。

## 1-4-2 數據矩陣的列 (row) 與行 (column)：多變量統計基礎

數據分析始於對所採集到的樣本求取敘述統計量。假設我們有一筆包含 $p$ 個變數，樣本大小 ( 量測總量 ) 為 $n$ 筆資料。沿用統計學的慣例，我們以粗體大寫英文字母表示 $n \times p$ 階數據矩陣，如下：

$$X = \begin{bmatrix} x_{11} & x_{12} & \cdots & x_{1p} \\ x_{21} & x_{22} & \cdots & x_{2p} \\ \vdots & \vdots & \ddots & \vdots \\ x_{n1} & x_{n2} & \cdots & x_{np} \end{bmatrix}$$

其中 $x_{kj}$ 代表第 $j$ 個變數的第 $k$ 個量測值。在多數的應用中，量測值為實數。數據矩陣的每一行 (column) 對應一個變數，每一列 (row) 對應一組多變量觀測 [1]。矩陣的行列提示了兩種解釋數據樣本幾何意義的觀點。如果採用**列觀點 (Row major)**，數據矩陣 X 記錄 $\mathbb{R}^p$ 空間中 $n$ 個數據點，寫出：

$$X = \begin{bmatrix} x_{11} & x_{12} & \cdots & x_{1p} \\ x_{21} & x_{22} & \cdots & x_{2p} \\ \vdots & \vdots & \ddots & \vdots \\ x_{n1} & x_{n2} & \cdots & x_{np} \end{bmatrix} = \begin{bmatrix} \mathbf{p}_1^T \\ \mathbf{p}_2^T \\ \vdots \\ \mathbf{p}_n^T \end{bmatrix}$$

其中，列 (row) 向量座標 $\mathbf{p}_k^T = (x_{k1}, x_{k2}, \cdots, x_{kp})$ 代表第 $k$ 個數據點的 $p$ 個量測值。

倘若採用行**觀點 (Column major)**，X 包含對應 $p$ 個變數 $n$ 維向量，如下：

$$X = \begin{bmatrix} x_{11} & x_{12} & \cdots & x_{1p} \\ x_{21} & x_{22} & \cdots & x_{2p} \\ \vdots & \vdots & \ddots & \vdots \\ x_{n1} & x_{n2} & \cdots & x_{np} \end{bmatrix} = \begin{bmatrix} \mathbf{x}_1 & \mathbf{x}_2 & \cdots & x_p \end{bmatrix}$$

其中，行 (column) 向量 $\mathbf{x}_j = (x_{1j}, x_{2j}, \cdots, x_{nj})^T$ 記錄第 $j$ 個變數的 $n$ 次量測值。在不造成混淆的情況下，我們以 $x_j$ 表示第 $j$ 個變數。

在**列觀點**下，我們將 X 的列向量 $\mathbf{p}_i$ 視爲 $\mathbb{R}^p$ 空間中數據點的座標；在**行觀點**下，將 X 的行向量 $\mathbf{x}_j$ 看成 $n$ 維變數向量。**列觀點**與**行觀點**有不同的應用場合，大致上說，如果我們在乎數據點的散布，那麼應採**列觀點**；如果我們考慮的是變數之間的關係，即應採**行觀點**。下面以樣本平均數爲例，我說明它在**列觀點**與**行觀點**下的幾何意義。

**列觀點**視樣本包含數據點 $\mathbf{p}_1, \cdots \mathbf{p}_n \in \mathbb{R}^p$。如果要以單一向量 $\mathbf{a} \in \mathbb{R}^p$ 來代表整組數據，可用平方誤差作爲目標函數 ( 或稱成本函數 )：

$$E(\mathbf{a}) = \sum_{k=1}^{n} \| \mathbf{p}_k - \mathbf{a} \|^2$$

最佳的代表向量 $\mathbf{a}$ 必須具有最小的平方誤差，滿足此條件的向量是

$$\mathbf{m} = \frac{1}{n} \sum_{k=1}^{n} \mathbf{p}_k$$

稱爲樣本平均數向量，或記作 $\bar{\mathbf{p}}$。證明於下：

$$E(\mathbf{a}) = \sum_{k=1}^{n} \| (\mathbf{p}_k - \mathbf{m}) + (\mathbf{m} - \mathbf{a}) \|^2$$

$$= \sum_{k=1}^{n} \| \mathbf{p}_k - \mathbf{m} \|^2 + \sum_{k=1}^{n} \| \mathbf{m} - \mathbf{a} \|^2 + 2 \sum_{k=1}^{n} (\mathbf{p}_k - \mathbf{m})^T (\mathbf{m} - \mathbf{a})$$

$$= \sum_{k=1}^{n} \| \mathbf{p}_k - \mathbf{m} \|^2 + n\|\mathbf{m} - \mathbf{a}\|^2 + 2\left(\sum_{k=1}^{n}\mathbf{p}_k - n\mathbf{m}\right)^T (\mathbf{m} - \mathbf{a})$$

根據樣本平均數向量 $\mathbf{m}$ 的定義，上式最後一項等於 0。因為 $\| \mathbf{m} - \mathbf{a} \|^2 \geq 0$，可知 $E(\mathbf{a}) \geq \sum_{k=1}^{n}\| \mathbf{p}_k - \mathbf{m} \|^2$，等號於 $\mathbf{a} = \mathbf{m}$ 時成立。

考慮 3×2 階數據矩陣：

$$X = \begin{bmatrix} -1 & 3 \\ 4 & 1 \\ 3 & 5 \end{bmatrix}$$

下圖，顯示 $\mathbb{R}^2$ 平面上 3 個數據點 $\mathbf{p}_1^T = (-1, 3)$，$\mathbf{p}_2^T = (4, 1)$，$\mathbf{p}_3^T = (3, 5)$ 的散布圖，並標記樣本平均數向量座標：

$$\mathbf{m} = \overline{\mathbf{p}} = \frac{1}{3}\sum_{i=1}^{3}\mathbf{p}_i = \frac{1}{3}\begin{bmatrix} -1+4+3 \\ 3+1+5 \end{bmatrix} = \begin{bmatrix} 2 \\ 3 \end{bmatrix}$$

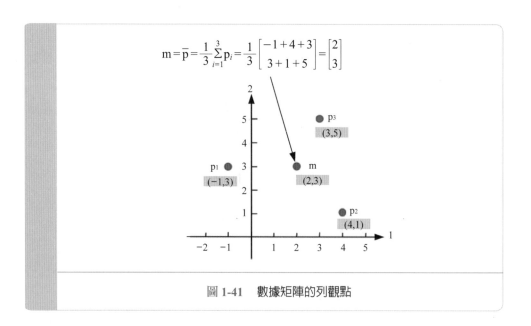

圖 1-41　數據矩陣的列觀點

資料散布圖僅適用於 $p = 2$ 或 $p = 3$ 的情況。對於高維數資料 $(p > 2)$，我們可以繪出配對散布圖，即任兩個相異變數 $x_i$ 和 $x_j$ 的對應數據點 $(x_{ki}, x_{kj})$，$1 \leq k \leq n$，的平面散布圖，如下圖。

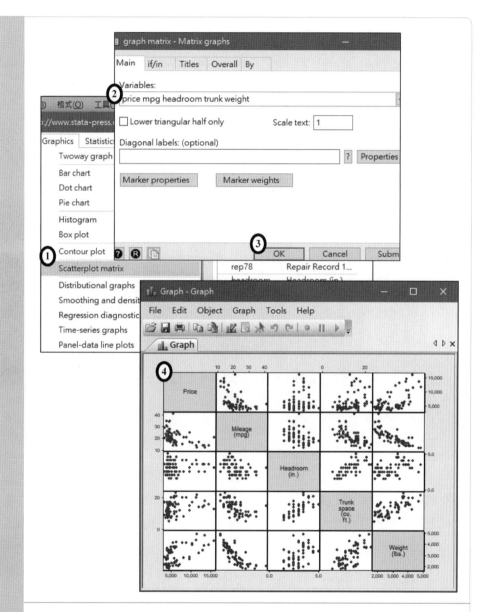

圖 1-42　「graph matrix price mpg headroom trunk weight」　繪製配對散布圖

註：Graphics > Scatterplot matrix

```
* 開啟資料檔
. use auto.dta", clear
(1978 Automobile Data)

. graph matrix price mpg headroom trunk weight
```

在**行觀點**下，如何計算並解釋樣本平均數呢？若以 $a_j$ 取代變數 $x_j$ 的所有量測值，可設目標函數爲誤差平方和：

$$E(a_j) = \sum_{k=1}^{n}(x_{kj} - a_j)^2 = (\mathrm{x}_j - a_j1)^T(x_j - a_j1) = \| \mathrm{x}_j - a_j1 \|^2$$

其中 $1 = (1, 1, \cdots, 1)^T$ 是 $n$ 維常數向量。從幾何面來說，我們的目標是在穿越原點且指向爲 1 的直線上找出一向量使其端點與 $\mathrm{x}_j$ 的端點有最小的距離。根據正交原則，此向量爲 $\mathrm{x}_j$ 至直線 $L = \{t1|t \in \mathbb{R}\}$ 的正交投影，等價的說法是投影殘差 $\mathrm{x}_j - a_j1$ 必須正交於 1，即

$$(\mathrm{x}_j - a_j1)^T1 = \mathrm{x}_j^T1 - a_j1^T1 = \sum_{k=1}^{n}x_{kj} - na_j = 0$$

上式的解即爲樣本平均數

$$m_j = \bar{x}_j = \frac{1}{n}x_j^T1 = \frac{1}{n}\sum_{k=1}^{n}x_{kj}$$

也就是樣本平均數向量 m 的第 $j$ 元。正交投影的殘餘量 $\mathrm{x}_j - m_j1$ 的第 $k$ 元，$x_{kj} - m_j$，表示 $x_{kj}$ 相對樣本平均數 $m_j$ 的偏離量，稱爲離差 (deviation)。令離差向量爲

$$\mathrm{d}_j = \mathrm{x}_j - m_j1 = \begin{bmatrix} x_{1j} - m_j \\ x_{2j} - m_j \\ \vdots \\ x_{nj} - m_j \end{bmatrix}$$

因此，數據矩陣 X 所含的變數向量可表示爲 $\mathrm{x}_j = m_j1 + \mathrm{d}_j$，$j = 1, \cdots, p$。上例中，$m_1 = 2$ 且 $m_2 = 3$，則有：

$$x_1 = \begin{bmatrix} -1 \\ 4 \\ 3 \end{bmatrix} = \begin{bmatrix} 2 \\ 2 \\ 2 \end{bmatrix} + \begin{bmatrix} -3 \\ 2 \\ 1 \end{bmatrix}$$

$$x_2 = \begin{bmatrix} 3 \\ 1 \\ 5 \end{bmatrix} = \begin{bmatrix} 3 \\ 3 \\ 3 \end{bmatrix} + \begin{bmatrix} 0 \\ -2 \\ 2 \end{bmatrix}$$

下圖，是兩個三維變數向量 $x_1$ 和 $x_2$，以及離差向量 $d_1$ 和 $d_2$ 的示意圖：

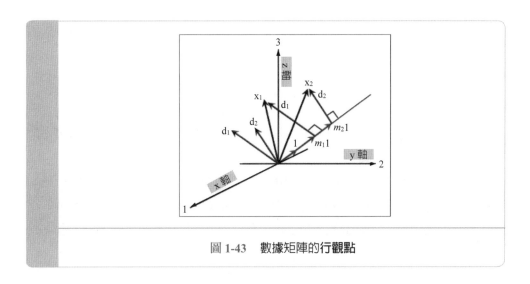

圖 1-43　數據矩陣的行觀點

若以**行觀點**解釋，常見的基本敘述統計量有簡明的幾何直覺。將離差向量 $d_j$，$j = 1, \cdots, p$，平移至原點，這樣做並不會改變向量長度與方向。變數 $x_j$ 的樣本變異數正比於離差向量的長度平方，如下：

$$s_j^2 = \frac{1}{n-1} \sum_{i=1}^{n} (x_{ij} - m_j)^2 = \frac{1}{n-1} d_j^T d_j = \frac{1}{n-1} \| d_j \|^2$$

變數 $x_i$ 和 $x_j$ 的樣本共變異數可由離差向量的內積求得：

$$s_{ij} = \frac{1}{n-1} \sum_{k=1}^{n} (x_{ki} - m_i)(x_{kj} - m_j)$$

$$= \frac{1}{n-1} d_i^T d_j = \frac{1}{n-1} \| d_i \| \| d_j \| \cos\theta_{ij}$$

其中 $\theta_{ij}$ 爲 $d_i$ 和 $d_j$ 的夾角。變數 $x_i$ 和 $x_j$ 的樣本相關係數定義爲 $\theta_{ij}$ 的餘弦：

$$r_{ij} = \cos \theta_{ij} = \frac{s_{ij}}{s_i s_j}$$

此外，採用行**觀點**很容易解釋線性迴歸 (Linear regression) 和偏相關係數 (Partial correlation coefficient) 的涵義。

### 1-4-3 共變異數矩陣的性質：多變量統計基礎

令 $x = (x_1, \cdots, x_p)^T$ 爲一個隨機向量，其中 $x_1, \cdots, x_p$ 是隨機變數。共變異數矩陣 (Covariance matrix) 定義如下：

$$cov[x] = E[(x - E[x])(x - E[x])^T]$$

其中 $E[\cdot]$ 是期望值算子，$E[x] = (E[x_1], \cdots, E[x_p])^T$。根據定義，$cov[x]$ 爲 $p \times p$ 階矩陣，具有下列形式：

共變異數矩陣 $cov[x]$ 的 $(i, j)$ 元是 $x_i$ 和 $x_j$ 的共變異數 (covariance，或稱協方差) $cov[x_i, x_j] = E[(x_i - E[x_i])(x_j - E[x_j])]$。因爲 $cov[x_i, x_i] = var[x_i]$，共變異數矩陣的主對角元爲隨機變數 $x_i$ 的變異數 (variance)。本文介紹共變異數矩陣的一些基本性質。

### 一、計算公式

對於隨機向量 $x$，共變異數矩陣可由下列公式算得：

$$cov[x] = E[xx^T] - E[x]E[x]^T$$

使用定義，$E[x^T] = E[x]^T$，以及 $E[\cdot]$ 爲線性算子，可得：

$$\begin{aligned}
cov[x] &= E[(x - E[x])(x - E[x])^T] \\
&= E[xx^T - xE[x]^T - E[x]x^T + E[x]E[x]^T] \\
&= E[xx^T] - E[x]E[x]^T - E[x]E[x]^T + E[x]E[x]^T \\
&= E[xx^T] - E[x]E[x]^T
\end{aligned}$$

若隨機向量 $x$ 退化爲隨機變數 $x$，則 $cov[x] = E[x^2] - (E[x])^2 = var[x]$，此即我們

熟悉的變異數公式。

## 二、常數向量加法

對於 $p$ 維隨機向量 x 和常數向量 $b \in \mathbb{R}^p$：

$$\text{cov}[x + b] = \text{cov}[x]$$

使用期望算子性質 $E[x + b] = E[x] + b$：

$$
\begin{aligned}
\text{cov}[x + b] &= E[(x + b - E[x + b])(x + b - E[x + b])^T] \\
&= E[(x + b - E[x] - b)(x + b - E[x] - b)^T] \\
&= E[(x - E[x])(x - E[x])^T] \\
&= \text{cov}[x]
\end{aligned}
$$

## 三、常數矩陣乘法

對於 $p$ 維隨機向量 x 和 $q \times p$ 階常數矩陣 $A$：

$$\text{cov}[Ax] = A \, \text{cov}\,[x] \, A^T$$

使用期望算子性質 $E[Ax] = AE[x]$：

$$
\begin{aligned}
\text{cov}[Ax] &= E[(Ax - E[Ax])(Ax - E[Ax])^T] \\
&= E[(Ax - AE[x])(Ax - AE[x])^T] \\
&= E[A(x - E[x])(x - E[x])^T A^T] \\
&= AE[(x - E[x])(x - E[x])^T] \, A^T \\
&= A \, \text{cov}\,[x] A^T
\end{aligned}
$$

## 四、仿射變換

對於 $p$ 維隨機向量 x，常數向量 $b \in \mathbb{R}^q$ 和 $q \times p$ 階常數矩陣 $A$，合併前面兩個性質，可得仿射變換 $Ax + b$ 的共變異數矩陣：

$$\text{cov}[Ax + b] = \text{cov}[Ax] = A \, \text{cov}[x] A^T$$

## 五、對稱 (symmary)

共變異數矩陣 cov[x] 是一個對稱矩陣，證明於下：

$$\begin{aligned}
\text{cov}[x]^T &= E[(x - E[x])(x - E[x])^T]^T \\
&= E[((x - E[x])(x - E[x])^T)^T] \\
&= E[(x - E[x])(x - E[x])^T] \\
&= \text{cov}[x]
\end{aligned}$$

## 六、半正定 (Semi-positive definite)

共變異數矩陣 cov[x] 是半正定的，也就是說，對於任一 $w = (w_1, \cdots, w_p)^T$：

$$w^T \text{cov}[x]w \geq 0$$

將 w 視為 $p \times 1$ 階矩陣，套用常數矩陣乘法性質：

$$w^T \text{cov}[x]w = \text{cov}[w^T x] = \text{var}[w_1 x_1 + \cdots + w_p x_p] \geq 0$$

不等式成立係因任何隨機變數 ( 或隨機變數的組合 ) 的變異數必不為負值。

這裡補充說明 $x_1 + \cdots + x_p$ 的變異數計算方式。若 $w = (1, \cdots, 1)^T$，則：

$$\text{var}[x_1 + \cdots + x_p] = \begin{bmatrix} 1 & \cdots & 1 \end{bmatrix} \begin{bmatrix} \text{var}[x_1] & \cdots & \text{cov}[x_1, x_p] \\ \vdots & \ddots & \vdots \\ \text{cov}[x_p, x_1] & \cdots & \text{var}[x_p] \end{bmatrix} \begin{bmatrix} 1 \\ \vdots \\ 1 \end{bmatrix}$$

$$= \sum_{i=1}^{n} \text{var}[x_i] + \sum_{i \neq j} \text{cov}[x_i, x_j]$$

所以，$\text{var}[x_1 + \cdots + x_p] = \text{var}[x_1] + \cdots + \text{var}[x_p]$ 等價於 $\sum_{i \neq j} \text{cov}[x_i, x_j] = 0$。若任意 $i \neq j$ 滿足 $\text{cov}[x_i, x_j] = 0$，則 $\sum_{i \neq j} \text{cov}[x_i, x_j] = 0$。但請特別注意反向推論不成立，譬如：

$$\text{cov}[x] = \begin{bmatrix} 1 & a & 0 \\ a & 1 & -a \\ 0 & -a & 1 \end{bmatrix}$$

其中 $|a| < 1/\sqrt{2}$。

---

**定義：正定 (Positive definite)、半正定 (Semi-positive definite)**

令 $A$ 為一個 $n \times n$ 階實對稱矩陣。若任一非 0 向量 $\mathrm{x} \in \mathbb{R}^n$ 使得二次型 $\mathrm{x}^T A \mathrm{x} > 0$，我們稱 $A$ 是正定 (Positive definite) 矩陣。若任一 $\mathrm{x} \in \mathbb{R}^n$ 皆滿足 $\mathrm{x}^T A \mathrm{x} \geq 0$，則 $A$ 稱為半正定 (Positive semidefinite) 矩陣。

1. 特徵值：$A$ 的所有特徵值皆為正數。

2. 軸元 (pivot)：$A$ 的所有軸元皆為正數。

3. Cholesky 分解：存在一 $n \times n$ 階可逆矩陣 $P$，使得 $M = P^{-1}DP > 0$。

4. 領先主子陣 (Leading principal submatrix) 之行列式：$A$ 的所有領先主子陣之行列式皆為正數。

舉例來說：

$$A = \begin{bmatrix} 3 & -1 \\ -1 & 3 \end{bmatrix}$$

的特徵值是 2 和 4。矩陣 $A$ 的 LDU 分解為

$$A = \begin{bmatrix} 1 & 0 \\ -\dfrac{1}{3} & 1 \end{bmatrix} \begin{bmatrix} 3 & 0 \\ 0 & \dfrac{8}{3} \end{bmatrix} \begin{bmatrix} 1 & -\dfrac{1}{3} \\ 0 & 1 \end{bmatrix}$$

可知 $A$ 有軸元 3 和 8/3。矩陣 $A$ 的 Cholesky 分解為

$$A = \begin{bmatrix} \sqrt{3} & 0 \\ -\dfrac{1}{\sqrt{3}} & \dfrac{\sqrt{8}}{\sqrt{3}} \end{bmatrix} \begin{bmatrix} \sqrt{3} & -\dfrac{1}{\sqrt{3}} \\ 0 & \dfrac{\sqrt{8}}{\sqrt{3}} \end{bmatrix} = B^T B$$

其中 $B$ 是可逆矩陣。最後，$A$ 的領先主子陣的行列式如下：

$$\det A_1 = |3| = 3, \; \det A_2 = \begin{vmatrix} 3 & -1 \\ -1 & 3 \end{vmatrix} = 8$$

上述結果都指出 $A$ 是一個正定矩陣。

---

如果不仔細考量，我們或許認為直接將正定矩陣判別方法中的「正數」改為「非負數」即可套用至半正定矩陣，但事實並非完全如此。若 $A$ 不可逆，則 $A$ 不存在 LU 分解，而且縱使 $A$ 的領先主子陣行列式皆非負值也不能保證 $A$ 是半正定。

## 七、相關係數

我們定義隨機變數 $x_i$ 和 $x_j$ 的相關係數 (Correlation coefficient) 為：

$$\rho_{ij} = \frac{\text{cov}[x_i, x_j]}{\sqrt{\text{var}[x_i]} \sqrt{\text{var}[x_j]}}$$

其中 $\sqrt{\text{var}[x_i]}$ 和 $\sqrt{\text{var}[x_j]}$ 分別是 $x_i$ 和 $x_j$ 的標準差 (Standard deviation)。因為 $\text{cov}[x_i, x_j] = \text{cov}[x_j, x_i]$，相關係數具有對稱性：$\rho_{ij} = \rho_{ji}$。半正定矩陣的任一主子陣都是半正定，即知：

$$\begin{bmatrix} \text{var}[x_i] & \text{cov}[x_i, x_j] \\ \text{cov}[x_j, x_i] & \text{var}[x_j] \end{bmatrix}$$

是一個半正定矩陣。因此，

$$\begin{bmatrix} \text{var}[x_i] & \text{cov}[x_i, x_j] \\ \text{cov}[x_j, x_i] & \text{var}[x_j] \end{bmatrix} = \text{var}[x_i]\text{var}[x_j](1 - \rho_{ij}^2) \geq 0$$

其中，限定 $-1 \leq \rho_{ij} \leq 1$。

## 八、線性組合的共變異數

考慮隨機變數 $x_1, \cdots, x_p$ 的兩個線性組合 $\mathbf{w}^T\mathbf{x} = w_1 x_1 + \cdots + w_p x_p$ 和 $\mathbf{u}^T\mathbf{x} = u_1 x_1 + \cdots + u_p x_p$，隨機變數 $\mathbf{w}^T\mathbf{x}$ 和 $\mathbf{u}^T\mathbf{x}$ 的共變異數可表示為雙線性形式 (Bilinear form)：

$$\text{cov}[\mathbf{w}^T\mathbf{x}, \mathbf{u}^T\mathbf{x}] = \mathbf{w}^T\text{cov}[\mathbf{x}]\mathbf{u}$$

證明於下：使用恆等式 $\mathbf{a}^T\mathbf{b} = \mathbf{b}^T\mathbf{a}$，

$$\text{cov}[\mathbf{w}^T\mathbf{x}, \mathbf{u}^T\mathbf{x}] = E[(\mathbf{w}^T\mathbf{x} - E[\mathbf{w}^T\mathbf{x}])(\mathbf{u}^T\mathbf{x} - E[\mathbf{u}^T\mathbf{x}])]$$

$$= E[\mathrm{w}^T(\mathrm{x} - E[\mathrm{x}])\mathrm{u}^T(\mathrm{x} - E[\mathrm{x}])]$$

$$= E[\mathrm{w}^T(\mathrm{x} - E[\mathrm{x}])(\mathrm{x} - E[\mathrm{x}])^T\mathrm{u}]$$

$$= \mathrm{w}^T E[(\mathrm{x} - E[\mathrm{x}])(\mathrm{x} - E[\mathrm{x}])^T]\mathrm{u}$$

$$= \mathrm{w}^T \mathrm{cov}[\mathrm{x}]\mathrm{u}$$

**考題：** 說明共變異數矩陣的應用：某次數學測驗，總分 100 分，其中選擇題占 60 分，計算題占 40 分。甲班學生選擇題的平均分數為 52 分、標準差為 8 分，計算題的平均分數為 18 分、標準差為 15 分。若該班選擇題成績與計算題成績的相關係數為 0.6，則甲班學生數學測驗成績的標準差是多少？

**答：**

令 $y = x_1 + x_2$ 為數學測驗成績，其中 $x_1$ 代表選擇題成績，$x_2$ 代表計算題成績。從給定條件可知 $\mathrm{cov}[x_1, x_2] = \rho_{12}\sqrt{\mathrm{var}[x_1]}\sqrt{\mathrm{var}[x_2]} = 0.6 \cdot 8 \cdot 15 = 72$，隨機向量 $\mathrm{x} = (x_1, x_2)^T$ 的共變異數矩陣則為：

$$\mathrm{cov}[\mathrm{x}] = \begin{bmatrix} 8^2 & 72 \\ 72 & 15^2 \end{bmatrix}$$

套用線性組合的共變異數公式，

$$\mathrm{var}[y] = \mathrm{cov}[x_1 + x_2, x_1 + x_2] = \begin{bmatrix} 1 & 1 \end{bmatrix}\begin{bmatrix} 8^2 & 72 \\ 72 & 15^2 \end{bmatrix}\begin{bmatrix} 1 \\ 1 \end{bmatrix} = 433$$

故數學測驗成績的標準差為 $\sqrt{\mathrm{var}[y]} = \sqrt{433}$。另外，我們還可以回答：選擇題成績還是計算題成績與數學測驗成績的相關性較高？數學成績與選擇題成績的共變異數為：

$$\mathrm{cov}[y, x_1] = \mathrm{cov}[x_1 + x_2, x_1] = \begin{bmatrix} 1 & 1 \end{bmatrix}\begin{bmatrix} 8^2 & 72 \\ 72 & 15^2 \end{bmatrix}\begin{bmatrix} 1 \\ 0 \end{bmatrix} = 136$$

相關係數為：

$$\rho_{y, x_1} = \frac{\mathrm{cov}[y, x_1]}{\sqrt{\mathrm{var}[y]}\sqrt{\mathrm{var}[x_1]}} = \frac{136}{\sqrt{433} \cdot 8} \approx 0.817$$

數學成績與計算題成績的共變異數爲：

$$\text{cov}[y, x_2] = \text{cov}[x_1 + x_2, x_2] = \begin{bmatrix} 1 & 1 \end{bmatrix} \begin{bmatrix} 8^2 & 72 \\ 72 & 15^2 \end{bmatrix} \begin{bmatrix} 1 \\ 0 \end{bmatrix} = 297$$

相關係數爲：

$$\rho_{y, x_2} = \frac{\text{cov}[y, x_2]}{\sqrt{\text{var}[y]} \sqrt{\text{var}[x_2]}} = \frac{297}{\sqrt{433} \cdot 15} \approx 0.952$$

結論：計算題雖然僅占 40 分，但因其標準差 15 分遠大於選擇題成績的標準差 8 分，使得數學測驗成績與計算題成績比選擇題成績有較高的相關性。

## 1-4-4 樣本平均數、變異數和共變異數：統計基礎

在統計學中，我們感興趣的全部個體或項目所成的集合稱爲母群體 (population)，譬如：某農場的牛群，某國家的選民。母群體的一個未知或已知數值稱爲參數 (parameter)，通常用來定義統計模型，譬如：某國家的人民流行感冒的發病率、某國家人均所得變異數。爲了估計母體的參數，我們從母體選出一組個體或項目稱爲樣本 (sample)。只要不含未知參數，任何一個由樣本數據構成的函數都稱爲統計量 (statistics)。所以參數用於母體，統計量則用於樣本。本文介紹線性代數觀點下的三個統計量：樣本平均數 (Sample mean)，樣本變異數 (Sample variance) 和樣本共變異數 (Sample covariance)。

假設我們從調查或實驗中獲得一組樣本數據 $\{x_1, \cdots, x_n\}$，一般人最先想到的統計量是集中趨勢測度，也就是這組數據的中心值或典型值，設爲 $a$。我們用一個誤差函數來測量單一數值 $a$ 代表整組數據 $\{x_1, \cdots, x_n\}$ 的適合性。在統計學和工程應用中，均方誤差 (Mean squared error) 是最常使用的誤差函數，如下：

$$E(a) = \frac{1}{n-1} \sum_{i=1}^{n} (x_i - a)^2 = \frac{1}{n-1} \begin{bmatrix} x_1 - a & \cdots & x_n - a \end{bmatrix} \begin{bmatrix} x_1 - a \\ \vdots \\ x_n - a \end{bmatrix}$$

$$= \frac{1}{n-1} (\mathbf{x} - a\mathbf{1})^T (\mathbf{x} - a\mathbf{1}) = \frac{1}{n-1} \| \mathbf{x} - a\mathbf{1} \|^2$$

其中 $x = (x_1, \cdots, x_n)^T$ 是樣本數據構成的實向量，$1 = (1, \cdots, 1)^T$。樣本數據 $\{x_1, \cdots, x_n\}$ 是從母體抽取的 $n$ 個觀測值，或視為 $\mathbb{R}^n$ 空間的一個點，從這個幾何觀點得以切進線性代數。理想的中心值 $a$ 應該具有最小的均方誤差，而此最小均方誤差值可用來表示樣本的離散 ( 偏離中心值 ) 趨勢。稍後我會解釋為何均方誤差不除以樣本數 $n$，而是除以 $n - 1$，但不論除以任何 ( 非 0) 常數都不改變使誤差函數最小化的中心值。至少有三個方法可解出使 $E(a)$ 最小化的 $a$ 值。根據基礎微分學，最小均方誤差發生於 $\dfrac{dE}{da} = 0$ [1]。從幾何直覺下手，正交原則給出最小均方誤差的一個充要條件。在幾何座標空間 $\mathbb{R}^n$ 中，當 $a1$ 等於 $x$ 在直線 $L = \{t1 \mid t \in \mathbb{R}\}$ 的正交投影時，$\| x - a1 \|^2$ 有最小值 ( 見下圖 )。

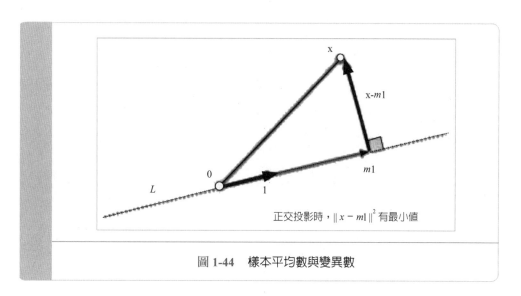

圖 1-44　樣本平均數與變異數

令 $m$ 表示滿足最小化均方誤差的 $a$ 值。投影後的殘餘量 $x - m1$ 與直線 $L$ 的指向向量 1 正交，即：

$$(x - m1)^T 1 = \sum_{i=1}^{n} (x_i - m) = 0$$

因此可得

$$m = \frac{1}{n} \sum_{i=1}^{n} x_i$$

稱爲樣本平均數。另外，僅使用代數亦可證明 $m$ 最小化 $E(a)$[2]。投影殘餘量 $x - m1$ 的第 $i$ 元，$x_i - m$，表示數據點 $x_i$ 相對平均數 $m$ 的偏離量，稱爲離差 (deviation)。最小均方誤差即爲均方離差，可用來測量整組數據相對平均數的離散程度，稱爲樣本變異數，表示如下：

$$s^2 = \frac{1}{n-1}\sum_{i=1}^{n}(x_i - m)^2 = \frac{1}{n-1}\|x - m1\|^2$$

離差向量 $x - m1$ 屬於子空間 span$\{1\}$ 的正交補餘 (Orthogonal complement)，標記爲 span$\{1\}^\perp$，即所有與 $1$ 正交的向量所形成的集合。因爲 span$\{1\}^\perp$ 是 $\mathbb{R}^n$ 的一個超平面 (hyperplane)，dim span$\{1\}^\perp = n - 1$，可知 $x - m1$ 只能在 $n - 1$ 維的子空間內「活動」。統計學的說法是離差集合 $\{x_1 - m, \cdots, x_n - m\}$ 有 $n - 1$ 個自由度 (Degrees of freedom)。

為甚麼樣本變異數要除以自由度 $n - 1$，而非樣本數 $n$？令 $\{v_1, \cdots, v_{n-1}\}$ 爲子空間 span$\{1\}^\perp$ 的一組單範正交基底 (Orthonormal basis)，意思是每一 $v_i$ 是單位向量，且任意 $v_i$ 和 $v_j$，$i \neq j$，彼此垂直 (正交)。離差向量 $x - m1$ 可唯一表示成 $v_1, \cdots, v_{n-1}$ 的線性組合：

$$x - m1 = c_1 v_1 + \cdots + c_{n-1} v_{n-1}$$

因爲 $v_i^T v_j = 1$ 若 $i = j$，且 $v_i^T v_j = 0$ 若 $i \neq j$，就有：

$$\|x - m1\|^2 = (c_1 v_1 + \cdots + c_{n-1} v_{n-1})^T (c_1 v_1 + \cdots + c_{n-1} v_{n-1})$$
$$= c_1^2 v_1^T v_1 + \cdots + c_{n-1}^2 v_{n-1}^2 v_{n-1}$$
$$= c_1^2 \|v_1\|^2 + \cdots + c_{n-1}^2 \|v_{n-1}\|^2$$
$$= c_1^2 + \cdots + c_{n-1}^2$$

樣本變異數可改寫爲：

$$s^2 = \frac{1}{n-1}\sum_{i=1}^{n-1} c_i^2$$

其中 $c_1, \cdots, c_{n-1}$ 是任意的 $n - 1$ 個數，由此可知均方離差 (即樣本變異數) 除以自由度 $n - 1$ 不僅合理而且公允。

接下來討論包含兩個變數的樣本數據 $\{(x_1, y_1), \cdots, (x_n, y_n)\}$。針對變數 $x$ 和 $y$，樣本平均數為：

$$m_x = \frac{1}{n}\sum_{i=1}^{n} x_i, \; m_y = \frac{1}{n}\sum_{i=1}^{n} y_i$$

樣本變異數為：

$$s_x^2 = \frac{1}{n-1}\sum_{i=1}^{n}(x_i - m_x)^2, \; s_y^2 = \frac{1}{n-1}\sum_{i=1}^{n}(y_i - m_y)^2$$

為了測量變數 $x$ 和 $y$ 的關連性，我們可以仿造樣本變異數的形式定義樣本共變異數，如下：

$$s_{xy} = \frac{1}{n-1}\sum_{i=1}^{n}(x_i - m_x)(y_i - m_y)$$

上式中 $(x_i - m_x)(y_i - m_y)$ 等於平面上兩對角端點 $(x_i, y_i)$ 和 $(m_x, m_y)$ 構成的長方形 ( 有號 ) 面積：若 $(x_i - m_x, y_i - m_y)$ 在第 1 或第 3 象限，面積為正：若 $(x_i - m_x, y_i - m_y)$ 在第 2 或第 4 象限，面積為負。下圖，座標原點為 $(m_x, m_y)$，第 1 及第 3 象限長方形面積為正，第 2 及第 4 象限長方形面積為負，所有面積的平均數 ( 除以 $n-1$) 即為樣本共變異數。

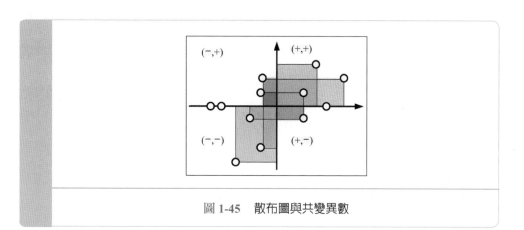

圖 1-45　散布圖與共變異數

　　共變異數和變異數同樣除以自由度 $n - 1$，而非樣本數 $n$，理由如下。令 $\mathbf{x} = (x_1, \cdots, x_n)^T$ 和 $\mathbf{y} = (y_1, \cdots, y_n)^T$。樣本共變異數可表示為：

$$s_{xy} = \frac{1}{n-1}(\mathbf{x} - m_x\mathbf{1})^T(\mathbf{y} - m_y\mathbf{1})$$

將 $\mathbf{x} - m_x\mathbf{1}$ 和 $\mathbf{y} - m_y\mathbf{1}$ 寫成 $\{\mathbf{v}_1, \cdots, \mathbf{v}_{n-1}\}$ 的線性組合：

$$\mathbf{x} - m_x\mathbf{1} = c_1\mathbf{v}_1 + \cdots + c_{n-1}\mathbf{v}_{n-1},$$
$$\mathbf{y} - m_y\mathbf{1} = d_1\mathbf{v}_1 + \cdots + d_{n-1}\mathbf{v}_{n-1},$$

計算內積可得：

$$(\mathbf{x} - m_x\mathbf{1})^T(\mathbf{y} - m_y\mathbf{1}) = (c_1\mathbf{v}_1 + \cdots + c_{n-1}\mathbf{v}_{n-1})^T(d_1\mathbf{v}_1 + \cdots + d_{n-1}\mathbf{v}_{n-1})$$
$$= c_1d_1 + \cdots + c_{n-1}d_{n-1}$$

可知共變異數即為 $c_1d_1, \cdots, c_{n-1}d_{n-1}$ 的平均數，因此除以自由度 $n - 1$ 至為明顯。從定義上看，共變異數 $s_{xy}$ 是離差乘積$(x_i - m_x)(y_i - m_y)$ 的均值，這代表什麼意義？類似平均數的推演過程，考慮以直線 $a + bx$ 近似 $y$，則有下列均方誤差：

$$E(a, b) = \frac{1}{n-1}\sum_{i=1}^{n}(y_i - a - bx_i)^2$$

使 $E$ 最小化的係數 $a$、$b$ 必須滿足正規方程，即：

$$\begin{bmatrix} n & \sum_{i=1}^{n} x_i \\ \sum_{i=1}^{n} x_i & \sum_{i=1}^{n} x_i^2 \end{bmatrix}\begin{bmatrix} a \\ b \end{bmatrix} = \begin{bmatrix} \sum_{i=1}^{n} y_i \\ \sum_{i=1}^{n} x_iy_i \end{bmatrix}$$

運用代數技巧化簡係數矩陣，設 $\tilde{a} = a - m_y + bm_x$，並將誤差函數改為：

$$E(\tilde{a}, b) = \frac{1}{n-1}\sum_{i=1}^{n}((y_i - m_y) - \tilde{a} - b(x_i - m_x))^2$$

其正規方程如下：

$$\begin{bmatrix} n & \sum_{i=1}^{n}(x_i - m_x) \\ \sum_{i=1}^{n}(x_i - m_x) & \sum_{i=1}^{n}(x_i - m_x)^2 \end{bmatrix}\begin{bmatrix} \tilde{a} \\ b \end{bmatrix} = \begin{bmatrix} \sum_{i=1}^{n}(y_1 - m_y) \\ \sum_{i=1}^{n}(x_i - m_x)(y_i - m_y) \end{bmatrix}$$

上式等號兩邊同除以 $n - 1$，並代入已知關係，就有：

$$\begin{bmatrix} \dfrac{n}{n-1} & 0 \\ 0 & s_x^2 \end{bmatrix} \begin{bmatrix} \tilde{a} \\ b \end{bmatrix} = \begin{bmatrix} 0 \\ s_{xy} \end{bmatrix}$$

解出 $\tilde{a}=0,\, b=s_{xy}/s_x^2$，即得 $a=m_y-(s_{xy}/s_y^2)m_x$，最佳配適直線為：

$$y = m_y + \frac{s_{xy}}{s_x^2}(x - m_x)$$

接著算出對應的最小均方誤差：

$$
\begin{aligned}
E\left(0, \frac{s_{xy}}{s_x^2}\right) &= \frac{1}{n-1}\sum_{i=1}^{n}\left((y_i-m_y)-\frac{s_{xy}}{s_x^2}(x_i-m_x)\right)^2 \\
&= \frac{1}{n-1}\sum_{i=1}^{n}\left((y_i-m_y)^2 - 2\frac{s_{xy}}{s_x^2}(y_i-m_y)(x_i-m_x)+\frac{s_{xy}^2}{s_x^4}(x_i-m_x)^2\right) \\
&= \frac{1}{n-1}\sum_{i=1}^{n}(y_i-m_y)^2 - 2\frac{s_{xy}}{s_x^2}\frac{1}{n-1}\sum_{i=1}^{n}(y_i-m_y)(x_i-m_x)+\frac{s_{xy}^2}{s_x^4}\frac{1}{n-1}\sum_{i=1}^{n}(x_i-m_x)^2 \\
&= s_y^2 - \frac{s_{xy}^2}{s_x^2} \\
&= s_y^2(1 - r_{xy}^2)
\end{aligned}
$$

其中：

$$r_{xy} = \frac{s_{xy}}{s_x s_y}$$

稱為相關係數 (Correlation coefficient)。因此，最佳配適直線亦可表示為：

$$\frac{y - m_y}{s_y} = r_{xy}\left(\frac{x - m_x}{s_x}\right)$$

不難驗證相關係數 $r_{xy}$ 即為 $x - m_x 1$ 和 $y - m_y 1$ 夾角 $\theta$ 的餘弦：

$$\cos\theta = \frac{(x - m_x 1)^T(y - m_y 1)}{\|x - m_x 1\| \cdot \|y - m_y 1\|}$$

因此 $-1 \le r_{xy} \le 1$。若 $r_{xy}=0$，我們說 $x$ 和 $y$ 無相關，變數 $x$ 不具備預測 $y$ 的能力，這時 $y$ 的均方誤差等於其樣本變異數 $s_y^2$。若 $r_{xy} \ne 0$，藉由最佳配適直線 $y = a + bx$，$y$ 的均方誤差減少了 $s_y^2 r_{xy}^2$。由於 $x$ 的加入，$r_{xy}^2$ 決定 $y$ 的均方誤差減少的比例，

故 $r_{xy}^2$ 也稱爲決定係數 (Coefficient of determination)。

本文從線性代數觀點推導樣本平均數、變異數與共變異數。從統計學觀點，由多變量常態分布的最大概似估計 (Maximum likelihood estimation) 亦可推得同樣結果 ( 樣本變異數與共變異數的最大概似估計可調整爲無偏估計 )。

## 1-5 多變量：矩陣運算

### 1-5-1 特徵值 (Eigen value) 及特徵向量 (Eigen vector) 之物理意義

設 $A$ 爲一個 $n \times n$ 階矩陣，$\lambda_i$ 或 $\lambda(A)$ 表示特徵值，$x_i$ 或 $x(A)$ 表示對應的特徵向量。

假設 $v$ 和 $w$ 爲兩個向量空間。首先我們要知道線性變換 $T : v \to w$ 是一種數學機器，它將輸入向量 $x \in v$ 映射至輸出向量 $T(x) \in w$，稱爲像 (image)。對於任意 $x, y \in v$ 與純量 $c$，線性變換 $T$ 滿足下列性質：

$$T(x + y) = T(x) + T(y)$$
$$T(cx) = cT(x)$$

若 $v = w$，線性變換 $T$ 也稱爲線性算子。爲方便說明，以下考慮幾何向量空間 $\mathbb{R}^2$。任何一個線性算子 $T : \mathbb{R}^2 \to \mathbb{R}^2$ 都可用 $2 \times 2$ 階實矩陣 $A$ 表示如下：

$$T(x) = Ax$$

其中，$x \in \mathbb{R}^2$。我們稱 $A$ 是線性算子 $T$ 的變換矩陣或表示矩陣。

設想我們被指派擔任矩陣設計工作，第一個任務是設計對 X- 軸鏡射 ( 反射，reflection) 的變換矩陣。對於 $x = \begin{bmatrix} x_1 \\ x_2 \end{bmatrix}$，寫出：

$$T\left(\begin{bmatrix} x_1 \\ x_2 \end{bmatrix}\right) = \begin{bmatrix} x_1 \\ -x_2 \end{bmatrix} = x_1 \begin{bmatrix} 1 \\ 0 \end{bmatrix} + x_2 \begin{bmatrix} 0 \\ -1 \end{bmatrix} = \begin{bmatrix} 1 & 0 \\ 0 & -1 \end{bmatrix} \begin{bmatrix} x_1 \\ x_2 \end{bmatrix}$$

上式裡的對角矩陣即為所求。令：

$$D = \begin{bmatrix} 1 & 0 \\ 0 & -1 \end{bmatrix}。$$

往後我們稱 $D$ 為標準鏡射矩陣。接者考慮一般情況。令 $L = \{t\mathbf{v}_1 | t \in \mathbb{R}\}$ 代表一條穿越原點的直線。對直線 $L$ 鏡射的變換矩陣為何？我們從鏡射算子的幾何性質著手 ( 另一個方法是直接解出變換矩陣 )。令 $\mathbf{v}_2$ 表示直線 $L$ 的法向量，$\mathbf{v}_2$ 正交於 $\mathbf{v}_1$ ( 見下圖 )。

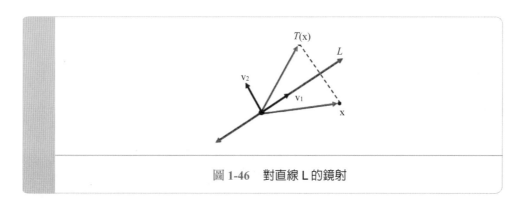

圖 1-46　對直線 L 的鏡射

直線 $L$ 的指向向量 $\mathbf{v}_1$ 和法向量 $\mathbf{v}_2$ 經過鏡射算子 $T$ 的映射結果分別是：

$$T(\mathbf{v}_1) = \mathbf{v}_1 = 1 \cdot \mathbf{v}_1,$$
$$T(\mathbf{v}_2) = -\mathbf{v}_2 = (-1) \cdot \mathbf{v}_2$$

注意上面兩式具有相同型態，即：

$$T(\mathbf{v}) = \lambda \mathbf{v}$$

數學家稱純量 $\lambda$ 為線性算子 $T$ 的特徵值 (Eigen value)，對應的 ( 非 0) 向量 $\mathbf{v}$ 為特徵向量 (Eigen vector)，理由是它們幾乎完全彰顯了線性算子 $T$ 所隱含的固有特性。上例中，鏡射算子 $T$ 有特徵值 $\lambda_1 = 1$ 和 $\lambda_2 = -1$，對應的特徵向量分別是 $\mathbf{v}_1$ 和 $\mathbf{v}_2$。特徵方程講述兩件事：第一，特徵向量 $\mathbf{v}_i$ 經鏡射算子 $T$ 得到的像 $T(\mathbf{v}_i)$ 屬於子空間 $\text{span}\{\mathbf{v}_i\}$，特徵值 $\lambda_i$ 決定 $T(\mathbf{v}_i)$ 的伸縮倍數，其正負號則決定指向是否相同或相反。第二，除了特徵空間 $\text{span}\{\mathbf{v}_i\}$，其他不屬於這些子空間的非 0 向量

皆不滿足特徵方程 ( 否則它們也會被稱爲特徵向量 )。

　　線性算子 $T$ 的特徵值和特徵向量代表甚麼物理意義呢？這個問題沒有一定的答案，原因在於不同的線性算子 $T$ 具有不同的作用與功能，因此賦予特徵值和特徵向量不同的物理意義。但如果針對上例發問：定義於 $\mathbb{R}^2$ 的鏡射算子 $T$ 的特徵值和特徵向量代表甚麼物理意義？答案是對應特徵值 $\lambda_1 = 1$ 的特徵向量 $v_1$ 代表鏡射線 $L$ 的指向，對應特徵值 $\lambda_2 = -1$ 的特徵向量 $v_2$ 則爲 $L$ 的法向量。鏡射算子 $T$ 的特徵值和特徵向量不僅明確地告訴我們 $T$ 的一切作爲，同時也提供了定義於 $\mathbb{R}^2$ 的鏡射變換的充分與必要條件：(1) 特徵值是 1 和 $-1$，(2) 對應的特徵向量彼此正交。例如：標準鏡射矩陣 $D$ 有特徵值 1 和 $-1$( 對角矩陣的主對角元即爲特徵值 )，標準單位向量 $e_1 = \begin{bmatrix} 1 \\ 0 \end{bmatrix}$, $e_2 = \begin{bmatrix} 0 \\ 1 \end{bmatrix}$ 分別爲對應的特徵向量。

　　若一個鏡射算子 $T$ 對應特徵值 $(1, -1)$ 的特徵向量分別爲 $v_1 = \begin{bmatrix} 2 \\ 1 \end{bmatrix}$, $v_2 = \begin{bmatrix} -1 \\ 2 \end{bmatrix}$, 如何求出代表 $T$ 的變換矩陣？數學家想出了一個聰明的辦法：藉助線性算子 $T$ 的不變性來建構變換矩陣。將獨立的特徵向量組成 $\mathbb{R}^2$ 的一組基底 $\beta = \{v_1, v_2\}$，任一向量 $x \in \mathbb{R}^2$ 可唯一表示成 $v_1$ 和 $v_2$ 的線性組合：

$$x = c_1 v_1 + c_2 v_2 ,$$

其中組合係數 $c_1$、$c_2$ 可合併成 $x$ 參考基底 $\beta$ 的座標向量，記爲 $[x]_\beta = \begin{bmatrix} c1 \\ c2 \end{bmatrix}$。將上式代入鏡射算子 $T(\cdot)$，利用線性變換的基本性質以及特徵方程 $T(v_1) = v_1$ 和 $T(v_2) = -v_2$，可得：

$$T(x) = T(c_1 v_1 + c_2 v_2) = c_1 T(v_1) + c_2 T(v_2) = c_1 v_1 - c_2 v_2$$

再寫出 $T(x)$ 參考基底 $\beta$ 的座標向量：

$$[T(x)]_\beta = \begin{bmatrix} c_1 \\ -c_2 \end{bmatrix} = \begin{bmatrix} 1 & 0 \\ 0 & -1 \end{bmatrix} \begin{bmatrix} c_1 \\ c_2 \end{bmatrix} = D[x]_\beta$$

我們得到一個令人震驚的結果：若參考特徵向量構成的基底，所有的鏡射矩陣必可轉換成標準鏡射矩陣 $D$。剩下的工作是計算座標變換。將線性組合寫成矩陣乘法：

$$x = c_1 v_1 + c_2 v_2 = [v_1 \quad v_2]\begin{bmatrix} c_1 \\ c_2 \end{bmatrix} = S[x]_\beta$$

其中，$S = [v_1, v_2] = \begin{bmatrix} 2 & -1 \\ 1 & 2 \end{bmatrix}$ 稱爲座標變換矩陣。因爲 $[x]_\beta = S^{-1}x$ 且 $[T(x)]_\beta = S^{-1}T(x)$，代入上述參考基底 $\beta$ 的座標向量映射關係，即得 $S^{-1}T(x) = DS^{-1}x$。等號兩邊同時左乘 $S$，可得

$$T(x) = SDS^{-1}x = Ax，$$

或圖示如下：

故 $T$ 的變換矩陣爲：

$$A = SDS^{-1} = \begin{bmatrix} 2 & -1 \\ 1 & 2 \end{bmatrix}\begin{bmatrix} 1 & 0 \\ 0 & -1 \end{bmatrix}\frac{1}{5}\begin{bmatrix} 2 & 1 \\ -1 & 2 \end{bmatrix} = \frac{1}{5}\begin{bmatrix} 3 & 4 \\ 4 & -3 \end{bmatrix}$$

給定一個變換矩陣 $A$，透過特徵分析，若 $A$ 可分解成 $A = SDS^{-1}$，稱爲對角化 (diagonalization)，則 $A$ 的實際作爲 ( 或者說物理意義 ) 可解釋如下：因爲對角矩陣 $D$ 不含耦合成分 ( 非主對角元 )，故 $A$ 的特徵值 $\lambda_i$( 即 $D$ 的主對角元 ) 代表在新座標系統下第 $i$ 個座標經過變換矩陣 $A$ 映射後的伸縮比例，對應的特徵向量 $v_i$ 則指出新座標系統的第 $i$ 軸方向。以上討論顯示特徵分析的數學原理建立於線性變換的不變性上。

## 1-5-2 特徵值 (Eigen value) 及特徵向量 (Eigen vector)

在向量迴歸模型、多變量、時間序互迴歸統計，常常需要找到一個向量 $X_{n \times 1}$，使得線性組合分數 $y_i$ 的變異數達到最大，即當方陣 $A_{n \times n}$ 是 $y_i$ 的「變異數—共變數 (V-C)」矩陣時，我們必須找到向量 $X_{n \times 1}$，使得 $X'AX$ 變爲極大。假設我們不加以

限制，則 $X'AX$ 可能變得無限大，故向量 $X_{n\times1}$ 常被限制爲單位長度，即 $X'AX = 1$。假如我們以 $\lambda$(讀成 Lamda) 來代表變異數的最大值，則意味須在 $x'x = 1$ 的條件下，使得：

$$\lambda = \max(X'AX)$$

利用 $Ax = \lambda x$ 公式，我們必須將下列函數加以極大化：

$$F = X'AX - \lambda(X'X - 1)$$

要達到此目的，必須根據向量 $X_{n\times1}$，將上式取一階導數，並令它爲 0。即可得：

$$AX = \lambda X$$

或簡寫爲：$(A - \lambda I) X = 0$

上式之恆等式的右邊爲 0，稱之爲齊次方程式 (Homogeneous equation)，此式常常都是有解，但若要一個非 0 解 ( 即 $X$ 元素不全是 0)，則 $(A - \lambda I)$ 必須是缺秩 (rank) 的方陣。亦即 $A$ 不能有反陣矩存在。換言之，$\lambda$ 必須符合下例條件：

$$|A - \lambda I| = 0$$

將上式求解，所得的 $\lambda$ 值，就是矩陣 $A$ 的特徵值 (Eigen value)，那麼，每一個 $\lambda$ 相對應的向量 $X_{n\times1}$ 就叫「特徵向量」(Eigen vector)。$|A - \lambda I| = 0$ 就叫做矩陣 $A$ 的「特徵方程式」。

### ( 一 ) 特徵值及特徵向量之求解

例如：有一 $A_{2\times2} = \begin{bmatrix} 3 & 5 \\ 1 & 7 \end{bmatrix}$ 矩陣，

令 $|A - \lambda I| = 0$，即 $\left\| \begin{bmatrix} 3 & 5 \\ 1 & 7 \end{bmatrix} - \lambda \begin{bmatrix} 1 & 0 \\ 0 & 1 \end{bmatrix} \right\| = \left\| \begin{bmatrix} 3-\lambda & 5 \\ 1 & 7-\lambda \end{bmatrix} \right\| = 0$

展開此行列式，可得：$(3-\lambda)(7-\lambda) - 1 \times 5 = 0$

$\lambda^2 - 10\lambda + 16 = 0$

故得：$\lambda_1 = 8, \lambda_2 = 2$

然後將這二個特徵值，代入公式 $(A - \lambda I)X = 0$

| 當 $\lambda_1 = 8$ | 當 $\lambda_2 = 2$ |
|---|---|
| $\begin{bmatrix} 3-8 & 5 \\ 1 & 7-8 \end{bmatrix} \times \begin{bmatrix} x_1 \\ x_2 \end{bmatrix} = 0$ | $\begin{bmatrix} 3-2 & 5 \\ 1 & 7-2 \end{bmatrix} \times \begin{bmatrix} x_1 \\ x_2 \end{bmatrix} = 0$ |
| 或 $\begin{cases} -5x_1 + 5x_2 = 0 \\ 1x_1 - 1x_2 = 0 \end{cases}$ | 或 $\begin{cases} 1x_1 + 5x_2 = 0 \\ 1x_1 + 5x_2 = 0 \end{cases}$ |
| 故得特徵向量 $x_1 = \begin{bmatrix} 1 \\ 1 \end{bmatrix}$ | 故得特徵向量 $x_2 = \begin{bmatrix} 5 \\ -1 \end{bmatrix}$ |

將上面二個特徵向量加以組合，即可得：

特徵值矩陣 $X = \begin{bmatrix} 1 & 5 \\ 1 & -1 \end{bmatrix}$，特徵值矩陣 $\Lambda = \begin{bmatrix} 8 & 0 \\ 0 & 2 \end{bmatrix}$，這二者關係為：

$$A_{2 \times 2} X_{2 \times 2} = X_{2 \times 2} \Lambda_{2 \times 2}$$

特徵值及特徵向量，有二個性質。

性質 1：方陣 $A_{n \times n}$ 的 m 個特徵值的「乘積」等於行列式值，即

$$\prod_{i=1}^{m} \lambda_i = |A|$$

性質 2：方陣 $A_{n \times n}$ 的 m 個特徵值的「和」等於方陣 $A_{n \times n}$ 的跡 (trace)

$$\sum_{i=1}^{m} \lambda_i = tr[A]$$

在工程、統計或財經實務應用方面，任何一個全秩矩陣 A，透過 $AX = \lambda X$ 或 $(A-\lambda I)$ $X = 0$ 公式，只要矩陣 A 為對稱矩陣、或正定矩陣，保證一定可求得數個彼此獨立特徵向量 $x_i$ 所組合成的方陣 P，再利用 $P^{-1}AP$ 乘法公式，即能將原始矩陣 A「空間轉換」成另一個「對角化矩陣『$P^{-1}AP$』」，如此就能精簡矩陣求解的方法。其中，P 是由特徵向量組成的奇異矩陣 ( 滿足行列式 $|P| = 0$ 條件 )。

# 02

統計基礎：
一個和二個母群平均數
之Hotelling's T²檢定
(GLM指令)

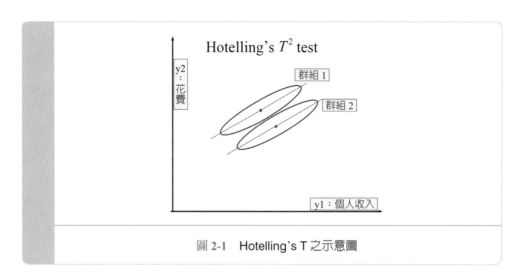

圖 2-1　Hotelling's T 之示意圖

### 單變數：Student's t 檢定

　　首先要談的是 Student's t-test。t 檢定主要是檢定兩組之間是否有均值的差異 ( 當然也有 One sample t-test，不過較少使用 )，所以條件是有兩組也只能有兩組。

　　組別是類別變數 (Categorical variable)，像是新舊教學法、實驗組 vs. 控制組、Case-control( 介入案例組 - 安慰劑控制組 )、性別、種族、國籍。如果是連續變數，也可以設一個標準，多少以上是好的，以下是差的，以此來產生類別變數。

　　如果超過兩組，必須用 ANOVA 來分析。

# 2-1　幾種常用的多變量分析方法

　　有關單變量：t 檢定、ANOVA 的範例解說，請見作者《STaTa 與高等統計分析的》一書，該書內容包括：描述性統計、樣本數的評估、變異數分析、相關、迴歸建模及診斷、重複測量等。

## 一、常用統計技術

　　在各種計量方法中，只針對單一變數進行分析的方法稱爲「單變量分析」(Univariate analysis)，比如用直方圖去分析某班學生數學的期末考成績的分布 )；同時分析兩個變數的方法稱爲「雙變量分析」(Bivariate analysis)，這類的分析方法很多，比如用相關性分析 (correlation) 去探討中學生的身高與體重的關係。用

簡單迴歸 (Simple regression) 或 t 檢定去比較小學生的體重有沒有因為性別 ( 男女兩組 ) 不同而不一樣。用 Analysis of variance (ANOVA) 去分析不同屬性組織 ( 營利、非營利與公立共三組 ) 的組織績效是否有所不同等等。

多變量分析 (Multivariate analysis) 是泛指同時分析兩個以上變數的計量分析方法。在實際的情況中，我們所關心的某種現象通常不只跟另一個變數有關係，比如會影響醫院績效的變數不只是醫院的屬性而已，可能還與醫院本身的經營策略、醫院所在的地區、健保給付方式等有密切關係，因此多變量分析應該對實際的研究工作較有幫助。不過多變量分析的數統推論與運算過程比較複雜，如果要靠人力去進行相當費時費工，但是在電腦時代，這些繁複運算便不成問題，因此多變量分析漸漸被廣泛運用。

區別分析旨在運用於計算一組預測變數 ( 自變數 ) 包括知識、價值、態度、環保行為的線性組合，對依變數 ( 間斷變數 ) 接受有機農產品更高售價之意願加以分類，並檢定其再分組的正確率。

| 統計技術 | 自變數 ( 解釋變數 )$X_i$ | 依變數 ( 應變數 )Y |
|---|---|---|
| 1. 區別分析 (Discriminant analysis) | 自變數 ( 預測變數 (Predictor variable)) 數量不限。<br>Interval scale or ratio scale( 連續變數 )。<br>Nominal scale or ordinal scale( 轉化為虛擬變數 )。 | 單一個依變數 ( 分組變數 )。<br>三項式以上 ( 三類以上 )<br>Nominal scale or ordinal scale。 |
| 2. 簡單迴歸分析 | 1. 單一個自變數 ( 預測變數 (Predictor variable))。<br>2. Interval scale or ratio scale( 連續變數 )。<br>3. Nominal scale or ordinal scale( 轉化為虛擬變數 )。 | 單一個依變數 ( 效標變數 (Criterion variable))。<br>Interval scale or ratio scale( 連續變數 )。 |
| 3. 複迴歸分析<br>( 含 Logistic regression) | 1. 兩個 ( 含 ) 以上自變數 ( 預測變數 (Predictor variable))。<br>2. Interval scale or ratio scale( 連續變數 )。<br>3. Nominal scale or ordinal scale( 轉化為虛擬變數 )。 | 單一個依變數 ( 效標變數 (Criterion variable))。<br>Interval scale or ratio scale( 連續變數 )。 |

| 統計技術 | 自變數 ( 解釋變數 )$X_i$ | 依變數 ( 應變數 )$Y$ |
|---|---|---|
| 4. 邏輯斯迴歸分析 | 1. 自變數 ( 預測變數 (predictor variable)) 數量不限。<br>2. Interval scale or ratio scale( 連續變數 )。<br>3. Nominal scale or ordinal scale( 轉化為虛擬變數 )。 | 單一個依變數。<br>兩項式 ( 二分 )Nominal scale。 |

　　邏輯斯迴歸用於預測類別變數 ( 通常是二元的 (banary))。(1) 對於類別依變數，如果所有的預測變數都是連續變數且分布良好的，則通常使用判別 (discriminant) 函數分析。(2) 如果所有預測變數都是類別的 (categorical)，通常採用 logistic 分析。(3) 如果預測變數是連續變數和類別變數的混合或者它們不是很好地分布 ( ∵ 邏輯斯迴歸沒有對預測變數的分布做出假設 )，則往往選擇邏輯斯迴歸。Logistic 迴歸特別流行於醫學研究中，其中，依變數 (y) 是患者是否患有疾病。

　　對於邏輯斯迴歸，預測的依變數是特定受試者將處於某一類別 ( 例如：小明患有某疾病的概率，給定其預測變數的分數集合 ) 的概率的函數。

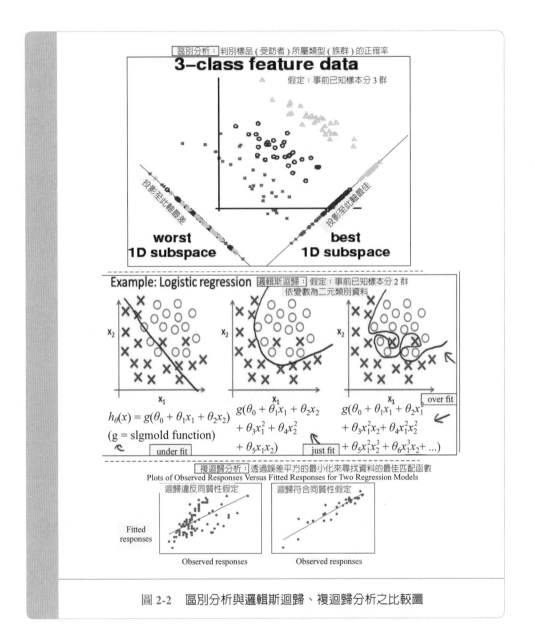

圖 2-2　區別分析與邏輯斯迴歸、複迴歸分析之比較圖

## 二、MANOVA 與 Discriminant analysis 的差異

　　MANOVA 旨在瞭解各集群 ( 組 ) 樣本在哪幾個依變數的平均值達到顯著水準。區別分析透過得到自變數之線性組合成方函數，瞭解自變數 ( 觀測值 ) 在依變數 ( 集群、組數 ) 上分類的正確性，進而獲悉哪些自變數 ( 預測變數 ) 可以有效區分類別。

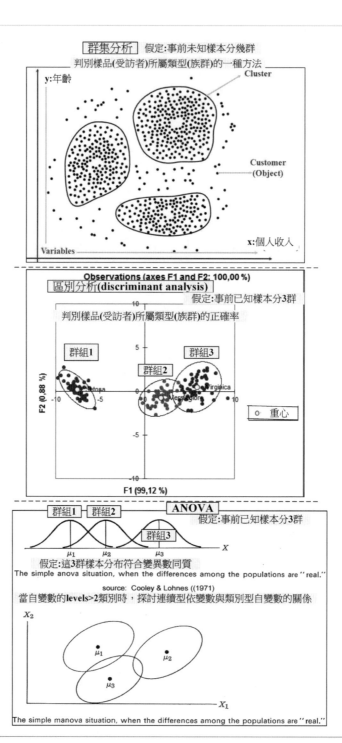

圖 2-3　群集分析 vs. ANOVA vs. 區別分析的比較圖

　　最常見的多變量分析是複迴歸分析 (Multiple regression)，除此之外，社會科學的研究還用到許多其他的多變量分析分法，以下簡單介紹幾種較常見的方法，以及這些方法在醫務管理的應用例子。

### 1. 多變量變異數分析 (Multivariate analysis of variance, MANOVA)

　　MANOVA 是 ANOVA 的延伸與拓展。MANOVA 與 ANOVA 最大的不同在於 ANOVA 一次只能分析一種依變數 ( 應變數 )，而 MANOVA 能夠同時比較兩個或以上的依變數。比如我們想比較前面三組骨癌病人的二年存活率與治療後的生活品質。如果用 ANOVA 的話，我們必須做兩次 ANOVA 分析，一次針對病人的三年存活率，另一次比較病人的生活品質差異。如果是用 MANOVA 的話，只要一次就可以同時分析這兩個我們所關切的預後指標。

　　事實上，在這種情況下，MANOVA 不僅在分析手續上比較省事，也比較準確，因為如果肝癌病人治療後三年存活率，與生活品質這兩個指標之間有某種相關性的話 ( 比如生活品質較高對存活率有所幫助 )，則分開單獨分析 (ANOVA) 所得到的結果會有偏差。而用 MANOVA 可以考慮這兩個指標之間的關聯性，提供我們較準確的結果。

### 2. 多變量共變異數分析 (Multivariate analysis of covariance, MANCOVA)

　　這其實就是 MANOVA 與 ANCOVA 的結合，不僅可以同時比較多個依變數，還可以考慮或控制多個會影響依變數的變數。因此，我們可以使用 MANCOVA，在考量病人的病情並將這些變數的影響消除後，去同時比較這三組肝癌病人治療後的三年存活率與生活品質。

### 3. 因素分析 (Factor analysis)

　　因素分析的主要目的，是要將一群互有關連的變數，加以簡化成幾個有意義的面向或因素。在這裡，一個因素可以用來代表或取代這一群變數中某些性質相近的變數，因此我們透過因素分析，希望能用少數幾個主要因素去涵蓋一群眾多的變數。

　　因素分析在調查研究的資料精簡上很有幫助。在問卷或訪談調查中研究人員經常會用好幾個問題去了解某一件事情，這也就是說研究人員用好幾個變數去衡量同一個概念。不過當變數愈多時，會加重分析工作的負荷，甚至降低分析的準確度。這時研究人員就可以考慮採用因素分析，看看這些相同概念的變數是否可以進一步加以統整或簡化。

　　例如「調查研究法」，有哪些原因與可用來解釋在美國的拉丁美洲裔人士 (Latinos in the U.S.) 受到歧視情況的輕重。在一份由 Pew Research Center 在 2002 年對將近兩千多位在美國居住的拉丁美洲裔人士所進行的調查資料中，用七個問題去問受訪的拉丁美洲裔人士被歧視的情形，分別是：(1) 他們覺得在學校中歧視的情況嚴不嚴重？(2) 他們覺得在工作場合中歧視的情況嚴不嚴重？(3) 他們覺得歧視對阻礙他們在美國出人頭地的情況嚴不嚴重？(4) 他們覺得拉丁美洲裔人士之間彼此歧視的情況嚴不嚴重？(5) 他們遇到被不禮貌對待的情況有多頻繁？(6) 他們得到拙劣服務的情況有多頻繁？(7) 他們遇到被侮辱的情況有多頻繁？

　　每一個問題都代表一個與歧視相關的變數，因此這份資料中有七個衡量歧視的變數，如果我不去簡化這些變數，那我便有七個依變數，必須做七次迴歸分析，才能回答作業的問題。為了讓我的分析更簡潔，我用因素分析去統整這七個變數，結果得到兩個因素，第一個因素是由前面四個變數所構成的，第二個因素是由後面三個變數所構成的。我發現這樣的歸類很有意思，構成第一個因素的四個變數所衡量的都是拉丁美洲裔人士感覺受到歧視的程度；而構成第二個因素的變數都與他們所經歷受到歧視的行為的頻繁程度有關，因此我將第一個因素命名為「受到歧視的感受程度」(Felt discrimination)，另一個因素為「經歷歧視的程度」(Experienced discrimination)。這也就是說，這七個與歧視有關的變數其實可以用這兩個歧視的面向加以涵蓋。於是我便將原本七個變數簡化成兩個因素或新變數，做為我進行迴歸分析的對象。

　　因素分析完全是根據我們所提供的變數資料，透過統計方法去進行，它無法了解每一個變數本身所代表的意義，所得到的結果 ( 因素的組成或歸類 ) 有沒有意義必須由研究人員自己判斷。因素分析還提供一些方法讓研究人員對資料做進一步的調整或設定分析角度，以便產生最有意義的因素歸類。

　　因素分析在簡化問卷設計也很有用。比如我們要設計出一份新進員工的品格調查問卷，我們原來可能會用 50 個問題，以期全面去瞭解員工的品格。當我們想要簡化這份問卷的內容或長度，但又不想失去其周延性時，因素分析可以發揮作用。我們可以先用完整版的問卷，去收集足夠數量的資料 ( 比如 100 位新進員工的品格問卷 )，然後根據這 100 份問卷的資料，去進行因素分析，看能不能找出幾個有意義的重要品格面向 ( 因素 )，來涵蓋整份問卷。

### 4. 共變異數分析 (Analysis of covariance, ANCOVA)

ANCOVA 其實可以看爲是 ANOVA 與迴歸分析的結合。傳統的 ANOVA 主要是用來比較兩組以上的樣本的平均值是否有差別，比如醫師要研究不同的治療組合對肝癌患者的預後是否有不同的效果，因此去比較 (1) 單純手術切除腫瘤、(2) 單純進行化療、(3) 以上兩種治療方式結合的病患的三年存活率。ANOVA 能用來比較這三組病患的三年存活率的平均值是否有明顯不同，讓研究人員瞭解這三種治療組合的效果。

不過，ANOVA 通常必須搭配隨機控制實驗來進行會比較好，因爲隨機分配比較能夠提供研究人員相同的比較基準 ( 比如使得這三組病人的病情分布情況大致上是相近的，不致於有某一組都是病情偏重的病人，其他組病人病情卻都較輕 )，這樣我們才能客觀地比較治療方式的效果差異。可是在這個例子中，這三組病人並不是透過隨機分配的方式去決定採用哪一種治療組合，醫師是依照每一位病人的病情 ( 肝腫瘤的大小、期數、病人的健康情況等 )，建議採取的治療方式，而這些病情變數都會對肝癌病人的存活率造成影響，因此在此情況下直接用 ANOVA 並不恰當，最理想的方式是 ANCOVA，因爲 ANCOVA 在比較這三組病人的存活率時，可以同時考慮或控制其他對病人存活率有影響的病情變數，使我們在相同的背景或基礎上去比較這三組治療方式的效果。而控制其他變數對依變數的影響也是迴歸分析的基本功能，因此 ANCOVA 可以說是結合了 ANOVA 與迴歸分析的功能。

話說如此，事實上用複迴歸分析就可以達到 ANCOVA 的目的，只要在迴歸分析模式中加入組別的虛擬變數 (Dummy variables)，我們就可以看到不同組別的平均值是否有明顯差別。以前面的例子來說，我們必須建立兩個虛擬變數，分別代表第一組與第二組的病人 ( 研究組 )，做爲分析模式中的自變數，而以第三組爲對照組，這樣我們就可以去比較第一組和第二組的病人分別與第三組病人的三年存活率有沒有差別。

### 5. 區別 ( 判別 ) 分析 (Discriminant analysis)

區別 ( 判別 ) 分析主要是用來找出一群個體分屬於不同群組的決定變數是哪些，並以此做爲預測其他個體群組歸屬的依據。區別分析在醫療上應該有很廣的用途，特別是在高危險群的醫療處置方面可以發揮功能。比如我們可以拿一年來所有 ICU 病人的資料來做區別分析，我們將 ICU 病人分爲兩組，一組病人在

ICU 中死亡，另一組病人順利轉入一般病房，而我們最關切的是哪些因素會決定 ICU 病人能夠順利轉入一般病房，或在 ICU 死亡。因此，我們可以用區別分析找出重要的影響變數，假如分析的結果告訴我們病人的年齡、診斷、手術與否、感染等變數是重要的決定因子，那我們就可以根據這些危險因子以及其影響程度，對每一位新進 ICU 的病人預測其預後 (是可能屬於順利轉出一般病房或死亡的對象)，然後針對有較高死亡可能性的病人進行重點風險管理，或加強照護。

其實用邏輯斯迴歸 (Logistic regression) 與多項邏輯斯迴歸 (Multinomial logit model) 也可以進行與區別分析相同的功能。前者用於處理兩個組別，後者用於兩個組別以上的情況。詳情請見作者《邏輯斯迴歸及離散選擇模型：應用 STaTa 統計》一書，該書內容包括：邏輯斯迴歸、多元邏輯斯迴歸、配對資料的條件 logistic 迴歸分析、Multinomial logistic regression、特定方案 Rank-ordered logistic 迴歸、零膨脹 Ordered probit regression 迴歸、配對資料的條件邏輯斯迴歸、特定方案 Conditional logit model、離散選擇模型、多層次邏輯斯迴歸……。

例如：區別分析在健保開始實施 DRGs 之後，醫院在病人照護與費用管理上面可能可以派得上用場。在 DRGs 給付制度之下，醫院照護某一種 case 的病人的費用必須設法控制在健保局對該種 case 的給付定額之下，才不會虧損。因此醫院會很關心哪些情況的病人很有可能超過給付定額，哪些情況比較容易控制在給付額之內。因此我們可以用區別分析去找出這些重要的決定因素，然後根據這些因素去預測每一位病人的照護費用超過給付額的可能性。對於很有可能落入高額費用的高風險病人，醫院及醫師可以預作管理或因應，以避免超額情況的發生。

## 6. 集群分析 (Cluster analysis)

集群分析與區別分析有點類似，它們都希望根據個體的變數或特性，為一群個體進行分類，不過在集群分析中，我們事先並不知道這些個體的組別，完全是根據它們的變數資料去將相似特性的個體進行歸類。而在區別分析中，我們已經知道某些個體的所屬組別，用這些個體去進行區別分析，得知影響因子後再來對其它個體做分類。

理論上，我們應該可以透過集群分析來規劃 DRGs，根據每位病人住院的總成本 (醫療費用)、主診斷、次診斷、年齡等資料，將所有住院案例分成許多組別，每一組裡面的案例在醫療費用、診斷與病人年齡有其相似性。集群分析應該也可以運用到醫院藥品或醫材管理上面，比如我們可以根據每種藥品或醫材的成本、

使用數量、使用科別、訂貨所需時間等變數，將院內所使用的所有藥品或醫材分為幾個重點類別，根據每類藥品或醫材的特性規劃管理方針。

　　不過，集群分析跟因素分析一樣，是根據我們所提供的資料做數統運算所得到的結果，結果是否有任何實質或理論上的意義必須由我們去判斷，以及最後要採用幾個群組，可由區別分析分群正確率來判定。

## 三、統計技術的世代演進

第一代：函數關係模式

| | 統計技術 | 英文名稱 | 依變數 y | 依變數個數 | 自變數 x | 自變數個數 |
|---|---|---|---|---|---|---|
| 分析性反應變量 | 簡單迴歸 | Simple regresssion | 分析性 | 1 | 分析性 | 1 |
| | 複迴歸 | Multiple regression | 分析性 | 1 | 分析性 | K>1 |
| | 多變量迴歸分析 | Multivariate regression | 分析性 | p | 分析性 | K ≥ 1 |
| | 單因子變異數分析 | 1-Way ANOVA | 分析性 | 1 | 分類性 | I 組 |
| | 雙因子變異數分析 | 2-Way ANOVA | 分析性 | 1 | 分類性 | I、J 組 |
| | 單因子共變數分析 | 1-Way ANCOVA | 分析性 | 1 | 混合性 | 1 或 K |
| | 單因子多變量變異數分析 | 1-Way MANOVA | 分析性 | P | 分類性 | 1 |
| | 一般線性模式（多變量共變數分析） | General linear model (MANCOVA) | 分析性 | P | 混合性 | K |
| 分類性反應變數 | 區別分析 | Discriminate analysis | 分類性 | I 組 | 分析性 | K |
| | 類別資料分析 | Categorical data analysis | 分類性 | ≥ 1 | 分類性 | ≥ 1 |
| | 對數線性模式 | Log linear model | 分類性 | ≥ 1 | 混合性 | >1 |

第二代：相依關係模式

| | 統計技術 | 英文名稱 | 說明 |
|---|---|---|---|
| 變數相依 | 主成分分析 | Principle component analysis | 僅建構一個總指標 |
| | 正典相關分析 | Canonical correlation analysis | $M \leq K,P$ |
| | 因素分析 | Factor analysis | 可萃取出 J 個潛伏因素 |
| 個案相依 | 集群分析 | Cluster analysis | |
| | 多元尺度分析 | Multi dimensional scaling analysis | 群內同質，群間異質。運用 N 個主體，根據 P 個準則，對 M 個客體進行評估之統計模式。 |

第三代：系統關係模型

| | 路徑分析 | Path analysis | 探討分析性變數間之單向關係。變數間之影響具有線性即可加性。 |
|---|---|---|---|
| 系統關係模型 | 線性結構關係模式 | Linear struture RELation model | 潛伏變數存在雙向影響。潛伏變數與顯現變數之間則存在變數縮減關係。 |

# 2-2 單變量：Student's t-distribution 及 t 檢定統計基礎

## 2-2-1 單變量：Student's t-distribution

在概率和統計學中，Student's 的 t 分布 ( 或者簡單的 t 分布 ) 是連續概率分布族中的任何成員，在樣本量小和人口標準偏差的情況下估計常態分布的人口的平平均值是未知的。它由 William Sealy Gosset 以 Student's 的名字發表。

t 分布在許多廣泛使用的統計分析中起作用，包括用於評估兩個樣本平均值之間的差異的統計學顯著性的 Student's t 檢定，兩個總體平均值之間差異的信賴區間的構建以及線性迴歸分析。Student's 的 t 分布也出現在來自正常家庭的數據

的貝葉斯 (Bayesian normal family) 分析中。

　　如果我們從常態分布中取 n 個觀測值的樣本，那麼 $v = n - 1$ 個自由度的 t 分布可以定義爲樣本平平均值相對於眞實平均值的位置分布除以樣本標準差，乘以標準差 $\sqrt{n}$。這樣，用這種方式，t 分布可以用來表示你有多自信，任何給定的範圍都將包含眞正的平均值。

　　t 分布是對稱的，鐘形的，就像常態分布一樣，但尾巴更重，這意味著它更容易產生遠離其平均值的值。這對理解某些類型的隨機量比例的統計行爲很有用，其中分母的變化被放大，並且當分母的比率接近於 0 時可能產生偏離值。學生的 t 分布是廣義雙曲分布的特例。

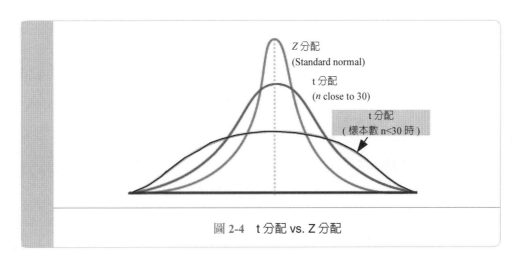

圖 2-4　t 分配 vs. Z 分配

**Student's t 分布之機率密度函數 (Probability density function, pdf)**

$$f(t) = \frac{\Gamma\left(\frac{v+1}{2}\right)}{\sqrt{v\pi}\,\Gamma\left(\frac{v}{2}\right)} \left(1 + \frac{t^2}{v}\right)^{-\frac{v+1}{2}}$$

其中 $v$ ( 讀作 nu) 是自由度的數量，$\Gamma$ ( 讀作 Gamma) 是伽馬函數。這也可以寫成：

$$f(t) = \frac{1}{2\sqrt{v}\,B\left(\frac{1}{2}, \frac{v}{2}\right)} \left(1 + \frac{t^2}{v}\right)^{-\frac{v+1}{2}}$$

其中，$\beta$ 是 Beta 函數。特別地，當整數值自由度 $v$ 時：

1. 對 $v > 1$ 之偶數 (even)

$$\frac{\Gamma\left(\frac{v+1}{2}\right)}{\sqrt{v\pi}\,\Gamma\left(\frac{v}{2}\right)} = \frac{(v-1)(v-3)\cdots 5\cdot 3}{2\sqrt{v}(v-2)(v-4)\cdots 4\cdot 2}$$

2. 對 $v > 1$ 之奇數 (odd)

$$\frac{\Gamma\left(\frac{v+1}{2}\right)}{\sqrt{v\pi}\,\Gamma\left(\frac{v}{2}\right)} = \frac{(v-1)(v-3)\cdots 4\cdot 2}{\pi\sqrt{v}(v-2)(v-4)\cdots 5\cdot 3}$$

概率密度函數是對稱的，它的整體形狀類似於平均值為 0 和變異數為 1 的常態分布變數的鐘形，除了它稍微更低和更寬。隨著自由度的增長，t 分布以平均值 0 和變異數 1 接近常態分布。由於這個原因，$v$ 也被稱為常態分布參數

## 一、t 統計公式

1. 單一樣本平均數之 t 檢定

資料：隨機變數 (R.V.)$X_1, X_2, X_3, \cdots, X_n \overset{i.i.d}{\approx} N(\mu, \sigma^2)$

檢定：(a)$H_0: \mu \geq \mu_0$ VS. $H_1: \mu < \mu_0$

(b)$H_0: \mu \leq \mu_0$ VS. $H_1: \mu > \mu_0$

(c)$H_0: \mu = \mu_0$ VS. $H_1: \mu \neq \mu_0$

檢定量為：(1) $\sigma^2$ 已知時，$Z = \dfrac{\overline{X} - \mu_0}{\sqrt{\dfrac{\sigma^2}{n}}} \sim N(0,1)$

(2) $\sigma^2$ 未知時，$t = \dfrac{\overline{X} - \mu_0}{\sqrt{\dfrac{\sigma^2}{n}}} \sim t_{(n-1)}$

決策：以「檢定 (a)」為例，拒絕區 $= \{t_0 < -t_{\alpha(n-1)}\}$、p-value $= P_r(T < t_0)$

## 2. 兩個獨立樣本 t 檢定

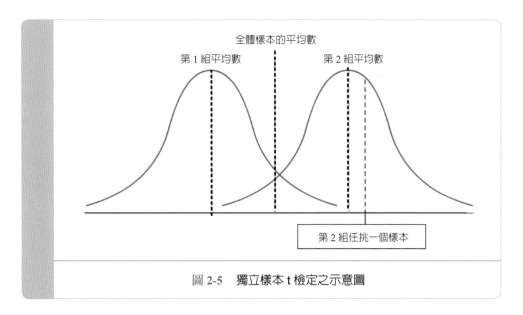

圖 2-5　獨立樣本 t 檢定之示意圖

　　統計資料分析時常必須比較不同兩群體的某種特性是否一致，或對某問題的觀點是否一致。獨立樣本的 t 檢定是用以檢定兩群體特性的期望值，是否相等之一種常用的統計方法。

　　假設兩組連續型獨立數據如下：

資料：隨機變數 (R.V.)$X_1, X_2, X_3, \cdots, X_{n_1} \overset{i.i.d}{\approx} N(\mu_1, \sigma_1^2)$，樣本平均數$\overline{X} = \dfrac{\sum\limits_{i=1}^{n_1} X_i}{n_1}$

隨機變數 (R.V.)$Y_1, Y_2, Y_3, \cdots, Y_{n_2} \overset{i.i.d}{\approx} N(\mu_2, \sigma_2^2)$，樣本平均數$\overline{Y} = \dfrac{\sum\limits_{i=1}^{n_2} Y_i}{n_2}$

樣本變異數：$S_X^2 = \dfrac{\sum\limits_{i=1}^{n_1}(X_i - \overline{X})^2}{n_1 - 1}$，$S_Y^2 = \dfrac{\sum\limits_{i=1}^{n_2}(Y_i - \overline{Y})^2}{n_2 - 1}$

標準誤 ( 平均數的標準差 )：$\dfrac{S_X}{\sqrt{n_1}}, \dfrac{S_Y}{\sqrt{n_2}}$

$D \sim N(\mu_D, \sigma_D^2)$

其中 $\mu_D = \mu_1 - \mu_2$，$\sigma_D^2 = \dfrac{\sigma_1^2}{n_1} + \dfrac{\sigma_2^2}{n_2}$

檢定：$H_0: \mu_1 = \mu_2$ VS.. $H_1: \mu_1 \neq \mu_2$( 即 $\mu_1 - \mu_2 \neq 0$)

先檢定「變異數同質性」：$H_0: \sigma_1^2 = \sigma_2^2$ vs. $H_1: \sigma_1^2 \neq \sigma_2^2$

檢定統計量為 $F = \max(S_1^2, S_2^2)/\min(S_1^2, S_2^2) \sim F(n_1\text{-}1, n_2\text{-}1)$ 或 $F(n_2\text{-}1, n_1\text{-}1)$

決策：拒絕區 $= \dfrac{S_1^2}{S_2^2} \geq F_{\frac{\alpha}{2}}(n_1 - 1, n_2 - 1)$ 或 $\dfrac{S_1^2}{S_2^2} \geq F_{\frac{\alpha}{2}}(n_2 - 1, n_1 - 1)$

p-value $= 2 \min\{P_r(F > f_0), P_r(F < f_0)\}$

**情況 1**「變異數異質性」：若不可假定 $\sigma_1^2 = \sigma_2^2$ (Behrens-Fisher 問題 )

檢定量為 $T = (\overline{X} - \overline{Y})/ \text{s.e.}(\overline{X} - \overline{Y}) = (\overline{X} - \overline{Y})/ \sqrt{\dfrac{S_1^2}{n_1} + \dfrac{S_2^2}{n_2}} \sim$ 近似 t 分配。

$\text{d.f.} = (\dfrac{S_1^2}{n_1} + \dfrac{S_2^2}{n_2})^2 / \left[ \dfrac{S_1^4}{n_1^2(n_1 - 1)} + \dfrac{S_2^4}{n_2^2(n_2 - 1)} \right]$：*Welch's* test 的自由度。

語法：此自由度 (d.f.) 可能非整數

**情況 2**「變異數同質性」：若可假定 $\sigma_1^2 = \sigma_2^2 = \sigma^2$

$\hat{\sigma}^2 \cong \sigma_P^2 = [\sum_1^{n_1}(X_i - \overline{X})^2 + \sum_1^{n_2}(Y_i - \overline{Y})^2 +]/(n_1 + n_2 + 2)$

檢定量為 $T = (\overline{X} - \overline{Y})/ \text{s.e.}(\overline{X} - \overline{Y}) = (\overline{X} - \overline{Y})/ \sqrt{(\dfrac{1}{n_1} + \dfrac{1}{n_2})S_p^2} \sim T(n_1 + n_2 - 2)$

若從觀測值所計算出來的 T 值為 t，顯著水準為 $\alpha$ 時。若 $P(|T| > |t|) = p < \alpha$，則拒絕虛無假設 $H_0: \mu_1 = \mu_2$；亦即接受對立假設 $H_1: \mu_1 \neq \mu_2$。

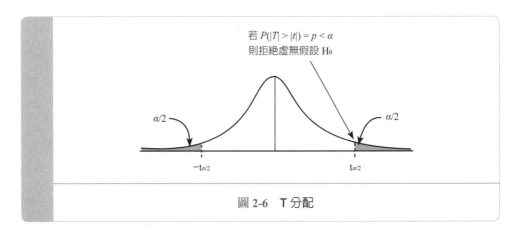

圖 2-6　T 分配

**觀點**：當檢定 $\mu_1 > \mu_2$ 時，基本上看 $(\overline{X} - \overline{Y})$ 差距是否夠大，大到某程度，才

可說顯著具有 $\mu_1 > \mu_2$ 的性質。

**決策 1**：(1) $H_1: \mu_1 > \mu_2$ 拒絕域爲 $(\overline{X} - \overline{Y}) > \sqrt{(\dfrac{1}{n_1} + \dfrac{1}{n_2})S_p^2} \times t_\alpha(n_1 + n_2 - 2)$

(2) $H_1: \mu_1 < \mu_2$ 拒絕域爲 $(\overline{X} - \overline{Y}) < -\sqrt{(\dfrac{1}{n_1} + \dfrac{1}{n_2})S_p^2} \times t_\alpha(n_1 + n_2 - 2)$

(3) $H_1: \mu_1 \neq \mu_2$ 拒絕域爲 $|\overline{X} - \overline{Y}| > \sqrt{(\dfrac{1}{n_1} + \dfrac{1}{n_2})S_p^2} \times t_{\alpha/2}(n_1 + n_2 - 2)$

**決策 2**：以檢定 (3) 爲例，若從觀測值所計算出來的 T 值爲 t，顯著水準爲 $\alpha$ 時，其 p-value $= 2\,P_r(T > |t_0|)$，若 $p$ 值 $< \alpha$ 則拒絕虛無假設 $H_0$。

3. 相依樣本 t 檢定

假設存在二組具有常態分配之隨機變數 X 及 Y，分別爲

X：$X_1, X_2, X_3, \cdots, X_n \sim N(\mu_1, \sigma_1^2)$

Y：$Y_1, Y_2, Y_3, \cdots, Y_n \sim N(\mu_2, \sigma_2^2)$

當這二組隨機變數是成對出現時，亦即

$(X_1, Y_1), (X_2, Y_2), \cdots, (X_n, Y_n)$

令新變數 D=X − Y，則

$D_1 = (X_1 - Y_1)$

$D_2 = (X_2 - Y_2)$

………

$D_n = (X_n - Y_n)$

由於 X 與 Y 變數都是常態隨機變數，故兩者的差 D 亦是常態分配，期望值是 $\mu_D$，變異數是 $\sigma_D^2$。即

D：$D_1, D_2, D_3, \cdots, D_n \sim N(\mu_D, \sigma_D^2)$

其中，$\mu_D = \mu_1 - \mu_2$

$\sigma_D^2 = \sigma_1^2 + \sigma_2^2 - 2COV(X, Y)$

期望值是 $\mu_D$ 可用樣本平均數 $\overline{D}$ 來估計。變異數是 $\sigma_D^2$ 可用樣本變異數 $S_D^2$ 來估計：

$\overline{D} = \dfrac{\sum\limits_{i=1}^{n} D_i}{n} \sim$ 符合 N($\mu_D, \sigma_D^2 / n$)

$$S_D^2 = \frac{\sum\limits_{i=1}^{n}(D_i - \overline{D})^2}{n-1}$$

$\overline{D}$ 的標準差 $\frac{\sigma_D}{\sqrt{n}}$ 可用 $\frac{D_D}{\sqrt{n}}$ 來估計。

檢定：虛無假設 $H_0$: $\mu_1 = \mu_2$ ( 即 $\mu_D = \mu_1 - \mu_2 = 0$) VS.. $H_1$: $\mu_1 \neq \mu_2$( 即 $\mu_1 - \mu_2 \neq 0$)

檢定統計量 T：$T = \dfrac{\overline{D} - \mu_D}{\dfrac{S_D}{\sqrt{n}}} \sim t_{(n-1)}$ 分配。

決策：若從觀測值所計算出來的 T 值為 t，顯著水準為 $\alpha$ 時。若 $P(|T| > |t|)$ $= p < \alpha$，則拒絕虛無假設 $H_0$：$\mu_1 = \mu_2$；亦即接受對立假設 $H_1$：$\mu_1 \neq \mu_2$。反之則反。

## 2-2-2 單變量：Student's t 檢定

t 檢定是用來檢定 2 個獨立樣本的平均數差異是否達到顯著的水準。

這二個獨立樣本可以透過分組來達成，計算 t 檢定時，會需要 2 個變數，依變數 (y) 為觀察值，自變數 x 為分組之組別，其資料的排序如下：

檢定 2 個獨立樣本的平均數是否有差異 ( 達顯著水準 ) 得考慮從 2 個母體隨機抽樣本後，其平均數 u 和變異數 $\sigma$ 的各種情形，分別有平均數 u 相同而變異數平方相同或不同時的情形，平均數 u 不同而變異數平方相同或不同的情形，我們整理如下表：

在計算 2 個母體的平均數有無差異時，若是母體的變異數為已知，則使用 z 檢定，一般很少用，在一般情形下，母體的變異數為未知的情形下，我們都會使用獨立樣本的 t 檢定，若是樣本小，母體不是常態分布，則會使用無母數分析，我們整理 t 檢定於 2 個獨立母體平均數的比較時，使用時機如下表：

| |
|---|
| 1. 大樣本 (n ≥ 30)<br>　變異數 $\sigma$ 已知 → 使用 z 檢定<br>　變異數 $\sigma$ 未知 → 使用 t 檢定 |
| 2. 小樣本 (n< 30)，母體常態分配<br>　變異數 $\sigma$ 已知 → 使用 z 檢定<br>　變異數 $\sigma$ 未知 → 使用 t 檢定 |

3. 小樣本 (n< 30)，母體非常態分配
   無論變異數已知或未知 → 使用無母數分析

**t 檢定的程序**

　　我們進行 t 檢定的目的是要用來拒絕或無法拒絕先前建立的虛無假設 (Null hypothesis)，我們整理 t 檢定的程序如下：

**Step-1**：計算 t 值

　　t 值 = $u_1$ ( 平均數 ) − $u_2$ ( 平均數 ) / 組的平均數標準差

　　$u_1$ 是第一組的平均數

　　$u_2$ 是第二組的平均數

**Step-2**：查 t 臨界值 (Critical value)

　　在研究者指定可接受 t 分配型 I(type I) 誤差機率 $\alpha$(0.05 或 0.01)。

　　樣本 1 和樣本 2 的 Degree of freedom = (N1+N2) − 2

　　我們可以透過查表，得到 t 臨界值 (critical)。

**Step-3**：比較 t 值和 t critical 標準值

　　當 t 值 > t 臨界值時，會拒絕虛無假設 (Null hypothesis)($H_0$：$u_1 = u_2$)，

　　也就是 $u_1 \neq u_2$，兩群有顯著差異，接著，我們就可以

　　檢定平均數的大小或高低，來解釋管理上意義

　　當 t 值 < t 臨界值時，不會拒絕 ( 有些研究者視為接受 )Null hypothesis，也就是接受「$H_0$：$u_1 = u_2$」，表示兩群無顯者差異，我們就可以解釋管理上的意義。

**單變量 ANOVA**：F 檢定

　　t 檢定是 ANOVA 特例之一。除了 t 檢定外，我們也常用 F 值來檢定單變量多組平均數是否顯著差異。

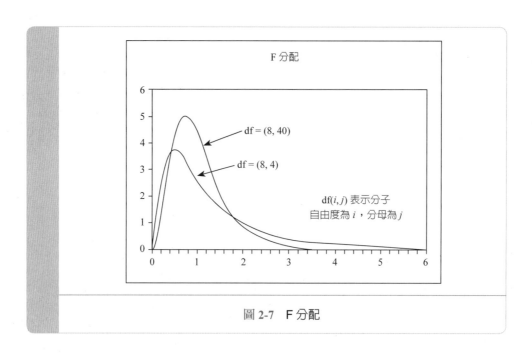

圖 2-7　F 分配

## ( 一 )ANOVA 統計公式

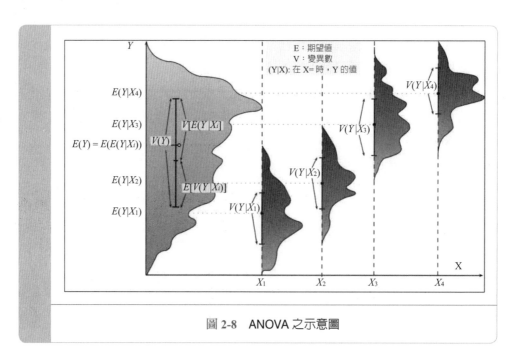

圖 2-8　ANOVA 之示意圖

## (二)ANOVA 重點整理

### 1. 實驗樣本資料：

| level | 總樣本數 | 邊際平均數 (margin) |
|---|---|---|
| 1 | $X_{11}, X_{12}, \ldots \ldots \ldots X_{1n_1}$ | $X_{1\cdot}$ |
| 2 | $X_{21}, X_{22}, \ldots \ldots \ldots X_{2n_2}$ | $X_{2\cdot}$ |
| ... | ............... | ... |
| K | $X_{K1}, X_{K2}, \ldots \ldots \ldots X_{Kn_K}$ | $X_{k\cdot}$ |

其中，總樣本數 $n = \sum_{i=1}^{k} n_i$

### 2.「事先」假定條件：

$$X_{ij} = \mu + \alpha_i + \varepsilon_{ij} \text{，} i = 1, 2, \cdots, k \text{，} j = 1, 2, \cdots, n_i$$

$\mu$：所有母體平均；$\alpha_i$：第 $i$ 個 level 之處理效果；$\varepsilon_{ij}$：表實驗誤差，一般假設 $\varepsilon_{ij} \overset{i.i.d}{\sim} N(0, \sigma^2)$，由此可知 Random variable $X_{ij} \overset{i.i.d}{\sim} N(\mu + \alpha_i, \sigma^2)$。

$\varepsilon_{ij}$ 假定條件：(1) 常態：樣本來自之母群，在依變數上的機率分配呈常態分配。(2) 變異數同質性：各組樣本來自同一母群，故各組樣本在依變數得分的變異數應該具有同質性。(3) 獨立性：樣本之抽取須符合均等與獨立原則。

### 3. 假設檢定：

虛無假設 $H_0$：k 個 level 之平均值均相等，即 $H_0 = \alpha_1 = \alpha_2 = \cdots = \alpha_k = 0$。

對立假設 $H_1$：有一不等。即 $H_1$：不全相等。

### 4. ANOVA 計算步驟：

Step1：尋找檢定統計量

因為：$\underset{\substack{\| \\ SS_T}}{\sum_i \sum_j (X_{ij} - \overline{X}..)^2} = \underset{\substack{\| \\ SS_E}}{\sum_i \sum_j (X_{ij} - \overline{X}_i.)^2} + \underset{\substack{\| \\ SS_B}}{\sum_i \sum_j (X_i. - \overline{X}..)^2}$

( 所有資料之變異 ) ( 各組內部之變異 ) (k 組之間變異 )

檢定統計量：$F_0 = \dfrac{SS_B / k - 1}{SS_E / n - k} = \dfrac{MS_B}{MS_E} \sim F(k-1, n-k)$ 分配

Step2：決策；1. 拒絕：$\{F_0 > f_a(k-1, n-k)\}$

2. p 值：$P_r(F > f_0)$，其中 F ~ F(k-1,n-k) 分配。

Step3：ANOVA 摘要表之格式：

| Source | Sum of Square | d.f | M.S | F | P 值 |
|--------|---------------|-----|-----|---|------|
| Between | $SS_B$ | k-1 | $MS_B$ | $MS_B/MS_E$ | |
| Error | $SS_E$ | n-k | $MS_E$ | | |
| Total | $SS_T$ | n-1 | | | |

## ( 三 ) ANOVA 三種假定 (assumption) 條件的檢定法

1. 常態性檢定：可用 (1) 繪圖法：Normal probability plot(p-p plot) 、Normal quantile-quantile(q-q plot)。(2) 檢定法：卡方檢定、Kolmogorov-Smirnov 法、Shapiro-Wilks 法 ( 一般僅用在樣本數 n<50 的情況 )。

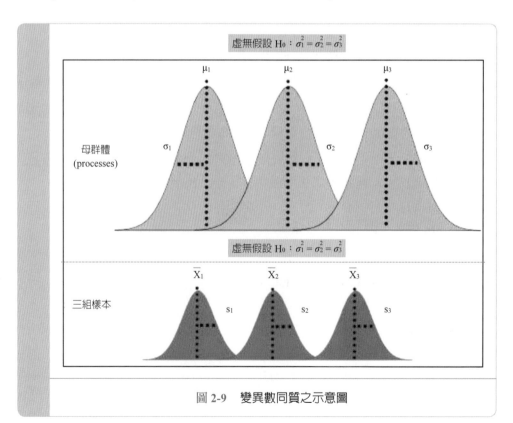

圖 2-9　變異數同質之示意圖

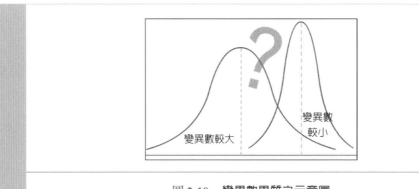

圖 2-10　變異數異質之示意圖

　　MANOVA 中，多變量常態性：係對每一個依變數，做單變量常態性檢定。

## 2. 各處理水準 (level) 之間的變異數都須同質

　　MANOVA 中，(1) 共變數矩陣的同質性 (Homogeneity of covariance matrices)：Box's M 檢定，若 p 值 (Sig.) 大於型 I 誤差 $\alpha(= 0.05)$ 值，則接受虛無假設：共變數矩陣是同質 ( 相等的 )。即 $H_0: \sigma_1^2 = \sigma_2^2 = \sigma_3^2 = \cdots = \sigma_k^2 = \sigma^2$。(2) 變異數同質性：每個組群應該有相同的誤差變異數。SPSS 變異數同質性有二種檢定法：

(1) Levene's 檢定 (Homogeneity of variance)，若 p 值 (Sig.) 大於型 I 誤差 $\alpha(= 0.05)$ 值，則接受虛無假設：跨組的依變數之誤差是同質 ( 相等的 )。

(2) Mauchly's Test of Sphericity：共變數矩陣的球形：確保 F 比率與 F 分布的適配性。若 p 值 (Sig.) 大於型 I 誤差 $\alpha(= 0.05)$ 值，則拒絕虛無假設：Covariances are unequal，且你能「Assume sphericity」。

方法一：Bartlett 檢定 (Levene 檢定 )，較適合各組的樣本人數相同時。

$$\text{檢定統計量：} b = \frac{(S_1^2)^{n_1-1}(S_2^2)^{n_2-1}...(S_k^2)^{n_k-1}}{(S_p^2)^{n-k}} \sim \text{Bartlett 分配，}$$

其中，$S_p^2 = \dfrac{\sum\limits_{i}^{k}(n_i-1)S_i^2}{n-k}$，

拒絕區：$\{b < b_k(\alpha; n_1, n_2, n_3, \cdots, n_k)\}$，

其中，$b_k(\alpha; n_1, n_2, \cdots, n_k) = \dfrac{\sum\limits_{i}^{k} n_i b_k(\alpha, n_i)}{n}$，

修正檢定：b = 2.303(g/c)，

其中，$g = (n\text{-}k)\log_{10} S_p^2 - \sum_{i=1}^{k}(n_i - 1)\log_{10} S_i^2$

$c = 1 + \dfrac{1}{3(k-1)}(\sum_{i=1}^{k}\dfrac{1}{n_i - 1} - \dfrac{1}{n-k})$。→ 拒絕區：$\{b > \chi_\alpha^2(k-1)\}$

方法二：Cochran's 檢定：

檢定統計量 $G = \dfrac{Max(S_i^2)}{\sum_{i=1}^{k}S_i^2} > g_\alpha$，則拒絕 $H_0$。

### 3. 獨立性：

獨立性：參與者所組成自變數的 levels 之間必須是相互獨立的。

(1) 見作者《STaTa 與高等統計分析》一書「線性迴歸的診斷」。

(2) 此書「第 4 章 STATA 各種迴歸之模型」，「殘差自我相關」有三種校正法：

   (I) Prais-Winsten 迴歸：prais 指令。

   (II) Cochrane-Orcutt 迴歸：prais 指令，corc 選項。

   (III) 殘留 Newey-West 標準誤之迴歸：newey 指令。

### (四) Wilks's ∧ 分布 (Wilks's lambda distribution)

在統計學上，Wilks 的 lambda 分布 ( 以 Samuel S. Wilks 命名 ) 是用於多變量假設檢定 (Hypothesis testing) 的概率分布，特別是關於概似比檢定和多變量變異數分析 (MANOVA)。

### 1. 定義

Wilks's lambda 分布係由兩個獨立的 Wishart 分布變量定義爲其決定因素的比例分布 (The ratio distribution of their determinants)(Mardia, Kent and Bibby, 1979)。已知：

$$A \sim W_p(\Sigma, m) \quad B \sim W_p(\Sigma, n)$$

二者獨立，並且 $m \geq p$，

$$\lambda = \frac{\det(A)}{\det(A+B)} = \frac{1}{\det(I + A^{-1}B)} \sim \Lambda\,(p, m, n)$$

其中，p 是維數。在概似比檢定的情況下，m 通常是誤差的自由度，n 是假設的

自由度，所以總自由度是 n + m。

---

**定義：Wishart 分布**

威沙特分布 (1928) 是統計學上的一種半正定矩陣隨機分布。這個分布在多變數分析的共變異矩陣估計上相當重要。

Wishart 分布是多維度的廣義卡方 (chi-squared) 分布，或者非整數自由度的 gamma 分布。

Wishart 機率分布，是對稱、非負數的正定矩陣 (symmetric, nonnegative-definite matrix-valued random variables (random matrices))。

這些分布在多元統計量的共變數矩陣的估計中是非常重要的。在 Bayesian 統計中，所述 Wishart 分布是多變數常態隨機向量的事前機率之共軛矩陣 (Conjugate prior of the inverse covariance-matrix of a multivariate-normal random-vector)。

**定義**

假設 X 為一 n×p 矩陣，其各行 (row) 來自同一均值向量為 0 的 p 維多變數常態分布且彼此獨立。

$X_{(i)} = (x_i^1, ..., x_i^p) \sim N_p(0, v)$

Wishart 分布是 p×p 隨機矩陣的概率分布。

---

| Wishart | |
|---|---|
| 符號 | $X \sim W_p(V, n)$ |
| 參數 | $n > p - 1$ degrees of freedom (real)<br>$V > 0$ scale matrix ($p \times p$ pos. def) |
| 支持 | X($p \times p$) positive definite matrix |
| PDF | $\dfrac{\|X\|^{(n-p-1)/2} e^{-\mathrm{tr}(V^{-1}X)/2}}{2^{\frac{np}{2}}\|V\|^{n/2}\Gamma_p\left(\frac{n}{2}\right)}$<br>· $\Gamma_p$ is the multivariate gamma function<br>· tr is the trace function |
| 平均數 | $E[X] = nV$ |
| 眾數 | $(n - p - 1)V$ for $n \geq p + 1$ |
| 變異數 | $\mathrm{Var}(X_{ij}) = n(v_{ij}^2 + v_{ii}v_{jj})$ |

| Wishart | |
|---|---|
| Entropy | see below |
| CF | $\Theta \mapsto \mid I - 2i\Theta V\mid^{-\frac{n}{2}}$ |

### 2. 性質

Wilks 分布參數之間存在對稱性。

$$\Lambda(p, m, n) \sim \Lambda(n, m + n - p, p)$$

# 2-3 多變量：單一獨立樣本平均數之 Hotelling's $T^2$ 檢定 (GLM 指令)

一個和兩個母群的多變量平均數假設檢定，只是將單變量的統計分析方法擴展成依變數有二個或二個以上，檢定自多變量常態分配中所得到的樣本平均數向量是否顯著不同於樣本所來自的母群之平均數向量。

多變量平均數檢定的統計方法有：

(1) Hotelling's $T^2$ 統計：

$$T^2 = N(\bar{y} - \mu_0)' S^{-1}(\bar{y} - \mu_0)$$

(2) Wilks' $\Lambda$ 統計：

$$\Lambda = \frac{\left| Q_e \right|}{\left| Q_h + Q_e \right|}$$

$\Lambda$ 值成 U 分配，故又稱 U 統計量。在 STaTa/SPSS 的輸出結果中常列出 $\Lambda$ 轉換成 F 值。

$$F = \frac{1 - \Lambda}{\Lambda} \cdot \frac{N - P}{P}$$

(3) 同時信賴區間 (Simultaneous confidence intervals)

一般來說，如果 T² 的值達顯著水準 ( 拒絕虛無假設 H₀：μ = μ₀)，則 P 個依變數之中可能有一個或一個以上依變數的信賴區間不包括 μ₀ 在內。若某依變數的同時信賴區間不包括 μ₀ 在內，即此依變數對 T² 是否達顯著水準有所影響。

## 2-3-1 多變量：Hotelling's T² 檢定之概念

霍特林 (Hotelling's)T 分布是一個單變量分布，在多變量假設檢定 (Multivariate hypothesis testing) 中有重要作用。

1. 定義：一個隨機變數 D 服從自由度為 (p,m) 的霍特林 T 平方分布等價於

$$D = X' \left( \frac{S}{m} \right) X \text{,}$$

$X \sim N_p(0, \Sigma), S \sim Wishart_m(\Sigma)$，並且 X 和 S 相互獨立。

2. 解釋：

(1) 定義中的 $X = (x_1, x_2, \cdots, x_n)$，其中 $x_i$ 是 $p \times 1$ 的向量，每個 $x_i$ 相互獨立並且服從 p 元常態分布，

平均數：$\mu = 0$

共變數矩陣為 $\Sigma$。

(2) 定義中的 S 服從自由度為 m 的威希特分布 (Wishart distribution)，共變數矩陣為 $\Sigma$。

3. 與 F 分布的關係：

$$\frac{m-p+1}{mp} T_{p,m}^2 \sim F_{p,m-p+1}$$

4. 假設檢定：

(1) 檢定一個多元常態分布的平均數：信賴區間

首先計算出樣本平均數：

$$\bar{x} = \frac{1}{n} \sum_{i=1}^{n} x_i$$

(a) 如果已知 $\Sigma$，

$$\{\mu : n(\bar{x} - \mu)' \Sigma^{-1}(\bar{x} - \mu) \leq \chi_p^2(1 - \alpha)\}$$

(b) 如果未知 $\Sigma$，

$$S = \frac{1}{n-1} \sum_{i=1}^{n} (x_i - \bar{x})(x_i - \bar{x})'$$

$$\{\mu \in \mathbb{R}^p : n(\bar{x} - \mu)'S^{-1}(\bar{x} - \mu) \leq \frac{(n-1)p}{n-p} F_{p,n-p}(1-\alpha)\}$$

(2) 檢定兩個多元常態分布的平均數：

隨機變數 $x_1, x_2, \cdots, x_{n_1}$ 服從 $N_p(\mu_1, \Sigma_1)$。

隨機變數 $y_1, y_2, \cdots, y_{n_2}$ 服從 $N_p(\mu_2, \Sigma_2)$。

$$\bar{x} = \frac{1}{n_1} \sum_{i=1}^{n_1} x_i,$$

$$\bar{y} = \frac{1}{n_2} \sum_{i=1}^{n_2} y_i,$$

$$S_1 = \frac{1}{n_1 - 1} \sum_{i=1}^{n_1} (x_i - \bar{x})(x_i - \bar{x})',$$

$$S_2 = \frac{1}{n_2 - 1} \sum_{i=1}^{n_2} (y_i - \bar{y})(y_i - \bar{y})'。$$

(a) 情況一：如果兩個樣本的共變數矩陣相同，$\Sigma_1 = \Sigma_2$。

定義

$$S_p = \frac{(n_1 - 1)S_1 + (n_2 - 1)S_2}{n_1 + n_2 - 2}。$$

$H_0 : \mu_1 = \mu_2$

統計量：

$$T^2 = (\bar{x} - \bar{y})'\left[\left(\frac{1}{n_1} + \frac{1}{n_2}\right)S_p\right]^{-1}(\bar{x} - \bar{y}) \sim \frac{(n_1 + n_2 - 2)p}{n_1 + n_2 - p - 1} F_{p, n_1 + n_2 - p - 1}$$

(b) 情況二：如果兩個樣本的共變數矩陣不同，$\Sigma_1 \neq \Sigma_2$，隨著 $n_1, n_2$ 的增長，統計量服從卡方分布。

$H_0 : \mu_1 = \mu_2$

統計量：

$$T^2 = (\bar{x} - \bar{y})'\left(\frac{S_1}{n_1} + \frac{S_2}{n_2}\right)^{-1}(\bar{x} - \bar{y}) \sim \chi_p^2$$

(3) 檢定 K 個多元常態分布的平均數：

需要 (MANOVA: Multivariate analysis of variance)。這個檢定叫做 Wilks' lambda test.

5. 為何單變量假設檢定會不足呢。

(1) 當型 I 誤差的發生率高於實際的 $\alpha$。

(2) 多變量假設檢定有更強的能力檢測出樣本間的區別，尤其是在某些情況下，當單變量假設檢定無法拒絕絕虛無 (null) 假設時，多變量假設檢定可以拒絕虛無假設。

6. Hotelling's T-Square 檢定

Hotelling's T² 是很好的檢定統計。為了瞭解 Hotelling T²，可先瞭解單變量 t 檢定的平方。t 的虛無假設 $H_0$，具有 $n$-1 自由度。

$$t^2 = \frac{(\bar{x} - \mu_0)^2}{s^2/n} = n(\bar{x} - \mu_0)\left(\frac{1}{s^2}\right)(\bar{x} - \mu_0) \sim F_{1, n-1}$$

當你用 $n$-1 自由度對一個 $t$ 分布的隨機變數進行平方運算時，結果就是一個 $F$ 分布的隨機變數，其自由度為 1 和 $n$-1。如果 $t^2$ 大於來自 $F$-table 的臨界值 (1 和 $n$-1 自由度 )，那麼我們在誤差 $\alpha$ 水準下拒絕 $H_0$。

$$t^2 > F_{1, n-1, \alpha}$$

將上式 $t^2$ 公式，延伸成多個依變數，就變成 Hotelling T² 公式為：

$$T^2 = n(\bar{X} - \mu_0)'S^{-1}(\bar{X} - \mu_0)$$

其中，$\bar{X}$ 為樣本平均數。$\mu_0$ 為假設的平均數向量。若將樣本變異數 S 變換成樣本「變異數 - 共變數」矩陣 $\Sigma$，公式就改為：

$$T^2 = n(\bar{X} - \mu_0)'\Sigma^{-1}(\bar{X} - \mu_0)$$

Hotelling's T² 與 $F$ 分布的關係為：

$$F = \frac{n-p}{p(n-1)}T^2 \sim F_{p, n-p}$$

$F$ 分布其對應的查表臨界值是：

$$F > F_{p, n-p, \alpha}$$

## 2-3-2 Hotelling's t 檢定：智力量表 ( 語文和作業 )

**範例**：單一獨立樣本平均數之 Hotelling's $t^2$ 檢定 (GLM 指令 )

例 2-1 ( 參考林清山,《多變項分析統計法》, 民 79, 第 5 版, p135)

利用魏氏成人智力量表 (WAIS) 測量 10 名成人的結果, 得每人在語文量表和作業量表上的得分如下表所示。

| 學生 | 語文 (V1) | 作業 (V2) |
|------|-----------|-----------|
| A | 54 | 60 |
| B | 70 | 35 |
| C | 69 | 54 |
| D | 52 | 38 |
| E | 58 | 42 |
| F | 73 | 48 |
| G | 38 | 25 |
| H | 32 | 21 |
| I | 43 | 24 |
| J | 46 | 31 |

試問這些成人是否來自語文量表 $\mu_{01} = 60$ 和作業量表 $\mu_{02} = 50$ 的母群? ($\alpha = 0.05$)?

虛無假設 $H_0 : \begin{bmatrix} \mu_1 = 60 \\ \mu_2 = 50 \end{bmatrix}$

對立假設 $H_1 : \begin{bmatrix} \mu_1 \neq 60 \\ \mu_2 \neq 50 \end{bmatrix}$

## 一、資料檔之內容

資料檔「例 2-1(P135).sav」, 如下圖所示, 共有二個變數, 變數 V1 代表語文得分, 變數 V2 代表作業量表的得分。

圖 2-11　「例 2-1(P135).dta」　資料檔內容 (N=10 個人 )

## 二、分析結果與討論

Step 1. 變數變換

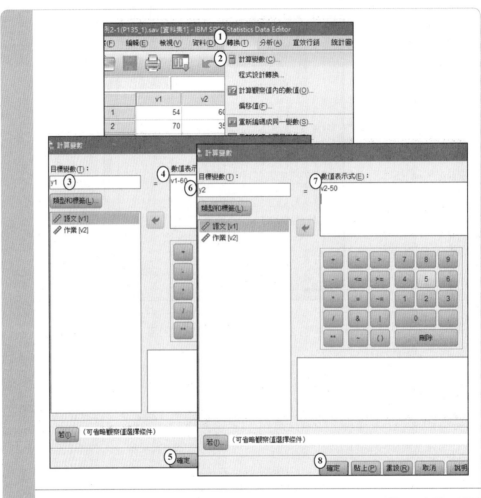

圖 2-12 「compute y1＝v1-60」、「compute y2＝v2-50」 結果，存至 「例 2-1(P135_1).sav」 檔中

圖 2-13　「例 2-1(P135_1).sav」 資料檔內容

**Step 2.** Hotelling's T-squared generalized means test

圖 2-14 「GLM y1 y2」 畫面

語法：

```
GLM y1 y2
  /METHOD=SSTYPE(3)
  /INTERCEPT=INCLUDE
  /PRINT=PARAMETER TEST(SSCP) RSSCP
  /CRITERIA=ALPHA(.05).
```

**Step 3.** 結果說明

F(2,8)=4.14值(p值為0.058>0.05顯著水準)，大於查表 $T_a^2(p, N-1) = T_{.05}^2(2,8) = 10.033$ (其中p為依變數個數)，故應拒絕虛無假設，顯示這些成人的智力，與一般成人的智力並無不同。

**Multivariate Tests[a]**

| Effect | | Value | F | Hypothesis df | Error df | Sig. |
|---|---|---|---|---|---|---|
| Intercept | Pillai's Trace | .509 | 4.141 [b] | 2.000 | 8.000 | .058 |
| | Wilks' Lambda | .491 | 4.141 [b] | 2.000 | 8.000 | .058 |
| | Hotelling's Trace | 1.035 | 4.141 [b] | 2.000 | 8.000 | .058 |
| | Roy's Largest Root | 1.035 | 4.141 [b] | 2.000 | 8.000 | .058 |

a. Design: Intercept

b. Exact statistic

Wilks Λ值為.491，P為.058（大於.05顯著水準），未達顯著差異，結果顯示這些成人的智力，與一般成人的智力並無不同。其他四種多變量顯著性檢定的統計量，包括：「Pillai's」、「Wilks'」、「Hotelling's」、「Roy's」，轉換成F值均為4.141，P>.05，未達顯著水準。

**Between-Subjects SSCP Matrix**

| | | | y1 | y2 |
|---|---|---|---|---|
| Hypothesis | Intercept | y1 | 422.500 | 793.000 |
| | | y2 | 793.000 | 1488.400 |
| Error | | y1 | 1784.500 | 1189.000 |
| | | y2 | 1189.000 | 1567.600 |

Based on Type III Sum of Squares

實驗處理矩陣 $Q_h$ 為：

$$Q_h = \begin{bmatrix} 422.5 & 793 \\ 793 & 1488.4 \end{bmatrix}$$

**Residual SSCP Matrix**

| | | y1 | y2 |
|---|---|---|---|
| Sum-of-Squares and Cross-Products | y1 | 1784.500 | 1189.000 |
| | y2 | 1189.000 | 1567.600 |
| Covariance | y1 | 198.278 | 132.111 |
| | y2 | 132.111 | 174.178 |
| Correlation | y1 | 1.000 | .711 |
| | y2 | .711 | 1.000 |

Based on Type III Sum of Squares

組內誤差矩陣 $Q_e$ 為：

$$Q_e = \begin{bmatrix} 1784.5 & 1189 \\ 1189 & 1567.6 \end{bmatrix}$$

圖 2-15    「GLM y1 y2」 結果說明

## 2-4 兩個獨立樣本平均數之 Hotelling's T² 檢定 (GLM 指令)

範例：單一獨立樣本平均數之 Hotelling's t² 檢定 (GLM 指令)

例 2-2 　( 參考林清山，《多變項分析統計法》，民 79，第 5 版，p149)

　　下表是十名實驗組學生和八名控制組學生在「文法」、「閱讀」、「聽力」三種測驗方面的成績：

| 實驗組 | | | | 控制組 | | | |
|---|---|---|---|---|---|---|---|
| 學生 | 文法 | 閱讀 | 聽力 | 學生 | 文法 | 閱讀 | 聽力 |
| A | 64 | 29 | 22 | K | 74 | 44 | 20 |
| B | 52 | 37 | 19 | L | 27 | 45 | 16 |
| D | 58 | 14 | 42 | M | 91 | 6 | 6 |
| D | 24 | 7 | 22 | N | 56 | 46 | 11 |
| E | 47 | 59 | 30 | O | 64 | 25 | 14 |
| F | 66 | 74 | 62 | P | 86 | 43 | 23 |
| G | 49 | 70 | 55 | Q | 61 | 32 | 8 |
| H | 60 | 33 | 50 | R | 94 | 14 | 36 |
| I | 55 | 9 | 56 | | | | |
| J | 62 | 18 | 67 | | | | |

試問兩組的平均數之間有無顯著差異存在？$(\alpha = .05)$

$$虛無假設 H_0 : \begin{bmatrix} \mu_{11} \\ \mu_{12} \\ \mu_{13} \end{bmatrix} = \begin{bmatrix} \mu_{21} \\ \mu_{22} \\ \mu_{23} \end{bmatrix}$$

$$對立假設 H_1 : \begin{bmatrix} \mu_{11} \\ \mu_{12} \\ \mu_{13} \end{bmatrix} \neq \begin{bmatrix} \mu_{21} \\ \mu_{22} \\ \mu_{23} \end{bmatrix} \ 、 H_1 : \mu_1 \neq \mu_2$$

## 一、資料檔之內容

「例 2-2(P149).sav」資料檔的內容，如下表所示。共有四個變數：變數 a 代表組別 (1 為實驗組；2 為控制組 )，變數 y1 代表「文法」成績，變數 y2 代表「閱讀」成績，變數 y3 代表學生的「聽力」成績。

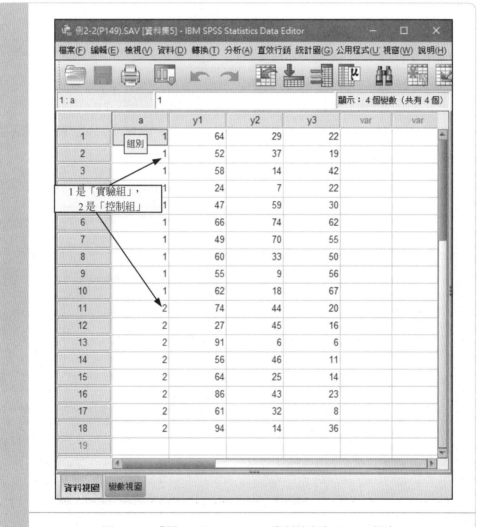

圖 2-16 「例 2-2(P149).sav」 資料檔內容 (N=18 個人 )

## 二、分析結果與討論

Step 1. 實驗組、控制組合併資料在各個依變數是否符合常態性假定 (assmuption)？

**Shapiro Wilks W Test**: 常態性檢定

$$W = \frac{(\sum_{i=1}^{n} a_i x_{(i)})^2}{\sum_{i=1}^{n}(x_i - \overline{x})^2}$$

1. 如果你變數的分布與常態分布沒有不同，則 W 不顯著
2. W 是：給定數據和理想的常態分數之間的相關性
3. W = 1 當你的抽樣變異數據完美常態時 (perfect H0)
4. Shapiro-Wilk's W 適用於 N<2000 的中小樣本；當 N>2000 大樣本則改用 Kolmogorov-Smirnov( 柯—史 ) 檢定。

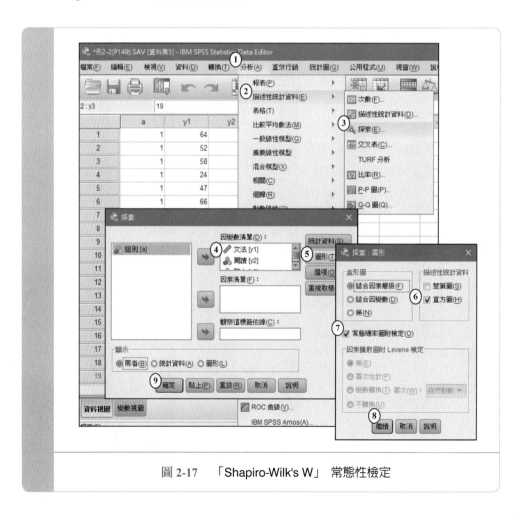

圖 2-17 「Shapiro-Wilk's W」 常態性檢定

語法：

```
EXAMINE VARIABLES=y1 y2 y3
    /PLOT BOXPLOT HISTOGRAM NPPLOT
    /COMPARE GROUPS
    /STATISTICS DESCRIPTIVES
    /CINTERVAL 95
    /MISSING LISTWISE
    /NOTOTAL.
```

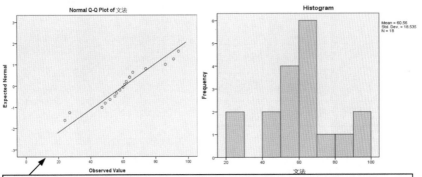

**Tests of Normality**

| | Kolmogorov-Smirnov[a] | | | Shapiro-Wilk | | |
|---|---|---|---|---|---|---|
| | Statistic | df | Sig. | Statistic | df | Sig. |
| 文法 | .162 | 18 | .200* | .943 | 18 | .331 |
| 閱讀 | .108 | 18 | .200* | .945 | 18 | .347 |
| 聽力 | .215 | 18 | .027 | .910 | 18 | .087 |

*. This is a lower bound of the true significance.

a. Lilliefors Significance Correction

因N<2000
故選S-W

接受H₀：normality
故y1,y2,y3都符合常態。
因此可放心進行Hotelling's
T檢定。

Q-Q圖（Q代表分位數Quantile）是一種通過畫出分位數來比較兩個機率分布的圖形方法。首先選定區間長度，點(x,y)對應於第一個分布(x軸)的分位數和第二個分布(y軸)相同的分位數。因此畫出的是一條含參數的曲線，參數為區間個數。

如果被比較的兩個分布比較相似，則其Q-Q圖近似地位於y = x上。如果兩個分布線性相關，則Q-Q圖上的點近似地落在一條直線上，但並不一定是y = x這條線。Q-Q圖同樣可以用來估計一個分布的位置參數。

Q-Q圖可以比較機率分布的形狀，從圖形上顯示兩個分布的位置，尺度和偏度等性質是否相似或不同。它可以用來比較一組數據的經驗分布和理論分布是否一致。[2]另外，Q-Q圖也是一種比較兩組數據背後的隨機變量分布的非參數方法。一般來說，當比較兩組樣本時，Q-Q圖是一種比直方圖更加有效的方法，但是理解Q-Q圖需要更多的背景知識。

圖 2-18 「Shapiro-Wilk's W」 常態性檢定：結果說明

Step 2. Hotelling's t 檢定

圖 2-19 「GLM y1 y2 y3 BY a」畫面

語法：

```
GLM y1 y2 y3 BY a
  /METHOD=SSTYPE(3)
  / INTERCEPT=INCLUDE
  /EMMEANS=TABLES(a)
  /PRINT=TEST(SSCP) RSSCP
  /CRITERIA=ALPHA(.05)
  /DESIGN= a.
```

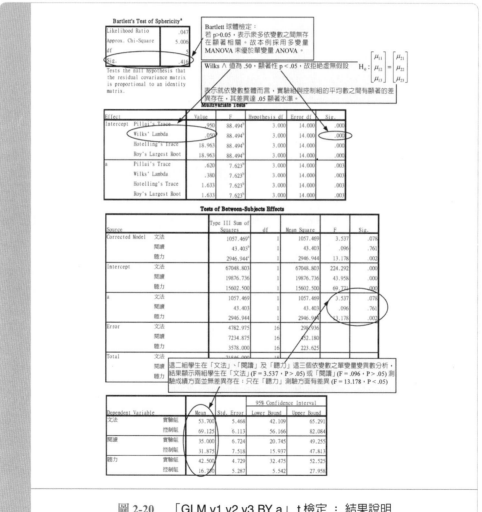

圖 2-20　「GLM y1 y2 y3 BY a」t 檢定 ： 結果說明

# 2-5 配對組法及前測後測設計之 t 檢定

## 2-5-1 多變量配對組 t 檢定 (Multivariate paired Hotelling's t-square)

現在我們來考慮一下多變量的情況。所有的純量觀測值 (Scalar observations) 都用觀測值向量 (Vectors of observations) 來代替。因此，我們將使用下面的符號。

| 第一次觀測值向量（丈夫）： | 第二次觀測值向量（妻子）： |
|---|---|
| $$X_{1i} = \begin{pmatrix} X_{1i1} \\ X_{1i2} \\ \vdots \\ X_{1ip} \end{pmatrix}$$ | $$X_{2i} = \begin{pmatrix} X_{2i1} \\ X_{2i2} \\ \vdots \\ X_{2ip} \end{pmatrix}$$ |
| $X_{1i1}$ 將表示第一個丈夫對第一個問題的回答。$X_{1i2}$ 將表示第 i 個丈夫對第二個問題的回答，如此類推…… | $X_{1i1}$ 將表示第一個妻子對第一個問題的回答。$X_{1i2}$ 將表示第 i 個妻子對第二個問題的回答，如此類推…… |

純量總體平均值用子群體平均值向量代替，使 $\mu_1$= 丈夫的子群體平均值向量，$\mu_2$ = 妻子的子群體平均值向量。

在這裡，我們感興趣的是檢定虛無假設 $H_0$：「The population mean vectors are equal」against the general alternative that these mean vectors are not equal。即

$$H_0 : \mu1 = \mu2 \quad \text{against } H_a : \mu1 \neq \mu2$$

在虛無假設 $H_0$ 下，兩個平均向量是相同的元素。與單樣本單變量情況一樣，我們將看看這些觀察之間的差異。我們定義第 i 對夫婦的向量 $Y_i$ 等於第 i 個丈夫的向量 $X_{1i}$ 減去第 i 個妻子的向量 $X_{2i}$。那麼我們同樣也會將向量 $\mu Y$ 定義為向量 $\mu_1$ 和向量 $\mu_2$ 之間的差值。

$$Y_i = X_{1i} - X_{2i} \text{，且 } \mu Y = \mu_1 - \mu_2$$

檢定上述虛無假設將相當於檢定總體平均值向量 $\mu Y$ 等於 0 的虛無假設。也

就是說，它的所有元素都等於 0，這是針對替代方案進行檢定的，即向量 $\mu$Y 不等於 0，即至少有一個元素不等於 0。

$$H_0 : \mu Y = 0 \text{ against } H_a : \mu Y \neq 0$$

這個假設使用配對的 Hotelling $t^2$ 檢定進行檢定。

如前所述，我們將定義 y-bar 來表示向量 $Y_i$ 的樣本平均值向量。

$$\bar{y} = \frac{\sum\limits_{i=1}^{n} Y_i}{n}$$

而且，我們將定義 $S_Y$ 來表示向量 $Y_i$ 的樣本變異數—共變數 (Variance-covariance) 矩陣。

$$S_Y = \frac{\sum\limits_{i=1}^{n} (Y_i - \bar{y})(Y_i - \bar{y})'}{n-1}$$

以下假定 (assumptions) 與單樣本 Hotelling's t 檢定的假定相似：

1. 向量 $Y_i$ 具有常見的總體平均值向量 $\mu$Y，這意味著不存在具有平均值向量的子群體。
2. 向量 $Y_i$ 具有共同的變異數—共變數矩陣 $\Sigma_Y$
3. 獨立性 (*independence*)：$Y_i$'s 是獨立抽樣的。在這種情況下，在這項研究中夫妻之間的獨立性。
4. 常態性 (*normality*)：Yi 的多元常態分布。

配對 Hotelling 的 T-Square 檢定統計，其表達式如下：

$$T^2 = n\bar{y}' S_Y^{-1} \bar{y}$$

它是樣本數 n、樣本平均值向量，y-bar 和變異數—共變數 $\Sigma_Y$ 的倒數函數。

然後，我們再定義一個 F 統計量，如下所示：

$$F = \frac{n-p}{p(n-1)} T^2 \sim F_{p,n-p}$$

在虛無假設下，$H_0 : \mu Y = 0$，這將具有 p 和 n-p 自由度的 F 分布。如果 F 值 > 查表 $F_{p,n-p}$ 值，則在型一誤差 $\alpha$，我們將拒絕 $H_0$。

## 2-5-2 多變量配對組 t 檢定 (GLM 指令 )

若想提高研究設計之外部效度，概括來說，可用下列方法來「控制」外生 (extraneous) 變數：

1. 排除法：選擇相同外在變數之標準。例如：害怕「年齡」這個外生變數會影響自變數，所以隨機找同年齡 ( 如 18 歲 ) 的人當樣本。此種做法，雖提升了內部效度，但卻損及外部效度。

2. 隨機法：採用控制組 ( 對照組 ) 及實驗組，將樣本隨機分派至二組，以抵銷外生變數。

3. 共變數分析法 (Analysis of covariance, ANCOVA)：一齊記錄外生變數，將它納入研究設計中，以共變數分析來分析。例如：教師想了解，在排除學生「學習態度」(attitude) 影響之後，不同的教學方法 (general vs. specific) 是否對學生的學習成就 (achieve) 有影響？可見 ANCOVA 是在調整「基本態度」之後，才比較二種教學方法的效果。

4. 配對法：即以外生變數來配對。在實務上，可能較難找到這樣的配對再分組至實驗組及控制組中。例如下面例子，因為產婦年齡愈高，就愈會早產。可惜醫生無法「開個處方箋」叫產婦年齡不要增長。故為了「控制」產婦年齡這個外生變數的干擾，你可找產婦年齡相同者「精準配對」( 體重過輕之早產兒 vs. 非早產兒 )，如此即可排除產婦年齡對早產兒的影響，進而有效發現「導至早產兒的其它因素」。

   流行病學中控制干擾因子的方式之一為配對 (matching) ，將會影響疾病發生與否的干擾因子作為配對條件，例如：年齡、性別、是否吸菸等，讓這些因子在病例組與對照組間的分布是一致的，則不致干擾觀察的結果。若病例組為罕見疾病，為達統計上的檢定效力 (power)，病例組與對照組的比例可能要 1:n，一般的研究是 1:3，有的研究，由於對照組的母群不夠大，配對比例上則為 m:n。

5. 重複實驗：同組的人先作實驗群，也作控制組。一群當二群用，其缺點除了會受到 pre-test 影響外，且亦受到施測順序 ( 實驗—控制、控制—實驗 ) 的影響。

## 一、配對的條件邏輯斯迴歸 (McFadden's choice 模型 ) 之概念

### 1. 病例—對照 (Case-control) 研究的基本概念

在管理工作中，我們也經常要開展對照調查。例如爲什麼有的人患了大腸癌，有的人卻不會患大腸癌？如果在同一居住地選取同性別、年齡相差僅 ±2 歲的健康組作對照調查，調查他們與患大腸癌有關的各種影響因素，這就是醫學上很常用的所謂「1:1 病例—對照研究」。生物醫學之病例—對照研究，等同社會科學之實驗法「實驗組—對照組」。

病例—對照研究資料常用條件邏輯斯迴歸 (Conditional logistic regression model, CLRM)，以下稱 CLRM 模型。

### 2. 條件邏輯斯迴歸模型的實例

某地在腫瘤防治健康教育、社區預防工作中做了一項調查，內容是三種生活因素與大腸癌發病的關係。調查的三種生活因素取值，請見下表。

請適配條件邏輯斯迴歸模型，說明大腸癌發病的主要危險因素。

表 2-1　三種生活因素與大腸癌發病關係的取值

| 變數名稱 | 變數值範圍 |
|---|---|
| X1( 不良生活習慣 ) | 0，1，2，3，4 表示程度 (0 表示無，4 表示很多 ) |
| X2( 愛吃油炸和鹽醃食物 ) | 0，1，2，3，4 表示程度 (0 表示不吃，4 表示喜歡吃很多 ) |
| X3( 精神狀況 ) | 0 表示差，1 表示好 |

表 2-2　50 對大腸癌病例組 (G=1) 與對照組 (G=0) 三種生活習慣調查結果

| No | 病例組 (case) | | | | 對照組 (control) | | | | |
|---|---|---|---|---|---|---|---|---|---|
| | pair | X1 | X2 | X3 | pair | X1 | X2 | X3 | |
| 1 | 1 | 2 | 4 | 0 | 1 | 0 | 3 | 1 | 0 |
| 2 | 1 | 3 | 2 | 1 | 2 | 0 | 0 | 1 | 0 |
| 3 | 1 | 3 | 0 | 0 | 3 | 0 | 2 | 0 | 1 |
| 4 | 1 | 3 | 0 | 0 | 4 | 0 | 2 | 0 | 1 |
| 5 | 1 | 3 | 0 | 1 | 5 | 0 | 0 | 0 | 0 |
| 6 | 1 | 2 | 2 | 0 | 6 | 0 | 0 | 1 | 0 |

| No | 病例組 (case) | | | | 對照組 (control) | | | | |
|----|------|----|----|----|------|----|----|----|---|
| | pair | X1 | X2 | X3 | pair | X1 | X2 | X3 | |
| 7 | 1 | 3 | 1 | 0 | 7 | 0 | 2 | 1 | 0 |
| 8 | 1 | 3 | 0 | 0 | 8 | 0 | 2 | 0 | 0 |
| 9 | 1 | 2 | 2 | 0 | 9 | 0 | 1 | 0 | 1 |
| 10 | 1 | 1 | 0 | 0 | 10 | 0 | 2 | 0 | 0 |
| 11 | 1 | 3 | 0 | 0 | 11 | 0 | 0 | 1 | 1 |
| 12 | 1 | 3 | 4 | 0 | 12 | 0 | 3 | 2 | 0 |
| 13 | 1 | 1 | 1 | 1 | 13 | 0 | 2 | 0 | 0 |
| 14 | 1 | 2 | 2 | 1 | 14 | 0 | 0 | 2 | 1 |
| 15 | 1 | 2 | 3 | 0 | 15 | 0 | 2 | 0 | 0 |
| 16 | 1 | 2 | 4 | 1 | 16 | 0 | 0 | 0 | 1 |
| 17 | 1 | 1 | 1 | 0 | 17 | 0 | 0 | 1 | 1 |
| 18 | 1 | 1 | 3 | 1 | 18 | 0 | 0 | 0 | 1 |
| 19 | 1 | 3 | 4 | 1 | 19 | 0 | 2 | 0 | 0 |
| 20 | 1 | 0 | 2 | 0 | 20 | 0 | 0 | 0 | 0 |
| 21 | 1 | 3 | 2 | 1 | 21 | 0 | 3 | 1 | 0 |
| 22 | 1 | 1 | 0 | 0 | 22 | 0 | 2 | 0 | 1 |
| 23 | 1 | 3 | 0 | 0 | 23 | 0 | 2 | 2 | 0 |
| 24 | 1 | 1 | 1 | 1 | 24 | 0 | 0 | 1 | 1 |
| 25 | 1 | 1 | 2 | 0 | 25 | 0 | 2 | 0 | 0 |
| 26 | 1 | 2 | 2 | 0 | 26 | 0 | 1 | 1 | 0 |
| 27 | 1 | 2 | 0 | 1 | 27 | 0 | 0 | 2 | 1 |
| 28 | 1 | 1 | 1 | 1 | 28 | 0 | 3 | 0 | 1 |
| 29 | 1 | 2 | 0 | 1 | 29 | 0 | 4 | 0 | 0 |
| 30 | 1 | 3 | 1 | 0 | 30 | 0 | 0 | 2 | 1 |
| 31 | 1 | 1 | 0 | 1 | 31 | 0 | 0 | 0 | 0 |
| 32 | 1 | 4 | 2 | 1 | 32 | 0 | 1 | 0 | 1 |
| 33 | 1 | 4 | 0 | 1 | 33 | 0 | 2 | 0 | 1 |
| 34 | 1 | 2 | 0 | 1 | 34 | 0 | 0 | 0 | 1 |

| No | 病例組 (case) | | | | 對照組 (control) | | | | |
| --- | --- | --- | --- | --- | --- | --- | --- | --- | --- |
| | pair | X1 | X2 | X3 | pair | X1 | X2 | X3 | |
| 35 | 1 | 1 | 2 | 0 | 35 | 0 | 2 | 0 | 1 |
| 36 | 1 | 2 | 0 | 0 | 36 | 0 | 2 | 0 | 1 |
| 37 | 1 | 0 | 1 | 1 | 37 | 0 | 1 | 1 | 0 |
| 38 | 1 | 0 | 0 | 1 | 38 | 0 | 4 | 0 | 0 |
| 39 | 1 | 3 | 0 | 1 | 39 | 0 | 0 | 1 | 0 |
| 40 | 1 | 2 | 0 | 1 | 40 | 0 | 3 | 0 | 1 |
| 41 | 1 | 2 | 0 | 0 | 41 | 0 | 1 | 0 | 1 |
| 42 | 1 | 3 | 0 | 1 | 42 | 0 | 0 | 0 | 1 |
| 43 | 1 | 2 | 1 | 1 | 43 | 0 | 0 | 0 | 0 |
| 44 | 1 | 2 | 0 | 1 | 44 | 0 | 1 | 0 | 0 |
| 45 | 1 | 1 | 1 | 1 | 45 | 0 | 0 | 0 | 1 |
| 46 | 1 | 0 | 1 | 1 | 46 | 0 | 0 | 0 | 0 |
| 47 | 1 | 2 | 1 | 0 | 47 | 0 | 0 | 0 | 0 |
| 48 | 1 | 2 | 0 | 1 | 48 | 0 | 1 | 1 | 0 |
| 49 | 1 | 1 | 2 | 1 | 49 | 0 | 0 | 0 | 1 |
| 50 | 1 | 2 | 0 | 1 | 50 | 0 | 0 | 3 | 1 |

以上範例「案例——控制研究 (clogit 指令 )」，詳情請見作者《邏輯斯迴歸及離散選擇模型：應用 STaTa 統計》一書「第 7 章　配對資料的條件 Logistic 迴歸分析」。

## 二、配對組法及前測後測設計之 $t^2$ 檢定

在比較二種實驗處理的差異時，為了控制外來無關變數的調節 ( 干擾，moderated)，我們常就這些可態調節變數，而將受試者加以配對 (matched-pair)，使同一配對的二人在這些特性上都完全相同。這就是「配對組法」。

配對設計旨在比較兩個處理方式，把兩個處理方式隨機分配給一對類似的受試對象，或是一前一後分配給同一受試對象。例如：某研究機構隨機抽樣了 400 對結婚 20 年以上的夫妻，分別隔離詢問他們對興建核能發電廠的態度是贊成還是反對，然後檢定夫妻看法是否一致。

配對設計又分成二種方式：

1. 頻率配對 (Frequency matching, or group matching)：通常在病例組全部選好以後，用於決定對照組的某特徵比例。例如：找好的病例組有 20% 已婚，頻率配對要找的對照組也要 20% 已婚。

2. 個人配對 (Individual matching, or matched pairs)：常用在醫院收案，每收一個病例組的人，就要根據想配對的特徵找到另一個或多個對照。

### 範例 ：配對組法及前測後測設計之 $t^2$ 檢定 (GLM 指令)

社會科學的「實驗組－控制組」配對法，等同生物醫學的「case 組－control 組」。

**例 2-3** （參考林清山，《多變項分析統計法》，民 79，第 5 版，p169）

有 11 對國中一年級學生參與一項數學科教學方法的實驗。每一配對組內的兩個學生，在年齡、智力、學習動機、社經水準、和國小算術測驗成績方面可說完全相同。用隨機分派方法使配對組內每位學生各參加一種教學方法的實驗。一年後，每位學生均接受「計算能力」、「數學概念」、和「應用能力」等三項測驗。其成績如下表所示。試以 $\alpha = .05$ 檢定啓發式教學法與編序教學法的教學效果有無不同？

**11 對受試者兩種教學方法下的 3 種測驗成績**

| 配對組 | 啓發式教學 | | | 編序式教學 | | |
|---|---|---|---|---|---|---|
| | 計算 ($Y_1$) | 概念 ($Y_2$) | 應用 ($Y_3$) | 計算 ($Z_1$) | 概念 ($Z_2$) | 應用 ($Z_3$) |
| 1 | 29 | 53 | 96 | 22 | 43 | 85 |
| 2 | 36 | 61 | 96 | 26 | 50 | 75 |
| 3 | 38 | 59 | 97 | 40 | 62 | 98 |
| 4 | 26 | 43 | 81 | 32 | 43 | 84 |
| 5 | 35 | 56 | 89 | 26 | 46 | 68 |
| 6 | 34 | 58 | 90 | 31 | 51 | 85 |
| 7 | 26 | 45 | 66 | 26 | 48 | 67 |
| 8 | 33 | 44 | 92 | 31 | 36 | 78 |
| 9 | 23 | 34 | 71 | 22 | 37 | 44 |

| 配對組 | 啓發式教學 | | | 編序式教學 | | |
|---|---|---|---|---|---|---|
| | 計算 $(Y_1)$ | 概念 $(Y_2)$ | 應用 $(Y_3)$ | 計算 $(Z_1)$ | 概念 $(Z_2)$ | 應用 $(Z_3)$ |
| 10 | 30 | 43 | 62 | 21 | 31 | 54 |
| 11 | 27 | 38 | 82 | 23 | 37 | 77 |
| 平均 | 30.6363 | 48.5454 | 83.8181 | 27.2727 | 44.0000 | 74.0909 |

研究假設：

虛無假設 $H_0 : \begin{bmatrix} \mu_{11} & - & \mu_{21} \\ \mu_{12} & - & \mu_{22} \\ \mu_{13} & - & \mu_{23} \end{bmatrix} = \begin{bmatrix} 0 \\ 0 \\ 0 \end{bmatrix}$

對立假設 $H_1 : \begin{bmatrix} \mu_{11} & - & \mu_{21} \\ \mu_{12} & - & \mu_{22} \\ \mu_{13} & - & \mu_{23} \end{bmatrix} \neq \begin{bmatrix} 0 \\ 0 \\ 0 \end{bmatrix}$

例 2-3 為一配對組法 $t^2$ 檢定的例子，它有 11 對在各方面配對好的受試者，每對的 2 個人各被隨機分派去接受一種教學方法的實驗。不管參加啓發式教學或參加編序教學，每人均有三種依變數分數 $(P = 3)$。

## 三、資料檔之內容

例 2-3 的資料檔「例 2-3(P169).sav」，如下圖所示，共有六個變數，變數 y1 到 y3 分別代表接受啓發式教學的受試者其「計算」、「概念」及「應用」成績。變數 z1 到 z3 分別代表接受編序教學的受試者其「計算」、「概念」與「應用」的成績。

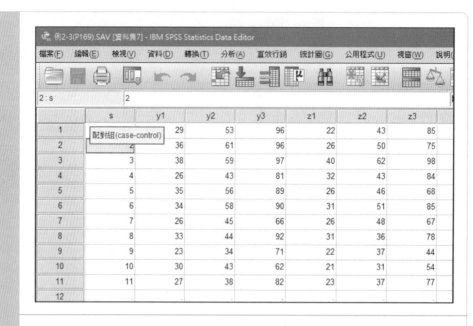

圖 2-21 「例 2-3(P169).sav」 資料檔內容 (N= 二組共 22 個人 )

## 四、分析結果與討論

Step 1. 變數變換

　　由於本例為配對組 $t^2$ 檢定，兩組原始資料須先相減之後，才能交給電腦處理。如何做呢？見下表之指令：

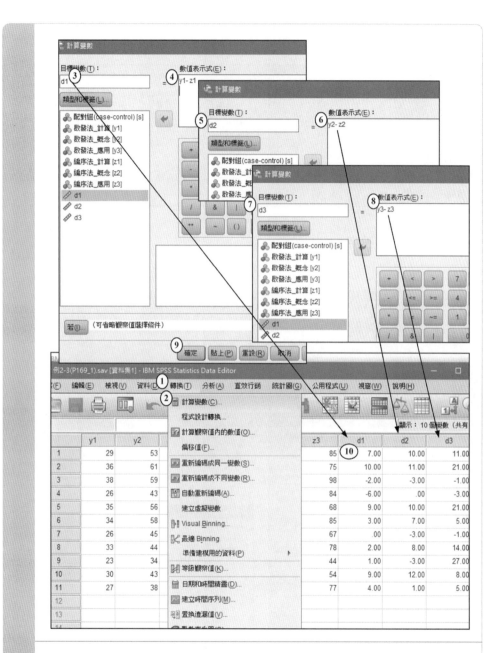

圖 2-22　「COMPUTE d1 = y1- z1」　新建　「例 2-3(P169_1).sav」　資料檔三新變
數　「d1,d2,d3」

語法：

```
GET
  FILE='D:\CD\ 例 2-3(P169).SAV'
COMPUTE d1= y1- z1
COMPUTE d2= y2- z2
COMPUTE d2= y2- z2
SAVE OUTFILE='D:\CD\ 例 2-3(P169_1).sav'
  /COMPRESSED.
```

**Step 2.** 配對組 $t^2$ 檢定

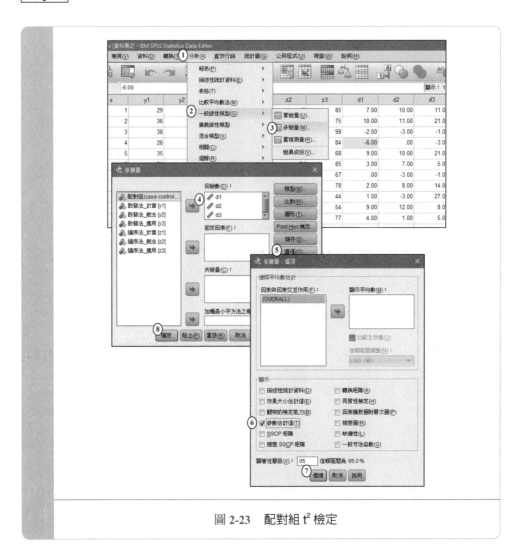

圖 2-23　配對組 $t^2$ 檢定

**Wilks Λ值為.433，p＞.05**，未達顯著水準，結果顯示十一對國中一年級學生，就他們年齡、智力、學習動機、社經水準和國小算術成績加以配對後，採啟發式教學和編序教學對他們學習數學的效果並無不同。

Multivariate Tests

| Effect | | Value | F | Hypothesis df | Error df | Sig. |
|--------|---|-------|---|---------------|----------|------|
| Intercept | Pillai's Trace | .567 | 3.491[b] | 3.000 | 8.000 | .070 |
| | Wilks' Lambda | .433 | 3.491[b] | 3.000 | 8.000 | .070 |
| | Hotelling's Trace | 1.309 | 3.491[b] | 3.000 | 8.000 | .070 |
| | Roy's Largest Root | 1.309 | 3.491[b] | 3.000 | 8.000 | .070 |

二種教學法在「計算」成績的事後比較，t=2.203(p>.05)，未達顯著差異。「D2」印出二種教學法在「概念」成績的事後比較，達顯著差異，t=2.45，p<.05。「D3」印出這二種教學法在「應用」成績的事後比較，亦達顯著差異，t=3.207，p<0.05。結果顯示啟發式教學組學習效果，在「數學概念」及「應用能力」方面，均優於編序教學法。

Parameter Estimates

| Dependent Variable | | B | Std. Error | t | Sig. | 95% Confidence Interval | |
|--------------------|---|---|-----------|---|------|-------------|-------------|
| | | | | | | Lower Bound | Upper Bound |
| d1 | Intercept | 3.364 | 1.527 | 2.203 | .052 | -.039 | 6.766 |
| d2 | Intercept | 4.545 | 1.856 | 2.450 | .034 | .411 | 8.680 |
| d3 | Intercept | 9.727 | 3.033 | 3.207 | .009 | 2.968 | 16.486 |

圖 2-24　配對組 t² 檢定 ： 結果說明

本例執行配對組 $t^2$ 檢定的結果，求得：

$F(3,8)=3.4913(p > .05)$，未達顯著水準，故接受 $H_0 : \begin{bmatrix} \mu_{11} & - & \mu_{21} \\ \mu_{12} & - & \mu_{22} \\ \mu_{13} & - & \mu_{23} \end{bmatrix} = \begin{bmatrix} 0 \\ 0 \\ 0 \end{bmatrix}$，拒

絕$H_1 : \begin{bmatrix} \mu_{11} & - & \mu_{21} \\ \mu_{12} & - & \mu_{22} \\ \mu_{13} & - & \mu_{23} \end{bmatrix} \neq \begin{bmatrix} 0 \\ 0 \\ 0 \end{bmatrix}$。

結果顯示 11 對國中一年級學生，就他們年齡、智力、學習動機、社經水準和國小算術成績加以配對後，採啟發式教學和編序教學對他們學習數學的效果並無不同。

# 2-6 重複量數單因子 ANOVA (GLM 指令比較)

多變量統計分析，除配對法外，亦適用於同一組受試者前後接受兩次觀察之前後測設計。例如：三高慢性病犯，第一就診處理之後、就有第二、第三、……第 N 次就診處理，此種資料謂之重複測量 (Repeated measurement)。如果受試者，在不同時間點，連續觀察其 p 個反應情況，就可用本節所討論之方法。它等同於高等統計裡的「重複測量單因子變異數分析」或「隨機區組設計」統計法。

## 2-6-1 重複量數單因子 ANOVA (GLM 指令) ≒ 混合設計二因子 ANOVA(UNIANOVA 指令)

### 一、重複測量數

在單變量分析，人們常犯的錯就是把「前測—後測」是否有顯著差異用 two-sample t 檢定來檢定。故我們不能「假裝」把前測當一組，後測當一組，拿來做 two-sample t 檢定，而是應該用 paired-sample t 檢定或重複測量來檢定是否有差異。

重複量數，或稱重複測量 (Repeated measures) 設計，用於了解同一組受試者在接受多次測量後，這些測量分數彼此間的差異。重點並不是在比較受試者間的差異，而是受試者「自己」於不同時間點的分數差異。

在臨床實驗或介入型研究，經常需要對同一個受試個體 (subject) 在不同的時間點觀察其反應，當觀察的時間點只有兩個時，可以用來分析的統計方法為 paired t 檢定；如果觀察的個體數目太少，則會建議使用相依樣本的無母數檢定方法，如：Wilcoxon signed-rank test，若反應變數為類別型資料，且資料為相依樣本的情況下，其統計檢定方法為 McNemar Test。

如果觀察的時間點有兩個以上時，上述的方法則不再適用，此時，就必須使用到一些重複測量的方法，如：

1. Hotelling $T^2$：反應變數為連續型資料，且符合常態分配假設之下，可分析單一樣本或兩樣本的重複測量，是 t-test 的延伸。

2. Friedman's test：反應變數為連續型資料，且為小樣本的情況下使用，為單一樣本重複測量。由於是無母數檢定方法，原始值必需先轉為 rank 型態。

3. Cochran's Q test：反應變數為類別型資料 ( 二元型態，binomial) 的情況下可使

用，為單一樣本重複測量，且為無母數檢定方法。基本假設為不同時間點，感興趣的事件發生的機率相等。

4. 重複測量型變異數分析 (Repeated measures ANOVA)：

其中兩個重要的基本假定 (assumption) 為：

(1) 不同個體 (subject) 之間無關聯性。

(2) 同一個個體 (subject) 在不同時間 (visit) 的測量有相關。

在共變異數矩陣 (Covariance matrix) 的分析中有一個基本的假定，同一個個體 (subject) 在不同時間 (visit) 的測量之相關都一樣。事實上，距離愈前期的測量結果愈遠，測量的相關會愈來愈弱，與臨床上許多的實際狀況不符，這樣的相關矩陣稱為 Compound Symmetry(CS)。檢定這項基本假定的方法為 Mauchly's test of Sphericity( 球面性假定 )，若不符基本假定，應採取更適合的方法。

Repeated Measures ANOVA 可分析單一樣本與多組樣本的重複測量，反應變數為連續型資料，且需符合常態分配的基本假設。資料為橫向資料，若有任一次的資料中有缺失值，將整個 subject 被刪除，因此分析的資料特性必須是完整資料 (Complete case)。對於會隨時間改變的解釋變數 ( 例如每次所測量的除反應變數以外之抽血生化指數 )，無法一一對應至每一個時間點的反應變數，因此僅能分析不隨時間改變的解釋變數 ( 例如性別 )。

## 二、變異數分析 (ANOVA)

變異數分析 (Analysis of variance，簡稱 ANOVA) 為資料分析中常見的統計模型，主要為探討連續型 (continuous) 資料型態之因變量 (Dependent variable) 與類別型資料型態之自變數 (Independent variable) 的關係，當自變數的因子中包含等於或超過三個類別情況下，檢定其各類別間平均數是否相等的統計模式，廣義上可將 Student's t 檢定中變異數同質 (Equality of variance) 的合併 t 檢定 (Pooled t-test) 視為是變異數分析的一種，基於 t 檢定為分析兩組平均數是否相等，並且採用相同的計算概念，而實際上當變異數分析套用在合併 t 檢定的分析上時，產生的 F 值會等於 t 值的平方。

變異數分析依靠 F- 分布為機率分布的依據，利用平方和 (Sum of Square, SS) 與自由度 (degree of freedom) 所計算的組間與組內均方 (Mean of Square, MS) 估計出 F 值，若有顯著差異則考量進行事後比較或稱多重比較 (multiple comparison)，較常見的為 Scheffé's method 、Tukey-Kramer method 與 Bonferroni correction，用於探討其各組之間的差異為何。

在變異數分析的基本運算概念下，依照所感興趣的因子個數而可分為單因子 (One way) 變異數分析、雙因子 (Two way) 變異數分析、多因子 (factorial) 變異數分析三大類，依照因子的特性不同而有三種型態，固定效果變異數分析 (Fixed-effect analysis of variance)、隨機效果變異數分析 (Random-effect analysis of variance) 與混合效果變異數分析 (Mixed-effect analaysis of variance)，然而第三種型態在後期發展上被認為是 Mixed model 的分支，關於更進一步的探討，可參考作者《多層次模型 (HLM) 及重複測量：使用 STaTa》、《有限混合模型 (FMM)：STaTa 分析 ( 以 EM algorithm 做潛在分類再迴歸分析 )》二書。

變異數分析優於兩組比較的 t 檢定之處，在於後者會導致多重比較 (Multiple comparisons) 的問題而致使第一型誤差 (Type one error, $\alpha$) 的機會增高，因此比較多組平均數是否有差異，則要選變異數分析。

在統計學中，變異數分析 (ANOVA) 是一系列統計模型及其相關的過程總稱，其中某一變數的變異數可以分解為歸屬於不同變量來源的部分。其中最簡單的方式中，變異數分析的統計檢定能夠說明幾組數據的平均值是否相等，因此得到兩組的 t 檢定。在做多組雙變量 t 檢定的時候，誤差的機率會越來越大，特別是第一型誤差 ($\alpha$)，因此變異數分析只在二到四組平均值的時候比較有效。

## 三、範例：單一組重複量數統計分析 (GLM 指令 )

例 2-4　( 參考林清山，《多變項分析統計法》，民 79，第 5 版，p178)

十二名兒童，每人均重複接受對五種色光的反應時間實驗。表 2-5-1 是各人在每一實驗條件下的平均反應時間，亦即從燈光出現至按下反應鍵的時間。試用 $\alpha = .05$ 檢定受試者對這五種不同色光之平均反應時間是否有顯著差異存在？

**十二名兒童對五種色光的反應時間**

| 兒童 | 紅 | 綠 | 橙 | 藍 | 黃 |
|---|---|---|---|---|---|
| 1 | 31 | 20 | 25 | 36 | 29 |
| 2 | 39 | 24 | 28 | 28 | 29 |

| 兒童 | 紅 | 綠 | 橙 | 藍 | 黃 |
|------|------|------|------|------|------|
| 3 | 44 | 23 | 37 | 26 | 39 |
| 4 | 30 | 19 | 34 | 15 | 30 |
| 5 | 40 | 23 | 42 | 38 | 31 |
| 6 | 54 | 37 | 51 | 36 | 43 |
| 7 | 30 | 35 | 45 | 19 | 34 |
| 8 | 31 | 21 | 27 | 18 | 29 |
| 9 | 45 | 37 | 33 | 35 | 28 |
| 10 | 46 | 32 | 44 | 36 | 41 |
| 11 | 40 | 24 | 32 | 19 | 17 |
| 12 | 29 | 32 | 31 | 34 | 37 |
| 平均 | 38.25 | 27.25 | 35.75 | 27.50 | 32.25 |

研究假設：根據題意可知本研究之虛無假設為：

$$H_0 : \mu_1 = \mu_2 = \mu_3 = \mu_4 = \mu_5$$

$$\text{或 } H_0 : \begin{bmatrix} \mu_1 & - & \mu_5 \\ \mu_2 & - & \mu_5 \\ \mu_3 & - & \mu_5 \\ \mu_4 & - & \mu_5 \end{bmatrix} = \begin{bmatrix} 0 \\ 0 \\ 0 \\ 0 \end{bmatrix}$$

## 四、資料檔之內容

例 2-4 問題所建資料檔存於「例 2-4(P178).sav」，其內容如下圖，共有 5 個變數：v1 代表對紅光的反應時間、v2 代表對綠光的反應時間、v3 代表對橙光的反應時間、v4 代表對藍光的反應時間、v5 代表對黃光的反應時間。

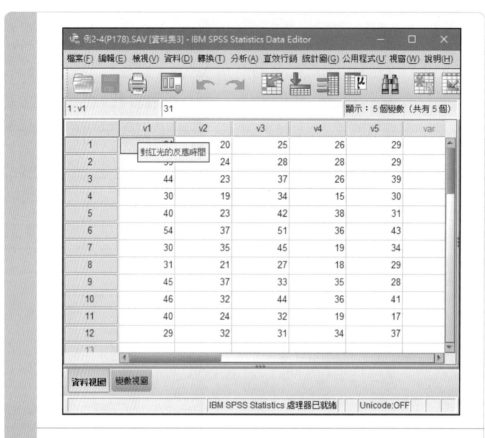

圖 2-25 「例 2-4(P178).sav」 資料檔內容 (N=12 個人 )

## 五、分析結果與討論

Step 1. 變數變換

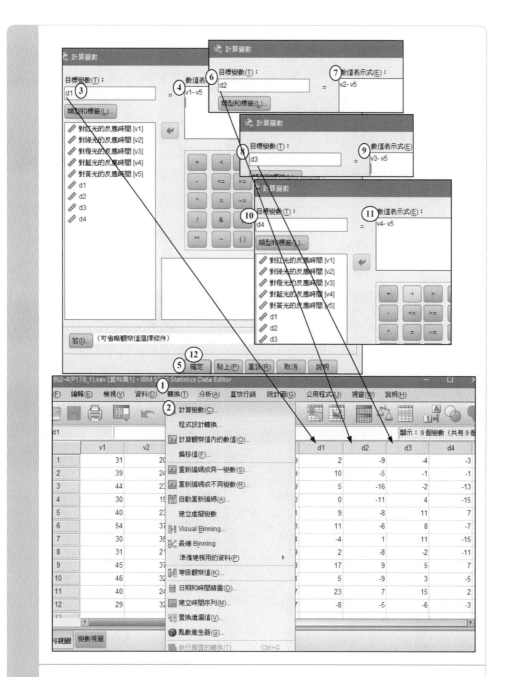

圖 2-26　「例 2-4(P178_1).sav」　資料檔新增 4 個變數　「d1,d2,d3,d4」

語法：變數變換

```
GET
   FILE='D:\CD\ 例 2-4(P178).SAV'.

COMPUTE d1= v1 - v5.
COMPUTE d2= v2- v5.
COMPUTE d3= v3- v5.
COMPUTE d4= v4- v5.
```

**Step 2.** 重複測量 t 檢定

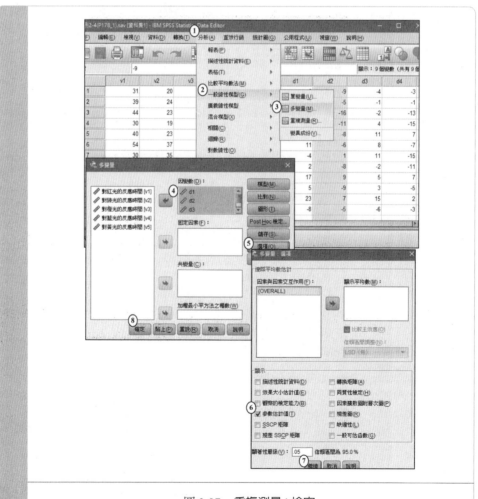

圖 2-27　重複測量 t 檢定

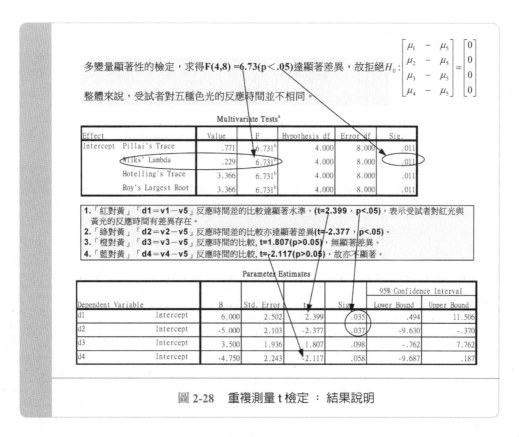

多變量顯著性的檢定，求得$F(4,8) = 6.73 (p < .05)$達顯著差異，故拒絕$H_0 : \begin{bmatrix} \mu_1 & - & \mu_5 \\ \mu_2 & - & \mu_5 \\ \mu_3 & - & \mu_5 \\ \mu_4 & - & \mu_5 \end{bmatrix} = \begin{bmatrix} 0 \\ 0 \\ 0 \\ 0 \end{bmatrix}$

整體來說，受試者對五種色光的反應時間並不相同。

Multivariate Tests[a]

| Effect | | Value | F | Hypothesis df | Error df | Sig. |
|---|---|---|---|---|---|---|
| Intercept | Pillai's Trace | .771 | 6.731[b] | 4.000 | 8.000 | .011 |
| | Wilks' Lambda | .229 | 6.731[b] | 4.000 | 8.000 | .011 |
| | Hotelling's Trace | 3.366 | 6.731[b] | 4.000 | 8.000 | .011 |
| | Roy's Largest Root | 3.366 | 6.731[b] | 4.000 | 8.000 | .011 |

1. 「紅對黃」「d1＝v1－v5」反應時間差的比較達顯著水準，(t=2.399, p<.05)，表示受試者對紅光與黃光的反應時間有差異存在。
2. 「綠對黃」「d2＝v2－v5」反應時間差的比較亦達顯著差異(t=-2.377, p<.05)。
3. 「橙對黃」「d3＝v3－v5」反應時間的比較, t=1.807(p>0.05)，無顯著差異。
4. 「藍對黃」「d4＝v4－v5」反應時間的比較, t=-2.117(p>0.05)，故亦不顯著。

Parameter Estimates

| Dependent Variable | | B | Std. Error | t | Sig. | 95% Confidence Interval | |
|---|---|---|---|---|---|---|---|
| | | | | | | Lower Bound | Upper Bound |
| d1 | Intercept | 6.000 | 2.502 | 2.399 | .035 | .494 | 11.506 |
| d2 | Intercept | -5.000 | 2.103 | -2.377 | .037 | -9.630 | -.370 |
| d3 | Intercept | 3.500 | 1.936 | 1.807 | .098 | -.762 | 7.762 |
| d4 | Intercept | -4.750 | 2.243 | -2.117 | .058 | -9.687 | .187 |

圖 2-28　重複測量 t 檢定 ： 結果說明

5. 如果您願意的話，可再進行其它兩種色光之間的比較，例如要比較紅光與綠光的反應時間差異時，可設新變數 d5：

```
COMPUTE d5 = v1－v2.
```

6. 進行以上的統計分析，您即可發現 t=4.832(p<.05) 表示二種色光反應時間有顯著差異，再看二者的平均數即可知哪一種色光的反應時間要長於另一色光。

## 2-6-2　SPSS 資料檔：從 wide 格式轉成 long 格式 (varstocases 指令 )

承上例，只是 GLM 指令改成 anova 指令來重做一次統計。

例 2-4 （參考林清山，《多變項分析統計法》，民 79，第 5 版，p178)

　　十二名兒童，每人均重複接受對五種色光的反應時間實驗。表 2-5-1 是各人在每一實驗條件下的平均反應時間，亦即從燈光出現至按下反應鍵的時間。試用 $\alpha = .05$ 檢定受試者對這五種不同色光之平均反應時間是否有顯著差異存在？

**十二名兒童對五種色光的反應時間**

| 兒童 | 紅 | 綠 | 橙 | 藍 | 黃 |
|---|---|---|---|---|---|
| 1 | 31 | 20 | 25 | 36 | 29 |
| 2 | 39 | 24 | 28 | 28 | 29 |
| 3 | 44 | 23 | 37 | 26 | 39 |
| 4 | 30 | 19 | 34 | 15 | 30 |
| 5 | 40 | 23 | 42 | 38 | 31 |
| 6 | 54 | 37 | 51 | 36 | 43 |
| 7 | 30 | 35 | 45 | 19 | 34 |
| 8 | 31 | 21 | 27 | 18 | 29 |
| 9 | 45 | 37 | 33 | 35 | 28 |
| 10 | 46 | 32 | 44 | 36 | 41 |
| 11 | 40 | 24 | 32 | 19 | 17 |
| 12 | 29 | 32 | 31 | 34 | 37 |
| 平均 | 38.25 | 27.25 | 35.75 | 27.50 | 32.25 |

　　研究假設：根據題意可知本研究之虛無假設為：

$$H_0 : \mu_1 = \mu_2 = \mu_3 = \mu_4 = \mu_5$$

$$\text{或 } H_0 : \begin{bmatrix} \mu_1 & - & \mu_5 \\ \mu_2 & - & \mu_5 \\ \mu_3 & - & \mu_5 \\ \mu_4 & - & \mu_5 \end{bmatrix} = \begin{bmatrix} 0 \\ 0 \\ 0 \\ 0 \end{bmatrix}$$

## 一、資料檔之內容

資料檔「例 2-4(P178)-wide.sav」，如下圖所示，共有二個變數，變數 V1 代表語文得分，變數 V2 代表作業量表的得分。

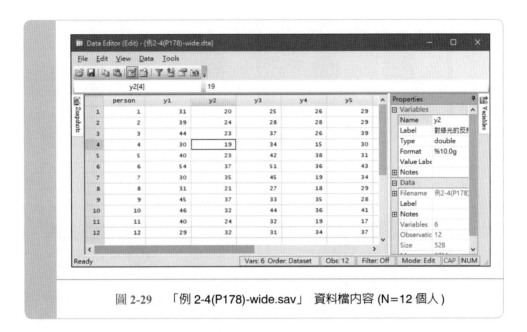

圖 2-29　「例 2-4(P178)-wide.sav」 資料檔內容 (N=12 個人 )

## 二、分析結果與討論

Step 1. 資料檔變換：wide 格式轉成 long 格式

reshape 指令之語法如下：

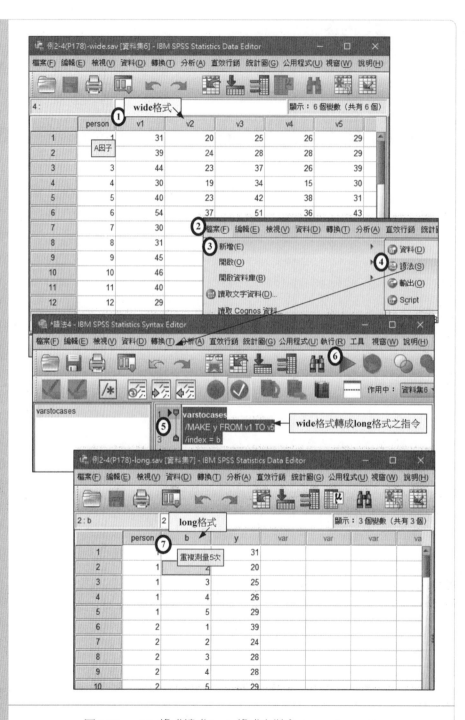

圖 2-30　wide 格式轉成 long 格式之指令 ： varstocases

語法：

```
GET
  STATA FILE='D:\CD\ 例 2-4(P178)-wide.dta'.

VARSTOCASES
 /MAKE y FROM v1 TO v5
 /INDEX = b.

SAVE OUTFILE='D:\CD\ 例 2-4(P178)-long.sav'
  /COMPRESSED.
```

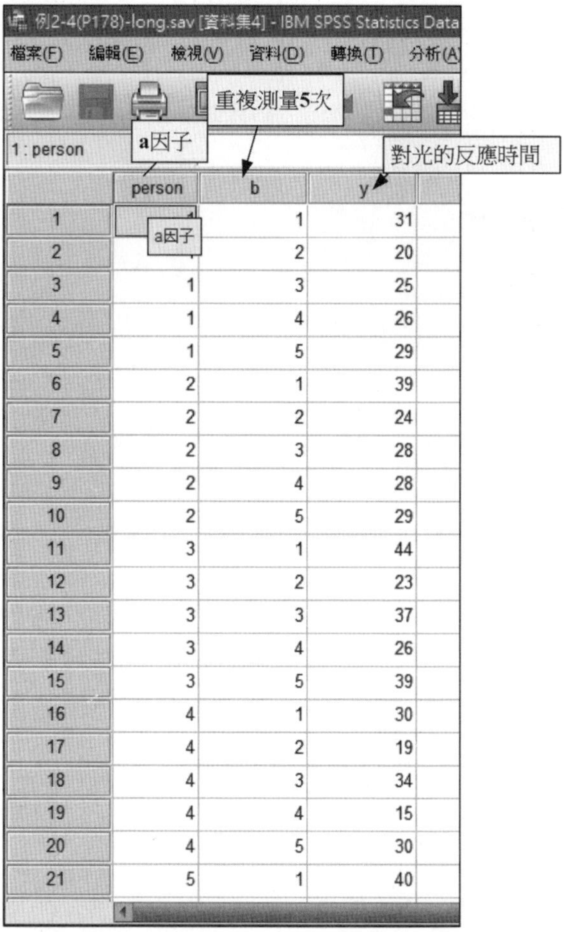

圖 2-31　「例 2-4(P178)-long.sav」 資料檔內容 (N=12 個人 )

**Step 2.** 繪線形圖：Repeated-measures anova

```
GRAPH
  /LINE(MULTIPLE)=MEAN(y) BY b BY person.
```

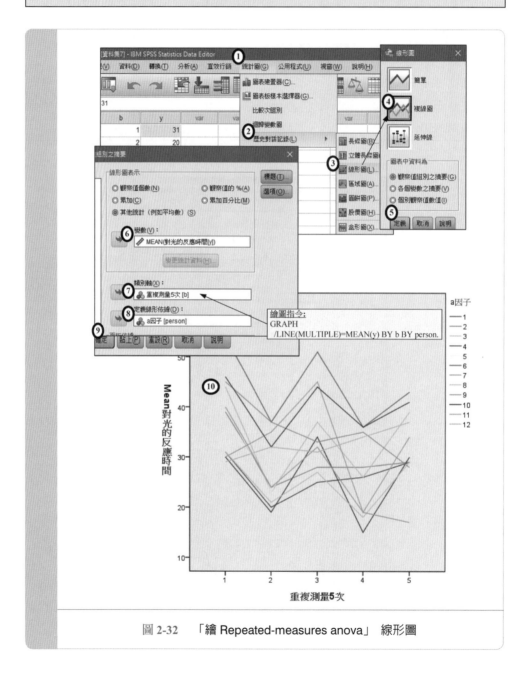

圖 2-32 「繪 Repeated-measures anova」 線形圖

## 2-6-3 wide 格式：repeated-measures 單因子 ANOVA(GLM 指令)

承上例，「例 2-4(P178)-wide.sav」資料檔。

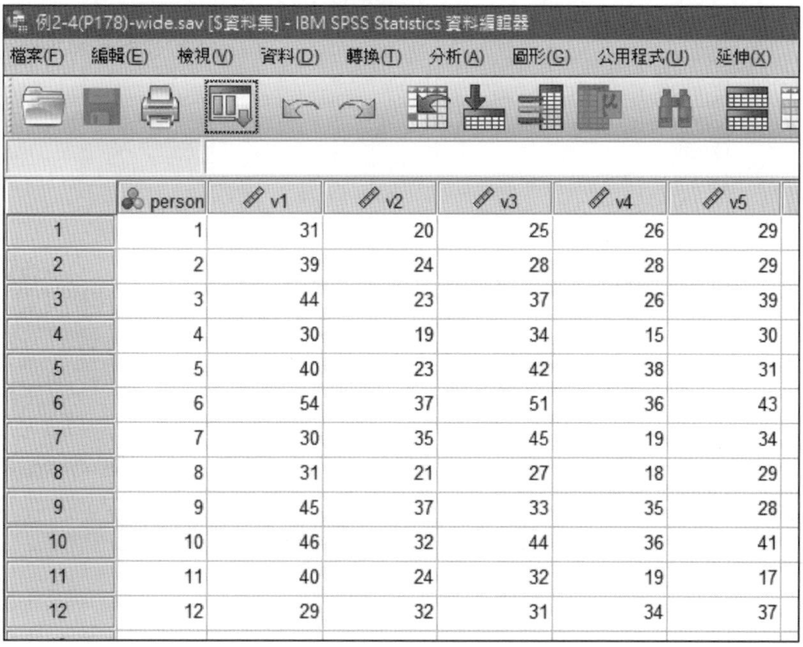


| | person | v1 | v2 | v3 | v4 | v5 |
|---|---|---|---|---|---|---|
| 1 | 1 | 31 | 20 | 25 | 26 | 29 |
| 2 | 2 | 39 | 24 | 28 | 28 | 29 |
| 3 | 3 | 44 | 23 | 37 | 26 | 39 |
| 4 | 4 | 30 | 19 | 34 | 15 | 30 |
| 5 | 5 | 40 | 23 | 42 | 38 | 31 |
| 6 | 6 | 54 | 37 | 51 | 36 | 43 |
| 7 | 7 | 30 | 35 | 45 | 19 | 34 |
| 8 | 8 | 31 | 21 | 27 | 18 | 29 |
| 9 | 9 | 45 | 37 | 33 | 35 | 28 |
| 10 | 10 | 46 | 32 | 44 | 36 | 41 |
| 11 | 11 | 40 | 24 | 32 | 19 | 17 |
| 12 | 12 | 29 | 32 | 31 | 34 | 37 |

圖 2-33　「例 2-4(P178)-wide.sav」 資料檔內容 (N=12 個人)

**Step 1.** Repeated-measures anova

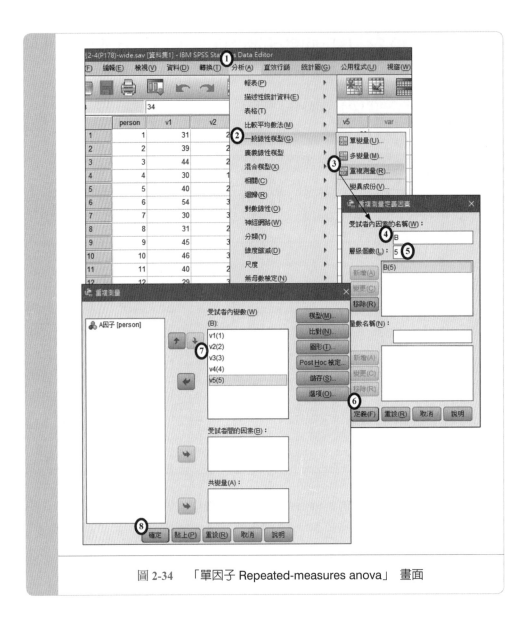

圖 2-34 「單因子 Repeated-measures anova」 畫面

語法：

```
GET
  FILE='D:\CD\ 例 2-4(P178)-wide.sav'.
GLM v1 v2 v3 v4 v5
  /WSFACTOR=B 5 Polynomial
  /METHOD=SSTYPE(3)
```

```
/PRINT=PARAMETER
/CRITERIA=ALPHA(.05)
/WSDESIGN=B.
```

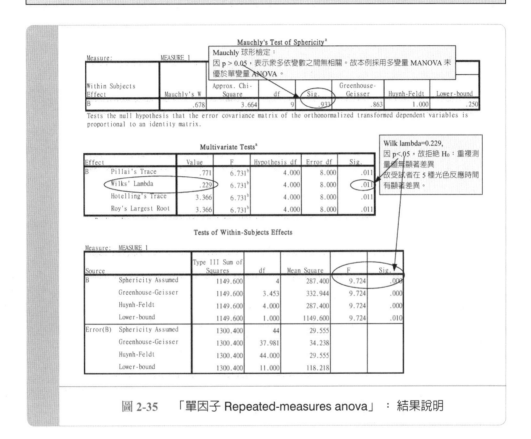

**Mauchly's Test of Sphericity**

Measure: MEASURE_1

Mauchly 球形檢定：
因 p > 0.05，表示眾多依變數之間無相關。故本例採用多變量 MANOVA 未優於單變量 ANOVA。

| Within Subjects Effect | Mauchly's W | Approx. Chi-Square | df | Sig. | Greenhouse-Geisser | Huynh-Feldt | Lower-bound |
|---|---|---|---|---|---|---|---|
| B | .678 | 3.664 | 9 | .933 | .863 | 1.000 | .250 |

Tests the null hypothesis that the error covariance matrix of the orthonormalized transformed dependent variables is proportional to an identity matrix.

**Multivariate Tests**

Wilk lambda=0.229，
因 p<.05，故拒絕 H₀：重複測量值無顯著差異
故受試者在 5 種光色反應時間有顯著差異。

| Effect | | Value | F | Hypothesis df | Error df | Sig. |
|---|---|---|---|---|---|---|
| B | Pillai's Trace | .771 | 6.731ᵇ | 4.000 | 8.000 | .011 |
| | Wilks' Lambda | .229 | 6.731ᵇ | 4.000 | 8.000 | .011 |
| | Hotelling's Trace | 3.366 | 6.731ᵇ | 4.000 | 8.000 | .011 |
| | Roy's Largest Root | 3.366 | 6.731ᵇ | 4.000 | 8.000 | .011 |

**Tests of Within-Subjects Effects**

Measure: MEASURE_1

| Source | | Type III Sum of Squares | df | Mean Square | F | Sig. |
|---|---|---|---|---|---|---|
| B | Sphericity Assumed | 1149.600 | 4 | 287.400 | 9.724 | .000 |
| | Greenhouse-Geisser | 1149.600 | 3.453 | 332.944 | 9.724 | .000 |
| | Huynh-Feldt | 1149.600 | 4.000 | 287.400 | 9.724 | .000 |
| | Lower-bound | 1149.600 | 1.000 | 1149.600 | 9.724 | .010 |
| Error(B) | Sphericity Assumed | 1300.400 | 44 | 29.555 | | |
| | Greenhouse-Geisser | 1300.400 | 37.981 | 34.238 | | |
| | Huynh-Feldt | 1300.400 | 44.000 | 29.555 | | |
| | Lower-bound | 1300.400 | 11.000 | 118.218 | | |

圖 2-35 「單因子 Repeated-measures anova」：結果說明

# 多變量變異數分析：獨立樣本(GLM、MANOVA指令)

## 一、為何需使用 MANOVA？

1. 單一依變數鮮少能夠捕捉完整的研究現象。

2. MANOVA 比 ANOVA 更能控制：對整體 alpha 誤差 (type I error, $\alpha$)。

3. MANOVA( 比 ANOVA) 才能考慮依變數的相互關係 (intercorrelations)。SPSS 有供 Bartlett's 球形檢定，若 p<0.05，表示眾多依變數之間存在顯著相關。表示採用多變量 MANOVA 優於單變量 ANOVA。

4. MANOVA 可幫你認定 (indentify) 最多組別分隔或區別 (Separation or distinction) 的依變數。

## 二、何時不需使用 MANOVA？

1. 如果依變數不相關。

2. 如果依變數高度相關，它會產生多重共線性 (multicollinearity) 的風險：

   (1) 你可使用分量表和量表總分作為依變數。

   (2) 依變數可從其他一個 ( 或多個 ) 變數來計算。

   (3) 若使用基線和後測分數 (Baseline and posttest scores) 會產生線性依賴。

## 3-1 t 檢定、ANOVA、判別分析、迴歸的隸屬關係 (t-test、oneway、regression、discriminant 指令 )

### 一、單變量：t 檢定、ANOVA、線性迴歸之隸屬關係

變異數分析 (Analysis of variance，ANOVA) 為資料分析中常見的統計模型，主要為探討連續型 (continuous) 資料型態之依變數 (Dependent variable) 與類別型資料型態之自變數 (Independent variable) 的關係，當自變數的 levels 超過 2 個類別情況下，檢定其各類別間平均數是否相等 ( 虛無假設「$H_0: \mu_1 = \mu_2$」)。Student's t 檢定旨在分析兩組平均數是否相等，t 檢定可視為是 ANOVA 的特例，即 ANOVA 檢定求出的 F 值會等於 Student's t 值的平方。而且 ANOVA 亦是線性迴歸分析的特例。如下圖所示。

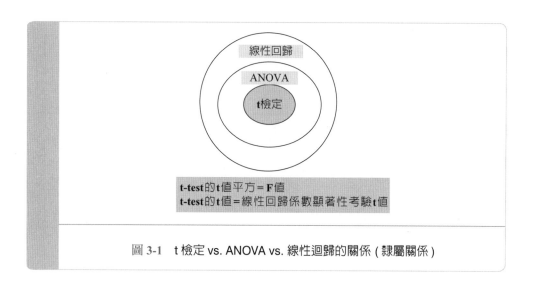

圖 3-1　t 檢定 vs. ANOVA vs. 線性迴歸的關係 ( 隸屬關係 )

## 二、範例：t 檢定 vs. ANOVA vs. 線性迴歸的分析

### ( 一 ) 資料檔之內容

| | n | trunk | weight | length | turn | displacement | gear_ratio | foreign |
|---|---|---|---|---|---|---|---|---|
| 1 | 50 | 11 | 2930 | 186 | 40 | 121 | 3.58 | 0 |
| 2 | 00 | 11 | 3350 | 173 | 40 | 258 | 2.53 | 0 |
| 3 | 00 | 12 | 2640 | 168 | 35 | 121 | 3.08 | 0 |
| 4 | 50 | 16 | 3250 | 196 | 40 | 196 | 2.93 | 0 |
| 5 | 00 | 20 | 4080 | 222 | 43 | 350 | 2.41 | 0 |
| 6 | 00 | 21 | 3670 | 218 | 43 | 231 | 2.73 | 0 |
| 7 | 00 | 10 | 2230 | 170 | 34 | 304 | 2.87 | 0 |
| 8 | 00 | 16 | 3280 | 200 | 42 | 196 | 2.93 | 0 |
| 9 | 50 | 17 | 3880 | 207 | 43 | 231 | 2.93 | 0 |
| 10 | 50 | 13 | 3400 | 200 | 42 | 231 | 3.08 | 0 |
| 11 | 00 | 20 | 4330 | 221 | 44 | 425 | 2.28 | 0 |
| 12 | 50 | 16 | 3900 | 204 | 43 | 350 | 2.19 | 0 |
| 13 | 00 | 13 | 4290 | 204 | 45 | 350 | 2.24 | 0 |
| 14 | 50 | 9 | 2110 | 163 | 34 | 231 | 2.93 | 0 |
| 15 | 00 | 20 | 3690 | 212 | 43 | 250 | 2.56 | 0 |
| 16 | 50 | 17 | 3180 | 193 | 31 | 200 | 2.73 | 0 |
| 17 | 00 | 16 | 3220 | 200 | 41 | 200 | 2.73 | 0 |
| 18 | 00 | 7 | 2750 | 179 | 40 | 151 | 2.73 | 0 |
| 19 | 50 | 13 | 3430 | 197 | 43 | 250 | 2.56 | 0 |
| 20 | 00 | 8 | 2120 | 163 | 35 | 98 | 3.54 | 0 |
| 21 | 00 | 17 | 3600 | 206 | 46 | 318 | 2.47 | 0 |

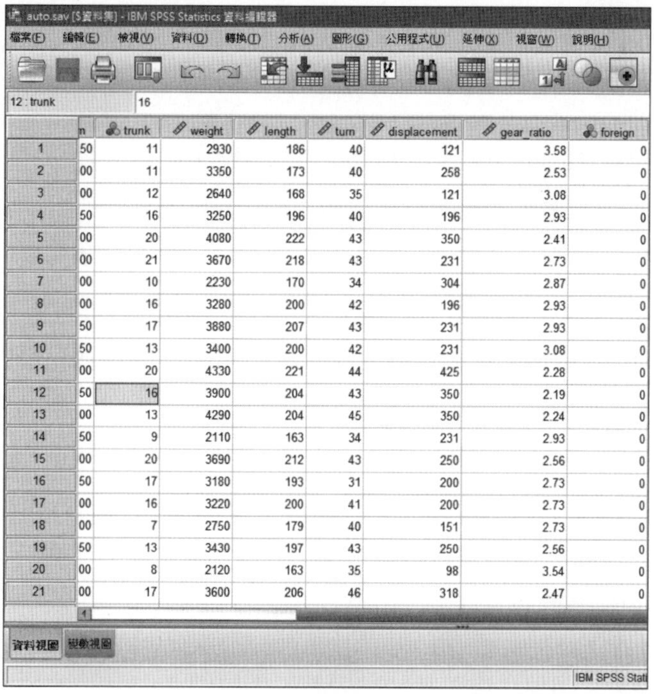

圖 3-2　「auto.sav」 資料檔內容 (N=474 汽車 )

### (二) 分析結果與討論

#### 【A. 分析結果說明】方法一：t 檢定

t 檢定對應的指令語法：

```
title "t 檢定 vs. ANOVA vs. 線性迴歸的關係：auto.sav 資料檔 ,compare 三方法 .sps".

GET
  STATA FILE='D:\CD 範例 \auto.dta'.

T-TEST GROUPS=foreign(0 1)
  /MISSING=ANALYSIS
  /VARIABLES=price
  /CRITERIA=CI(.95).
```

**Independent Samples Test**

| | | Levene's Test for Equality of Variances | | t-test for Equality of Means | | | | | 95% Confidence Interval of Difference | |
|---|---|---|---|---|---|---|---|---|---|---|
| | | F | Sig. | t | df | Sig. (2-tailed) | Mean Difference | Std. Error Difference | Lower | Upper |
| price | Equal variances assumed | .234 | .630 | -.414 | 72 | .680 | -312.259 | 754.449 | -1816.225 | 1191. |
| | Equal variances not assumed | | | -.443 | 46.447 | .660 | -312.259 | 704.938 | -1730.856 | 1106. |

1. Levene's 檢定 (Homogeneity of variance)：本例，p 值 (Sig.) 大於型 I 誤差 $\alpha(= 0.05)$ 值，故接受虛無假設：跨組的依變數之誤差是同質 ( 相等的 )。

2. 變異數同質性檢定，若顯著性 (Sig.) 小於 0.05，亦即組間具異質性，亦即變異數差異很大，可能導致對平均數比較的誤判。因本例符合同質性假定，求得「Equal variances assumed」的 t = −0.414 (p>.05)，表示進口車價格無顯著高於國產車。

3. 若組間具異質性，亦即變異數差異很大，若是因極端值 (outliers) 造成的，可以經由極端值 (outliers) 清除，再次分析。極端值 (outliers) 清掃時，就是分配形狀檢查的功能，通常會使用 Box 圖來視覺檢查，請見本書「2-3-4 ANOVA：盒形圖發現變異數異質性：改用 Welch 法」。

(1) 假定符合「變異數同質」時，通常選：Tukey 法、Scheffe 法。

(2) 假定違反「變異數同質」時，ANOVA 摘要表改用「Welch」法。而 ANOVA 事後多重比較則改選 Games-Howell 檢定，來校正 F 檢定之分母自由度 ( 實數有小數點 )。

【B. 分析結果說明】方法二：ANOVA

「ANOVA」對應的指令語法：

```
subtitle "ANOVA: auto.sav 資料檔 ,compare 三方法 .sps ".

ONEWAY price BY foreign
  /MISSING ANALYSIS.
```

**ANOVA**

price

|  | Sum of Squares | df | Mean Square | F | Sig. |
|---|---|---|---|---|---|
| Between Groups | 1507382.657 | 1 | 1507382.657 | .171 | .680 |
| Within Groups | 633558013.465 | 72 | 8799416.854 |  |  |
| Total | 635065396.122 | 73 |  |  |  |

1. F 值 = 0.171 (p>.05)，表示進口車價格無顯著高於國產車。

【C. 分析結果說明】方法三：線性迴歸

「線性迴歸」對應的指令語法：

```
subtitle " 線性迴歸：auto.sav 資料檔 ,compare 三方法 .sps ".

REGRESSION
  /MISSING LISTWISE
  /STATISTICS COEFF OUTS R ANOVA
  /CRITERIA=PIN(.05) POUT(.10)
  /NOORIGIN
  /DEPENDENT price
  /METHOD=ENTER foreign.
```

| Coefficientsa* | | | | | |
|---|---|---|---|---|---|
| | Unstandardized Coefficients | | Standardized Coefficients | | |
| Model | B | Std. Error | Beta | t | Sig. |
| 1　(Constant) | 6072.423 | 411.363 | | 14.762 | .000 |
| 　　foreign | 312.259 | 754.449 | .049 | .414 | .680 |

a. Dependent Variable: price

1. t 檢定的 t 值平方 $((-0.4139)^2)$= F 值 (**0.17**)。
2. t 檢定的 t 值 (**−0.414**)= 線性迴歸係數顯著性考驗 t 值 (**0.414**)。
3. Meta 分析遇迴歸分析時，個別研究效果量 (effect size) 可挑：迴歸係數 (Coef.) 或線性迴歸係數顯著性考驗 t 值 (**0.41**)。

**變異數分析 (ANOVA) vs. t 檢定**

　　變異數分析依靠 F- 分布爲機率分布的依據，利用平方和 (Sum of square) 與自由度 (Degree of freedom) 所計算的組間與組內均方 (Mean of square) 估計出 F 值，若有顯著差異則考量進行事後比較或稱多重比較 (Multiple comparison)，較常見的爲 Scheffé's method、Tukey-Kramer method 與 Bonferroni correction，用於探討其各組之間的差異爲何。

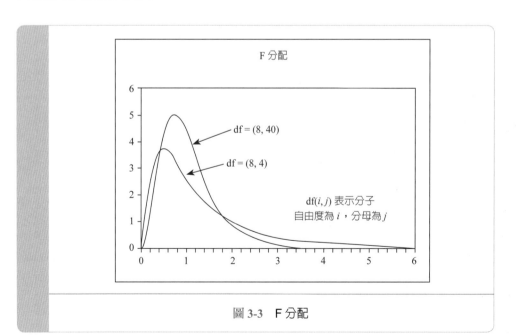

圖 3-3　F 分配

定義：自由度 (df)

在統計學中，自由度 (Degree of freedom, df) 是指當以樣本的統計量來估計母體的參數 ( 平均數，變異數 ) 時，樣本中獨立或能自由變化的數據的個數，稱爲該統計量的自由度。一般來說，自由度等於自變數減掉其衍生量數；舉例來說，變異數的定義是樣本減平均值 ( 一個由樣本決定的衍伸量 ) ，因此對 N 個隨機樣本而言，其自由度爲 N-1。

在變異數分析的基本運算概念下，依照所感興趣的因子 ( 類別型變數 ) 數量而可分爲單因子 (one way) 變異數分析、雙因子 (two way) 變異數分析、多因子變異數分析三大類，依照因子的特性不同而有三種型態：固定效應變異數分析 (Fixed-effect analysis of variance)、隨機效應變異數分析 (Random-effect analysis of variance) 與混合效應變異數分析 (Mixed-effect analaysis of variance)。然而第三種型態在後期發展上被認爲是 Mixed model 的分支，更進一步探討可參考作者《有限混合模型 (FMM)：STaTa 分析 ( 以 EM algorithm 做潛在分類再迴歸分析 )》、《多層次模型 (HLM) 及重複測量：使用 STaTa》二本書。

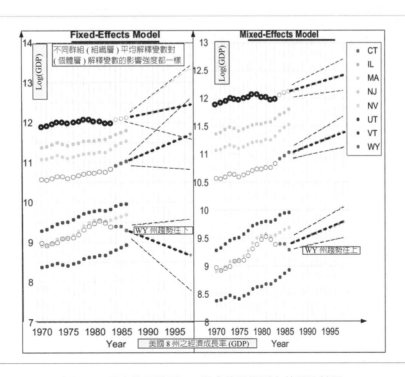

圖 3-4　固定效果模型 vs. 混合效果模型之差異比較圖

ANOVA(ONEWAY 指令 )、MANOVA(GLM、MANOVA)、以及 MANCOVA 多數採固定效果模型；相對地，重複測量也是多層次模型之一，它採混合效果模型 (MIXED 指令 )，混合模型等同重複測量 ANOVA 及 ANCOVA。

## 三、第一型誤差 (Type I error, $\alpha$) vs. 第二型誤差 (Type I error, $\beta$)

ANOVA 優於兩組比較的 Student's t 檢定之處，在於後者會導致多重比較 (multiple comparisons) 的問題而致使第二型誤差 (Type I error, $\alpha$) 的機會增高，因此比較多組平均數是否有差異則是 ANOVA 天下。

---

**定義：第一型誤差 (Type I error, $\alpha$) vs. 第二型誤差 (Type I error, $\beta$)**

統計檢定進行時，除了可探測結果之顯著性，相對的存在一定的風險，即可能發生誤差 (error) 的機會。

假設檢定的目的就是利用統計的方式，推測虛無假設 $H_0$ 是否成立。若虛無假設事實上成立，但統計檢驗的結果不支持虛無假設 ( 拒絕虛無假設 )，這種錯誤稱為第一型錯誤 $\alpha$。若虛無假設事實上不成立，但統計檢驗的結果支持虛無假設 ( 接受虛無假設 )，這種錯誤稱為第二型錯誤 $\beta$。

1. 何謂顯著水準 $\alpha$ (Significance level $\alpha$)？何謂型 I 誤差 (Type I error)？何謂型 II 誤差 (Type II error)？何謂檢定力 (the power of a test)？

   (1) 顯著水準 $\alpha$ (Significance level $\alpha$)：$\alpha$ 指決策時時所犯第一型誤差的「最大機率」所以依據統計研究的容忍程度，一般我們在檢定前都要先界定最大的第一型誤差，再進行檢定。

   (2) 第一型誤差 $\alpha$ (Type I error)：當虛無假設 $H_0$ 為眞，卻因抽樣誤差導致決策為拒絕 $H_0$，此種誤差稱為型 I 誤差。型 I 誤差 = 拒絕 $H_0$ | $H_0$ 為眞，$\alpha$ = P(Reject $H_0$ | $H_0$ is true)

   (3) 第二型誤差 $\beta$ (Type II error)：當虛無假設 $H_0$ 為假，卻因抽樣誤差導致決策不拒絕 $H_0$，此種誤差稱為型 II 誤差。型 II 誤差 = 不拒絕 $H_0$ | $H_0$ 為假，$\beta$ = P(Non-Reject $H_0$ | $H_0$ is false)

   (4) 當虛無假設 $H_0$ 為假，經檢定後拒絕 $H_0$ 的機率稱為檢定力 (power)。( 也就是正確拒絕 $H_0$ 的機率 )。power = P(Reject $H_0$ | $H_0$ is false)

2. 顯著水準即是型 I 誤差的最大機率，當 $\alpha$ 越大則 $\beta$ 越小 power 越大。

3. 當 $\alpha$ 為 0 則根本無法拒絕 $H_0$ 則根本不會有 power。

4. 樣本數 n 越大則 $\alpha$、$\beta$ 越小 power 越大。

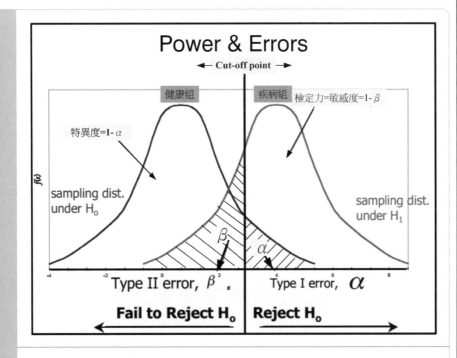

圖 3-5　檢定力 $(1-\beta)$ vs. Type I 誤差 $\alpha$ 及 Type II 誤差 $\beta$

當我們在進行統計檢定時，基本上根據有限的樣本數量，對母體的實際分布作一推估，必然會有誤差之風險。這種「誤差」可分 2 種：

(1) 第一型誤差 (Type I error) $\alpha$：當虛無假設 $H_0$ 為真，卻因抽樣誤差導致決策為拒絕 $H_0$(The probability of rejecting a true null hypothesis)，此種誤差稱為 $\alpha$ 誤差。犯 Type I error 之機率即為 $\alpha$。

(2) 第二型誤差 (Type II error) $\beta$：當虛無假設 $H_0$ 為假，卻因抽樣誤差導致決策不拒絕 $H_0$(The probability of failing to reject a false null hypothesis)，此種誤差稱為 $\beta$ 誤差。Type II error 之機率為 $\beta$。

第一型誤差 $(\alpha)$、第二型誤差 $(\beta)$ 與 ROC 分類之關係，如下表：

| | 真實情況 (TRUE STATE) / 工具檢驗結果 | |
|---|---|---|
| **決定 (Decision)** | $H_1$ 為真（結果陽性），即 $H_0$ 為假 | $H_1$ 為真（工具檢驗結果為陰性） |
| 拒絕 $H_0$（判定為有病） | 疾病組正確檢驗結果為有病（陽性）<br>機率 $p = 1 - \beta$<br>**敏感度** (True Positive, TP) : a | Type I error: 健康組誤診為陽性<br>機率 $p = \alpha$<br>False Positive(FP): b |
| 接受 $H_0$（判定為沒病） | Type II error: 疾病組誤診為無病<br>機率 $p = \beta$<br>False Negative(FN) : c | 健康組正確檢驗結果為無病（陰性）<br>機率 $p = 1 - \alpha$<br>**特異度** (True Negative, TN) : d |

根據檢定之前題與結果正確與否，可產生兩種不同之誤差情況，分別為第一型誤差 $\alpha$ 及第二型誤差 $\beta$。以利用驗孕棒驗孕為例。若用驗孕棒為一位孕婦驗孕，真實結果是沒有懷孕，這是第一型錯誤。若用驗孕棒為一位未懷孕的女士驗孕，真實結果是已懷孕，這是第二型錯誤。

| | 真實情況 (TRUE STATE) | |
|---|---|---|
| **決定 (Decision)** | $H_1$ 為真（即 $H_0$ 為假）：嫌疑犯真的有作案 | $H_0$ 為真：嫌疑犯真的無作案 |
| 嫌疑犯有罪 | 正確決定（**敏感度**）<br>機率 $p = 1 - \beta$<br>檢定力＝敏感度 $= 1 - \beta$ | Type I error（**偽陽性**）<br>機率 $p = \alpha$ |
| 嫌疑犯無罪 | Type II error（**偽陰性**）<br>機率 $p = \beta$ | 正確決定（**特異度**）<br>機率 $p = 1 - \alpha$<br>特異度 $= 1 - \alpha$ |

## 四、多變量：變異數分析 (MANOVA)

在統計學中，多變量變異數分析 (MANOVA) 是比較多元樣本平均值的一個程序。當有兩個（以上）依變數時才會使用多變量程序 (Multivariate procedure)，並且常伴隨著個別依變數的顯著性檢定 (Significance tests)。

自變數的變化是否對依變數有顯著效果 (Significant effects)？背後意味著二件事：

1. 什麼是依變數之間的關係？
2. 什麼是自變數之間的關係？

所謂單變量分析 (Univariate analysis) 是只分析一個依變數的統計法，如 t 檢定、變異數分析等，重視的是變數各自的變異數和平均數。但在行為科學研究中所探討的問題，往往必須同時使用到兩個或兩個以上的依變數，這時就必須使用多變量分析。

多變數分析或稱多變量分析統計法 (Multivariate statistical analysis)，可用來同時分析兩個或兩個以上依變數的觀察資料，這些資料可能是觀察來自一個或來自幾個母群的個體而得到的行為樣本。多變量分析將這些依變數視為彼此有關的融合體，同時加以考慮，而不將他們視為彼此無關，可以分離出來單獨分析的變數。故此法重視各變數的共變數，更甚於重視他們各自的平均數和變異數。

當我們的研究資料中，依變數不再只有一個，而是有多個依變數，此時便需要使用多變量變異數分析。ANOVA 程序雖然可以個別計算每個依變數之變異數，但這樣做忽略了依變數之間的相關。

單因子多變量變異數分析 (Multivariate analysis of variance, MANOVA)，適用於一個因子 ( 自變數 )、二個以上的變量 ( 依變數 ) 的情況，其中，自變數為間斷變數 ( 名義 (normal)/ 類別 ( 類別 )、次序 (ordinal) 變數 ) 型態，而依變數為連續變數 ( 等距 (interval)、比率 (ratio) 變數 ) 型態。

## ( 一 ) 因子與變量的專有名詞

| 因子 **(factor)** | 指自變數 / 解釋變數 (Independent variables) | 一個因子 ( 類別變數 )，稱為單因子 (one-way) |
| | | 二個因子 ( 類別變數 )，稱為二因子 (two-way) |
| 變量 **(variate)** | 指依變數 (dependent variables) | 一個依變數 y，稱為單變量 (univariate) |
| | | 多個依變數 Y，稱為多變量 (multivariate) |

為何不能分別進行多次的「單變量變異數分析」，來取代複雜的「單因子多變量變異數分析」？那是因為，多次「單變量變異數分析」的作法，會忽略多個變量之間的關連性，若多個變量之間具有關連性，則多次「單變量變異數分析」的作法也會造成第一類型誤差 $\alpha$ 的犯錯累積。

## (二) 自變數與依變量本質的數量組合

| 依變數 (DV) 個數 | 自變數 (IV) 個數 | 依變數本質 (Nature) | 檢定 / 考驗 (Tests) |
|---|---|---|---|
| 1 個 | 0 IVs (1 population) | 等距 & 名義 | One-sample t-test |
|  |  | 次序 or 等距 | One-sample median |
|  |  | 類別 (2 categories) | Binomial test |
|  |  | 類別 | Chi-square goodness-of-fit |
| 1 個 | 1 IV with 2 levels (Independent groups) | 等距 & 名義 | 2 independent sample t-test |
|  |  | 次序 or 等距 | Wilcoxon-Mann Whitney test |
|  |  | 類別 | Chi- square test Fisher's exact test |
| 1 個 | 1 IV with 2 or more levels (Independent groups) | 等距 & 名義 | One-way ANOVA |
|  |  | 次序 or 等距 | Kruskal Wallis |
|  |  | 類別 | Chi- square test |
| 1 個 | 2 or more IVs (Independent groups) | 等距 & 名義 | Paired t-test |
|  |  | 次序 or 等距 | Wilcoxon signed ranks test |
|  |  | 類別 | McNemar |
| 1 個 | 1 interval IV | 等距 & 名義 | Correlation simple linear regression |
|  |  | 次序 or 等距 | Non-parametric correlation |
|  |  | 類別 | Simple logistic regression |
| 1 個 | 1 or more 等距 IVs and/or 1 or more 類別 IVs | 等距 & 名義 | Multiple regression analysis of covariance |
|  |  | 類別 | Multiple logistic regression discriminant analysis |
| 2 個以上 | 1 IV with 2 or more levels (Independent groups) | 等距 & 名義 | One-way MANOVA |
| 2 個以上 | 2 or more | 等距 & 名義 | Multivariate multiple linear regression |

| 依變數 (DV)<br>個數 | 自變數 (IV)<br>個數 | 依變數本質 (Nature) | 檢定 / 考驗 (Tests) |
|---|---|---|---|
| 2 sets of<br>2 or more | 0 | 等距 & 名義 | Canonical correlation |
| 2 or more | 0 | 等距 & 名義 | Factor analysis |

### (三)ANOVA, ANCOVA, MANOVA 三者比較

人們比較常接觸的是 ANOVA，但還是會與 ANCOVA 與 MANOVA 搞混這三個統計觀念。

#### 1. ANOVA(Anlysis of variance)

變異數分析，當研究問題為比較多組 ( 通常兩組以上 ) 平均值的差異，大家有印象的話，當想要比較兩組的平均值是採用 t 檢定。舉例有三組病人，研究者想比較三組病人在身高 ( 連續變數 ) 上是否有差異，就是採用 ANOVA。初學者有時會被 ANOVA 中的 Variance 所誤導，明明是比較平均值，為什麼要在名稱裡面擺個 Variance 呢？其實如果了解 ANOVA 計算過程，他就是利用變異數來進行比較的動作，該精髓就是在 Partitioned total variance。

#### 2. ANCOVA(Analysis of covariance)

共變數分析係以 ANOVA 為基底，再加迴歸概念，討論額外納入的變數是否能減少 Error sum of square(Error SS, $SS_E$)，而這個「額外納入的變數」是連續型變數之Covariate。簡言之，是看控制這個covariate之後各組間的結果是否有差異。

例如：我想討論這群學生數學能力的差別，而這群學生被隨機選派使用兩種不同學程之中，再測驗該學生數學成績。假設有這些學生的 IQ 值，當然會考慮到 IQ 影響學生數學能力的差異，所以在比較這兩組學生能力高低時，如果將 IQ 放入控制，想必提高測驗的敏感度。除了 IQ 之外我能不能再放入其他可能會影響數學能力的變數呢？當然可以啦，模型就變成多重共變數 (Multiple covariates) 囉，它亦是一般化迴歸分析之一特例？

#### 3. MANOVA(Multivariate analysis of variance)

上述 ANOVA, ANCOVA 都在討論一個依變數 (Depedent variable, Outcome, y)，但真實世界有時會想考慮多個 y，因此就有 MANOVA 的出現。

**小結**

　　ANOVA 與其延伸應用不只有這些，甚至針對細格人數不平衡 (unbalanced) 的資料模式有不同的處理方式。此外，你亦要小心判定 ANOVA 假定 (assumption) 等前提條件是否符合。有關 ANOVA 假定的診斷及補救法，請見作者《STaTa 與高等統計分析》、《多層次模型 (HLM) 及重複測量：使用 STaTa》二本專書。

### (四) (單因子) 單變量／多變量之變異數分析的統計法

| (單因子) 單變量變異數分析 | F 檢定 |
|---|---|
| (單因子) 多變量變異數分析 | Wilks Λ (Wilks Lambda) |

　　多變量變異數分析 (Multivariate analysis of variance, MANOVA) 在概念上屬於單變量變異數分析 (Univariate analysis of variance, UNIANOVA) 的延伸，在 ANOVA 中檢定單一個依變數在各組平均值的差異，虛無假設是各組平均值皆相等，利用 F 值進行統計驗證。在 MANOVA 中，同時檢定各組間在兩個以上依變數之形心 (centroid) 的差異。

　　進行 MANOVA 時，主要是希望同時瞭解數個依變數的平均值是否有差異性，而非單獨對一個依變數之平均值的差異性。

| | 自變數<br>解釋變數：X1 | 因變數 (依變數)<br>反應變數：Y1 |
|---|---|---|
| One-way ANOVA<br>單因子變異數分析 | 單一個自變數 (預測變數 (Predictor variable))<br>Nominal scale or ordinal scale | 單一個依變數 (效標變數 (Criterion variable))<br>Interval scale or ratio scale( 連續變數 ( 項 )) |
| Multi-way ANOVA<br>多因子變異數分析 | 兩個 ( 含 ) 自變數以上 ( 預測變數 (Predictor variable))<br>Nominal scale or ordinal scale | 單一個依變數 ( 效標變數 (Criterion variable))<br>Interval scale or ratio scale ( 連續變數 ( 項 )) |

|  | 自變數<br>解釋變數：X1 | 因變數 ( 依變數 )<br>反應變數：Y1 |
|---|---|---|
| 多變量變異數分析<br>(Multivariate analysis of variance) | 名目變數或次序變數<br>Nominal scale or ordinal scale | 同時兩個 ( 含 ) 依變數以上 ( 效標變數 (Criterion variable))<br>Interval scale or ratio scale( 連續變數 ( 項 )) |
| 單因子多變量變異數分析<br>(One-way multivariate analysis of variance) | 單一個自變數 ( 預測變數 (Predictor variable))<br>Nominal scale or ordinal scale | 同時兩個 ( 含 ) 依變數以上 ( 效標變數 (Criterion variable))<br>Interval scale or ratio scale( 連續變數 ( 項 )) |
| 多因子多變量變異數分析 (Multi-way multivariate analysis of variance) | 兩個 ( 含 ) 自變數以上 ( 預測變數 (Predictor variable))<br>Nominal scale or ordinal scale | 同時兩個 ( 含 ) 依變數以上 ( 效標變數 (Criterion variable))<br>Interval scale or ratio scale( 連續變數 ( 項 )) |

## 五、MANOVA 與 ANOVA 的關係

　　MANOVA 是廣義的變異數分析 (ANOVA)，儘管與單變數變異數分析不同，MANOVA 使用結果變數之間的共變數 (covariance) 來檢定平均值差異的顯著性。

　　在單變數 ANOVA 中 Sums of squares(SS)，延伸到 MANOVA，就變成正定矩陣 (Positive-definite)，其對角線元素為單變數 ANOVA 中 Sums of squares (SS)；非對角線元素為 Cross-products(CP)。MANOVA 的常態性係指誤差分布的常態性假定 (assumption)，此誤差 $(SS_E)$ 符合 Wishart 分布 ( 定義如下 )。

---

**定義：正定矩陣 (Positive-definite)**

在線性代數裡，正定矩陣是埃爾米特矩陣 (Hermitian matrix) 的一種，有時會簡為正定矩陣。在雙線性代數中，正定矩陣的性質類似複數中的正實數。與正定矩陣相對應的線性算子是對稱正定雙線性形式 ( 複數中則對應埃爾米特正定雙線性形式 )。

埃爾米特矩陣也稱自伴隨矩陣，是共軛對稱的方陣。埃爾米特矩陣中每一個第 i 行第 j 列的元素都與第 j 行第 i 列的元素的複共軛。

對於：

---

$$A = \{a_{i,j}\} \in C^{m \times n}$$

有：

$$a_{i,j} = \overline{a_{j,i}} \text{，其中 } \overline{(\cdot)} \text{ 為共軛算子。}$$

記做：

$$A = A^H$$

例如：

$$\begin{bmatrix} 3 & 2+i \\ 2-i & 1 \end{bmatrix}$$

就是一個埃爾米特矩陣。

顯然，埃爾米特矩陣主對角線上的元素都是實數的，其特徵值也是實數。對於只包含實數元素的矩陣 ( 實矩陣 )，如果它是對稱陣，即所有元素關於主對角線對稱，那麼它也是埃爾米特矩陣。也就是說，實對稱矩陣是埃爾米特矩陣的特例。

**定義：正定矩陣**

一個 $n \times n$ 的實對稱矩陣 $M$ 是正定的，若且唯若對於所有的非 0 實係數向量 $z$，都有 $z^T M z > 0$。其中 $z^T$ 表示 $z$ 的轉置。

對於複數的情況，定義則為：一個 $n \times n$ 的埃爾米特矩陣 ( 或厄米矩陣 )$M$ 是正定的若且唯若對於每個非 0 的複向量 $z$，都有 $z*Mz > 0$。其中 $z*$ 表示 $z$ 的共軛轉置。由於 $M$ 是埃爾米特矩陣，經計算可知，對於任意的複向量 $z$，$z*Mz$ 必然是實數，從而可以與 0 比較大小。因此這個定義是自定的。

**如何判別正定矩陣：**

對 $n \times n$ 的埃爾米特矩陣 $M$，下列性質與「$M$ 為正定矩陣」等價：

1. 矩陣 $M$ 的所有的特徵值 $\lambda_i$ 都是正的。根據譜定理，$M$ 必然與一個實對角矩陣 $D$ 相似 ( 也就是說 $M = P^{-1}DP$，其中 $P$ 是么正矩陣或者說 $M$ 在某個正交基可以表示為一個實對角矩陣 )。因此，$M$ 是正定陣若且唯若相應的 $D$ 的對角線上元素都是正的。

2. 半雙線性形式

$$\langle \mathrm{x, y} \rangle = \mathrm{x}*M\mathrm{y}$$

定義了一個 $c^n$ 上的內積。實際上，所有 $c^n$ 上的內積都可看做由某個正定陣通過此種方式得到。

3. $M$ 是 $n$ 個線性無關的 $k$ 維向量 $\mathrm{x}_1, \cdots, \mathrm{x}_n \in \mathbb{C}^k$ 的 Gram 矩陣，其中的 $k$ 爲某個正整數。更精確地說，$M$ 定義爲：

$$M_{ij} = <\mathrm{x}_i, \mathrm{x}_j> = \mathrm{x}_i^* \mathrm{x}_j \ .$$

換句話說，$M$ 具有 $A*A$ 的形式，其中 $A$ 不一定是方陣，但需要是單射的。

4. $M$ 的所有順序主子式，也就是順序主子陣的行列式都是正的 ( 西爾維斯特準則 )。明確來說，就是考察下列矩陣的行列式：

· $M$ 左上角 $1 \times 1$ 的矩陣

· $M$ 左上角 $2 \times 2$ 的矩陣

· ....

· $M$ 自身。

對於半正定矩陣來說，相應的條件應改爲所有的主子式非負。順序主子式非負並不能推出矩陣是半正定的，比如以下例子：

$$\begin{bmatrix} 1 & 1 & 1 \\ 1 & 1 & 1 \\ 1 & 1 & 0 \end{bmatrix}$$

5. 存在唯一的下三角矩陣 $L$，其主對角線上的元素全是正的，使得：

$$M = LL*$$

其中 $L*$ 是 $L$ 的共軛轉置，T 這一分解被稱爲 Cholesky 分解。

對於實對稱矩陣，只需將上述性質中的 $\mathbb{C}^n$ 改爲 $\mathbb{R}^n$，將「共軛轉置」改爲「轉置」就可以了。

**定義：Wishart 分布**

威沙特分布 (1928) 是統計學上的一種半正定矩陣隨機分布。這個分布在多變數分析的共變異矩陣估計上相當重要。

Wishart 分布是多維度的廣義卡方 (Chi-squared) 分布，或者非整數自由度的 gamma 分布。

Wishart 機率分布，是對稱、非負數的正定矩陣 (symmetric, nonnegative-definite matrix-valued random variables (Random matrices))。

這些分布在多元統計量的共變數矩陣的估計中是非常重要的。在 Bayesian 統計中，所述 Wishart 分布是多變數常態隨機向量的事前機率之共軛矩陣 (Conjugate prior of the inverse covariance-matrix of a multivariate-normal random-vector)。

**定義**

假設 X 為一 n×p 矩陣，其各行 (row) 來自同一均值向量為 0 的 p 維多變數常態分布且彼此獨立。

$$X_{(i)} = (x_i^1, ..., x_i^p) \sim N_p(0, v)$$

Wishart 分布是 p×p 隨機矩陣的概率分布。

| Wishart | |
|---|---|
| 符號 | $X \sim W_p(V, n)$ |
| 參數 | $n > p - 1$ degrees of freedom (real)<br>$V > 0$ scale matrix ($p \times p$ pos. def) |
| 支持 | $X(p \times p)$ positive definite matrix |
| PDF | $\dfrac{\lvert X \rvert^{(n-p-1)/2} e^{-\mathrm{tr}(V^{-1}X)/2}}{2^{\frac{np}{2}} \lvert V \rvert^{n/2} \Gamma_p\left(\frac{n}{2}\right)}$<br>· $\Gamma_p$ is the multivariate gamma function<br>· tr is the trace function |
| 平均數 | $E[X] = nV$ |
| 眾數 | $(n - p - 1)V$ for $n \geq p + 1$ |
| 變異數 | $\mathrm{Var}(X_{ij}) = n(v_{ij}^2 + v_{ii}v_{jj})$ |
| Entropy | see below |
| CF | $\Theta \mapsto \lvert I - 2i\Theta V \rvert^{-\frac{n}{2}}$ |

## 六、依變數之間的關係 (Correlation of dependent variables)

單變量：變異數分析 (Analysis of variance, ANOVA) 為資料分析中常見的統計模型，主要為探討連續型 (continuous) 資料型態之依變數 (Dependent variable) 與類別型資料型態之自變數 (Independent variable) 的關係，當自變數的因子中包含等於或超過三個類別情況下，檢定其各類別間平均數是否相等的統計模式，廣義上可將 student's t 檢定中變異數相等 (Equality of variance) 的合併 t 檢定 (Pooled t-test) 視為是變異數分析的一種，基於 t 檢定為分析兩組平均數是否相等，並且採用相同的計算概念，而實際上當變異數分析套用在合併 t 檢定的分析上時，產生的 F 值則會等於 t 檢定的平方項。

單變數：變異數分析依靠 F- 分布為機率分布的依據，利用平方和 (Sum of square) 與自由度 (Degree of freedom) 所計算的組間與組內均方 (Mean of square) 估計出 f 值，若有顯著差異則考量進行事後比較或稱多重比較 (Multiple comparison) ，較常見的為 Scheffé's method、Tukey-Kramer method 與 Bonferroni correction，用於探討其各組之間的差異為何。

多變量：變異數分析 (Multivariate analysis of variance and covariance，MANOVA) 是 ANOVA 的延伸。Wilks(1932)、Pillai(1955)、Lawley(1938)、Hotelling(1951)、Roy(1939) 等人都是多變數的先進。

MANOVA 常見的多變數統計量有 4 個 Wilks' lambda(Λ)、Pillai's trace、Lawley-Hotelling trace、Roy's largest root。為什麼只有這四個統計量呢？Arnold (1981)、Rencher (1998)、Rencher and Christensen (2012)、Morrison (1998)、Pillai (1985) 及 Seber (1984) 認證：這四項檢定都是可接受的、無偏誤 (unbiased) 及不變的 (invariant)。漸近地，Wilks's lambda、Pillai's trace、Lawley-Hotelling trace、Roy's largest root 都趨近相同，但是當樣本違反虛無 (null) 假設和小樣本時，這 4 個統計量在行為上會不同的，Roy's largest root 與其他三個不同，甚至是漸近的。

例如：當樣本違反「平均值向量相等」null 假定時，Roy 的最大根是最有效的，這樣平均值向量在 p 維空間內傾向在一條線上。但在多數其他情況，Roy's largest root 比其他三個統計數字更差。Pillai's trace 比其它三者更適合違反常態性 (nonnormality)、或異質性 (heteroskedasticity) 資料。故你的樣本資料非常態或誤差異質時，你就捨棄 Wilks's lambda 改採用 Pillai's trace。

MANOVA 基於 model 變異矩陣的乘積 $\Sigma_{model}$，誤差變異的反矩陣 $\Sigma_{res}^{-1}$。A = $\Sigma_{model} \times \Sigma_{res}^{-1}$。虛無假設：$\Sigma_{model} = \Sigma_{residual}^{-1}$，這意味著此乘積項 A～I( 單位矩陣 )。

不變性考慮，意味著 MANOVA 統計量應該是該矩陣乘積的奇異值分解 (Singular value decomposition) 的量度 (magnitude)，但由於對立假設 (Alternative hypothesis) 的多維度性質，故沒有唯一的選擇。

最常見 MANOVA 統計量是基於 A 矩陣的根 (roots)/ 特徵值 (eigenvalues) $\lambda_p$。

1. Samuel Stanley Wilks'

$$\Lambda_{Wilks} = \prod_{1\cdots p} (1/(1+\lambda_p)) = \det(I+A)^{-1} = \det(\Sigma_{res})/\det(\Sigma_{res} + \Sigma_{model})$$

2. Pillai-M. S. Bartlett trace

$$\Lambda_{Pillai} = \sum_{1\cdots p} (\lambda_p/(1+\lambda_p)) = \mathrm{tr}((I+A)^{-1})$$

3. Lawley-Hotelling trace

$$\Lambda_{LH} = \sum_{1\cdots p} (\lambda_p) = \mathrm{tr}(A)$$

4. Roy's greatest root ( 又稱 Roy's largest root)

$$\Lambda_{Roy} = max_p(\lambda_p) = \| A \|_\infty$$

繼續討論每一個的優點，儘管 Greatest root 只能導致 significance 上，但實際利益有限。更進一步的複雜性時，除了 Roy's greatest root，這些統計在虛假設下的分布不是直接的，只能在一些低維度情況下來逼近。最爲人知的 Wilks'lambda 近似值是由 C.R. Rao 推導出來。

在特殊情況：自變數只有兩組時，以上 4 種統計數據是相同的，且退化爲 Hotelling 的 T-square 檢定。

## 七、依變數的相關性 (Correlation of dependent variables)

MANOVA 優於 ANOVA 的地方，就是它會考慮「依變數的相關性及自變數的效果量 (Effect sizes)」。

但是，當研究設計只有兩個組及兩個依變數時，若「相關性 = 較小標準化效果量與較大標準化效果量的比率」時，MANOVA的統計檢定力 (power) 會最低。

$$\text{correlation} = \frac{\text{The smaller standardized effect size}}{\text{The larger standardized effect size}}$$

## 八、ANOVA 之假定 (assumptions)

運行變異數分析 (ANOVA) 分析數據集時，樣本數據應符合以下標準：

1. 常態性：每個條件的分數應該從正態分布的人群中抽樣。

2. 變異數同質性：每個母群體應該有相同的誤差變異數 $\sigma_\varepsilon^2$。同質性檢定就是分析組內變異數是否相同，如果不同質，沒有繼續分析的意義。

3. 共變數矩陣的球形：確保 F 比率與 F 分布的適配性。

## 九、MANOVA 之假定 (assumptions)

1. 獨立性：參與者所組成自變數的 levels 之間必須是相互獨立的。

2. 共變數矩陣的同質性 (Homogeneity of covariance matrices)：Box's M 檢定，若 p 值 (Sig.) 大於型 I 誤差 $\alpha(= 0.05)$ 值，則接受虛無假設：共變數矩陣是同質 ( 相等的 )。

3. 變異數同質性：每個組群應該有相同的誤差變異數 $\sigma_\varepsilon^2$。而且事後比較 (Post-hoc) 可挑 Scheffe、Tukey 等。

   (1)Levene's 檢定 (Homogeneity of variance)，若 p 值 (Sig.) 大於型 I 誤差 $\alpha(= 0.05)$ 值，則接受虛無假設：跨組的依變數之誤差是同質 ( 相等的 )。

   (2)Mauchly's Test of Sphericity：共變數矩陣的球形：確保 F 比率與 F 分布的適配性。若 p 值 (Sig.) 大於型 I 誤差 $\alpha(= 0.05)$ 值，則拒絕虛無假設：Covariances are unequal，因此你能確定「Assume sphericity」。

   (3) 變異數異質時：事後比較改挑 Tamhanes's $T^2$、Dunnett's $T^3$ 等。如果各組人數大於 50 時，則改用 Games-Howell 會較 $T^3$ 法更佳。

4. 多變量常態性：你對每一個依變數，都做單變量常態性檢定。例如：繪常態機率圖 (Normal quantile-quantile plot，簡稱 normal Q-Q plot)，是一種能看出資料分布情形，是否符合常態分配的圖，橫軸顯示的是理論分位數，縱軸則是樣本分位數，資料點散布於圖上 45° 線周圍，並有一條虛擬的常態線通過。

# 3-2 多變量：one-way 變異數分析 (GLM 指令)

## 3-2-1 one-way 多變量變異數分析之概念

### 一、單變量：ANOVA

#### ( 一 ) 單因子變異數分析 (One-way ANOVA)

One-way ANOVA( 單因子變異數分析 ) 是只有一個類別變數當作 Independent variable，檢驗此類別變數與其它連續變數 (Continuous variable) 之間的關係。具體一點講，one-way ANOVA ( 單因子變異數分析 )，就是在查看組間是否存在平均值的差異。

例如：當研究問題為比較多組 ( 通常兩組以上 ) 平均值的差異，大家有印象的話，當想要比較兩組的平均值是採用 t 檢定。舉例有三組病人，研究者想比較三組病人在血壓 ( 連續變數 ) 上是否有差異，就是採用 ANOVA。又如，你想看父母社經地位 (SES) 對子女學業成績的影響，SES 就是類別變數，學業成績是結果變數 (Outcome variable)/ 依變數。

**表 3-1 單因子實驗之資料結構**

| Treatment (level) | Observations | | | | Totals | Averages |
|---|---|---|---|---|---|---|
| 1 | $y_{11}$ | $y_{12}$ | $\cdots$ | $y_{1n}$ | $y_{1.}$ | $\bar{y}_{1.}$ |
| 2 | $y_{21}$ | $y_{22}$ | $\cdots$ | $y_{2n}$ | $y_{2.}$ | $\bar{y}_{2.}$ |
| $\vdots$ | $\vdots$ | $\vdots$ | $\cdots$ $\cdots$ | $\vdots$ | $\vdots$ | $\vdots$ |
| | $y_{a1}$ | $y_{a2}$ | $\cdots$ | $y_{an}$ | $\dfrac{y_{a.}}{y_{..}}$ | $\dfrac{\bar{y}_{a.}}{\bar{y}_{..}}$ |

其中：$y_{i.} = \sum\limits_{j=1}^{n} y_{ij}$　　$\bar{y}_{i.} = y_{i}/n$　　$i = 1, 2, \cdots, a$

$y_{..} = \sum\limits_{i=1}^{a} \sum\limits_{j=1}^{n} y_{ij}$　　$\bar{y}_{..} = y_{..}/N$

## 假設檢定 (Fixed effects model)

$$H_0 : \mu_1 = \mu_2 = \cdots = \mu_a$$

$$H_1 : \mu_i \neq \mu_j \quad \text{for at least one pair } (i,j)$$

也就是說：

$$H_0 : \tau_1 = \tau_2 = \cdots = \tau_a$$

$$H_1 : \tau_i \neq 0 \quad \text{for at least one } i$$

若拒絕 $H_0$，表示不同之因子水準對反應變數有影響。

反之，若接受 $H_0$，則表示不同之因子水準對反應變數無影響。

## 變異數分析摘要表

表 3-2　單因子變異數分析摘要表

| 變異來源 | 平方和 | 自由度 | 均平 | 值 |
|---|---|---|---|---|
| Between factor levels | $SS_{\text{Factor}}$ | $a-1$ | $MS_{\text{Factor}}$ | $F_0 = \dfrac{MS_{\text{Factor}}}{MS_E}$ |
| Error (within factor levels) | $SS_E$ | $a(n-1)$ | $MS_{\text{E}}$ | |
| Total | $SS_T$ | $an-1$ | | |

其中，$SS_{Total} = SS_{Factor} + SS_{error}$

公式如下：

$$SS_T = SS_{\text{Treatment}} + SS_E$$

$$SS_T = \sum_{i=1}^{a} \sum_{j=1}^{n} y_{ij}^2 - \frac{y_{..}^2}{an}$$

$$SS_{\text{Treatment}} = \sum_{i=1}^{a} \frac{y_{i.}^2}{n} - \frac{y_{..}^2}{an}$$

$$\sum_{i=1}^{a} \sum_{j=1}^{n} (y_{ij} - \bar{y}_{..})^2 = \sum_{i=1}^{a} \sum_{j=1}^{n} \left[ (\bar{y}_{i.} - \bar{y}_{..})^2 + (y_{ij} - \bar{y}_{i.})^2 \right]$$

$$= n \sum_{i=1}^{a} (\bar{y}_{i.} - \bar{y}_{..})^2 + \sum_{i=1}^{a} \sum_{j=1}^{n} (y_{ij} - \bar{y}_{i.})^2$$

$$+ 2 \sum_{i=1}^{a} \sum_{j=1}^{n} [(\bar{y}_{i.} - \bar{y}_{..})(y_{ij} - \bar{y}_{i.})] = 0$$

又 $MS_{\text{Treatment}} = \dfrac{SS_{\text{Treatment}}}{a-1}$ 所以 $SS_E = SS_T - SS_{\text{Treatment}}$

$MS_E = \dfrac{SS_E}{a(n-1)}$ 且 $F_0 = \dfrac{MS_{\text{Treatment}}}{MS_E}$

**決策**

$SS_T = SS_E + SS_{Treatments}$，且 $SS_T$ 有 an-1 個 d.f.，則 $SS_E/s^2$ 及 $SS_{Treatments}/s^2$ 皆為 Chi-square 隨機變數，其 d.f. 分別為 a(n-1) 及 a-1。(Cochran's Theorem)

1. 若 $F_0 > F_{a-1,a(n-1)}$，表示不同之因子水準對反應變數有影響。

2. 反之，若 $F_0 \leq F_{a-1,a(n-1)}$ 則表示不同之因子水準對反應變數無影響。

**資料轉換 (Data transformation)**

從橫斷面或時間序列來看，相同樣本所取得的資料在不同時點可能變異性相當大，或是所取得的資料並未細分，以致於出現變異數很大的現象。例如：探討消費能力對儲蓄的影響，若區分出高所得與低所得兩群，則會發現低所得幾乎無儲蓄能力，故其標準差很小；但高所得儲蓄能力的變異性由小到大，故就發生了變異數為異質的現象。

若「Residual($\varepsilon$) vs. Estimates($\hat{y}$) 圖」，顯示殘差變異數異質時，應考慮做資料轉換。常用之資料轉換公式，如下：

1. Poisson 資料 => 開根方 (square root) 轉換。

2. Lognomal 資料 => 對數函數 (logarithmic) 轉換。

3. Binomial 資料 => $\sin^{-1}(x)$(arcsin) 轉換 => 開根方 (square root) 轉換。

$$H_0 : \sigma_1^2 = \sigma_2^2 = \cdots = \sigma_a^2$$
$$H_1 : 至少有一個\sigma_i^2 \neq \sigma_j^2，i \neq j$$

## (二) 雙因子變異數分析 (Two-way ANOVA)

Two-way **ANOVA**( 雙因子變異數分析 ) 是有兩個以上的類別變數作為自變數 (Independent variables)。例如：性別、父母 SES 對數學成績的影響，性別和父母 SES 就是類別變數。

表 3-3  雙因子變異數分析摘要表

| 變異來源 | SS | df | MS | F |
|---|---|---|---|---|
| 組間 | | | | |
| A | $SS_A$ | k-1 | $SS_A/df_A$ | $MS_A/MS_W$ |
| B | $SS_B$ | l-1 | $SS_B/df_B$ | $MS_B/MS_W$ |

| 變異來源 | SS | df | MS | F |
|---|---|---|---|---|
| AB 交互作用 | $SS_{AB}$ | (k-1)(l-1) | $SS_{AB}/df_{AB}$ | $MS_{AB}/MS_W$ |
| 組內 ( 誤差 ) | $SS_{W.cell}$ | N-kl | $SS_W/df_W$ | |
| 全體 | $SS_t$ | N-1 | | |

總離均差平方和 $(SS_t)$ = 組間離均差平方和 $(SS_b)$ + 組內離均差平方和 $(SS_w)$

$$SS_A + SS_B + SS_{AB} + SS_W$$

總自由度 $(df_t) = df_A + df_B + df_{AA} + df_W$

$$N\text{-}1 = (k-1) + (l-1) + (k-1)(l-1) + (N-kl)$$

## 二、單變量：共變數分析 (ANCOVA)

共變數分析，以 ANOVA 為基礎，討論多丟的變數是否能減少誤差的平方和 $(SS_E)$，而這個「多丟的變數」是連續型變數即是共變數 (covariate)。簡言之，看控制這個 covariate 後的反應結果在各群組間是否有所差異。

例如：我想討論這群學生英文能力的差別，而這群學生被隨機選派使用三種不同教學法，再測驗三種教學法之學生英文成績是否有差異。假設你怕學生 IQ 值也會影響學生英文能力，所以在比較這二組學生能力高低時，如果將 IQ 放入控制，想必提高測驗的敏感度。除了 IQ 之外，若再放入其他可能會影響英文能力的變數，就變成多共變數 (Multiple covariates)。

## 三、多變量變異數分析 (MANOVA)

GLM 指令可以指定二個或二個以上依變數的變異數和共數數分析 ( 若針對單一依變數的變異數分析，請用 ONEWAY 指令 )，MANOVA 可以分別對每個依變數進行檢定 ( 如同 ANOVA)，問題是分開的個別檢定無法處理依變數間的複 ( 多個 ) 共線性 (multicollineareity) 問題，必須使用 MANOVA 才能處理。

MANOVA 除了使用於多個依變數的情形外，更重要地是，MANOVA 有把 multicollinearity( 多元共線性 ) 考慮進來，單變量無法查覺的線性結合上的差異，MANOVA 也可以計算出來。在控制實驗的錯誤率上，以 3 個依變量為例，若是我們將多變量多異數分析拆成多個單變量來執行時，在 $\alpha = 0.05$ 的錯誤率下，多

個單變量分析的錯誤率最小會發生在三個依變數都相關為 0.05，最大則會發生在三個依變數都是獨立的，不相關的情形下為：

$$(1 - 0.95^3) = (1 - 0.857) = 0.143$$

代表著 Type I 的錯誤率會介於 0.05~0.143 之間，會大幅地提高 Type I 的錯誤率，因此，我們不可以把多變量變異數分析拆成多個單變量變異數分析來執行，會影響檢定的效力。

多變量變異數的檢定是要檢定多個變量的平均數向量是否相等，也就是計算組間 (Between group) 和組內 (Within group) 的對比。MANOVA 和 ANOVA 的計算差異是：ANOVA 使用的是均方和 (Mean Square)，而 MANOVA 使用的是將均方和換成平方和與交叉乘積矩陣 (SSCP 矩陣 )，SSCP 矩陣的全名是 Matrix of sum of square and cross-products。

多變量變異數的檢定方式有許多種，最常用的有 4 種，分別是：Wilks Lambda、Roy's Greatert Root、Hotelling-Lawley 與 Trace Pillai's Trace。

## 3-2-2 K-group between-subjects MANOVA：教學法影響學生性格 (GLM 指令 )

變異數分析重點，包括：同質性檢定、差異的假設檢定、ANOVA 的報告方法、顯著水準是什麼意思、多重事後比較 (Multiple post hoc comparison)。

多變量變異數分析 (Multivariate analysis of variance, MANOVA) 在概念上屬於單變量變異數分析 (Univariate analysis of variance, UNIANOVA) 的延伸，在 ANOVA 中檢驗單一個依變數在各組平均值的差異，虛無假設是各組平均值皆相等，利用 F 值進行統計驗證。在 MANOVA 中，同時檢驗各組間在兩個以上依變數之形心 (centroid) 的差異。進行 MANOVA 時，主要是希望同時瞭解數個依變數的平均值是否有差異性，而非單獨對一個依變數之平均值的差異性。

### 一、K-group 受試者間 (Between-subjects) MANOVA

1. K- 組受試者間 MANOVA，旨在評估一個自變數 (K 組 )，同時對兩個或更多個依變數的影響。
2. 依變數是相互關聯的 (correlated)，具有共同的概念意義。

3. MANOVA 使用 Pillai's trace, Wilks'lambda, Hotelling's trace, and Roy's largest root，當作顯著性之判定準則。

## 二、範例：one-way 多變量變異數分析 (GLM 指令 )

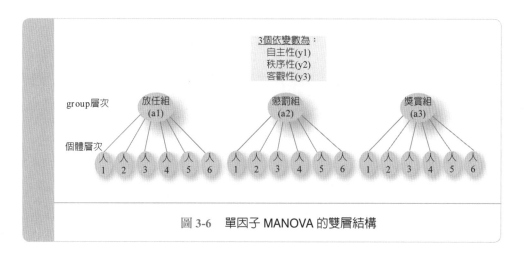

圖 3-6　單因子 MANOVA 的雙層結構

例 3-1　( 參考林清山，《多變數分析統計法》，民 79，第 5 版，p407)

　　將 17 名學生隨機分為三組，隨機分派到「放任組」、「懲罰組」和「獎賞組」去接受實驗。在獎賞組裡，學生一有好的行為表現，教師立刻予以獎賞；在懲罰組裡，學生一有壞的行為表現，教師立刻予以懲罰；在放任組裡，學生的行為不受到獎賞也不受到懲罰。下表是實驗一年後，就「自主性」、「秩序性」和「客觀性」三項人格特質加以測驗的結果。試以 $\alpha = .05$ 檢定三組受試者在這些人格特質方面是否有顯著的差異存在。

| 組別 | 放任組 (a1) | | | 懲罰組 (a2) | | | 獎賞組 (a3) | | |
|---|---|---|---|---|---|---|---|---|---|
| 依變數 | 自主 | 秩序 | 客觀 | 自主 | 秩序 | 客觀 | 自主 | 秩序 | 客觀 |
| 分數 | 6 | 5 | 4 | 5 | 3 | 4 | 10 | 9 | 8 |
| | 3 | 2 | 3 | 6 | 4 | 7 | 9 | 8 | 7 |
| | 5 | 4 | 3 | 8 | 6 | 5 | 11 | 7 | 8 |
| | 4 | 6 | 7 | 6 | 6 | 8 | 10 | 12 | 11 |
| | 4 | 5 | 5 | 9 | 8 | 9 | 13 | 10 | 9 |
| | 2 | 2 | 5 | 5 | 9 | 6 | | | |

$$
\text{虛無假設 } H_0 : \begin{bmatrix} \alpha_{11} \\ \alpha_{12} \\ \alpha_{13} \end{bmatrix} = \begin{bmatrix} \alpha_{21} \\ \alpha_{22} \\ \alpha_{23} \end{bmatrix} = \begin{bmatrix} \alpha_{31} \\ \alpha_{32} \\ \alpha_{33} \end{bmatrix}
$$

對立假設 $H_1$：有任一個矩陣不相等。

## 一、資料檔之內容

資料檔「例 3-1(P407).sav」，如下圖所示。共有四個變數：變數 a 代表組別 (1 是放任組，2 是懲罰組，3 是獎賞組)，變數 y1 代表「自主」的測驗得分，變數 y2 代表「秩序」的測驗得分，變數 y3 代表「客觀」的測驗得分。

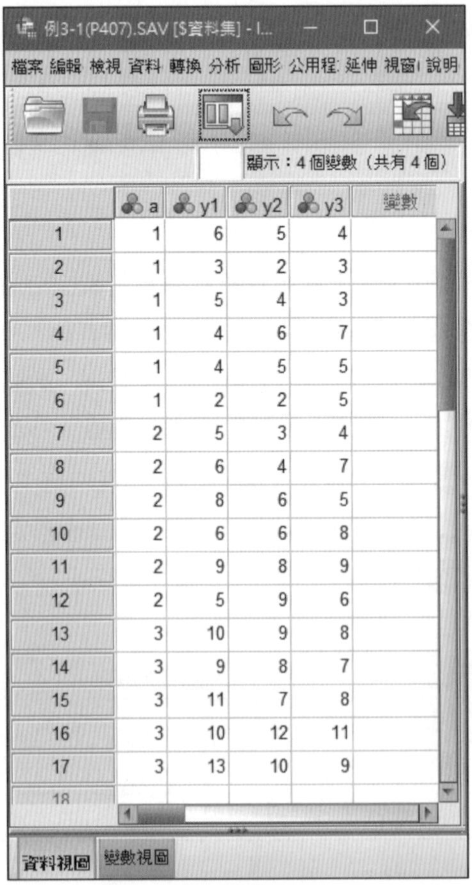


| | a | y1 | y2 | y3 | 變數 |
|---|---|---|---|---|---|
| 1 | 1 | 6 | 5 | 4 | |
| 2 | 1 | 3 | 2 | 3 | |
| 3 | 1 | 5 | 4 | 3 | |
| 4 | 1 | 4 | 6 | 7 | |
| 5 | 1 | 4 | 5 | 5 | |
| 6 | 1 | 2 | 2 | 5 | |
| 7 | 2 | 5 | 3 | 4 | |
| 8 | 2 | 6 | 4 | 7 | |
| 9 | 2 | 8 | 6 | 5 | |
| 10 | 2 | 6 | 6 | 8 | |
| 11 | 2 | 9 | 8 | 9 | |
| 12 | 2 | 5 | 9 | 6 | |
| 13 | 3 | 10 | 9 | 8 | |
| 14 | 3 | 9 | 8 | 7 | |
| 15 | 3 | 11 | 7 | 8 | |
| 16 | 3 | 10 | 12 | 11 | |
| 17 | 3 | 13 | 10 | 9 | |
| 18 | | | | | |

圖 3-7 「例 3-1(P407).sav」 資料檔內容 (N=3 組共 17 個人)

## 二、分析結果與討論

SPSS 指令 GLM (General Linear Model) 已可取代 MANOVA 指令，來執行：「one-way, factorial 及 repeated measures」的「ANOVA 、MANOVA 、MANOVA」分析。

Step 1. 符合 MANOVA 假定嗎？

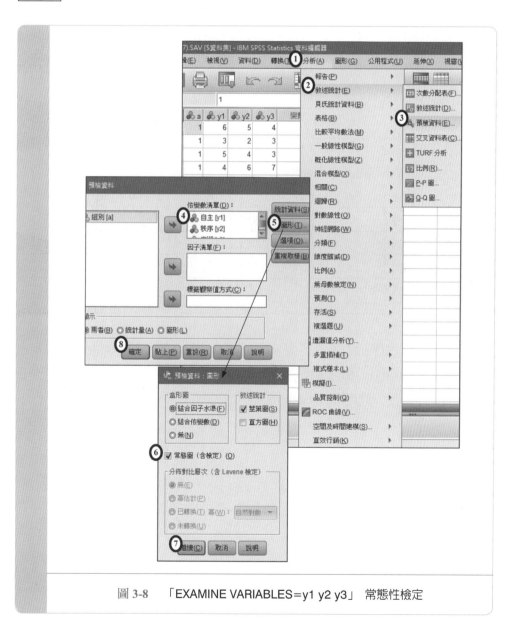

圖 3-8 　「EXAMINE VARIABLES=y1 y2 y3」 常態性檢定

對應的指令語法：

```
EXAMINE VARIABLES=y1 y2 y3
  /PLOT BOXPLOT STEMLEAF NPPLOT
  /COMPARE GROUPS
  /STATISTICS DESCRIPTIVES
  /CINTERVAL 95
  /MISSING LISTWISE
  /NOTOTAL.
```

【A1. 假定】：符合常態性嗎？

**Tests of Normality**

| | Kolmogorov-Smirnov[a] | | | Shapiro-Wilk | | |
|---|---|---|---|---|---|---|
| | Statistic | df | Sig. | Statistic | df | Sig. |
| 自主 | .193 | 17 | .091 | .956 | 17 | .551 |
| 秩序 | .121 | 17 | .200* | .970 | 17 | .827 |
| 客觀 | .143 | 17 | .200* | .957 | 17 | .582 |

*. This is a lower bound of the true significance.
a. Lilliefors Significance Correction

1. 「自主 y1」、「秩序 y2」及「客觀 y3」三個依變數之 Shapiro-Wilk 常態檢定，p 值 (Sig.) 都 > .05)，都未達顯著差異，故接受「$H_0$：常態性」，表示本研究資料符合「常態性」假定 (assumption)。

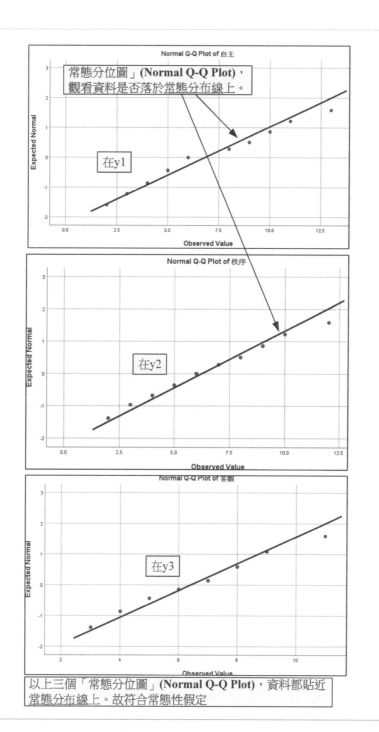

圖 3-9　Normal Q-Q Plots

Step 2. 變異數同質性檢定及單因子 MANOVA

【A2. 假定】：符合變異數同質性嗎？

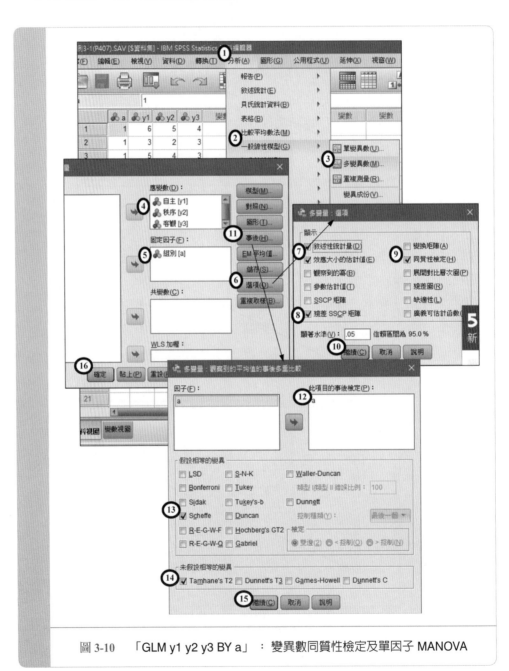

圖 3-10　「GLM y1 y2 y3 BY a」：變異數同質性檢定及單因子 MANOVA

對應的指令語法：

```
GLM y1 y2 y3 BY a
  /METHOD=SSTYPE(3)
  /INTERCEPT=INCLUDE
  /POSTHOC=a( SCHEFFE T2 )
  /PRINT=DESCRIPTIVE ETASQ RSSCP HOMOGENEITY
  /CRITERIA=ALPHA(.05)
  /DESIGN= a.
```

## 【A3. 假定】：符合變異數同質性嗎？

| Box's Test of Equality of Covariance Matrices[a] | |
|---|---|
| Box's M | 15.795 |
| F | .885 |
| df1 | 12 |
| df2 | 859.781 |
| Sig. | .562 |

Tests the null hypothesis that the observed covariance matrices of the dependent variables are equal across groups.

a. Design: Intercept + a

### 1. Box' 共變數矩陣的相等檢定：

三組樣本 ( 放任組、懲罰組、獎賞組 ) 在「自主 y1」、「秩序 y2」及「客觀 y3」三個依變數之變異數同質性檢定，Box $F_{(12,859.8)}$ =0.885(p > .05) 未達顯著差異，故接受虛無假設「$H_0$：變異數同質性」，表示本研究資料符合「變異數同質性」假定 (assumption)。整體來說，例 3-1 研究資料符合「多變量變異數同質性」的假定，故我們可放心進一步看下面的變異數分析。

| Bartlett's Test of Sphericity[a] | |
|---|---|
| Likelihood Ratio | .004 |
| Approx. Chi-Square | 8.372 |
| df | 5 |
| Sig. | .138 |

Tests the null hypothesis that the residual covariance matrix is proportional to an identity matrix.

a. Design: Intercept + a

2. Bartlett's 球形檢定，p=0.138(>0.05)，表示眾多依變數之間無存在顯著相關。
故本例採用多變量 MANOVA 並未優於單變量 ANOVA 。

【B. 分析結果說明】：K-group between-subjects MANOVA

| Multivariate Tests[a] | | | | | | | |
|---|---|---|---|---|---|---|---|
| Effect | | Value | F | Hypothesis df | Error df | Sig. | Partial Eta Squared |
| Intercept | Pillai's Trace | .973 | 146.259[b] | 3.000 | 12.000 | .000 | .973 |
| | Wilks' Lambda | .027 | 146.259[b] | 3.000 | 12.000 | .000 | .973 |
| | Hotelling's Trace | 36.565 | 146.259[b] | 3.000 | 12.000 | .000 | .973 |
| | Roy's Largest Root | 36.565 | 146.259[b] | 3.000 | 12.000 | .000 | .973 |
| a | Pillai's Trace | .833 | 3.092 | 6.000 | 26.000 | .020 | .416 |
| | Wilks' Lambda | .189 | 5.205[b] | 6.000 | 24.000 | .001 | .565 |
| | Hotelling's Trace | 4.182 | 7.666 | 6.000 | 22.000 | .000 | .676 |
| | Roy's Largest Root | 4.154 | 18.001[c] | 3.000 | 13.000 | .000 | .806 |

a. Design: Intercept + a

1. 多變量變異數分析，A 因子顯著性的檢定，得 Wilks $\Lambda = 0.027$ (p < .05)，達顯著差異。整體而言，放任、懲罰和獎賞這三組在自主(y1)、秩序(y2)與客觀(y3)三種人格特質上，都有顯著差異存在。

【C. 分析結果說明】：單因子 ANOVA 結果說明

| Source | Dependent Variable | Type III Sum of Squares | df | Mean Square | F | Sig. | Partial Eta Squared |
|---|---|---|---|---|---|---|---|
| Corrected Model | 自主 | 119.771[a] | 2 | 59.885 | 25.639 | .000 | .786 |
| | 秩序 | 74.259[b] | 2 | 37.129 | 9.486 | .002 | .575 |
| | 客觀 | 45.918[c] | 2 | 22.959 | 8.414 | .004 | .546 |
| Intercept | 自主 | 834.769 | 1 | 834.769 | 357.393 | .000 | .962 |
| | 秩序 | 691.200 | 1 | 691.200 | 176.584 | .000 | .927 |
| | 客觀 | 720.300 | 1 | 720.300 | 263.984 | .000 | .950 |
| a | 自主 | 119.771 | 2 | 59.885 | 25.639 | .000 | .786 |
| | 秩序 | 74.259 | 2 | 37.129 | 9.486 | .002 | .575 |
| | 客觀 | 45.918 | 2 | 22.959 | 8.414 | .004 | .546 |
| Error | 自主 | 32.700 | 14 | 2.336 | | | |
| | 秩序 | 54.800 | 14 | 3.914 | | | |
| | 客觀 | 38.200 | 14 | 2.729 | | | |
| Total | 自主 | 944.000 | 17 | | | | |
| | 秩序 | 790.000 | 17 | | | | |
| | 客觀 | 783.000 | 17 | | | | |
| Corrected Total | 自主 | 152.471 | 16 | | | | |
| | 秩序 | 129.059 | 16 | | | | |
| | 客觀 | 84.118 | 16 | | | | |

a. R Squared = .786 (Adjusted R Squared = .755)
b. R Squared = .575 (Adjusted R Squared = .515)
c. R Squared = .546 (Adjusted R Squared = .481)

1. 單變量變異數分析，A 因子顯著性的檢定，求得 A 因子在放任、懲罰和獎賞這三組在自主 (F = 25.639, p<.05)、秩序 (F = 9.486, p<.05) 與客觀 (F = 8.414, p<.05) 三種人格特質上，都有顯著差異存在。

2. 「Partial Eta Squared($\eta^2$)」(效果量「Effect size」估計)：表示 Attributable to between-group differences。本例，A 因子對 y1 的 partial $\eta^2$ 為 .786，表示 A 因

子可解釋依變數 78.6% 的總變異數 (Total variance)。

【D. 分析結果說明】：事後 (Post-hoc) 比較

| Dependent Variable | | | | Mean Difference (I-J) | Std. Error | Sig. | 95% Confidence Interval Lower Bound | Upper Bound |
|---|---|---|---|---|---|---|---|---|
| 自主 | Scheffe | 放任組 | 懲罰組 | -2.50* | 0.882 | 0.042 | -4.91 | -0.09 |
| | | | 獎賞組 | -6.60* | 0.925 | 0.000 | -9.13 | -4.07 |
| | | 懲罰組 | 放任組 | 2.50* | 0.882 | 0.042 | 0.09 | 4.91 |
| | | | 獎賞組 | -4.10* | 0.925 | 0.002 | -6.63 | -1.57 |
| | | 獎賞組 | 放任組 | 6.60* | 0.925 | 0.000 | 4.07 | 9.13 |
| | | | 懲罰組 | 4.10* | 0.925 | 0.002 | 1.57 | 6.63 |
| | Tamhane | 放任組 | 懲罰組 | -2.50 | 0.885 | 0.054 | -5.04 | 0.04 |
| | | | 獎賞組 | -6.60* | 0.891 | 0.000 | -9.25 | -3.95 |
| | | 懲罰組 | 放任組 | 2.50 | 0.885 | 0.054 | -0.04 | 5.04 |
| | | | 獎賞組 | -4.10* | 0.954 | 0.006 | -6.90 | -1.30 |
| | | 獎賞組 | 放任組 | 6.60* | 0.891 | 0.000 | 3.95 | 9.25 |
| | | | 懲罰組 | 4.10* | 0.954 | 0.006 | 1.30 | 6.90 |
| 秩序 | Scheffe | 放任組 | 懲罰組 | -2.00 | 1.142 | 0.250 | -5.12 | 1.12 |
| | | | 獎賞組 | -5.20* | 1.198 | 0.003 | -8.48 | -1.92 |
| | | 懲罰組 | 放任組 | 2.00 | 1.142 | 0.250 | -1.12 | 5.12 |
| | | | 獎賞組 | -3.20 | 1.198 | 0.056 | -6.48 | 0.08 |
| | | 獎賞組 | 放任組 | 5.20* | 1.198 | 0.003 | 1.92 | 8.48 |
| | | | 懲罰組 | 3.20 | 1.198 | 0.056 | -0.08 | 6.48 |
| | Tamhane | 放任組 | 懲罰組 | -2.00 | 1.155 | 0.311 | -5.36 | 1.36 |
| | | | 獎賞組 | -5.20* | 1.098 | 0.004 | -8.49 | -1.91 |
| | | 懲罰組 | 放任組 | 2.00 | 1.155 | 0.311 | -1.36 | 5.36 |
| | | | 獎賞組 | -3.20 | 1.268 | 0.095 | -6.91 | 0.51 |
| | | 獎賞組 | 放任組 | 5.20* | 1.098 | 0.004 | 1.91 | 8.49 |
| | | | 懲罰組 | 3.20 | 1.268 | 0.095 | -0.51 | 6.91 |
| 客觀 | Scheffe | 放任組 | 懲罰組 | -2.00 | 0.954 | 0.148 | -4.61 | 0.61 |
| | | | 獎賞組 | -4.10* | 1.000 | 0.004 | -6.84 | -1.36 |
| | | 懲罰組 | 放任組 | 2.00 | 0.954 | 0.148 | -0.61 | 4.61 |
| | | | 獎賞組 | -2.10 | 1.000 | 0.147 | -4.84 | 0.64 |
| | | 獎賞組 | 放任組 | 4.10* | 1.000 | 0.004 | 1.36 | 6.84 |
| | | | 懲罰組 | 2.10 | 1.000 | 0.147 | -0.64 | 4.84 |
| | Tamhane | 放任組 | 懲罰組 | -2.00 | 0.983 | 0.197 | -4.84 | 0.84 |
| | | | 獎賞組 | -4.10* | 0.918 | 0.005 | -6.81 | -1.39 |
| | | 懲罰組 | 放任組 | 2.00 | 0.983 | 0.197 | -0.84 | 4.84 |
| | | | 獎賞組 | -2.10 | 1.021 | 0.195 | -5.09 | 0.89 |
| | | 獎賞組 | 放任組 | 4.10* | 0.918 | 0.005 | 1.39 | 6.81 |
| | | | 懲罰組 | 2.10 | 1.021 | 0.195 | -0.89 | 5.09 |

Multiple Comparisons

二組平均數相減 → Mean Difference (I-J)

p值 → Sig.

變異數同質時

變異數異質時

圖 3-11　one-way MANOVA 之 Scheffe 事後比較 ：本例符合變異數同質性

### a 因子在 y1 平均數之事後比較

1. a 因子在依變數 y1( 自主 ) 之平均數，達到顯著差異 (F = 26.64, p < .05)。

2. y1 在各組平均數之差異方面：「懲罰組—放任組 =2」、「獎賞組—放任組 =7」、「獎賞組—懲罰組 =4」。故可看出，在 y1 之平均數，獎賞組 > 放任組 > 懲罰組。

### a 因子在 y2 平均數之事後比較

1. a 因子在依變數 y2( 秩序 ) 之平均數，達到顯著差異 (F = 9.49, p < .05)。

2. y2 在各組平均數之差異方面：「懲罰組—放任組 =2」、「獎賞組—放任組 =5」、「獎賞組—懲罰組 =3」。故可看出，在 y2 之平均數，獎賞組 > 放任組 > 懲罰組。

### a 因子在 y3 平均數之事後比較

1. a 因子在依變數 y3( 客觀 ) 之平均數，達到顯著差異 (F = 9.49, p<.05)。

2. y3 在各組平均數之差異方面：「懲罰組—放任組 = 2」、「獎賞組—放任組 =4」、「獎賞組—懲罰組 = 2」。故可看出，在 y3 之平均數，獎賞組 > 懲罰組 > 放任組。

3. 單變數變異數分析，顯示放任、秩序和獎賞這三組：①在「自主」人格特質上，有顯著差異 (F = 25.639，p < .05)；②在「秩序」人格特質上，亦有顯著差異 (F = 9.486，p < .05)；③在「客觀」人格特質上，亦有顯著差異 (F = 8.41，p < .05)。

4. 一般而言，放任組、懲罰組和獎賞組三組之間在人格特質方面有顯著差異存在。此種差異，主要係由「自主性」及「秩序性」這兩個依變數所造成。可見獎懲的方法可能影響學生在「自主性」與「秩序性」方面的表現。

> **小結**
>
> 　　由於本例符合「變異數同質」假定，而且 a 因子有 3 個 levels，故應捨 t-test，故你亦改用下列指令，來求 a 因子三組別在依變數平均數之 scheffe 事後比較。

```
ONEWAY y1 BY a
  /MISSING ANALYSIS
  /POSTHOC=SCHEFFE ALPHA(0.05).

ONEWAY y2 BY a
  /MISSING ANALYSIS
  /POSTHOC=SCHEFFE ALPHA(0.05).
```

```
ONEWAY y3 BY a
  /MISSING ANALYSIS
  /POSTHOC=SCHEFFE ALPHA(0.05).
```

此外，至少有 5 類統計法可當作 significant 後 MANOVA 後續分析，包括：Multiple univariate ANOVAs(anova 指令 )、stepdown 分析 (rwolf 外掛指令 )、discriminant 分析 (discrim 外掛指令 )、Dependent variable contribution(fgt_ci 外掛指令 )、Multivariate contrasts。詳情請見作者《多變項統計分析：應用 STaTa 分析》一書。

## 3-3 Factorial MANOVA：二因子變異數分析

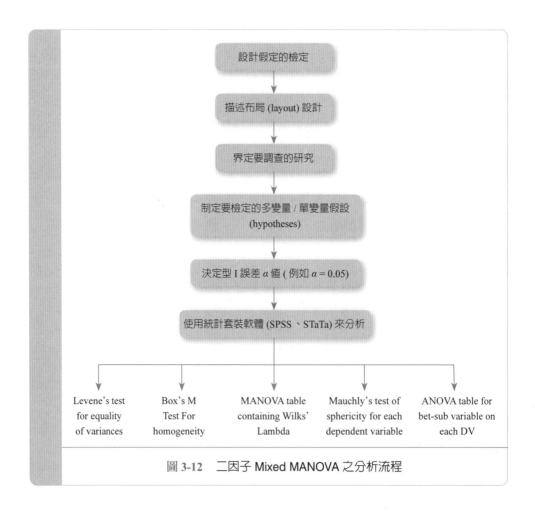

圖 3-12　二因子 Mixed MANOVA 之分析流程

二因子變異數分析是利用變異數分析法來處理兩個自變數的統計方法，主要是想了解這兩個自變數 ( 因子 ) 之間是否有交互作用效果存在。二因子變異數分析有下列三種實驗設計：⑴受試者間設計：獨立樣本；⑵受試者內設計：相依樣本；⑶混合設計：有一個自變數採受試者間設計，另一個自變數採受試者內設計。

二因子變異數分析主要是想了解這兩個因子之間是否有交互作用存在，即 A 因子的不同水準是否隨著 B 因子水準不同而有不同的效果。若交互作用達顯著，則進一步分析其單純主要效果。即 A 因子在 B 因子的哪一個水準有顯著效果，以及 B 因子在 A 因子的哪一個水準有顯著效果。若單純主要效果顯著，則可比較水準間的差異。分析的流程見下圖。

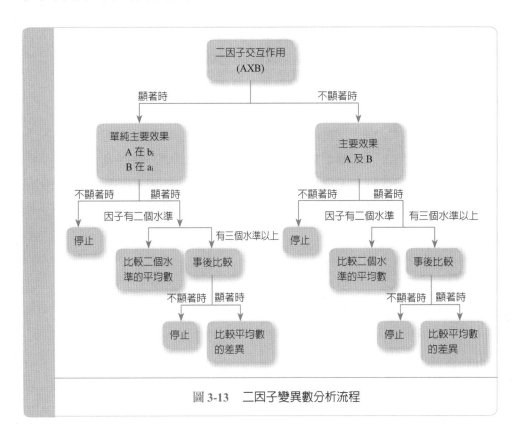

圖 3-13　二因子變異數分析流程

### 3-3-1 混合設計 Two-way 變異數分析≒實驗組—控制組「前測—後測」設計

試驗設計 (Design of experiments)，又稱實驗設計，是數理統計學的一個分支，科學探究的一部分，涉及「用何方法可更好的設計一個實驗」，屬於方法論的範疇。由於任何實驗都會受到外來環境影響，如何設計實驗，使外來環境的變化能夠對實驗造成最小的影響，就是實驗規劃的目的。實驗設計法廣泛用於自然科學及社會科學各學科的實驗設計裡。

**單組設計與對比設計：**

根據是否設置控制組 ( 對照組 ) 劃分的兩種基本設計類型：

1. 單組設計：在所選被試編組時不設置控制組，其基本模式是前測—處理—後測，通過前後兩次測量的差異檢定實驗處理的效果。統計結果一般採用 t 檢定法。單獨使用這種類型的實驗設計已不多見。因為在前測與後測中間有許多因素，如成熟、前測對後測的影響、測量工具的變形、情境的改變等，與實驗處理的效果相混淆，從而降低實驗的內在效度。

2. 對比設計：這是心理實驗最基本的設計之一。它把被試分為兩組，一組為實驗組，施以實驗處理 ( 也稱處理 )；另一組為控制組，不加實驗處理。為使兩組被試盡量同質，便於比較，一般採用隨機分派法分組，通過測量兩組的差異檢定。

實驗設計 (vs. 非實驗設計 ) 是「研究設計」的一種，其常用符號之代表意義如下：

1. X：代表社會科學「處理」(treatment)、生物醫學「曝露」(exposure) 或是實驗法你對自變數之「操控」(manipulation)。常見各種研究的「treatment」類型有：

   (1)「綠色香蕉皮能治失戀」，實驗室實驗組 treatment 就是給失戀者吃香蕉皮，看吃前與吃後之情緒緩和及抗憂鬱的效果。

   (2)「喝豆漿可減少罹患乳癌的機率」，實地實驗組 treatment 就是「常喝豆漿者」，對照組則反之。

   (3)「甘蔗原素可降低膽固醇」，實驗室實驗組 treatment 就是三個月連續吃甘蔗原素，看吃前與吃後的變化。

   (4)「教學故事 / 宣傳短片」前後，看學生行為態度的改變，其 treatment 就是

看電影片。

(5)「手機影響男人精子品質」，實地實驗組 treatment 就是「手機常放口袋者」，對照組則「手機未放口袋者」，看二組受測者的精子活動力。

(6)「秋葵水幫助控制血糖」，實驗室實驗組 treatment 就是2個月連續喝秋葵水，看吃前與吃後血糖的變化。控制組只吃安慰劑。

(7) 改善視力快吃鰻魚，實地實驗組 treatment 就常吃鰻魚丼飯、控制組就是不吃鰻魚者，看二組老花眼的平均歲數的差異。

(8) 科學家發現，每天喝至少三杯咖啡，能使罹患阿茲海默症 ( 老人癡呆症 ) 的機率降低達 60% 之多。醫學專家比較 54 位同齡的阿茲海默症患者，以及 54 名未罹患該症的老人後發現，未患阿茲海默症的健康老人自 25 歲起平均每天飲用兩百毫克咖啡因，相當於 3 到 4 杯咖啡，而罹患阿茲海默症的老人平均每天僅用飲 74 毫克的咖啡因，相當於 1 杯咖啡或 2 至 3 杯茶。

2. O：觀察結果 (observation) 或依變數之測量，觀察又分事前 ($O_1$) 與事後 ($O_2$)。

3. R：隨機分派 (Random assignment) 樣本。

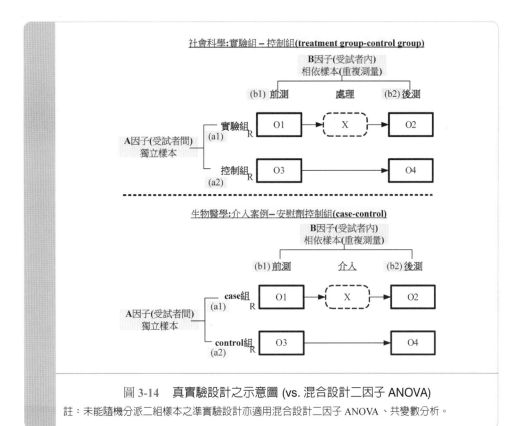

圖 3-14　真實驗設計之示意圖 (vs. 混合設計二因子 ANOVA)

註：未能隨機分派二組樣本之準實驗設計亦適用混合設計二因子 ANOVA、共變數分析。

根據上述三種符號的排列組合，將實驗法之研究設計再依據其「控制」自變數與依變數之間的相互影響的關係來分類。可將實驗設計分為「真實驗設計」(True experimental)、「準實驗設計」(Quasi-experimental)、「前實驗設計」(Pre-experimental)。其中，真實驗設計設有控制組，且樣本有進行隨機分派。準實驗設計僅設有控制組，樣本無隨機分派；前實驗設計沒有控制組，僅為前後測比較。另外，廣為介入 (intervention) 研究使用的對抗平衡設計 (Counter-balanced designs)，被歸類為準實驗設計。其中，真實驗設計及準實驗設計兩者的主要差別，在於真實驗設計有：(1) 分實驗組及控制組；(2) 隨機分派受測者；(3) 有控制 ( 外生 ) 干擾變數；而準實驗設計則未能完全具備上述三個條件。

**實驗設計有三大類：**

概括來說，實驗設計可分成三大類：

一、前實驗 (Pre-experimental) 設計：包括單組後測 (One shot) 設計、單組前後測設計、靜態組比較設計。

二、真實驗 (True experimental) 設計：能夠完全作隨機分派力求等組的實驗。包括等組 ( 實驗組控制組 ) 前後測設計、等組後測設計、所羅門 (solomon) 四群組設計；真實驗設計之延伸則包括，完全隨機設計、隨機化區組 (block) 設計、拉丁方格設計 ( 平衡對抗 )、多因子 (factorial) 設計、共變數分析。

三、準實驗 (Quasi-experimental) 設計：在不能貫徹隨機分派的策略的情境下，利用系統觀察，客觀評量，統計調整來力求符合實驗原理。包括，不相等控制組設計、不同樣本的前後測設計、時間序列設計。

**準實驗設計的主要類型：**

1. 間歇時間序列設計：指在實施處理前後的一段時間裡對一個被試組進行多次重複觀測，通過比較整個時間序列的觀測結果來確定處理的效果。所得結果的分析，需要對處理前後的一系列觀測值作出檢驗和比較，通常採用相關樣本 t 檢驗法。

2. 相等時間樣本設計：指在兩段相等的時間裡測量一個被試組，其中的一段時間給予處理，另一段時間不給予處理，然後對在兩段相等時間裡得到的觀測值進行檢驗和比較實驗設計

上述三類設計對應的 10 種實驗設計，如下表。

表 3-4　常見 **10** 種不同的實驗設計圖示

| | 實驗設計名稱 | 實驗處理模型 | 實驗對照 | 前測控制 | 隨機分派 |
|---|---|---|---|---|---|
| 前實驗設計 | 1. 單組後測設計 (One-shot case study) | $X \rightarrow O_2$ | × | × | × |
| | 2. 單組前後測設計 One-group pretest-posttest design | $O_1 \rightarrow X \rightarrow O_2$ | × | √ | × |
| | 3. 靜態組間比較 Static-group comparison | E: $X \rightarrow O_2$<br>C: $\rightarrow O_2$ | √ | × | × |
| 真實驗設計 | 4. 隨機化實驗控制組前後測設計 Randomized control-group pretest-posttest design | Er: $O_1 \rightarrow X \rightarrow O_2$<br>C$_r$: $O_1 \rightarrow \rightarrow O_2$ | √ | √ | √ |
| | 5. 隨機化實驗控制組後測設計 Randomized control-group posttest design | Er: $X \rightarrow O_2$<br>C$_r$: $\rightarrow O_2$ | √ | × | √ |
| | 6. 所羅門四組設計 Solomon four-group design | E$_r$: $O_1 \rightarrow X \rightarrow O_2$<br>C$_r$: $O_1 \rightarrow \rightarrow O_2$<br>E$_r$: $X \rightarrow O_2$<br>C$_r$: $\rightarrow O_2$ | √ | √ | √ |
| 準實驗設計 | 7. 非隨機實驗控制組前後測設計 Non-randomized control-group pretest-posttest design | E: $O_1 \rightarrow X \rightarrow O_2$<br>C: $O_1 \rightarrow \rightarrow O_2$ | √ | √ | × |
| | 8. 對抗平衡設計 ( 拉丁方格 ) Counterbalanced design | 1 A B C<br>2 B C A<br>3 C A B | √ | - | √ |
| | 9. 單組時間序列分析 One-group time-series | $O_1 O_2 O_3 O_4 \, X \, O_5 O_6 O_7 O_8$ | × | √ | × |
| | 10. 實驗控制組時間序列分析 Control-group time-series | $O_1 O_2 O_3 O_4 \, X \, O_5 O_6 O_7 O_8$<br>$O_1 O_2 O_3 O_4 \quad O_5 O_6 O_7 O_8$ | √ | √ | -- |

註：下標 r，代表 Random 抽樣。E 代表實驗組；C 代表控制組。X 代表處理

對現代醫學而言，它較常採取「靜態組間比較」、「隨機化實驗控制組前後測設計」，旨在探討治療方法和藥劑 ( 實驗組的處理 (treatment) 的療效，則是透過科學的對比試驗 ( 比如使用安慰劑來對照 ) 來確認效果 (Odds ratio, Risk ratio)。例如：「辛夷散治療過敏性鼻炎隨機雙盲臨床療效評估」，**雙盲係病人、照顧者及研究者均不知道病人是屬於哪一組**，在為期兩年的雙盲實驗中，共蒐集 108 位病患，完成整體實驗共有 60 位，其中包括實驗組 40 位、對照組 20 位，並針對臨床症狀、鼻腔阻力、鼻腔截面積、塵蟎特異性免疫球蛋白、T 淋巴球細胞激素之分泌等各項指標進行統計分析。結果顯示，辛夷散對過敏性鼻炎患者有臨床療效，此療效之機轉包括 T 細胞的免疫調節及嗜中性白血球活化的影響。

總之，混合設計 Two-way 變異數分析，等同於實驗組—控制組「前測—後測」設計、或準實驗設計「實驗組—控制組、前測—後測」設計。

**準實驗研究的特點：**

準實驗研究 (Quasi-experimental research) 是指在無須隨機地 (R) 安排受試試時，運用原始群體，在較為自然的情況下進行實驗處理的研究方法。

### 1. 降低控制程度，增強現實性

準實驗設計是將真實驗的方法用於解決實際問題的一種研究方法，它不能完全控制研究的條件，在某些方面降低了控制程度。雖然如此，它卻是在接近現實的條件下，儘可能地運用真實驗設計的原則和要求，最大限度地控制因素，進行實驗處理實施的，因此準實驗研究的實驗結果較容易與現實情況聯繫起來，即現實性較強。

相對而言，真實驗設計的控制水平很高，操縱和測定變數很精確，但是它對於實驗者和被試的要求較高，帶來操作上很大的困難，現實性比較低。

### 2. 研究進行的環境不同

準實驗研究進行的環境是現實的和自然的，與現實的聯繫也就密切得多。而實驗研究的環境與實際生活中的情況相差很大，完全是一個「人工製作」的環境，與現實的聯繫較難。

### 3. 效度

準實驗設計利用原始組進行研究，缺少隨機組合，無法證明實驗組是否為較大群體的隨機樣本，同時任何因素都可能對原始群體起作用，所以因被試挑選帶來的偏差將損害研究結果的可推廣性，從而影響了準實驗研究的內在效度，因此

在內在效度上，眞實驗優於準實驗設計。但由於準實驗的環境自然而現實，它在外部效度上能夠且應該優於眞實驗設計。因此，在考慮準實驗研究的效度時應該對它的特點有清楚地認識，並註意確定實驗組間的對等性，同時在邏輯上對可能有的代表性和可推廣性加以論證，避開其不足之處。

**實驗控制法：**

　　良好的實驗設計主要表現在合理安排實驗程序，對無關變數進行有效的控制。心理學實驗中的無關變數，有些可以像理化實驗那樣通過一定的實驗儀器及技術予以排除，但大部分難以排除，因而必須依靠實驗設計平衡或抵消其影響。這種控制方法稱作實驗控制法，常用的有幾種：

1. 消除或保持恆定法：主要利用實驗室條件排除無關變數的干擾，對於不能排除的年齡、體重、實驗環境、被試水平等變數，則設法使其保持恆定；

2. 平衡法：即按隨機原則將被試分爲實驗組與控制組，使無關變數對兩組的影響均等；

3. 抵消法：其目的在於控制由於實驗順序造成的影響，主要採用循環方式 ( 只有兩個實驗處理時採用 AB、BA 法 )。

4. 納入法：即把某種無關變數當作自變數處理，使實驗從單因素變爲多因素設計，然後對結果進行多元統計分析，從中找出每個自變數的單獨作用及交互作用。還有一些無關變數，雖然明知它對結果有影響，但限於實驗條件，不可能用實驗控制法加以平衡或抵消，而只能在實驗結束后，用統計的方法分析出來，從結論中排除。這種控制方法叫做統計控制法。常用的統計控制法主要是協變異數分析或稱共變數分析。當研究工作由於事實上的困難或行政上的理由不能以個人爲單位進行隨機抽樣、必須保持其團體的完整性 ( 如以班級爲單位 ) 時，常使用這種方法。

## 3-3-2 Factorial between-subjects MANOVA：交互作用不顯著 (GLM 指令 )

　　假如你有 A 及 B 二個實驗變數，分別稱爲 A 因子 ( 自變數 1) 及 B 因子 ( 自變數 2)。假如 A 因子有 r 個水準 (levels) 或類別 (classes)，B 因子有 c 個水準或類別，此時「A×B」交叉細格共有 rc 個。若採平衡設計，每個細格有 n 個受試

者在 p 個依變數的分數。則全部樣本人數為 n×r×c。一般線性模型為：

$$\underset{N*p}{Y} = \underset{(N*q)}{X}\ \underset{(q*p)}{B} + \underset{(N*p)}{E}$$

範例：**雙因子 MANOVA (GLM 指令)**

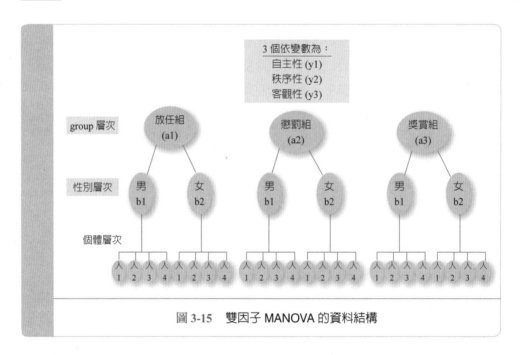

圖 3-15　雙因子 MANOVA 的資料結構

例 3-2 （參考林清山，《多變數分析統計法》，民 79，第 5 版，p462)

　　男女生，分別觀察「放任」、「懲罰」和「獎賞」三種教師管教方式對學生「自主」、「秩序」和「客觀」等人格測驗分數之影響。下表是測驗所得的資料，試用 α = .05 進行多變量變異數分析。

| | | 男 (b1) | | | 女 (b2) | | |
|---|---|---|---|---|---|---|---|
| | | 自主 $Y_1$ | 秩序 $Y_2$ | 客觀 $Y_3$ | 自主 $Y_1$ | 秩序 $Y_2$ | 客觀 $Y_3$ |
| 管教方式 | 放任 (a1) | 8 | 5 | 8 | 5 | 4 | 5 |
| | | 6 | 5 | 7 | 7 | 8 | 7 |
| | | 5 | 4 | 4 | 6 | 5 | 3 |
| | | 9 | 8 | 6 | 9 | 7 | 6 |
| | 懲罰 (a2) | 12 | 10 | 11 | 9 | 8 | 7 |
| | | 8 | 7 | 8 | 10 | 11 | 9 |
| | | 9 | 8 | 7 | 7 | 9 | 8 |
| | | 11 | 10 | 9 | 10 | 11 | 10 |
| | 獎賞 (a3) | 13 | 14 | 10 | 14 | 15 | 12 |
| | | 10 | 10 | 9 | 11 | 12 | 14 |
| | | 15 | 13 | 13 | 9 | 10 | 11 |
| | | 13 | 11 | 11 | 13 | 11 | 15 |

a 因子虛無假設 $H_0$：男女之間無差異

b 因子虛無假設 $H_0$：管理方式之間無差異

## 一、資料檔之內容

「例 3-2(P462).sav」資料檔，內容如下圖所示，共有二個因子變數 ( 即自變數 )：變數 A 代表管教方式 (1 = 放任，2 = 懲罰，3 = 獎賞 )；變數 B 代表性別 (1 = 男，2 = 女 )。三個依變數包括：變數 y1 代表「自主性」的測驗分數，y2 代表「秩序性」的測驗分數，y3 代表客觀的測驗分數。

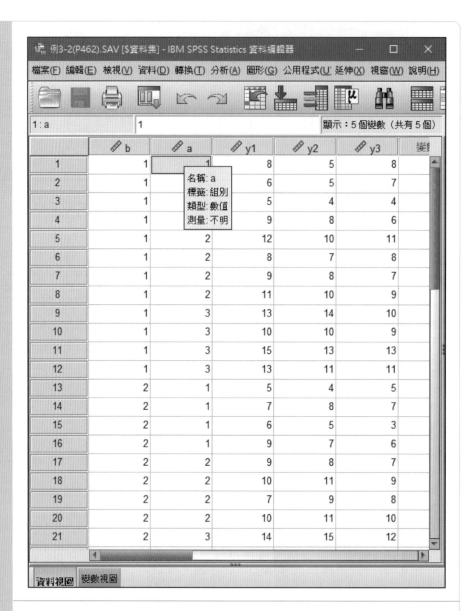

圖 3-16　「例 3-2(P462).sav」 資料檔內容 (N=24 個人 )

## 二、分析結果與討論

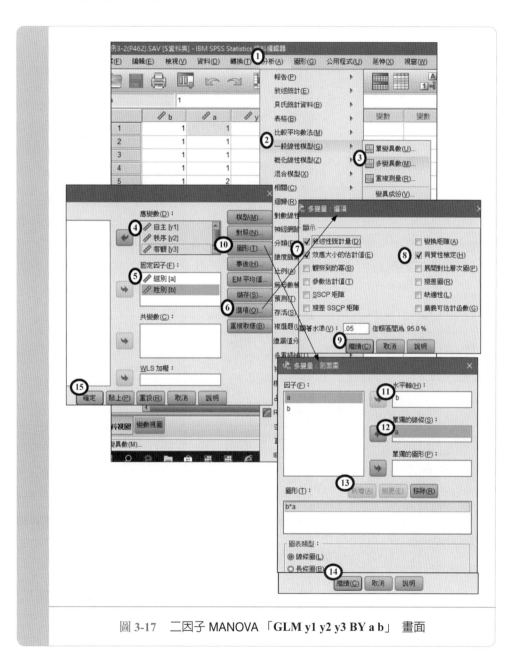

圖 3-17　二因子 MANOVA 「**GLM y1 y2 y3 BY a b**」 畫面

對應的指令語法：

```
GLM y1 y2 y3 BY a b
  /METHOD=SSTYPE(3)
  /INTERCEPT=INCLUDE
  /POSTHOC=a(SCHEFFE)
  /PLOT=PROFILE(b*a) TYPE=LINE ERRORBAR=NO MEANREFERENCE=NO YAXIS=AUTO
  /EMMEANS=TABLES(a*b)
  /PRINT=DESCRIPTIVE ETASQ HOMOGENEITY
  /CRITERIA=ALPHA(.05)
  /DESIGN= a b a*b.
```

| Step 1. | MANOVA 主要效果及交互作用檢定

【A. 分析結果說明】：描述性統計：A * B 交叉細格平均數

### Descriptive Statistics

| | 組別 | 姓別 | Mean | Std. Deviation | N |
|---|---|---|---|---|---|
| 自主<br>y1 | 放任<br>a1 | 男 b1 | 7.00 | 1.826 | 4 |
| | | 女 b2 | 6.75 | 1.708 | 4 |
| | | Total | 6.88 | 1.642 | 8 |
| | 懲罰<br>a2 | 男 b1 | 10.00 | 1.826 | 4 |
| | | 女 b2 | 9.00 | 1.414 | 4 |
| | | Total | 9.50 | 1.604 | 8 |
| | 獎賞<br>a3 | 男 b1 | 12.75 | 2.062 | 4 |
| | | 女 b2 | 11.75 | 2.217 | 4 |
| | | Total | 12.25 | 2.053 | 8 |
| | Total | 男 b1 | 9.92 | 2.999 | 12 |
| | | 女 b2 | 9.17 | 2.691 | 12 |
| | | Total | 9.54 | 2.813 | 24 |
| 秩序<br>y2 | 放任<br>a1 | 男 b1 | 5.50 | 1.732 | 4 |
| | | 女 b2 | 6.00 | 1.826 | 4 |
| | | Total | 5.75 | 1.669 | 8 |

|  | 組別 | 姓別 | **Mean** | **Std. Deviation** | **N** |
|---|---|---|---|---|---|
|  | 懲罰 a2 | 男 b1 | 8.75 | 1.500 | 4 |
|  |  | 女 b2 | 9.75 | 1.500 | 4 |
|  |  | Total | 9.25 | 1.488 | 8 |
|  | 獎賞 a3 | 男 b1 | 12.00 | 1.826 | 4 |
|  |  | 女 b2 | 12.00 | 2.160 | 4 |
|  |  | Total | 12.00 | 1.852 | 8 |
|  | Total | 男 b1 | 8.75 | 3.166 | 12 |
|  |  | 女 b2 | 9.25 | 3.079 | 12 |
|  |  | Total | 9.00 | 3.065 | 24 |
| 客觀 y3 | 放任 a1 | 男 b1 | 6.25 | 1.708 | 4 |
|  |  | 女 b2 | 5.25 | 1.708 | 4 |
|  |  | Total | 5.75 | 1.669 | 8 |
|  | 懲罰 a2 | 男 b1 | 8.75 | 1.708 | 4 |
|  |  | 女 b2 | 8.50 | 1.291 | 4 |
|  |  | Total | 8.63 | 1.408 | 8 |
|  | 獎賞 a3 | 男 b1 | 10.75 | 1.708 | 4 |
|  |  | 女 b2 | 13.00 | 1.826 | 4 |
|  |  | Total | 11.88 | 2.031 | 8 |
|  | Total | 男 b1 | 8.58 | 2.466 | 12 |
|  |  | 女 b2 | 8.92 | 3.630 | 12 |
|  |  | Total | 8.75 | 3.040 | 24 |

【B. 分析結果說明】：變異數同質性檢定

Box F(30,732.2) =0.483
(p＞.05) 未達顯著差異，故接
受虛無假設「Ho：變異數同
質性」，表示本研究資料符
合 "變異數同質性" 假定
(assumption)。

Levene's檢定(homogeneity of variance)：
p值(Sig.)大於型I誤差α(= 0.05)值，接受虛無假設：跨
組的依變數之誤差是同質(相等的)。

| Box's Test of Equality of Covariance Matrices[a] | |
| --- | --- |
| Box's M | 26.932 |
| F | .483 |
| df1 | 30 |
| df2 | 732.218 |
| Sig. | .992 |

Tests the null
hypothesis that the
observed
covariance
matrices of the
dependent
variables are equal
across groups.

a. Design:
Intercept +
a + b + a * b

**Levene's Test of Equality of Error Variances[a]**

| | | Levene Statistic | df1 | df2 | Sig. |
| --- | --- | --- | --- | --- | --- |
| 自主 | Based on Mean | .330 | 5 | 18 | .888 |
| | Based on Median | .287 | 5 | 18 | .914 |
| | Based on Median and with adjusted df | .287 | 5 | 12.452 | .912 |
| | Based on trimmed mean | .327 | 5 | 18 | .890 |
| 秩序 | Based on Mean | .126 | 5 | 18 | .985 |
| | Based on Median | .194 | 5 | 18 | .961 |
| | Based on Median and with adjusted df | .194 | 5 | 9.594 | .958 |
| | Based on trimmed mean | .132 | 5 | 18 | .983 |
| 客觀 | Based on Mean | .150 | 5 | 18 | .977 |
| | Based on Median | .138 | 5 | 18 | .981 |
| | Based on Median and with adjusted df | .138 | 5 | 15.721 | .981 |
| | Based on trimmed mean | .150 | 5 | 18 | .977 |

Tests the null hypothesis that the error variance of the dependent variable is equal across groups.

圖 3-18　二因子 MANOVA 「變異數同質性檢定」　結果說明

【C1. 分析結果說明】：多變量：主要效果及交互效果的顯著性

圖 3-19　二因子 MANOVA「多變量結果」　結果說明

1. A 因子主要效果達顯著差異 (Wilks' lambda = 7.245, p < .05)。結果顯示「放任」、「懲罰」、「獎賞」三種管教方式之間有顯著差異存在。

2. B 因子主要效果未達顯著差異 (Wilks' lambda = 2.738, p > .05)。結果顯示「性別」的主要效果未達顯著水準，所以應接受虛無假設，亦即男女之間沒有顯著差異。

3. A×B 交互作用效果未達顯著差異 (Wilks' lambda = 1.352, p > .05)。表示管教方式對學生人格的影響，不會因為男女性別不同而有所不同。

【C2. 分析結果說明】：單變量結果

效果量「effect size」估計：表示attributable to between-group differences。本例，A因子對依變數y1的Eta Squared 為0.65，表示A因子可解釋依變數65%的總變異數。

**Tests of Between-Subjects Effects**

| Source | Dependent Variable | Type III Sum of Squares | df | Mean Square | F | Sig. | Partial Eta Squared |
|---|---|---|---|---|---|---|---|
| Corrected Model | 自主 | 119.708ᵃ | 5 | 23.942 | 6.923 | .001 | .658 |
| | 秩序 | 159.500ᵇ | 5 | 31.900 | 10.163 | .000 | .738 |
| | 客觀 | 162.500ᶜ | 5 | 32.500 | 11.700 | .000 | .765 |
| Intercept | 自主 | 2185.042 | 1 | 2185.042 | 631.819 | .000 | .972 |
| | 秩序 | 1944.000 | 1 | 1944.000 | 619.327 | .000 | .972 |
| | 客觀 | 1837.500 | 1 | 1837.500 | 661.500 | .000 | .974 |
| a | 自主 | 115.583 | 2 | 57.792 | 16.711 | .000 | .650 |
| | 秩序 | 157.000 | 2 | 78.500 | 25.009 | .000 | .735 |
| | 客觀 | 150.250 | 2 | 75.125 | 27.045 | .000 | .750 |
| b | 自主 | 3.375 | 1 | 3.375 | .976 | .336 | .051 |
| | 秩序 | 1.500 | 1 | 1.500 | .478 | .498 | .026 |
| | 客觀 | .667 | 1 | .667 | .240 | .630 | .013 |
| a * b | 自主 | .750 | 2 | .375 | .108 | .898 | .012 |
| | 秩序 | 1.000 | 2 | .500 | .159 | .854 | .017 |
| | 客觀 | 11.583 | 2 | 5.792 | 2.085 | .153 | .188 |
| Error | 自主 | 62.250 | 18 | 3.458 | | | |
| | 秩序 | 56.500 | 18 | 3.139 | | | |
| | 客觀 | 50.000 | 18 | 2.778 | | | |
| Total | 自主 | 2367.000 | 24 | | | | |
| | 秩序 | 2160.000 | 24 | | | | |
| | 客觀 | 2050.000 | 24 | | | | |
| Corrected Total | 自主 | 181.958 | 23 | | | | |

圖 3-20 二因子 MANOVA 「單變量結果」 結果說明

對單一依變數自主性 (y1) 而言，二因子 ANOVA 的結果說明如下：

1. A 因子主要效果達顯著差異 (F = 16.711, p < .05)。結果顯示三種管教方式對學生的「自主性 (y1)」有顯著差異存在。

2. B 因子主要效果未達顯著差異 (F = 0.976, p > .05)。結果顯示「性別」主要效果對學生的「自主性 (y1)」未達顯著水準，所以應接受虛無假設，亦即男女之間沒有顯著差異。

3. A×B 交互作用效果未達顯著差異 (F = 0.108, p > .05)。表示管教方式對學生的「自主性 (y1)」的影響，不會因為男女性別不同而有所不同。

4. 如此類推：秩序性 (y2)、客觀性 (y3) 的二因子 ANOVA 結果說明。

【D. 分析結果說明】：A×B 交互作用圖

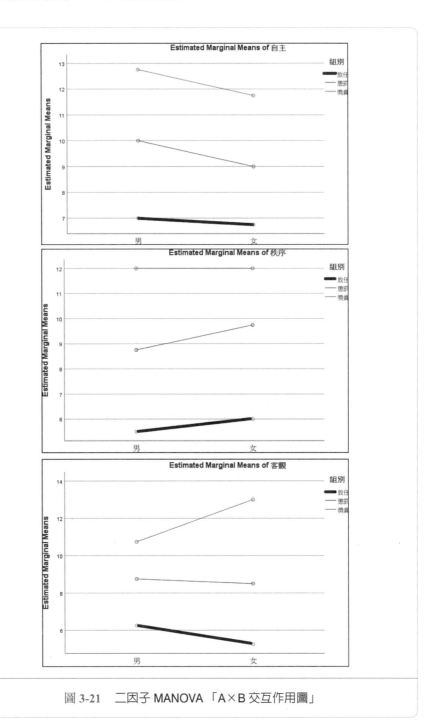

圖 3-21　二因子 MANOVA 「A×B 交互作用圖」

【E. 分析結果說明】：(A 因子) 事後比較 (Post Hoc Tests)

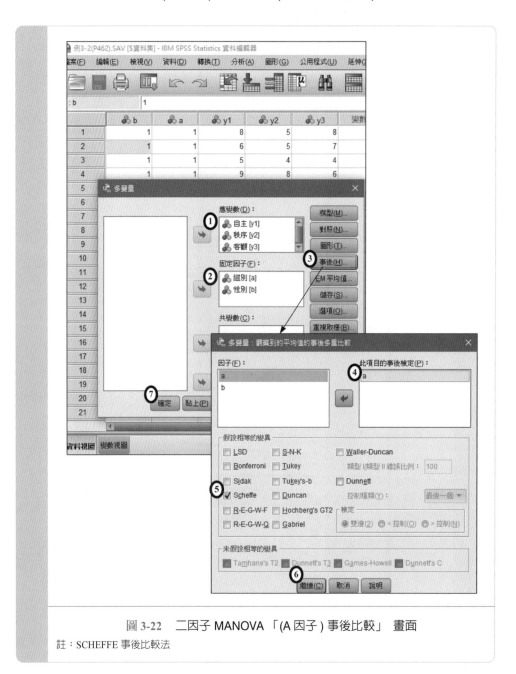

圖 3-22　二因子 MANOVA 「(A 因子) 事後比較」 畫面

註：SCHEFFE 事後比較法

```
GLM y1 y2 y3 BY a b
  /METHOD=SSTYPE(3)
  /INTERCEPT=INCLUDE
  /POSTHOC=a (SCHEFFE)
  /PLOT=PROFILE(b*a) TYPE=LINE ERRORBAR=NO MEANREFERENCE=NO YAXIS=AUTO
  /PRINT=DESCRIPTIVE ETASQ HOMOGENEITY
  /CRITERIA=ALPHA(.05)
  /DESIGN= a b a*b.
```

**Post Hoc Tests**

Multiple Comparisons

Scheffe

| Dependent Variable | (I) 組別 | (J) 組別 | Mean Difference (I-J) | Std. Error | Sig. | 95% Confidence Interval Lower Bound | 95% Confidence Interval Upper Bound |
|---|---|---|---|---|---|---|---|
| 自主 y1 | 放任 a1 | 懲罰 a2 | -2.63* | .930 | .037 | -5.10 | -.15 |
| | | 獎賞 a3 | -5.38* | .930 | .000 | -7.85 | -2.90 |
| | 懲罰 | 放任 | 2.63* | .930 | .037 | .15 | 5.10 |
| | | 獎賞 | -2.75* | .930 | .028 | -5.23 | -.27 |
| | 獎賞 | 放任 | 5.38* | .930 | .000 | 2.90 | 7.85 |
| | | 懲罰 | 2.75* | .930 | .028 | .27 | 5.23 |
| 秩序 y2 | 放任 a1 | 懲罰 a2 | -3.50* | .886 | .004 | -5.86 | -1.14 |
| | | 獎賞 a3 | -6.25* | .886 | .000 | -8.61 | -3.89 |
| | 懲罰 a2 | 放任 | 3.50* | .886 | .004 | 1.14 | 5.86 |
| | | 獎賞 a3 | -2.75* | .886 | .021 | -5.11 | -.39 |
| | 獎賞 | 放任 | 6.25* | .886 | .000 | 3.89 | 8.61 |
| | | 懲罰 | 2.75* | .886 | .021 | .39 | 5.11 |
| 客觀 y3 | 放任 a1 | 懲罰 a2 | -2.88* | .833 | .010 | -5.10 | -.65 |
| | | 獎賞 a3 | -6.13* | .833 | .000 | -8.35 | -3.90 |
| | 懲罰 | 放任 | 2.88* | .833 | .010 | .65 | 5.10 |
| | | 獎賞 | -3.25* | .833 | .004 | -5.47 | -1.03 |
| | 獎賞 | 放任 | 6.13* | .833 | .000 | 3.90 | 8.35 |
| | | 懲罰 | 3.25* | .833 | .004 | 1.03 | 5.47 |

Based on observed means.

 The error term is Mean Square(Error) = 2.778.

*. The mean difference is significant at the .05 level.

公式：$t = (\overline{M_1} - \overline{M_2}) / \sqrt{(\frac{1}{n_1} + \frac{1}{n_2})S_p^2} = (Mean_I - Mean_J)/(Std.\ Err.)$，在雙尾 t 檢定 ($\alpha$=0.05) 情況下，若 $|t| \geq 1.96$ 或 95% 信賴區間不含 0 值，則表示 ($Mean_I - Mean_J$) 所代表的兩組平均數達到顯著差異；同時在「Mean Difference (I-J)」欄中亦會打上「*」符號，代表這兩組平均數達「$\alpha$=0.05」顯著差異。

1. A 因子在自主性 (y1) 的事後比較：

「**(I) 組別 –(J) 組別**」表示第 I 組與第 J 組的事後比較。例如：「Mean Difference (I–J)」欄「**放任 a1 – 獎賞 a3**」：表示放任組 (M = 6.88) 與獎賞組 (M = 12.25) 在「自主性 (y1)」平均數的差異，此「Mean Difference (I-J)」再除以「標準誤」(Std. Err.) 即為 t 值 = -7.05 ( 即「Mean Difference (I-J) / std.Err.)(p<0.05)。t 值若為正值表示「**放任 a1 > 獎賞 a3**」；t 值若為負值表示你界定「**放任 a1 < 獎賞 a3**」。這個 t 檢定比較的 95% 信賴區間為〔-7.85，-2.90〕，因未包含 0 值，亦可看出：放任組與懲罰組在「自主性 (y1)」有顯著差異存在。

將 A 因子在「自主性 **(y1)**」方面事後比較，整理成下表：

**管教方式 (A 因子) 對「自主性 (Y1)」影響的比較表**

|  | 放任 (a1) | 懲罰 (a2) | 獎賞 (a3) |
|---|---|---|---|
| 放任 (a1) | —— | * | * |
| 懲罰 (a2) |  | —— | * |
| 獎賞 (a3) |  |  | —— |

* p < .05，「在「Mean Difference (I-J)」欄中會出現「*」符號」

2. A 因子在秩序性 (y2) 的事後比較：

「**(I) 組別 - (J) 組別**」表示第 I 組與第 J 組的事後比較。其中，「Mean Difference (I-J)」欄「**放任 a1 - 獎賞 a3**」為放任組 (M = 5.75) 與獎賞組 (M = 12.0) 在「秩序性 (y2)」平均數的差異，此「Mean Difference (I-J)」再除以「標準誤 (Std. Err.)」即為 t 值 =-7.05 ( 即「Coef. / std.Err.)(p<.05)。t 值若為正值表示「**放任 a1 > 獎賞 a3**」；t 值若為負值表示你界定「**放任 a1 < 獎賞 a3**」。這個 t-test 比較的 95% 信賴區間為〔-8.61，-3.89〕，因未包含 0 值，亦可看出：放任組與獎賞組在秩序性 (y2) 方面有顯著差異存在。

「秩序性 (y2)」在「**懲罰 a2 - 獎賞 a3**」為懲罰組與獎賞組在「秩序性 (y2)」方面的比較，其 95% 信賴區間為〔-5.11，-0.39〕，因未含 0 值，故達顯著差異，表示懲罰組與獎賞組在秩序性 (y2) 有顯著差異，且懲罰組的秩序性 (y2) 低於獎賞組的秩序性 (y2) ( 因為「Mean Difference (I-J)」是負值 )。

**管教方式 (A 因子 ) 對「秩序性 y2)」影響的比較表**

|  | 放任 (a1) | 懲罰 (a2) | 獎賞 (a3) |
|---|---|---|---|
| 放任 (a1) | —— | * | * |
| 懲罰 (a2) |  | —— | * |
| 獎賞 (a3) |  |  | —— |

* p < .05，「在「Mean Difference (I-J)」欄中會出現「*」符號」

### 3. A 因子在客觀性 (y3) 的事後比較

「**(I) 組別 - (J) 組別**」表示第 I 組與第 J 組的事後比較。其中，「Mean Difference (I-J)」欄「**放任 a1 - 獎賞 a3**」為放任組 (M = 5.75) 與獎賞組 (M = 11.8) 在「**客觀性 (y3)**」平均數的差異，此「Mean Difference (I-J)」再除以「標準誤」(Std. Err.) 即為 **t 值** = -3.82 ( 即「Coef. / std.Err.)(p<.05)。t 值若為正值表示「**放任 a1 > 獎賞 a3**」；t 值若為負值表示你界定「**放任 a1 < 獎賞 a3**」。這個 t-test 比較的 95% 信賴區間為〔-8.35，-3.90〕，因未包含 0 值，亦可看出：放任組與獎賞組在**客觀性 (y3)** 方面有顯著差異存在。

「**客觀性 (y3)**」在「**懲罰 a2 - 獎賞 a3**」為懲罰組與獎賞組在「**客觀性 (y3)**」方面的比較，其 95% 信賴區間為〔-5.47，-1.03〕，因未含 0 值，故達顯著差異，表示懲罰組與獎賞組在**客觀性 (y3)** 有顯著差異，且懲罰組的**客觀性 (y3)** 低於獎賞組的 **客觀性 (y3)** ( 因為「Mean Difference (I-J)」是負值 )。

**管教方式 (A 因子 ) 對「客觀性 (y3)」影響的比較表**

|  | 放任 (a1) | 懲罰 (a2) | 獎賞 (a3) |
|---|---|---|---|
| 放任 (a1) | —— | * | * |
| 懲罰 (a2) |  | —— | * |
| 獎賞 (a3) |  |  | —— |

* p < .05，「在「Mean Difference (I-J)」欄中會出現「*」符號」

## 3-4 Factorial MANOVA：細格人數不等的二因子變異數分析

此節所講之受試者人數不等 MANOVA 問題，傳統在計算時須將 A 因子和 B 因子的前後順序調換，看看排除 A 因子後的效果和排除 B 因子後的效果。為何要調換 A 因子和 B 因子的次序呢？

當所用 data 細格人數不等時，自變數之間成為非正交。這種非正交設計不可採用傳統 ANOVA 的方法來計算。為排除各 SS 非正交所引起的混淆，採用「古典實驗設計法」來進行 —— 即自計算的 SS 中，排除 ANOVA 模式裡同等及較低階次之效果的方法。

1. 計算 $SS_A$ 時，把 $SS_B$ 的部分排除。計算 $SS_B$ 時，則排除 $SS_A$ 的效果。

2. 基本假定：$SS_A$ 和 $SS_B$ 彼此並非正交，但 $SS_A$ 或 $SS_B$ 與 $SS_{AB}$ 彼此正交。

3. 雖然這種古典實驗設計法很適合於 unequaln's 實驗資料的方法，及 A 因子與 B 因子沒有已知的因果關係順序 ( 研究興趣在主要效果本身，不在交互作用效果之探討的時候 )。但本章將介紹比古典實驗設計法更新更快的解法。

### 3-4-1 二因子 MANOVA：交互作用之單純主要效果 (GLM 或 MANOVA 指令)

範例：**Factorial between-subjects MANOVA；交互作用之單純主要效果 (simple main effect)(GLM 或 MANOVA 指令)**

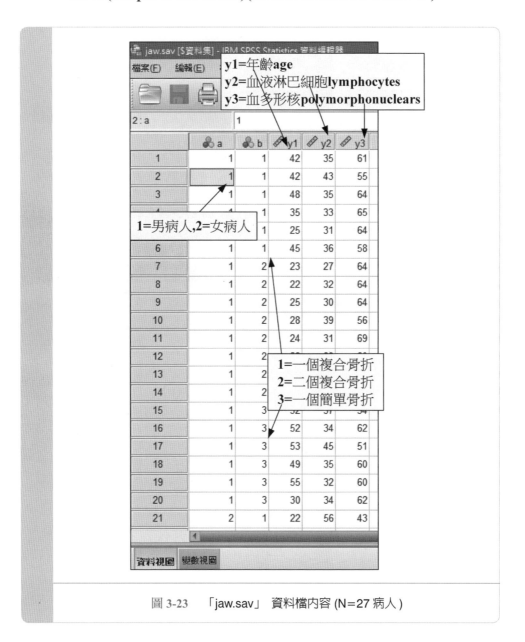

圖 3-23 「jaw.sav」資料檔內容 (N=27 病人)

# 一、分析結果與討論

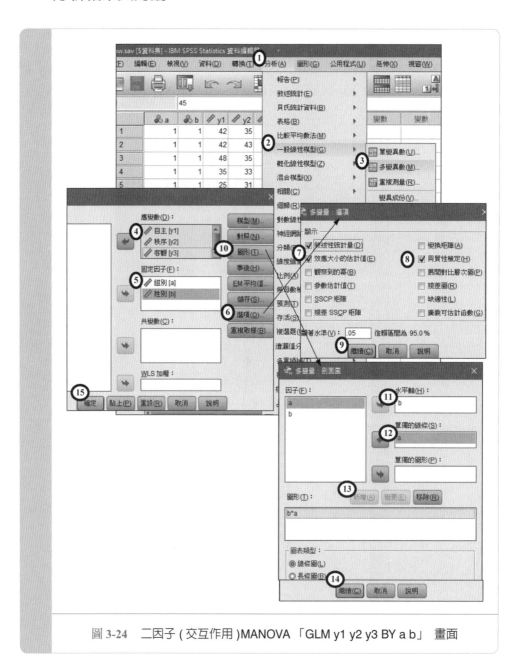

圖 3-24　二因子 ( 交互作用 )MANOVA「GLM y1 y2 y3 BY a b」畫面

對應的指令語法：

```
GLM y1 y2 y3 BY a b
  /METHOD=SSTYPE(3)
  /INTERCEPT=INCLUDE
  /POSTHOC=a(SCHEFFE)
  /PLOT=PROFILE(b*a) TYPE=LINE ERRORBAR=NO MEANREFERENCE=NO YAXIS=AUTO
  /EMMEANS=TABLES(a*b)
  /PRINT=DESCRIPTIVE ETASQ HOMOGENEITY
  /CRITERIA=ALPHA(.05)
  /DESIGN= a b a*b.
```

Step 1. MANOVA 主要效果及交互作用檢定

【A. 分析結果說明】：描述性統計：A ＊ B 交叉細格平均數

| Descriptive Statistics | | | | | |
|---|---|---|---|---|---|
| | a | 骨折的組合 | Mean 平均數 | Std. Deviation | N |
| 年齡 age | 男病人 | 一個複合骨折 | 39.50 | 8.313 | 6 |
| | | 二個複合骨折 | 26.88 | 10.616 | 8 |
| | | 一個簡單的骨折 | 45.17 | 11.161 | 6 |
| | | Total | 36.15 | 12.567 | 20 |
| | 女病人 | 一個複合骨折 | 22.00 | . | 1 |
| | | 二個複合骨折 | 30.75 | 10.813 | 4 |
| | | 一個簡單的骨折 | 36.50 | 9.192 | 2 |
| | | Total | 31.14 | 9.805 | 7 |
| | Total | 一個複合骨折 | 37.00 | 10.066 | 7 |
| | | 二個複合骨折 | 28.17 | 10.356 | 12 |
| | | 一個簡單的骨折 | 43.00 | 10.823 | 8 |
| | | Total | 34.85 | 11.941 | 27 |
| 血液淋巴細胞 lymphocytes | 男病人 | 一個複合骨折 | 35.50 | 4.087 | 6 |
| | | 二個複合骨折 | 32.38 | 5.317 | 8 |
| | | 一個簡單的骨折 | 36.17 | 4.622 | 6 |
| | | Total | 34.45 | 4.850 | 20 |

| | a | 骨折的組合 | Mean 平均數 | Std. Deviation | N |
|---|---|---|---|---|---|
| | 女病人 | 一個複合骨折 | 56.00 | . | 1 |
| | | 二個複合骨折 | 33.25 | 7.676 | 4 |
| | | 一個簡單的骨折 | 33.00 | 4.243 | 2 |
| | | Total | 36.43 | 10.342 | 7 |
| | Total | 一個複合骨折 | 38.43 | 8.600 | 7 |
| | | 二個複合骨折 | 32.67 | 5.852 | 12 |
| | | 一個簡單的骨折 | 35.38 | 4.470 | 8 |
| | | Total | 34.96 | 6.531 | 27 |
| 血多形核 polymorphonuclears | 男病人 | 一個複合骨折 | 61.17 | 3.971 | 6 |
| | | 二個複合骨折 | 62.25 | 4.301 | 8 |
| | | 一個簡單的骨折 | 58.17 | 4.579 | 6 |
| | | Total | 60.70 | 4.426 | 20 |
| | 女病人 | 一個複合骨折 | 43.00 | . | 1 |
| | | 二個複合骨折 | 64.00 | 7.874 | 4 |
| | | 一個簡單的骨折 | 63.50 | 4.950 | 2 |
| | | Total | 60.86 | 9.856 | 7 |
| | Total | 一個複合骨折 | 58.57 | 7.764 | 7 |
| | | 二個複合骨折 | 62.83 | 5.424 | 12 |
| | | 一個簡單的骨折 | 59.50 | 4.957 | 8 |
| | | Total | 60.74 | 6.061 | 27 |

【B. 分析結果說明】：變異數同質性檢定

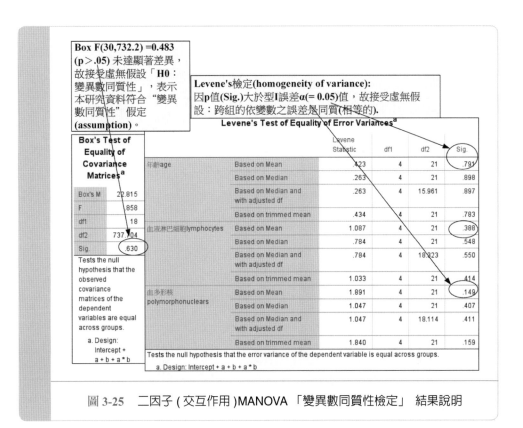

圖 3-25　二因子 ( 交互作用 )MANOVA 「變異數同質性檢定」 結果說明

【C1. 分析結果說明】：多變量結果

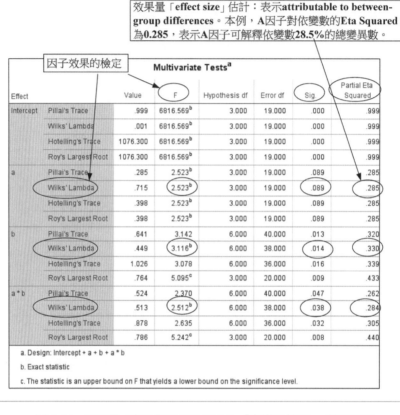

圖 3-26　二因子 ( 交互作用 )MANOVA 「多變量結果」　結果說明

1. A 因子主要效果達顯著差異 (Wilks' lambda = 2.523, p > 0.05)。結果顯示 A 因子 ( 男 vs. 女病人 ) 在「y1、y2、y3」三個依變數之平均數，並無顯著差異存在。

2. B 因子主要效果達顯著差異 (Wilks' lambda = 3.116, p > 0.05)。結果顯示 B 因子 ( 三種骨折型態 ) 在「y1、y2、y3」三個依變數之平均數，並無顯著差異存在。所以應接受虛無假設，亦即三種骨折型態 ) 在「y1、y2、y3」沒有顯著差異。

3. A×B 交互作用效果卻達顯著差異 (Wilks' lambda = 1.352, p < 0.05)。表示三種骨折型態對「y1、y2、y3」的影響，會因為男女性別不同而有所不同。故須再追蹤分析「單純主要效果」。

【C2. 分析結果說明】：單變量結果

效果量「effect size」估計：表示attributable to between-group differences。本例，A因子對依變數y2的Eta Squared為0.205，表示A因子可解釋y2依變數20.5%的總變異數。

**Tests of Between-Subjects Effects**

| Source | Dependent Variable | Type III Sum of Squares | df | Mean Square | F | Sig. | Partial Eta Squared |
|---|---|---|---|---|---|---|---|
| Corrected Model | 年齡age | 1514.949[a] | 5 | 302.990 | 2.902 | .038 | .409 |
| | 血液淋巴細胞lymphocytes | 526.005[b] | 5 | 105.201 | 3.790 | .013 | .474 |
| | 血多形核 polymorphonuclears | 431.519[c] | 5 | 86.304 | 3.461 | .019 | .452 |
| Intercept | 年齡age | 18256.888 | 1 | 18256.888 | 174.870 | .000 | .893 |
| | 血液淋巴細胞lymphocytes | 23188.491 | 1 | 23188.491 | 835.323 | .000 | .975 |
| | 血多形核 polymorphonuclears | 56134.041 | 1 | 56134.041 | 2251.079 | .000 | .991 |
| a | 年齡age | 225.020 | 1 | 225.020 | 2.155 | .157 | .093 |
| | 血液淋巴細胞lymphocytes | 150.133 | 1 | 150.133 | 5.408 | .030 | .205 |
| | 血多形核 polymorphonuclears | 55.626 | 1 | 55.626 | 2.231 | .150 | .096 |
| b | 年齡age | 571.125 | 2 | 285.562 | 2.735 | .088 | .207 |
| | 血液淋巴細胞lymphocytes | 442.250 | 2 | 221.125 | 7.966 | .003 | .431 |
| | 血多形核 polymorphonuclears | 316.983 | 2 | 158.491 | 6.356 | .007 | .377 |
| a * b | 年齡age | 353.082 | 2 | 176.541 | 1.691 | .208 | .139 |
| | 血液淋巴細胞lymphocytes | 331.582 | 2 | 165.791 | 5.972 | .009 | .363 |
| | 血多形核 polymorphonuclears | 332.035 | 2 | 166.017 | 6.658 | .006 | .388 |
| Error | 年齡age | 2192.458 | 21 | 104.403 | | | |
| | 血液淋巴細胞lymphocytes | 582.958 | 21 | 27.760 | | | |
| | 血多形核 | 523.667 | 21 | 24.937 | | | |

圖 3-27　二因子 ( 交互作用 )MANOVA「單變量結果」 結果說明

對單一依變數自主性 (y1) 而言，二因子 ANOVA 的結果說明如下：

1. A 因子主要效果達顯著差異 (F = 21.155, p > .05)。結果顯示男女病人在「年齡 (y1)」無顯著差異存在。
2. B 因子主要效果未達顯著差異 (F = 7.966, p > 05)。結果顯示「性別」主要效果對學生的「自主性 (y1)」未達顯著水準，所以應接受虛無假設，亦即三種骨折型態在 y2 的反應沒有顯著差異。
3. A×B 交互作用效果未達顯著差異 (F = 6.658, p < .05)。表示三種骨折型態對病人的「(y3)」的影響，會因爲男女性別不同而有所不同。

【D. 分析結果說明】：A×B 交互作用圖

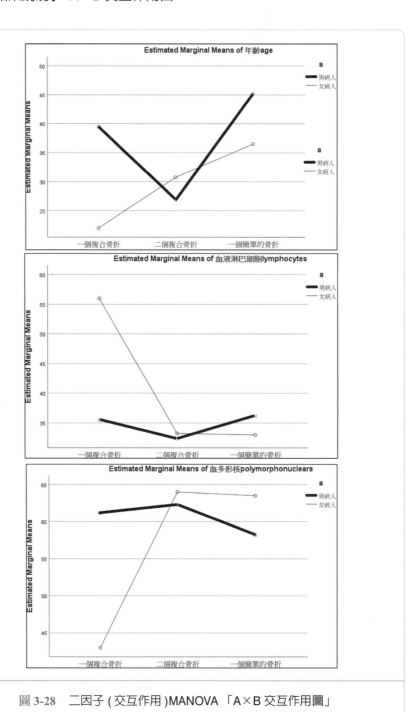

圖 3-28　二因子 ( 交互作用 )MANOVA「A×B 交互作用圖」

【E. 分析結果說明】：A 因子事後比較 (Post Hoc Tests)

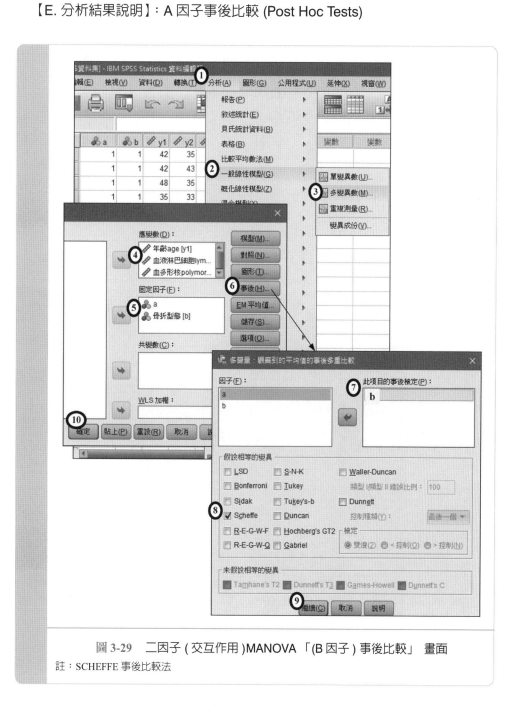

圖 3-29　二因子 ( 交互作用 )MANOVA 「(B 因子 ) 事後比較」 畫面

註：SCHEFFE 事後比較法

```
GLM y1 y2 y3 BY a b
  /METHOD=SSTYPE(3)
  /INTERCEPT=INCLUDE
  /POSTHOC=b(SCHEFFE)
  /PLOT=PROFILE(a*b b*a) TYPE=LINE ERRORBAR=NO MEANREFERENCE=NO YAXIS=AUTO
  /PRINT=DESCRIPTIVE ETASQ HOMOGENEITY
  /CRITERIA=ALPHA(.05)
  /DESIGN= a b a*b.
```

## Post Hoc Tests

$$t=(\overline{M}_1-\overline{M}_2)/\sqrt{(\frac{1}{n_1}+\frac{1}{n_2})S_p^2}=(Mean_I-Mean_J)/(Std.\quad Err.)$$

**Multiple Comparisons**

Scheffe

在「Mean Difference (I-J)」欄中亦會打上「*」符號，代表這兩組平均數達「$\alpha$=0.05」顯著差異。

95%信賴區間不含0值，則表示所代表的兩組平均數達到顯著差異

| Dependent Variable | (I) 骨折型態 | (J) 骨折型態 | Difference (I-J) | Std. Error | Sig. | 95% Confidence Interval Lower Bound | Upper Bound |
|---|---|---|---|---|---|---|---|
| 年齡age y1 | b1 一個複合骨折 | b2 二個複合骨折 | 8.83 | 4.860 | .216 | -3.96 | 21.63 |
| | | b3 一個簡單的骨折 | -6.00 | 5.288 | .535 | -19.92 | 7.92 |
| | b2 二個複合骨折 | 一個複合骨折 | -8.83 | 4.860 | .216 | -21.63 | 3.96 |
| | | b3 一個簡單的骨折 | -14.83* | 4.664 | .016 | -27.11 | -2.55 |
| | b3 一個簡單的骨折 | 一個複合骨折 | 6.00 | 5.288 | .535 | -7.92 | 19.92 |
| | | 二個複合骨折 | 14.83* | 4.664 | .016 | 2.55 | 27.11 |
| 血液淋巴細胞lymphoc y2 | b1 一個複合骨折 | b2 二個複合骨折 | 5.76 | 2.506 | .095 | -.84 | 12.36 |
| | | b3 一個簡單的骨折 | 3.05 | 2.727 | .544 | -4.13 | 10.23 |
| | b2 二個複合骨折 | 一個複合骨折 | -5.76 | 2.506 | .095 | -12.36 | .84 |
| | | b3 一個簡單的骨折 | -2.71 | 2.405 | .540 | -9.04 | 3.62 |
| | b3 一個簡單的骨折 | 一個複合骨折 | -3.05 | 2.727 | .544 | -10.23 | 4.13 |
| | | 二個複合骨折 | 2.71 | 2.405 | .540 | -3.62 | 9.04 |
| 血多形核 polymorphonuclears y3 | b1 一個複合骨折 | b2 二個複合骨折 | -4.26 | 2.375 | .224 | -10.52 | 1.99 |
| | | b3 一個簡單的骨折 | -.93 | 2.584 | .938 | -7.73 | 5.88 |
| | b2 二個複合骨折 | 一個複合骨折 | 4.26 | 2.375 | .224 | -1.99 | 10.52 |
| | | b3 一個簡單的骨折 | 3.33 | 2.279 | .361 | -2.67 | 9.34 |
| | b3 一個簡單的骨折 | 一個複合骨折 | .93 | 2.584 | .938 | -5.88 | 7.73 |
| | | 二個複合骨折 | -3.33 | 2.279 | .361 | -9.34 | 2.67 |

**Based on observed means.**
**The error term is Mean Square(Error) = 24.937.**
***. The mean difference is significant at the .05 level.**

圖 3-30　二因子 ( 交互作用 )MANOVA「(B 因子 ) 事後比較」 結果

公式：$t = (\overline{M}_1 - \overline{M}_2) / \sqrt{(\frac{1}{n_1} + \frac{1}{n_2})S_p^2} = (Mean_1 - Mean_J)/(Std.\ Err.)$，在雙

尾 t 檢定 ($\alpha = 0.05$) 情況下，若 $|t| \geq 1.96$ 或 95% 信賴區間不含 0 值，則表示 ($Mean_1 - Mean_J$) 所代表的兩組平均數達到顯著差異；同時在「Mean Difference (I-J)」欄中亦會打上「*」符號，代表這兩組平均數達「$\alpha = 0.05$」顯著差異。

### 1. B 因子在年齡 (y1) 的事後比較

「**(I) 組別**─ **(J) 組別**」表示第 I 組與第 J 組的事後比較。例如：「Mean Difference (I-J)」欄「一個複合骨折 **(b1)** ─ 一個簡單骨折 **(b3)**」：表示 (b1) (M = 37.00) 與 (b3) (M = 43.00) 在「年齡(y1)」平均數的差異，此「Mean Difference (I-J)」再除以「標準誤」(Std. Err.) 即為 t 值 = -1.34 ( 即「Mean Difference (I-J)／std.Err.) (p>0.05)。t 值若為正值表示「一個複合骨折 **(b1)** ＞ 一個簡單骨折 **(b3)**」；t 值若為負值表示你界定「 一個複合骨折 **(b1)** ＜ 一個簡單骨折 **(b3)**」。這個 t 檢定比較的 95% 信賴區間為〔-19.92，7.92 〕，因包含 0 值，亦可看出：**(b1)** 與 **(b3)** 在「年齡 (y1)」無顯著差異存在。

將 **B 因子 ( 骨折型態 )** 在「年齡 (y1)」方面事後比較，整理成下表：

| 血液淋巴細胞 (y2) | 一個複合骨折 (b1) | 二個複合骨折 (b2) | 一個簡單骨折 (b3) |
|---|---|---|---|
| 一個複合骨折 (b1) | ── | n.s | n.s |
| 二個複合骨折 (b2) | | ── | * |
| 一個簡單骨折 (b3) | | | ── |

* p < .05，「在「Mean Difference (I-J)」欄中會出現「*」符號」

### 2. B 因子在血液淋巴細胞 (y2) 的事後比較

「**(I) 組別**─ **(J) 組別**」表示第 I 組與第 J 組的事後比較。其中，「Mean Difference (I-J)」欄「一個複合骨折 **(b1)** ─ 一個簡單骨折 **(b3)**」為 (b1) (M = 38.43) 與 **(b3)** (M = 35.38) 在「血液淋巴細胞 **(y2)**」平均數的差異，此「Mean Difference (I-J)」再除以「標準誤」(Std. Err.) 即為 **t 值** = 1.12 ( 即「Coef.／std.Err.)(p<.05)。t 值若為正值表示「一個複合骨折 **(b1)** ＞ 一個簡單骨折 **(b3)**」；t 值若為負值表示你界定「一個複合骨折 **(b1)** ＜ 一個簡單骨折 **(b3)**」。這個 t 檢定比較的 95% 信賴區間為〔-4.13，10.23〕，因包含 0 值，亦可看出：**(b1)** 與 **(b3)** 在血液淋巴細

胞 **(y2)** 方面無顯著差異存在。

「血液淋巴細胞 **(y2)**」在「二個複合骨折 **(b2)** — 一個簡單骨折 **(b3)**」為 **(b2)** 與 **(b3)** 在「血液淋巴細胞 **(y2)**」方面的比較，其 95% 信賴區間為〔-9.04，3.62〕，因含 0 值，故未達顯著差異，表 **(b2)** 與 **(b3)** 在血液淋巴細胞 **(y2)** 無顯著差異，且**(b2)**的血液淋巴細胞**(y2)**低於**(b3)** (因為「Mean Difference (I-J)=-2.71」是負值)。

**B 因子 ( 骨折型態 ) 對「血液淋巴細胞 (y2)」影響的比較表**

| 血液淋巴細胞 (y2) | 一個複合骨折 (b1) | 二個複合骨折 (b2) | 一個簡單骨折 (b3) |
|---|---|---|---|
| 一個複合骨折 (b1) | —— | n.s | n.s |
| 二個複合骨折 (b2) | | —— | n.s |
| 一個簡單骨折 (b3) | | | —— |

n.s p > .05，「在「Mean Difference (I-J)」欄中會出現「＊」符號」

### 3. B 因子在血多形核 (y3) 的事後比較

「**(I) 組別 - (J) 組別**」表示第 I 組與第 J 組的事後比較。其中，「Mean Difference (I-J)」欄「一個複合骨折 **(b1)** — 一個簡單骨折 **(b3)**」為 b1 (M = 58。57) 與 b3 (M = 59。50) 在「血多形核 **(y3)**」平均數的差異，此「Mean Difference (I-J)」再除以「標準誤」(Std. Err.) 即為 **t 值** = -0.36 ( 即「Coef. / std.Err.)(p>.05)。t 值若為正值表示「一個複合骨折 **(b1)** > 一個簡單骨折 **(b3)**」；t 值若為負值表示你界定「一個複合骨折 **(b1)** < 一個簡單骨折 **(b3)**」。這個 t-test 比較的 95% 信賴區間為〔-7.7. ，5.88〕，因未包含 0 值，亦可看出：**(b1)** 與 **(b3)** 在血多形核 **(y3)** 方面有顯著差異存在。

「**血多形核 (y3)**」在「二個複合骨折 **(b2)** 一個簡單骨折 **(b3)**」為 **(b2)** 與 **(b3)** 在「血多形核 **(y3)**」方面的比較，其 95% 信賴區間為〔-2.67，9.34〕，因含 0 值，故未達顯著差異，表示 **(b2)** 與 **(b3)** 在血多形核 **(y3)** 無顯著差異，且 **(b2)** 血多形核 **(y3)** 高於 **(b3)** ( 因為「Mean Difference (I-J)=3.33」是正值 )。

**B 因子 ( 骨折型態 ) 對「血多形核 (y3)」影響的比較表**

| 血液淋巴細胞 (y3) | 一個複合骨折 (b1) | 二個複合骨折 (b2) | 一個簡單骨折 (b3) |
|---|---|---|---|
| 一個複合骨折 (b1) | —— | n.s | n.s |

| 血液淋巴細胞 (y3) | 一個複合骨折 (b1) | 二個複合骨折 (b2) | 一個簡單骨折 (b3) |
|---|---|---|---|
| 二個複合骨折 (b2) | | —— | n.s |
| 一個簡單骨折 (b3) | | | —— |

n.s  p > .05，「在「Mean Difference (I-J)」欄中會出現「*」符號」

【F. 分析結果說明】：單純主要效果 (Simple main effect)

　單純主要效果 (simple main effect) 有二個指令：GLM、MANOVA 指令。

【方法一】使用 GLM 指令，做單純主要效果

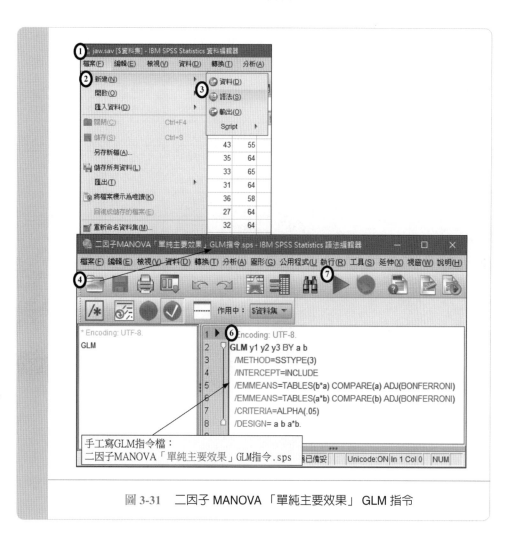

圖 3-31　二因子 MANOVA 「單純主要效果」 GLM 指令

二因子 **MANOVA**「單純主要效果」**GLM** 結果

1. B 因子 * A 因子

| Dependent Variable | B 因子 | A 因子 | Mean | Std. Error | 95% Confidence Interval | |
|---|---|---|---|---|---|---|
| | | | | | Lower Bound | Upper Bound |
| 年齡 age | 一個複合骨折 | 男病人 | 39.500 | 4.171 | 30.825 | 48.175 |
| | | 女病人 | 22.000 | 10.218 | .751 | 43.249 |
| | 二個複合骨折 | 男病人 | 26.875 | 3.613 | 19.362 | 34.388 |
| | | 女病人 | 30.750 | 5.109 | 20.125 | 41.375 |
| | 一個簡單的骨折 | 男病人 | 45.167 | 4.171 | 36.492 | 53.842 |
| | | 女病人 | 36.500 | 7.225 | 21.475 | 51.525 |
| 血液淋巴細胞 lymphocytes | 一個複合骨折 | 男病人 | 35.500 | 2.151 | 31.027 | 39.973 |
| | | 女病人 | 56.000 | 5.269 | 45.043 | 66.957 |
| | 二個複合骨折 | 男病人 | 32.375 | 1.863 | 28.501 | 36.249 |
| | | 女病人 | 33.250 | 2.634 | 27.771 | 38.729 |
| | 一個簡單的骨折 | 男病人 | 36.167 | 2.151 | 31.693 | 40.640 |
| | | 女病人 | 33.000 | 3.726 | 25.252 | 40.748 |
| 血多形核 polymorpho- nuclears | 一個複合骨折 | 男病人 | 61.167 | 2.039 | 56.927 | 65.406 |
| | | 女病人 | 43.000 | 4.994 | 32.615 | 53.385 |
| | 二個複合骨折 | 男病人 | 62.250 | 1.766 | 58.578 | 65.922 |
| | | 女病人 | 64.000 | 2.497 | 58.808 | 69.192 |
| | 一個簡單的骨折 | 男病人 | 58.167 | 2.039 | 53.927 | 62.406 |
| | | 女病人 | 63.500 | 3.531 | 56.157 | 70.843 |

註：95% 信賴區間為〔Lower Bound，Upper Bound〕，若未包含 0 值，表示有顯著差異存在。

## 2. A 因子 * B 因子：交互作用項

| Estimates Dependent Variable | A 因子 | B 因子 | Mean | Std. Error | 95% Confidence Interval | |
|---|---|---|---|---|---|---|
| | | | | | Lower Bound | Upper Bound |
| 年齡 age | 男病人 | 一個複合骨折 | 39.500 | 4.171 | 30.825 | 48.175 |
| | | 二個複合骨折 | 26.875 | 3.613 | 19.362 | 34.388 |
| | | 一個簡單的骨折 | 45.167 | 4.171 | 36.492 | 53.842 |
| | 女病人 | 一個複合骨折 | 22.000 | 10.218 | .751 | 43.249 |
| | | 二個複合骨折 | 30.750 | 5.109 | 20.125 | 41.375 |
| | | 一個簡單的骨折 | 36.500 | 7.225 | 21.475 | 51.525 |
| 血液淋巴細胞 lymphocytes | 男病人 | 一個複合骨折 | 35.500 | 2.151 | 31.027 | 39.973 |
| | | 二個複合骨折 | 32.375 | 1.863 | 28.501 | 36.249 |
| | | 一個簡單的骨折 | 36.167 | 2.151 | 31.693 | 40.640 |
| | 女病人 | 一個複合骨折 | 56.000 | 5.269 | 45.043 | 66.957 |
| | | 二個複合骨折 | 33.250 | 2.634 | 27.771 | 38.729 |
| | | 一個簡單的骨折 | 33.000 | 3.726 | 25.252 | 40.748 |
| 血多形核 polymorph-onuclears | 男病人 | 一個複合骨折 | 61.167 | 2.039 | 56.927 | 65.406 |
| | | 二個複合骨折 | 62.250 | 1.766 | 58.578 | 65.922 |
| | | 一個簡單的骨折 | 58.167 | 2.039 | 53.927 | 62.406 |
| | 女病人 | 一個複合骨折 | 43.000 | 4.994 | 32.615 | 53.385 |
| | | 二個複合骨折 | 64.000 | 2.497 | 58.808 | 69.192 |
| | | 一個簡單的骨折 | 63.500 | 3.531 | 56.157 | 70.843 |

註：95% 信賴區間為〔Lower Bound，Upper Bound〕，若未包含 0 值，表示有顯著差異存在。

【方法二】使用 MANOVA 指令，做單純主要效果

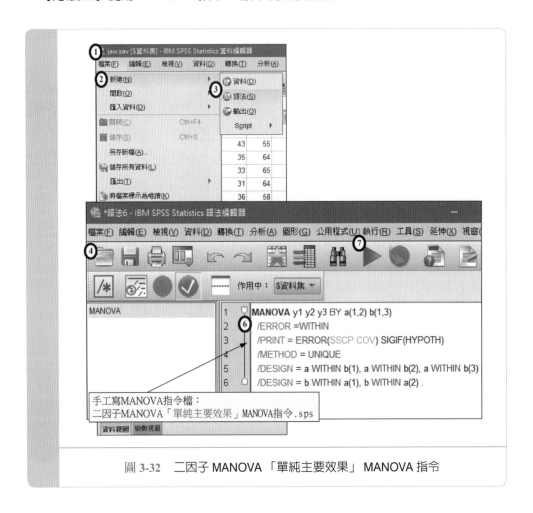

圖 3-32　二因子 MANOVA「單純主要效果」MANOVA 指令

## 二因子 **MANOVA**「單純主要效果」**MANOVA** 結果

```
* * * * * * * * * * * * *Analysis of Variance -- Design 1 * * * * * * * * * * * * * *


EFFECT .. A WITHIN B(3)
- - - - - - - - - - - - - - - - - - - - - - - - - - - - - - - - - - - - - - - - - -
Multivariate Tests of Significance (S = 1, M = 1/2, N = 8 1/2)
```

| Test Name | Value | Exact F | Hypoth. DF | Error DF | Sig. of F |
|-----------|-------|---------|------------|----------|-----------|
| Pillais | .24693 | 2.07665 | 3.00 | 19.00 | 137 |
| Hotellings | .32789 | 2.07665 | 3.00 | 19.00 | .137 |
| Wilks | .75307 | 2.07665 | 3.00 | 19.00 | .137 |
| Roys | .24693 | | | | |

Note.. F statistics are exact.

- - - - - - - - - - - - - - - - - - - - - - - - - - - - - - - - - - - - - - - - - -

EFFECT .. A WITHIN B(3) (Cont.)

Univariate F-tests with (1,21) D. F.

| Variable | Hypoth. SS | Error SS | Hypoth. MS | Error MS | F | Sig. of F |
|----------|------------|----------|------------|----------|-----|-----------|
| y1 | 511.41706 | 2192.45833 | 511.41706 | 104.40278 | .89850 | .038 |
| y2 | 8.81518 | 582.95833 | 8.81518 | 7.75992 | .31755 | .579 |
| y3 | 46.51450 | 523.66667 | 46.51450 | 24.93651 | 1.86532 | .186 |

- - - - - - - - - - - - - - - - - - - - - - - - - - - - - - - - - - - - - - - - - -

* * * * * * * * * * * * *Analysis of Variance -- Design 1 * * * * * * * * * * * * * * *

EFFECT .. A WITHIN B(2)

Multivariate Tests of Significance (S = 1, M = 1/2, N = 8 1/2)

| Test Name | Value | Exact F | Hypoth. DF | Error DF | Sig. of F |
|-----------|-------|---------|------------|----------|-----------|
| Pillais | .18339 | 1.42230 | 3.00 | 19.00 | .267 |
| Hotellings | .22457 | 1.42230 | 3.00 | 19.00 | .267 |
| Wilks | .81661 | 1.42230 | 3.00 | 19.00 | .267 |
| Roys | .18339 | | | | |

Note.. F statistics are exact.

- - - - - - - - - - - - - - - - - - - - - - - - - - - - - - - - - - - - - - - - - -

EFFECT .. A WITHIN B(2) (Cont.)

Univariate F-tests with (1,21) D. F.

| Variable | Hypoth. SS | Error SS | Hypoth. MS | Error MS | F | Sig. of F |
|----------|-----------|----------|-----------|----------|-----|-----------|
| y1 | 118.43039 | 2192.45833 | 118.43039 | 104.40278 | 1.13436 | .299 |
| y2 | 20.49480 | 582.95833 | 20.49480 | 27.75992 | .73829 | .400 |
| y3 | .00404 | 523.66667 | .00404 | 24.93651 | .00016 | .990 |

- - - - - - - - - - - - - - - - - - - - - - - - - - - - - - - - - - - - - - -
* * * * * * * * * * * *Analysis of Variance -- Design 1 * * * * * * * * * * * * *

EFFECT .. A WITHIN B(1)
- - - - - - - - - - - - - - - - - - - - - - - - - - - - - - - - - - - - - - -
Multivariate Tests of Significance (S = 1, M = 1/2, N = 8 1/2)

| Test Name | Value | Exact F | Hypoth. DF | Error DF | Sig. of F |
|-----------|-------|---------|-----------|----------|-----------|
| Pillais | .22430 | 1.83136 | 3.00 | 19.00 | .176 |
| Hotellings | .28916 | 1.83136 | 3.00 | 19.00 | .176 |
| **Wilks** | .77570 | 1.83136 | 3.00 | 19.00 | .176 |
| Roys | .22430 | | | | |

Note.. F statistics are exact.

- - - - - - - - - - - - - - - - - - - - - - - - - - - - - - - - - - - - - - -
EFFECT .. A WITHIN B(1) (Cont.)
Univariate F-tests with (1,21) D. F.

| Variable | Hypoth. SS | Error SS | Hypoth. MS | Error MS | F | Sig. of F |
|----------|-----------|----------|-----------|----------|-----|-----------|
| y1 | 319.70579 | 2192.45833 | 319.70579 | 104.40278 | 3.06223 | .095 |
| y2 | 52.19112 | 582.95833 | 52.19112 | 27.75992 | 1.88009 | .185 |
| y3 | 54.59719 | 523.66667 | 54.59719 | 24.93651 | 2.18945 | .154 |

- - - - - - - - - - - - - - - - - - - - - - - - - - - - - - - - - - - - - - -
* * * * * * * * * * * *Analysis of Variance -- Design 2 * * * * * * * * * * * * *
EFFECT .. B WITHIN A(2)
- - - - - - - - - - - - - - - - - - - - - - - - - - - - - - - - - - - - - - -
Multivariate Tests of Significance (S = 2, M = 0, N = 8 1/2)

| Test Name | Value | Approx. F | Hypoth. DF | Error DF | Sig. of F |
|---|---|---|---|---|---|
| Pillais | .44512 | 1.90849 | 6.00 | 40.00 | .103 |
| Hotellings | .70498 | 2.11494 | 6.00 | 36.00 | .075 |
| Wilks | .57482 | 2.02012 | 6.00 | 38.00 | .087 |
| Roys | .39458 | | | | |

Note.. F statistic for WILKS' Lambda is exact.

- - - - - - - - - - - - - - - - - - - - - - - - - - - - - - - - - - - - - - - - -

EFFECT .. B WITHIN A(2) (Cont.)
Univariate F-tests with (2,21) D. F.

| Variable | Hypoth. SS | Error SS | Hypoth. MS | Error MS | F | ig. of F |
|---|---|---|---|---|---|---|
| y1 | 104.70404 | 2192.45833 | 52.35202 | 104.40278 | .50144 | .613 |
| y2 | 312.59936 | 582.95833 | 156.29968 | 27.75992 | 5.63041 | .011 |
| y3 | 317.29116 | 523.66667 | 158.64558 | 24.93651 | 6.36198 | .007 |

- - - - - - - - - - - - - - - - - - - - - - - - - - - - - - - - - - - - - - - - -

* * * * * * * * * * * * *Analysis of Variance -- Design 2 * * * * * * * * * * * * * *

EFFECT .. B WITHIN A(1)
- - - - - - - - - - - - - - - - - - - - - - - - - - - - - - - - - - - - - - - - -
Multivariate Tests of Significance (S = 2, M = 0, N = 8 1/2)

| Test Name | Value | Approx. F | Hypoth. DF | Error DF | Sig. of F |
|---|---|---|---|---|---|
| Pillais | .51543 | 2.31461 | 6.00 | 40.00 | .052 |
| Hotellings | .79006 | 2.37018 | 6.00 | 36.00 | .049 |
| Wilks | .53209 | 2.34905 | 6.00 | 38.00 | .050 |
| Roys | .39517 | | | | |

Note.. F statistic for WILKS' Lambda is exact.

- - - - - - - - - - - - - - - - - - - - - - - - - - - - - - - - - - - - - - - - -

EFFECT .. B WITHIN A(1) (Cont.)
Univariate F-tests with (2,21) D. F.

| Variable | Hypoth. SS | Error SS | Hypoth. MS | Error MS | F | Sig. of F |
|---|---|---|---|---|---|---|
| y1 | 1185.88565 | 2192.45833 | 592.94282 | 104.40278 | 5.67938 | .011 |
| y2 | 70.97699 | 582.95833 | 35.48849 | 27.75992 | 1.27841 | .299 |
| y3 | 64.57118 | 523.66667 | 32.28559 | 24.93651 | 1.29471 | .295 |

## 3-4-2 Factorial MANOVA：細格人數不等二因子變異數分析 (無交互作用項) (GLM 指令)

範例 **Two-way MANOVA**：交互作用項無顯著

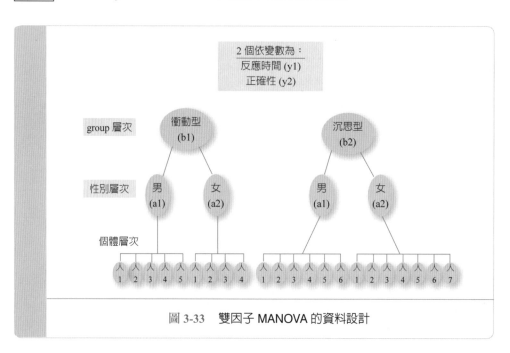

圖 3-33　雙因子 MANOVA 的資料設計

例 3-3-1 （參考林清山，《多變數分析統計法》，民 79，第 5 版，p486)

　　下表是 22 名學生，分為「衝動型」和「沉思型」兩類，參加某種實驗所得的兩項分數。第一是圖形出現至開始回答的「反應時間」(y1)；第二是回答的「正確性」分數 (y2)。

| 性格 成績 性別 | | 衝動型 (b1) | | 沉思型 (b2) | |
|---|---|---|---|---|---|
| | | y₁ | y₂ | y₁ | y₂ |
| 性別 | 男 (a1) | 3 | 3 | 5 | 6 |
| | | 4 | 3 | 3 | 4 |
| | | 2 | 2 | 4 | 5 |
| | | 1 | 2 | 6 | 7 |
| | | 5 | 6 | 4 | 3 |
| | | | | 5 | 5 |
| | 女 (a2) | 1 | 1 | 3 | 5 |
| | | 2 | 3 | 6 | 7 |
| | | 0 | 1 | 4 | 5 |
| | | 2 | 2 | 6 | 7 |
| | | | | 6 | 6 |
| | | | | 3 | 4 |
| | | | | 7 | 8 |

試問：(1) 性別之間有無顯著差異存在？

(2) 概念動率類型 ( 個性 ) 之間有無顯著差異存在？

(3) 交互作用有無顯著差異存在？($\alpha = 0.05$)

## 一、資料檔之內容

例 3-3-1 資料檔「例 3-3-1(P486).sav」的內容，如下圖所示，共有四個變數：變數 a 代表性別 (1 = 男；2 = 女 )；變數 b 代表個性 (1 = 衝動型，2 = 沉思型 )；變數 y1 代表「反應時間」；變數 y2 代表「正確性」分數。

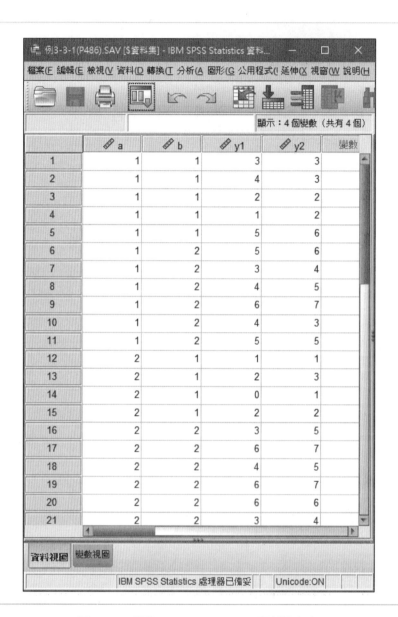

圖 3-34 「例 3-3-1(P486).sav」 資料檔內容

## 二、分析結果與討論

Step 1. MANOVA 主要效果之事後比較

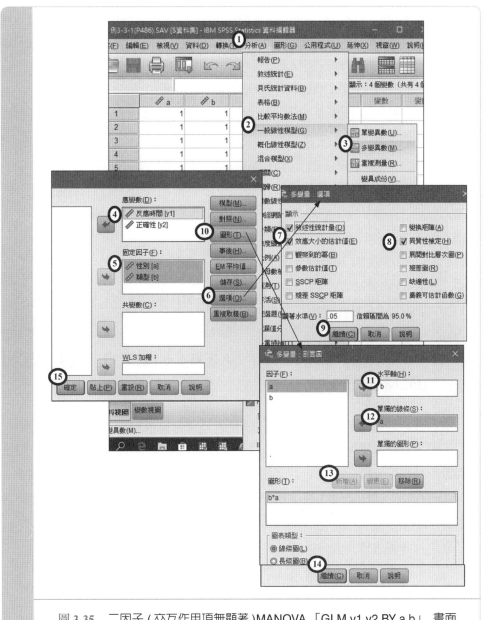

圖 3-35 二因子 ( 交互作用項無顯著 )MANOVA 「GLM y1 y2 BY a b」 畫面

【A. 分析結果說明】

1. B 因子主要效果達顯著差異 (Wilks' Λ=**0.4242**,p>.05)。結果顯示「概念動率」 (Conceptual tempo) 的主要效果達顯著水準，所以拒絕虛無假設「$H_0$：概念動率 (Conceptual tempo) 對 ( 圖形反應時時 (y1) ，答題正確性 (y2) 無差異」。就依變數 ( 反應時間與正確性 ) 整體而言，衝動型與沉思型兩類個性的學生，有顯著差異存在。

2. A 因子主要效果達顯著差異 (Wilks'Λ=**0.8898**,p>.05)。結果顯示男女兩性在二個依變數 ( 圖形反應時時 (y1) ，答題正確性 (y2) 之間無顯著差異。顯示男生與女生之間，就依變數整體而言，並無差異存在。

3. A×B 交互作用效果未達顯著差異 (Wilks'Λ = 0.6365, p > .05)。表示「A×B」交互作用項，無顯著效果。顯示性別 (A 因子 ) 與個性 (B 因子 ) 之交互作用效果未達顯著水準，故我們可以說「個性」對學生實驗成績的影響，不因男女「性別」的不同而有所差異。

# 3-5 三因子：Factorial between-subjects MANOVA

## 3-5-1 Three-way MANOVA(「A×B」、「B×C」交互作用 ) (GLM 指令 )

當我們研究的目的是在了解三個自變數對多個依變數的影響效果時，即可進行三因子多變量變異數分析，跟二因子多變量變異數分析相同，三因子多變量變異數分析也可分為三大類：(1) 完全受試者間設計：三個自變數均為獨立樣本。(2) 混合設計：三個自變數中有的為獨立樣本、有的為相依樣本。(3) 完全受設者內設計：三個自變數均為相依樣本。

在進行多變量變異數分析時，其流程如下圖所示。

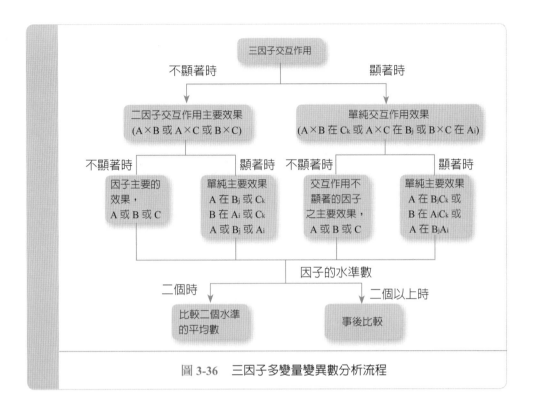

圖 3-36　三因子多變量變異數分析流程

範例：三因子 **MANOVA(MANOVA 、 margins, predict(equation(y1)) 、 contrast A@B#_eqns, mcompare(scheffe) 指令 )**

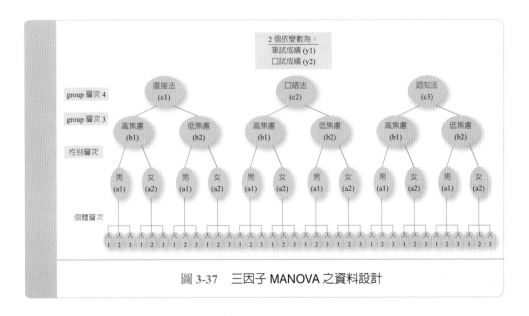

圖 3-37　三因子 MANOVA 之資料設計

例 3-4 （參考林清山，《多變數分析統計法》，民 79，第 5 版，p494)

下表是 36 名男女學生，分為高焦慮組和低焦慮組，每人參加三種教學實驗後，所得的筆試成績 (y1) 和口試成績 (y2) 的兩項測驗分數。試以 $\alpha = .05$ 進行多變量變異數分析。

## 一、資料檔之內容

| | | 直接法 (c1) | | 口語法 (c2) | | 認知法 (c3) | |
|---|---|---|---|---|---|---|---|
| | | **y1** | **y2** | **y1** | **y2** | **y1** | **y2** |
| 男 (a1) | 高焦慮 (b1) | 2 | 3 | 4 | 4 | 7 | 5 |
| | | 4 | 5 | 8 | 7 | 9 | 7 |
| | | 3 | 4 | 6 | 4 | 5 | 6 |
| | 低焦慮 (b2) | 5 | 6 | 5 | 4 | 8 | 9 |
| | | 4 | 3 | 7 | 6 | 8 | 8 |
| | | 6 | 9 | 6 | 5 | 5 | 7 |
| 女 (a2) | 高焦慮 (b1) | 1 | 3 | 2 | 2 | 3 | 4 |
| | | 0 | 1 | 4 | 3 | 4 | 4 |
| | | 2 | 2 | 3 | 4 | 5 | 7 |
| | 低焦慮 (b2) | 6 | 5 | 6 | 7 | 10 | 9 |
| | | 8 | 7 | 8 | 8 | 11 | 9 |
| | | 4 | 3 | 10 | 9 | 9 | 6 |

例 3-4 資料檔「例 3-4(P494).sav」的內容，如下圖所示。共有三個自變數，二個依變數。自變數 A 代表性別 (1 = 男，2 = 女 )；自變數 B 代表組別 (1 = 高焦慮，2 = 低焦慮 )；自變數 C 代表教學實驗 (1 = 直接法，2 = 口語法，3 = 認知法 )。依變數 y1 代表筆試成績；依變數 y2 代表口試成績。

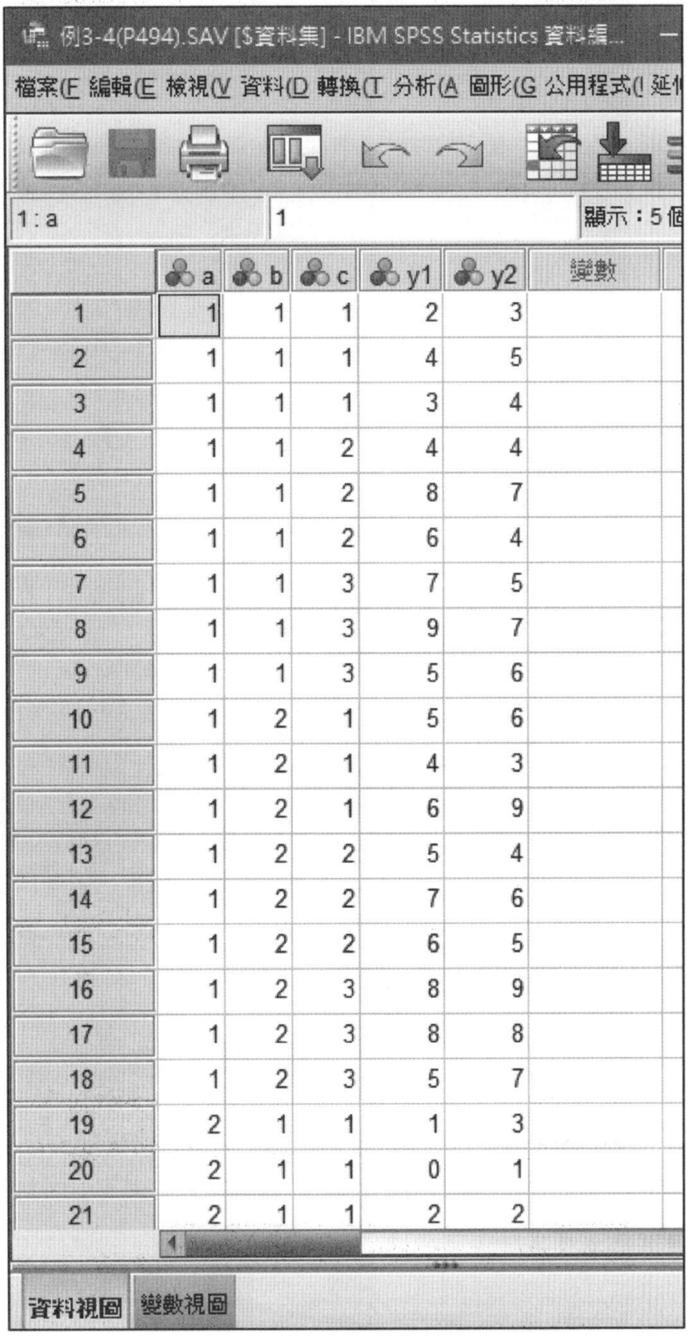

| | a | b | c | y1 | y2 | 變數 |
|---|---|---|---|---|---|---|
| 1 | 1 | 1 | 1 | 2 | 3 | |
| 2 | 1 | 1 | 1 | 4 | 5 | |
| 3 | 1 | 1 | 1 | 3 | 4 | |
| 4 | 1 | 1 | 2 | 4 | 4 | |
| 5 | 1 | 1 | 2 | 8 | 7 | |
| 6 | 1 | 1 | 2 | 6 | 4 | |
| 7 | 1 | 1 | 3 | 7 | 5 | |
| 8 | 1 | 1 | 3 | 9 | 7 | |
| 9 | 1 | 1 | 3 | 5 | 6 | |
| 10 | 1 | 2 | 1 | 5 | 6 | |
| 11 | 1 | 2 | 1 | 4 | 3 | |
| 12 | 1 | 2 | 1 | 6 | 9 | |
| 13 | 1 | 2 | 2 | 5 | 4 | |
| 14 | 1 | 2 | 2 | 7 | 6 | |
| 15 | 1 | 2 | 2 | 6 | 5 | |
| 16 | 1 | 2 | 3 | 8 | 9 | |
| 17 | 1 | 2 | 3 | 8 | 8 | |
| 18 | 1 | 2 | 3 | 5 | 7 | |
| 19 | 2 | 1 | 1 | 1 | 3 | |
| 20 | 2 | 1 | 1 | 0 | 1 | |
| 21 | 2 | 1 | 1 | 2 | 2 | |

圖 3-38 「例 3-4(P494).sav」 資料檔內容 (N=36 個人 )

## 二、分析結果與討論

Step 1. 三因子 **MANOVA** 模型分析

【A. 分析結果】：Factorial MANOVA

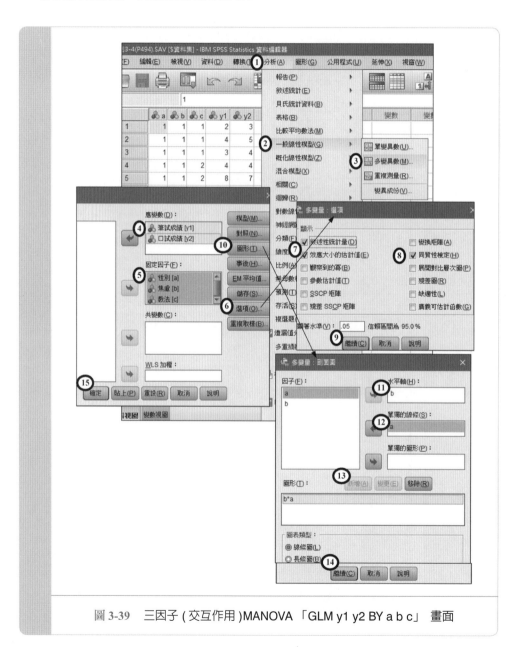

圖 3-39 三因子 ( 交互作用 )MANOVA 「GLM y1 y2 BY a b c」 畫面

對應的指令語法：

```
GLM y1 y2 BY a b c
  /METHOD=SSTYPE(3)
  /INTERCEPT=INCLUDE
  /PLOT=PROFILE(b*a) TYPE=LINE ERRORBAR=NO MEANREFERENCE=NO YAXIS=AUTO
  /PRINT=DESCRIPTIVE ETASQ HOMOGENEITY
  /CRITERIA=ALPHA(.05)
  /DESIGN= a b c a*b a*c b*c a*b*c.
```

【B. 分析結果說明】：變異數同質性檢定

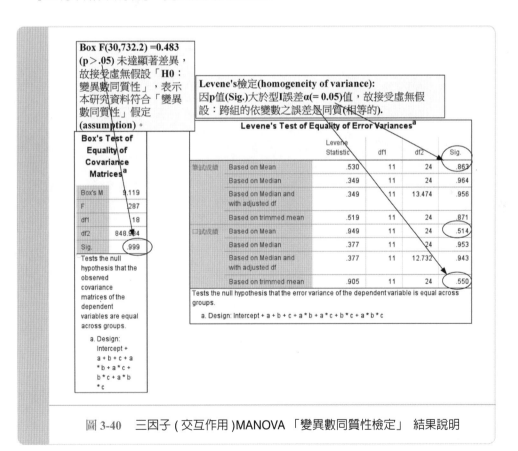

圖 3-40　三因子 ( 交互作用 )MANOVA 「變異數同質性檢定」 結果說明

【C1. 分析結果說明】：多變量結果

效果量「**effect size**」估計：表示**attributable to between-group differences**。本例，**A**因子對依變數的**Eta Squared**為**0.37**，表示A因子可解釋依變數**37%**的總變異數。

因子效果的檢定

| Effect | | Value | F | Hypothesis df | Error df | Sig. | Eta Squared |
|---|---|---|---|---|---|---|---|
| Intercept | Pillai's Trace | .958 | 259.650[b] | 2.000 | 23.000 | .000 | .958 |
| | Wilks' Lambda | .042 | 259.650[b] | 2.000 | 23.000 | .000 | .958 |
| | Hotelling's Trace | 22.578 | 259.650[b] | 2.000 | 23.000 | .000 | .958 |
| | Roy's Largest Root | 22.578 | 259.650[b] | 2.000 | 23.000 | .000 | .958 |
| a | Pillai's Trace | .037 | .448[b] | 2.000 | 23.000 | .644 | .037 |
| | Wilks' Lambda | .963 | .448[b] | 2.000 | 23.000 | .644 | .037 |
| | Hotelling's Trace | .039 | .448[b] | 2.000 | 23.000 | .644 | .037 |
| | Roy's Largest Root | .039 | .448[b] | 2.000 | 23.000 | .644 | .037 |
| b | Pillai's Trace | .610 | 17.987[b] | 2.000 | 23.000 | .000 | .610 |
| | Wilks' Lambda | .390 | 17.987[b] | 2.000 | 23.000 | .000 | .610 |
| | Hotelling's Trace | 1.564 | 17.987[b] | 2.000 | 23.000 | .000 | .610 |
| | Roy's Largest Root | 1.564 | 17.987[b] | 2.000 | 23.000 | .000 | .610 |
| c | Pillai's Trace | .636 | 5.594 | 4.000 | 48.000 | .001 | .318 |
| | Wilks' Lambda | .409 | 6.479[b] | 4.000 | 46.000 | .000 | .360 |
| | Hotelling's Trace | 1.334 | 7.337 | 4.000 | 44.000 | .000 | .400 |
| | Roy's Largest Root | 1.246 | 14.948[c] | 2.000 | 24.000 | .000 | .555 |
| a * b | Pillai's Trace | .524 | 12.663[b] | 2.000 | 23.000 | .000 | .524 |
| b * c | Pillai's Trace | .061 | .379 | 4.000 | 48.000 | .823 | .031 |
| | Wilks' Lambda | .939 | .369[b] | 4.000 | 46.000 | .830 | .031 |
| | Hotelling's Trace | .065 | .358 | 4.000 | 44.000 | .837 | .032 |
| | Roy's Largest Root | .065 | .782[c] | 2.000 | 24.000 | .469 | .061 |
| a * b * c | Pillai's Trace | .311 | 2.211 | 4.000 | 48.000 | .082 | .156 |
| | Wilks' Lambda | .703 | 2.216[b] | 4.000 | 46.000 | .082 | .162 |
| | Hotelling's Trace | .402 | 2.212 | 4.000 | 44.000 | .083 | .167 |
| | Roy's Largest Root | .343 | 4.120[c] | 2.000 | 24.000 | .029 | .256 |

a. Design: Intercept + a + b + c + a * b + a * c + b * c + a * b * c

圖 3-41　三因子 ( 交互作用 )MANOVA 「多變量結果」 結果說明

1. A 因子 ( 性別 ) 主要效果項檢定，其中，顯著性檢定：Wilk's $\Lambda$ 值 = 0.963(p > .05)，以及 F 檢定 [$F_{(2.0, 23)}$ = 0.448, p > 0.05]，未達 .05 顯著水準。

2. B 因子 ( 焦慮程度 ) 主要效果檢定，其中，顯著性檢定：Wilk's $\Lambda$ 值 = 0.963(p > .05)，以及 F 檢定 [$F_{(2.0, 23)}$ = 0.390, p < 0.05]，達 .05 顯著水準。所以我們繼續看「焦慮」程度不同對「筆試」、「口試」成績的影響。

3. C 因子 ( 教學法 ) 主要效果檢定，其中，顯著性檢定：Wilk's $\Lambda$ 值 = 0.963(p > .05)，以及 F 檢定 [$F_{(2.0, 23)}$ = 0.409, p < 0.05]，達 .05 顯著水準，故我們繼續看三種不同教學法對「筆試」、「口試」成績的影響為何？

4. **A*B** ( 性別 × 教學法 ) 交互作用項的效果檢定，其中 Wilk's $\Lambda$=0.4759，p < .05，有顯著差異。故繼續看 A*B 交互作用項分別在「筆試」及「口試」方面的顯著性檢定。

5. A*C 交互作用項的效果檢定，求得 Wilk's $\Lambda$ = 0.795(p > .05)，未達顯著差異。

6. B*C 交互作用項的效果檢定，求得 Wilk's $\Lambda$ = 0.939(p > .05)，未達顯著水準。

7.「A*B*C」交互作用項的效果檢定，求得 Wilk's lambda($\Lambda$) = 0.703(p > .05)，未達顯著水準。

　【D1. 分析結果說明】：「A*B」的單純主要效果

　　單純主要效果 (Simple main effect) 有二個指令：GLM、MANOVA 指令。

【方法一】使用 GLM 指令，做單純主要效果

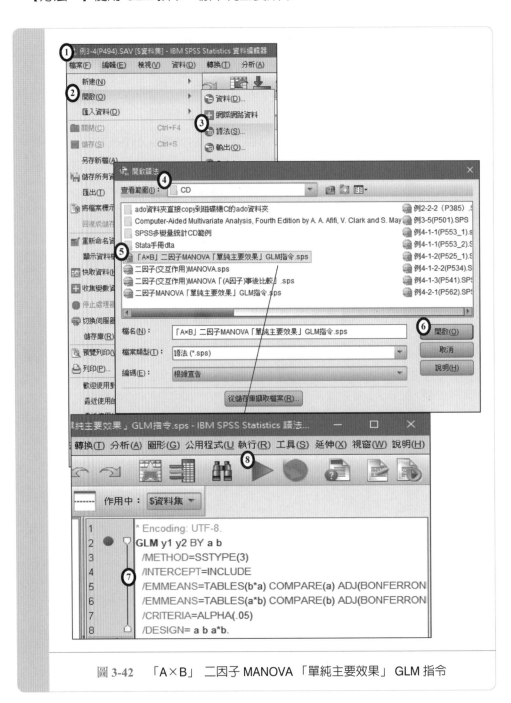

圖 3-42　「A×B」二因子 MANOVA 「單純主要效果」 GLM 指令

## 「A×B」二因子 MANOVA「單純主要效果」GLM 結果

### 1. B 因子 * A 因子

**Pairwise Comparisons**

| Dependent Variable | B因子 | (I) A因子 | (J) A因子 | Mean Difference (I-J) | Std. Error | Sig.[b] | 95% Confidence Interval for Difference[b] Lower Bound | Upper Bound |
|---|---|---|---|---|---|---|---|---|
| 筆試成績 y1 | b1 高焦慮 | a1 男 | a2 女 | 2.667* | .920 | .007 | .792 | 4.542 |
| | | 女 | 男 | -2.667* | .920 | .007 | -4.542 | -.792 |
| | b2 低焦慮 | a1 男 | a2 女 | -2.000* | .920 | .037 | -3.875 | -.125 |
| | | 女 | 男 | 2.000* | .920 | .037 | .125 | 3.875 |
| 口試成績 y2 | b1 高焦慮 | a1 男 | a2 女 | 1.667 | .874 | .066 | -.114 | 3.447 |
| | | 女 | 男 | -1.667 | .874 | .066 | -3.447 | .114 |
| | b2 低焦慮 | a1 男 | a2 女 | -.667 | .874 | .451 | -2.447 | 1.114 |
| | | 女 | 男 | .667 | .874 | .451 | -1.114 | 2.447 |

Based on estimated marginal means

*. The mean difference is significant at the .05 level.

b. Adjustment for multiple comparisons: Bonferroni.

圖 3-43　「B 在 A」單純主要效果之結果

公式：$t = (\overline{M}_1 - \overline{M}_2) / \sqrt{(\frac{1}{n_1} + \frac{1}{n_2})S_p^2} = (Mean_I - Mean_J)/(Std.\ Err.)$，在雙尾 t

檢定 $(\alpha=0.05)$ 情況下，若 $|t| \geq 1.96$ 或 95% 信賴區間不含 0 值，則表示 $(Mean_I - Mean_J)$ 所代表的兩組平均數達到顯著差異；同時在「Mean Difference (I-J)」欄中亦會打上「*」符號，代表這兩組平均數達「$\alpha=0.05$」顯著差異。

1. 「A = 1, B = 1」( 男高焦慮組 ) 及「A = 2, B = 2」( 女低焦慮組 ) 在 y1( 筆試成績 ) 優於 y2( 口試成績 )。

2. 相反地，「A = 1, B = 2」( 男高低慮組 ) 及「A = 2, B = 1」( 女高焦慮組 ) 在 y1( 筆試成績 ) 低於 y2( 口試成績 )。

【D2. 分析結果說明】:「B*C」項的單純主要效果

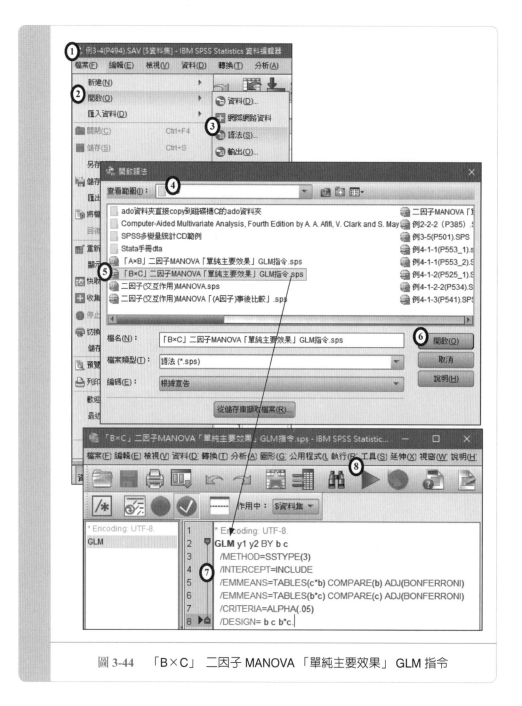

圖 3-44　「B×C」 二因子 MANOVA 「單純主要效果」 GLM 指令

## 「B×C」項二因子 MANOVA「單純主要效果」GLM 結果

**Estimates**

「C在B」單純主要效果之結果

| Dependent Variable | C因子 | B因子 | Mean | Std. Error | 95% Confidence Interval Lower Bound | Upper Bound |
|---|---|---|---|---|---|---|
| 筆試成績 y1 | c1直接法 | b1高焦慮 | 2.000 | .767 | .433 | 3.567 |
| | | b2低焦慮 | 5.500 | .767 | 3.933 | 7.067 |
| | c2口語法 | b1高焦慮 | 4.500 | .767 | 2.933 | 6.067 |
| | | b2低焦慮 | 7.000 | .767 | 5.433 | 8.567 |
| | c3認知法 | b1高焦慮 | 5.500 | .767 | 3.933 | 7.067 |
| | | b2低焦慮 | 8.500 | .767 | 6.933 | 10.067 |
| 口試成績 y2 | c1直接法 | b1高焦慮 | 3.000 | .693 | 1.584 | 4.416 |
| | | b2低焦慮 | 5.500 | .693 | 4.084 | 6.916 |
| | c2口語法 | b1高焦慮 | 4.000 | .693 | 2.584 | 5.416 |
| | | b2低焦慮 | 6.500 | .693 | 5.084 | 7.916 |
| | c3認知法 | b1高焦慮 | 5.500 | .693 | 4.084 | 6.916 |
| | | b2低焦慮 | 8.000 | .693 | 6.584 | 9.416 |

「B在C」單純主要效果之結果

| Dependent Variable | B因子 | (I) C因子 | (J) C因子 | Mean Difference (I-J) | Std. Error | Sig.b | 95% Confidence Interval Difference Lower Bound | Upper Bound |
|---|---|---|---|---|---|---|---|---|
| 筆試成績 y1 | b1高焦慮 | c1直接法 | c2口語法 | -2.500 | 1.085 | .085 | -5.252 | .252 |
| | | | c3認知法 | -3.500* | 1.085 | .009 | -6.252 | -.748 |
| | | c2口語法 | 直接法 | 2.500 | 1.085 | .085 | -.252 | 5.252 |
| | | | c3認知法 | -1.000 | 1.085 | 1.000 | -3.752 | 1.752 |
| | | 認知法 | 直接法 | 3.500* | 1.085 | .009 | .748 | 6.252 |
| | | | 口語法 | 1.000 | 1.085 | 1.000 | -1.752 | 3.752 |
| | b2低焦慮 | c1直接法 | c2口語法 | -1.500 | 1.085 | .531 | -4.252 | 1.252 |
| | | | c3認知法 | -3.000* | 1.085 | .029 | -5.752 | -.248 |
| | | c2口語法 | 直接法 | 1.500 | 1.085 | .531 | -1.252 | 4.252 |
| | | | c3認知法 | -1.500 | 1.085 | .531 | -4.252 | 1.252 |
| | | 認知法 | 直接法 | 3.000* | 1.085 | .029 | .248 | 5.752 |
| | | | 口語法 | 1.500 | 1.085 | .531 | -1.252 | 4.252 |
| 口試成績 y2 | b1高焦慮 | c1直接法 | c2口語法 | -1.000 | .980 | .948 | -3.486 | 1.486 |
| | | | c3認知法 | -2.500* | .980 | .048 | -4.986 | -.014 |
| | | c2口語法 | 直接法 | 1.000 | .980 | .948 | -1.486 | 3.486 |
| | | | c3認知法 | -1.500 | .980 | .409 | -3.986 | .986 |
| | | 認知法 | 直接法 | 2.500* | .980 | .048 | .014 | 4.986 |
| | | | 口語法 | 1.500 | .980 | .409 | -.986 | 3.986 |
| | b2低焦慮 | c1直接法 | c2口語法 | -1.000 | .980 | .948 | -3.486 | 1.486 |
| | | | c3認知法 | -2.500* | .980 | .048 | -4.986 | -.014 |
| | | c2口語法 | 直接法 | 1.000 | .980 | .948 | -1.486 | 3.486 |
| | | | c3認知法 | -1.500 | .980 | .409 | -3.986 | .986 |
| | | 認知法 | 直接法 | 2.500* | .980 | .048 | .014 | 4.986 |

圖 3-45　「B×C」 單純主要效果之結果

公式：$t = (\overline{M}_1 - \overline{M}_2) / \sqrt{(\frac{1}{n_1} + \frac{1}{n_2})S_p^2} = (Mean_I - Mean_J)/(Std.\ Err.)$，在雙尾 t

檢定 ($\alpha$=0.05) 情況下，若 $|t| \geq 1.96$ 或 95% 信賴區間不含 0 值，則表示
($Mean_I - Mean_J$) 所代表的兩組平均數達到顯著差異；同時在「Mean Difference
(I-J)」欄中亦會打上「*」符號，代表這兩組平均數達「$\alpha$=0.05」顯著差異。

1. 女性成績優於男是在：( 低焦慮組之筆試成績 ) 及 ( 低焦慮組之口試成績 )。
2. 女性成績低於男是在：( 高焦慮組之筆試成績 ) 及 ( 高焦慮組之口試成績 )。綜
   合這二個結果，可看出男生處理高焦慮時，( 筆試及口試 ) 較優。但女生處理
   低焦慮時，( 筆試及口試 ) 較優。

## 3-5-2 三因子 MANOVA(「A×C」、「B×C」交互作用 )：塗層織品的磨損數據 (GLM 指令 )

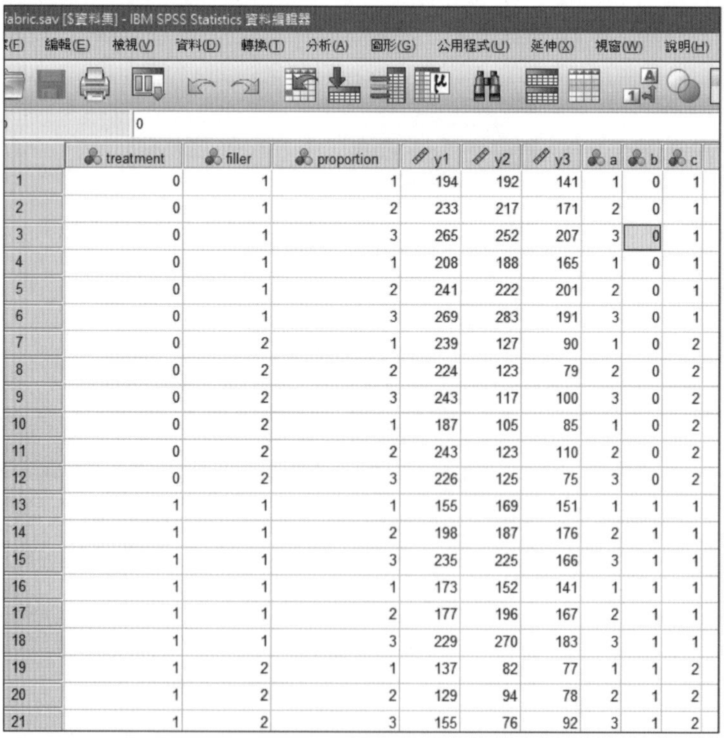

圖 3-46 「fabric.sav」 資料檔內容

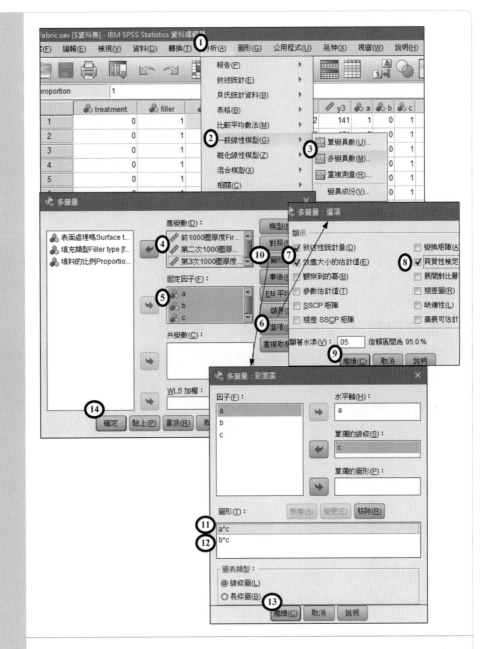

圖 3-47　三因子 ( 交互作用 )MANOVA「GLM y1 y2 y3 BY a b c」GLM 指令

對應的指令語法：

```
GLM y1 y2 y3 BY a b c
  /METHOD=SSTYPE(3)
  /INTERCEPT=INCLUDE
  /PLOT=PROFILE(a*c b*c) TYPE=LINE ERRORBAR=NO MEANREFERENCE=NO YAXIS=AUTO
  /PRINT=DESCRIPTIVE ETASQ HOMOGENEITY
  /CRITERIA=ALPHA(.05)
  /DESIGN= a b c a*b a*c b*c a*b*c.
```

## 3-6 階層 (hierarchical) 設計 MANOVA(GLM 指令)

### 一、多層次模型 (Multilevel model) ≒ 巢狀模型 (nested model)

在醫學研究的領域中，階層性的資料結構相當常見。例如在醫院收集的病患資料，有一些是用來描述病患特徵的變數，如性別，年齡等；另外，有一些變數則在表現醫院的特性，如醫院層級別：醫學中心，區域醫院，地區醫院。此時，用傳統的迴歸模型來分析，會忽略了團體層級的影響 ( 組內相關 )，而造成誤差的變異被低估。所以，較為適當的方法為使用多層次的分析 (Multilevel analysis)，也就是目前廣被使用的階層線性模型 (Hierarchical linear model, HLM)。

近幾年來，採用多層次模型分析之醫藥公衛相關研究愈見普遍。在期刊文章中常見之 **Multilevel model**，**mixed model**，或 **Random effect model**，其實指的都是同一件事，目的為處理有類聚 / 巢狀 (clustered/nested) 特性之資料結構 ( 例如：一群病患從屬於某特定醫師，某群醫師又從屬於某間醫療院所 )。

傳統的迴歸僅將依變數與所有可能之自變數放在同一條迴歸式，並未考慮自變數中是否有「非個人(病人)層級」之變數(例如：醫師年資、醫院的評鑑等級)。我們可以想像，一旦忽略了這樣的資料型式，其實迴歸模型中的每一個樣本，似乎不再那麼具獨立性了！病人間，有可能在很多變數上 ( 特別是非個人層級之變數 ) 是高度相關，甚至是相同的。於是，從統計檢定上來說，**當某些變數其資料**

的相關性變高了，則變異數 **(variance)** 以及迴歸係數的標準差 **(Standard error)** 將變小，便提高「**Type I error**」的機會。然而，這樣子的迴歸係數若達顯著，結果可能有謬誤 (biased) 的。

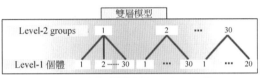

雙層模型

Level-2 groups : 1    2  •••   30

Level-1 個體   1   2 ---- 30   1   •••   30   1   •••   20

單一自變數，其Level-1公式為： $Y_{ij} = \beta_{0j} + \beta_{1j}X_{ij} + e_{ij}$

$y_{ij}$ 表示the score on the dependent variable for an individual observation at Level 1 (subscript i refers to individual case, subscript j refers to the group).

$x_{ij}$ 表示the Level 1 predictor.

$\beta_{0j}$ 表示the intercept of the dependent variable in group j (Level 2).

$\beta_{1j}$ 表示the slope for the relationship in group j (Level 2) between the Level 1 predictor and the dependent variable.

$e_{ij}$ 表示the random errors of prediction for the Level 1 equation (it is also sometimes referred to as $r_{ij}$ ).

單一自變數，其Level-2公式是：

The dependent variables are the intercepts and the slopes for the independent variables at Level 1 in the groups of Level 2.

截距： $\beta_{0j} = \gamma_{00} + \gamma_{01}W_j + u_{0j}$

斜率： $\beta_{1j} = \gamma_{10} + u_{1j}$
其中

$\gamma_{00}$ 表示the overall intercept. This is the grand mean of the scores on the dependent variable across all the groups when all the predictors are equal to 0.

$W_j$ 表示the Level 2 predictor.

$\gamma_{01}$ 表示the overall regression coefficient, or the slope, between the dependent variable and the Level 2 predictor.

$u_{0j}$ 表示the random error component for the deviation of the intercept of a group from the overall intercept.

$\gamma_{10}$ 表示the overall regression coefficient, or the slope, between the dependent variable and the Level 1 predictor.

$u_{1j}$ 表示the error component for the slope (meaning the deviation of the group slopes from the overall slope)

圖 3-48　雙層模型之迴歸式公式

---

定義：雙層模型

Level I (within) 是個體 (individuals). Level II (between) 是群組 (group).

在實務中，所有 level 方程是同時估計。

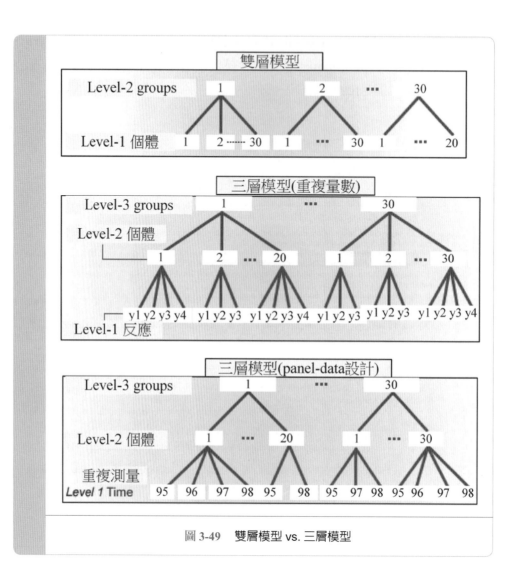

圖 3-49　**雙層模型 vs. 三層模型**

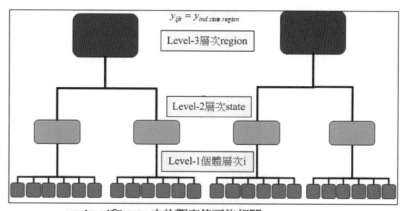

regional和states內的觀察值可能相關。
states內部的觀察值平均數會有所不同。
**Regional**的平均值會有所不同。

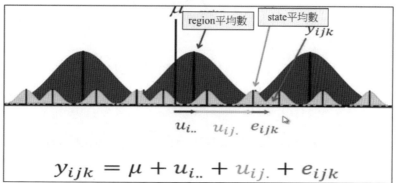

$$y_{ijk} = \mu + u_{i..} + u_{ij.} + e_{ijk}$$

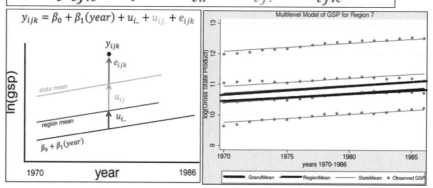

圖 3-50　三層迴歸式示意圖 (Y 軸 ： Gross State Productivity, GSP)

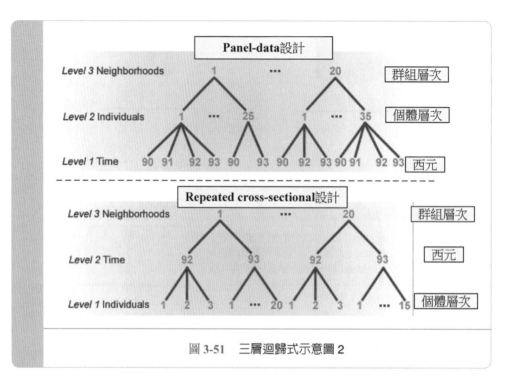

圖 3-51　三層迴歸式示意圖 2

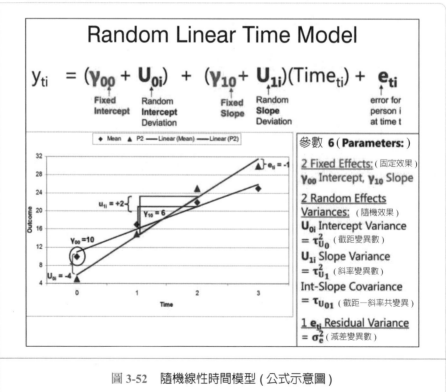

圖 3-52　隨機線性時間模型（公式示意圖）

## 二、多層次模型的多樣本抽樣法

舉例來說，某偏差行為研究決定採用 Two-level nested model，則第一層抽樣為 Observational level。第二層則為個人所屬的學校 ( 或城鎮 )。

相對地，若此偏差行為研究，決定改採用 Three-level nested model ，則第一層為受訪者個人的自評。第二層為個人所屬的學校層級。第三層為個人所屬的州 ( 省 ) 層級的樣本。

此外，常有一種 Nested models 稱之 Crossed models。例如：在同一地區 ( 或城鎮 ) 從事不同行業的工作者、同一行業在不同州 ( 或城鎮 ) 的工作者，這二種情形都會影響工人的生活品質。

## 3-6-1 階層 (hierarchical) 設計 MANOVA(MANOVA 指令 )

### 一、多層次模型的多樣本抽樣法

舉例來說，某偏差行為研究決定採用 Two-level nested model，則第一層抽樣為 Observational level。第二層則為個人所屬的學校 ( 或城鎮 )。

相對地，若此偏差行為研究，決定改採用 Three-level nested model ，則第一層為受訪者個人的自評。第二層為個人所屬的學校層級。第三層為個人所屬的州 ( 省 ) 層級的樣本。

此外，常有一種 Nested models 稱之 Crossed models。例如：在同一地區 ( 或城鎮 ) 從事不同行業的工作者、同一行業在不同州 ( 或城鎮 ) 的工作者，這二種情形都會影響工人的生活品質。

### 二、 範例 ： hierarchical 設計的 MANOVA

本例之資料結構是：「學校別 (B) nested in 教材 (A)」，它旨在探討潛在變數層次之「舊教材與新教材之間的效果 (A -by- A effects)」。

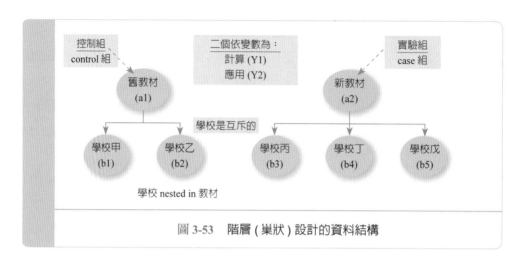

圖 3-53　階層 ( 巢狀 ) 設計的資料結構

　　本章前面幾節所探討的多變量變異數分析裡，B 因子的每一個水準，均在 A 因子的所有水準裡出現。然而，在實際研究工作中，常因為某些原因，我們會碰到 B 因子的每一個水準只在 A 因子的某些水準裡出現的情形。如果我們的實驗設計裏，B 因子的每一水準只在 A 因子的某些水準裡出現，就叫做「階層設計」(Hierarchical design) 或「巢狀設計」(nested design)。

**例 3-5**　( 參考林清山，《多變數分析統計法》，民 79，第 5 版，p501)

　　在一項國中數學的教學實驗裡，甲乙兩所學校，使用舊教材教學 ( 實驗組 / case 組 )，丙丁戊三所學校使用新教材教學 ( 控制組 /control 組 )。下表是各校接受「計算」(Y1)、「應用」(Y2) 等兩項測驗的結果。試以 $\alpha = 0.05$ 進行多變量變異數分析。

| | 甲校 (b1) | | 乙校 (b2) | | 丙校 (b3) | | 丁校 (b4) | | 戊校 (b5) | |
|---|---|---|---|---|---|---|---|---|---|---|
| | Y1 | Y2 | Y1 | Y2 | Y1 | Y2 | Y1 | Y2 | Y1 | Y2 |
| 舊教材 (a1) | 8 | 16 | 9 | 19 | | | | | | |
| | 9 | 17 | 10 | 17 | | | | | | |
| | 10 | 14 | 9 | 15 | | | | | | |
| | 8 | 13 | 12 | 18 | | | | | | |
| | 9 | 12 | 10 | 14 | | | | | | |
| | | | | | 13 | 22 | 15 | 25 | 8 | 20 |
| | | | | | 9 | 21 | 17 | 27 | 10 | 17 |

| | 甲校 (b1) | | 乙校 (b2) | | 丙校 (b3) | | 丁校 (b4) | | 戊校 (b5) | |
|---|---|---|---|---|---|---|---|---|---|---|
| | Y1 | Y2 | Y1 | Y2 | Y1 | Y2 | Y1 | Y2 | Y1 | Y2 |
| 新教材 (a2) | | | | | 8 | 18 | 12 | 23 | 11 | 19 |
| | | | | | 11 | 24 | 13 | 26 | 7 | 16 |
| | | | | | 10 | 19 | 10 | 21 | 9 | 18 |

## 三、資料檔之內容

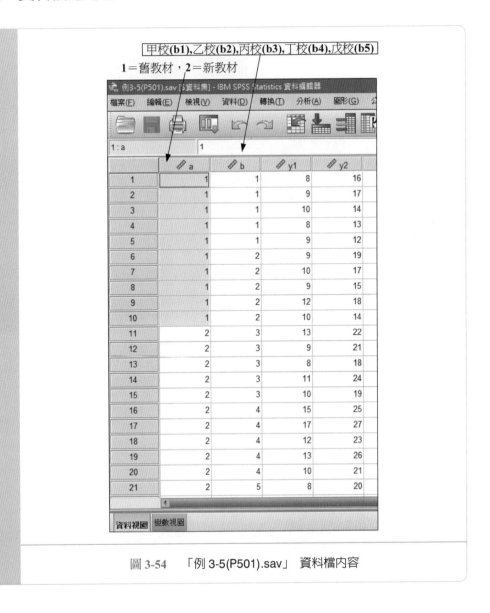

圖 3-54 「例 3-5(P501).sav」 資料檔內容

　　例 3-5 資料檔「例 3-5(P501).sav」的內容，見上圖。共有二個自變數 a、b 以及二個依變數 y1、y2。變數 a 代表教材 (1 = 舊教材，2 = 新教材 )，變數 b 代表學校別 (1 = 甲校，2 = 乙校，3 = 丙校，4 = 丁校，5 = 戊校 )。依變數 y1 代表「計算成績」；y2 代表「應用成績」。

## 四、分析結果與討論

　　【分析結果】：階層設計 MANOVA 分析

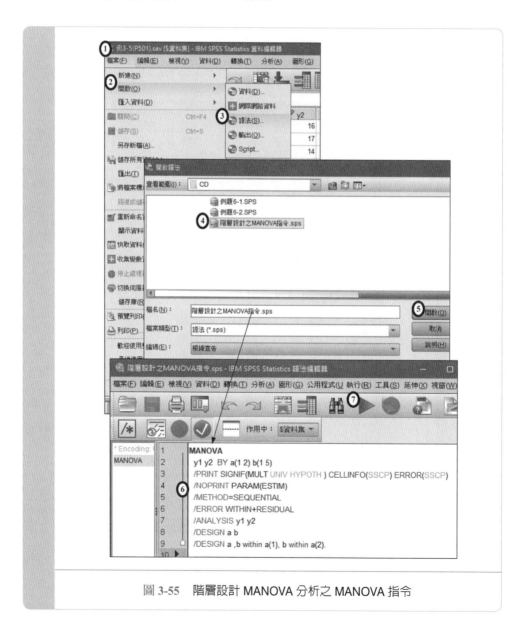

圖 3-55　階層設計 MANOVA 分析之 MANOVA 指令

註：對應的指令語法：

```
MANOVA
  y1 y2  BY a(1 2) b(1 5)
  /PRINT SIGNIF (MULT UNIV HYPOTH) CELLINFO(SSCP) ERROR(SSCP)
  /NOPRINT PARAM(ESTIM)
  /METHOD=SEQUENTIAL
  /ERROR WITHIN+RESIDUAL
  /ANALYSIS y1 y2
  /DESIGN a b
  /DESIGN a ,b within a(1), b within a(2) .
```

## 【A1. 分析結果說明】：多變量主要效果檢定

```
Multivariate Tests of Significance (S = 2, M = 0, N = 8 1/2)
Test Name        Value   Approx. F Hypoth. DF   Error DF  Sig. of F
Pillais          .62533   3.03261      6.00        40.00      .015
Hotellings      1.46366   4.39099      6.00        36.00      .002
Wilks            .39688   3.71978      6.00        38.00      .005
Roys             .58752
Note.. F statistic for WILKS' Lambda is exact.
```

4 種 B 因子 ( 學校 ) 在 A 因子 ( 教材 ) 的多變量顯著檢定，其中 Wilk's Λ = .40，p < .05，達到顯著水準。

```
Multivariate Tests of Significance (S = 1, M = 0, N = 8 1/2)
Test Name        Value   Exact F Hypoth. DF   Error DF  Sig. of F
Pillais          .68603  20.75805     2.00        19.00      .000
Hotellings      2.18506  20.75805     2.00        19.00      .000
Wilks            .31397  20.75805     2.00        19.00      .000
Roys             .68603
Note.. F statistics are exact.
```

4 種 A 因子 ( 教材 ) 多變量顯著性檢定，其中 Wilk's Λ 值為 .31，p < .05，達顯著水準。

## 【A2. 分析結果說明】：單變量主要效果檢定

```
EFFECT .. B (Cont.)
Univariate F-tests with (3,20) D. F.
Variable  Hypoth. SS   Error SS Hypoth. MS   Error MS        F  Sig. of F
y1         55.33333   62.80000  18.44444    3.14000   5.87403     .005
y2        115.03333   90.40000  38.34444    4.52000   8.48328     .001
```

單變量顯著性檢定，結果顯示校別之間不論在「計算」成績 (F = 5.87, p < .05) 或「應用」成績 (F = 8.48, p < .05) 均有顯著差異存在。

```
EFFECT .. A (Cont.)
Univariate F-tests with (1,20) D. F.
Variable  Hypoth. SS   Error SS Hypoth. MS   Error MS        F  Sig. of F
y1         12.90667   62.80000  12.90667    3.14000   4.11040     .056
y2        185.92667   90.40000 185.92667    4.52000  41.13422     .000
```

新舊教材對學生的「計算」能力的單變量顯著性檢定，結果並無差異 (F = 4.11, p > .05)；但新舊教材對學生「應用」能力卻有顯著不同的影響 (F = 41.13, p < .05)。

## 【B. 分析結果說明】：單純主要效果 (simple main effect) 檢定

```
Multivariate Tests of Significance (S = 2, M = -1/2, N = 8 1/2)
Test Name       Value  Approx. F Hypoth. DF   Error DF  Sig. of F
Pillais        .59667   4.25183     4.00        40.00      .006
Hotellings    1.32686   5.97086     4.00        36.00      .001
Wilks          .42182   5.12720     4.00        38.00      .002
Roys           .56388
Note.. F statistic for WILKS' Lambda is exact.
```

4 種實施新教材學校 ($A_2$)B 的多變量顯著性檢定，其中 Wilk's $\Lambda$ = .42，p < .05，達顯著水準。

```
EFFECT ... B WITHIN A(2) (Cont.)
Univariate F-tests with (2,20) D. F.
Variable    Hypoth. SS   Error SS Hypoth. MS    Error MS        F   Sig. of F
  y1          51.73333   62.80000  25.86667     3.14000   8.23779    .002
  y2         102.93333   90.40000  51.46667     4.52000  11.38643    .000
```

結果顯示採用新教材學校之間學生的成績，不論是在「計算」方面 (F = 8.24, p < .05) 或「應用」方面 (F = 11.39, p < .05) 均有顯著差異存在。

```
Multivariate Tests of Significance (S = 1, M = 0, N = 8 1/2)
 Test Name       Value    Exact F  Hypoth. DF    Error DF  Sig. of F
 Pillais        .12034    1.29966     2.00        19.00      .296
 Hotellings     .13681    1.29966     2.00        19.00      .296
 Wilks          .87966    1.29966     2.00        19.00      .296
 Roys           .12034
 Note.. F statistics are exact.
```

4 種實施舊教材學校 ($A_1$)B 的多變量顯著性檢定，其中 Wilk's $\Lambda$ 為 .88，p > .05，未達 .05 顯著水準，結果顯示採舊教材學校其學生的成績並無差異存在。

【C. 分析結果說明】：總結

將以上結果，整理成下表變異數分析摘要表。

表 3-5　階層式多變量變異數分析摘要表

| 變異來源 | SSCP 矩陣 | df | $\Lambda$ (多變量) | F( 單變量 ) | |
|---|---|---|---|---|---|
| | | | | 計算 | 應用 |
| 常數 | | 1 | | | |
| 教材 (A) | $\begin{bmatrix} 12.91 & 48.99 \\ 48.99 & 185.93 \end{bmatrix}$ | 1 | .31* | 4.11* | 41.13* |
| 學校 (A)B | $\begin{bmatrix} 55.33 & 78.33 \\ 78.33 & 115.03 \end{bmatrix}$ | 3 | .40* | 5.87* | 8.48* |
| 舊教材學校 (A1)B | $\begin{bmatrix} 3.6 & 6.6 \\ 6.6 & 12.1 \end{bmatrix}$ | 1 | .88 | 1.15 | 2.68 |
| 新教材學校 (A2)B | $\begin{bmatrix} 51.73 & 71.73 \\ 71.73 & 102.93 \end{bmatrix}$ | 2 | .42* | 8.24* | 11.39* |

| 變異來源 | SSCP 矩陣 | df | Λ（多變量） | F( 單變量 ) | |
|---|---|---|---|---|---|
| | | | | 計算 | 應用 |
| 誤差 | $\begin{bmatrix} 62.8 & 39.8 \\ 39.8 & 90.4 \end{bmatrix}$ | 20 | | | |

*p < .05

由上表變異數分析摘要表，顯示新舊教材 (A) 對學生整個成績有顯著影響，不論在「計算」或「應用」上均有顯著差異存在。整體而言，學校之間成績亦有顯著差異存在 ($\Lambda$ = .40，p < .05)，但採用舊教材學校之間成績則無差異 ($\Lambda$ = .88，p > .05)，僅採用新教材學校之間學生成績才有差異存在 ($\Lambda$ = .42，p < .05)。進一步來看，採用新教材學校，不論在計算 (F = 8.24，p < .05) 或應用 (F = 11.39，p < .05) 成績均有明顯差異存在。

## 3-6-2 練習題：nested ( 階層 / 巢狀 ) 設計 MANOVA (MANOVA 指令 )

範例：巢狀 ( 嵌套 ) 設計的 MANOVA

連鎖零售店為銷售人員製作了兩個培訓視頻 (video)。這些視頻講授如何增加商店的主要產品的銷售。這些視頻還介紹了如何跟二手銷售主要產品的消費者經常使用的配件的主要銷售。公司培訓人員 (Sales associate) 不確定哪些視頻將提供最佳的培訓。為了決定將哪個視頻分發到所有商店以培訓銷售人員，他們選擇了三家商店 (store) 使用其中一個培訓視頻和另外三家商店使用另一個培訓視頻。從每家商店中選擇兩名員工 ( 銷售人員 ) 接受培訓。記錄每名員工的基準每週銷售額，然後記錄 3 到 4 個不同周的基線銷售額的增長情況。錄影 (video) 數據如下圖「videotrainer.sav」資料檔。

本例之資料結構是：「Sales associate nested in store」、「Store nested in video」，它即可探討潛在變數層次之「商店與商店之間的效果」(Store-by-store effects)。

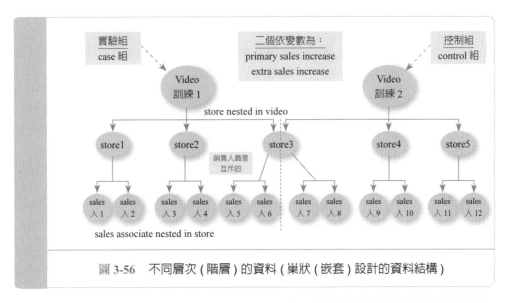

圖 3-56　不同層次 ( 階層 ) 的資料 ( 巢狀 ( 嵌套 ) 設計的資料結構 )

| | video | store | associate | primary | extra |
|---|---|---|---|---|---|
| 1 | 1 | 1 | 1 | 680.73 | 548.86 |
| 2 | 1 | 1 | 1 | 447.53 | 431.27 |
| 3 | 1 | 1 | 1 | 538.60 | 587.13 |
| 4 | 1 | 1 | 1 | 483.35 | 573.18 |
| 5 | 1 | 1 | 2 | 353.42 | 451.80 |
| 6 | 1 | 1 | 2 | 362.62 | 286.22 |
| 7 | 1 | 1 | 2 | 352.35 | 415.04 |
| 8 | 1 | 2 | 3 | 352.62 | 511.87 |
| 9 | 1 | 2 | 3 | 624.50 | 357.58 |
| 10 | 1 | 2 | 3 | 625.66 | 356.81 |
| 11 | 1 | 2 | 3 | 340.67 | 518.95 |
| 12 | 1 | 2 | 4 | 529.33 | 448.47 |
| 13 | 1 | 2 | 4 | 492.26 | 493.57 |
| 14 | 1 | 2 | 4 | 170.65 | 386.72 |
| 15 | 1 | 2 | 4 | 158.65 | 389.27 |
| 16 | 1 | 3 | 5 | 499.11 | 356.76 |
| 17 | 1 | 3 | 5 | 437.68 | 326.96 |
| 18 | 1 | 3 | 5 | 416.27 | 474.72 |
| 19 | 1 | 3 | 6 | 530.99 | 384.38 |
| 20 | 1 | 3 | 6 | 386.20 | 400.97 |
| 21 | 1 | 3 | 6 | 664.88 | 397.33 |

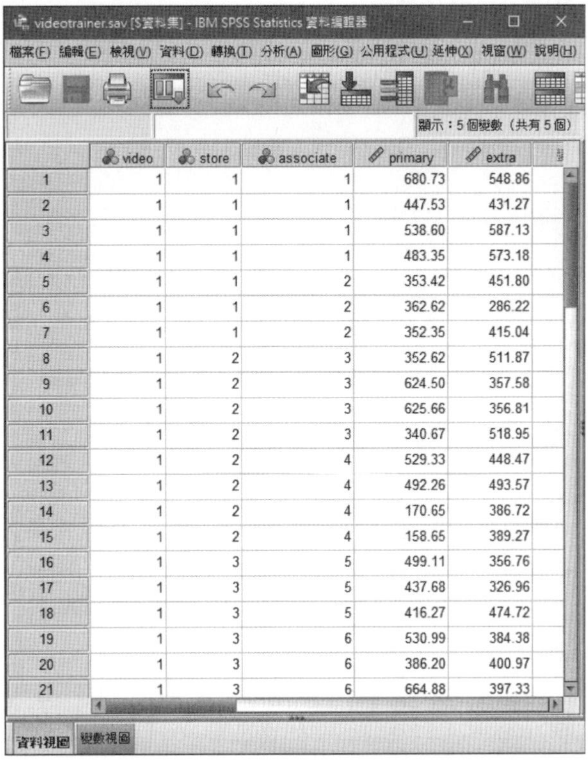

圖 3-57　「videotrainer.sav」 資料檔內容

【分析結果】：階層設計 MANOVA 分析

本例，除了使用 SPSS 指令 MANOVA，尚可參考作者《多變量統計之線性代數基礎：應用 STaTa 分析》一書解答。

# 3-7 Latin 方格的多變量變異數分析：平衡掉交互作用項

## 一、適用時機

當我們的研究問題包含有三個以上的因子，而每一個因子的水準數都一樣，而且這些因子之間彼此無交互作用存在時，則拉丁方格實驗設計可用來代替三因子變異數分析的設計。

## 二、使用目的

1. 可把因個別差異所造成的效果加以平衡。
2. 把由於實驗 ( 或測驗 ) 前後次序所造成的效果加以平衡，以看出實驗處理效果之間的差異。

## 三、基本原理

假使我們有 ABC 三個因子 ( 自變數 )：A 因子分為 k 個橫列區組 (blocks)，B 因子也分為 k 個縱行區組，則我們便可以將 C 因子的 k 個實驗處理按照拉丁方格的形式分派到適當的細格，使 k 個實驗處理之中的每一個處理都有機會在一個橫列和一個縱行中出現一次 ( 且只出現一次 )。例如：

$$
\begin{array}{c}
\\
a_1 \\
a_2 \\
a_3 \\
a_4 \\
a_5
\end{array}
\begin{array}{ccccc}
b_1 & b_2 & b_3 & b_4 & b_5 \\
\left( \begin{array}{ccccc}
C_2 & C_5 & C_4 & C_3 & C_1 \\
C_3 & C_1 & C_2 & C_5 & C_4 \\
C_4 & C_2 & C_3 & C_1 & C_5 \\
C_5 & C_3 & C_1 & C_4 & C_2 \\
C_1 & C_4 & C_5 & C_2 & C_3
\end{array} \right)_{5 \times 5}
\end{array}
$$

即是一個 $5 \times 5$ 拉丁矩陣，其中 $C_1$、$C_2$、$C_3$、$C_4$、$C_5$ 代表五種不同實驗處理，每一種處理在這 $5 \times 5$ 拉丁矩陣中，在每一橫列 (row) 或每一直行 (column) 均只

出現一次。這種實驗設計即可將 A 因子及 B 因子在各不同區組所造成的誤差給予平衡消除。

## 3-7-1 拉丁方陣實驗設計之概念

拉丁方格設計旨利用樣本刻意輪輪流來接受不同程度的刺激 / 機制 ( 例如：教學方法、機臺、車前後輪 )，以調節這些不同刺激對效果的干優。進而去除「交互作用項」來降低模型的複雜度。

拉丁方陣 (Latin square) 是一種 n×n 的方陣，在這種 n×n 的方陣裡，恰有 n 種不同的元素，每一種不同的元素在同一行或同一列裡只出現一次。以下是兩個拉丁方陣舉例：

$$\begin{bmatrix} 1 & 2 & 3 \\ 3 & 1 & 2 \\ 2 & 3 & 1 \end{bmatrix}_{3\times3} \quad 或 \quad \begin{bmatrix} a & b & d & c \\ b & c & a & d \\ c & d & b & a \\ d & a & c & b \end{bmatrix}_{4\times4}$$

## 一、拉丁方陣的標準型

當一個拉丁方陣的第一行與第一列的元素按順序排列時，此為這個拉丁方陣的標準型，英語稱為「Reduced Latin square」、「Normalized Latin square」或「Latin square in standard form」。

## 二、同型類別

許多對於拉丁方陣的運算都會產生新的拉丁方陣。例如：交換拉丁方陣裡的行、交換拉丁方陣裡的列、或是交換拉丁方陣裡的元素的符號，都會得到一個新的拉丁方陣。交換拉丁方陣裡的行、交換拉丁方陣裡的列、或是交換拉丁方陣裡的元素的符號所得的新的拉丁方陣與原來的拉丁方陣稱為同型 (isotopic)。同型 (isotopism) 是一個等價關係，因此所有的拉丁方陣所成的集合可以分成同型類別 (Isotopic class) 的子集合，同型的拉丁方陣屬於同一個同型類別，而不屬於同一個同型類別的拉丁方陣則不同型。

## 三、拉丁方陣的正交

設有兩個階數相同 ( 為 ) 的拉丁方陣 $A_1 = (a_{i,j}^{(1)})_{n \times n}$，$A_2 = (a_{i,j}^{(2)})_{n \times n}$ 其中將所有放置位置相同的元素組合成一個元組，組合成一個新的矩陣 $((a_{i,j}^{(1)}, a_{i,j}^{(2)}))_{n \times n}$。當這個新的矩陣 $((a_{i,j}^{(1)}, a_{i,j}^{(2)}))_{n/timesn}$ 中每一個元素互不相同時，拉丁方陣 $A_1$ 和 $A_2$ 是互相正交的。此時，$A_1$ 和 $A_2$ 即為一對正交 (orthogonal) 拉丁方陣。而在階數固定的情況下，所有兩兩正交的拉丁方所成的集合稱為正交拉丁方族。

## 四、希臘拉丁方陣

根據前面所得到關於正交的定義，兩個拉丁方陣相正交所得到的方陣為希臘拉丁方陣 (Graeco-Latin square)。事實上，並不是任意階數的拉丁方都存在一對正交拉丁方，也就是說，並不是任意階數的拉丁方均存在希臘拉丁方陣。

## 五、正交拉丁方

### 1. 定理

若 n 階拉丁方存在 r 個兩兩正交的拉丁方，那麼 r≤n-1。

### 2. 應用

當該定理中的等號成立時，則該階正交拉丁方族被稱為完全的。可以分析得到，當 n 為 1 時，只存在一個拉丁方，當 n 為 2 時，不存在正交拉丁方族。此外，當 n 為 6 時，也不存在正交拉丁方族，這個結論是通過對三十六軍官問題的嘗試得到的。三十六軍官問題指的是是否有一個解決方案使得來自 6 個不同地區的 6 個不同軍階的軍官排成 6×6 的方陣，其中每一行每一列的軍官都來自於不同的地區且具有不同的軍階。而該問題的方案即為 6 階正交拉丁方的個數，該問題於 1901 年被 Gaston Tarry 證明為無解 (Tarry, 1900)。除了上述三種情況外，當階數小於等於 8 時，均存在有 n-1 個正交的拉丁方。

如當 n = 3 時，存在兩個正交的拉丁方。$\begin{bmatrix} 1 & 2 & 3 \\ 2 & 3 & 1 \\ 3 & 1 & 2 \end{bmatrix} \begin{bmatrix} 1 & 2 & 3 \\ 3 & 1 & 2 \\ 2 & 3 & 1 \end{bmatrix}_{3 \times 3}$，當階數更

多時 n≤8，可以通過正交拉丁方表得到正交拉丁方族。

## 六、拉丁方格之統計模型

$$Y_{ij(k)} = \mu + \rho_i + k_j + \tau_k + \varepsilon_{ii(k)}$$

$\mu$ : Overall mean

$\rho_i$ : Main effect of the $i$-th row

$k_j$ : Main effect of the $j$-the column

$\tau_k$ : Main effect of the $k$-th treatment

$\varepsilon_{ii(k)}$ : $\sim i.i.d \ Normal(0, \sigma^2)$

$\Sigma\rho_i = \Sigma k_j = \Sigma\tau_k = 0$

## 七、拉丁方格之 ANOVA 摘要表

| 變異來源 | 自由變 | 平方和 | 均平 | 值 |
|---|---|---|---|---|
| 橫列 | r − 1 | SSR | MSR | $\dfrac{MSR}{MSE}$ |
| 直列 | r − 1 | SSC | MSC | $\dfrac{MSC}{MSE}$ |
| 處理 | r − 1 | SST | MST | $\dfrac{MST}{MSE}$ |
| 誤差 | (r − 1)(r − 2) | SSE | MSE | |
| 全體 | r² − 1 | SS(Total) ◄── | Corrected SSTotal | |

或

| 變異來源 | 平方和 | 自由度 | 均平 | 值 |
|---|---|---|---|---|
| 處理 | $SS_{\text{Treatments}} = \dfrac{1}{p}\sum_{j=1}^{p} y_{.j.}^2 - \dfrac{y_{...}^2}{N}$ | $p - 1$ | $\dfrac{SS_{\text{Treatments}}}{p - 1}$ | $F_0 = \dfrac{MS_{\text{Treatments}}}{MS_E}$ |
| 橫列 | $SS_{\text{Rows}} = \dfrac{1}{p}\sum_{i=1}^{p} y_{i..}^2 - \dfrac{y_{...}^2}{N}$ | $p - 1$ | $\dfrac{SS_{\text{Rows}}}{p - 1}$ | |
| 直行 | $SS_{\text{Columns}} = \dfrac{1}{p}\sum_{k=1}^{p} y_{..k}^2 - \dfrac{y_{...}^2}{N}$ | $p - 1$ | $\dfrac{SS_{\text{Columns}}}{p - 1}$ | |
| 誤差 | $SS_E$ (by subtraction) | $(p - 2)(p - 1)$ | $\dfrac{SS_E}{(p - 2)(p - 1)}$ | |

| 變異來源 | 平方和 | 自由度 | 均平 | 值 |
|---|---|---|---|---|
| 全體 | $SS_T = \sum_i \sum_j \sum_k y_{ijk}^2 - \dfrac{y_{\cdots}^2}{N}$ | $p^2 - 1$ | | |

## 3-7-2a 單變數：拉丁方格 ANOVA：消除交互作用項 (UNIANOVA 指令)

當研究者採用受試者內設計，讓同一組受試者接受不同的實驗處理時，因為只有一群受試者，因此不同的實驗狀況之間並不需要進行樣本隨機分派處理，但是受試者的反應卻有可能受到實驗順序的影響，造成實驗效果的混淆。第八種實驗設計，即是以對抗平衡 (counterbalancing) 原理來進行處理實驗順序的問題，由於缺乏隨機化設計，因此也是屬於一種準實驗設計。

假設今天有 A、B、C、D 四種實驗狀況，如果採用完全對抗平衡設計，總計可以產生 4！種 (24 種) 不同的實驗順序組合，研究者要重複操弄 A、B、C、D 四種實驗處理 24 次，共計 96 次的實驗處理，相當耗費人力。若以下表的拉丁方格 (Latin-square) 來處理，24 種實驗順序被大幅簡化成四組程序，每一個實驗狀況至少一次會出現在另三種實驗條件之後，且每一個實驗狀況與前一個實驗狀況是固定的。對於某一個特定的實驗狀況而言，四組實驗設計代表四種痕跡效應 (Carryover effect)，以 D 為例，組合一是 ABC 三種效果的痕跡效應，組合二是 BC 兩種效果的痕跡效應，組合三是 C 效果的痕跡效應，組合三是無實驗痕跡效應。對於 D 而言，其他三種實驗狀況的痕跡效果都被考慮進去了，但是三個實驗狀況的相互順序則不考慮變化，以簡化實驗操弄程序。在這種情況下，每一個受試者僅需接受一套實驗順序即可，可以減少受試者的負擔。

拉丁方格的使用上，受試者人數除了等於實驗設計的數目，也就是每一組實驗設計安排一個受試者 ( 以本例子而言需要四位受試者 )，也可能是實驗設計數目的倍數 (4、8、12…人 )，使每一組實驗設計有多個受試者，而每一個受試者仍然僅參與一組實驗設計。每一個實驗處理所累積的總人數越多，統計學的一些假設 ( 例如常態性假設 ) 就越能夠達到，研究者即可以進行一些統計檢定來檢定拉丁方格的適切性 ( 見 Kirk, 1995)。

表 3-6 拉丁方格

| | | 實驗順序 | | | |
|---|---|---|---|---|---|
| | | **1** | **2** | **3** | **4** |
| 研究設計 | 1 | D | A | B | C |
| | 2 | A | B | C | D |
| | 3 | B | C | D | A |
| | 4 | C | D | A | B |

　　當我們的研究問題包含有三個以上的因子，而每一個因子的水準數都一樣，而且這些因子之間彼此無「交互作用項」存在時，則拉丁方格實驗設計可用來代替三因子變異數分析的設計，以「控制」干擾變數。

$$SS_{total} = \sum_{i=1}^{\alpha} \sum_{j=1}^{\alpha} \sum_{k=1}^{\alpha} X_{ijk}^2/\alpha - G^2/\alpha^2$$

$$SS_{rows} = \sum_{i=1}^{\alpha} R_i^2/\alpha - G^2/\alpha^2$$

$$SS_{columns} = \sum_{j=1}^{\alpha} C_j^2/\alpha - G^2/\alpha^2$$

$$SS_{treatments} = \sum_{k=1}^{\alpha} T_k^2/\alpha - G^2/\alpha^2$$

**使用目的**

1. 可把因個別差異所造成的效果加以平衡。
2. 把由於實驗 ( 或測驗 ) 前後次序所造成的效果加以平衡，以看出實驗處理效果之間的差異。

## 範例：拉丁方格 ANOVA ( 來源：林清山 p439)

**(一) 問題說明：虛無假設**

例子：Latin-square ANOVA( 參考林清山，民 81，P439)

　　某臨床心理學家想研究三種心理治療方法對三種心理疾病患者的影響，他採拉丁方格實驗設計，下表為實驗結果。試問：(1) 不同醫院之間。(2) 治療方法之間。(3) 不同類病患之間的治療效果有顯著差異嗎？

表 3-7　拉丁方格實驗設計研究資料

| row | 方法 I<br>b1 | 方法 II<br>b2 | 方法 III<br>b3 |
|---|---|---|---|
| 甲病院<br>**a1** | 5,4,6,4<br>（第三類，C3） | 4,6,4,5<br>（第二類，C2） | 5,4,7,5<br>（第一類，C1） |
| 乙病院<br>**a2** | 6,5,8,5<br>（第二類，C2） | 5,7,9,8<br>（第一類，C1） | 4,2,2,3<br>（第三類，C3） |
| 丙病院<br>**a3** | 10,8,11,6<br>（第一類，C1） | 3,2,1,4<br>（第三類，C3） | 2,4,3,5<br>（第二類，C2） |

1. a 因子是「病院」，共有甲、乙、丙三個。

2. b 因子是「心理治療方法」，共有三種方法。不同療法的效果是否有差異，也是這研究者關心的事。

3. c 因子是「病患種類」，共有三類。

## (二) 資料檔之內容

「拉丁方格 ANOVA_P439.sav」變數之內容如下圖。

a 因子是「病院」，共有甲、乙、丙三個。
b 因子是「心理治療方法」，共有三種方法。不同療法的效果是否有差異，也是這研究者關心的事。
c 因子是「病患種類」，共有三類。

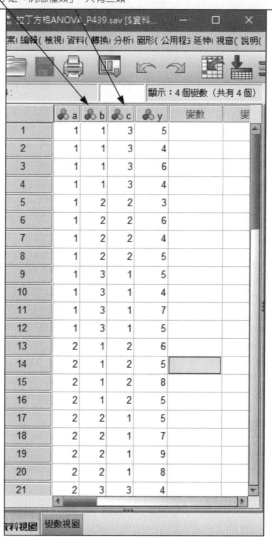

圖 3-58 「拉丁方格 ANOVA_P439.sav」 資料檔 (N=36 , 4 variables)

( 三 ) Latin-square ANOVA 之指令

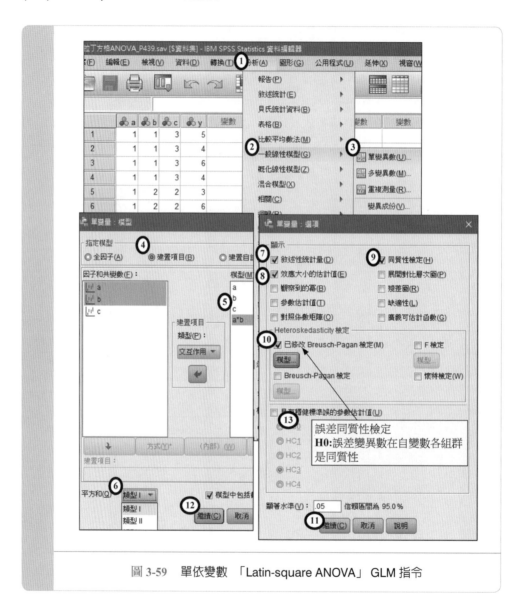

圖 3-59　單依變數 「Latin-square ANOVA」 GLM 指令

```
UNIANOVA y BY a b c
  /METHOD=SSTYPE(1)
  / INTERCEPT=INCLUDE
  /PRINT MBP ETASQ DESCRIPTIVE HOMOGENEITY
  /CRITERIA=ALPHA(.05)
  /DESIGN=a b c a*b.
```

## (四) 分析結果與討論

```
. anova y a b c

                Number of obs =        36    R-squared     =  0.6938
                Root MSE      = 1.41996    Adj R-squared =  0.6305

      Source |  Partial SS    df       MS            F     Prob > F
    ---------+----------------------------------------------------
       Model |      132.5     6   22.0833333        10.95    0.0000
             |
           a |  1.72222222    2   .861111111         0.43    0.6564
           b |  44.0555556    2   22.0277778        10.92    0.0003
           c |  86.7222222    2   43.3611111        21.51    0.0000
             |
    Residual |  58.4722222   29   2.01628352
    ---------+----------------------------------------------------
       Total |  190.972222   35   5.45634921
```

【A. 分析結果說明】：拉丁方格

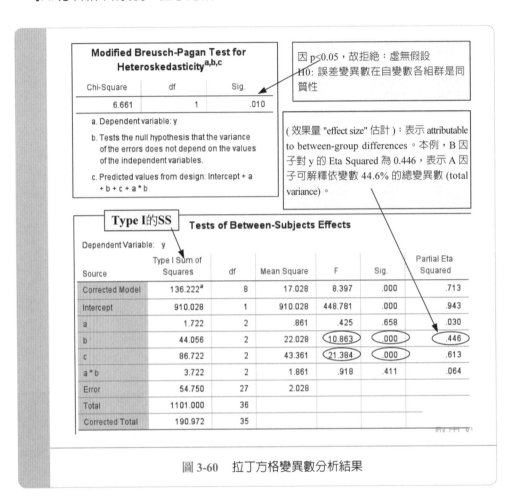

圖 3-60　拉丁方格變異數分析結果

## 拉丁方格變異數分析摘要表

| 變異 (variation) 來源 | 平方和 (SS) | 自由度 (df) | 均方 (MS) | F |
|---|---|---|---|---|
| 病院 (A) | 1.722 | 2 | 0.861 | 0.43 |
| 治療法 (B) | 44.06 | 2 | 22.03 | 10.86* |
| 病患類別 (C) | 86.72 | 2 | 43.36 | 21.38* |
| 細格之內 (w.cell) | 58.47 | 29 | 43.36 | |
| 全體 | 190.97 | 35 | | |

*p<.05

1. 結果顯示，橫列的病院 (A) 因子，F = 0.43, p > 0.05，效果未達顯著差異。
2. 治療法 (B) 因子，F = 10.86, p < 0.05，效果達顯著差異。
3. 隨機依序安排的病患類別 (C)，F = 21.38, p < 0.05，效果達顯著差異。

## 3-7-2b 拉丁方格 ANOVA：消除交互作用項 (UNIANOVA 指令)

拉丁方格 (Latin square) 是一種 n×n 的方陣，在這種 n×n 的方陣裡，恰有 n 種不同的元素，每一種不同的元素在同一行或同一列裡只出現一次。以下是兩個拉丁方陣舉例：

$$\begin{bmatrix} 1 & 2 & 3 \\ 2 & 3 & 1 \\ 3 & 1 & 2 \end{bmatrix} \begin{bmatrix} a & b & d & c \\ b & c & a & d \\ c & d & b & a \\ d & a & c & b \end{bmatrix}$$

拉丁方格有此名稱，是因為瑞士數學家和物理學家歐拉使用拉丁字母來做為拉丁方陣裡的元素的符號。

範例：拉丁方格 ANOVA

### (一) 問題說明
資料來源：Snedecor & Cochran(1989).

5×5 拉丁方格之資料格式如下：

| Row | Column 1 | Column 2 | Column 3 | Column 4 | Column 5 |
|-----|----------|----------|----------|----------|----------|
| 1 | 257(B) | 230(E) | 279(A) | 287(C) | 202(D) |
| 2 | 245(D) | 283(A) | 245(E) | 280(B) | 260(C) |
| 3 | 182(E) | 252(B) | 280(C) | 246(D) | 250(A) |
| 4 | 203(A) | 204(C) | 227(D) | 193(E) | 259(B) |
| 5 | 231(C) | 271(D) | 266(B) | 334(A) | 338(E) |

## (二) 資料檔之內容

「latin_square.sav」內容如下圖。

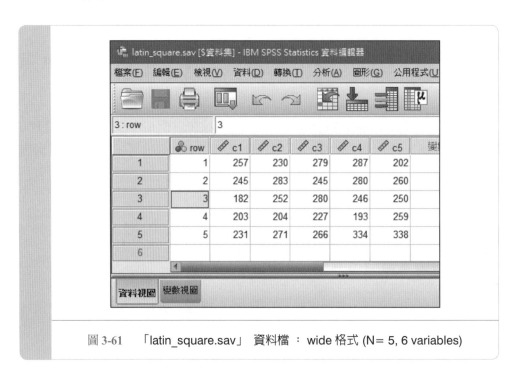

圖 3-61 　「latin_square.sav」 資料檔 ： wide 格式 (N= 5, 6 variables)

## (三) VARSTOCASES 指令，將 wide 格式轉成 long 格式

此 5×5 方格，在進行 ANOVA 指令前，需用「VARSTOCASES」指令，做欄位格式的轉換。即 row 變數及 c1~c5 變數，依 row 方向由上至下重排序。轉換後的資料檔「latin_square_long.sav」，如下圖。

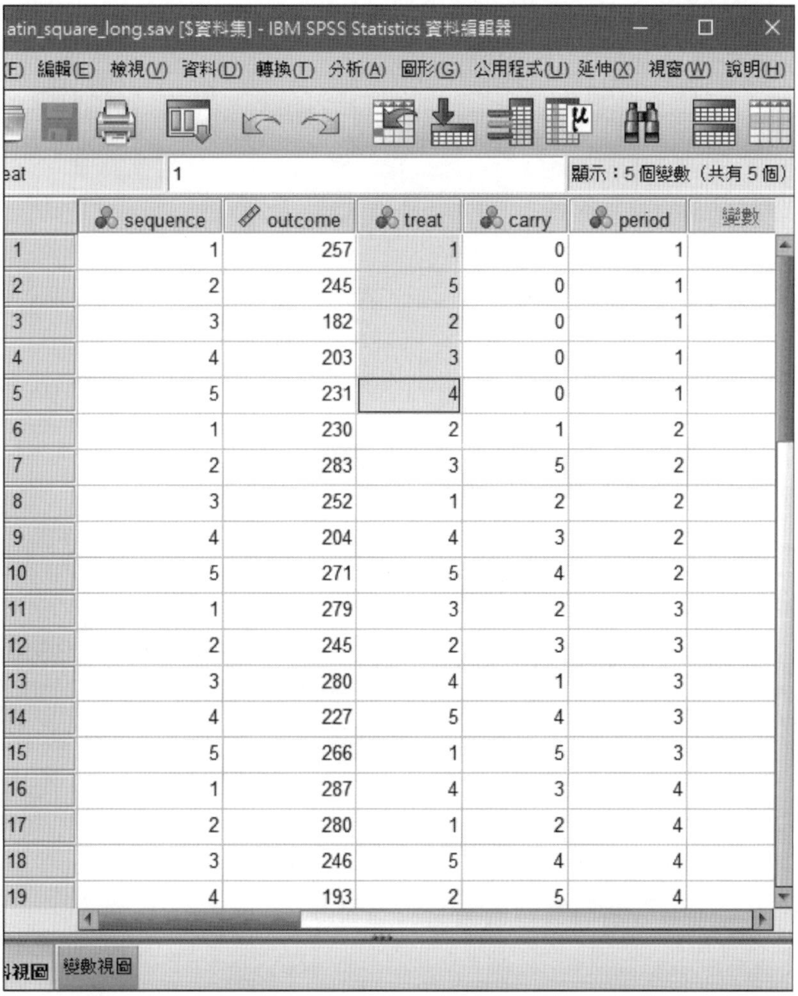


| | sequence | outcome | treat | carry | period |
|---|---|---|---|---|---|
| 1 | 1 | 257 | 1 | 0 | 1 |
| 2 | 2 | 245 | 5 | 0 | 1 |
| 3 | 3 | 182 | 2 | 0 | 1 |
| 4 | 4 | 203 | 3 | 0 | 1 |
| 5 | 5 | 231 | 4 | 0 | 1 |
| 6 | 1 | 230 | 2 | 1 | 2 |
| 7 | 2 | 283 | 3 | 5 | 2 |
| 8 | 3 | 252 | 1 | 2 | 2 |
| 9 | 4 | 204 | 4 | 3 | 2 |
| 10 | 5 | 271 | 5 | 4 | 2 |
| 11 | 1 | 279 | 3 | 2 | 3 |
| 12 | 2 | 245 | 2 | 3 | 3 |
| 13 | 3 | 280 | 4 | 1 | 3 |
| 14 | 4 | 227 | 5 | 4 | 3 |
| 15 | 5 | 266 | 1 | 5 | 3 |
| 16 | 1 | 287 | 4 | 3 | 4 |
| 17 | 2 | 280 | 1 | 2 | 4 |
| 18 | 3 | 246 | 5 | 4 | 4 |
| 19 | 4 | 193 | 2 | 5 | 4 |

圖 3-62　拉丁方格「wide-to-long」資料檔 ( 存在 latin_square_long.sav 檔 )

【A. 分析結果】

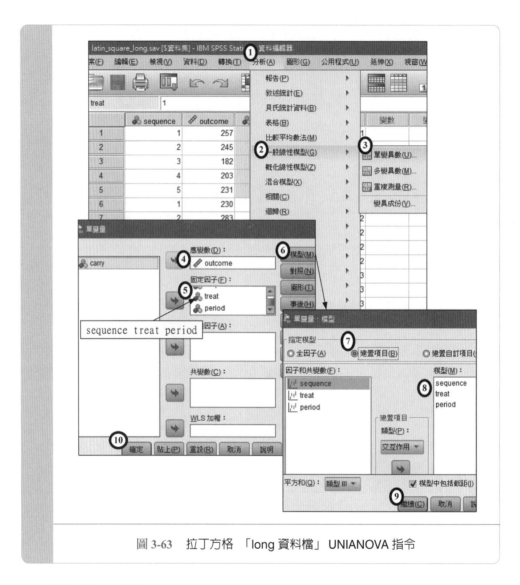

圖 3-63　拉丁方格 「long 資料檔」 UNIANOVA 指令

對應的指令語法：

```
UNIANOVA outcome BY sequence treat period
  /METHOD=SSTYPE(3)
  /INTERCEPT=INCLUDE
  /CRITERIA=ALPHA(0.05)
  /DESIGN=sequence treat period.
```

【B. 分析結果說明】

**Tests of Between-Subjects Effects**

Dependent Variable:　outcome

| Source | Type III Sum of Squares | df | Mean Square | F | Sig. |
|---|---|---|---|---|---|
| Corrected Model | 23904.080[a] | 12 | 1992.007 | 1.887 | .143 |
| Intercept | 1589616.640 | 1 | 1589616.640 | 1505.880 | .000 |
| sequence | 13601.360 | 4 | 3400.340 | 3.221 | .052 |
| treat | 4156.560 | 4 | 1039.140 | .984 | .452 |
| period | 6146.160 | 4 | 1536.540 | 1.456 | .276 |
| Error | 12667.280 | 12 | 1055.607 | | |
| Total | 1626188.000 | 25 | | | |
| Corrected Total | 36571.360 | 24 | | | |

a. R Squared = .654 (Adjusted R Squared = .307)

1. 結果顯示，橫列的 sequence 因子，F = 3.22, P > 0.05，效果未達顯著差異。

　直行的 period 因子，F = 1.46, P > 0.05，效果亦未達顯著差異。

　隨機依序安排的 treat 因子，F = 0.98, P > 0.05，效果未達顯著差異。

## 3-7-3 拉丁方格設計 MANOVA：去除交互作用項 (GLM 指令)

### 範例：**Latin square 設計 MANOVA(GLM 指令)**

### 一、資料檔之內容

例 3-6　(參考林清山，《多變數分析統計法》，民 79，第 5 版，p509)

　　某臨床心理學家想研究三種心理治療方法對三種心理疾病的治療效果，他乃自三個精神病院抽取 36 名患者，每病院 12 人，每類病人 4 名，進行研究。下表是他研究的結果，表示治療效果好壞的兩種依變數分數。問一般而言，不同病院 (A) 之間、不同類型病人 (B) 之間、和不同治療方法 (C) 之間是否有顯著差異存在。

| | | 第一類 (b1) | | 第二類 (b2) | | | 第三類 (b3) | | |
|---|---|---|---|---|---|---|---|---|---|
| | | **Y1** | **Y2** | | **Y1** | **Y2** | | **Y1** | **Y2** |
| 甲病院 (a1) | (C3) | 5 | 3 | (C2) | 3 | 2 | (C1) | 5 | 5 |
| | | 4 | 4 | | 6 | 6 | | 4 | 3 |
| | | 6 | 5 | | 4 | 2 | | 7 | 6 |
| | | 4 | 4 | | 5 | 4 | | 5 | 3 |
| 乙病院 (a2) | (C2) | 6 | 4 | (C1) | 5 | 4 | (C3) | 4 | 3 |
| | | 5 | 3 | | 7 | 6 | | 2 | 2 |
| | | 8 | 7 | | 9 | 8 | | 2 | 1 |
| | | 5 | 4 | | 8 | 6 | | 3 | 2 |
| 丙病院 (a3) | (C1) | 10 | 9 | (C3) | 3 | 2 | (C2) | 2 | 2 |
| | | 8 | 8 | | 2 | 2 | | 4 | 3 |
| | | 11 | 10 | | 1 | 0 | | 3 | 2 |
| | | 6 | 5 | | 4 | 3 | | 5 | 5 |

　　本例所建資料檔「例 3-6(P509).sav」的內容，見下圖。共有三個自變數 A、B 與 C 以及二個依變數 $y_1$ 和 $y_2$。自變數 A 代表病院 (1 = 甲病院，2 = 乙病院，3 = 丙病院)。B 代表不同類型病人 (1 = 第一類，2 = 第二類，3 = 第三類)。C 代表不同治療方法。依變數 y1、y2 分別代表二個不同治療「效果一」和「效果二」。

自變數 A 代表病院 (I = 甲病院，2 = 乙病院，3 = 丙病院)。B 代表不同類型病人 (1 = 第一類，2 = 第二類，3 = 第三類)。C 代表不同治療方法。依變數 y1、y2 分別代表二個不同治療「效果一」和「效果二」。

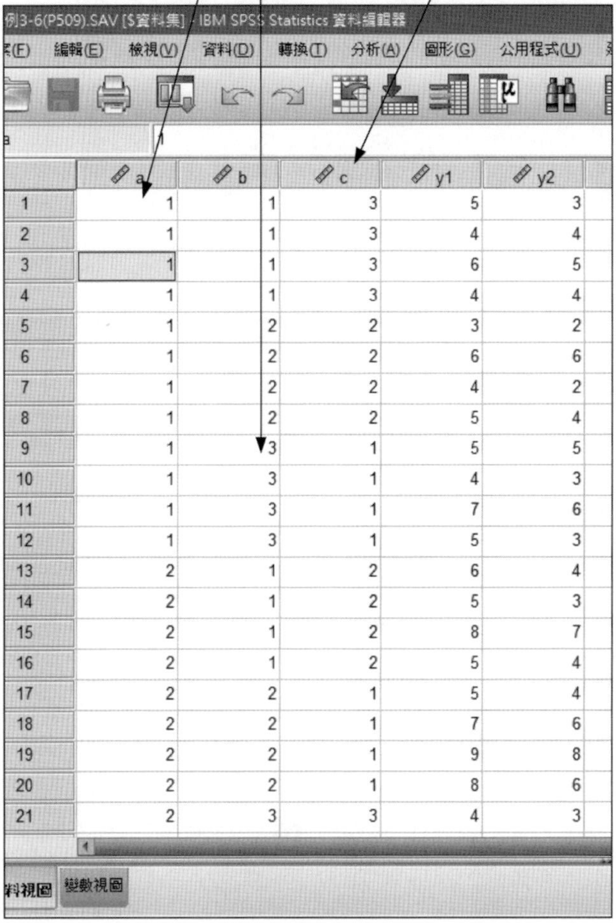

| | a | b | c | y1 | y2 |
|---|---|---|---|---|---|
| 1 | 1 | 1 | 3 | 5 | 3 |
| 2 | 1 | 1 | 3 | 4 | 4 |
| 3 | 1 | 1 | 3 | 6 | 5 |
| 4 | 1 | 1 | 3 | 4 | 4 |
| 5 | 1 | 2 | 2 | 3 | 2 |
| 6 | 1 | 2 | 2 | 6 | 6 |
| 7 | 1 | 2 | 2 | 4 | 2 |
| 8 | 1 | 2 | 2 | 5 | 4 |
| 9 | 1 | 3 | 1 | 5 | 5 |
| 10 | 1 | 3 | 1 | 4 | 3 |
| 11 | 1 | 3 | 1 | 7 | 6 |
| 12 | 1 | 3 | 1 | 5 | 3 |
| 13 | 2 | 1 | 2 | 6 | 4 |
| 14 | 2 | 1 | 2 | 5 | 3 |
| 15 | 2 | 1 | 2 | 8 | 7 |
| 16 | 2 | 1 | 2 | 5 | 4 |
| 17 | 2 | 2 | 1 | 5 | 4 |
| 18 | 2 | 2 | 1 | 7 | 6 |
| 19 | 2 | 2 | 1 | 9 | 8 |
| 20 | 2 | 2 | 1 | 8 | 6 |
| 21 | 2 | 3 | 3 | 4 | 3 |

圖 3-64 「例 3-6(P509).sav」 資料檔內容 (N=36 個人 )

【A. 分析結果】

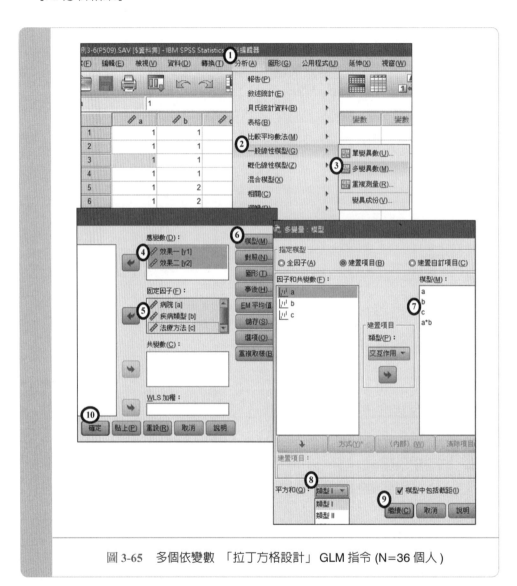

圖 3-65　多個依變數　「拉丁方格設計」 GLM 指令 (N=36 個人)

```
GLM y1 y2 BY a b c
  /METHOD=SSTYPE(1)
  /INTERCEPT=INCLUDE
  /CRITERIA=ALPHA(.05)
  /DESIGN=a b c a*b.
```

【B. 分析結果說明】：多變量：主要效果及「A×B」交互項效果

| Multivariate Testsa | | Value | F | Hypothesis df | Error df | Sig. |
|---|---|---|---|---|---|---|
| Effect | | | | | | |
| Intercept | Pillai's Trace | .949 | 240.330b | 2.000 | 26.000 | .000 |
| | Wilks' Lambda | .051 | 240.330b | 2.000 | 26.000 | .000 |
| | Hotelling's Trace | 18.487 | 240.330b | 2.000 | 26.000 | .000 |
| | Roy's Largest Root | 18.487 | 240.330b | 2.000 | 26.000 | .000 |
| a | Pillai's Trace | .136 | .984 | 4.000 | 54.000 | .424 |
| | Wilks' Lambda | .865 | .974b | 4.000 | 52.000 | .430 |
| | Hotelling's Trace | .154 | .961 | 4.000 | 50.000 | .437 |
| | Roy's Largest Root | .143 | 1.926c | 2.000 | 27.000 | .165 |
| b | Pillai's Trace | .467 | 4.107 | 4.000 | 54.000 | .006 |
| | Wilks' Lambda | .541 | 4.671b | 4.000 | 52.000 | .003 |
| | Hotelling's Trace | .833 | 5.209 | 4.000 | 50.000 | .001 |
| | Roy's Largest Root | .816 | 11.014c | 2.000 | 27.000 | .000 |
| c | Pillai's Trace | .631 | 6.222 | 4.000 | 54.000 | .000 |
| | Wilks' Lambda | .379 | 8.106b | 4.000 | 52.000 | .000 |
| | Hotelling's Trace | 1.608 | 10.053 | 4.000 | 50.000 | .000 |
| | Roy's Largest Root | 1.591 | 21.482c | 2.000 | 27.000 | .000 |
| a * b | Pillai's Trace | .105 | .749 | 4.000 | 54.000 | .563 |
| | Wilks' Lambda | .895 | .741b | 4.000 | 52.000 | .568 |
| | Hotelling's Trace | .117 | .732 | 4.000 | 50.000 | .574 |
| | Roy's Largest Root | .116 | 1.567c | 2.000 | 27.000 | .227 |

a. Design: Intercept + a + b + c + a * b

b. Exact statistic

c. The statistic is an upper bound on F that yields a lower bound on the significance level.

1. 結果顯示，橫列的病院 (A) 因子，Wilks' lambda = **0.865**, P > 0.05，效果未達顯著差異。

2. 直行的病人類型 (B) 因子，Wilks' lambda = **0.541**, P < 0.05，效果達顯著差異。

3. 隨機依序安排的治療法 (C)Wilks' lambda = **0.379**, P < 0.05，效果達顯著差異。

因為多變量變異數分析，顯示三種治療方法 (C) 有顯著差異存在 ($\Lambda = 0.379$，$p < 0.05$)。此外，三種疾病類型 (B) 之間的治療效果也有顯著的不同 ($\Lambda = 0.541$，$p < 0.05$)。故我們進行 C 因子與 B 因子主要效果之事後比較。

【C. 分析結果說明】：B 因子 (3 levels) 主要效果之事後比較

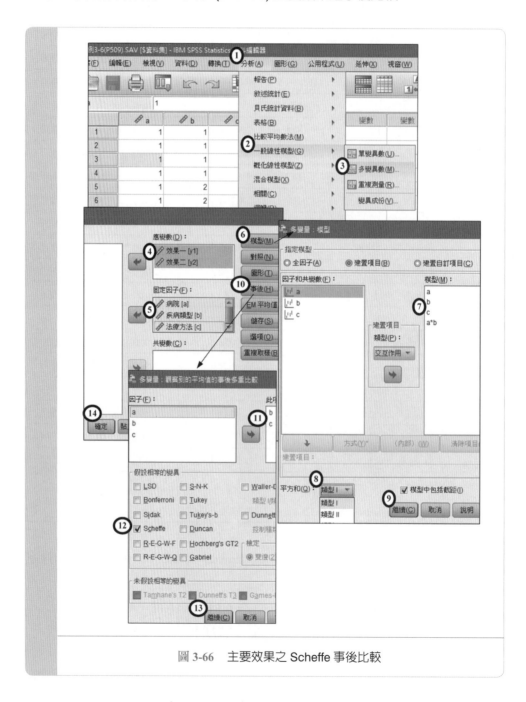

圖 3-66　主要效果之 Scheffe 事後比較

**B( 疾病類型 )**

| | | | | Multiple Comparisons | | | | |
|---|---|---|---|---|---|---|---|---|
| Scheffe | | | | | | | | |
| Dependent Variable | (I)B( 疾病類型 ) | (J)B( 疾病類型 ) | Mean Difference (I-J) | Std. Error | Sig. | 95% Confidence Interval | |
| | | | | | | Lower Bound | Upper Bound |
| 效果一 | 第一類 | 第二類 | 1.75* | .581 | .020 | .24 | 3.26 |
| | | 第三類 | 2.67* | .581 | .000 | 1.16 | 4.17 |
| | 第二類 | 第一類 | -1.75* | .581 | .020 | -3.26 | -.24 |
| | | 第三類 | .92* | .581 | .304 | -.59 | 2.42 |
| | 第三類 | 第一類 | -2.67* | .581 | .000 | -4.17 | -1.16 |
| | | 第二類 | -.92 | .581 | .304 | -2.42 | .59 |
| 效果二 | 第一類 | 第二類 | 1.75* | .626 | .032 | .13 | 3.37 |
| | | 第三類 | 2.42* | .626 | .003 | .80 | 4.04 |
| | 第二類 | 第一類 | -1.75* | .626 | .032 | -3.37 | -.13 |
| | | 第三類 | .67 | .626 | .574 | -.95 | 2.29 |
| | 第三類 | 第一類 | -2.42* | .626 | .003 | -4.04 | -.80 |
| | | 第二類 | -.67 | .626 | .574 | -2.29 | .95 |

Based on observed means.

The error term is Mean Square (Error) = 2.352.

* The mean difference is significant at the .05 level.

以上的結果，整理成下表。

**表 3-8　B 因子 ( 疾病類型 ) 事後比較**

| 療效 疾病類 | 治療效果一 | | | 治療效果二 | | |
|---|---|---|---|---|---|---|
| | 第一類 (B1) | 第二類 (B2) | 第三類 (B3) | 第一類 (B1) | 第二類 (B2) | 第三類 (B3) |
| B1( 第一類 ) | —— | * | * | —— | * | * |
| B2( 第二類 ) | | —— | | | —— | |
| B3( 第三類 ) | | | —— | | | —— |

*p < .01

## 【D. 分析結果說明】：C 因子主要效果之事後比較

**Multiple Comparisons**

Scheffe

| Dependent Variable | (I)C( 治療方法 ) | (J)C( 治療方法 ) | Mean Difference (I-J) | Std. Error | Sig. | 95% Confidence Interval Lower Bound | 95% Confidence Interval Upper Bound |
|---|---|---|---|---|---|---|---|
| 效果一 | 療法一 | 療法二 | 2.42* | .581 | .001 | .91 | 3.92 |
| | | 療法三 | 3.75* | .581 | .000 | 2.42 | 5.26 |
| | 療法二 | 療法一 | -2.42* | .581 | .001 | -3.92 | -.91 |
| | | 療法三 | 1.33 | .581 | .090 | -.17 | 2.84 |
| | 療法三 | 療法一 | -3.75* | .581 | .000 | -5.26 | -2.24 |
| | | 療法二 | -1.33 | .581 | .090 | -2.84 | .17 |
| 效果二 | 療法一 | 療法二 | 2.42* | .626 | .003 | .80 | 4.04 |
| | | 療法三 | 3.50* | .626 | .000 | 1.88 | 5.12 |
| | 療法二 | 療法一 | -2.42* | .626 | .003 | -4.04 | -.80 |
| | | 療法三 | 1.08 | .626 | .242 | -.54 | 2.70 |
| | 療法三 | 療法一 | -3.50* | .626 | .000 | -5.12 | -1.88 |
| | | 療法二 | -1.08 | .626 | .242 | -2.70 | .54 |

Based on observed means.

The error term is Mean Square (Error) = 2.352.

* The mean difference is significant at the .05 level.

以上的結果，整理成下表。

### 表 3-9　C 因子 ( 治療方法 ) 對「治療效果一」的事後比較

| 療　法 | 療法一 (C1) | 療法二 (C2) | 療法三 (C3) |
|---|---|---|---|
| (C1)　7.08 | —— | * | * |
| (C2)　4.67 | | —— | |
| (C3)　3.33 | | | —— |

*p < .01

上表結果顯示療法一顯著優於療法二及療法三，但療法二與療法三之間則無差異存在。

# 單層vs.雙層次ANOVA
# 模型：重複測量
# (Repeated measures)

有關 ( 單變量 ) 變異數分析 (ANOVA) 的精闢講解，請見作者《高等統計：應用 SPSS 分析》一書。

此外，作者另一書《多層次模型 (HLM) 及重複測量：使用 STaTa》，專門介紹：線性多層次模型、離散型多層次模型、計數型多層次模型、存活分析之多層次模型、非線性多層次模型等。

## 變異數分析 (ANOVA) 分析流程

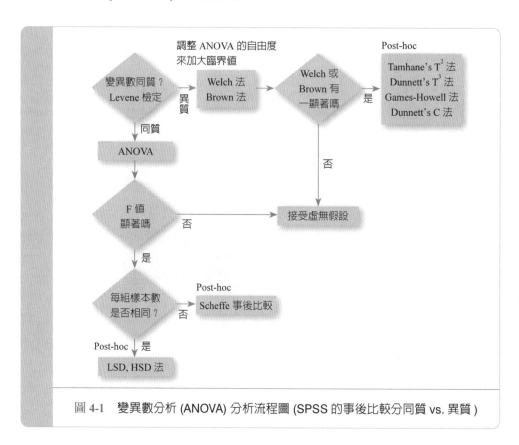

圖 4-1　變異數分析 (ANOVA) 分析流程圖 (SPSS 的事後比較分同質 vs. 異質 )

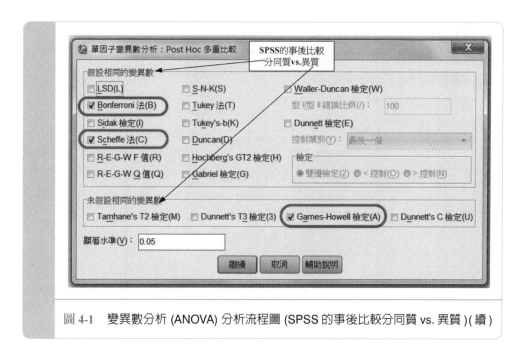

圖 4-1　變異數分析 (ANOVA) 分析流程圖 (SPSS 的事後比較分同質 vs. 異質 )( 續 )

## 異質性分析流程

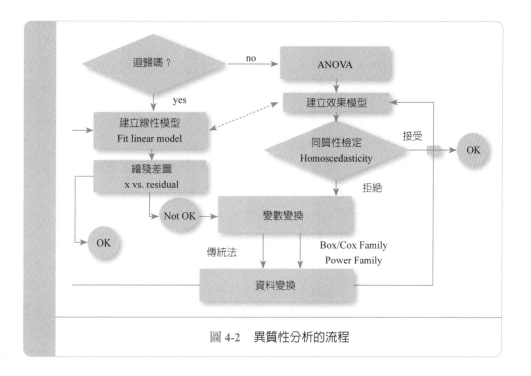

圖 4-2　異質性分析的流程

## 盒形圖

通常，變異數分析 (ANOVA) 分析流程如上圖。但 ANOVA 分析前，可由盒形圖快速檢視樣本資料的同質性。

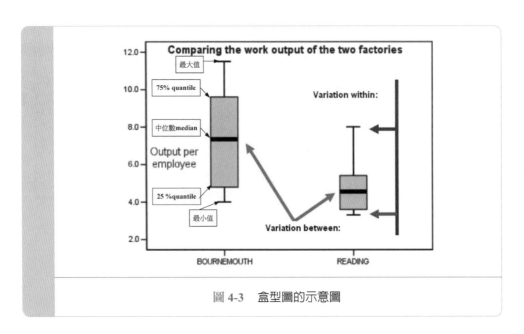

圖 4-3　盒型圖的示意圖

## 變異數分析 (ANOVA)

ANOVA 是將依變數的總變異量，分解成自變數效果 (Between group) 及誤差效果 (Within group) 二部分，其變異量分解數學式為：$SS_T = SS_B + SS_W$，並進行 F 檢定。

ANOVA 的基本思想：通過分析研究中不同來源的變異對總變異的貢獻大小，從而確定可控因素對研究結果影響力的大小。

根據資料設計類型的不同，有以下兩種 ANOVA 分析的方法：

1. 對成組設計的多個樣本均數比較，應採用完全隨機設計的 ANOVA 分析，即單因子 ANOVA 分析。

2. 對隨機區組設計的多個樣本均數比較，應採用兩因子 ANOVA 分析。

以上這兩種 ANOVA 分析的基本步驟相同，只是變異的分解方式不同。對單因子設計的資料，總變異分解為組內變異和組間變異（隨機誤差），

即：$SS_{total} = SS_{Bwtween} + SS_{Within}$，而雙因子設計的資料，總變異除了分解爲：

$SS_{total} = SS_A + SS_B + SS_{Error}$。整個 ANOVA 分析的基本步驟如下：

$\boxed{\text{Step 1.}}$ 建立檢定假設；

H₀：多個樣本平均數相等；

H₁：多個樣本平均數不全等。

檢定水準爲 0.05。

$\boxed{\text{Step 2.}}$ 計算檢定統計量 F 值；

$\boxed{\text{Step 3.}}$ 確定 p 值並作出推斷結果。

表 4-1　獨立樣本單因子變異數分析摘要表

| 變異來源 (variation source) | 平方和 (SS) | 自由度 (df) | 均方 (MS) | F |
|---|---|---|---|---|
| 組間 (Between Group) | $SS_B$ | k-1 | $SS_B / k\text{-}1$ | $MS_B / MS_W$ |
| 組內 (Within Group) | $SS_W$ | N-k | $SS_W / N\text{-}k$ | |
| 全體 (Total) | $SS_T$ | N-1 | | |

ANOVA 分析主要用於：

1. 平均數差別的顯著性檢定。

2. 分離各有關因子並估計其對總變異的作用。

3. 分析因子間的交互作用。

4. 變異數同質性檢定，就是分析組內變異數是否相同，如果不同質，沒有繼續分析的意義。

## 4-1 單層次：重複測量的混合效果模型 (Mixed effect model for repeated measure)

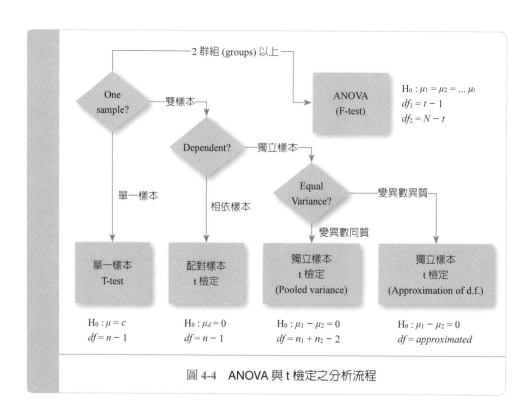

圖 4-4　ANOVA 與 t 檢定之分析流程

### 一、ANOVA 之重點整理

　　變異數分析 (Analysis of variance，簡稱 ANOVA) 為資料分析中常見的統計模型，主要為探討連續型 (continuous) 資料型態之依變數 (Dependent variable) 與類別型資料型態之自變數 (Independent variable) 的關係，當自變數的因子中包含等於或超過三個類別情況下，檢定其各類別間平均數是否相等的統計模型，廣義上可將 t 檢定中變異數相等 (Equality of variance) 的合併 t 檢定 (Pooled t-test) 視為是變異數分析的一種，基於 t 檢定為分析兩組平均數是否相等，並且採用相同的計算概念，而實際上當變異數分析套用在合併 t 檢定的分析上時，產生的 F 值則會等於 t 檢定的平方項。

變異數分析依靠 F- 分布為機率分布的依據，利用平方和 (Sum of square) 與自由度 (Degree of freedom) 所計算的組間與組內均方 (Mean of square) 估計出 F 值，若有顯著差異則考量進行事後比較或稱多重比較 (Multiple comparison)，較常見的為 Scheffé's method、Tukey-Kramer method 與 Bonferroni correction，用於探討其各組之間的差異為何。

在變異數分析的基本運算概念下，依照所感興趣的因子數量而可分為單因子變異數分析、雙因子變異數分析、多因子變異數分析三大類，依照因子的特性不同而有三種型態，固定效果變異數分析 (Fixed-effect analysis of variance)、隨機效果變異數分析 (Random-effect analysis of variance) 與混合效果變異數分析 (Mixed-effect analaysis of variance)，然而第三種型態在後期發展上被認為是 Mixed model 的分支，關於更進一步的探討可參考本章節 Mixed model 的部分。

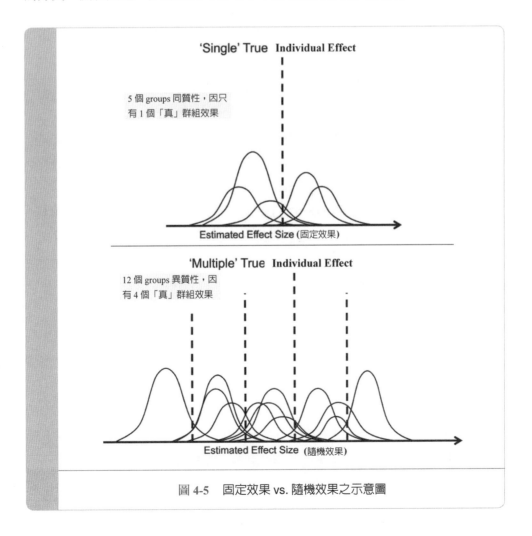

圖 4-5　固定效果 vs. 隨機效果之示意圖

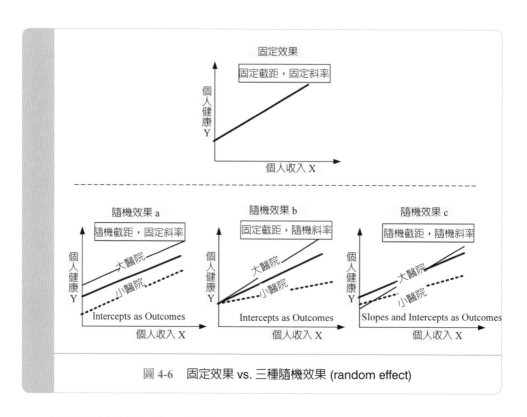

圖 4-6　固定效果 vs. 三種隨機效果 (random effect)

　　變異數分析優於兩組比較的 t 檢定之處，在於後者會導致多重比較 (Multiple comparisons) 的問題而致使第一型誤差 (Type I error, $\alpha$) 的機會增高，因此比較多組平均數是否有差異則是變異數分析的主要命題。

　　在統計學中，變異數分析(ANOVA)是一系列統計模型及其相關的過程總稱，其中某一變數的變異數可以分解爲歸屬於不同變數來源的部分。其中最簡單的方式中，變異數分析的統計測試能夠說明幾組數據的平均值是否相等，因此得到兩組的 t 檢定。在做多組雙變數 t 檢定的時候，誤差的機率會越來越大，特別是第一型誤差，因此變異數分析只在二到四組平均值的時候比較有效。

　　變異數分析的目的，即在於探究反應值 ( 依變數 ) 之間的差異，是受到那些主要因子 ( 自變數 a ) 的影響，以作爲往後擬定決策時的參考情報。反應值 ( 依變數 y ) 間之差異，統計學上稱爲「變異」。

　　變異數分析法，乃將樣本之總變異 ( 平方和 ) 分解爲各原因所引起之平方和及實驗變異所引起之平方和，然後將各平方和化爲不偏變異數，使其比值爲 F 統計量後，即可根據 F 分配以檢定各原因所引起之變異是否顯著。

## 二、二因子 ANOVA 分析流程

二因子變異數分析是利用變異數分析法來處理兩個自變數的統計方法，主要是想了解這兩個自變數 ( 因子 ) 之間是否有交互作用效果存在。二因子變異數分析有下列三種實驗設計：(1) 受試者間設計：獨立樣本；(2) 受試者內設計：相依樣本；(3) 混合設計：有一個自變數採受試者間設計，另一個自變數採受試者內設計。

二因子變異數分析主要是想了解這兩個因子之間是否有交互作用存在，即 A 因子的不同水準是否隨著 B 因子水準不同而有不同的效果。若交互作用達顯著，則進一步分析其單純主要效果。即 A 因子在 B 因子的哪一個水準有顯著效果，以及 B 因子在 A 因子的哪一個水準有顯著效果。若單純主要效果顯著，則可比較水準間的差異。分析的流程見下圖。

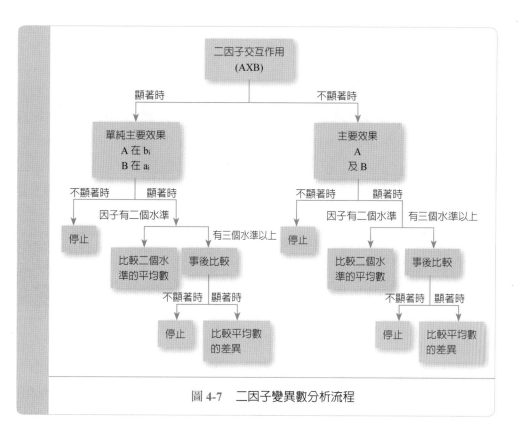

圖 4-7　二因子變異數分析流程

### 三、ANOVA 的模型型態

資料分析中常見的統計模型，主要爲探討連續型 (continuous) 資料型態之依變數 (Dependent variable) 與類別型資料型態之自變數 (Independent variable) 的關係，當自變數的因子中包含等於或超過三個類別情況下，檢定其各類別間平均數是否相等的統計模型，廣義上可將 t 檢定中變異數相等 (Equality of variance) 的合併 t 檢定 (Pooled t-test) 視爲是變異數分析的一種，基於 t 檢定爲分析兩組平均數是否相等，並且採用相同的計算概念，而實際上當變異數分析套用在合併 t 檢定的分析上時，產生的 F 值則會等於 t 檢定的平方項。

在統計學中，變異數分析 (ANOVA)是一系列統計模型及其相關的過程總稱，其中某一變數的變異數 (variance) 可以分解爲歸屬於不同變數來源的部分。其中最簡單的方式中，變異數分析的統計測試能夠說明幾組數據的平均值是否相等，因此得到兩組的 t 檢定。在做多組雙變數 t 檢定的時候，錯誤的幾率會越來越大，特別是第 I 型誤差 ($\alpha$)。因此，變異數分析只在二到四組平均值的時候比較有效。

變異數分析分爲三種型態：

#### 1. 固定效果模型 (Fixed-effects models)

用於變異數分析模型中所考慮的因子爲固定的情況，換言之，其所感興趣的因子是來自於特定的範圍，例如：要比較五種不同的汽車銷售量的差異，感興趣的因子爲五種不同的汽車，反應變數爲銷售量，該命題即限定了特定範圍，因此模型的推論結果也將全部著眼在五種汽車的銷售差異上，故此種狀況下的因子便稱爲固定效果。

#### 2. 隨機效果模型 (Random-effects models)

不同於固定效果模型中的因子特定性，在隨機效果中所考量的因子是來自於所有可能得母群體中的一組樣本，因子變異數分析所推論的並非著眼在所選定的因子上，而是推論到因子背後的母群體，例如：藉由一間擁有全部車廠種類的二手車公司，從所有車廠中隨機挑選五種車廠品牌，用於比較其銷售量的差異，最後推論到這間二手公司的銷售狀況。因此在隨機效果模型下，研究者所關心的並非侷限在所選定的因子上，而是希望藉由這些因子推論背後的母群體特徵。

#### 3. 混合效果模型 (Mixed-effects models)

此種混合效果絕對不會出現在單因子變異數分析中，當雙因子或多因子變異數分析同時存在固定效果與隨機效果時，此種模型便是典型的混合型模型。

## 四、重複測量 ANOVA 分析的特色

1. 重複測量 (Repeated measure) 實驗是指受試者 (subject) 重複參與一因子 (factor) 內每一層次 (level)。即重複測量實驗的數據違反了一般變異數分析的個案數值獨立的要求，所以需要一些新的統計檢定方法，能解決個案數值非獨立的問題——重複測量變異數分析。

2. 重複測量變異數分析的優點：需要的受試者人數較少；殘差的變異數降低，使得 F 檢定值較大，所以統計檢定力 (power)「$1-\beta$」較大。

3. 重複測量變異數分析不適合有練習效果 (practice effect) 或持續效果 (carryover effect) 的情況。

4. 分析前，先列出資料的排列 (layout)，以便瞭解因子的屬性 ( 受試者內或間因子 )。同一受試者重複參與一因子內每一層次的測量，此因子便稱爲受試者內因子 (Within factor)。受試者內因子通常是研究者可操控的因子，如：時間。受試者沒有參與因子內每一層次，此因子稱爲受試者間因子 (Between factor)。受試者間因子通常是研究者不可操控的因子，如：個案的性別、年齡。

5. ANOVA 的假定 (assmuptions)

   (1) 依變數 (Dependent variable)

      (1a) 必須是連續變數 (Continuous variable)。

      (1b) 必須爲隨機樣本 (Random variable) → 從母群體 (population) 中隨機抽樣得到。

   (2) 依變數的母群體：必須是常態分布 (Normal distribution)。

   (3) 相依事件 (Dependent event)：樣本須爲相依 (dependent) → 每組樣本之間不獨立，即選擇一案例爲樣本時，會影響另一樣本是否被納入。例如：分析一群高血壓患者，平均服藥前、服藥後 5 分鐘、服藥後 30 分鐘以及服藥後 1 小時之血壓值是否有差異，需同時納入 4 次量測值，故爲相依事件。

6. 重複測量變異數分析的前提假定 (Statistical assumption) 爲相同受試者內 (Within subject) 因子的不同層次間 Y 差異值的變異數相同，此前提假設稱爲球型假設 (Assumption of sphericity)。例如：受試者內因子 A 有 3 個層次，分別爲 A1、A2、A3，則球型假設是指 A1-A2、A1-A3、A2-A3 的變異數相同。

7. Repeated measures ANOVA 的分析法有二：

(1) 單層次：多變量方法 (Multivariate approach) 或單變量方法 (Univariate approach) 來執行重複測量變異數分析。

(2) 多層次模型，詳情先本章節的實例介紹、或作者《多層次模型 (HLM) 及重複測量：使用 STaTa》一書。

## 五、重複測量在生物醫學研究上的應用

在臨床實驗或介入型研究，經常需要對同一個受試個體 (subject) 在不同的時間點觀察其反應，當觀察的時間點只有兩個時，可以用來分析的統計方法為 paired t-test；如果觀察的個體數目太少，則會建議使用相依樣本的無母數檢定方法，如：Wilcoxon signed-rank test，若反應變數為類別型資料，且資料為相依樣本的情況下，其統計檢定方法為 McNemar Test。

如果觀察的時間點有兩個以上時，上述的方法則不再適用，此時，就必須使用到一些重複測量的方法，包括：

1. Hotelling $T^2$：反應變數為連續型資料，且符合常態分配假設之下，可分析單一樣本或兩樣本的重複測量，是單變量 t 檢定的延伸。

2. Friedman's test：反應變數為連續型資料，且為小樣本的情況下使用，為單一樣本重複測量。由於是無母數檢定方法，原始值必需先轉為 rank 型態。

3. Cochran's Q test：反應變數為類別型資料 ( 二元型態，binomial) 的情況下可使用，為單一樣本重複測量，且為無母數檢定方法。基本假定為不同時間點，感興趣的事件發生的機率相等。

4. 重複測量型變異數分析 (Repeated measures ANOVA)：

其中兩個重要的基本假定為 (1)：不同個體 (subject) 之間無關聯性；(2) 同一個個體 (subject) 在不同時間 (visit) 的測量有相關。在共變異數矩陣 (Covariance matrix) 的分析中有一個基本的假設，同一個個體 (subject) 在不同時間 (visit) 的測量之相關都一樣。事實上，距離愈前期的測量結果愈遠，測量的相關會愈來愈弱，與臨床上許多的實際狀況不符，這樣的相關矩陣稱為 Compound Symmetry(CS)。檢定這項基本假定的方法為 Mauchly's test of Sphericity( 球面性假定 )，SPSS MANOVA 有提供此功能，若不符基本假定，應採取更適合的方法。

Repeated measures ANOVA 可分析單一樣本與多組樣本的重複測量，反應變數為連續型資料，且需符合常態分配的基本假定。資料為橫向資料，若有任一次

的資料中有缺失值，將整個 subject 被刪除，因此分析的資料特性必須是完整資料 (Complete case)。對於會隨時間改變的解釋變數 ( 例如每次所測量的除反應變數以外之生化值 )，無法一一對應至每一個時間點的反應變數，因此僅能分析不隨時間改變的解釋變數 ( 例如性別 )。

5. 線性混合模型 (Linear Mixed model)(mixed、xtmixed 指令 )：

　　Mixed model 的使用時機必需爲反應變數爲連續型資料且需符合常態分配的基本假定。由於不同測量時間的資料爲縱向資料，當有一個時間點的資料爲缺失值 (missing)，只會被刪除有缺失的特定時間點資料，其他資料會被保留下來，因此所使用的資料爲可用的資料 (Available data)，在有缺失值的情況下，仍有很好的估計。由於資料是縱向的，因此會隨時間改變的解釋變數可以放在模型中分析。此外，Mixed model 最主要的特色是混合了兩種效果 (effect)，包括 Fixed effect( 固定效果 ) 與隨機效果 (Random effect)，其中 fixed effect 爲研究者要用來作比較用的變數，如治療方法 (treatment)、不同測量時間 (visit) 等；Random effect 所放的變數主要作爲調整變數用，例如將多中心研究中的不同醫學中心 (center) 放在 Random effect，調整不同醫學中心間的差異。若是介入型研究，要將基期的資料特別挑出，且放在解釋變數中。

## 六、重複測量 (Repeated measure) vs. 混合效果模型 (Mixed effect model)

　　在生物醫學的長期研究中，重複測量 (Repeated measure) 是常使用的資料收集方法之一，會對同一個實驗對象在不同時間點上做測量，以探討不同變數的影響。例如將實驗對象依服用藥物劑量分成控制組、低劑量組、高劑量組，測量不同劑量組在不同時間點上的反應，以了解不同劑量對於治療效果、副作用或成長的影響。由於同一個實驗對象的測量值間可能會有相關，因此在資料分析時必須考慮此關係，而混合效果模型 (Mixed effect model) 則是常被應用在分析此類資料的統計方法之一。

　　混合效果模型由兩部分組成，分別爲固定效果 (Fixed effect) 與隨機效果 (Random effect)，以線性混合效果模型 (Linear mixed effect model) 爲例，依變數與獨立變數之間的關係可以表示成：

$$Y = X\beta + Z\gamma + \varepsilon$$

其中，$X$ 與 $Z$ 分別為獨立變數矩陣，$\beta$ 代表固定效果的常數向量，$\gamma$ 代表隨機效果的隨機向量，$\varepsilon$ 為誤差項；$\gamma$ 及 $\varepsilon$ 假設為常態分布平均值 0 以及殘差的共變異數矩陣分別為 G 和 R，且兩者互相獨立，即 $\gamma \sim N(0, G)$、$\varepsilon \sim N(0, R)$、$\text{cov}(\gamma, \varepsilon) = 0$。

當我們要利用混合效果模型來分析重複測量資料時，我們可以宣告共變異數矩陣 R 或 G 的共變異數結構 (Covariance structure) 型式以解釋重複測量之間的關係。常用的 Mixed model 殘差的共變異數矩陣共有 5 種假設型態可供挑選：

1. 無結構 (unstructured)

$$\begin{bmatrix} \sigma_1^2 & \sigma_{12} & \cdots & \sigma_{1p} \\ \sigma_{12} & \sigma_2^2 & \cdots & \sigma_{2p} \\ \vdots & \vdots & \ddots & \vdots \\ \sigma_{1p} & \sigma_{2p} & \cdots & \sigma_p^2 \end{bmatrix}$$

2. 簡易式 (simple 或 Variance components)：Diagonal( 對角線矩陣 )：僅適用在獨立樣本資料分析，其假設為不同測量時間點的相關為 0，此假設與重複測量的資料特性不符，在重複測量中不可挑選。

$$\begin{bmatrix} \sigma_1^2 & 0 & \cdots & 0 \\ 0 & \sigma_2^2 & \cdots & 0 \\ \vdots & \vdots & \ddots & \vdots \\ 0 & 0 & \cdots & \sigma_p^2 \end{bmatrix} 或 \begin{bmatrix} \sigma^2 & 0 & \cdots & 0 \\ 0 & \sigma^2 & \cdots & 0 \\ \vdots & \vdots & \ddots & \vdots \\ 0 & 0 & \cdots & \sigma^2 \end{bmatrix}$$

3. 複合對稱 (Compound symmetry, CS)：同一個個體 (subject) 在不同時間 (visit) 的測量之相關都一樣。

$$\begin{bmatrix} \sigma_1^2 + \sigma^2 & \sigma_1^2 & \cdots & \sigma_1^2 \\ \sigma_1^2 & \sigma_1^2 + \sigma^2 & \cdots & \sigma_1^2 \\ \vdots & \vdots & \ddots & \vdots \\ \sigma_1^2 & \sigma_1^2 & \cdots & \sigma_1^2 + \sigma^2 \end{bmatrix}$$

4. 第一階自我迴歸 (First-order autoregressive, AR(1))：當期的反應變數與距離前一期的結果之相關是最強的，相距的期數愈遠，相關愈小，此假設最符合長期追蹤資料的假設。

$$\sigma^2 \begin{bmatrix} 1 & \rho & \cdots & \rho^{p-1} \\ \rho & 1 & \cdots & \rho^{p-2} \\ \vdots & \vdots & \ddots & \vdots \\ \rho^{p-1} & \rho^{p-2} & \cdots & 1 \end{bmatrix}$$

5. Unstructure：不做任何假設，資料的特性是什麼，就是什麼，其優點爲最具彈性，但缺點爲需要估計的參數最多，追蹤的次數愈多，估計的參數就愈多。

STaTa 混合模型 (Mixed model) 的殘差共變異數矩陣有 8 種

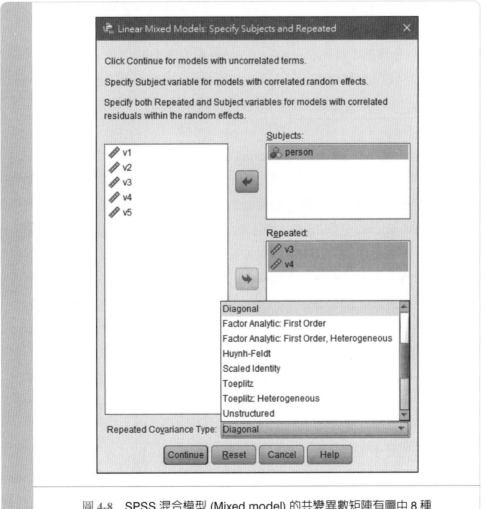

圖 4-8　SPSS 混合模型 (Mixed model) 的共變異數矩陣有圖中 8 種

---

**名詞定義與解釋：在 ANOVA 模型中**

1. 固定效果 (Fixed-effects)：若別人要重複你的研究，則別人只能以同樣的分類標準來分類，例如：性別、年齡及教育程度，即推論是來自於目前的分類標準，通常就是研究中要探討的變數。

2. 隨機效果 (Random effects)：允許別人有不同分類標準的變數，在重複量測中，通常個案即是 Random effects 變數，代表允許每一位個案的初始值 ( 在我們這個例子中，就是前測分數 ) 可以不同。

3. 混合線性模型 (Mixed-effects model)：同時包含固定效果跟隨機效果，我們就稱為混合線性模型。

4. 殘差的共變異數矩陣 (Covariance structure)：用來解釋測量之間的關係，常見有以上 4 種：無結構 (unstructured)、簡易式 (simple)、複合對稱 (Compound symmetry)、一階自迴歸模型 (First-order autoregressive, AR(1))。

---

6. 廣義估計方程式 (Generalized estimating equation, GEE)(gee 指令 )

　　GEE 為半母數方法 (semiparametric) ，由於具有假設少，以及較具穩健性的特性，在近幾年的分析上為應用最廣泛的方法。可適用於類別或數值型態的資料。透過 Link function( 連結函數 ) 將各種類型的資料轉換成 GEE 可分析的型態，其殘差的共變異數矩陣的基本假定與 Mixed model 近似。資料型態亦為縱向資料，但無法放入 Random effect 在模型中。

7. 廣義線性混合模型 (GLMM)

　　在長期追蹤的資料分析上，目前常用的方法為線性混合模型 (Linear mixed model) 及廣義估計方程式 (Generalized estimating equation, GEE) 。然而，傳統的 Mixed model 僅能處理連續型的 response ，GEE 無法考量隨機效果 (Random effect)；所以，當 response 為類別型資料，又須考慮隨機效果時，所用的分析方法即為廣義線性混合模型 (GLMM) 。

　　此外，臨床上的長期追蹤資料，常會有缺失值 (Missing value) 的情形發生，當出現此種情形時，必須先探討其成因，再尋求解決的方法：如 imputation 等，不正確的處理方式將導致錯誤的結論。適當地處理缺失值的問題後，再以 GLMM 來分析其結果，才可得到最為恰當的推論結果。

## 七、如何找最適配的 Covariance structure 呢？

你可估計許多不同的共變數結構 (Covariance structures)。這概念很關鍵，每個實驗可能有不同的共變數結構。重要的是要知道哪個共變數結構最適合數據的隨機「變異數和共變數」。

### ( 一 ) 挑選策略 / 演算法 (strategy/algorithm)

1. 先挑 unstructured (UN)。
2. 再挑 Compound symmetry (CS)：最簡單 RM 結構。
3. 接著挑其他 structures (That best fit the experimental design and biology of organism)。

### ( 二 ) 使用模型適配準則 (Model-fitting statistics)

1. AIC 準則：Akaike's Information Criteria( 越小越好 )。
2. BIC(SBC) 準則：Schwarz's Bayesian Criteria( 越小越好 )。

## 八、重複測量的混合效果模型

重複測量實驗是指受試者 (subject) 重複參與一因子 (factor) 內每一層次 (level)。即重複測量實驗的數據違反了一般變異數分析的個案數值獨立的要求，所以需要一些新的統計檢定方法，能解決個案數值非獨立的問題——重複測量變異數分析。

重複測量變異數分析的優點：需要的受試者人數較少；殘差的變異數降低，使得 F 檢定值較大，所以統計檢定力 (power) 較大，power=1-$\beta$。注意重複測量變異數分析不適合有練習效果 (Practice effect) 或持續效果 (carryover effect) 的情況。

### 資料排列

建議先列出資料的排列 (layout)，以便瞭解因子的屬性 ( 受試者內或間因子 )。同一受試者重複參與一因子內每一層次的測量，此因子便稱為受試者內因子 (Within factor)。受試者內因子通常是研究者可操控的因子，如：時間。受試者沒有參與因子內每一層次，此因子稱為受試者間因子 (Between factor)。受試者間因子通常是研究者不可操控的因子，如：個案的性別、年齡。

## 九、重複量測變異數分析的重點整理

### 1. 使用狀況

如果在不同時間點 (Different times) 或同時間點不同狀況 (Different conditions)，量測同一個事件或物體，且其對應值是連續 (continuous)，則採用重複量測變異數分析。因兩兩量測間具有非獨立事件 (dependent) 的特性，會相互影響，故不可以使用變異數分析 (ANOVA)。例如：練習一的不同方向前伸研究，對同一受試者而言，有四個不同前伸方向的最大前伸距離，若要分析四個方向的最大前伸距離是否具有差異，則採用重複量測變異數分析。

### 2. 檢測假說 (Hypothesis testing)

重複量測變異數分析檢測假說在於比較受試者間差異與受試者內差異。

(1) 受試者間效果 (Between-subject effects) 指得是對同一受試者而言不會改變的變數，如：身高、性別等。

(2) 受試者內效果 (Within-subject effects) 則是指同一受試者的不同量測時間或狀況下所產生的差異，如：不同前伸方向或治療前後時間。

(3) 有時候也會比較二者間的交互作用 (Within-subject by between-subject interaction effect)，如：性別 × 時間。

### 3. 假定 (assumption)

檢測受試者內效果 (Within-subject effect) 的變數須符合 Type H covariance structure：

(1) Sphericity test：測試數據資料是否符合 Type H covariance structure。若是受試者內效果只有二級，則不需要進行 Sphericity test。

(2) 若資料不符合 Type H covariance structure 的假定，則顯著水準的自由度 (degree of freedom) 須以 Box's 做調整。Greenhouse and Geisser 最早提出 Box's 的最大可能估計值是 Greenhouse-Geisser。

(3) 但 Huynh and Feldt (1976) 則認為在小樣本數的研究時，Greenhouse-Geisser Epsilon( 你可在 STaTa 軟體安裝外掛指令 mauchly.ado) 較易低估顯著水準，故提出 Huynh-Feldt。

### 4. 統計模型 (Statistical model)

相依變數 = 常數 + ( 受試者間差異的變數 ) + ( 受試者內差異的變數 ) + 交互作用

### 5. 共變數結構 (Covariance Structure)

由於不同時間或不同狀況下獲得的兩個量測間具有相關性 (correlation)，重複量測變異數分析必須考量此相關性的影響。因此受試者間的誤差 Covariance structure 必須選擇正確，以確保其對平均值的影響是有效的。SPSS 常用的有上述五種，SPSS 則有 8 種選擇。

### 6. 兩個敵對之重複量測 ANOVA，那個較適配呢？

可比較二個相同固定效果但不同共變數結構的統計模型之 Akaike's Information Criteria (AIC) 與 Schwarz's Bayesian Criterion (SBC)，那個模型具有較低的 IC 值，則為較適當的統計模型。

---

**補充說明**

**迴歸模型之適配度指標：IC**

1. R square 代表的是一個迴歸模型的解釋能力，假設某一線性迴歸之決定係數 R Square = 0.642，即 $R^2 = 0.642$，表示此模型的解釋能力高達 64.2%。

2. AIC (Akaike Information Criterion) 屬於一種判斷任何迴歸 ( 例如：時間序列模型 ) 是否恰當的訊息準則，一般來說數值愈小，線性模型的適配較好。二個敵對模型優劣比較，是看誰的 IC 指標小，那個模型就比較優。

   $AIC = T \times Ln(SS_E) + 2k$

   $BIC = T \times Ln(SS_E) + k + Ln(T)$

3. BIC (Bayesian information criterion) 亦屬於一種判斷任何迴歸是否恰當的訊息準則，一般來說數值愈小，線性模型的適配較好。但較少有研究者用它。

4. 判定係數 R2、AIC 與 BIC，雖然是幾種常用的準則，但是卻沒有統計上所要求的「顯著性」。故 LR test( 概似比 ) 就出頭天，旨在比對兩個模型 ( 如 HLM vs. 單層固定效果 OLS) 是否顯著的好。

---

### 7. 重複測量變異數分析 (Repeated measures anova) 缺點

(1) 受試者內 (within subject) 不允許的各組人數不相等。

(2) 你必須確定每個效果的正確誤差項。

(3) 你要事先假定：Compound symmetry/Exchangeable covariance structure

(4) Repeated measures 可用 Mixed model 來取代其缺點。

8. 重複測量混合模型 (Repeated measures mixed model)

它具備 mixed models 的優缺點，但整體混合模型更為靈活，優點比缺點多

優點：

(1) 自動校正每個效果之標準誤 (Standard errors)。

(2) 容忍各群組人數不平衡、遺漏值存在。

(3) 允許不等時間間隔 (Unequal time intervals)。

(4) 受試者內允許不同的共變數結構(Various within-subject covariance structures)。

(5) 允許 time 被視為分類或連續變數 (Time to be treated as categorical or continuous)。

缺點：

xtmixed 印出報表 ( 如 Chi-square; The p-values) 適合大樣本分析，小樣本會有統計偏誤 (biased)。

## 十、樣本配對 (Matched-pair) 後隨機分派到各組。

1. 在組內受試者設計，也就是重複測量設計 (Repeatedmeasures design) 時，使用對抗平衡次序 (Counterbalanced order) 給受試者施以自變數的處理，使研究的結果不會因處理的次序而引起偏差。

2. 給控制組 / 對照組使用安慰劑 (placebo)。控制組接受一個「假」的實驗處理，而實驗組接受「真」的實驗處理 (treatment)。

3. 以單盲 (single-blind) 或雙盲 (double-blind) 的方式來實施實驗處理。單盲是指受試者對當次的處理，不知道是真處理 ( 真藥 ) 或假處理 ( 安慰劑 )；雙盲是指受試者和施測者均不知當次的處理是真或是假，以免引起心理上或預期性的效果。

4. 艾維斯效果 (Avis effect)：控制內在效度威脅的一種方法，受試者可能會因為身在控制組而特別努力。

## 4-1-1 ANOVA 及無母數統計之分析流程圖

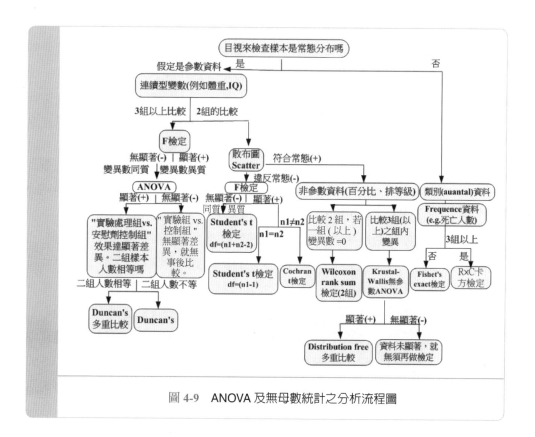

圖 4-9　ANOVA 及無母數統計之分析流程圖

## 4-1-2　重複測量 ANOVA 之 F 檢定公式

### 一、重複測量型變異數分析 (Repeated measures ANOVA)

在臨床實驗或介入型研究，經常需要對同一個受試個體 (Subject) 在不同的時間點觀察其反應。謂之重複測量型變異數分析。

其中兩個重要的基本假定為：(1) 不同個體 (subject) 之間無關聯性；(2) 同一個個體 (subject) 在不同時間 (visit) 的測量有相關。在共變異數矩陣 (Covariance matrix) 的分析中有一個基本的假設，同一個個體 (subject) 在不同時間 (visit) 的測量之相關都一樣。事實上，距離愈前期的測量結果愈遠，測量的相關會愈來愈弱，

與臨床上許多的實際狀況不符，這樣的相關矩陣稱為 Compound symmetry(CS)。檢定這項基本假定的方法為 Mauchly's test of sphericity ( 球面性假定 )，若不符基本假定，應採取更適合的方法。

Repeated measures ANOVA 可分析單一樣本與多組樣本的重複測量，反應變數為連續型資料，且需符合常態分配的基本假定。資料為橫向資料，若有任一次的資料中有缺失值，將整個 subject 被刪除，因此分析的資料特性必須是完整資料 (Complete case)。對於會隨時間改變的解釋變數 ( 例如：每次所測量的除反應變數以外之生化值 )，無法一一對應至每一個時間點的反應變數，因此僅能分析不隨時間改變的解釋變數 ( 例如性別 )。

## 二、線性混合模式 (Linear mixed model)

Mixed model 的使用時機必需為反應變數為連續型資料且需符合常態分配的基本假定。由於不同測量時間的資料為縱向資料，當有一個時間點的資料為缺失值 (missing)，只會被刪除有缺失的特定時間點資料，其他資料會被保留下來，因此所使用的資料為可用的資料 (Available data)，在有缺失值的情況下，仍有很好的估計。由於資料是縱向的，因此會隨時間改變的解釋變數可以放在模式中分析。此外，Mixed model 最主要的特色是混合了兩種效果 (effect)，包括 Fixed effect( 固定效果 ) 與隨機效果 (Random effect)，其中 Fixed effect 為研究者要用來作比較用的變數，如治療方法 (treatment)、不同測量時間 (visit) 等；Random effect 所放的變數主要作為調整變數用，例如將多中心研究中的不同醫學中心 (center) 放在 Random effect，調整不同醫學中心間的差異。若是介入型研究，要將基期的資料特別挑出，且放在解釋變數中。

Mixed model 誤差之共變異數矩陣，SPSS 有 8 種，常見的共有 4 種假設可供挑選：

1. Diagonal ( 對角線矩陣 )：僅適用在獨立樣本資料分析，其假設為不同測量時間點的相關為0，此假設與重複測量的資料特性不符，在重複測量中不可挑選。

2. Compound symmetry(CS)：同一個個體 (subject) 在不同時間 (visit) 的測量之相關都一樣。

3. AR(1)(The first-order autoregressive model)：當期的反應變數與距離前一期的結果之相關是最強的，相距的期數愈遠，相關愈小，此假設最符合長期追蹤資

料的假設。

4. Unstructure：不做任何假設，資料的特性是什麼，就是什麼，其優點爲最具彈性，但缺點爲需要估計的參數最多，追蹤的次數愈多，估計的參數就愈多。

## 三、公式：**重複測量型變異數分析 (Repeated measures ANOVA)**

設 A 爲受試者內的因子 (Within factor)，即同一受試者會在 A1、A2、A3 重複測量 Y( 依變數 )。例如：6 名受試者之運動介入都有三次重複測量：「前測、3 個月後再測、6 個月後再測」。

其 F 檢定公式爲：

$$F = \frac{MS_{time}}{MS_{error}} \quad \text{or} \quad F = \frac{MS_{conditions}}{MS_{error}}$$

| Exercise Intervention | | | | |
|---|---|---|---|---|
| Subjects | Pre- | 3 Months | 6 Months | Subject Means: |
| 1 | 45 | 50 | 55 | **50** |
| 2 | 42 | 42 | 45 | **43** |
| 3 | 36 | 41 | 43 | **40** |
| 4 | 39 | 35 | 40 | **38** |
| 5 | 51 | 55 | 59 | **55** |
| 6 | 44 | 49 | 56 | 49.7 |
| **Monthly Means:** | 42.8 | 45.3 | 49.7 | |
| | | | Grand Mean: | 45.9 |

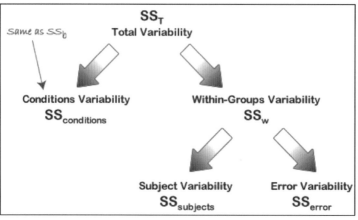

其中 $SS_{error} = SS_w - SS_{subjects}$

或 $SS_{error} = SS_T - SS_{conditions} - SS_{subjects}$

$$SS_{time} = SS_b = \sum_{i=1}^{k} n_i (\bar{x}_i - \bar{x})^2$$

$$SS_{time} = SS_b = \sum_{i=1}^{k} n_i (\bar{x}_i - \bar{x})^2$$

$$= 6[(42.8 - 45.9)^2 + (45.3 - 45.9)^2 + (49.7 - 45.9)^2]$$

$$= 6[9.61 + 0.36 + 14.44]$$

$$= 143.44$$

$$SS_{subjects} = k \cdot \sum (\bar{x}_i - \bar{x})^2$$

$$= 3[(50 - 45.9)^2 + (43 - 45.9)^2 + (40 - 45.9)^2 + (38 - 45.9)^2 + (55 - 45.9)^2 + (49.7 - 45.9)^2]$$

$$= 658.3$$

$SS_w = SS_{subjects} + SS_{error}$

$SS_{error} = SS_w - SS_{subjects}$

$$= 715.5 - 658.3$$

$$= 57.2$$

$$F = \frac{MS_{time}}{MS_{error}} \quad or \quad F = \frac{MS_{conditions}}{MS_{error}}$$

$$MS_{time} = \frac{SS_{time}}{(k-1)}$$
$$= \frac{143.44}{2}$$
$$= 71.72$$

$$MS_{error} = \frac{SS_{error}}{(n-1)(k-1)}$$
$$= \frac{57.2}{(5)(2)}$$
$$= 5.72$$

$$F = \frac{MS_{time}}{MS_{error}}$$
$$= \frac{71.72}{5.72}$$
$$= 12.53$$

圖 4-10　運動介入有三次重複測量之 F 檢定公式

## 4-1-3 練習題：重複測量 ANOVA( 單層 )

### 一、公式：重複測量型變異數分析 (Repeated measures ANOVA)

設 A 為受試者內的因子 (Within factor)，即同一受試者會在 A1、A2、A3 重複測量 Y( 依變數 )。例如：6 名受試者之運動介入都有三次重複測量：「前測、3 個月後再測、6 個月後再測」。

其 F 檢定公式為：

$$F = \frac{MS_{time}}{MS_{error}} \quad \text{or} \quad F = \frac{MS_{conditions}}{MS_{error}}$$

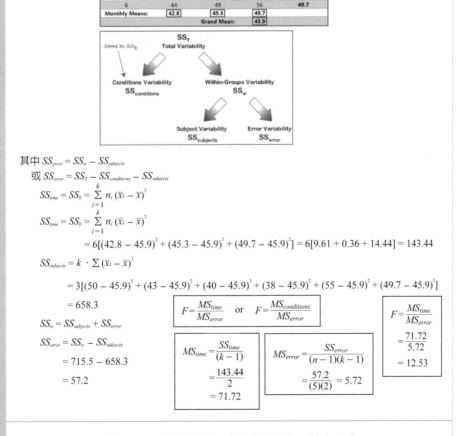

其中 $SS_{error} = SS_w - SS_{subjects}$

或 $SS_{error} = SS_T - SS_{conditions} - SS_{subjects}$

$SS_{time} = SS_b = \sum\limits_{i=1}^{k} n_i (\bar{x}_i - \bar{x})^2$

$SS_{time} = SS_b = \sum\limits_{i=1}^{k} n_i (\bar{x}_i - \bar{x})^2$

$= 6[(42.8 - 45.9)^2 + (45.3 - 45.9)^2 + (49.7 - 45.9)^2] = 6[9.61 + 0.36 + 14.44] = 143.44$

$SS_{subjects} = k \cdot \sum (\bar{x}_i - \bar{x})^2$

$= 3[(50 - 45.9)^2 + (43 - 45.9)^2 + (40 - 45.9)^2 + (38 - 45.9)^2 + (55 - 45.9)^2 + (49.7 - 45.9)^2]$

$= 658.3$

$SS_w = SS_{subjects} + SS_{error}$

$SS_{error} = SS_w - SS_{subjects}$

$= 715.5 - 658.3$

$= 57.2$

$F = \frac{MS_{time}}{MS_{error}} \quad \text{or} \quad F = \frac{MS_{conditions}}{MS_{error}}$

$MS_{time} = \frac{SS_{time}}{(k-1)} = \frac{143.44}{2} = 71.72$

$MS_{error} = \frac{SS_{error}}{(n-1)(k-1)} = \frac{57.2}{(5)(2)} = 5.72$

$F = \frac{MS_{time}}{MS_{error}} = \frac{71.72}{5.72} = 12.53$

圖 4-11　運動介入有三次重複測量之 F 檢定公式

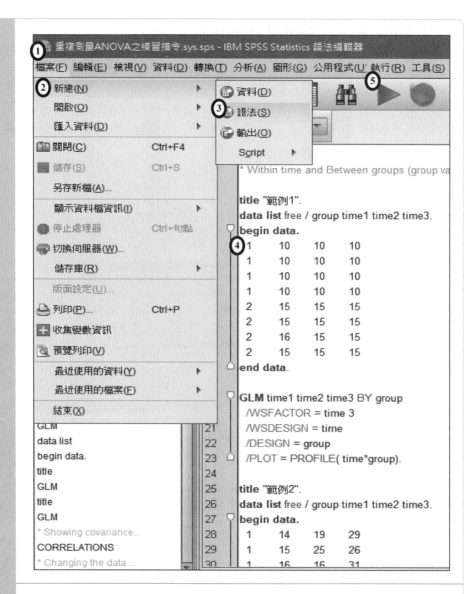

圖 4-12　「重複測量 ANOVA 之練習指令 .sps」 指令檔 ( 或 two_way_Repeated Measures.sps)

```
* 使用範例之資料，如下：


* Within time and Between groups (group variable w/ two levels).


title "範例 1".
data list free / group time1 time2 time3.
begin data.
    1        10        10        10
    1        10        10        10
    1        10        10        10
    1        10        10        10
    2        15        15        15
    2        15        15        15
    2        16        15        15
    2        15        15        15
end data.

GLM time1 time2 time3 BY group
   /WSFACTOR = time 3
   /WSDESIGN = time
   /DESIGN = group
   /PLOT = PROFILE( time*group).


title "範例 2".
data list free / group time1 time2 time3.
begin data.
    1        14        19        29
    1        15        25        26
    1        16        16        31
    1        12        24        32
    2        10        21        24
    2        17        26        35
    2        19        22        32
    2        15        23        34
end data.

GLM time1 time2 time3 BY group
   /WSFACTOR = time 3
```

```
  /WSDESIGN = time
  /DESIGN = group
  /PLOT = PROFILE( time*group).


title "範例 3 ".
data list free / group time1 time2 time3.
begin data.
    1         35        25        16
    1         32        23        12
    1         36        22        14
    1         34        21        13
    2         57        43        22
    2         54        46        26
    2         55        46        23
    2         60        47        25
end data.

GLM time1 time2 time3 BY group
  /WSFACTOR = time 3
  /WSDESIGN = time
  /DESIGN = group
  /PLOT = PROFILE( time*group).

title "範例 4 ".
data list free / group time1 time2 time3.
begin data.
    1         35        25        12
    1         34        22        13
    1         36        21        18
    1         35        23        15
    2         31        43        57
    2         35        46        58
    2         37        48        51
    2         32        45        53
end data.

GLM time1 time2 time3 BY group
```

```
  /WSFACTOR = time 3
  /WSDESIGN = time
  /DESIGN = group
  /PLOT = PROFILE( time*group).

data list free / id exertype diet time1 time2 time3.
begin data.
  1    1        1         85        85        88
  2    1        1         90        92        93
  3    1        1         97        97        94
  4    1        1         80        82        83
  5    1        1         91        92        91
  6    1        2         83        83        84
  7    1        2         87        88        90
  8    1        2         92        94        95
  9    1        2         97        99        96
 10    1        2        100        97       100
 11    2        1         86        86        84
 12    2        1         93       103       104
 13    2        1         90        92        93
 14    2        1         95        96       100
 15    2        1         89        96        95
 16    2        2         84        86        89
 17    2        2        103       109        90
 18    2        2         92        96       101
 19    2        2         97        98       100
 20    2        2        102       104       103
 21    3        1         93        98       110
 22    3        1         98       104       112
 23    3        1         98       105        99
 24    3        1         87       132       120
 25    3        1         94       110       116
 26    3        2         95       126       143
 27    3        2        100       126       140
 28    3        2        103       124       140
 29    3        2         94       135       130
 30    3        2         99       111       150
end data.
```

```
title "Exercise example model 1 , time and diet".
GLM time1 time2 time3 BY diet
  /WSFACTOR = time 3
  /WSDESIGN=time
  /DESIGN=diet
  /EMMEANS=tables( time*diet)
  /PLOT = PROFILE( time*diet).

title "Exercise example model 2 , time and exertype".
GLM time1 time2 time3 BY exertype
  /WSFACTOR = time 3
  /WSDESIGN=time
  /DESIGN=exertype
  /EMMEANS=tables( time*exertype)
  /PLOT = profile( time*exertype).


* Showing covariances and correlations.
CORRELATIONS
  /VARIABLES=time1 time2 time3
  /STATISTICS XPROD.


* Changing the data set from wide to long to be used.
* in the mixed model (which requires a long data set).
VARSTOCASES
  /MAKE pulse from time1 TO time3
  / INDEX = time(3).


* Using the mixed model to get the same results as the glm .
* since we use the Compound Symmetry Var-Covar structure.

title " model 2 , compound symmetry".
MIXED pulse BY exertype time
  /FIXED = exertype time exertype*time
  /REPEATED = time | SUBJECT(id) COVTYPE(cs).

title "model 2 , unstructured".
MIXED pulse BY exertype time
  /FIXED = exertype time exertype*time
```

```
    /REPEATED = time | SUBJECT(id) COVTYPE(un).


title " model 2 , autoregressive ".
MIXED pulse BY exertype time
   /FIXED = exertype time exertype*time
   /REPEATED = time | SUBJECT(id) COVTYPE(ar1).


* back to wide data file.
data list free / id exertype diet time1 time2 time3.
begin data.
1       1       1       85      85      88
2       1       1       90      92      93
3       1       1       97      97      94
4       1       1       80      82      83
5       1       1       91      92      91
6       1       2       83      83      84
7       1       2       87      88      90
8       1       2       92      94      95
9       1       2       97      99      96
10      1       2       100     97      100
11      2       1       86      86      84
12      2       1       93      103     104
13      2       1       90      92      93
14      2       1       95      96      100
15      2       1       89      96      95
16      2       2       84      86      89
17      2       2       103     109     90
18      2       2       92      96      101
19      2       2       97      98      100
20      2       2       102     104     103
21      3       1       93      98      110
22      3       1       98      104     112
23      3       1       98      105     99
24      3       1       87      132     120
25      3       1       94      110     116
26      3       2       95      126     143
27      3       2       100     126     140
28      3       2       103     124     140
```

```
29    3        2        94      135      130
30    3        2        99      111      150
end data.


title " model 3 , time exertype and diet " .
GLM time1 time2 time3 BY exertype diet
  /WSFACTOR=time 3
  /WSDESIGN=time
  /PLOT = profile(time*exertype*diet ) .

*Comparing results from MANOVA and from glm--the same .
MANOVA time1 time2 time3 BY exertype (1,3) diet (1,2)
  /WSFACTOR= time (3)
  /WSDESIGN = time
  /DESIGN= exertype diet
  /PRINT = cellinfo (means).
```

## 4-2 雙層次：重複測量的混合效果模型

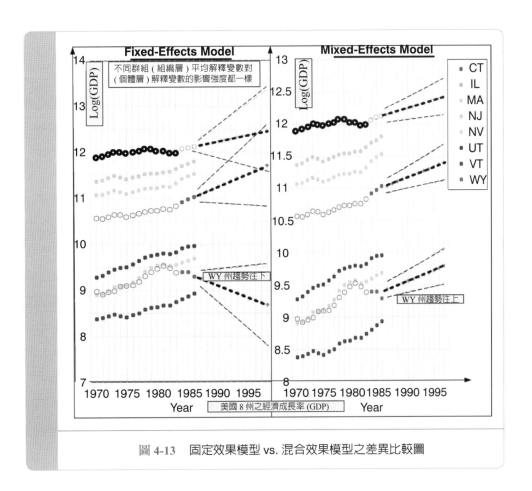

圖 4-13　固定效果模型 vs. 混合效果模型之差異比較圖

　　ANOVA(ONEWAY 指令)、MANOVA(GLM、MANOVA)、以及 MANCOVA 多數採固定效果模型；相對地，重複測量也是多層次模型之一，它採混合效果模型 (MIXED 指令)，混合模型等同重複測量 ANOVA 及 ANCOVA。

## 4-2-1 雙層次 vs. 二因子混合設計 ANOVA：wide 格式 (GLM、MIXED 指令)

### 重複測量型變異數分析 (Repeated measures ANOVA)

其中兩個重要的基本假定為：(1) 不同個體 (subject) 之間無關聯性；(2) 同一個個體 (subject) 在不同時間 (visit) 的測量有相關。在共變異數矩陣 (Covariance matrix) 的分析中有一個基本的假設，同一個個體 (subject) 在不同時間 (visit) 的測量之相關都一樣。事實上，距離愈前期的測量結果愈遠，測量的相關會愈來愈弱，與臨床上許多的實際狀況不符，這樣的相關矩陣稱為 Compound symmetry(CS)。檢定這項基本假定的方法為 Mauchly's test of sphericity( 球面性假定 )。

Repeated measures ANOVA 可分析單一樣本與多組樣本的重複測量，反應變數為連續型資料，且需符合常態分配的基本假定。資料為橫向資料，若有任一次的資料中有缺失值，將整個 subject 被刪除，因此分析的資料特性必須是完整資料 (Complete case)。對於會隨時間改變的解釋變數 ( 例如：每次所測量的除反應變數以外之抽血的生化值 )，無法一一對應至每一個時間點的反應變數，因此僅能分析不隨時間改變的解釋變數 ( 例如性別 )。

二因子混計 ANOVA 有三種解法：GLM 指令、MIXED 指令、MANOVA 指令。其中，「glm with」、「MANOVA with」指令都是採用 wide form。若用分析 long form 資料檔，則可採用 **MIXED** 指令。事實上，若遇到時異變數 (time-varying covariates)，就須改用 MIXED 指令。**varstocases** 指令可將 wide 轉成 long 格式資料檔。時變的共變數 (time-varying covariates) 的範例，請見本書第 5 章。

### 一、資料檔之內容

「repeated_measure_ 二因子混計 wide.sav」資料檔內容內容如下圖。

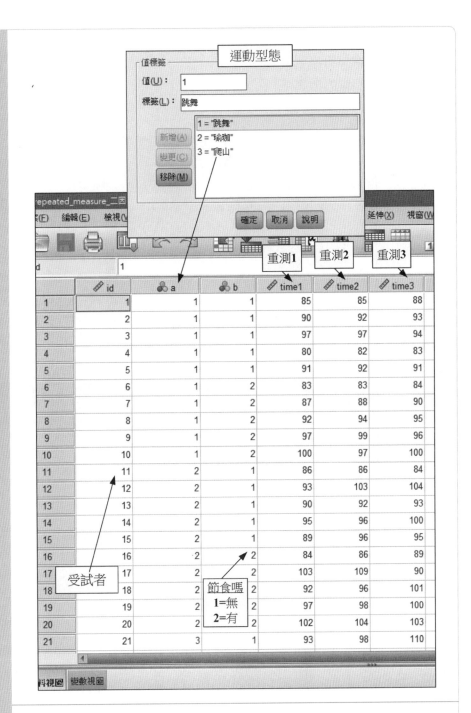

圖 4-14　「repeated_measure_二因子混計 wide.sav」 資料檔內容 (N=30 個人，
每人重複測量 3 次)

## 方法一：GLM 指令

**Step 1.** 建 SPSS 資料檔

建 SPSS 資料檔的指令如下圖。

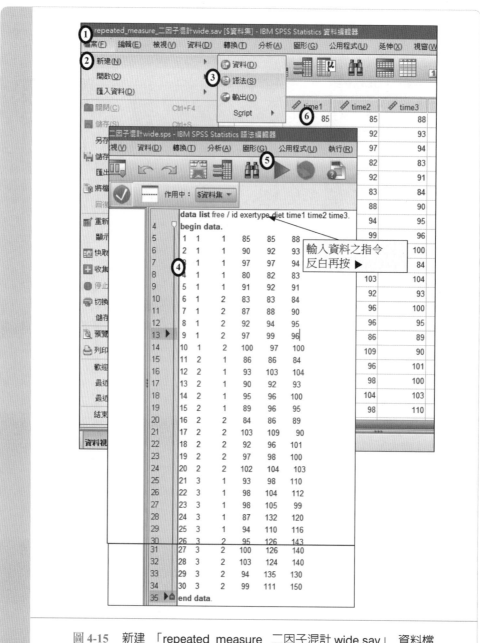

圖 4-15　新建 「repeated_measure_ 二因子混計 wide.sav」 資料檔

【A. 分析結果】二因子混合設計：wide 格式資料檔

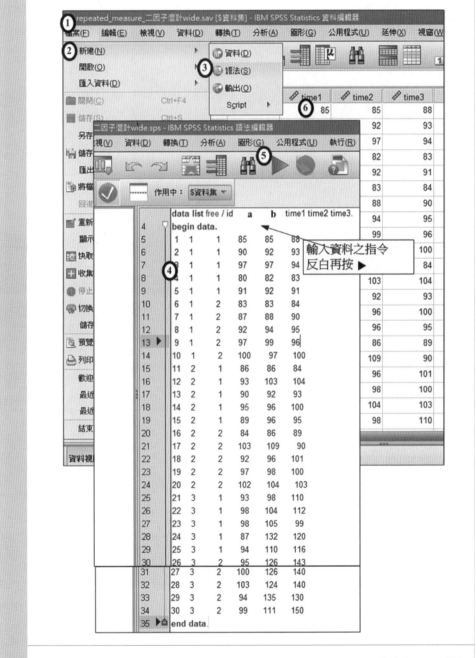

圖 4-16 「GLM time1 time2 time3 BY a」 二因子混合設計 wide 格式之 GLM 指令

對應的指令語法：

```
GLM time1 time2 time3 BY a
  /WSFACTOR=time 3 Polynomial
  /MEASURE=time
  /METHOD=SSTYPE(3)
  /PLOT=PROFILE(time*a) TYPE=LINE ERRORBAR=NO MEANREFERENCE=NO YAXIS=AUTO
  /EMMEANS=TABLES(a*time)
  /CRITERIA=ALPHA(.05)
  /WSDESIGN=time
  /DESIGN=a .
```

【B. 分析結果說明】：交互作用效果檢定

| Multivariate Tests[a] | | Value | F | Hypothesis df | Error df | Sig. |
|---|---|---|---|---|---|---|
| Effect | | | | | | |
| time | Pillai's Trace | .623 | 21.497[b] | 2.000 | 26.000 | .000 |
| | Wilks' Lambda | .377 | 21.497[b] | 2.000 | 26.000 | .000 |
| | Hotelling's Trace | 1.654 | 21.497[b] | 2.000 | 26.000 | .000 |
| | Roy's Largest Root | 1.654 | 21.497[b] | 2.000 | 26.000 | .000 |
| time *[a] | Pillai's Trace | .688 | 7.087 | 4.000 | 54.000 | .000 |
| | Wilks' Lambda | .317 | 10.073[b] | 4.000 | 52.000 | .000 |
| | Hotelling's Trace | 2.131 | 13.321 | 4.000 | 50.000 | .000 |
| | Roy's Largest Root | 2.123 | 28.654[c] | 2.000 | 27.000 | .000 |

a. Design: Intercept + a
   Within Subjects Design: time
b. Exact statistic
c. The statistic is an upper bound on F that yields a lower bound on the significance level.

1. 交互作用「time*a」效果檢定，求得 **Wilks' Lambda**=0.317(p<5.05)，表示獨立樣本 A 因子與重複測量 time 存在交互作用，故再繪交互作用圖來檢視單純主要效果 (simple main effect) 的趨勢。

【C. 分析結果說明】：重複測量依變數的誤差同質性

| Mauchly's test of Sphericitya | | | | | | | |
|---|---|---|---|---|---|---|---|
| Measure: time | | | | | | | |
| Within Subjects Effect | Mauchly's W | Approx Chi Square | df | Sig. | Greenhouse-Geisser | Epsilon[b] Huynh-Feldt | Lower-bound |
| time | .968 | .844 | 2 | .656 | .969 | 1.000 | .500 |

Tests the null hypothesis that the error covariance matrix of the orthonormatized transformed dependent varibales is proportional to an identity matrix.

a. Design: Intercept * a
   Within Subjects Design: time

b. May be used to adjust the degress of freedom for the averaged tests of significance. Corrected tests are displayed in the Tests of Within-Subjects Effects table.

1. 同一個個體 (subject) 在不同時間 (visit) 的測量有相關。在共變異數矩陣 (Covariance matrix) 的分析中有一個基本的假設，同一個個體 (subject) 在不同時間 (visit) 的測量之相關都一樣。事實上，距離愈前期的測量結果愈遠，測量的相關會愈來愈弱，與臨床上許多的實際狀況不符，這樣的相關矩陣稱為 Compound Symmetry(CS)。檢定這項基本假定的方法為 Mauchly's test of Sphericity( 球面性假定 )。

2. 本例檢定結果：Mauchty's W = 0.968( $\chi^2_{(2)}$ = 0.844, p > 0.05)，接受虛無假設「$H_0$: 重複測量依變數的誤差同質性」。

【D. 分析結果說明】：受試者內的趨勢：線性趨勢嗎？

| Tests of Within-Subjects Contrasts | | | | | | |
|---|---|---|---|---|---|---|
| Measure: time | | | | | | |
| Source | time | Type III Sum of Squares | df | Mean Square | F | Sig. |
| time | Linear | 1915.350 | 1 | 1915.350 | 37.857 | .000 |
| | Quadratic | 151.250 | 1 | 151.250 | 4.067 | .054 |
| time * a | Linear | 2601.100 | 2 | 1300.550 | 25.705 | .000 |
| | Quadratic | 122.233 | 2 | 61.117 | 1.644 | .212 |
| Error(time) | Linear | 1366.050 | 27 | 50.594 | | |
| | Quadratic | 1004.017 | 27 | 37.186 | | |

1. 本例，重複測量 3 次 (time)，及「time*a」交互作用項都呈線性趨勢 (F=0.857, p<0.05)。

    【E. 分析結果說明】：受試者間之效果檢定

<table>
<tr><td colspan="6" align="center">Tests of Between-Subjects Effects</td></tr>
<tr><td colspan="6">Measure:　time</td></tr>
<tr><td colspan="6">Transformed Variable:　Average</td></tr>
<tr><th>Source</th><th>Type III Sum of Squares</th><th>df</th><th>Mean Square</th><th>F</th><th>Sig.</th></tr>
<tr><td>Intercept</td><td>894608.100</td><td>1</td><td>894608.100</td><td>5802.399</td><td>.000</td></tr>
<tr><td>a</td><td>8326.067</td><td>2</td><td>4163.033</td><td>27.001</td><td>.000</td></tr>
<tr><td>Error</td><td>4162.833</td><td>27</td><td>154.179</td><td></td><td></td></tr>
</table>

1. 本例，獨立樣本之 A 因子 ( 運動型態 ) 再三次重複測量 (time) 有顯著差異 (F=27.0, p<0.05)。故再看 A 因子的各 levels 再重測三次 ( 脈搏 ) 平均數事後比較，如下表：

<table>
<tr><td colspan="6" align="center">運動型態 * time( 重測三次 )</td></tr>
<tr><td colspan="6">Measure:　time</td></tr>
<tr><th rowspan="2">運動型態</th><th rowspan="2">time</th><th rowspan="2">Mean</th><th rowspan="2">Std. Error</th><th colspan="2">95% Confidence Interval</th></tr>
<tr><th>Lower Bound</th><th>Upper Bound</th></tr>
<tr><td rowspan="3">跳舞<br>(a1)</td><td>1</td><td>90.200</td><td>1.849</td><td>86.406</td><td>93.994</td></tr>
<tr><td>2</td><td>90.900</td><td>2.953</td><td>84.841</td><td>96.959</td></tr>
<tr><td>3</td><td>91.400</td><td>3.472</td><td>84.275</td><td>98.525</td></tr>
<tr><td rowspan="3">瑜珈<br>(a2)</td><td>1</td><td>93.100</td><td>1.849</td><td>89.306</td><td>96.894</td></tr>
<tr><td>2</td><td>96.600</td><td>2.953</td><td>90.541</td><td>102.659</td></tr>
<tr><td>3</td><td>95.900</td><td>3.472</td><td>88.775</td><td>103.025</td></tr>
<tr><td rowspan="3">爬山<br>(a3)</td><td>1</td><td>96.100</td><td>1.849</td><td>92.306</td><td>99.894</td></tr>
<tr><td>2</td><td>117.100</td><td>2.953</td><td>111.041</td><td>123.159</td></tr>
<tr><td>3</td><td>126.000</td><td>3.472</td><td>118.875</td><td>133.125</td></tr>
</table>

1. 跳舞 (a1) 及爬山 (a3) 再重測三次 ( 脈搏 ) 後，平均數都是單調遞增。相對地，
   瑜珈 (a2) 再重測三次 ( 脈搏 )，有先增後減的現象，如下圖所示。

   【F. 分析結果說明】：「運動型態 × time」交互作用圖

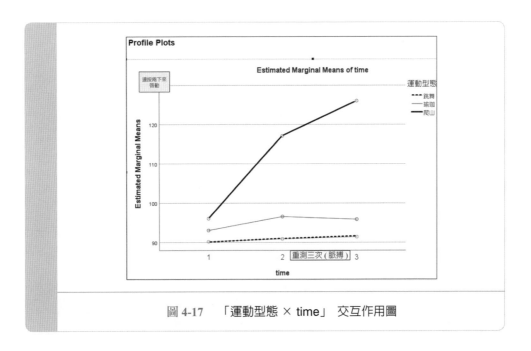

圖 4-17　「運動型態 × time」　交互作用圖

### 方法二：MIXED 指令：雙層次之混合模型

　　二因子混計 ANOVA 有三種解法：GLM 指令、MIXED 指令、MANOVA 指令。
在此介紹 MIXED 指令。

Step 1. 建 wide 格式之資料檔

　　「repeated_measure_ 二因子混計 wide.sav」資料檔內容內容如下圖。

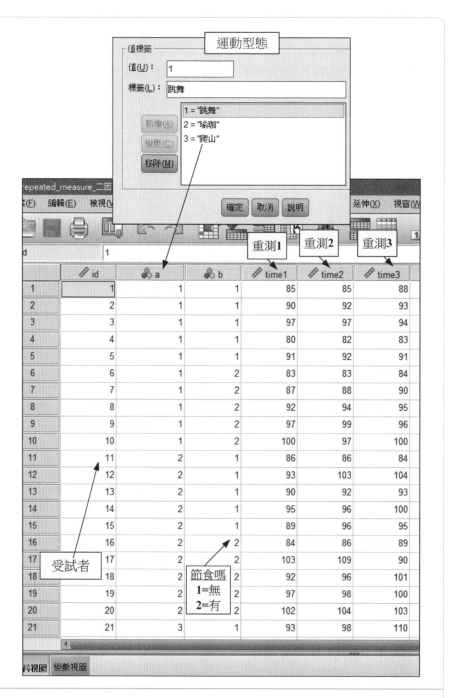

圖 4-18　「repeated_measure_二因子混計 wide.sav」 資料檔內容 (N=30個人，
每人重複測量 3 次 )

**Step 2.** 用 VARSTOCASES 指令，將 wide 格式轉成 long 格式之資料檔

二因子混計 ANOVA 有二種解法：GLM 指令、MIXED 指令。其中，MIXED 指令需 long 格式資料檔。

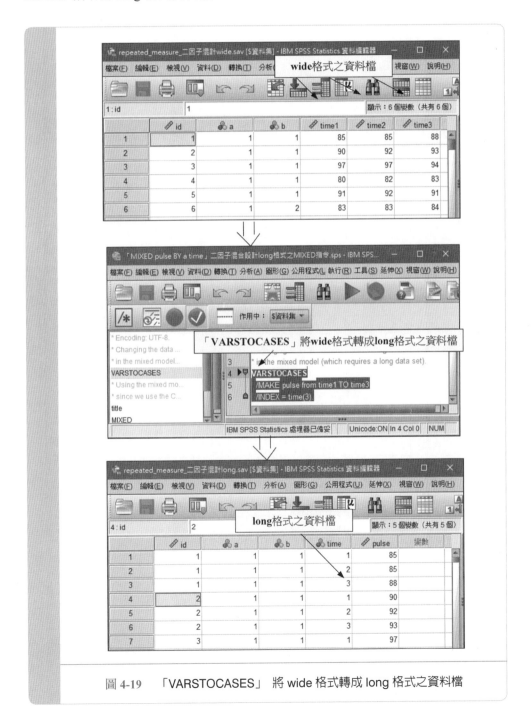

圖 4-19 「VARSTOCASES」 將 wide 格式轉成 long 格式之資料檔

對應的指令語法：

```
* Changing the data set from wide to long to be used.
* in the mixed model (which requires a long data set).
VARSTOCASES
  /MAKE pulse from time1 TO time3
  /INDEX = time(3).
```

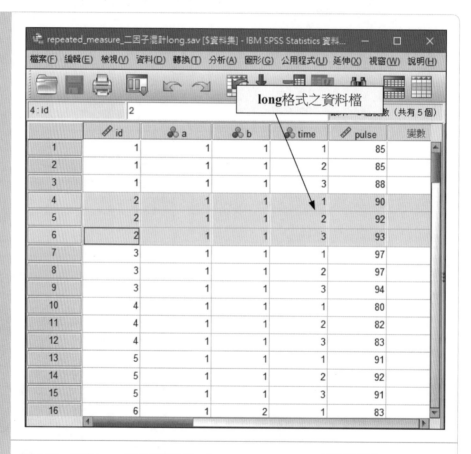

圖 4-20　轉成 long 格式之資料檔 「repeated_measure_ 二因子混計 long.sav」

**Step 3.** 用 MIXED 指令分析二因子混合設計 ANOVA

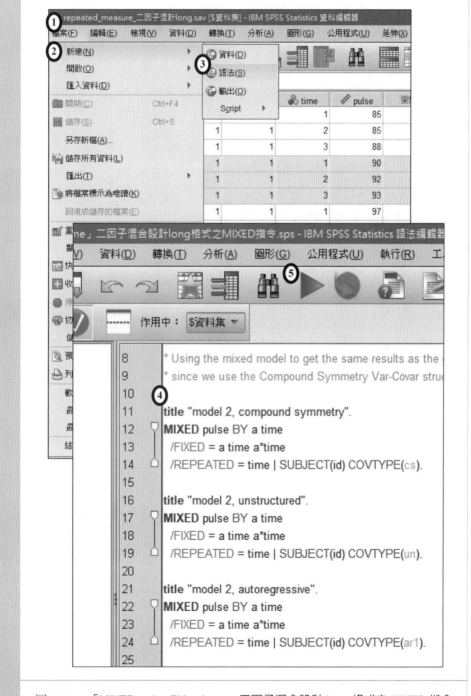

圖 4-21 「MIXED pulse BY a time」 二因子混合設計 long 格式之 MIXED 指令

對應的指令語法：

```
* Using the mixed model to get the same results as the glm .
* since we use the Compound Symmetry Var-Covar structure.

title " model 1 , compound symmetry ".
MIXED pulse BY a time
  /FIXED = a time a*time
  /REPEATED = time | SUBJECT(id) COVTYPE(cs).

title " model 2 , unstructured ".
MIXED pulse BY a time
  /FIXED = a time a*time
  /REPEATED = time | SUBJECT(id) COVTYPE(un).

title " model 3 , autoregressive ".
MIXED pulse BY a time
  /FIXED = a time a*time
  /REPEATED = time | SUBJECT(id) COVTYPE(ar1).
```

【A. 分析結果說明】：敵對模型適配度：AIC

| Information Criteria[a] | |
|---|---|
| -2 Restricted Log Likelihood | 590.832 |
| Akaike's Information Criterion (AIC) | 594.832 |
| Hurvich and Tsal's Criterion (AICC) | 594.985 |
| Bozdogan's Criterion (CAIC) | 601.621 |
| Schwarz's Bayesian Criterion (BIC) | 599.621 |

The information criteria are displayed in smaller-is-better form.
a. Dependent Variable: 重測 1.

兩個敵對模型，AIC 指標愈小者，其適配度愈佳。本例 AIC = 594.832。

【B. 分析結果說明】：固定效果之多層次模型

**Type III Tests of Fixed Effects[a]**

| Source | Numerator df | Denominator df | F | Sig. |
|---|---|---|---|---|
| Intercept | 1 | 27.000 | 5802.399 | .000 |
| a | 2 | 27.000 | 27.001 | .000 |
| time | 2 | 54.000 | 23.543 | .000 |
| a * time | 4 | 54.000 | 15.512 | .000 |

a. Dependent Variable: 重測 1.

1. 主要效果 a 及 time 效果都達到 0.05 顯著水準。
2. 交互作用「a * time」亦達 0.05 顯著水準。

【C. 分析結果說明】：共變數之估計值

Covariance Parameters

**Estimates of Covariance Parameters[a]**

| Parameter | | Estimate | Std. Error |
|---|---|---|---|
| Repeated Measures | CS diagonal offset | 43.890123 | 8.446658 |
| | CS covariance | 36.762963 | 14.267964 |

a. Dependent Variable: 重測 1.

**方法三：MANOVA 指令**

二因子混計 ANOVA 有三種解法：GLM 指令、MIXED 指令、MANOVA 指令。在此介紹 MANOVA 指令。

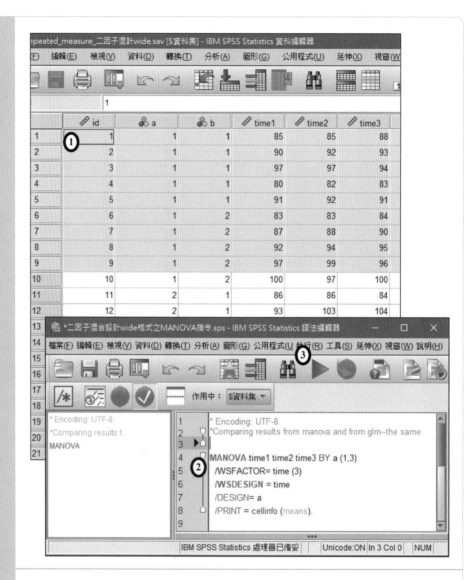

圖 4-22 「MANOVA time1 time2 time3 BY a (1,3)」 二因子混合設計 wide 格式之 MANOVA 指令

對應的指令語法：

```
*Comparing results from MANOVA and from glm--the same .
MANOVA time1 time2 time3 BY a (1,3)
  /WSFACTOR= time (3)
  /WSDESIGN = time
  /DESIGN= a
  /PRINT = cellinfo (means).
```

【A. 分析結果說明】

```
- - - - - - - - - - - - - - - - - - - - - - - - - - - - - - - - - - - -
Cell Means and Standard Deviations
Variable .. time1 重測 1
  FACTOR        CODE          Mean  Std. Dev.     N    95 percent Conf. Interval

  a             跳舞         90.200   6.546       10      85.518      94.882
  a             瑜珈         93.100   6.297       10      88.595      97.605
  a             爬山         96.100   4.483       10      92.893      99.307
For entire sample            93.133   6.152       30      90.836      95.430


- - - - - - - - - - - - - - - - - - - - - - - - - - - - - - - - - - - -
Variable .. time2 重測 2
FACTOR        CODE          Mean  Std. Dev.     N    95 percent Conf. Interval
a             跳舞         90.900   6.118       10      86.523      95.277
a             瑜珈         96.600   7.442       10      91.277     101.923
a             爬山        117.100  12.991       10     107.807     126.393
For entire sample          101.533  14.564       30      96.095     106.972


- - - - - - - - - - - - - - - - - - - - - - - - - - - - - - - - - - - -
Variable .. time3 重測 3
FACTOR        CODE          Mean  Std. Dev.     N    95 percent Conf. Interval
a             跳舞         91.400   5.337       10      87.582      95.218
a             瑜珈         95.900   6.740       10      91.078     100.722
a             爬山        126.000  16.964       10     113.865     138.135
 For entire sample         104.433  18.877       30      97.385     111.482
```

```
- - - - - - - - - - - - - - - - - - - - - - - - - - - - - - - - - - - - - - -

* * * * * * * * * * * * Analysis of Variance -- Design 1 * * * * * * * * * * * * *

Tests of Between-Subjects Effects.

Tests of Significance for T1 using UNIQUE sums of squares
Source of Variation          SS        DF        MS          F  Sig of F

WITHIN+RESIDUAL          4162.83      27      154.18
A                        8326.07       2     4163.03       27.00      .000


- - - - - - - - - - - - - - - - - - - - - - - - - - - - - - - - - - - - - - -

* * * * * * * * * * * * Analysis of Variance -- Design 1 * * * * * * * * * * * * *

Tests involving 'TIME' Within-Subject Effect.


Mauchly sphericity test, W =       .96806
Chi-square approx. =               .84407 with 2 D. F.
Significance =                     .656

Greenhouse-Geisser Epsilon =      .96905
Huynh-Feldt Epsilon =            1.00000
Lower-bound Epsilon =             .50000

AVERAGED Tests of Significance that follow multivariate tests are equivalent to
univariate or split-plot or mixed-model approach to repeated measures.
Epsilons may be used to adjust d.f. for the AVERAGED results.


- - - - - - - - - - - - - - - - - - - - - - - - - - - - - - - - - - - - - - -

* * * * * * * * * * * * Analysis of Variance -- Design 1 * * * * * * * * * * * * *

EFFECT .. A BY TIME
Multivariate Tests of Significance (S = 2, M = -1/2, N = 12)
```

| Test Name | Value | Approx. F | Hypoth. DF | Error DF | Sig. of F |
|---|---|---|---|---|---|
| Pillais | .68850 | 7.08706 | 4.00 | 54.00 | .000 |
| Hotellings | 2.13135 | 13.32093 | 4.00 | 50.00 | .000 |
| Wilks | .31745 | 10.07302 | 4.00 | 52.00 | .000 |
| Roys | .67975 | | | | |

Note.. F statistic for WILKS' Lambda is exact.

- - - - - - - - - - - - - - - - - - - - - - - - - - - - - - - - - - - - -

* * * * * * * * * * * * Analysis of Variance -- Design 1 * * * * * * * * * * * * *

EFFECT .. TIME
Multivariate Tests of Significance (S = 1, M = 0, N = 12)

| Test Name | Value | Exact F | Hypoth. DF | Error DF | Sig. of F |
|---|---|---|---|---|---|
| Pillais | .62316 | 21.49720 | 2.00 | 26.00 | .000 |
| Hotellings | 1.65363 | 21.49720 | 2.00 | 26.00 | .000 |
| Wilks | .37684 | 21.49720 | 2.00 | 26.00 | .000 |
| Roys | .62316 | | | | |

Note.. F statistics are exact.

- - - - - - - - - - - - - - - - - - - - - - - - - - - - - - - - - - - - -

* * * * * * * * * * * * Analysis of Variance -- Design 1 * * * * * * * * * * * * *

Tests involving 'TIME' Within-Subject Effect.

AVERAGED Tests of Significance for time using UNIQUE sums of squares

| Source of Variation | SS | DF | MS | F | Sig of F |
|---|---|---|---|---|---|
| WITHIN+RESIDUAL | 2370.07 | 54 | 43.89 | | |
| TIME | 2066.60 | 2 | 1033.30 | 23.54 | .000 |
| A BY TIME | 2723.33 | 4 | 680.83 | 15.51 | .000 |

- - - - - - - - - - - - - - - - - - - - - - - - - - - - - - - - - - - - -

```
* * * * * * * * * * * * Analysis of Variance -- Design 2 * * * * * * * * * * * *

Tests of Between-Subjects Effects.


 Tests of Significance for T1 using UNIQUE sums of squares
 Source of Variation          SS        DF        MS        F   Sig of F


 WITHIN+RESIDUAL          4162.83       27      154.18
 a                        8326.07        2     4163.03    27.00     .000



- - - - - - - - - - - - - - - - - - - - - - - - - - - - - - - - - - - - - - -


* * * * * * * * * * * * Analysis of Variance -- Design 2 * * * * * * * * * * * *

Tests involving 'TIME' Within-Subject Effect.


 Mauchly sphericity test, W =        .96806
 Chi-square approx. =                .84407 with 2 D. F.
 Significance =                      .656


 Greenhouse-Geisser Epsilon =       .96905
 Huynh-Feldt Epsilon =             1.00000
 Lower-bound Epsilon =              .50000


AVERAGED Tests of Significance that follow multivariate tests are equivalent to
univariate or split-plot or mixed-model approach to repeated measures.
Epsilons may be used to adjust d.f. for the AVERAGED results.



- - - - - - - - - - - - - - - - - - - - - - - - - - - - - - - - - - - - - - -


* * * * * * * * * * * * Analysis of Variance -- Design 2 * * * * * * * * * * * *

 EFFECT .. a BY TIME
 Multivariate Tests of Significance (S = 2, M = -1/2, N = 12 )


 Test Name     Value      Approx. F    Hypoth. DF     Error DF      Sig. of F
 Pillais       .68850     7.08706        4.00          54.00          .000
 Hotellings   2.13135    13.32093        4.00          50.00          .000
```

```
Wilks          .31745    10.07302        4.00            52.00              .000
Roys           .67975
Note.. F statistic for WILKS' Lambda is exact.


- - - - - - - - - - - - - - - - - - - - - - - - - - - - - - - - - - - - - - - - - -


* * * * * * * * * * * Analysis of Variance -- Design 2 * * * * * * * * * * * * *


Tests involving 'TIME' Within-Subject Effect.


AVERAGED Tests of Significance for time using UNIQUE sums of squares
Source of Variation         SS        DF        MS        F  Sig of F


WITHIN+RESIDUAL           2370.07     54       43.89
TIME                     2066.60      2     1033.30     23.54      .000
a BY TIME                2723.33      4      680.83     15.51      .000


- - - - - - - - - - - - - - - - - - - - - - - - - - - - - - - - - - - - - - - - - -
```

### 4-2-2 雙層次 vs. 二因子混合設計 ANOVA：long 格式 (MIXED 指令 )

範例： 架構如下圖

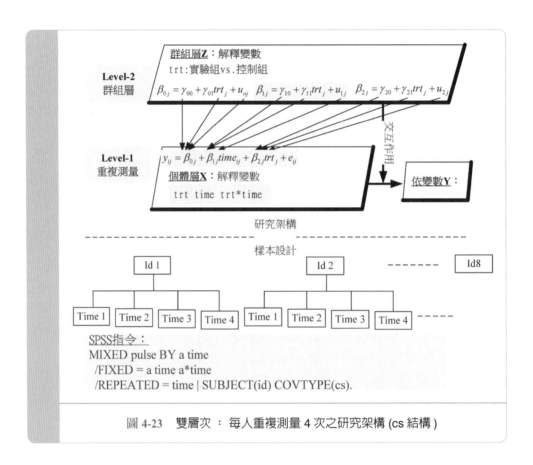

圖 4-23　雙層次 ： 每人重複測量 4 次之研究架構 (cs 結構 )

　　縱向資料通常用於研究個人的成長、發展及個人的改變。這種形式的資料通常包含了同一個受試者在不同時間點上重複的接受測量。多變量分析和重複測量變異數分析常用來分析縱向資料。然而利用這兩項統計方法在分析縱向資料上有它的限制。縱向資料通常需要結構性的共變異數模型，殘差通常含有異質性和相依性；資料通常也屬於多層資料，重複測量是第一層，受試者是第二層。本章節旨在探討使用線性混合效果模型來建立縱向資料的模型的情形，同時也包含了如

何建立模型的步驟。

## 一、資料檔之內容

「repeated_measures.sav」資料檔內容內容如下圖。

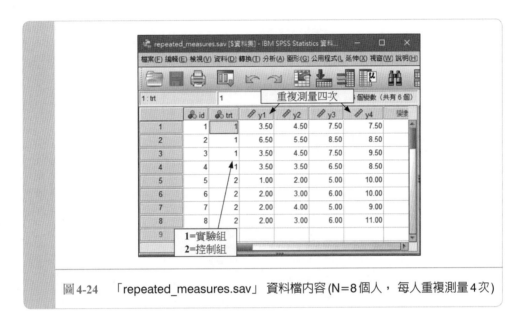

圖 4-24 　「repeated_measures.sav」資料檔內容 (N=8 個人，每人重複測量 4 次)

## 二、雙層次：**Repeated measure ANOVA**：分析步驟

Step 1. 繪混合設計二因子 ANOVA 之 wide 型交互作用圖。先探索，實驗組 vs. 控制組在四次重複測量之趨勢圖，如下圖。可見變數 trt( 實驗組 vs. 控制組 ) 與重複測量 (time) 有交互作用。

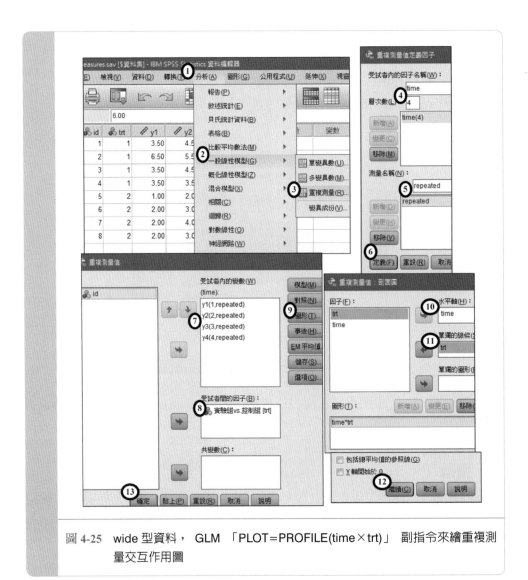

圖 4-25　wide 型資料，　GLM 「PLOT＝PROFILE(time×trt)」 副指令來繪重複測量交互作用圖

對應的指令語法：

```
GLM y1 y2 y3 y4 BY trt
  /WSFACTOR=time 4 Polynomial
  /MEASURE=repeated
  /METHOD=SSTYPE(3)
  /PLOT=PROFILE(time*trt) TYPE=LINE ERRORBAR=NO MEANREFERENCE=NO YAXIS=AUTO
```

```
/CRITERIA=ALPHA(.05)
/WSDESIGN=time
/DESIGN=trt .
```

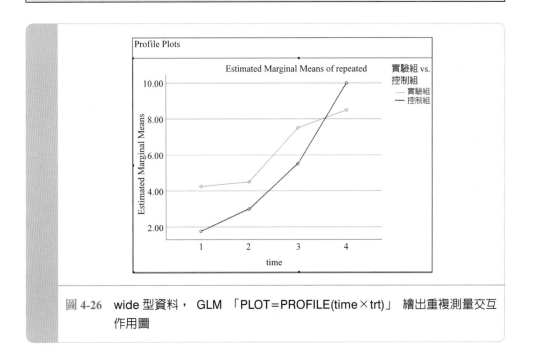

圖 4-26　wide 型資料，　GLM 「PLOT＝PROFILE(time×trt)」　繪出重複測量交互作用圖

　　由於重複量測變異數分析的依變數間是存在相關，故資料鍵入時，應視為不同的變數 (wide 資料結構 )，不可以視為單一變數的不同狀況資料。接著再用 VARSTOCASES 指令，將 wide 資料結構轉成 long 資料結構，MIXED 指令才可進行多層次重複測量 ANOVA 分析。

Step 2. 資料結構由 wide 型轉成 long 型 Reshape from wide to long

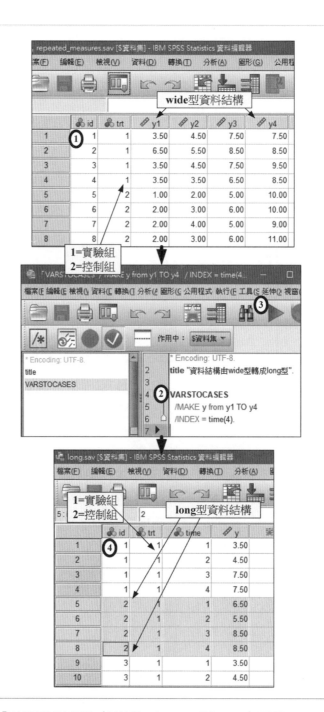

圖 4-27 「VARSTOCASES ／ MAKE y from y1 TO y4 ／ INDEX = time(4).」將 wide 變 long 型 ( 存至 long.sav 檔 )

**Step 3.** 重複測量之混合模型：Compound Symmetry 型「變異數 - 共變數」結構

# 如何找最適配的 Covariance Structure 呢？

你可估計許多不同的共變數結構 (covariance structures)。這概念很關鍵，每個實驗可能有不同的共變數結構。重要的是要知道哪個共變數結構最適合數據的隨機「變異數和共變數」。

## (一) 挑選策略 / 演算法 (strategy/algorithm)

1. 先挑 unstructured (UN)。
2. 再挑 Compound symmetry (CS)：最簡單 RM 結構。
3. 接著挑其他 structures (That best fit the experimental design and biology of organism)。

## (二) 使用模型適配準則 (Model-fitting statistics)

1. AIC 準則：Akaike's Information Criteria( 越小越好 )。
2. BIC(SBC) 準則：Schwarz's Bayesian Criteria( 越小越好 )。

## 常見的 Covariance Structure 有四種

多層次模型，受試者內之共變數結構 (Within-subject covariance structures)，常見有下列 4 種：

### 型態一：Independence(VC)(TYPE= diag)

1. CS= Variance Components( 變數成分 )。
2. 系統內定的最簡單法 (Single parameter is estimated)。
3. 不適用在重複測量設計 (Not a reasonable choice for repeated measures designs)。
4. 共變數之非對角元素都 =0 (0 Covariance along off-diagonal)。
5. 共變數之對角元素都固定變異「Constant variance ($\sigma^2$) along diagonal」。

$$
\begin{array}{c}
Time\_1 \\
Time\_2 \\
Time\_3 \\
Time\_4
\end{array}
\begin{bmatrix}
\sigma^2 & 0 & 0 & 0 \\
0 & \sigma^2 & 0 & 0 \\
0 & 0 & \sigma^2 & 0 \\
0 & 0 & 0 & \sigma^2
\end{bmatrix}
$$

### 型態二：Compound symmetry/exchangeable(TYPE= cs)

1. CS= 複合對稱 (Compound symmetry)。
2. 共變數之對角元素的變異數都相等 (Equal variances on diagonal)。
3. 共變數之非對角元素的變異數都相等 [Equal covariance along off diagonal (equal correlation)]。
4. 重複測量之最簡單結構 (Simplest Structure for fitting Repeated measures)。
5. 只需要估計 2 個參數 (Only 2 parameters need to be estimated)。
6. RANDOM 或 REPEATED 副指可用 CS structure。

$$
\begin{array}{c}
Time\_1 \\
Time\_2 \\
Time\_3 \\
Time\_4
\end{array}
\begin{bmatrix}
\sigma^2+\sigma & \sigma_1 & \sigma_1 & \sigma_1 \\
\sigma_1 & \sigma^2+\sigma & \sigma_1 & \sigma_1 \\
\sigma_1 & \sigma_1 & \sigma^2+\sigma & \sigma_1 \\
\sigma_1 & \sigma_1 & \sigma_1 & \sigma^2+\sigma
\end{bmatrix}
$$

### 型態三：Unstructured(TYPE= un)

1. UN= 非結構 (Unstructured)。
2. 最複雜結構 (Most complex structure)。
3. 每次估計的變異數，每對時間的共變數 (Variance estimated for each time, covariance for each pair of times)。
4. 共變數之非對角元素的變異數都不相等 (Different covariances on off-diagonal)。
5. 共變數之非對角元素的變異數都不相等 [Different variance ($\sigma_i^2$) along diagonal]。
   (1) 導致不太精確的參數估計 (Degrees of freedom problem)。
   (2) Unstructured 模型需估計 K+K(K-1)/2 個參數 (parameters)。
   (3) 僅 REPEATED 副指令才可使用 UN。

$$
\begin{array}{c}
Time\_1 \\
Time\_2 \\
Time\_3 \\
Time\_4
\end{array}
\begin{bmatrix}
\sigma_1^2 & \sigma_{21} & \sigma_{31} & \sigma_{41} \\
\sigma_{12} & \sigma_2^2 & \sigma_{32} & \sigma_{42} \\
\sigma_{13} & \sigma_{23} & \sigma_3^2 & \sigma_{43} \\
\sigma_{14} & \sigma_{24} & \sigma_{34} & \sigma_4^2
\end{bmatrix}
$$

### 型態四：Autoregressive (TYPE=ar1)

1. 共變數之非對角元素的變異數都相等 (Equal variances on diagonal)。
2. 非對角元素：變異數 ($\sigma^2$) 乘以重複測量係數 ($\rho$) 會隨著觀察時間的逐漸分離而增加 powers[Variance ($\sigma^2$) multiplied by the repeated measures coefficient ($\rho$) raise to increasing powers as the observations become increasingly separated in time]。
3. 時間必須有次序且同樣間隔 (Times must be equally ordered and equally spaced)。
4. 估計二個參數 $\rho$ 及 $\sigma^2$。
5. RANDOM 及 REPEATED 都可用它。

$$\begin{array}{c} Time\_1 \\ Time\_2 \\ Time\_3 \\ Time\_4 \end{array} \begin{bmatrix} \sigma^2 & \rho\sigma_2 & \rho^2\sigma^2 & \rho^3\sigma^2 \\ \rho\sigma_2 & \sigma^2 & \rho\sigma^2 & \rho^2\sigma^2 \\ \rho^2\sigma^2 & \rho\sigma^2 & \sigma^2 & \rho\sigma^2 \\ \rho^3\sigma^2 & \rho^2\sigma^2 & \rho\sigma^2 & \sigma^2 \end{bmatrix}$$

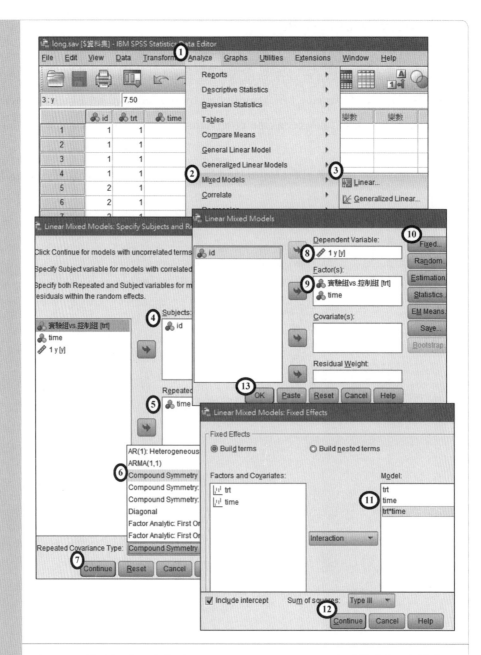

圖 4-28　重複測量之混合模型：Compound Symmetry 型 「變異數—共變數」
結構 (long.sav 檔 )

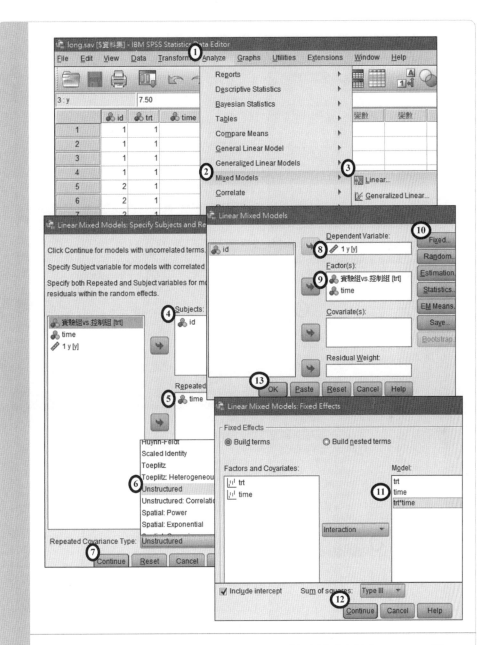

圖 4-29 COVTYPE(un) 「unstructured」 型混合模型之指令 (long.sav 檔)

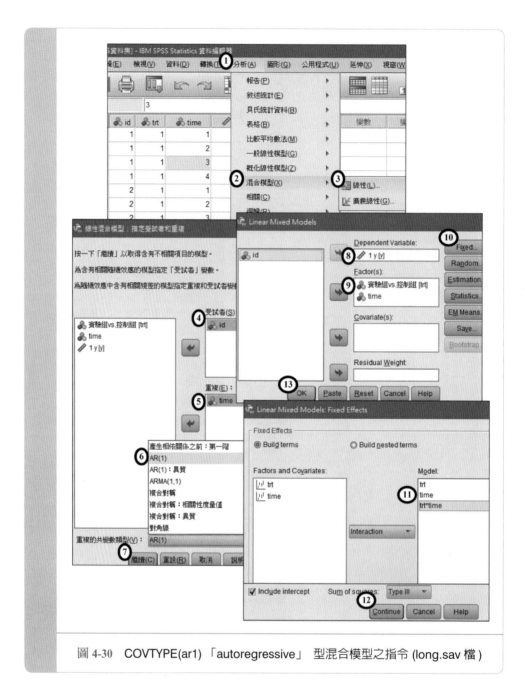

圖 4-30　COVTYPE(ar1)「autoregressive」型混合模型之指令 (long.sav 檔 )

上述三種受試者內「變異數─共變數」結構，其對應的指令如下表。

```
* Using the mixed model to get the same results as the glm .
* since we use the Compound Symmetry Var-Covar structure.

title "model 1, compound symmetry".
MIXED y BY trt time
  /FIXED = trt time trt*time
  /REPEATED = time | SUBJECT(id) COVTYPE(cs).

title "model 2, unstructured".
MIXED y BY trt time
  /FIXED = trt time trt*time
  /REPEATED = time | SUBJECT(id) COVTYPE(un).

title "model 3, autoregressive".
MIXED y BY trt time
  /FIXED = trt time trt*time
  /REPEATED = time | SUBJECT(id) COVTYPE(ar1).
```

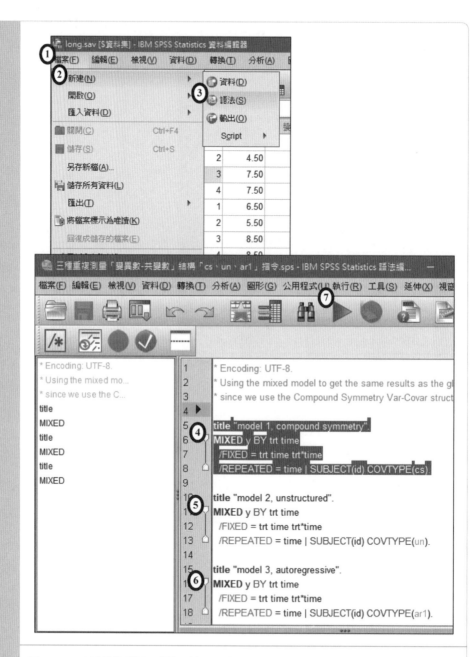

圖 4-31　三種重複測量 「變異數—共變數」 結構 「cs、 un、 ar1」 指令之畫面

**Step 4.** 採「Compound Symmetry」檢定主要效果及交互作用效果，是否達顯著？

　　由於三種重複測量「變異數—共變數」結構「**cs**、**un**、**ar1**」指令，產生的結果大同小異，故本例只解說「**cs**」執行結果。

Fixed Effects

**Type III Tests of Fixed Effects[a]**

| Source | Numerator df | Denominator df | F | Sig. |
|---|---|---|---|---|
| Intercept | 1 | 6.000 | 648.000 | .000 |
| trt | 1 | 6.000 | 6.480 | .044 |
| time | 3 | 18 | 127.890 | .000 |
| trt * time | 3 | 18 | 12.740 | .000 |

a. Dependent Variable: 1 y.

1. 結果顯示交互作用項「trt * time」在依變數 (y) 達到顯著效果 ($F_{(3,18)}$ = 12.74, p < 0.05)。

2. 獨立樣本：「trt( 實驗組 vs. 控制組 )」在依變數 (y) 達到顯著效果 ($F_{(1,6)}$ = 6.48, p < 0.05)。

3. 相依樣本：「time( 重測四次 )」在依變數 (y) 達到顯著效果 ($F_{(3,18)}$ = 127.89, p < 0.05)。

**小結**

　　混合模型的優點和缺點

　　混合模型既有優點也有缺點，但總的來說，混合模型更加靈活，整體而言更具優勢。

　　混合模型的優點包括：

1. 自動計算每個效果的正確標準誤差。

2. 受試者內 (within-subject) 允許不平衡或遺漏值存在。

3. 允許不相等的時間間隔 (Allows unequal time intervals)。

4. 允許不同的受試者內 (within-subject) 共變數結構 (Allows various within-

subject covariance structures)。

5. 允許時間被視為類別變數或連續變數 (Allows time to be treated as categorical or continuous)。

混合模型的缺點包括：

*xtmixed* 以卡方 (chi-square) 報告結果：此 p 值適用於大樣本，若遇到小樣本則易產生偏誤 (biased)。

# 多變量共變數分析
(Multivariate analysis of
covariance, MANCOVA指令)

# 5-1 單因子 MANCOVA

共變數分析 (ANCOVA) 是將**變異數分析**和**迴歸**混合的一般線性模型。ANCOVA 旨在評估「代表實驗處理 (treatment) 之分類自變數 (IV)」各分組 (level)，在依變數 (DV) 的平均值是否相等，同時用統計來**控制**其它不感興趣的連續變數 ( 共變數或干擾 (nuisance) 變數 )。在數學上，ANCOVA 將依變數的變異數分解為 3 項：「共變數解釋的變異數＋類別自變數解釋的變異數＋殘差變異數」。直觀上，ANCOVA 可以被認為是透過共變數的組合方式來「調整」依變數。

$$Y_{ij} = \mu + \alpha_j + \beta w(X_{ij} - \mu_x) + \varepsilon_{ij}$$

其中 $\mu$ 為整體平均效果。

$\alpha_j$ 為各實驗處理效果。

$\beta w(X_{ij} - \mu_x)$ 為表示 X 與 Y 之間的迴歸係數。

$\varepsilon_{ij}$ 表示排除 X 的影響後所剩下的殘差。

## 5-1-1 單因子 MANCOVA 之原理

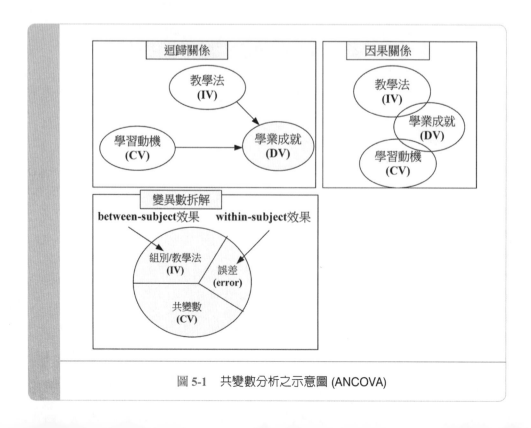

圖 5-1　共變數分析之示意圖 (ANCOVA)

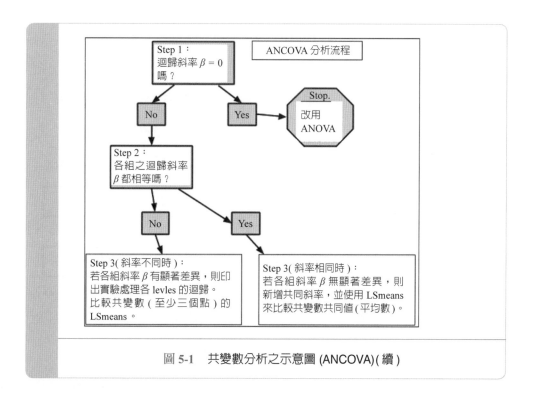

圖 5-1　共變數分析之示意圖 (ANCOVA)( 續 )

## 一、連續型變數當共變數

　　共變數分析 (ANCOVA)，其統計原理是在變異數分析 (ANOVA) 中再加 1 至 2 個連續型共變數 ( 即共變數 )，以控制變數與依變數間之共變為基礎，才進行迴歸「調整」(correction) 校正，求得「排除控制變數影響」的單純 (pure) 統計量，「單純」係指扣除「控制變數與依變數的共變」之後，類別型自變數與連續型依變數的純關係。意即：「ANCOVA ＝ ANOVA ＋ 連續型共變數」。

## 二、準實驗設計適合：混合設計二因子 ANOVA、共變數分析

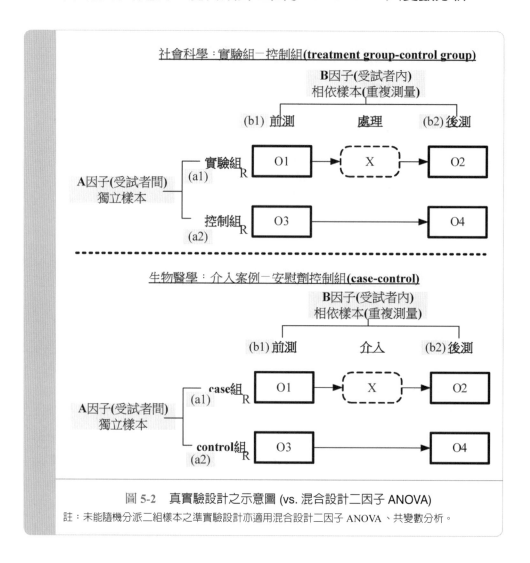

圖 5-2　真實驗設計之示意圖 (vs. 混合設計二因子 ANOVA)

註：未能隨機分派二組樣本之準實驗設計亦適用混合設計二因子 ANOVA、共變數分析。

如上圖實驗設計，共變數分析亦適用於「前測－後測」設計。其中，前測 (pretest) 當控制用共變數，後測 (posttest) 當依變數。值得一提的事，控制用共變數大多選擇穩定的個人特質，不易受到實驗操縱的影響者 (例如：IQ、父母社會經濟地位 SES)。實務上，控制變數不一定要在研究前完成，你可依研究情況或方便性，在研究中、研究後再進行測量 (或調查收集)。

## 三、共變數分析 (ANCOVA) 的原理

迴歸旨在使用最小平方法或最大概似估計，來求得二個連續變數的共變 ( 相關 )，進而產生預測用途的迴歸模型。

共變數分析以迴歸角度來看，ANCOVA 係將控制變數當作預測變數來用。當依變數的變異量 (variance)，若從被控制變數解釋部分中分離出來，剩下來的依變數解釋的變異就是單純的「自變數對依變數的效果 (effects) / 實驗處理」。

$$Y_{ij} = \mu + \alpha_j + \beta_j(X_{ij} - \overline{X}_{ij}) + \varepsilon_{ij}$$

上式可看出，共變數分析是在：ANOVA 中增加共變的作用項 $\beta_j(X_{ij} - \overline{X}_{ij})$，其中，$\beta_j$ 為**組內迴歸係數** (Within groups regression coefficient)，它代表各組「X → Y」的**迴歸係數**，它也是 ANOVA 的假定 (assumption) 之一。若自變數 k 個類組 / 水準 (levels)，就有 k 個迴歸係數。

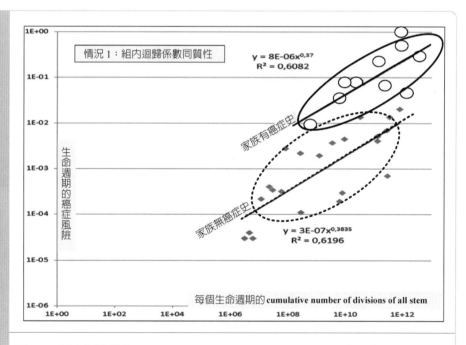

圖 5-3　組內迴歸係數 (Within groups regression coefficient) 之示意圖 (ANCOVA 的假定之一 )

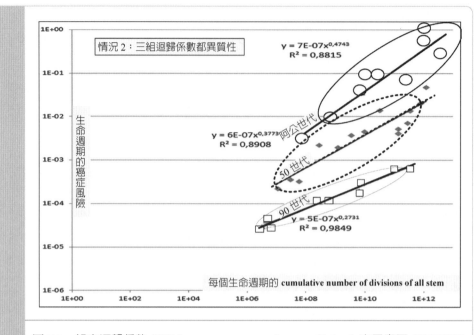

圖 5-3　組內迴歸係數 (Within groups regression coefficient) 之示意圖 (ANCOVA 的假定之一 )( 續 )

## 四、ANCOVA 變異數的分解

ANOVA 是將依變項的總變異量，分解成自變項效果 (Between group) 及誤差效果 (Within group) 二部分，其變異量分解數學式為：$SS_T = SS_B + SS_W$，並進行 F 檢定。

表 5-1　獨立樣本單因子變異數分析摘要表

| 變異來源 (Variation source) | 平方和 (SS) | 自由度 (df) | 均方 (MS) | F |
|---|---|---|---|---|
| 組間 (Between group) | $SS_B$ | k-1 | $SS_B / k\text{-}1$ | $MS_B / MS_W$ |
| 組內 (Within group) | $SS_W$ | N-k | $SS_W / N\text{-}k$ | |
| 全體 (Total) | $SS_T$ | N-1 | | |

相對地，ANCOVA 則根據迴歸原理，將依變項的總變異量，拆解成共變項可解釋部分 ($SP_{XY}$) 及不可解釋部分，不可解釋變異再用 ANOVA 原理來進行分解。

因此在統計檢定中，多先行檢定共變數對依變數解釋力之 F 檢定，一併整理於 ANCOVA 摘要表 ( 如下表 )，其變異量分解數學式為：$SS_T = SP_{XY} + (SS'_B + SS'_W)$，如下圖所示。

表 5-2　獨立樣本單因子共變數分析摘要表

| Source | 平方和 (SS) | 自由度 (df) | 均方 (MS) | F |
|---|---|---|---|---|
| Covariate | $SS_{Cov}$ | 1 | $MS_{Cov}$ | $\dfrac{MS_{Cov}}{MS'_W}$ |
| Between | $SS'_B$ | $K-1$ | $MS'_B = \dfrac{SS'_B}{K-1}$ | $\dfrac{MS'_B}{MS'_W}$ |
| Within | $SS'_W$ | $N-K-1$ | $MS'_W = \dfrac{SS'_W}{N-K-1}$ | |
| Total | $SS'_T$ | $N-1$ | | |

例子：ANCOVA

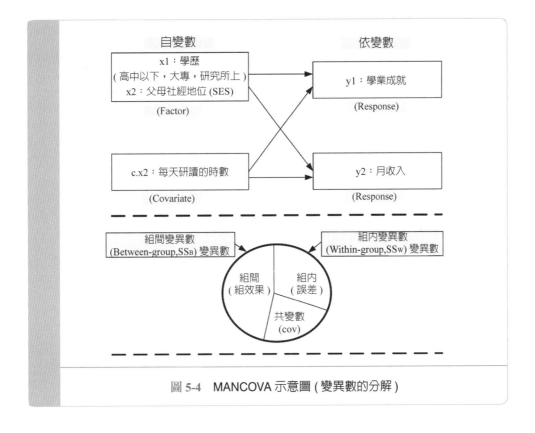

圖 5-4　MANCOVA 示意圖 ( 變異數的分解 )

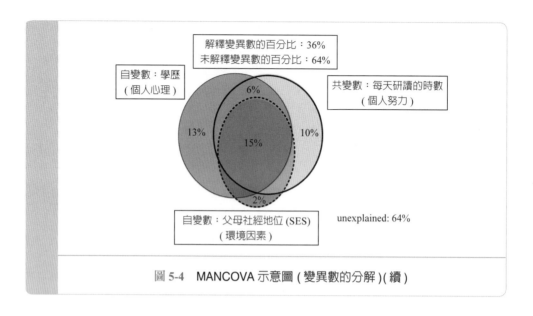

圖 5-4　MANCOVA 示意圖 ( 變異數的分解 )( 續 )

## 五、ANCOVA 對平均數的調整

　　共變數納入變異數分析，就會對依變數平均數產生調整 (Adjusted mean)。如下圖，當第 1 組在共變數的平均數小於第 2 組時 ($\overline{X}_1 < \overline{X}_2$)，此時迴歸線的垂直距離擴大，各水準在 Y 變數平均值將增加；反之，若 $\overline{X}_1 < \overline{X}_2$，此時迴歸線的垂直距離擴大，各水準在 Y 變數平均值將縮小。

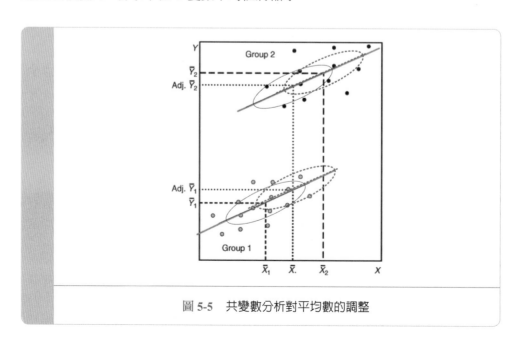

圖 5-5　共變數分析對平均數的調整

## 5-1-2 單因子 MANCOVA 之重點整理

共變數的多變量分析(MANCOVA)是單變量共變數分析(ANCOVA)的擴展，它考量多個依變數的情況，並考量 ANOVA 是否需要伴隨連續「自變數—共變數」的控制(The control of concomitant continuous independent variables - covariates is required)。MANCOVA 設計比簡單 MANOVA 優，是它採用共變數來控制 noise、error 的「factoring out」。常用的 ANOVA F 統計量，對應的多變量就是 Wilks' lambda(符號λ)，λ 代表 Error variance(或 covariance)與 Effect variance(或 covariance)之間的比率。

### 一、共變異數分析 (Analysis of covariance, ANCOVA) 之概念

ANCOVA 其實可以看為是 **ANOVA** 與迴歸分析的結合。傳統的 **ANOVA** 主要是用來比較兩組以上的樣本的平均值是否有差別，比如醫師要研究不同的治療組合對肝癌患者的預後是否有不同的效果，因此去比較：(1) 單純手術切除腫瘤、(2) 單純進行化療、(3) 以上兩種治療方式結合的病患的三年存活率。ANOVA 能用來比較這三組病患的三年存活率的平均值是否明顯不同，讓研究人員瞭解這三種治療組合的效果。

不過，ANOVA 通常必須搭配隨機**控制**實驗來進行會比較好，因為隨機分配比較能夠提供研究人員相同的比較基準(比如使得這三組病人的病情分布情況大致上是相近的，不致於有某一組都是病情偏重的病人，其他組病人病情卻都較輕)，這樣我們才能客觀地比較治療方式的效果差異。可是在這個例子中，這三組病人並不是透過隨機分配的方式去決定採用哪一種治療組合，醫師是依照每一位病人的**病情**(肝腫瘤的大小、**期數**、病人的健康情況等)，建議採取的治療方式，而這些病情變數都會對肝癌病人的存活率造成影響，因此在此情況下直接用 ANOVA 並不恰當，最理想的方式是 ANCOVA，因為 ANCOVA 在比較這三組病人的存活率時，可以同時考慮或**控制**其他對病人存活率有影響的病情變數，使我們在相同的背景或基礎上去比較這三組治療方式的效果。而控制其他變數對依變數的影響也是迴歸分析的基本功能，因此 ANCOVA 可以說是結合了 ANOVA 與迴歸分析的功能。

話說如此，事實上用**複迴歸**分析就可以達到 **ANCOVA** 的目的，只要在迴歸

分析模式中加入組別的虛擬變數 (Dummy variables)，我們就可以看到不同組別的平均值是否有明顯差別。以前面的例子來說，我們必須建立兩個虛擬變數，分別代表第一組與第二組的病人 ( 研究組 )，做為分析模式中的自變數，而以第三組為對照組，這樣我們就可以去比較第一組和第二組的病人分別與第三組病人的三年存活率有沒有差別。

## 二、MANCOVA 目的

### 1. 降低實驗誤差

MANCOVA 類似於 ANOVA 系列中的所有檢定，MANCOVA 的主要目的是檢定組間平均值之間的顯著差異。在樣本抽樣中，MANCOVA 設計中，共變量 (covariate) 就是要降低誤差項 $MS_{error}$，提升整體 Wilks' lambda 值，進而使處理效果 (effect) 更精準來考驗「處理 X」的顯著性。

### 2. 增進統計檢定力 (power)

這使研究人員有更多的統計檢定力 (power) 來檢定數據內的差異。多變量的 MANCOVA 允許多個依變數的線性組合來表達群體間差異，並同時控制其共變量。

舉例來說，MANCOVA 是合適的：假設一位科學家有興趣檢定兩種新藥對抑鬱和焦慮評分的影響。還假設科學家已掌握每個病人對藥物總體反應的資訊；若能考慮「藥物總體反應」這個共變數，將能提高靈敏度來確定每種藥物對兩個依變數的影響。

## 三、單變量：ANCOVA 假定 (assumptions)

### 1. 假定 1：依變數與共變數之間是**直線相關** (Linearity of regression)

依變數和共變數之間的迴歸關係必須是線性的。

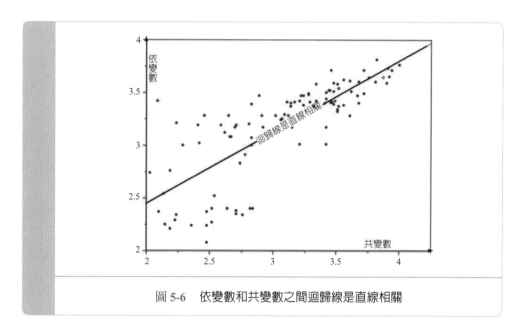

圖 5-6　依變數和共變數之間迴歸線是直線相關

## 2. 假定 2：誤差變異數 $\sigma_\varepsilon^2$ 同質性 (Homogeneity of error variances)

　　誤差這個隨機變數，對於不同處理類別和觀察值，具有「0 均值和變異數相等」的條件。

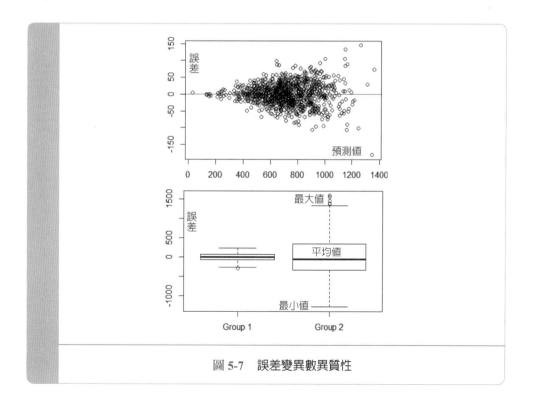

圖 5-7　誤差變異數異質性

### 3. 假定 3：誤差項彼此獨立 (Independence of error terms)

誤差是不相關的。也就是說，誤差共變數矩陣呈對角矩陣。

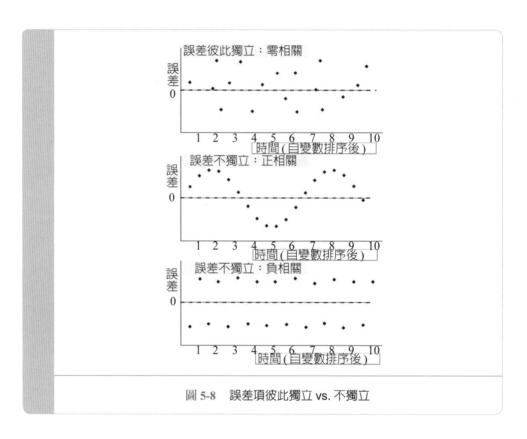

圖 5-8　誤差項彼此獨立 vs. 不獨立

### 4. 假定 4：誤差常態性 (Normality of error terms)

該殘差 ( 誤差項 )，應常態分布，$\varepsilon_{ij} \sim N(0, \sigma^2)$

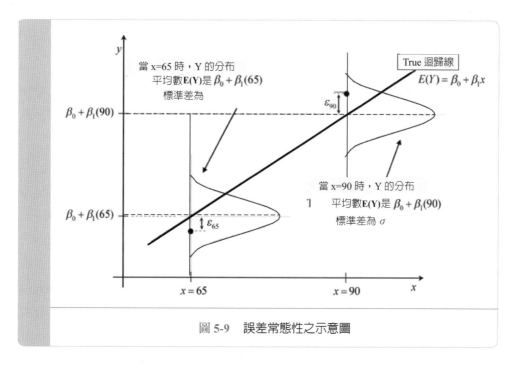

圖 5-9　誤差常態性之示意圖

## 5. 假定 5：組內迴歸係數同質 (Homogeneity of regression slopes)

不同組間之迴歸線斜率應該是相等的，即迴歸線應該在組間平行。

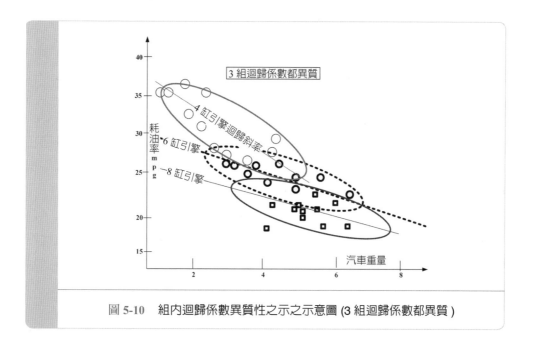

圖 5-10　組內迴歸係數異質性之示之示意圖 (3 組迴歸係數都異質 )

參考資料：https://en.wikipedia.org/wiki/Analysis_of_covariance

### 四、多變量：MANCOVA 假定 (assumptions)

1. 常態性 (Normality)(sktest、swilk、mvtest normality 指令 )：對於每個組，每個依變數必須表示常態分數的分數。此外，依變數的任何線性組合都必須是常態分布的。轉化或去除異常值可以幫助確保滿足這個假定。違反此假定可能會導致第 I 型誤差 ($\alpha$) 的增加。

2. 觀察值的獨立性：每個觀察值必須獨立於其他的觀察；這個假定可以通過採用隨機抽樣技術來實現。違反這一假設可能會導致型 I 誤差 ($\alpha$) 的增加。

3. 變異數的同質性 (Homogeneity of variances)：每個依變數必須在每個自變數之間表現出類似的變異數水平。違反這一假定可以被概念化為變異數和依變數均值之間的相關。這種違反就稱為「heteroscedasticity」，可以使用 Levene's test 進行檢定。同質性檢定就是分析組內變異數是否相同，如果不同質，沒有繼續分析的意義。

4. 共變數同質性：在自變數的所有 levels 上，依變數間的互相關 (intercorrelation) 矩陣必須相等。違反此假設可能會導致 I 型誤差的增加以及統計 power($1-\beta$) 的下降。

## 5-2 單因子 MANCOVA：3 個檢定 (GLM 指令 )

在單變量共變數統計分析中，我們曾討論過，在進行實驗的研究時，除了實驗變數之外，若還有其他變數也會影響依變數，則會產生混淆效果。解決的辦法有二種：(1) 實驗控制，把這些不感興趣的變數盡量控制得完全相同，或是把它納入實驗變數中成為多因子之一。(2) 統計控制，例如採用共變數的方法來控制這些變數的影響。

共變數分析 (Analysis of covariance, ANCOVA) 即是一種統計控制的方法。它是利用直線迴歸法將其他也會影響依變數的因素，從變異數中剔除，然後根據調整過後的分數，進行變異數分析，因此共變數分析可說是變異數分析與直線迴歸的合併使用。這個其他變數，在共變數分析中，稱為共變數。

共變數分析的基本假定除了須符合變異數分析應有的基本假定 ( 常態性、獨

立性、變異數同質性 ) 之外，另有一個重要的假定，即「組內迴歸係數同質性」(Homogeneity of within-class regression coefficient)。即各組本身裡面根據 X( 共變數 ) 預測 Y( 依變數 ) 的斜率 ($b_{wj}$) 要相等。若違反迴歸係數同質性的假定時，可用詹森－內曼法 (Johnson-Neyman) 來調整。

共變數分析的步驟如下：

(1) 組內迴歸係數檢定：若經過調整，仍不符合假設，則不宜進行共變數分析，各組應分別討論。

(2) 共變數分析：看排除共變數的解釋量後，各組平均數之間是否有顯著差異。

(3) 求調整後平均數。

將單變量共變數分析，推廣到每個處理均同時觀察二個以上依變數，即是所謂的多變量共變數分析。當然執行多變量共變數分析前，也得先符合如下基本假定 (assumption)：

1. 迴歸線平行的假定：即檢定 r 個組內迴歸線之間是否平行。其虛無假設是 $H_0 : \Gamma_1 = \Gamma_2 = \cdots \Gamma_r = \Gamma$。計算結果，接受 $H_0$，便表示各組的迴歸線斜率是相同的，或迴歸線是相同的，顯示各組受控制變數影響的情形都是相同的。

2. 共同斜率為 0 的假定：依變數與共變數的關係到底有多密切呢？換言之，共同斜率 $\Gamma$ 是不是等於 0 呢？其虛無假設為 $H_0 : \Gamma = 0$。假如拒絕此虛無假設，則表示共同斜率不是 0，亦即共變數與依變數之關係是不可忽視的，因此必須用共變數來加以調整繞行。

假如以上假定均能符合其要求，則我們才可放心進行各組主要效果是否相等的假定檢定，也就是排除控制變數 ( 共變數 ) 之影響後，接受不同實驗處理各組之間的平均數，是否仍然有顯著的差異呢？亦即各組的主要效果是否相等呢？此項檢定的虛無假設為：

$$H_0 : \alpha_1 = \alpha_2 = \cdots = \alpha_j$$

## 5-2-1 獨立樣本單因子多變量共變數分析（二個非時變的共變量）(GLM 指令)

共變數分析主要的目的，是要利用統計控制的方法，將會影響到實驗結果的變數以統計方法控制後，再執行分析。

共變數分析是「變異數分析」及「直線迴歸」的綜合體。先用「直線迴歸分析」將共變量影響排除之後「調整 (adjusts)Y 的平均數」，再利用「變異數分析」去考驗各組平均數之間是否仍有顯著差異。$\mu$ = 整體平均效果；$\alpha_j$ = 各實驗處理效果 (effect)。表示 X 與 Y 之間的迴歸係數。表示排除 X 的影響後所剩下的殘差。

典型之 MANCOVA 分析有三個檢定：(1) 共變數調整依變數後各群體效果相等。(2) 跨組的共變數的係數相等（各組迴歸線平行的假定）。(3) 共變數係數是聯合地等於 0( 共同斜率為 0 的假定 )。

範例：**單因子 MANCOVA 分析 (GLM 指令)**

### 一、資料檔之內容

例 5-1-1　(*參考林清山,《多變項分析統計法》,民 79,第 5 版,p587)*。

某研究機構在某小學進行有關國語與數學兩科的教學實驗。用隨機抽樣和隨機分派的方法將學生分為三組,接受不同的實驗處理。第一組學生使用舊教材,第二和第三組各接受一種新教材。下表是實驗前國語 ($R_1$) 和數學 ($M_1$) 的前測成績,以及實驗六個月後,同項材料 ($R_2$ 和 $M_2$) 的後測成績,試以 $\alpha = .05$ 檢定三種不同教材的效果是否有所不同？

| 舊教材 ($a_1$) | | | | 新教材一 ($a_2$) | | | | 新教材二 ($a_3$) | | | |
|---|---|---|---|---|---|---|---|---|---|---|---|
| 後測 (Y) | | 前測 (Z) | | 後測 (Y) | | 前測 (Z) | | 後測 (Y) | | 前測 (Z) | |
| $R_2$ | $M_2$ | $R_1$ | $M_1$ | $R_2$ | $M_2$ | $R_1$ | $M_1$ | $R_2$ | $M_2$ | $R_1$ | $M_1$ |
| 4.1 | 5.3 | 3.2 | 4.7 | 5.5 | 6.2 | 5.1 | 5.1 | 6.1 | 7.1 | 5.0 | 5.1 |
| 4.6 | 5.0 | 4.2 | 4.5 | 5.0 | 7.1 | 5.3 | 5.3 | 6.3 | 7.0 | 5.2 | 5.2 |
| 4.8 | 6.0 | 4.5 | 4.6 | 6.0 | 7.0 | 5.4 | 5.6 | 6.5 | 6.2 | 5.3 | 5.6 |
| 5.4 | 6.2 | 4.6 | 4.8 | 6.2 | 6.1 | 5.6 | 5.7 | 6.7 | 6.8 | 5.4 | 5.7 |
| 5.2 | 6.1 | 4.9 | 4.9 | 5.9 | 6.5 | 5.7 | 5.7 | 7.0 | 7.1 | 5.8 | 5.9 |

| 舊教材 (a₁) | | | | 新教材一 (a₂) | | | | 新教材二 (a₃) | | | |
| 後測 (Y) | | 前測 (Z) | | 後測 (Y) | | 前測 (Z) | | 後測 (Y) | | 前測 (Z) | |
| $R_2$ | $M_2$ | $R_1$ | $M_1$ | $R_2$ | $M_2$ | $R_1$ | $M_1$ | $R_2$ | $M_2$ | $R_1$ | $M_1$ |
|---|---|---|---|---|---|---|---|---|---|---|---|
| 5.7 | 5.9 | 4.8 | 5.0 | 5.2 | 6.8 | 5.0 | 5.8 | 6.5 | 6.9 | 4.8 | 5.1 |
| 6.0 | 6.0 | 4.9 | 5.1 | 6.4 | 7.1 | 6.0 | 5.9 | 7.1 | 6.7 | 5.9 | 6.1 |
| 5.9 | 6.1 | 5.0 | 6.0 | 5.4 | 6.1 | 5.0 | 4.9 | 6.9 | 7.0 | 5.0 | 4.8 |
| 4.6 | 5.0 | 4.2 | 4.5 | 6.1 | 6.0 | 5.5 | 5.6 | 6.7 | 6.9 | 5.6 | 5.1 |
| 4.2 | 5.2 | 3.3 | 4.8 | 5.8 | 6.4 | 5.6 | 5.5 | 7.2 | 7.4 | 5.7 | 6.0 |

本例所建資料檔「例 5-2-1(P587).sav」，見下圖。共有一個自變數 a 代表組別 (1= 舊教材，2 = 新教材一，3= 新教材二 )。二個共變數 r1 和 m1 分別代表實驗前國語和數學成績。二個依變數 (r2 和 m2) 分別代表實驗後國語和數學成績。

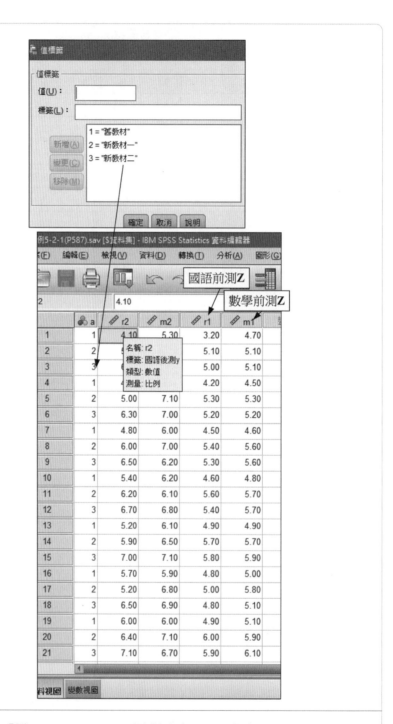

圖 5-11 「例 5-2-1(P587).sav」 資料檔內容 (N=30 個人， 平均分成 3 小組 )

Step 1. 檢定：共變數調整後各群體效果相等嗎？(a test of equality of group effects adjusted for the covariates)

SPSS 指令 GLM (General linear model) 已可取代 MANOVA 指令，來執行：「one-way, factorial 及 repeated measures」的「ANOVA、MANOVA、MANOVA」分析。

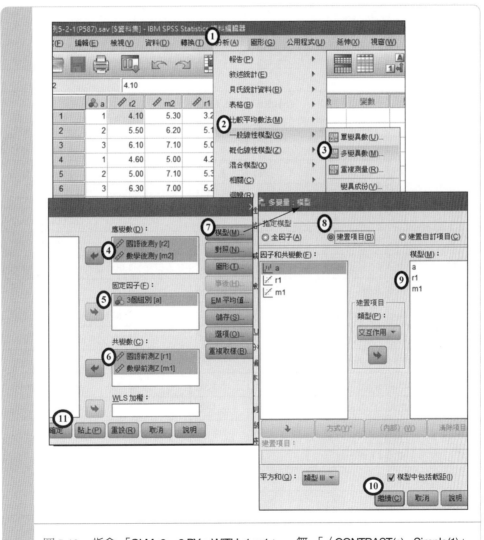

圖 5-12　指令「GLM r2 m2 BY a WITH r1 m1」，無「/ CONTRAST(a)=Simple(1)」

對應的指令語法：

```
title "共變數調整後各群體效果相等嗎?(a test of equality of group effects adjusted
for the covariates)".

GLM r2 m2 BY a WITH r1 m1
  /METHOD=SSTYPE(3)
  /INTERCEPT=INCLUDE
  /CRITERIA=ALPHA(.05)
  /DESIGN=a r1 m1.
```

## Multivariate Tests[a]

| Effect | | Value | F | Hypothesis df | Error df | Sig. |
|---|---|---|---|---|---|---|
| Intercept | Pillai's Trace | .406 | 8.213[b] | 2.000 | 24.000 | .002 |
| | Wilks' Lambda | .594 | 8.213[b] | 2.000 | 24.000 | .002 |
| | Hotelling's Trace | .684 | 8.213[b] | 2.000 | 24.000 | .002 |
| | Roy's Largest Root | .684 | 8.213[b] | 2.000 | 24.000 | .002 |
| a | Pillai's Trace | .904 | 10.302 | 4.000 | 50.000 | .000 |
| | Wilks' Lambda | .217 | 13.758[b] | 4.000 | 48.000 | .000 |
| | Hotelling's Trace | 3.051 | 17.546 | 4.000 | 46.000 | .000 |
| | Roy's Largest Root | 2.857 | 35.711[c] | 2.000 | 25.000 | .000 |
| r1 | Pillai's Trace | .579 | 16.508[b] | 2.000 | 24.000 | .000 |
| | Wilks' Lambda | .421 | 16.508[b] | 2.000 | 24.000 | .000 |
| | Hotelling's Trace | 1.376 | 16.508[b] | 2.000 | 24.000 | .000 |
| | Roy's Largest Root | 1.376 | 16.508[b] | 2.000 | 24.000 | .000 |
| m1 | Pillai's Trace | .064 | .816[b] | 2.000 | 24.000 | .454 |
| | Wilks' Lambda | .936 | .816[b] | 2.000 | 24.000 | .454 |
| | Hotelling's Trace | .068 | .816[b] | 2.000 | 24.000 | .454 |
| | Roy's Largest Root | .068 | .816[b] | 2.000 | 24.000 | .454 |

a. Design: Intercept + a + r1 + m1

b. Exact statistic

c. The statistic is an upper bound on F that yields a lower bound on the significance level.

1. A 因子的 Wilks' lambda=**0.2170** (p<.05)，故拒絕虛無假設「$H_0$：共變數調整後各群體效果相等」。表示 3 種不同教材 (a 因子)，經共變數 (r1,m1) 調整後對 2 個依變數 (r2,m2) 成績有整體性顯著差異。

**Step 1a.** 檢定：a 因子 (a1,a2,a3) 主要效果之對比 (CONTRAST)

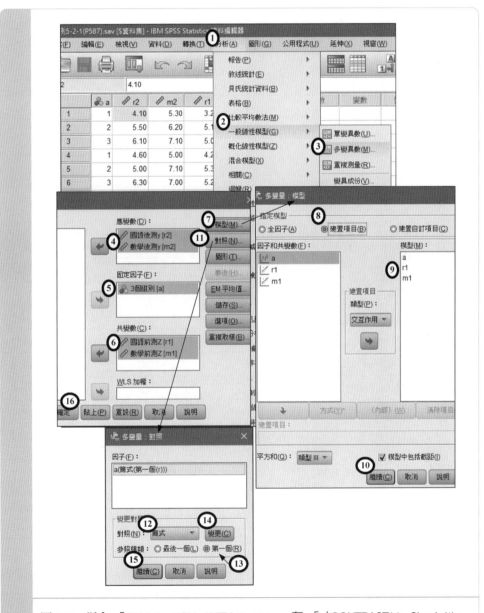

圖 5-13　指令「GLM r2 m2 BY a WITH r1 m1」，有「/ CONTRAST(a)=Simple(1)」

對應的指令語法：

```
title "a 因子 (a1,a2,a3) 主要效果之對比 (CONTRAST)".

GLM r2 m2 BY a WITH r1 m1
  /CONTRAST(a)=Simple(1)
  /METHOD=SSTYPE(3)
  /INTERCEPT=INCLUDE
  /CRITERIA=ALPHA(.05)
  /DESIGN=a r1 m1.
```

### Contrast Results (K Matrix)

| 3 個組別 Simple Contrast[a] | | Dependent Variable | |
|---|---|---|---|
| | | 國語後測 y | 數學後測 y |
| Level 2 vs. Level 1 | Contrast Estimate | -.295 | .413 |
| | Hypothesized Value | 0 | 0 |
| | Difference (Estimate - Hypothesized) | -.295 | .413 |
| | Std. Error | .178 | .242 |
| | Sig. | .111 | .100 |
| | 95% Confidence Interval for Difference — Lower Bound | -.663 | -.086 |
| | 95% Confidence Interval for Difference — Upper Bound | .072 | .913 |
| Level 3 vs. Level 1 | Contrast Estimate | .706 | .816 |
| | Hypothesized Value | 0 | 0 |
| | Difference (Estimate - Hypothesized) | .706 | .816 |
| | Std. Error | .174 | .237 |
| | Sig. | .000 | .002 |
| | 95% Confidence Interval for Difference — Lower Bound | .347 | .328 |
| | 95% Confidence Interval for Difference — Upper Bound | 1.065 | 1.303 |

a. Reference category = 1

1. 以上 a 因子 (a1,a2,a3) 之主要效果 檢定，只要 95% 信賴區間不含 0 值，或「Sig.」值 <0.05，則表示該對比 (Contrast) 達到顯著差異。相反地，A 因子的

「Level 3 vs. Level 1」，「Sig.=0.000」值 <0.05，而且在國語後測 y 的「Level 3 vs. Level 1」差爲 0.706 ( 正數 )，表示 a3( 新教材二 ) 在二個依變數 (r2,m2) 的反應顯著優於 a1( 舊教材 )。

2.「**/CONTRAST(a)**=Simple(1)」指定比較基礎的 base，爲 a 因子的「level 1」。

Step 2. GLM 副指令「/DESIGN=**a r1 m1 a*r1 a*m1**」來檢定：跨組的共變數的係數相等 (The coefficients for the covariates are equal across groups) 此檢定本樣本是否符合**各組迴歸線平行的假定**。

先進行 MANOVA 指令「covariates (r1,m1) interacted with group」，再使用 manovatest 指令，來求「r1,m1」跨組之係數相等的組合檢定 (Manovatest to obtain the combined test of equal coefficients for r1 and m1 across groups.)

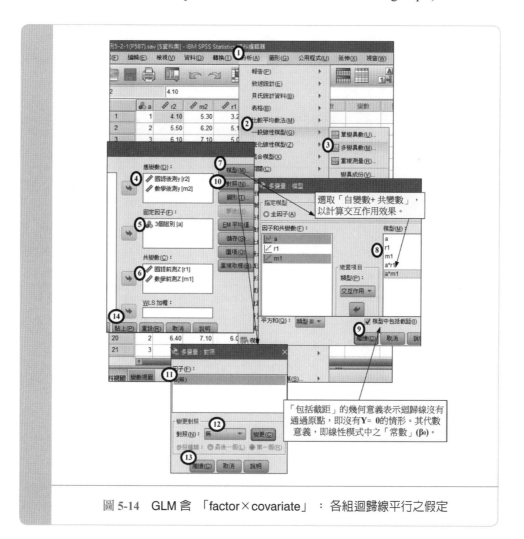

圖 5-14　GLM 含「factor×covariate」：各組迴歸線平行之假定

對應的指令語法：

```
GLM r2 m2 BY a WITH r1 m1
  /METHOD=SSTYPE(3)
  /INTERCEPT=INCLUDE
  /CRITERIA=ALPHA(.05)
  /DESIGN=a r1 m1 a*r1 a*m1.
```

| **Multivariate Tests[a]** | | | | | | |
|---|---|---|---|---|---|---|
| Effect | | Value | F | Hypothesis df | Error df | Sig. |
| Intercept | Pillai's Trace | .415 | 7.082[b] | 2.000 | 20.000 | .005 |
| | Wilks' Lambda | .585 | 7.082[b] | 2.000 | 20.000 | .005 |
| | Hotelling's Trace | .708 | 7.082[b] | 2.000 | 20.000 | .005 |
| | Roy's Largest Root | .708 | 7.082[b] | 2.000 | 20.000 | .005 |
| a | Pillai's Trace | .320 | 2.002 | 4.000 | 42.000 | .112 |
| | Wilks' Lambda | .681 | 2.116[b] | 4.000 | 40.000 | .097 |
| | Hotelling's Trace | .466 | 2.214 | 4.000 | 38.000 | .086 |
| | Roy's Largest Root | .462 | 4.848[c] | 2.000 | 21.000 | .019 |
| r1 | Pillai's Trace | .457 | 8.427[b] | 2.000 | 20.000 | .002 |
| | Wilks' Lambda | .543 | 8.427[b] | 2.000 | 20.000 | .002 |
| | Hotelling's Trace | .843 | 8.427[b] | 2.000 | 20.000 | .002 |
| | Roy's Largest Root | .843 | 8.427[b] | 2.000 | 20.000 | .002 |
| m1 | Pillai's Trace | .097 | 1.078[b] | 2.000 | 20.000 | .359 |
| | Wilks' Lambda | .903 | 1.078[b] | 2.000 | 20.000 | .359 |
| | Hotelling's Trace | .108 | 1.078[b] | 2.000 | 20.000 | .359 |
| | Roy's Largest Root | .108 | 1.078[b] | 2.000 | 20.000 | .359 |
| a * r1 | Pillai's Trace | .072 | .393 | 4.000 | 42.000 | .812 |
| | Wilks' Lambda | .929 | .377[b] | 4.000 | 40.000 | .824 |
| | Hotelling's Trace | .076 | .361 | 4.000 | 38.000 | .835 |
| | Roy's Largest Root | .061 | .637[c] | 2.000 | 21.000 | .539 |
| a * m1 | Pillai's Trace | .117 | .652 | 4.000 | 42.000 | .628 |
| | Wilks' Lambda | .886 | .623[b] | 4.000 | 40.000 | .649 |

| | | | | | | |
|---|---|---|---|---|---|---|
| | Hotelling's Trace | .125 | .594 | 4.000 | 38.000 | .669 |
| | Roy's Largest Root | .083 | .870[c] | 2.000 | 21.000 | .433 |

a. Design: Intercept + a + r1 + m1 + a * r1 + a * m1

b. Exact statistic

c. The statistic is an upper bound on F that yields a lower bound on the significance level.

1. 「a * r1」及「a * m1」二者 Wilks' lambda 都 (p>.05)，故接受虛無假設「$H_0$：跨組的共變數的係數相等」。故接受各組迴歸線平行的假定。

**Step 3.** GLM 副指令「/DESIGN= **r1　m1**」來檢定：聯合的共變數係數等於 0(Coefficients for the covariates are jointly equal to zero)

對應的指令語法：

```
GLM r2 m2 BY a WITH r1 m1
  /METHOD=SSTYPE(3)
  /INTERCEPT=INCLUDE
  /CRITERIA=ALPHA(.05)
  /DESIGN= r1 m1.
```

| Multivariate Tests[a] | | | | | | |
|---|---|---|---|---|---|---|
| Effect | | Value | F | Hypothesis df | Error df | Sig. |
| Intercept | Pillai's Trace | .219 | 3.649[b] | 2.000 | 26.000 | .040 |
| | Wilks' Lambda | .781 | 3.649[b] | 2.000 | 26.000 | .040 |
| | Hotelling's Trace | .281 | 3.649[b] | 2.000 | 26.000 | .040 |
| | Roy's Largest Root | .281 | 3.649[b] | 2.000 | 26.000 | .040 |
| r1 | Pillai's Trace | .439 | 10.181[b] | 2.000 | 26.000 | .001 |
| | Wilks' Lambda | .561 | 10.181[b] | 2.000 | 26.000 | .001 |
| | Hotelling's Trace | .783 | 10.181[b] | 2.000 | 26.000 | .001 |
| | Roy's Largest Root | .783 | 10.181[b] | 2.000 | 26.000 | .001 |
| m1 | Pillai's Trace | .014 | .190[b] | 2.000 | 26.000 | .828 |
| | Wilks' Lambda | .986 | .190[b] | 2.000 | 26.000 | .828 |
| | Hotelling's Trace | .015 | .190[b] | 2.000 | 26.000 | .828 |
| | Roy's Largest Root | .015 | .190[b] | 2.000 | 26.000 | .828 |

a. Design: Intercept + r1 + m1

b. Exact statistic

1. 依變數 r1 的 Wilks' lambda = 0.561 (p < .05)，但依變數 m1 的 Wilks' lambda = 0.986 (p>.05)。故 SPSS 無法判定：該不該拒絕虛無假設「$H_0$：聯合的共變數係數等於 0(The coefficients for the covariates are jointly zero)」，即拒絕**共同斜率為 0** 的假定。表示本例只少有一個共變數「r1」之迴歸係數不為 0，因此本例只少應納入這一個非時變的共變數 (r1)。

2. 作者另一書《多變量統計之線性代數基礎：應用 STaTa 分析》，使用 manovatest 指令，證實本例「拒絕共同斜率為 0 的假定」，故本例應納入這二個非時變的共變數 (r1,m1)。

## 5-2-2 單因子 MANCOVA：3 個 assumption 檢定 (GLM 指令 )

範例：**單因子 MANCOVA 分析 (GLM 指令 )**

### 一、資料檔之內容

　　本例是四組不同體重群的三種生化測量 (y1,y2,y3)。Rencher(1998) 整理 Brown 和 Beerstecher(1951) 和 Smith，Gnanadesikan 和 Hughes(1962) 的數據。其中，三個依變數 (y1,y2,y3) 和兩個共變數 (x1,x2) 記錄八個受試者的數據。前兩組體重不足，後兩組體重超標。依變數包括：修飾的肌酸酐係數 (y1)、色素肌酸酐 (y2) 和 mg/mL 單位的磷酸鹽 (y3)。兩個共變數是以 ml 體積 (x1) 和比重 (x2)。

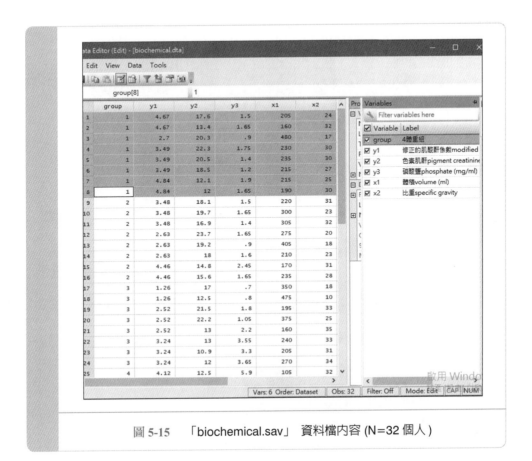

圖 5-15　「biochemical.sav」　資料檔內容 (N=32 個人 )

## 二、分析結果與討論

　　Rencher 對這些數據執行三個檢定：(1) 共變數調整後各群體效果相等。
(2) 共變數係數是聯合地等於 0。(3) 跨組的共變數的係數相等。

Step 1. 檢定：共變數調整後各群體效果相等嗎 ?(a test of equality of group
effects adjusted for the covariates)

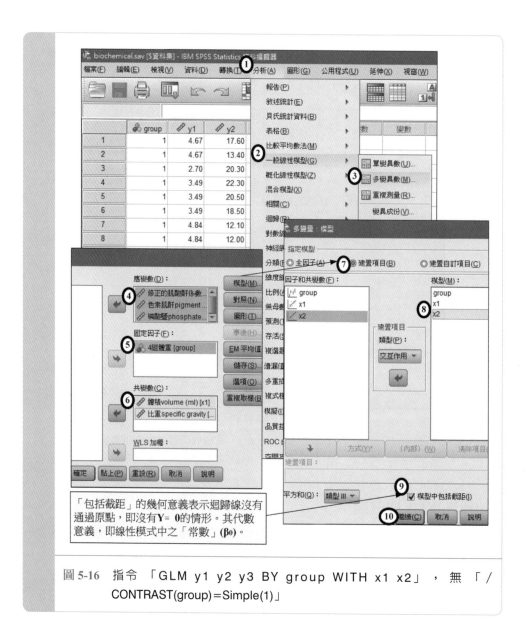

圖 5-16　指令 「GLM y1 y2 y3 BY group WITH x1 x2」 ， 無 「 / CONTRAST(group)=Simple(1)」

對應的指令語法：

```
title "共變數調整後各群體效果相等嗎?(a test of equality of group effects adjusted
for the covariates)".

GLM y1 y2 y3 BY group WITH x1 x2
```

```
/METHOD=SSTYPE(3)
/INTERCEPT=INCLUDE
/CRITERIA=ALPHA(.05)
/DESIGN=group x1 x2.
```

**Multivariate Tests[a]**

| Effect | | Value | F | Hypothesis df | Error df | Sig. |
|--------|---|-------|---|---------------|----------|------|
| Intercept | Pillai's Trace | .525 | 8.839[b] | 3.000 | 24.000 | .000 |
| | Wilks' Lambda | .475 | 8.839[b] | 3.000 | 24.000 | .000 |
| | Hotelling's Trace | 1.105 | 8.839[b] | 3.000 | 24.000 | .000 |
| | Roy's Largest Root | 1.105 | 8.839[b] | 3.000 | 24.000 | .000 |
| group | Pillai's Trace | .904 | 3.738 | 9.000 | 78.000 | .001 |
| | Wilks' Lambda | .149 | 7.715 | 9.000 | 58.560 | .000 |
| | Hotelling's Trace | 5.353 | 13.482 | 9.000 | 68.000 | .000 |
| | Roy's Largest Root | 5.287 | 45.822[c] | 3.000 | 26.000 | .000 |
| x1 | Pillai's Trace | .316 | 3.694[b] | 3.000 | 24.000 | .026 |
| | Wilks' Lambda | .684 | 3.694[b] | 3.000 | 24.000 | .026 |
| | Hotelling's Trace | .462 | 3.694[b] | 3.000 | 24.000 | .026 |
| | Roy's Largest Root | .462 | 3.694[b] | 3.000 | 24.000 | .026 |
| x2 | Pillai's Trace | .031 | .254[b] | 3.000 | 24.000 | .858 |
| | Wilks' Lambda | .969 | .254[b] | 3.000 | 24.000 | .858 |
| | Hotelling's Trace | .032 | .254[b] | 3.000 | 24.000 | .858 |
| | Roy's Largest Root | .032 | .254[b] | 3.000 | 24.000 | .858 |

a. Design: Intercept + group + x1 + x2
b. Exact statistic
c. The statistic is an upper bound on F that yields a lower bound on the significance level.

1. A 因子的 Wilks' lambda = 0.149 (p < .05)，故拒絕虛無假設「$H_0$：共變數調整後各群體效果相等」。表示 4 種體重 (group 因子)，經共變數 (x1,x2) 調整後對 3 個依變數 (y1,y2,y3) 效果有整體性顯著差異。

**Tests of Between-Subjects Effects**

| Source | Dependent Variable | Type III Sum of Squares | df | Mean quare | F | Sig. |
|---|---|---|---|---|---|---|
| Adjusts Model | 修正的肌酸酐係數 modified creatinine coefficient | 21.720[a] | 5 | 4.344 | 10.580 | .000 |
| | 色素肌酐 pigment creatinine | 229.587[b] | 5 | 45.917 | 4.114 | .007 |
| | 磷酸鹽 phosphate (mg/ml) | 27.342[c] | 5 | 5.468 | 9.287 | .000 |
| Intercept | 修正的肌酸酐係數 modified creatinine coefficient | 5.610 | 1 | 5.610 | 13.664 | .001 |
| | 色素肌酐 pigment creatinine | 32.202 | 1 | 32.202 | 2.885 | .101 |
| | 磷酸鹽 phosphate (mg/ml) | 3.296 | 1 | 3.296 | 5.597 | .026 |
| group | 修正的肌酸酐係數 modified creatinine coefficient | 11.340 | 3 | 3.780 | 9.206 | .000 |
| | 色素肌酐 pigment creatinine | 138.660 | 3 | 46.220 | 4.141 | .016 |
| | 磷酸鹽 phosphate (mg/ml) | 9.965 | 3 | 3.322 | 5.641 | .004 |
| x1 | 修正的肌酸酐係數 modified creatinine coefficient | 4.107 | 1 | 4.107 | 10.002 | .004 |
| | 色素肌酐 pigment creatinine | 30.944 | 1 | 30.944 | 2.772 | .108 |
| | 磷酸鹽 phosphate (mg/ml) | 4.692 | 1 | 4.692 | 7.968 | .009 |
| x2 | 修正的肌酸酐係數 modified creatinine coefficient | .117 | 1 | .117 | .285 | .598 |

| | | | | | | | |
|---|---|---|---|---|---|---|---|
| | 色素肌酐 pigment creatinine | 1.627 | 1 | 1.627 | .146 | .706 |
| | 磷酸鹽 phosphate (mg/ml) | .126 | 1 | .126 | .214 | .648 |
| Error | 修正的肌酸酐係數 modified creatinine coefficient | 10.675 | 26 | .411 | | |
| | 色素肌酐 pigment creatinine | 290.197 | 26 | 11.161 | | |
| | 磷酸鹽 phosphate (mg/ml) | 15.309 | 26 | .589 | | |
| Total | 修正的肌酸酐係數 modified creatinine coefficient | 357.329 | 32 | | | |
| | 色素肌酐 pigment creatinine | 8335.410 | 32 | | | |
| | 磷酸鹽 phosphate (mg/ml) | 185.668 | 32 | | | |
| Adjusts Total | 修正的肌酸酐係數 modified creatinine coefficient | 32.395 | 31 | | | |
| | 色素肌酐 pigment creatinine | 519.785 | 31 | | | |
| | 磷酸鹽 phosphate (mg/ml) | 42.651 | 31 | | | |

a. R Squared = .670 (Adjusted R Squared = .607)
b. R Squared = .442 (Adjusted R Squared = .334)
c. R Squared = .641 (Adjusted R Squared = .572)

1. 細部來看，4 種體重 (group 因子 ) 分別在三個依變數「y1,y2,y3」的顯著性都達 $\alpha = 0.05$ 差異水準 (p < .05)。

Step 1a. 檢定：a 因子 (a1,a2,a3) 之主要效果之對比 (CONTRAST)

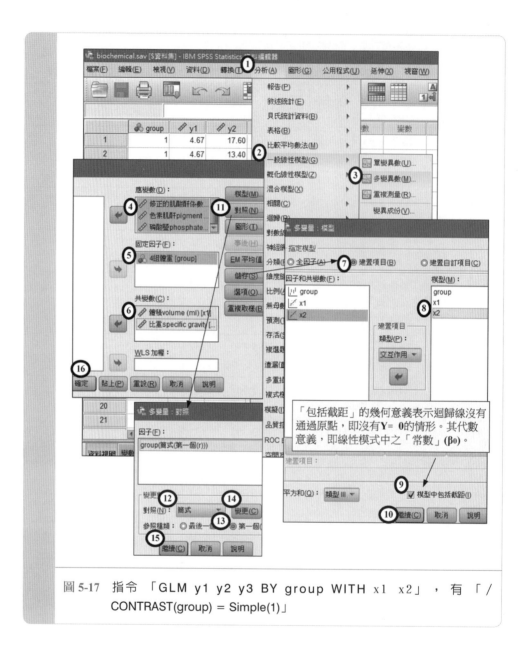

圖 5-17　指令 「GLM y1 y2 y3 BY group WITH x1 x2」 ， 有 「 / CONTRAST(group) = Simple(1)」

對應的指令語法：

```
title "group因子主要效果之對比 (CONTRAST)".

GLM y1 y2 y3 BY group WITH x1 x2
```

```
/CONTRAST(group)=Simple(1)
/METHOD=SSTYPE(3)
/INTERCEPT=INCLUDE
/CRITERIA=ALPHA(.05)
/DESIGN=group x1 x2.
```

**Contrast Results (K Matrix)**

| | | Dependent Variable | | |
|---|---|---|---|---|
| 4 組體重 Simple Contrast[a] | | 修正的肌酸酐係數 modified creatinine coefficient | 色素肌酐 pigment creatinine | 磷酸鹽 phosphate (mg/ml) |
| Level 2 vs. Level 1 | Contrast Estimate | -.461 | .844 | .273 |
| | Hypothesized Value | 0 | 0 | 0 |
| | Difference (Estimate - Hypothesized) | -.461 | .844 | .273 |
| | Std. Error | .322 | 1.678 | .385 |
| | Sig. | .164 | .619 | .485 |
| | 95% Confidence Interval for Difference — Lower Bound | -1.123 | -2.606 | -.519 |
| | 95% Confidence Interval for Difference — Upper Bound | .200 | 4.293 | 1.065 |
| Level 3 vs. Level 1 | Contrast Estimate | -1.307 | -2.538 | .896 |
| | Hypothesized Value | 0 | 0 | 0 |
| | Difference (Estimate - Hypothesized) | -1.307 | -2.538 | .896 |
| | Std. Error | .333 | 1.734 | .398 |
| | Sig. | .001 | .155 | .033 |
| | 95% Confidence Interval for Difference — Lower Bound | -1.991 | -6.103 | .077 |
| | 95% Confidence Interval for Difference — Upper Bound | -.623 | 1.028 | 1.715 |
| Level 4 vs. Level 1 | Contrast Estimate | -1.443 | -4.520 | 1.459 |
| | Hypothesized Value | 0 | 0 | 0 |
| | Difference (Estimate - Hypothesized) | -1.443 | -4.520 | 1.459 |
| | Std. Error | .328 | 1.708 | .392 |
| | Sig. | .000 | .014 | .001 |

| | | | | |
|---|---|---|---|---|
| 95% Confidence Interval for Difference | Lower Bound | -2.117 | -8.030 | .653 |
| | Upper Bound | -.770 | -1.010 | 2.265 |

a. Reference category = 1

1. 以上 group 因子之主要效果檢定，只要 95% 信賴區間不含 0 值，或「Sig.」值 <0.05，則表示該對比 (Contrast) 達到顯著差異。例如：group 因子的「Level 4 vs. Level 1」「Sig. = 0.000」值都 < 0.05，而且在 y1 的「Level 4 vs. Level 1」差為 -1.443( 負數 )，表示 group4 在二個依變數 (y1 ,y2) 的反應顯著 t 劣於 group1；但 group4 在依變數 (y3) 的反應卻優於 group1。

2. 「/**CONTRAST(group)**=Simple(1)」指定比較基礎的 base，為 group 因子的「level 1」。

3. Contrast 的 base，已指定為 group 因子的「level 1」。

Step 2. GLM 副指令「/DESIGN=**group x1 x2 a\*x1 a\*x2**」來檢定：跨組的共變數的係數相等 (The coefficients for the covariates are equal across groups) 此檢定本樣本是否符合各組迴歸線平行的假定。

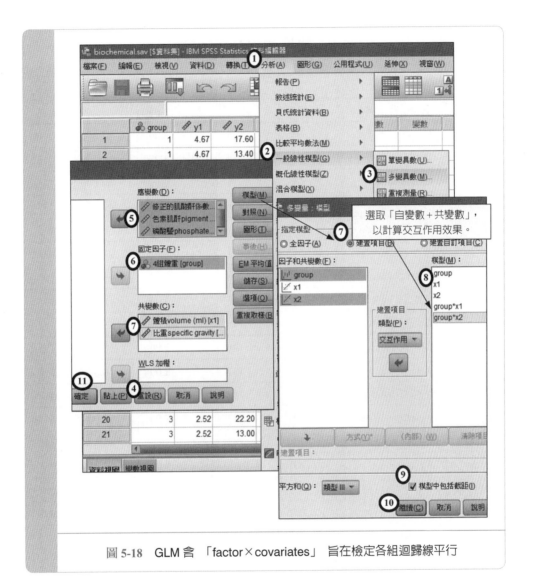

圖 5-18　GLM 含 「factor×covariates」 旨在檢定各組迴歸線平行

對應的指令語法：

```
title "GLM含「factorx covariates」旨在檢定各組迴歸線平行".
GLM y1 y2 y3 BY group WITH x1 x2
  /METHOD=SSTYPE(3)
  /INTERCEPT=INCLUDE
  /CRITERIA=ALPHA(.05)
  /DESIGN=group x1 x2 group*x1 group*x2.
```

| Multivariate Tests[a] | | | | | | |
|---|---|---|---|---|---|---|
| Effect | | Value | F | Hypothesis df | Error df | Sig. |
| Intercept | Pillai's Trace | .430 | 4.531[b] | 3.000 | 18.000 | .016 |
| | Wilks' Lambda | .570 | 4.531[b] | 3.000 | 18.000 | .016 |
| | Hotelling's Trace | .755 | 4.531[b] | 3.000 | 18.000 | .016 |
| | Roy's Largest Root | .755 | 4.531[b] | 3.000 | 18.000 | .016 |
| group | Pillai's Trace | .594 | 1.647 | 9.000 | 60.000 | .123 |
| | Wilks' Lambda | .493 | 1.647 | 9.000 | 43.958 | .132 |
| | Hotelling's Trace | .855 | 1.584 | 9.000 | 50.000 | .146 |
| | Roy's Largest Root | .575 | 3.831[c] | 3.000 | 20.000 | .026 |
| x1 | Pillai's Trace | .225 | 1.740[b] | 3.000 | 18.000 | .195 |
| | Wilks' Lambda | .775 | 1.740[b] | 3.000 | 18.000 | .195 |
| | Hotelling's Trace | .290 | 1.740[b] | 3.000 | 18.000 | .195 |
| | Roy's Largest Root | .290 | 1.740[b] | 3.000 | 18.000 | .195 |
| x2 | Pillai's Trace | .116 | .787[b] | 3.000 | 18.000 | .517 |
| | Wilks' Lambda | .884 | .787[b] | 3.000 | 18.000 | .517 |
| | Hotelling's Trace | .131 | .787[b] | 3.000 | 18.000 | .517 |
| | Roy's Largest Root | .131 | .787[b] | 3.000 | 18.000 | .517 |
| group * x1 | Pillai's Trace | .638 | 1.800 | 9.000 | 60.000 | .087 |
| | Wilks' Lambda | .459 | 1.842 | 9.000 | 43.958 | .087 |
| | Hotelling's Trace | .970 | 1.797 | 9.000 | 50.000 | .092 |
| | Roy's Largest Root | .665 | 4.431[c] | 3.000 | 20.000 | .015 |
| group * x2 | Pillai's Trace | .546 | 1.484 | 9.000 | 60.000 | .175 |
| | Wilks' Lambda | .527 | 1.468 | 9.000 | 43.958 | .190 |
| | Hotelling's Trace | .757 | 1.401 | 9.000 | 50.000 | .213 |
| | Roy's Largest Root | .456 | 3.043[c] | 3.000 | 20.000 | .053 |

a. Design: Intercept + group + x1 + x2 + group * x1 + group * x2
b. Exact statistic
c. The statistic is an upper bound on F that yields a lower bound on the significance level.

1.「group * x1」及「group * x2」二者 Wilks' lambda 都 (p>.05)，故接受虛無假設「$H_0$：跨組的共變數的係數相等」。故接受各組迴歸線平行的假定。

**Step 3.** GLM 副指令「/DESIGN= **x1 x2**」來檢定：聯合的共變數係數等於

0(Coefficients for the covariates are jointly equal to zero)

對應的指令語法：

```
title "跨組的共變數的係數相等(the coefficients for the covariates are equal across
groups)".

GLM y1 y2 y3 BY group WITH x1 x2
  /METHOD=SSTYPE(3)
  /INTERCEPT=INCLUDE
  /CRITERIA=ALPHA(.05)
  /DESIGN= x1 x2 .
```

| Multivariate Tests[a] | | | | | | |
|---|---|---|---|---|---|---|
| Effect | | Value | F | Hypothesis df | Error df | Sig. |
| Intercept | Pillai's Trace | .430 | 4.531[b] | 3.000 | 18.000 | .016 |
| | Wilks' Lambda | .570 | 4.531[b] | 3.000 | 18.000 | .016 |
| | Hotelling's Trace | .755 | 4.531[b] | 3.000 | 18.000 | .016 |
| | Roy's Largest Root | .755 | 4.531[b] | 3.000 | 18.000 | .016 |
| group | Pillai's Trace | .594 | 1.647 | 9.000 | 60.000 | .123 |
| | Wilks' Lambda | .493 | 1.647 | 9.000 | 43.958 | .132 |
| | Hotelling's Trace | .855 | 1.584 | 9.000 | 50.000 | .146 |
| | Roy's Largest Root | .575 | 3.831[c] | 3.000 | 20.000 | .026 |
| x1 | Pillai's Trace | .225 | 1.740[b] | 3.000 | 18.000 | .195 |
| | Wilks' Lambda | .775 | 1.740[b] | 3.000 | 18.000 | .195 |
| | Hotelling's Trace | .290 | 1.740[b] | 3.000 | 18.000 | .195 |
| | Roy's Largest Root | .290 | 1.740[b] | 3.000 | 18.000 | .195 |
| x2 | Pillai's Trace | .116 | .787[b] | 3.000 | 18.000 | .517 |
| | Wilks' Lambda | .884 | .787[b] | 3.000 | 18.000 | .517 |
| | Hotelling's Trace | .131 | .787[b] | 3.000 | 18.000 | .517 |
| | Roy's Largest Root | .131 | .787[b] | 3.000 | 18.000 | .517 |

| | | | | | | |
|---|---|---|---|---|---|---|
| group * x1 | Pillai's Trace | .638 | 1.800 | 9.000 | 60.000 | .087 |
| | Wilks' Lambda | .459 | 1.842 | 9.000 | 43.958 | .087 |
| | Hotelling's Trace | .970 | 1.797 | 9.000 | 50.000 | .092 |
| | Roy's Largest Root | .665 | 4.431[c] | 3.000 | 20.000 | .015 |
| group * x2 | Pillai's Trace | .546 | 1.484 | 9.000 | 60.000 | .175 |
| | Wilks' Lambda | .527 | 1.468 | 9.000 | 43.958 | .190 |
| | Hotelling's Trace | .757 | 1.401 | 9.000 | 50.000 | .213 |
| | Roy's Largest Root | .456 | 3.043[c] | 3.000 | 20.000 | .053 |

a. Design: Intercept + group + x1 + x2 + group * x1 + group * x2
b. Exact statistic
c. The statistic is an upper bound on F that yields a lower bound on the significance level.

1. 非時變的共變數 x1 的 Wilks' lambda = 0.775(p > .05)，共變數 x2 的 Wilks' lambda= 0.884 (p > .05)。因為 SPSS 無「jointly x1 x2」故仍無法明確判定：該不該拒絕虛無假設「$H_0$：聯合的共變數係數等於 0 (The coefficients for the covariates are jointly zero)」，即拒絕共同斜率為 0 的假定。

2. 因此，作者另一書《多變量統計之線性代數基礎：應用 STaTa 分析》，使用 manovatest 指令，求得聯合「group#x1 group#x2」的 Wilks' lambda=0.3310 (p>.05)，明確判定：接受虛無假設「$H_0$：跨組的共變數的係數相等」。

# 5-3 為何要 MANCOVA 取代 MANOVA 呢？ ANCOVA ≠ ANOVA (UNIANOVA、GLM 指令)

## 5-3-1 二因子 MANOVA 與 MANCOVA「平均數及效果」比較 ( 交互作用顯著 )(UNIANOVA、GLM 指令)

共變數分析主要的目的，是要利用統計控制的方法，將會影響到實驗結果的變數以統計方法控制後，再執行分析。

共變數分析是「變異數分析」及「直線迴歸」的綜合體。先用「直線迴歸分

析」將共變量影響排除之後「調整 (adjusts)Y 的平均數」，再利用「變異數分析」去考驗各組平均數之間是否仍有顯著差異。$\mu$ = 整體平均效果，$\alpha_j$ = 各實驗處理效果 (effect)。表示 X 與 Y 之間的迴歸係數。表示排除 X 的影響後所剩下的殘差。

## 範例：雙因子 MANCOVA 分析 (UNIANOVA、GLM 指令 )

某研究者想探討：①實施新教材與舊教材對學生的學習效果差異？不同程度班級之間，教學效果有無顯著差異存在？依變數是國文成績 (y1)、英文成績 (y2) 和數學成績 (y3)。為了防止學生智商 (z) 的干擾，決定以學生的智商當共變數。下表是 24 名學生每人四個變數的觀察分數。試進行共變數分析進行並解釋其結果。

| B 因子<br>A 因子 | A 段班 (B1) | | | | B 段班 (B2) | | | | C 段班 (B3) | | | |
|---|---|---|---|---|---|---|---|---|---|---|---|---|
| | 國文 (y1) | 英文 (y2) | 數學 (y3) | 智商 (z) | 國文 (y1) | 英文 (y2) | 數學 (y3) | 智商 (z) | 國文 (y1) | 英文 (y2) | 數學 (y3) | 智商 (z) |
| 舊教材 (a1) | 30 | 31 | 34 | 31 | 41 | 24 | 36 | 36 | 30 | 74 | 35 | 36 |
| | 26 | 26 | 28 | 27 | 44 | 25 | 31 | 31 | 32 | 71 | 30 | 40 |
| | 32 | 34 | 33 | 33 | 40 | 22 | 33 | 34 | 29 | 69 | 27 | 36 |
| | 31 | 37 | 31 | 32 | 42 | 22 | 27 | 30 | 28 | 67 | 29 | 38 |
| 新教材 (a2) | 51 | 34 | 36 | 36 | 57 | 20 | 31 | 30 | 52 | 91 | 33 | 46 |
| | 44 | 45 | 37 | 44 | 68 | 30 | 35 | 34 | 50 | 89 | 28 | 37 |
| | 52 | 41 | 30 | 41 | 58 | 25 | 34 | 29 | 50 | 90 | 28 | 42 |
| | 50 | 42 | 33 | 42 | 62 | 50 | 39 | 59 | 53 | 95 | 41 | 54 |

## 一、資料檔之內容

本例所建資料檔「例 5-2-2(MANCOVA2).sav」的內容，見下圖，共有 6 個變數：其中自變數 A 代表新舊不同教材 (1= 舊教材，2= 新教材 )；B 代表不同班別 (1=A 段班，2=B 段班，3=C 段班 )。依變數 y1 代表國文測驗；y2 代表英文測驗；y3 代表數學測驗。共變數 z 代表學生智商。

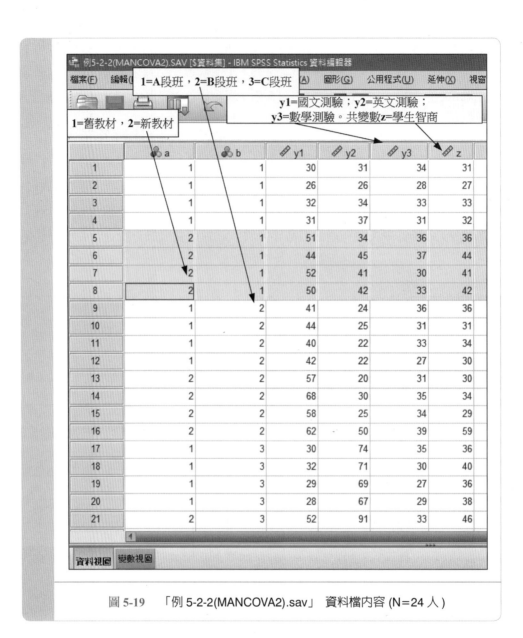

圖 5-19 「例 5-2-2(MANCOVA2).sav」 資料檔內容 (N=24 人 )

## 二、分析結果與討論

ANOVA 與 ANCOVA 二者最大差異，就是 ANOVA 不調整各組在依變數的平均數；ANCOVA 會調整 (adjusts) 各組在依變數的平均數。因此，先比較NOVA 與 ANCOVA 之「A*B」交叉細格平均數。

我們將從每個依變數 (Dependent variable, DV) 及共變數 (CV) 的 factorial ANOVA 開始，透過每個「DV 與共變數」配對後 ANCOVA，然後再進行 factorial MANOVA，最後才是 factorial MANCOVA 分析。當我們將說明下列每個步道「效果」(effect) 的變化，來比較「ANOVA 與 ANCOVA 二者最大差異」在「調整 (adjusts) 各組在依變數的平均數」，並思考我們是否從每個「由簡易至更複雜」的分析中學到新東西。

【A. 分析結果】：二因子 MANCOVA 之指令

本例，二因子 MANCOVA 分析四大步驟的完整指令如下：

```
title " 二因子 MANCOVA( 交互作用顯著 )".
subtitle " 例 5-2-2(MANCOVA2).sav".


title "Step 1-1: Factorial ANOVA with y1 as the DV：求「A×B」各組平均數及主要效果、
    交互作用效果 ".
UNIANOVA y1 BY a b
  /METHOD=SSTYPE(3)
  / INTERCEPT=INCLUDE
  /PRINT DESCRIPTIVE
  /CRITERIA=ALPHA(.05)
  /DESIGN=a b a*b.


title "Step 1-2: Factorial ANOVA with y2 as the DV：求「A×B」各組平均數及主要效果、
    交互作用效果 ".
UNIANOVA y2 BY a b
  /METHOD=SSTYPE(3)
  / INTERCEPT=INCLUDE
  /PRINT DESCRIPTIVE
  /CRITERIA=ALPHA(.05)
  /DESIGN=a b a*b.


title "Step 1-3: Factorial ANOVA with z as the DV：求「A×B」各組平均數及主要效果、交
    互作用效果 ".
UNIANOVA z BY a b
  /METHOD=SSTYPE(3)
  / INTERCEPT=INCLUDE
```

```
  /PRINT DESCRIPTIVE
  /CRITERIA=ALPHA(.05)
  /DESIGN=a b a*b.


title "Step 2-1：ANCOVA with y1 as the DV, z as the covariate：求「A×B」各組平均數
      及主要效果、交互作用效果".
UNIANOVA y1 BY a b WITH z
  /METHOD=SSTYPE(3)
  / INTERCEPT=INCLUDE
  /PRINT DESCRIPTIVE
  /CRITERIA=ALPHA(.05)
  /DESIGN=z a b a*b.


title "Step 2-2：ANCOVA with y2 as the DV, z as the covariate：求「A×B」各組平均數
      及主要效果、交互作用效果".
UNIANOVA y2 BY a b WITH z
  /METHOD=SSTYPE(3)
  / INTERCEPT=INCLUDE
  /PRINT DESCRIPTIVE
  /CRITERIA=ALPHA(.05)
  /DESIGN=z a b a*b.


title "Step 3：MANOVA with「y1,y2 and y3」as the DV：求「A×B」各組平均數及主要效果、
      交互作用效果".
GLM y1 y2 y3 BY a b
  /METHOD=SSTYPE(3)
  / INTERCEPT=INCLUDE
  /PRINT=DESCRIPTIVE
  /CRITERIA=ALPHA(.05)
  /DESIGN= a b a*b.


title "Step 4：MANCOVA with「y1,y2 and y3」as the DV, z as the covariate：求「A×B」
      各組平均數及主要效果、交互作用效果".
GLM y1 y2 y3 BY a b WITH z
  /METHOD=SSTYPE(3)
  / INTERCEPT=INCLUDE
  /PRINT=DESCRIPTIVE
  /CRITERIA=ALPHA(.05)
  /DESIGN=z a b a*b.
```

【B. 分析步驟說明】

Step 1-1. Factorial ANOVA with y1 as the DV：求「A×B」各組平均數及主要效
果、交互作用效果

二因子 ANOVA 分析，先 y1，再依序 y2、y3。

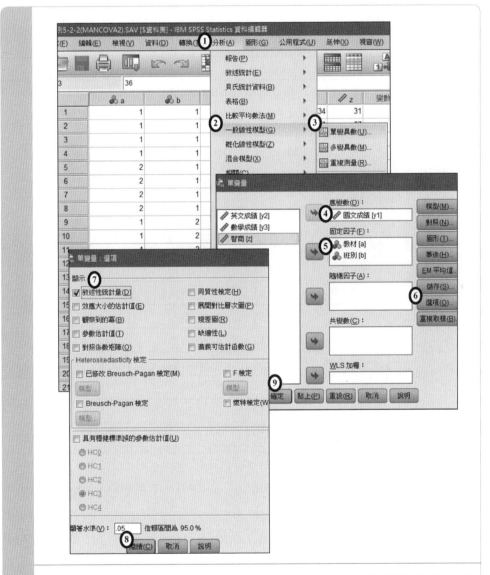

圖 5-20　Factorial ANOVA with y1 as the DV ： 求 「A×B」 各組平均數及主要效
果、 交互作用效果

對應的指令語法：

```
UNIANOVA y1 BY a b
  /METHOD=SSTYPE(3)
  /INTERCEPT=INCLUDE
  /PRINT DESCRIPTIVE
  /CRITERIA=ALPHA(.05)
  /DESIGN=a b a*b.
```

**Descriptive Statistics**

Dependent Variable: 國文成績 y1

| 教材 | 班別 | Mean | Std. Deviation | N |
|---|---|---|---|---|
| 舊教材 (a1) | A 段班 (b1) | 29.75 | 2.630 | 4 |
| | B 段班 (b2) | 41.75 | 1.708 | 4 |
| | C 段班 (b3) | 29.75 | 1.708 | 4 |
| | Total | 33.75 | 6.196 | 12 |
| 新教材 (a2) | A 段班 (b1) | 49.25 | 3.594 | 4 |
| | B 段班 (b2) | 61.25 | 4.992 | 4 |
| | C 段班 (b3) | 51.25 | 1.500 | 4 |
| | Total | 53.92 | 6.403 | 12 |
| Total | A 段班 (b1) | 39.50 | 10.823 | 8 |
| | B 段班 (b2) | 51.50 | 10.981 | 8 |
| | C 段班 (b3) | 40.50 | 11.588 | 8 |
| | Total | 43.83 | 12.002 | 24 |

1. 因交互作用項 a * b 未達顯著性 (F=0.303, p>0.05)，故可忽略 a * b 交叉細格平均數。

2. A 因子：對 y1 ( 國文成績 ) 而言，a2( 新教材 , M = 53.92) > a1( 舊教材 , M = 33.75)。

3. B 因子：對 y1 ( 國文成績 ) 而言，b2(M = 40.50) > b3(M = 51.50) > b1(M = 39.50)。

**Tests of Between-Subjects Effects**

Dependent Variable: 國文成績 y1

| Source | Type III Sum of Squares | df | Mean Squar | F | Sig. |
|---|---|---|---|---|---|
| Adjusts Model | 3154.833[a] | 5 | 630.967 | 71.656 | .000 |
| Intercept | 46112.667 | 1 | 46112.667 | 5236.770 | .000 |
| a | 2440.167 | 1 | 2440.167 | 277.117 | .000 |
| b | 709.333 | 2 | 354.667 | 40.278 | .000 |
| a * b | 5.333 | 2 | 2.667 | .303 | .742 |
| Error | 158.500 | 18 | 8.806 | | |
| Total | 49426.000 | 24 | | | |
| Adjusts Total | 3313.333 | 23 | | | |

a. R Squared = .952 (Adjusted R Squared = .939)

1. 未調整平均數前：對 y1 而言，a * b 交互作用項未達顯著性 (F=0.303, p>0.05)。

2. 未調整平均數前：A 因子 (factor) 對 y1 效果達顯著性 (F = 277.117, p < 0.05)。

3. 未調整平均數前：B 因子 (factor) 對 y1 效果達顯著性 (F = 40.278, p < 0.05)。

**Step 1-2.** Factorial ANOVA with y2 as the DV：求「A×B」各組平均數及主要效果、交互作用效果

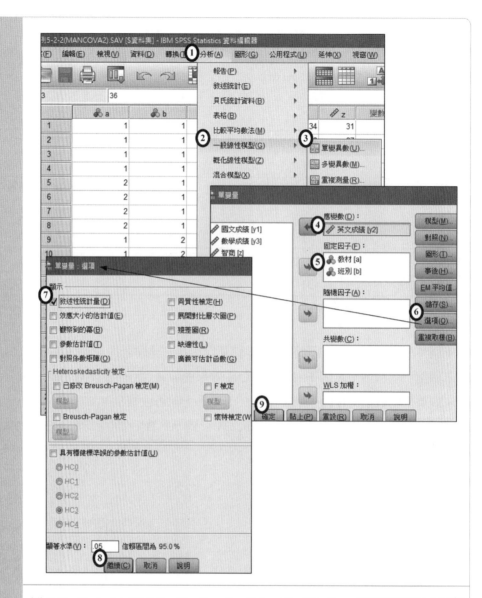

圖 5-21　Factorial ANOVA with y2 as the DV ： 求 「A×B」 各組平均數及主要效果、 交互作用效果

對應的指令語法：

```
title "Step 1-2：Factorial ANOVA with y2 as the DV：求「A×B」各組平均數及主要效果、
交互作用效果 ".
UNIANOVA y2 BY a b
  /METHOD=SSTYPE(3)
  / INTERCEPT=INCLUDE
  /PRINT DESCRIPTIVE
  /CRITERIA=ALPHA( .05)
  /DESIGN=a b a*b.
```

**Descriptive Statistics**

Dependent Variable: 英文成績 y2

| 教材 | 班別 | Mean | Std. Deviation | N |
|---|---|---|---|---|
| 舊教材 | A 段班 | 32.00 | 4.690 | 4 |
| | B 段班 | 23.25 | 1.500 | 4 |
| | C 段班 | 70.25 | 2.986 | 4 |
| | Total | 41.83 | 21.527 | 12 |
| 新教材 | A 段班 | 40.50 | 4.655 | 4 |
| | B 段班 | 31.25 | 13.150 | 4 |
| | C 段班 | 91.25 | 2.630 | 4 |
| | Total | 54.33 | 28.529 | 12 |
| Total | A 段班 | 36.25 | 6.274 | 8 |
| | B 段班 | 27.25 | 9.662 | 8 |
| | C 段班 | 80.75 | 11.523 | 8 |
| | Total | 48.08 | 25.527 | 24 |

1. 因交互作用項 a * b 未達顯著性 (F = 2.774 , p > 0.05)，才可忽略 a * b 交叉細格
   平均數。

2. A 因子：對 y2( 英文成績 ) 而言，a2( 新教材 , M = 54.33) > a1( 舊教材。M =
   41.83 )。

3. B 因子：對 y2( 英文成績 ) 而言，32(M = 80.75) > b1(M = 36.25) > b2(M =

27.25)。

**Tests of Between-Subjects Effects**

Dependent Variable: 英文成績 y2

| Source | Type III Sum of Squares | df | Mean Square | F | Sig. |
|---|---|---|---|---|---|
| Adjusts Model | 14283.833[a] | 5 | 2856.767 | 73.042 | .000 |
| Intercept | 55488.167 | 1 | 55488.167 | 1418.732 | .000 |
| a | 937.500 | 1 | 937.500 | 23.970 | .000 |
| b | 13129.333 | 2 | 6564.667 | 167.847 | .000 |
| a * b | 217.000 | 2 | 108.500 | 2.774 | .089 |
| Error | 704.000 | 18 | 39.111 | | |
| Total | 70476.000 | 24 | | | |
| Adjusts Total | 14987.833 | 23 | | | |

a. R Squared = .953 (Adjusted R Squared = .940)

1. 未調整平均數前：對 y2 而言，a * b 交互作用項未達顯著性 (F = 2.774, p > 0.05)。
2. 未調整平均數前：A 因子 (factor) 對 y2 效果達顯著性 (F = 23.970, p < 0.05)。
3. 未調整平均數前：B 因子 (factor) 對 y2 效果達顯著性 (F = 167.847, p < 0.05)。
4. 由於篇幅限制，「A，B」因子對 y2 效果的 ANOVA，就省略了。

**Step 1-3.** Factorial ANOVA with z as the DV：求「A×B」各組平均數及主要效果、交互作用效果

求共變數 Z 對每個依變數 (y1, y2, y1) 效果是否達顯著性。

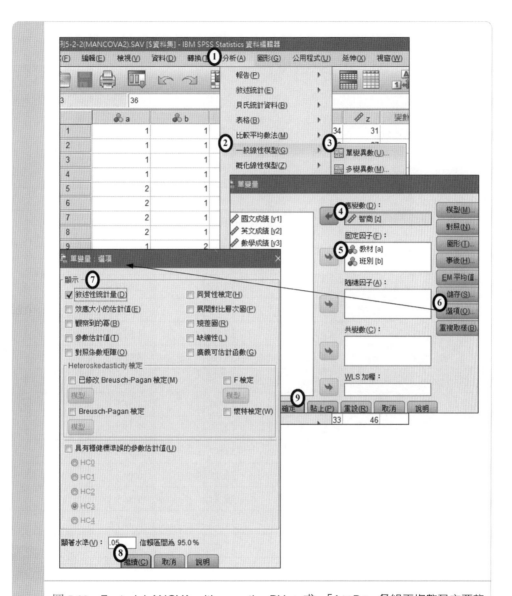

圖 5-22　Factorial ANOVA with z as the DV：求 「A×B」 各組平均數及主要效果、 交互作用效果

對應的指令語法：

```
UNIANOVA z BY a b
  /METHOD=SSTYPE(3)
  /INTERCEPT=INCLUDE
  /PRINT DESCRIPTIVE
  /CRITERIA=ALPHA(.05)
  /DESIGN=a b a*b.
```

**Descriptive Statistics**

Dependent Variable: 智商 Z

| 教材 | 班別 | Mean | Std. Deviation | N |
|------|------|------|----------------|---|
| 舊教材 | A 段班 | 30.75 | 2.630 | 4 |
|  | B 段班 | 32.75 | 2.754 | 4 |
|  | C 段班 | 37.50 | 1.915 | 4 |
|  | Total | 33.67 | 3.701 | 12 |
| 新教材 | A 段班 | 40.75 | 3.403 | 4 |
|  | B 段班 | 38.00 | 14.166 | 4 |
|  | C 段班 | 44.75 | 7.182 | 4 |
|  | Total | 41.17 | 8.963 | 12 |
| Total | A 段班 | 35.75 | 6.042 | 8 |
|  | B 段班 | 35.38 | 9.855 | 8 |
|  | C 段班 | 41.13 | 6.221 | 8 |
|  | Total | 37.42 | 7.723 | 24 |

1. 因交互作用項 a * b 未達顯著性 ($F = 0.242$, $p > 0.05$)，故可忽略 a * b 交叉細格平均數。

2. A 因子：對共變數 Z 而言，a2( 新教材, M = 41.17) > a1( 舊教材, M = 33.67)。

3. B 因子：對共變數 Z 而言，b3(M = 41.13) > b1(M = 35.75) > b2(M = 35.38)。

**Tests of Between-Subjects Effects**

Dependent Variable: 智商 Z

| Source | Type III Sum of Squares | df | Mean Square | F | Sig. |
|---|---|---|---|---|---|
| Adjusts Model | 525.833[a] | 5 | 105.167 | 2.238 | .095 |
| Intercept | 33600.167 | 1 | 33600.167 | 714.897 | .000 |
| a | 337.500 | 1 | 337.500 | 7.181 | .015 |
| b | 165.583 | 2 | 82.792 | 1.762 | .200 |
| a * b | 22.750 | 2 | 11.375 | 0.242 | .788 |
| Error | 846.000 | 18 | 47.000 | | |
| Total | 34972.000 | 24 | | | |
| Adjusts Total | 1371.833 | 23 | | | |

a. R Squared = .383 (Adjusted R Squared = .212)

1. 未調整平均數前：對共變數 Z 而言，a * b 交互作用項未達顯著性 (F = 0.242, p > 0.05)。

2. 未調整平均數前：A 因子 (factor) 對共變數 Z 效果達顯著性 (F = 7.181, p < 0.05)。

3. 未調整平均數前：B 因子 (factor) 對共變數 Z 效果達顯著性 (F = 1.762, p > 0.05)。

**Step 2-1.** ANCOVA with y1 as the DV, z as the covariate：求「A×B」各組平均數及主要效果、交互作用效果

考量共變數 Z 效果之後，以上各組平均數都會被調整 (adjusts)。

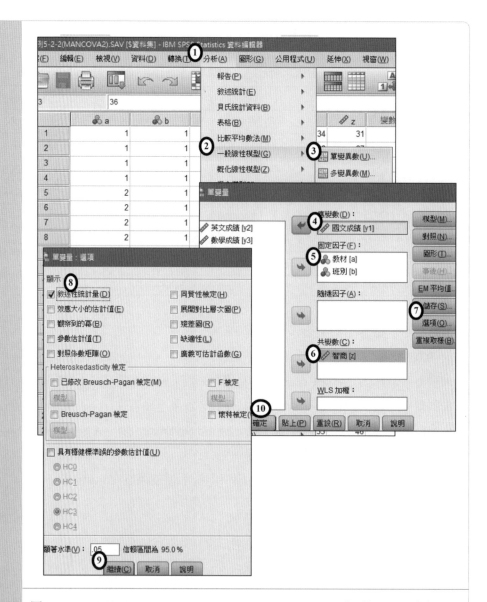

**圖 5-23** ANCOVA with y1 as the DV, z as the covariate ： 求 「A×B」 各組平均數及主要效果、 交互作用效果

對應的指令語法：

```
UNIANOVA y1 BY a b WITH z
  /METHOD=SSTYPE(3)
  / INTERCEPT=INCLUDE
  /PRINT DESCRIPTIVE
  /CRITERIA=ALPHA( .05)
  /DESIGN=z a b a*b.
```

**Descriptive Statistics**

Dependent Variable:　國文成績 y1

| 教材 | 班別 | Mean | Std. Deviation | N |
|---|---|---|---|---|
| 舊教材 a1 | A 段班 | 29.75 | 2.630 | 4 |
| | B 段班 | 41.75 | 1.708 | 4 |
| | C 段班 | 29.75 | 1.708 | 4 |
| | Total | 33.75 | 6.196 | 12 |
| 新教材 A2 | A 段班 | 49.25 | 3.594 | 4 |
| | B 段班 | 61.25 | 4.992 | 4 |
| | C 段班 | 51.25 | 1.500 | 4 |
| | Total | 53.92 | 6.403 | 12 |
| Total | A 段班 | 39.50 | 10.823 | 8 |
| | B 段班 | 51.50 | 10.981 | 8 |
| | C 段班 | 40.50 | 11.588 | 8 |
| | Total | 43.83 | 12.002 | 24 |

1. 平均數調整後 (adjusts)：因交互作用項 a * b 未達顯著性 ($F = 0.318$, $p > 0.05$)，故可忽略 a * b 交叉細格平均數。

2. A 因子：對 y1 ( 國文成績 ) 而言，a2( 新教材，53.92 ) > a1( 舊教材，M = 33.75 )。

3. B 因子：對 y1 ( 國文成績 ) 而言，b2(M = 51.50) > b3(M = 40.50) > b1(M = 39.50)。

**Tests of Between-Subjects Effects**

Dependent Variable: 國文成績 y1

| Source | Type III Sum of Squares | df | Mean Square | F | Sig. |
|---|---|---|---|---|---|
| Adjusts Model | 3161.571[a] | 6 | 526.929 | 59.025 | .000 |
| Intercept | 966.552 | 1 | 966.552 | 108.271 | .000 |
| z | 6.738 | 1 | 6.738 | 0.755 | .397 |
| a | 1630.437 | 1 | 1630.437 | 182.637 | .000 |
| b | 707.915 | 2 | 353.957 | 39.649 | .000 |
| a * b | 5.682 | 2 | 2.841 | 0.318 | .732 |
| Error | 151.762 | 17 | 8.927 | | |
| Total | 49426.000 | 24 | | | |
| Adjusts Total | 3313.333 | 23 | | | |

a. R Squared = .954 (Adjusted R Squared = .938)

1. 調整平均數後：對 y1 而言，a * b 交互作用項未達顯著性 (F = 0.318，p > 0.05)。

2. 調整平均數後：A 因子 (factor) 對 y1 效果達顯著性 (F = 182.637，p < 0.05)。

3. 調整平均數後：B 因子 (factor) 對 y1 效果達顯著性 (F = 39.649，p < 0.05)。

4. 共變數 Z 對 y1 效果未達顯著性 (F = 0.755，p > 0.05)。

**Step 2-2.** ANCOVA with y2 as the DV, z as the covariate：求「A×B」各組平均數
及主要效果、交互作用效果

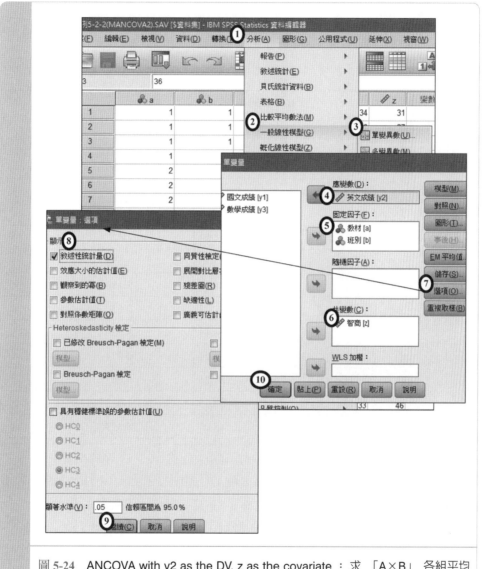

圖 5-24 ANCOVA with y2 as the DV, z as the covariate ： 求 「A×B」 各組平均
數及主要效果、 交互作用效果

對應的指令語法：

```
UNIANOVA y2 BY a b WITH z
  /METHOD=SSTYPE(3)
  /INTERCEPT=INCLUDE
```

```
/PRINT DESCRIPTIVE
/CRITERIA=ALPHA(.05)
/DESIGN=z a b a*b.
```

**Descriptive Statistics**

Dependent Variable: 英文成績 y2

| 教材 | 班別 | Mean | Std. Deviation | N |
|---|---|---|---|---|
| 舊教材 a1 | A 段班 | 32.00 | 4.690 | 4 |
| | B 段班 | 23.25 | 1.500 | 4 |
| | C 段班 | 70.25 | 2.986 | 4 |
| | Total | 41.83 | 21.527 | 12 |
| 新教材 a2 | A 段班 | 40.50 | 4.655 | 4 |
| | B 段班 | 31.25 | 13.150 | 4 |
| | C 段班 | 91.25 | 2.630 | 4 |
| | Total | 54.33 | 28.529 | 12 |
| Total | A 段班 | 36.25 | 6.274 | 8 |
| | B 段班 | 27.25 | 9.662 | 8 |
| | C 段班 | 80.75 | 11.523 | 8 |
| | Total | 48.08 | 25.527 | 24 |

1. 平均數調整後 (adjusts)：對 y2( 英文成績 ) 而言，因交互作用項 a * b 卻達顯著性 (F = 12.629 , p < 0.05)，故不可忽略 a * b 交叉細格平均數。

2. A因子：對 y2( 英文成績 ) 而言，a2( 新教材，54.33 ) > a1( 舊教材，M = 41.83 )。

3. B 因子：對 y2( 英文成績 ) 而言，b3(M = 80.75) > b1(M = 36.25) > b2(M = 27.25)。

**Tests of Between-Subjects Effects**

Dependent Variable: 英文成績 y2

| Source | Type III Sum of Squares | df | Mean Square | F | Sig. |
|---|---|---|---|---|---|
| Adjusts Model | 14827.997[a] | 6 | 2471.333 | 262.848 | .000 |
| Intercept | 192.570 | 1 | 192.570 | 20.481 | .000 |
| z | 544.163 | 1 | 544.163 | 57.876 | .000 |
| a | 180.370 | 1 | 180.370 | 19.184 | .000 |
| b | 9122.329 | 2 | 4561.164 | 485.119 | .000 |
| a * b | 237.480 | 2 | 118.740 | 12.629 | .000 |
| Error | 159.837 | 17 | 9.402 | | |
| Total | 70476.000 | 24 | | | |
| Adjusts Total | 14987.833 | 23 | | | |

a. R Squared = .989 (Adjusted R Squared = .986)

1. 納入「共變數 Z」調整平均數後 ANCOVA：對 y2 而言，a * b 交互作用項卻達顯著性 (F = 12.629, p < 0.05)。相對地，未納入「共變數 Z」調整平均數前，ANOVA 求得，a * b 交互作用項未達顯著性 (F = F = 0.242, p > 0.05)。可見，本例使用 ANCOVA 優於 ANOVA。

2. 調整平均數後：A 因子 (factor) 對 y2 效果達顯著性 (F = 19.184, p < 0.05)。

3. 調整平均數後：B 因子 (factor) 對 y2 效果達顯著性 (F = 19.184, p < 0.05)。

4. 共變數 Z 對 y1 效果未達顯著性 (F = 0.755, p > 0.05)。但對 y2 效果卻達顯著性 (F = 57.876, p < 0.05)。

**Step 3.** MANOVA with「y1, y2 and y3」as the DV：求「A×B」各組平均數及主要效果、交互作用效果

　　考量共變數 Z 之後，並同時納入「y1, y2 and y3」三個依變數，做 MANOVA 分析。它可當 Step 4 MANCOVA 分析的對照組。

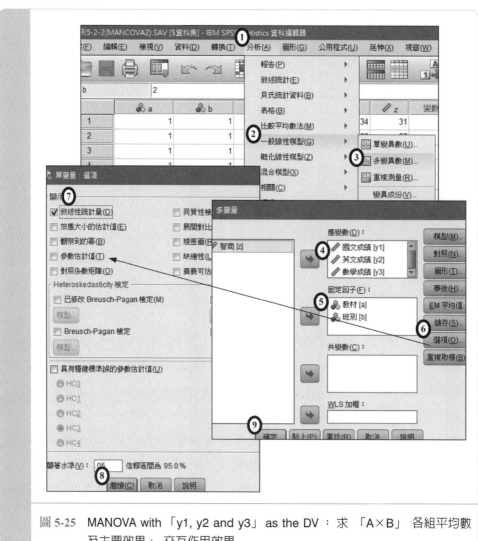

圖 5-25　MANOVA with 「y1, y2 and y3」 as the DV ： 求 「A×B」 各組平均數及主要效果、 交互作用效果

對應的指令語法：

```
GLM y1 y2 y3 BY a b
  /METHOD=SSTYPE(3)
  /INTERCEPT=INCLUDE
  /PRINT=DESCRIPTIVE
  /CRITERIA=ALPHA(.05)
  /DESIGN= a b a*b.
```

| | 教材 | 班別 | Mean | Std. Deviation | N |
|---|---|---|---|---|---|
| | | | **Descriptive Statistics** | | |
| 國文成績 y1 | 舊教材 a1 | A 段班 | 29.75 | 2.630 | 4 |
| | | B 段班 | 41.75 | 1.708 | 4 |
| | | C 段班 | 29.75 | 1.708 | 4 |
| | | Total | 33.75 | 6.196 | 12 |
| | 新教材 a2 | A 段班 | 49.25 | 3.594 | 4 |
| | | B 段班 | 61.25 | 4.992 | 4 |
| | | C 段班 | 51.25 | 1.500 | 4 |
| | | Total | 53.92 | 6.403 | 12 |
| | Total | A 段班 | 39.50 | 10.823 | 8 |
| | | B 段班 | 51.50 | 10.981 | 8 |
| | | C 段班 | 40.50 | 11.588 | 8 |
| | | Total | 43.83 | 12.002 | 24 |
| 英文成績 y2 | 舊教材 a1 | A 段班 | 32.00 | 4.690 | 4 |
| | | B 段班 | 23.25 | 1.500 | 4 |
| | | C 段班 | 70.25 | 2.986 | 4 |
| | | Total | 41.83 | 21.527 | 12 |
| | 新教材 a2 | A 段班 | 40.50 | 4.655 | 4 |
| | | B 段班 | 31.25 | 13.150 | 4 |
| | | C 段班 | 91.25 | 2.630 | 4 |
| | | Total | 54.33 | 28.529 | 12 |
| | Total | A 段班 | 36.25 | 6.274 | 8 |
| | | B 段班 | 27.25 | 9.662 | 8 |
| | | C 段班 | 80.75 | 11.523 | 8 |
| | | Total | 48.08 | 25.527 | 24 |
| 數學成績 y3 | 舊教材 a1 | A 段班 | 31.50 | 2.646 | 4 |
| | | B 段班 | 31.75 | 3.775 | 4 |
| | | C 段班 | 30.25 | 3.403 | 4 |
| | | Total | 31.17 | 3.070 | 12 |

| | | | | |
|---|---|---|---|---|
| 新教材 a2 | A 段班 | 34.00 | 3.162 | 4 |
| | B 段班 | 34.75 | 3.304 | 4 |
| | C 段班 | 32.50 | 6.137 | 4 |
| | Total | 33.75 | 4.115 | 12 |
| Total | A 段班 | 32.75 | 3.012 | 8 |
| | B 段班 | 33.25 | 3.655 | 8 |
| | C 段班 | 31.38 | 4.749 | 8 |
| | Total | 32.46 | 3.788 | 24 |

　　MANOVA( 當 MANCOVA 的對照組 )：

1. 平均數未調整前：對「y1,y2 and y3」而言，因交互作用項 a * b 未達顯著性 (Wilks' $\Lambda = 0.692$ , p > 0.05)，故可忽略 a * b 交叉細格平均數。

2. A 因子：對「y1, y2 and y3」整體而言，a2( 新教材 ) > a1( 舊教材 )。

3. B 因子：對「y3」而言，b2 > b1 > b3。對「y1」而言，b2 > b3 > b1。對「y2」而言，b3 > b1 > b2。

| **Multivariate Tests[a]** | | | | | |
|---|---|---|---|---|---|
| Effect | | Value | F | Hypothesis df | Error df | Sig. |
|---|---|---|---|---|---|---|
| Intercept | Pillai's Trace | .997 | 1782.638[b] | 3.000 | 16.000 | .000 |
| | Wilks' Lambda | .003 | 1782.638[b] | 3.000 | 16.000 | .000 |
| | Hotelling's Trace | 334.245 | 1782.638[b] | 3.000 | 16.000 | .000 |
| | Roy's Largest Root | 334.245 | 1782.638[b] | 3.000 | 16.000 | .000 |
| a | Pillai's Trace | .940 | 82.985[b] | 3.000 | 16.000 | .000 |
| | Wilks' Lambda | 0.060 | 82.985[b] | 3.000 | 16.000 | .000 |
| | Hotelling's Trace | 15.560 | 82.985[b] | 3.000 | 16.000 | .000 |
| | Roy's Largest Root | 15.560 | 82.985[b] | 3.000 | 16.000 | .000 |
| b | Pillai's Trace | 1.694 | 31.392 | 6.000 | 34.000 | .000 |
| | Wilks' Lambda | 0.008 | 54.079[b] | 6.000 | 32.000 | .000 |
| | Hotelling's Trace | 35.951 | 89.876 | 6.000 | 30.000 | .000 |
| | Roy's Largest Root | 33.337 | 188.907[c] | 3.000 | 17.000 | .000 |

| a * b | Pillai's Trace | .308 | 1.032 | 6.000 | 34.000 | .422 |
|-------|------------------|-------|---------------------|-------|--------|------|
| | Wilks' Lambda | 0.692 | 1.078[b] | 6.000 | 32.000 | .396 |
| | Hotelling's Trace | .445 | 1.112 | 6.000 | 30.000 | .379 |
| | Roy's Largest Root | .444 | 2.515[c] | 3.000 | 17.000 | .093 |

a. Design: Intercept + a + b + a * b

b. Exact statistic

c. The statistic is an upper bound on F that yields a lower bound on the significance level.

MANOVA( 當 MANCOVA 的對照組 )：

1. 未調整平均數前：對「y1, y2 and y3」而言，a * b 交互作用項未達顯著性 (Wilks' $\Lambda = 0.692$ , p > 0.05)。

2. 未調整平均數前：A 因子 (factor) 對「y1,y2 and y3」效果達顯著性 (Wilks' $\Lambda = 0.060$ , p < 0.05)。

3. 未調整平均數前：B 因子 (factor) 對「y1,y2 and y3」效果達顯著性 (Wilks' $\Lambda = 0.008$ , p < 0.05)。

**Step 4.** MANCOVA with y1 andy2 as the DV, z as the covariate：求「A×B」各組平均數及主要效果、交互作用效果

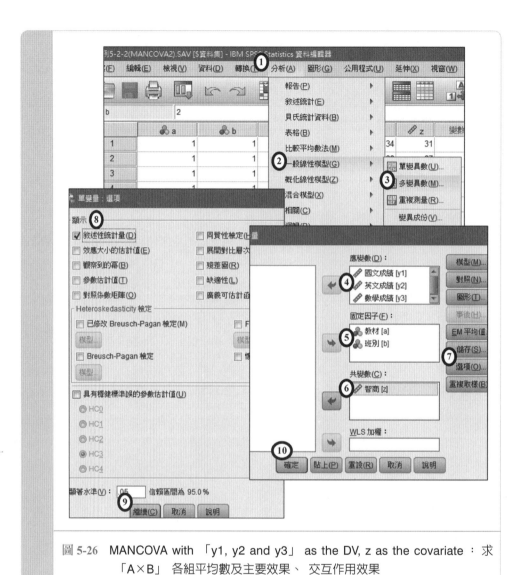

圖 5-26　MANCOVA with 「y1, y2 and y3」 as the DV, z as the covariate ： 求
　　　　「A×B」 各組平均數及主要效果、 交互作用效果

對應的指令語法：

```
GLM y1 y2 y3 BY a b WITH z
  /METHOD=SSTYPE(3)
  /INTERCEPT=INCLUDE
  /PRINT=DESCRIPTIVE
  /CRITERIA=ALPHA(.05)
  /DESIGN=z a b a*b.
```

**Descriptive Statistics**

| | 教材 | 班別 | Mean | Std. Deviation | N |
|---|---|---|---|---|---|
| 國文成績 | 舊教材 | A 段班 | 29.75 | 2.630 | 4 |
| | | B 段班 | 41.75 | 1.708 | 4 |
| | | C 段班 | 29.75 | 1.708 | 4 |
| | | Total | 33.75 | 6.196 | 12 |
| | 新教材 | A 段班 | 49.25 | 3.594 | 4 |
| | | B 段班 | 61.25 | 4.992 | 4 |
| | | C 段班 | 51.25 | 1.500 | 4 |
| | | Total | 53.92 | 6.403 | 12 |
| | Total | A 段班 | 39.50 | 10.823 | 8 |
| | | B 段班 | 51.50 | 10.981 | 8 |
| | | C 段班 | 40.50 | 11.588 | 8 |
| | | Total | 43.83 | 12.002 | 24 |
| 英文成績 | 舊教材 | A 段班 | 32.00 | 4.690 | 4 |
| | | B 段班 | 23.25 | 1.500 | 4 |
| | | C 段班 | 70.25 | 2.986 | 4 |
| | | Total | 41.83 | 21.527 | 12 |
| | 新教材 | A 段班 | 40.50 | 4.655 | 4 |
| | | B 段班 | 31.25 | 13.150 | 4 |
| | | C 段班 | 91.25 | 2.630 | 4 |
| | | Total | 54.33 | 28.529 | 12 |
| | Total | A 段班 | 36.25 | 6.274 | 8 |
| | | B 段班 | 27.25 | 9.662 | 8 |
| | | C 段班 | 80.75 | 11.523 | 8 |
| | | Total | 48.08 | 25.527 | 24 |
| 數學成績 | 舊教材 | A 段班 | 31.50 | 2.646 | 4 |
| | | B 段班 | 31.75 | 3.775 | 4 |
| | | C 段班 | 30.25 | 3.403 | 4 |
| | | Total | 31.17 | 3.070 | 12 |

|  |  |  |  |  |
|---|---|---|---|---|
| 新教材 | A 段班 | 34.00 | 3.162 | 4 |
|  | B 段班 | 34.75 | 3.304 | 4 |
|  | C 段班 | 32.50 | 6.137 | 4 |
|  | Total | 33.75 | 4.115 | 12 |
| Total | A 段班 | 32.75 | 3.012 | 8 |
|  | B 段班 | 33.25 | 3.655 | 8 |
|  | C 段班 | 31.38 | 4.749 | 8 |
|  | Total | 32.46 | 3.788 | 24 |

## 1. 調整後 (adjusts)

| Multivariate Tests[a] | | | | | | |
|---|---|---|---|---|---|---|
| Effect | | Value | F | Hypothesis df | Error df | Sig. |
| Intercept | Pillai's Trace | .883 | 37.909[b] | 3.000 | 15.000 | .000 |
|  | Wilks' Lambda | .117 | 37.909[b] | 3.000 | 15.000 | .000 |
|  | Hotelling's Trace | 7.582 | 37.909[b] | 3.000 | 15.000 | .000 |
|  | Roy's Largest Root | 7.582 | 37.909[b] | 3.000 | 15.000 | .000 |
| z | Pillai's Trace | .813 | 21.756[b] | 3.000 | 15.000 | .000 |
|  | Wilks' Lambda | .187 | 21.756[b] | 3.000 | 15.000 | .000 |
|  | Hotelling's Trace | 4.351 | 21.756[b] | 3.000 | 15.000 | .000 |
|  | Roy's Largest Root | 4.351 | 21.756[b] | 3.000 | 15.000 | .000 |
| a | Pillai's Trace | .916 | 54.330[b] | 3.000 | 15.000 | .000 |
|  | Wilks' Lambda | 0.084 | 54.330[b] | 3.000 | 15.000 | .000 |
|  | Hotelling's Trace | 10.866 | 54.330[b] | 3.000 | 15.000 | .000 |
|  | Roy's Largest Root | 10.866 | 54.330[b] | 3.000 | 15.000 | .000 |
| b | Pillai's Trace | 1.720 | 32.796 | 6.000 | 32.000 | .000 |
|  | Wilks' Lambda | 0.004 | 75.823[b] | 6.000 | 30.000 | .000 |
|  | Hotelling's Trace | 71.097 | 165.894 | 6.000 | 28.000 | .000 |
|  | Roy's Largest Root | 68.328 | 364.418[c] | 3.000 | 16.000 | .000 |

| a * b | Pillai's Trace | .628 | 2.443 | 6.000 | 32.000 | .047 |
|-------|----------------|------|-------|-------|--------|------|
|  | Wilks' Lambda | 0.388 | 3.030[b] | 6.000 | 30.000 | .019 |
|  | Hotelling's Trace | 1.538 | 3.589 | 6.000 | 28.000 | .009 |
|  | Roy's Largest Root | 1.511 | 8.057[c] | 3.000 | 16.000 | .002 |

a. Design: Intercept + z + a + b + a * b

b. Exact statistic

c. The statistic is an upper bound on F that yields a lower bound on the significance level.

MANCOVA( 以 Step 3 MANOVA 當對照組 )：

　　首先要看 A*B 交互效果 檢定。Wilks' lambda = 0.388 p < .05)，故拒絕虛無假設「$H_0$：共變數調整後各群體交互效果相等」。表示新舊教材 (a 因子 ) 與 b 因子 (A、B、C 段班 )，經共變數 ( 智力 z) 調整後在三個依變數的反應效果有交互作用。

1. 調整平均數後：對「y1,y2 and y3」而言，a * b 交互作用項卻達顯著性 (Wilks' $\Lambda$ = 0.388 , p<0.05)。相對地，Step 3 中 MANOVA 分析，反而求得 a * b 交互作用項未達顯著性 (Wilks' $\Lambda$ = 0.692, p > 0.05)，由此可證明，本例不可忽視共變數 Z 對依變數的平均數調整。

2. 調整平均數後：A 因子 (factor) 對「y1,y2 and y3」效果達顯著性 (Wilks' $\Lambda$ = 0.084, p < 0.05)。相對地，Step 3 中 MANOVA 分析，A 因子 (factor) 對「y1,y2 and y3」效果亦達顯著性 (Wilks' $\Lambda$=0.060, p<0.05)。由於可見，A 因子 (factor) 對「y1, y2 and y3」效果，MANOVA 與 MANCOVA 二者分析結果一樣。

3. 調整平均數後：B 因子 (factor) 對「y1,y2 and y3」效果達顯著性 (Wilks' $\Lambda$ = 0.004 , p < 0.05)。相對地，Step 3 中 MANOVA 分析，B 因子 (factor) 對「y1, y2 and y3」效果達顯著性 (Wilks' $\Lambda$ = 0.008, p < 0.05)。由於可見，B 因子 (factor) 對「y1, y2 and y3」效果，MANOVA 與 MANCOVA 二者分析結果一樣。

### 5-3-2 二因子 MANCOVA：3 個非時變的共變數 ( 無交互作用 )(MANOVA、manovatest 指令 )

範例：**雙因子 MANCOVA 分析 (MANOVA、manovatest 指令 )**

( 參考林清山，《多變項分析統計法》，民 79，第 5 版，p616)

在一項有關國中數學的補救教學的實驗裡，研究者想要探討：( 一 ) 實施補救教學和未實施補救教學二種型態的教學之間以及 ( 二 ) 男女國中生之間，教學效果有無顯著差異存在。依變數是計算能力 $(y_1)$ 和數學概念 $(y_2)$ 方面的測驗成績。為防止學生的學習動機，基礎能力、智力等變數的干擾，以「學習動機測驗成績 $(z_1)$、國小算術成績 $(z_2)$ 及智力測驗成績 $(z_3)$」為控制用共變數 ( 非時變 )。下表是 32 名學生每人五個變數的觀察分數。如何分析和解釋結果？還有這三個共變數納入此共變數分析模式是否為最佳的，若否，則應該如何挑選那 ( 些 ) 共變數才是最佳？並分析解釋。

| | 學生 | 實驗組 (b1) | | | | | 學生 | 控制組 (b2) | | | | |
|---|---|---|---|---|---|---|---|---|---|---|---|---|
| | | $y_1$ | $y_2$ | $z_1$ | $z_2$ | $z_3$ | | $y_1$ | $y_2$ | $z_1$ | $z_2$ | $z_3$ |
| 男 (a1) | 1 | 13 | 15 | 12 | 14 | 11 | 9 | 14 | 13 | 16 | 15 | 14 |
| | 2 | 9 | 5 | 7 | 8 | 7 | 10 | 9 | 8 | 13 | 12 | 13 |
| | 3 | 7 | 7 | 9 | 7 | 6 | 11 | 10 | 11 | 9 | 8 | 7 |
| | 4 | 8 | 7 | 6 | 7 | 7 | 12 | 12 | 13 | 13 | 10 | 12 |
| | 5 | 12 | 8 | 8 | 9 | 8 | 13 | 13 | 13 | 12 | 13 | 16 |
| | 6 | 9 | 6 | 7 | 7 | 9 | 14 | 8 | 9 | 11 | 9 | 10 |
| | 7 | 14 | 12 | 9 | 10 | 10 | 15 | 13 | 14 | 13 | 12 | 13 |
| | 8 | 7 | 5 | 4 | 4 | 6 | 16 | 11 | 12 | 9 | 11 | 10 |

| | 學生 | 實驗組 (b1) | | | | | 學生 | 控制組 (b2) | | | | |
|---|---|---|---|---|---|---|---|---|---|---|---|---|
| | | $y_1$ | $y_2$ | $z_1$ | $z_2$ | $z_3$ | | $y_1$ | $y_2$ | $z_1$ | $z_2$ | $z_3$ |
| | 17 | 11 | 12 | 15 | 13 | 11 | 25 | 10 | 12 | 8 | 8 | 11 |
| | 18 | 14 | 15 | 14 | 14 | 13 | 26 | 11 | 9 | 10 | 9 | 11 |
| | 19 | 13 | 12 | 13 | 12 | 15 | 27 | 13 | 15 | 15 | 14 | 15 |
| 女 (a2) | 20 | 9 | 10 | 8 | 9 | 12 | 28 | 9 | 10 | 13 | 12 | 9 |
| | 21 | 12 | 13 | 13 | 10 | 12 | 29 | 12 | 14 | 12 | 10 | 13 |
| | 22 | 6 | 7 | 6 | 8 | 7 | 30 | 14 | 15 | 14 | 13 | 14 |
| | 23 | 13 | 11 | 10 | 12 | 11 | 31 | 15 | 16 | 15 | 14 | 14 |
| | 24 | 9 | 10 | 9 | 8 | 9 | 32 | 12 | 14 | 13 | 13 | 12 |

## 一、資料檔之內容

本例資料檔「MANCOVA_P616.sav」的內容，見下圖，共有 7 個變數：二個自變數 a( 性別 ) 和 b( 教學型態 )，二個依變數 y1( 計算能力 ) 和 y2( 數學概念 )，三個共變數 $z_1$( 學習動機 )、$z_2$( 國小算術成績 ) 和 $z_3$( 智力測驗成績 )。

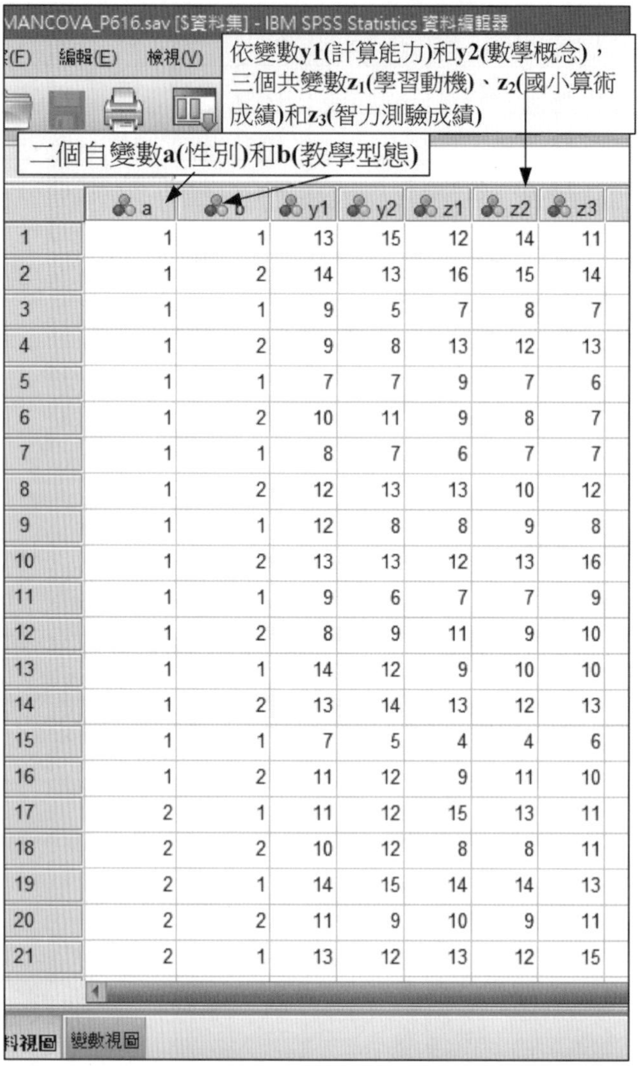


| | a | b | y1 | y2 | z1 | z2 | z3 |
|---|---|---|---|---|---|---|---|
| 1 | 1 | 1 | 13 | 15 | 12 | 14 | 11 |
| 2 | 1 | 2 | 14 | 13 | 16 | 15 | 14 |
| 3 | 1 | 1 | 9 | 5 | 7 | 8 | 7 |
| 4 | 1 | 2 | 9 | 8 | 13 | 12 | 13 |
| 5 | 1 | 1 | 7 | 7 | 9 | 7 | 6 |
| 6 | 1 | 2 | 10 | 11 | 9 | 8 | 7 |
| 7 | 1 | 1 | 8 | 7 | 6 | 7 | 7 |
| 8 | 1 | 2 | 12 | 13 | 13 | 10 | 12 |
| 9 | 1 | 1 | 12 | 8 | 8 | 9 | 8 |
| 10 | 1 | 2 | 13 | 13 | 12 | 13 | 16 |
| 11 | 1 | 1 | 9 | 6 | 7 | 7 | 9 |
| 12 | 1 | 2 | 8 | 9 | 11 | 9 | 10 |
| 13 | 1 | 1 | 14 | 12 | 9 | 10 | 10 |
| 14 | 1 | 2 | 13 | 14 | 13 | 12 | 13 |
| 15 | 1 | 1 | 7 | 5 | 4 | 4 | 6 |
| 16 | 1 | 2 | 11 | 12 | 9 | 11 | 10 |
| 17 | 2 | 1 | 11 | 12 | 15 | 13 | 11 |
| 18 | 2 | 2 | 10 | 12 | 8 | 8 | 11 |
| 19 | 2 | 1 | 14 | 15 | 14 | 14 | 13 |
| 20 | 2 | 2 | 11 | 9 | 10 | 9 | 11 |
| 21 | 2 | 1 | 13 | 12 | 13 | 12 | 15 |

圖 5-27 「MANCOVA_P616.sav」 資料檔內容 (N=32 個人)

## 二、分析結果與討論

典型之 MANCOVA 分析有三個檢定：(1) 共變數調整依變數後各群體效果相等。(2) 跨組的共變數的係數相等 ( 各組迴歸線平行的假定 )。(3) 共變數係數是聯合地等於 0( 共同斜率爲 0 的假定 )。

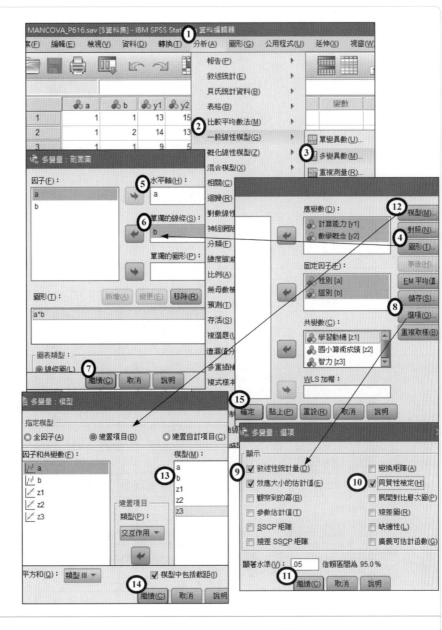

圖 5-28　二因子 MANCOVA 畫面

對應的指令語法：

```
title "二因子 MANCOVA_P616.sps".
subtitle "二因子 MANCOVA_P616.sav".

DATASET ACTIVATE $ 資料集.
GLM y1 y2 BY a b WITH z1 z2 z3
  /METHOD=SSTYPE(3)
  / INTERCEPT=INCLUDE
  /PLOT=PROFILE(a*b) TYPE=LINE ERRORBAR=NO MEANREFERENCE=NO YAXIS=AUTO
  /PRINT=DESCRIPTIVE ETASQ HOMOGENEITY
  /CRITERIA=ALPHA(.05)
  /DESIGN= a b z1 z2 z3.
```

**Multivariate Tests[a]**

| Effect | | Value | F | Hypothesis df | Error df | Sig. | Partial Eta Squared |
|---|---|---|---|---|---|---|---|
| Intercept | Pillai's Trace | .082 | 1.123[b] | 2.000 | 25.000 | .341 | .082 |
| | Wilks' Lambda | .918 | 1.123[b] | 2.000 | 25.000 | .341 | .082 |
| | Hotelling's Trace | .090 | 1.123[b] | 2.000 | 25.000 | .341 | .082 |
| | Roy's Largest Root | .090 | 1.123[b] | 2.000 | 25.000 | .341 | .082 |
| a | Pillai's Trace | .168 | 2.525[b] | 2.000 | 25.000 | .100 | .168 |
| | Wilks' Lambda | .832 | 2.525[b] | 2.000 | 25.000 | .100 | .168 |
| | Hotelling's Trace | .202 | 2.525[b] | 2.000 | 25.000 | .100 | .168 |
| | Roy's Largest Root | .202 | 2.525[b] | 2.000 | 25.000 | .100 | .168 |
| b | Pillai's Trace | .129 | 1.852[b] | 2.000 | 25.000 | .178 | .129 |
| | Wilks' Lambda | .871 | 1.852[b] | 2.000 | 25.000 | .178 | .129 |
| | Hotelling's Trace | .148 | 1.852[b] | 2.000 | 25.000 | .178 | .129 |
| | Roy's Largest Root | .148 | 1.852[b] | 2.000 | 25.000 | .178 | .129 |
| z1 | Pillai's Trace | .026 | .339[b] | 2.000 | 25.000 | .716 | .026 |
| | Wilks' Lambda | .974 | .339[b] | 2.000 | 25.000 | .716 | .026 |
| | Hotelling's Trace | .027 | .339[b] | 2.000 | 25.000 | .716 | .026 |
| | Roy's Largest Root | .027 | .339[b] | 2.000 | 25.000 | .716 | .026 |

| | | | | | | | |
|---|---|---|---|---|---|---|---|
| z2 | Pillai's Trace | .138 | $1.998^b$ | 2.000 | 25.000 | .157 | .138 |
| | Wilks' Lambda | .862 | $1.998^b$ | 2.000 | 25.000 | .157 | .138 |
| | Hotelling's Trace | .160 | $1.998^b$ | 2.000 | 25.000 | .157 | .138 |
| | Roy's Largest Root | .160 | $1.998^b$ | 2.000 | 25.000 | .157 | .138 |
| z3 | Pillai's Trace | .169 | $2.548^b$ | 2.000 | 25.000 | .098 | .169 |
| | Wilks' Lambda | .831 | $2.548^b$ | 2.000 | 25.000 | .098 | .169 |
| | Hotelling's Trace | .204 | $2.548^b$ | 2.000 | 25.000 | .098 | .169 |
| | Roy's Largest Root | .204 | $2.548^b$ | 2.000 | 25.000 | .098 | .169 |

a. Design: Intercept + a + b + z1 + z2 + z3
b. Exact statistic

無交互作用項：

1. a 因子：Wilks' lambda = **0.832**(p > .05)，故接受虛無假設「$H_0$：共變數調整後各群體效果相等」。表示男女不同性別 (a 因子)，經共變數 (z1, z2, z3) 調整後在 2 個依變數的反應無顯著差異。

2. b 因子：Wilks' lambda = **0.871**(p > .05)，故接受虛無假設「$H_0$：共變數調整後各群體效果相等」。表示實驗組 vs. 對照組 (b 因子)，經共變數 (z1, z2, z3) 調整後在 2 個依變數的反應仍無顯著差異。

## 5-3-3 二因子 MANCOVA：一個非時變的共變數 (交互作用不顯著)

下表是某研究者實驗所得結果，依變數為平均意見 (opinion) 分數 (y1)、平均視察 (virsual-perception) 分數 (y2)。試進行細格人數不等時二因子多變數共變數分析。

| B 因子 | | 家庭收入 | | | | | |
|---|---|---|---|---|---|---|---|
| | | 富 (B1) | | | 貧 (B2) | | |
| A 因子 | | 意見 (y1) | 視察 (y2) | 教育程度 (z) | 意見 (y1) | 視察 (y2) | 教育程度 (z) |
| 社交 | 優 (a1) | 2.67 | .67 | 3 | 1.44 | .11 | 2 |
| | | 1.33 | .22 | 2 | 2.78 | 1.00 | 3 |
| | | .44 | .33 | 1 | 1.00 | .11 | 1 |
| | | .89 | .11 | 1 | 1.44 | 22 | 2 |
| | | .44 | .22 | 2 | 2.22 | .11 | 2 |
| | | 1.44 | -.22 | 2 | .89 | .11 | 1 |
| | | .33 | .11 | 1 | 2.89 | .22 | 3 |
| | | .78 | -.11 | 1 | .67 | .11 | 1 |
| | | | | | 1.00 | .67 | 2 |
| 能力 | 差 (a2) | 1.89 | .78 | 4 | 2.22 | .11 | 2 |
| | | 1.44 | .00 | 1 | 1.89 | .33 | 2 |
| | | 1.67 | .56 | 2 | 1.67 | .33 | 2 |
| | | 1.78 | -.11 | 1 | 1.89 | .78 | 3 |
| | | 1.00 | 1.11 | 2 | .78 | .22 | 1 |
| | | .78 | .44 | 4 | .67 | .00 | 1 |
| | | .44 | .00 | 1 | 2.89 | .67 | 3 |
| | | .78 | .33 | 1 | 2.67 | .67 | 3 |
| | | 2.00 | .22 | 2 | 2.78 | .44 | 2 |
| | | 1.89 | .56 | 2 | | | |
| | | 2.00 | .56 | 3 | | | |
| | | .67 | .56 | 1 | | | |
| | | 1.33 | .22 | 1 | | | |

## 一、資料檔

本例所建資料檔「二因子 MANCOVA( 交互作用不顯著 ).sav」的內容，見表 5-2-4-1，共有五個變數：二個自變數 a 和 b，其中 a 是社交能力 (1= 優；2= 差 )；b 是家庭收入 (1= 富；2= 貧 )。兩個依變數 y1 和 y2，分別代表意見 (opinion) 平

均分數與視察平均分數。共變數 z 代表受試者教育水準。

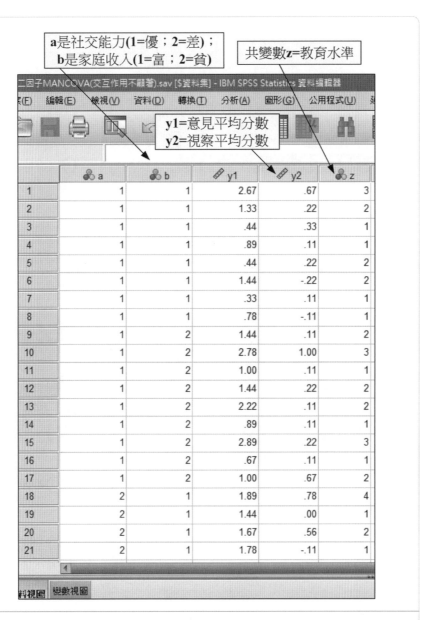

圖 5-29 「二因子 MANCOVA( 交互作用不顯著 ).sav」 資料檔內容 (N=39 人 )

## 二、分析結果

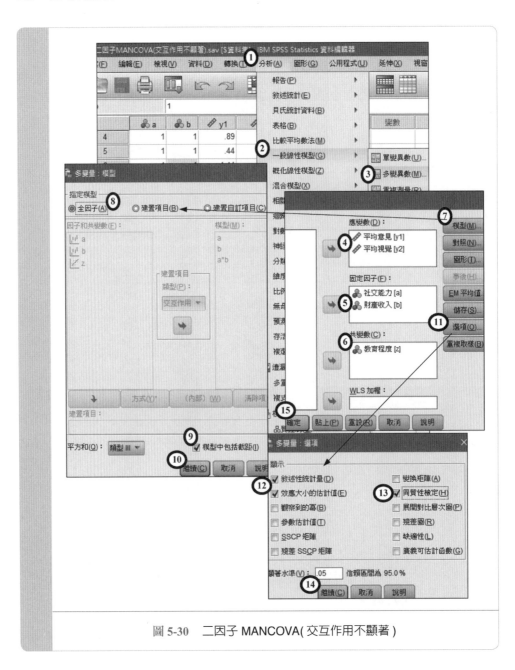

圖 5-30　二因子 MANCOVA( 交互作用不顯著 )

對應的指令語法：

```
title " 二因子 MANCOVA( 交互作用不顯著 )1.sps".
subtitle " 二因子 MANCOVA( 交互作用不顯著 ).sav".

 GLM y1 y2 BY a b WITH z
 /METHOD=SSTYPE(3)
 / INTERCEPT=INCLUDE
 /PRINT=DESCRIPTIVE ETASQ HOMOGENEITY
 /CRITERIA=ALPHA(.05)
 /DESIGN=z a b a*b.
```

**Multivariate Tests[a]**

| Effect | | Value | F | Hypothesis df | Error df | Sig. | Partial Eta Squared |
|---|---|---|---|---|---|---|---|
| Intercept | Pillai's Trace | .148 | 2.875[b] | 2.000 | 33.000 | .071 | .148 |
| | Wilks' Lambda | .852 | 2.875[b] | 2.000 | 33.000 | .071 | .148 |
| | Hotelling's Trace | .174 | 2.875[b] | 2.000 | 33.000 | .071 | .148 |
| | Roy's Largest Root | .174 | 2.875[b] | 2.000 | 33.000 | .071 | .148 |
| z | Pillai's Trace | .550 | 20.169[b] | 2.000 | 33.000 | .000 | .550 |
| | Wilks' Lambda | .450 | 20.169[b] | 2.000 | 33.000 | .000 | .550 |
| | Hotelling's Trace | 1.222 | 20.169[b] | 2.000 | 33.000 | .000 | .550 |
| | Roy's Largest Root | 1.222 | 20.169[b] | 2.000 | 33.000 | .000 | .550 |
| a | Pillai's Trace | .085 | 1.526[b] | 2.000 | 33.000 | .232 | .085 |
| | Wilks' Lambda | .915 | 1.526[b] | 2.000 | 33.000 | .232 | .085 |
| | Hotelling's Trace | .093 | 1.526[b] | 2.000 | 33.000 | .232 | .085 |
| | Roy's Largest Root | .093 | 1.526[b] | 2.000 | 33.000 | .232 | .085 |
| b | Pillai's Trace | .142 | 2.737[b] | 2.000 | 33.000 | .079 | .142 |
| | Wilks' Lambda | .858 | 2.737[b] | 2.000 | 33.000 | .079 | .142 |
| | Hotelling's Trace | .166 | 2.737[b] | 2.000 | 33.000 | .079 | .142 |
| | Roy's Largest Root | .166 | 2.737[b] | 2.000 | 33.000 | .079 | .142 |

| a * b | | | | | | | |
|---|---|---|---|---|---|---|---|
| | Pillai's Trace | .017 | .281[b] | 2.000 | 33.000 | .757 | .017 |
| | Wilks' Lambda | .983 | .281[b] | 2.000 | 33.000 | .757 | .017 |
| | Hotelling's Trace | .017 | .281[b] | 2.000 | 33.000 | .757 | .017 |
| | Roy's Largest Root | .017 | .281[b] | 2.000 | 33.000 | .757 | .017 |

a. Design: Intercept + z + a + b + a * b
b. Exact statistic

**Tests of Between-Subjects Effects**

| Source | Dependent Variable | Type III Sum of Squares | df | Mean Square | F | Sig. | Partial Eta Squared |
|---|---|---|---|---|---|---|---|
| Adjusts Model | 平均意見 | 10.984[a] | 4 | 2.746 | 8.042 | .000 | .486 |
| | 平均視覺 | 1.517[b] | 4 | .379 | 6.046 | .001 | .416 |
| Intercept | 平均意見 | 1.886 | 1 | 1.886 | 5.523 | .025 | .140 |
| | 平均視覺 | .032 | 1 | .032 | .515 | .478 | .015 |
| z | 平均意見 (y1) | 7.228 | 1 | 7.228 | 21.167 | .000 | .384 |
| | 平均視覺 (y2) | 1.186 | 1 | 1.186 | 18.917 | .000 | .357 |
| a | 平均意見 (y1) | .379 | 1 | .379 | 1.110 | .300 | .032 |
| | 平均視覺 (y2) | .121 | 1 | .121 | 1.928 | .174 | .054 |
| b | 平均意見 (y1) | 1.902 | 1 | 1.902 | 5.570 | .024 | .141 |
| | 平均視覺 (y2) | .002 | 1 | .002 | 0.032 | .859 | .001 |
| a * b | 平均意見 (y1) | .010 | 1 | .010 | 0.031 | .862 | .001 |
| | 平均視覺 (y2) | .035 | 1 | .035 | 0.557 | .461 | .016 |
| Error | 平均意見 | 11.610 | 34 | .341 | | | |
| | 平均視覺 | 2.132 | 34 | .063 | | | |
| Total | 平均意見 | 108.197 | 39 | | | | |
| | 平均視覺 | 7.830 | 39 | | | | |
| Adjusts Total | 平均意見 | 22.593 | 38 | | | | |
| | 平均視覺 | 3.649 | 38 | | | | |

a. R Squared = .486 (Adjusted R Squared = .426)
b. R Squared = .416 (Adjusted R Squared = .347)

表 5-3　共變數分析摘要表

| 變異來源 Λ | df (SSCP)' | 多變數 | | 單變數 (F) | |
|---|---|---|---|---|---|
| | | | | 平均意見 | 平均視覺 |
| 常數 (K) | 1 | | | | |
| 社交能力 (A)<br>( 排除 K) | 1 | $\begin{bmatrix} 0.180 & 0.151 \\ 0.151 & 0.127 \end{bmatrix}$ | 0.915 | 1.110 | 1.928 |
| 家庭收入 (B)<br>( 排除 K 和 A) | 1 | $\begin{bmatrix} 1.961 & 0.033 \\ 0.033 & 0.001 \end{bmatrix}$ | 0.858 | 5.570* | 0.032 |
| 交互作用 (AB)<br>( 排除 K，A，B) | 1 | $\begin{bmatrix} 0.010 & -0.019 \\ 0.019 & 0.035 \end{bmatrix}$ | 0.983 | 0.031 | 0.557 |
| 共變數 (X)<br>( 排除設計效果 ) | 1 | $\begin{bmatrix} 7.228 & 2.928 \\ 2.928 & 1.186 \end{bmatrix}$ | 0.45* | 21.167* | 18.917* |
| 殘餘誤差 | 34 | $\begin{bmatrix} 11.610 & -0.177 \\ -0.177 & 2.132 \end{bmatrix}$ | | | |

\* p<.05

　　由上表可知：就依變數整體而言，社交能力與家庭收入兩個自變數之間並沒有交互作用的存在。經將教育程度排除之後，顯示社交能力優劣之間並無差異；家庭收入好壞之間的差異也未達顯著水準。只有家庭收入好壞對受試者平均意見 (F=5.74, P<.05) 有顯著差異存在。

## 5-4 階層 (hierarchical ／ 巢狀 nested) 設計二因子 MANCOVA (MANOVA 指令 )

　　本例之資料結構是：「學校別 (B) nested in 教材 (A)」，它旨在探討潛在變數層次之「舊教材與新教材之間的效果 (A -by- A effects)」。

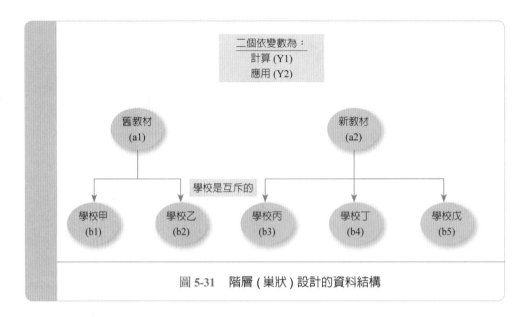

圖 5-31　階層 ( 巢狀 ) 設計的資料結構

本章前面幾節所探討的多變量變異數分析裡，B 因子的每一個水準，均在 A 因子的所有水準裡出現。然而，在實際研究工作中，常因爲某些原因，我們會碰到 B 因子的每一個水準只在 A 因子的某些水準裡出現的情形。如果我們的實驗設計裡，B 因子的每一水準只在 A 因子的某些水準裡出現，就叫做「階層設計」(Hierarchical design) 或「巢狀設計」(Nested design)。

### 範例：階層 (hierarchical/nested) 設計二因子多變量共變數分析 (MANOVA 指令)

某研究者探討某數學教學實驗中，甲乙兩所學校使用舊教材教學，丙丁戊三所學校使用新教材教學，爲了避免學生智商 (z) 影響整體實驗，於是決定將此共變數的影響給予排除。下表是一年實驗之後，學生各接受「計算」與「應用」等二項測驗。試次 $\alpha=.05$ 進行多變量共變數分析。

| | 甲校 (b1) | | | 乙校 (b2) | | | 丙校 (b3) | | | 丁校 (b4) | | | 戊校 (b5) | | |
|---|---|---|---|---|---|---|---|---|---|---|---|---|---|---|---|
| | 計算 (y1) | 應用 (y2) | 智商 (z) | 計算 (y1) | 應用 (y2) | 智商 (z) | 計算 (y1) | 應用 (y2) | 智商 (z) | 計算 (y1) | 應用 (y2) | 智商 (z) | 計算 (y1) | 應用 (y2) | 智商 (z) |
| 舊教材 (a1) | 13 | 14 | 9 | 11 | 15 | 13 | | | | | | | | | |
| | 12 | 15 | 13 | 12 | 18 | 14 | | | | | | | | | |
| | 9 | 16 | 14 | 10 | 16 | 13 | | | | | | | | | |
| | 9 | 17 | 11 | 9 | 17 | 13 | | | | | | | | | |
| | 14 | 17 | 15 | 9 | 18 | 14 | | | | | | | | | |
| 新教材 (a2) | | | | | | | 10 | 21 | 15 | 11 | 23 | 17 | 8 | 17 | 11 |
| | | | | | | | 12 | 22 | 16 | 14 | 27 | 20 | 7 | 15 | 10 |
| | | | | | | | 9 | 19 | 13 | 13 | 24 | 19 | 10 | 18 | 17 |
| | | | | | | | 10 | 21 | 15 | 15 | 26 | 18 | 8 | 17 | 13 |
| | | | | | | | 14 | 23 | 16 | 14 | 24 | 17 | 7 | 19 | 10 |

## 一、資料檔之內容

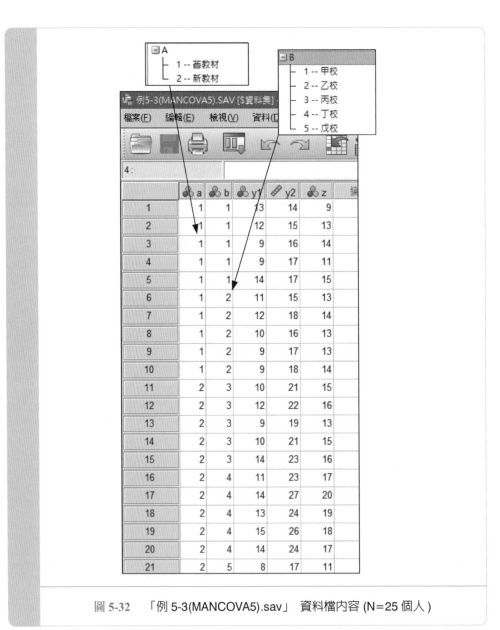

圖 5-32 「例 5-3(MANCOVA5).sav」 資料檔內容 (N=25 個人)

## 二、分析結果與討論

**Step 1.** 指令

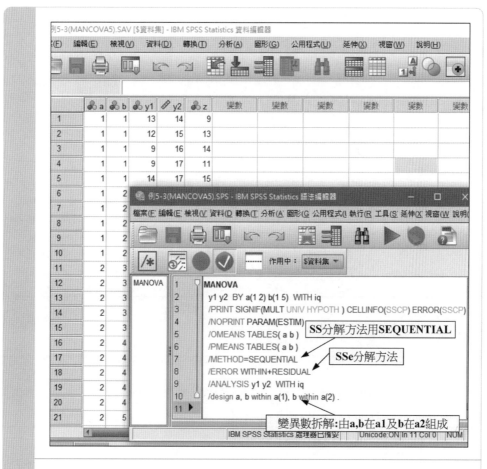

圖 5-33　階層 (hierarchical) 設計二因子 MANCOVA( 例 5-3(MANCOVA5).SPS)

**Step 2.** 結果說明

### 1. 細格平均數與調整平均數

```
Adjusted and Estimated Means
Variable .. y1          1計算
 CELL      Obs. Mean    Adj. Mean   Est. Mean  Raw Resid.  Std. Resid.
   1       11.400       12.075      11.400      .000        .000
   2       10.200       10.508      10.200      .000        .000
   3       11.000       10.721      11.000      .000        .000
   4       13.400       11.948      13.400      .000        .000
   5        8.000        8.748       8.000      .000        .000
Adjusted and Estimated Means (Cont.)
Variable .. y2          應用
 CELL      Obs. Mean    Adj. Mean   Est. Mean  Raw Resid.  Std. Resid.
   1       15.800       16.510      15.800      .000        .000
   2       16.800       17.124      16.800      .000        .000
   3       21.200       20.907      21.200      .000        .000
   4       24.800       23.271      24.800      .000        .000
   5       17.200       17.988      17.200      .000        .000
```

表 5-4　細格平均數與調整平均數摘要表

| A 因子 ＼ B 因子 | | 甲 校 | | 乙 校 | | 丙 校 | | 丁 校 | | 戊 校 | |
|---|---|---|---|---|---|---|---|---|---|---|---|
| | | 計算 | 應用 | 計算 | 應用 | 計算 | 應用 | 計算 | 應用 | 計算 | 應用 |
| 舊教材 | 平均數 | 11.40 | 15.8 | 10.20 | 16.8 | | | | | | |
| | 調整平均數 | 12.08 | 16.51 | 10.51 | 17.12 | | | | | | |
| 新教材 | 平均數 | | | | | 11.0 | 21.2 | 13.4 | 24.8 | 8.0 | 17.2 |
| | 調整平均數 | | | | | 10.72 | 20.91 | 11.95 | 23.27 | 8.75 | 17.99 |

## 2. 共同迴歸係數矩陣為 0 假設檢定

```
Multivariate Tests of Significance (S = 1, M = 0, N = 8 )
Test Name       Value    Exact F Hypoth. DF   Error DF   Sig. of F
Pillais         .32094   4.25357    2.00      18.00      .031
Hotellings      .47262   4.25357    2.00      18.00      .031
Wilks           .67906   4.25357    2.00      18.00      .031
Roys            .32094
Note.. F statistics are exact.
```

共同迴歸係數矩陣為 0 的假設檢定結果，Wilk's $\Lambda = 0.68$，$p < .05$，達顯著水準 $\rho$，表示本例題共變數（智商）的影響必須給予考慮才行。

## 3. 共變數分析摘要表

```
Multivariate Tests of Significance (S = 2, M = -1/2, N = 8 )
Test Name       Value    Approx. F Hypoth. DF   Error DF   Sig. of F
Pillais         .53227   3.44512    4.00      38.00      .017
Hotellings     1.12893   4.79797    4.00      34.00      .004
Wilks           .46908   4.14065    4.00      36.00      .002
Roys            .52972
Note.. F statistic for WILKS' Lambda is exact.
```

新教材學校之間差異檢定結果，Wilk's $\Lambda = 0.47$，$p < 0.05$，達顯著水準。

```
Multivariate Tests of Significance (S = 1, M = 0, N = 8 )
Test Name       Value    Exact F Hypoth. DF   Error DF   Sig. of F
Pillais         .14530   1.53007    2.00      18.00      .243
Hotellings      .17001   1.53007    2.00      18.00      .243
Wilks           .85470   1.53007    2.00      18.00      .243
Roys            .14530
Note.. F statistics are exact.
```

舊教材學校之間差異檢定，Wilk's $\Lambda = 0.85$，$p > 0.05$，未達顯著水準。

```
Multivariate Tests of Significance (S = 1, M = 0, N = 8 )
Test Name      Value      Exact F Hypoth. DF    Error DF  Sig. of F
Pillais        .69466    20.47504      2.00        18.00      .000
Hotellings    2.27500    20.47504      2.00        18.00      .000
Wilks          .30534    20.47504      2.00        18.00      .000
Roys           .69466
Note.. F statistics are exact.
```

教材 (A 因子 ) 之間差異檢定，Wilk's Λ = 0.31，p < .05，結果顯示新舊教材之間有顯著差異存在。

```
Multivariate Tests of Significance (S = 1, M = 0, N = 8 )
Test Name      Value      Exact F Hypoth. DF    Error DF  Sig. of F
Pillais        .32094     4.25357      2.00        18.00      .031
Hotellings     .47262     4.25357      2.00        18.00      .031
Wilks          .67906     4.25357      2.00        18.00      .031
Roys           .32094
Note.. F statistics are exact.
```

從上表調整平均數可知，新教材優於舊教材。使用同種教材的學校之間也有顯著差異存在，Wilk's Λ = 0.47，p < .05，唯此項差異主要原因係丙丁戊校三者使用新教材所造成的。

將以上結果，整理成下表共變數分析摘要表。

**表 5-5 階層設計多變量共變數分析摘要表**

| 變異來源 | SSCP'Λ | | df | | 多變量 | 單變量 (F) | |
|---|---|---|---|---|---|---|---|
| | 計算 | | 應用 | | | 計算 | 應用 |
| 常數 (K) | | | 1 | | | | |
| 教材 (A)<br>（ 排除 K） | $\begin{bmatrix} 2.84 & \\ -13.55 & 64.61 \end{bmatrix}$ | | 1 | | 0.31* | 1.09 | 39.26* |
| 舊教材學校<br>(A1)B | $\begin{bmatrix} 5.93 & -2.32 \\ -2.32 & 0.91 \end{bmatrix}$ | | 1 | | 0.85 | 2.28 | 0.55 |
| 新教材學校<br>(A2)B | $\begin{bmatrix} 12.00 & 19.33 \\ 10.19 & 10.73 \end{bmatrix}$ | | 2 | | 0.47* | 2.30 | 9.57* |
| 共變數<br>（ 排除 K、A、B） | $\begin{bmatrix} 9.68 & 10.19 \\ 10.19 & 10.73 \end{bmatrix}$ | | 1 | | 0.68* | 3.71 | 6.52* |

| 變異來源 | SSCP'Λ | | df | 多變量 | 單變量 (F) | |
| --- | --- | --- | --- | --- | --- | --- |
| | 計算 | 應用 | | | 計算 | 應用 |
| 殘餘誤差 | $\begin{bmatrix} 49.52 & 5.81 \\ 5.81 & 31.27 \end{bmatrix}$ | | 19 | | | |

\* p<.05

## 5-5 帶共變數的重複測量 ANOVA：五種模型 (GLM、MANOVA、MIXED 指令)

帶共變數的重複測量 ANOVA(repeated measures ANOVA with covariates)，共有五種模型的解法。其資料檔格式分成：寬格式 (**Wide form)**、長格式 (**Long form)** 二種。重複測量即每一個受試者 (subjects) 重複接受不同時間的測驗 (dv1 dv2 dv3)，故資料檔自然就形成 **Wide form**。而 **Long form** 就是每個重測值記錄在同一行不同列 (row)。

控制用途的共變數又分二種：(1) 非時變 (Time-invariant covariates)，例如：性別、種族。(2) 時變 (Time-varying covariates)，例如：收入、年齡。隨著非時變的共變數，只有一個值用於給定受試者 (subjects) 的所有重複觀察。相反，隨時間變化的共變數，對於每個重複的觀察結果可以具有不同的值。

非時變的共變數，可以用 **Wide form** 或 **Long form** 進行分析。然而，隨時間變化的共變數要求數據是 **Long form**。

「glm with」、「MANOVA with」指令都是採用 Wide form。若用分析 Long form 資料檔，則可採用 **MIXED** 指令。意即，若遇到時變的共變數 (time-varying covariates)，就須改用 MIXED 指令。**varstocases** 指令可將 wide 轉成 long 格式資料檔。

例如：Time-varying 共變數之 **Wide form** 為：

```
sub group dv1 dv2 dv3 cv1 cv2 cv3
 1    1    3   4   7   3   1   2
```

Long form 為：

```
sub group trial  dv   cv
 1    1     1     3    3
 1    1     2     4    1
 1    1     3     7    2
```

以下範例之資料檔「repeated measures ANOVA with covariates.sav」，將同時採用五種方法來求解。

```
data list free
  / subject group dv1 dv2 dv3 cv1 cv2 cv3.
begin data.
1 1  3  4  7  3 1 2
2 1  6  8 12  9 3 1
3 1  7 13 11 11 8 4
4 1  0  3  6  6 2 1
5 2  5  6 11  7 8 3
6 2 10 12 18 15 9 5
7 2 10 15 15 14 8 6
8 2  5  7 11  9 2 8
end data.
```

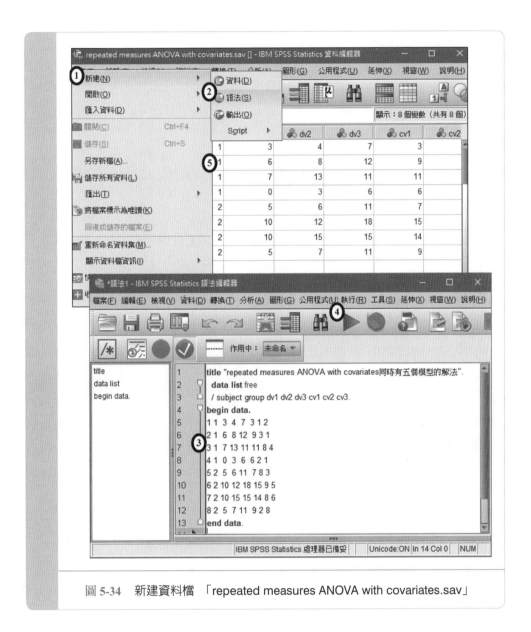

圖 5-34 新建資料檔 「repeated measures ANOVA with covariates.sav」

**Model 1**

首先使用 glm 程序來分析 Wide form 資料檔。使用 cv1 作為非時變的共變數。當數據為 Wide form 時，您不能使用時變共變數。為了在模型中包含共變數，我們在命令的第一行使用 with 項。

【A. 對應的指令語法：】：Model 1

```
title " Model 1- repeated measures ANOVA with「非時變 covariates」(cv1) ".
glm dv1 dv2 dv3 by group with cv1
  /wsfactors=trial 3
  /wsdesign= trial
  /design=group cv1.
```

【B. 分析結果說明】：Model 1

　　為便於說明，用 univariate ANOVA 表格來呈現受式者間 (Within-subjects) 及受試者內 (Between subjects) 效果 (effects).

**Tests of Within-Subjects Effects**

Measure：MEASURE_1

| Source | | Type III Sum of Squares | df | Mean Square | F | Sig. |
|---|---|---|---|---|---|---|
| trial<br>重測三次 | Sphericity Assumed | 16.325 | 2 | 8.163 | 4.439 | .042 |
| | Greenhouse-Geisser | 16.325 | 1.081 | 15.098 | 4.439 | .084 |
| | Huynh-Feldt | 16.325 | 1.697 | 9.620 | 4.439 | .052 |
| | Lower-bound | 16.325 | 1.000 | 16.325 | 4.439 | .089 |
| trial * group | Sphericity Assumed | 6.565 | 2 | 3.282 | 1.785 | .217 |
| | Greenhouse-Geisser | 6.565 | 1.081 | 6.071 | 1.785 | .238 |
| | Huynh-Feldt | 6.565 | 1.697 | 3.868 | 1.785 | .225 |
| | Lower-bound | 6.565 | 1.000 | 6.565 | 1.785 | .239 |
| trial * cv1 | Sphericity Assumed | 6.445 | 2 | 3.223 | 1.753 | .223 |
| | Greenhouse-Geisser | 6.445 | 1.081 | 5.961 | 1.753 | .242 |
| | Huynh-Feldt | 6.445 | 1.697 | 3.798 | 1.753 | .230 |
| | Lower-bound | 6.445 | 1.000 | 6.445 | 1.753 | .243 |
| Error(trial) | Sphericity Assumed | 18.388 | 10 | 1.839 | | |
| | Greenhouse-Geisser | 18.388 | 5.406 | 3.401 | | |
| | Huynh-Feldt | 18.388 | 8.485 | 2.167 | | |
| | Lower-bound | 18.388 | 5.000 | 3.678 | | |

1. 交互作用項 **trial*cv1** (F = 1.753, p > .05) 是受試者內效果 (Within-subjects effects) 的一部分。倘若你不要納入此 **trial*cv1** 當作受試者內效果的一部分，則可改用 **Model 2** MANOVA 指令。

| Tests of Between-Subjects Effects | | | | | |
|---|---|---|---|---|---|
| Measure:MEASURE_1 Transformed Variable:Average | | | | | |
| Source | Type III Sum of Squares | df | Mean Square | F | Sig. |
| Intercept | 1.466 | 1 | 1.466 | .217 | .661 |
| group | .635 | 1 | .635 | .094 | .771 |
| cv1 | 173.141 | 1 | 173.141 | 25.631 | .004 |
| Error | 33.775 | 5 | 6.755 | | |

**Model 2**

　　**MANOVA** 指令 SPSS 已無對應的 Pull-down menu 可選，只能用 syntax 視窗來執行下表指令。MANOVA 指令比 glm 指令來得老舊，故你需用 by 來搭配因子的 levels「group(1,2)」；用 with 來指定共變數為「(cv1)」。

　　三次重測量數「dv1 dv2 dv3」用「wsfactors trial (3)」指令來取代。

　　【A. 對應的指令語法：】：Model 2

```
title " Model 2- repeated measures ANOVA with「非時變 covariates」(cv1) ".
MANOVA dv1 dv2 dv3 by group(1,2) with (cv1)
/wsfactors trial (3)
/wsdesign trial
 /design.
```

　　【B. 分析結果說明】：Model 2

　　以下 MANOVA 表，重點在看：Univariate between-subject 及 Within-subject 效果。

The default error term in MANOVA has been changed from WITHIN CELLS to
WITHIN+RESIDUAL. Note that these are the same for all full factorial designs.
* * * * * * * * * * * * * Analysis of Variance -- Design 1 * * * * * * * * * * * * *


Tests of Between-Subjects Effects .


Tests of Significance for T1 using UNIQUE sums of squares

| Source of Variation | SS | DF | MS | F | Sig of F |
|---|---|---|---|---|---|
| WITHIN+RESIDUAL | 33.78 | 5 | 6.76 | | |
| REGRESSION | 173.14 | 1 | 173.14 | 25.63 | .004 |
| group | .64 | 1 | .64 | .09 | .771 |


- - - - - - - - - - - - - - - - - - - - - - - - - - - - - -
Regression analysis for WITHIN+RESIDUAL error term
--- Individual Univariate .9500 confidence intervals
Dependent variable .. T1


| COVARIATE | B | Beta | Std. Err. | t-Value | Sig. of t | Lower-95% CL-Upper | |
|---|---|---|---|---|---|---|---|
| Tcv1 | .8415132924 | .9098200606 | .16622 | 5.06274 | .004 | .41424 | 1.26879 |


- - - - - - - - - - - - - - - - - - - - - - - - - - - - - -
* * * * * * * * * * * * Analysis of Variance -- Design 1 * * * * * * * * * * * * *


Tests involving 'TRIAL' Within-Subject Effect.


Mauchly sphericity test, W =        .36971
Chi-square approx. =         4.97514 with 2 D. F.
Significance =                .083


Greenhouse-Geisser Epsilon =      .61339
Huynh-Feldt Epsilon =             .81855
Lower-bound Epsilon =             .50000


AVERAGED Tests of Significance that follow multivariate tests are equivalent to
univariate or split-plot or mixed-model approach to repeated measures.
Epsilons may be used to adjust d.f. for the AVERAGED results.

```
- - - - - - - - - - - - - - - - - - - - - - - - - - -
* * * * * * * * * * * Analysis of Variance -- Design 1 * * * * * * * * * * * *


EFFECT .. group BY TRIAL
Multivariate Tests of Significance (S = 1, M = 0, N = 1 1/2)


Test Name          Value        Exact F      Hypoth. DF      Error DF      ig. of F


Pillais            .26767       .91374       2.00            5.00          459
Hotellings         .36550       .91374       2.00            5.00          459
Wilks              .73233       .91374       2.00            5.00          459
Roys               .26767
Note.. F statistics are exact.


      - - - - - - - - - - - - - - - - - - - - - - - - - -


* * * * * * * * * * * * Analysis of Variance -- Design 1 * * * * * * * * * * * *


EFFECT .. TRIAL
Multivariate Tests of Significance (S = 1, M = 0, N = 1 1/2)


Test Name          Value        Exact F      Hypoth. DF      Error DF      Sig. of F


Pillais            .97831       112.75585    2.00            5.00          .000
Hotellings         45.10234     112.75585    2.00            5.00          .000
Wilks              .02169       112.75585    2.00            5.00          .000
Roys               .97831
Note.. F statistics are exact.


      - - - - - - - - - - - - - - - - - - - - - - - - - -
* * * * * * * * * * * * Analysis of Variance -- Design 1 * * * * * * * * * * * *
Tests involving 'TRIAL' Within-Subject Effect.


AVERAGED Tests of Significance for dv using UNIQUE sums of squares
Source of Variation        SS        DF        MS          F  Sig of F
WITHIN+RESIDUAL            24.83      12        2.07
TRIAL                     126.58       2       63.29      30.58     .000
group BY TRIAL              3.25       2        1.63       .79      .478
```

1. 在上表 Tcv1 列：共變數 cv1 的 t= **5.06274**(p<0.05)，表示本例需共變數 cv1 來控制因子對依變數的影響。

**Model 3**

　　上述「glm with」、「MANOVA with」指令都是採用 wide form。若用分析 long form 資料檔，則可採用 **MIXED** 指令。意即，若遇到時變的共變數 (time-varying covariates)，就須改用 MIXED 指令。**varstocases** 指令可將 wide 轉成 long 格式資料檔前，仍需用 compute 指令新建一個非時變的共變數 cvone。

　　【A. 對應的指令語法：】：Model 3

```
title " Model 3- repeated measures ANOVA with 時變 covariates(cv) ".
subtitle " cvone: 非時變共變數。cv: 時變共變數 . trial: 重測次數 ".
compute cvone=cv1.
varstocases
  /make dv from dv1 dv2 dv3
  /make cv from cv1 cv2 cv3
  /index = trial.

SAVE OUTFILE='D:\CD\repeated measures ANOVA with covariates-long.sav'
   /COMPRESSED.
```

　　Model 3 使用 mixed 指令來複製 Model 1。第一行很像 glm 指令。副指令 fixed 列出有固定效果 (Fixed effects)，包括「trial*cvone」交互作用項。副指令 repeated 宣告重複效果 (Repeated effect) 名稱，選項 subject() 用來界定 subject identifier。爲複製 glm 指令，本模型亦包括 Compound symmetrys 共變數結構：**covtype(cs)** 選項。

```
title " Model 3- repeated measures ANOVA with「時變 covariates」(cv) "
subtitle " 含 trial*cvone 項 ".
mixed dv by group trial with cvone
/fixed= group trial group*trial cvone trial*cvone
/repeated= trial | subject(subject) covtype(cs).
```

【B. 分析結果說明】：Model 3

| Type III Tests of Fixed Effects[a] | | | | |
|---|---|---|---|---|
| Source | Numerator df | Denominator df | F | Sig. |
| Intercept | 1 | 5 | .217 | .661 |
| group | 1 | 5 | .094 | .771 |
| trial | 2 | 10.000 | 4.439 | .042 |
| group * trial | 2 | 10.000 | 1.785 | .217 |
| cvone | 1 | 5 | 25.631 | .004 |
| trial * cvone | 2 | 10.000 | 1.753 | .223 |

a. Dependent Variable: dv.

## Model 4

　　爲複製 Model 2 wide data 的「MANOVA with」結果，我們將 Model 3 去除「trial*cvone」交互項後，再一次 MIXED 指令。Model 3 中，非時變共變數 cvone 的 F = **25.631** (p=0.004) 等於 Model 2 共變數 cv1 的「t =5.06274」的平方，即：

【A. 對應的指令語法：】：Model 4

```
title " Model 4-「非時變 covariates」(cvone)- compund symmetry".
subtitle "未含 trial*cvone 項 ".
mixed dv by group trial with cvone
  /fixed= group trial group*trial cvone
  /repeated= trial | subject(subject) covtype(cs).
```

【B. 分析結果說明】：Model 4

| Type III Tests of Fixed Effects[a] | | | | |
|---|---|---|---|---|
| Source | Numerator df | Denominator df | F | Sig. |
| Intercept | 1 | 5 | .217 | .661 |
| group | 1 | 5 | .094 | .771 |
| trial | 2 | 12.000 | 30.584 | .000 |
| group * trial | 2 | 12.000 | .785 | .478 |
| cvone | 1 | 5 | 25.631 | .004 |

## Model 5

**Model 5** 帶時變的共變數 (With a time-varying covariate) 之重複測量 ANOVA，表示共變數 cv 在每次重測時都會變動。

【A. 對應的指令語法：】：Model 5

```
title " Model 5- repeated measures ANOVA with「時變covariates」(cv) - compund sym-
metry".
subtitle "未含trial*cv項 ".
mixed dv by group trial with cv
  /fixed= group trial group*trial cv
  /repeated= trial | subject(subject) covtype(cs).
```

【B. 分析結果說明】：Model 5

| Type III Tests of Fixed Effects[a] | | | | |
|---|---|---|---|---|
| Source | Numerator df | Denominator df | F | Sig. |
| Intercept | 1 | 12.801 | 27.746 | .000 |
| group | 1 | 5.881 | 2.177 | .191 |
| trial | 2 | 10.858 | 12.708 | .001 |
| group * trial | 2 | 10.287 | .704 | .517 |
| cv | 1 | 12.235 | .081 | .780 |

**小結**

Models 1 和 Models 3 的結果與 Models 2 和 Models 4 的結果相同。但是，Models 1 和 Models 3 的結果不能直接與 Models 2 和 Models 4 的結果進行比較，也不能將這兩者的結果進行比較 Models 5。因為，上述這五個模型，預測因子的數量和共變數的類型都有些許不同，因此無法比較那一個模型適配最優。

# 06

# 典型相關分析
# (Canonical correlation,
## CANON指令)

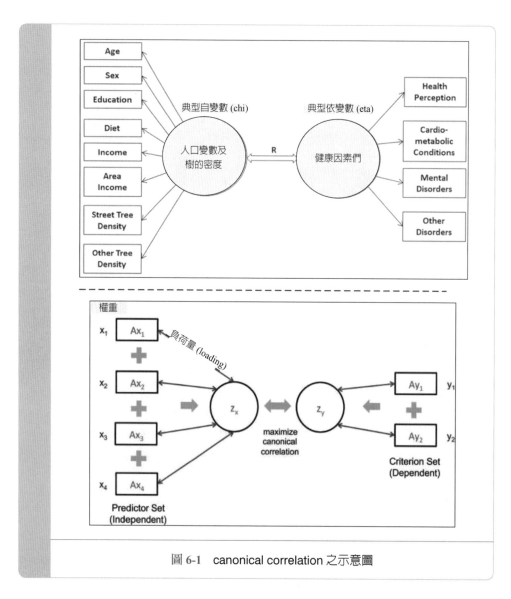

圖 6-1　canonical correlation 之示意圖

　　多變量分析 (MVA) 是基於線性代數的統計學原理，它涉及一次觀察和分析多個統計結果變數。多變量分析之目標有 4 類，如下圖。

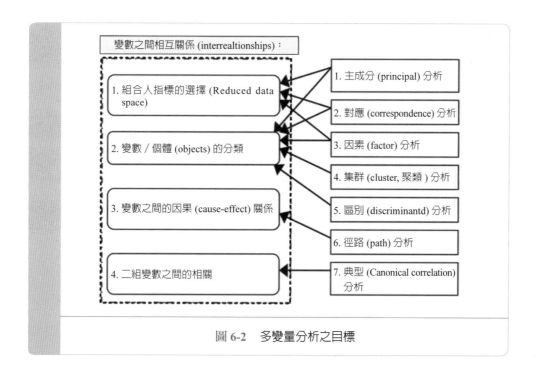

圖 6-2　多變量分析之目標

### 典型相關

　　我們對一組變數綜合結果和另一組變數綜合結果間的關係感到興趣，且想從其中一組變數來預測另一組變數，例如：作物一組生長特性和一組氣象因素間的關係、作物一組產量性狀和一組品質性狀間的關係、某家禽的一組生長性狀和一組生蛋性狀間的關係、農業產銷研究中一組價格指標和一組生產指標間的關係等。在農業科技研究上，我們常需要瞭解生物群與其環境間的關係、育種目標性狀與選拔性狀間的關係等，故不少實際問題可歸結為典型相關研究。為探討兩組變數 (反應變數 Y 和解釋變數 X) 間的關係，找出 X 的線性組合與 Y 的線性組合，以使這兩個線性組合之間具有最大的簡單相關關係。而能使這兩組變數的線性組合相關最大的權重，稱為典型相關係數。因此，Tatsuoka (1988) 將典型相關視為一種「雙管的主成分分析」。

　　簡單相關、複相關和典型相關之間的差異。典型相關分析除了可以反映出兩組變數之間相互關係的絕大部分訊息，也能揭示兩組變數之間的內部關係。

　　一般電腦軟體進行典型相關的主要流程，是由變數間的相關矩陣，分別導出 X 和 Y 的兩個線性組合 ( 此即典型變數 )，使該兩個典型變數的共變數最大，

以計算出典型相關係數及進行其顯著性測驗，最後計算重疊指數 (redundancy index，有如複迴歸分析中的決定係數 $R^2$)，以衡量典型相關所能解釋的變異程度。

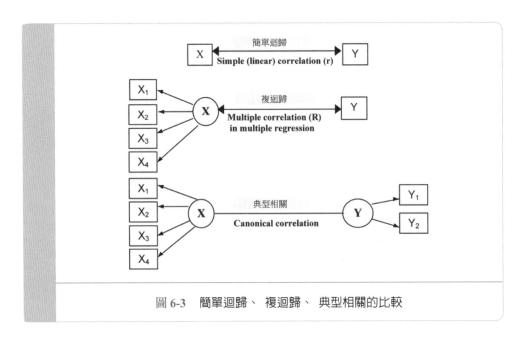

圖 6-3　簡單迴歸、 複迴歸、 典型相關的比較

在複相關裡，我們要觀察同一群人的兩組變數，其中一組是自變數，另一組是依變數 ( 事實上只有「一個」依變數 )。複迴歸則是希望找出這一組自變數的迴歸係數，使自變數的線性組合分數與這一個依變數分數之間相關能達到最大。在典型相關 (Canonical correlation) 分析裡，也是探討一個母群的兩組變數 ( 不管它是自變數或依變數 ) 的關係，其目的是找出這一組自變數的線性組合與另一組依變數的組合，使二者之間的相關達到最大。

# 6-1 典型相關 (Canonical correlation) 之概念

## 一、為何須要典型相關分析？

你可創建具有第一組中的變數 ( 例如：運動變數 ) 和第二組的變數 ( 例如健康變數 ) 的成對散點圖。但是，如果第一組的維數是 p，第二組的維數是 q，那麼將有這樣的散點圖，如果不是完全不可能的話，可能難以一起查看所有這些

圖，並解釋其結果。

同理，您可計算第一組變數之間的所有相關性 ( 例如：運動變數 )，然後計算第二組變數之間的所有相關性 ( 例如：健康變數 )。但是，由於「p×q 個相關值」數量龐大，解釋的問題就出現了。

典型相關分析允許我們將關係總結為較少的統計數據，同時保留關係的主要方面。典型相關的動機與主成分分析非常相似。這是另一種降維 (Dimension reduction) 技術。

## 二、典型變數 (Canonical variates)

我們從符號開始，若有兩組變數 X 和 Y：

假設，集合 1 中有 p 個變數：$X = \begin{pmatrix} x_1 \\ x_2 \\ \vdots \\ x_p \end{pmatrix}$

集合 2 中有 q 個變數：$Y = \begin{pmatrix} y_1 \\ y_2 \\ \vdots \\ y_q \end{pmatrix}$

我們根據每個集合中存在的變數的數量來選擇 X 和 Y，使得 p ≤ q。這是為了計算方便而做的。

就像在主成分分析中所做的那樣，我們看數據的線性組合。我們定義一組名為 U 和 V 的線性組合。U 將對應於第一組變數 X 的線性組合，V 對應於第二組變數 Y。U 的每個成員將與例如：下面的 $U_1$ 是 p 個 X 變數的線性組合，$V_1$ 是 q 個 Y 個變數的對應的線性組合。

同理，$U_2$ 是 p 個 X 變數的線性組合，$V_2$ 是 q 個 Y 個變數的對應線性組合。如此類推。

$$U_1 = a_{11}X_1 + a_{12}X_2 + \cdots + a_{1p}X_p$$
$$U_2 = a_{21}X_1 + a_{22}X_2 + \cdots + a_{2p}X_p$$
$$\vdots$$

$$U_p = a_{p1}X_1 + a_{p2}X_2 + \cdots + a_{pp}X_p$$
$$V_1 = b_{11}Y_1 + b_{12}Y_2 + \cdots + b_{1q}Y_q$$
$$V_2 = b_{21}Y_1 + b_{22}Y_2 + \cdots + b_{2q}Y_q$$
$$\vdots$$
$$V_p = b_{p1}Y_1 + b_{p2}Y_2 + \cdots + b_{pq}Y_q$$

因此定義：$(U_i, V_i)$ 第 i 個典型變數配對，是第一個典型變數對；同樣 $(U_2, V_2)$ 將是第二個典型變數對等等。當 p≤q 時，存在 p 典型共變數配對。

我們要找「每個典型變數對成員之間相關性的線性組合」最大化。

我們可以使用下面的方程式來計算 $U_i$ 變數的變異數：

$$\text{var}(U_i) = \sum_{k=1}^{p} \sum_{l=1}^{p} a_{ik}a_{il}\text{cov}(X_k, X_l)$$

出現在 ΣΣ 中的係數 $a_{i1}$ 通過 $a_{ip}$ 與在 $U_i$ 的定義中出現的相同的係數。第 k 個和第 l 個 X 變數之間的 covariances 乘以相應的係數 $a_{ik}$ 及 $a_{il}$ (for the variate $U_i$)。

$$\text{var}(V_j) = \sum_{k=1}^{p} \sum_{l=1}^{q} b_{jk}b_{jl}\text{cov}(Y_k, Y_l)$$

可以對 $V_j$ 的共變數進行類似的計算，如下所示：

$$\text{cov}(U_i, V_j) = \sum_{k=1}^{p} \sum_{l=1}^{q} a_{ik}a_{jl}\text{cov}(X_k, Y_l)$$

然後，計算 $U_i$ 和 $V_j$ 之間的共變數為：

$$\text{cov}(U_i, V_j) = \sum_{k=1}^{p} \sum_{l=1}^{q} a_{ik}a_{jl}\text{cov}(X_k, Y_l)$$

使用通常公式來計算 $U_i$ 和 $V_j$ 之間的相關性。我們取這兩個變數之間的共變數，並除以「用變異數乘積的平方根」(Square root of the product of the variances)：

$$\frac{\text{cov}(U_i, V_j)}{\sqrt{\text{var}(U_i)\text{var}(V_j)}}$$

典型相關是特定形式相關性。第 i 個典型變數配對之典型相關，只是 $U_i$ 和 $V_i$ 之間的相關性：

$$\rho_i^* = \frac{\text{cov}(U_i, V_j)}{\sqrt{\text{var}(U_i)\text{var}(V_j)}}$$

為將這個數量最大化的。我們希望找到 X 的線性組合和 Y 的線性組合，使得上述相關性達最大化。

### 三、典型變數定義 (Canonical variates defined)

讓我們看看每一個 p 典型變數配對。

第 1 個 *canonical variate pair.* ($U_1$, $V_1$):

要選擇係數 $a_{11}$, $a_{12}$, ... , $a_{1p}$ 和 $b_{11}$, $b_{12}$, ... , $b_{1q}$ 來最大化第一典型變數配對的典型相關性 $\rho_1^*$。$\rho_1^*$ 將受制於該對中兩個典型變數的變異數等於 1 的限制：

$$\text{var}(U_1) = \text{var}(V_1) = 1$$

這是必需的，以便獲得係數是唯一的。

第 2 個 *canonical variate pair.* ($U_2$, $V_2$)

要選擇係數 $a_{21}$, $a_{22}$, ..., $a_{2p}$ 和 $b_{21}$, $b_{22}$, ..., $b_{2q}$ 來最大化第 2 典型變數配對的典型相關性 $\rho_2^*$。$\rho_2^*$ 亦受制於該對中兩個典型變數的變異數等於 1 的限制：

$$\text{var}(U_2) = \text{var}(V_2) = 1,$$
$$\text{cov}(U_1, U_2) = \text{cov}(V_1, V_2) = 0,$$
$$\text{cov}(U_1, V_2) = \text{cov}(U_2, V_1) = 0.$$

基本上我們要求所有剩餘的相關性等於 0。

接著，再對每對典型變數重複上述限制過程。

$i^{th}$ *canonical variate pair:* ($U_i$, $V_i$)

我們希望找到使得典型相關$\rho_i^*$最大化的係數 $a_{i1}$, $a_{i2}$, ..., $a_{ip}$ 和 $b_{i1}$, $b_{i2}$, ..., $b_{iq}$。

$$\text{var}(U_i) = \text{var}(V_i) = 1,$$
$$\text{cov}(U_1, U_i) = \text{cov}(V_1, V_i) = 0,$$
$$\text{cov}(U_2, U_i) = \text{cov}(V_2, V_i) = 0,$$
$$\vdots$$
$$\text{cov}(U_{i-1}, U_i) = \text{cov}(V_{i-1}, V_i) = 0,$$

$$\text{cov}(U_1, V_i) = \text{cov}(U_i, V_1) = 0,$$
$$\text{cov}(U_2, V_i) = \text{cov}(U_i, V_2) = 0,$$
$$\vdots$$
$$\text{cov}(U_{i-1}, V_i) = \text{cov}(U_i, V_{i-1}) = 0,$$

同樣，要求所有其餘的相關性都等於 0。

## 四、典型相關的假定 (Test assumption)

典型相關分析的目的在於找出 p 個 X 變數的加權值 (weights) 和 q 個 Y 變數的加權值，使 p 個 X 變數之線性組合分數與 q 個 Y 變數的線性組合分數之相關達到最大值。

當然在進行典型相關分析前，亦要檢定下列幾個假定 (assumptions) 是否條件都符合後，再進行典型相關分析。假定的檢定包括：

1. 遺漏值及**極端值**檢定：指令「twoway (scatter x y, mlabel(z))」、「predict lev, leverage」、「**lvr2plot**」繪散布圖來檢查各變數是否有遺漏值，若發現有極端值 (p < .001)，這些資料都可刪除之後，再求其 marginal 效果。

2. **常態性**檢定法有：(1) 繪圖法：Normal probability plot (pnorm 指令 )、Normal quantile- quantile (qqplot 指令 )。(2) 檢定法：Kolmogorov- Smirnov 法 (ksmirnov 指令 )、Shapiro- Wilks 法 ( 一般僅用在樣本數 n<50 的情況 ) (swilk 指令 )。(3) 將常態分配之偏態或峰度 (Estat imtest 指令 )，分別代入下列對應的 Z 公式，若 Z 值未超過臨界值 (+1.96~−1.96)，則算符合常態性。樣本之各個變數經以上檢定若皆符合常態性，則不必再進行資料轉換。

$$Z_{skewness} = \frac{skewness}{\sqrt{6/N}}, (N : 樣本數)$$

$$Z_{kurtosis} = \frac{kurtosis}{\sqrt{24/N}}, (N : 樣本數)$$

定義：偏態 **(Skewness) (estat imtest 指令 )**

在機率論和統計學中，偏態 (Skewness) 衡量實數隨機變數機率分布的不對稱性。偏態的值可以為正，可以為負或者甚至是無法定義。在數量上，偏態為負 ( 負偏態 ) 就意味著在機率密度函數左側的尾部比右側的長，絕大多數的值 ( 包括中位數在內 ) 位於平均值的右側。偏態為正 ( 正偏態 ) 就意味著在機率密度函數右側的尾部比左側的長，絕大多數的值 ( 但不一定包括中位數 ) 位於平均值的左側。偏態為 0 就表示數值相對均勻地分布在平均值的兩側，但不一定意味著其為對稱分布。

隨機變數 X 的**偏度** $\gamma_1$ 為三階動差 (moment)，可被定義為：

$$\gamma_1 = E\left[\left(\frac{X-\mu}{\sigma}\right)^3\right] = \frac{\mu_3}{\sigma^3} = \frac{E[(X-\mu)^3]}{(E[(X-\mu)^2])^{3/2}} = \frac{k_3}{k_2^{3/2}}$$

具有 n 個值的樣本的**樣本偏度**為：

$$g_1 = \frac{m_3}{m_2^{3/2}} = \frac{\frac{1}{n}\sum_{i=1}^{n}(x_i - \bar{x})^3}{\left(\frac{1}{n}\sum_{i=1}^{n}(x_i - \bar{x})^2\right)^{3/2}}$$

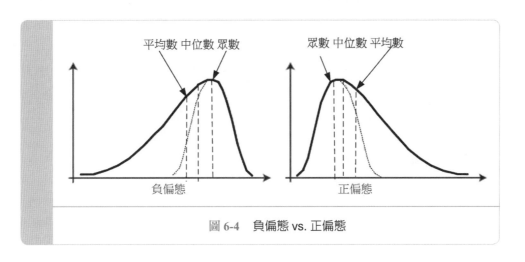

圖 6-4　負偏態 vs. 正偏態

　　在統計學中，峰度 (Kurtosis) 衡量實數隨機變數概率分布的峰態。峰度高就意味著變異數增大是由低頻度的大於或小於平均值的極端差值引起的。

**共線性 (Collinearity test)(「estat vif」迴歸事後指令)：**

依據 Tabachnick and Fidell (2001) 的建議，若典型相關有一組變數中，有二個變數是高相關 (r > 0.8)，則選擇其中一個納入典型相關分析即可。在進行迴歸分析時，若自變數間具有高度的多元共線性 (multicollinearity) 存在，表示這兩個變數可能代表非常相似的概念，若將此兩自變數同時加入多元迴歸方程式中，會影響這兩個自變數的解釋能力。

檢定變數之間共線性的方法主要有下列四種方式：

(1) 變數間的相關係數：依 Judge et. al.(1982) 的標準，若任兩個自變數間的相關係數超過 0.8，表示兩者中間存著嚴重的多元共線性問題，但它並非是檢定共線性問題的充分條件。

(2) VIF 值 (「estat vif」迴歸事後指令)：利用 regressiong 指令之迴歸係數的容忍值與變異數膨脹因素 (VIF)，作為檢定自變數間是否有線性重合問題的參考，其中容忍值 (tolerance) 的值在 0 與 1 之間，它是變異數膨脹因素值的倒數，變異數膨脹因素值愈大或容忍值愈小，表示變數間線性重合的問題愈嚴重。通常 VIF 值大於 10 時，該自變數就可能與其他自變數間有高度的線性重合。

(3) 條件指數 (Condiction index, CI)：根據 Belsey, Kuh & Welsch(1980) 指出，若 CI 值在 10 左右，則表示變線間低共線性。若 CI 值介於 30 到 100 之間表示變向間具有中度至高度的線性相關。

(4) 變異數比例 (Variance proportion)：在迴歸分析，有一共線性診斷表 (Collinearity diagnostics)，表內有每一變數之特徵量，當任兩個變數之特徵量值非常接近 1，就表示兩變數間可能有線性重合的問題。

## 五、典型相關分析的摘要表：例子

### 1. 典型 (canonical) 分析之摘要表

| Pair of canonical variables | Canonical correlation | Squared canonical correlation | Eigenvalue | DF | Likelihood ratio | Probability Pr > F |
|---|---|---|---|---|---|---|
| $U_1V_1$ | 0.903 | 0.815 | 4,397 | 36 | 0.111 | <0.001 |
| $U_2V_2$ | 0.571 | 0.326 | 0.483 | 22 | 0.597 | <0.001 |
| $U_3V_3$ | 0.340 | 0.115 | 0.130 | 10 | 0.885 | 0.218 |

## 2. 典型變數 (canonical variables) 之標準化典型係數 (canonical coefficients)

| | | | | | X-Variable set | | | | | | | | | Y-Variable set | | |
|---|---|---|---|---|---|---|---|---|---|---|---|---|---|---|---|---|
| | FL | FD | ST | FT | LSC | FW | BN | VL | FFT | LL | LW | TM | | FW/P | AFW | FN/P |
| $U_1$ | 0.33 | 0.50 | 0.15 | 0.16 | 0.16 | 0.10 | -0.01 | -0.01 | 0.26 | 0.09 | -0.01 | -0.21 | $V_1$ | 0.82 | 0.39 | -0.64 |
| $U_2$ | -0.49 | 0.03 | -0.05 | 0.17 | 0.40 | 0.16 | 0.32 | 0.04 | -0.69 | -0.78 | 0.25 | 0.22 | $V_2$ | 1.3 | -0.87 | 0.06 |

## 3. 原始變數與典型變數之間典型負荷量 (canonical loadings)

| | | | | | X-Variable set | | | | | | | | | Y-Variable set | | |
|---|---|---|---|---|---|---|---|---|---|---|---|---|---|---|---|---|
| | FL | FD | ST | FT | LSC | FW | BN | VL | FFT | LL | LW | TM | | FW/P | AFW | FN/P |
| $U_1$ | 0.75 | 0.86 | 0.42 | 0.54 | 0.63 | 0.52 | -0.12 | 0.02 | -0.04 | 0.04 | 0.01 | -0.11 | $V_1$ | 0.66 | 0.99 | -0.11 |
| $U_2$ | -0.30 | 0.17 | 0.17 | 0.03 | 0.31 | 0.17 | 0.41 | 0.05 | -0.58 | -0.48 | -0.35 | -0.51 | $V_2$ | 0.74 | 0.02 | 0.97 |

# 6-2 單變量：相關係數之統計基礎

假設我們從實驗、研究或調查中獲得兩個變數 $x$，$y$ 的觀測記錄 $(x_i, y_i)$，$i = 1, \cdots, n$。若一個變數變化時，另一個變數也以某種相關方式變化，我們便稱這兩個變數彼此相關 (correlation)。如果兩個變數之間的關係是線性的，那麼要如何測量它們的相關程度呢？在實際應用中，皮爾生相關係數 (Pearson correlation coefficient) 是目前最普遍被採用的一種度量方式。本文從幾何觀點推導皮爾生相關係數並解釋其涵義。

將觀測記錄合併成向量 $\mathbf{x} = (x_1, x_2, \cdots, x_n)^T$，$y = (y_1, y_2, \cdots, y_n)^T$，變數 $x$ 和 $y$ 的線性相關問題可以改為：給定 $\mathbb{R}^n$ 空間二向量 $\mathbf{x}$ 和 $\mathbf{y}$，如何測量 $\mathbf{x}$ 與 $\mathbf{y}$ 的「線性相近」關係？若 $y$ 和 $x$ 具有完美的線性關係，$y_i = b_0 + b_1 x_i$，$i = 1, \cdots, n$，則下列方程組是一致的：

$$\begin{bmatrix} 1 & x_1 \\ 1 & x_2 \\ \vdots & \vdots \\ 1 & x_n \end{bmatrix} \begin{bmatrix} b_0 \\ b_1 \end{bmatrix} = \begin{bmatrix} y_1 \\ y_2 \\ \vdots \\ y_n \end{bmatrix}$$

令 $1 = (1, 1, \cdots, 1)^T$ 且 $X = [1 \quad \mathbf{x}]$。線性方程組可表示為 $X \begin{bmatrix} b_0 \\ b_1 \end{bmatrix} = \mathbf{y}$。在一般情況下，上述方程式常不存在解，但我們可以計算最佳近似解。定義殘差

(residual) $e_i = y_i - b_0 - b_1 x_i$，問題轉換成找出 $b_0$ 和 $b_1$ 使殘差平方和 $\sum_{i=1}^{n} e_i^2$ 得以最小化，即：

$$\|\mathbf{e}\|^2 = \|\mathbf{y} - \hat{\mathbf{y}}\|^2 = \left\| \mathbf{y} - X \begin{bmatrix} b_0 \\ b_1 \end{bmatrix} \right\|^2$$

上式中 $\mathbf{e}$ 和 $\hat{\mathbf{y}}$ 代表 $e_i$ 和 $\hat{y}_i = b_0 + b_1 x_i$ 構成的 $n$ 維實向量。根據正交原則，最小殘差 $\mathbf{e}$ 必正交於 $X$ 的行空間 $C(X)$，而 $N(X^T)$ 為 $C(X)$ 的正交補餘，故知 $\mathbf{e} \in N(X^T)$，就有 $X^T \mathbf{e} = X^T \left( \mathbf{y} - X \begin{bmatrix} b_0 \\ b_1 \end{bmatrix} \right) = 0$，或寫為：

$$X^T X \begin{bmatrix} b_0 \\ b_1 \end{bmatrix} = X^T \mathbf{y}$$

稱為正規方程式 (Normal equation)，它給出殘差最小化的必要條件。將矩陣式乘開可得：

$$n b_0 + b_1 \sum_{i=1}^{n} x_i = \sum_{i=1}^{n} y_i$$
$$b_0 \sum_{i=1}^{n} x_i + b_1 \sum_{i=1}^{n} x_i^2 = \sum_{i=1}^{n} x_i y_i$$

若線性方程組是一致的，可解得最佳參數，以 $\hat{b}_0$ 和 $\hat{b}_1$ 表示，故最佳直線為 $\hat{y} = \hat{b}_0 + \hat{b}_1 x$。

接下來我們說明在最佳情況下，正規方程式的衍生結果。

(1) 由條件式 $X^T \mathbf{e} = \begin{bmatrix} 1^T \\ X^T \end{bmatrix} \mathbf{e} = 0$ 立得 $1^T \mathbf{e} = \sum_{i=1}^{n} e_i = 0$，即殘差的平均值為 $0$，且 $\mathbf{x}^T \mathbf{e} = 0$。

(2) 因為 $\hat{\mathbf{y}} = \hat{b}_0 1 + \hat{b}_1 \mathbf{x}$，由結果 (1) 可知 $\hat{\mathbf{y}}^T \mathbf{e} = \hat{b}_0 1^T \mathbf{e} + \hat{b}_1 \mathbf{x}^T \mathbf{e} = 0$。

(3) 令 $x$ 和 $y$ 的樣本平均數分別為 $\bar{x} = \frac{1}{n} \sum_{i=1}^{n} x_i$，$\bar{y} = \frac{1}{n} \sum_{i=1}^{n} y_i$。將第一條正規方程式通除 $n$，即得 $\hat{b}_0 + \hat{b}_1 \bar{x} = \bar{y}$，所以：

$$\hat{\mathbf{y}} - \bar{y} 1 = \hat{b}_0 1 + \hat{b}_1 \mathbf{x} - (\hat{b}_0 + \hat{b}_1 \bar{x}) 1 = \hat{b}_1 (\mathbf{x} - \bar{x} 1)$$

再由結果 (1)，推知 $(\hat{\mathbf{y}} - \bar{y} 1)^T \mathbf{e} = 0$。

(4) 計算變數 $y$ 的總變異，也就是所有離差 ( 偏離平均數的差 ) $y_i - \bar{y}$ 的平方和，

利用 (3)，推得：

$$\sum_{i=1}^{n}(y_i - \bar{y})^2 = \|\mathbf{y} - \bar{y}1\|^2$$
$$= \|(\mathbf{y} - \hat{\mathbf{y}}) + (\hat{\mathbf{y}} - \bar{y}1)\|^2$$
$$= \|\mathbf{e} + (\hat{\mathbf{y}} - \bar{y}1)\|^2$$
$$= \|\mathbf{e}\|^2 + \|\hat{\mathbf{y}} - \bar{y}1\|^2 + 2\mathbf{e}^T(\hat{\mathbf{y}} - \bar{y}1)$$
$$= \|\mathbf{e}\|^2 + \|\hat{\mathbf{y}} - \bar{y}1\|^2$$

故變數 $y$ 的總離差平方和可分解為殘差平方和和$\hat{y}$的離差平方和。

我們觀察出結果 (4) 不過就是畢氏定理：

$$\|\mathbf{y} - \bar{y}1\|^2 = \hat{b}_1^2\|\mathbf{x} - \bar{x}1\|^2 + \|\mathbf{e}\|^2$$

直角三角形的斜邊是$\mathbf{y} - \bar{y}1$，而垂直兩股分別是$\hat{b}_1(\mathbf{x} - \bar{x}1)$和 e。令 $\theta$ 為向量 $\mathbf{y} - \bar{y}1$與$\mathbf{x} - \bar{x}1$的夾角，由直角三角形關係可得：

$$\cos^2\theta = \frac{\hat{b}_1^2\|\mathbf{x} - \bar{x}1\|^2}{\|\mathbf{y} - \bar{y}1\|^2}$$

由於$\hat{y} = \hat{b}_0 1 + \hat{b}_1 x$已充分表達了 $x$ 和 $y$ 之間的線性關係，$\cos^2\theta$ 可解讀為 $y$ 的總變異被 $x$ 所「解釋」的比例，故餘弦函數 $\cos\theta$ 可用來測量兩變數之間的線性相關程度。從幾何觀點，兩向量夾角的餘弦函數代表兩向量的相似度；若兩向量指向相同方向，$\cos\theta = 1$，表示正相關；若兩向量指向相反方向，$\cos\theta = -1$，表示負相關；又若兩向量指向相互垂直，$\cos\theta = 0$，表示無關。欲求出 $\cos\theta$，我們無須解出$\hat{b}_1$，向量$\mathbf{y} - \bar{y}1$和$\mathbf{x} - \bar{x}1$的內積提供餘弦函數的直接計算方式：

$$\cos\theta = \frac{(\mathbf{y} - \bar{y}1)^T(\mathbf{x} - \bar{x}1)}{\|\mathbf{y} - \bar{y}1\| \cdot \|\mathbf{x} - \bar{x}1\|} = \frac{\sum_{i=1}^{n}(y_i - \bar{y})(x_i - \bar{x})}{\sqrt{\sum_{i=1}^{n}(y_i - \bar{y})^2}\sqrt{\sum_{i=1}^{n}(x_i - \bar{x})^2}}$$

此即為著名的皮爾生 ( 樣本 ) 相關係數。換句話說，樣本相關係數是離差向量 $\mathbf{y} - \bar{y}1$和$\mathbf{x} - \bar{x}1$所夾角的餘弦。統計學通常以下式定義樣本相關係數：

$$r = \frac{s_{xy}}{s_x s_y}$$

其中$s_x^2$和$s_y^2$分別代表變數 $x$ 和 $y$ 的樣本變異數：

$$s_x^2 = \frac{1}{n-1} \sum_{i=1}^{n} (x_i - \bar{x})^2, \; s_y^2 = \frac{1}{n-1} \sum_{i=1}^{n} (y_i - \bar{y})^2$$

分子 $s_{xy}$ 代表這兩個變數的樣本共變異數：

$$s_{xy} = \frac{1}{n-1} \sum_{i=1}^{n} (x_i - \bar{x})(y_i - \bar{y})$$

附帶一提，前述最佳直線可表示為：

$$\frac{\hat{y} - \bar{y}}{s_y} = r \left( \frac{x - \bar{x}}{s_x} \right)$$

下圖顯示 7 組資料散布圖並標示相關係數。

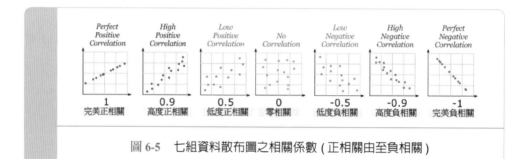

圖 6-5　七組資料散布圖之相關係數（正相關由至負相關）

1. r = 1 是一個完美的正相關。

2. r = 0 是沒有關聯的（這些值根本沒有聯繫）。

3. r = -1 是一個完美的負相關。

# 6-3 典型相關分析 (「MANOVA xx WITH xx / DISCRIM 等指令 )

## 6-3-1 典型相關分析：3 項心理變數對 4 項學業成績 (MANOVA xx WITH xx / DISCRIM 等指令 )

範例：典型相關分析 (Canonical correlation) (canon, test() 指令 )

本例，研究者收集了 600 名大學新生的 3 個心理變數，4 個學術變數 (Standardized test scores) 和性別的數據。研究者感興趣的是一組心理變數與學術變數和性別的關係。特別是，研究人員對於理解兩組變數之間的關聯需要多少維度感興趣？

本例資料檔「mmreg.sav」，8 個變數共 600 個觀察值。三個心理變數是：內外控 (Locus of control) 、自我概念 (Self-concept) 和動機 (motivation)。四個學術變數：閱讀 (reading) 、寫作 (writing) 、數學 (math) 和科學 (science) 的標準測驗。此外，變數 female 是 zero-one 虛擬變數 (1 表示女學生；0 表示男學生 )。研究者對心理變數與學術變數之間的關係感興趣，並考慮到性別。典型相關分析旨在找到高度相關的每組變數的線性組合。這些線性組合稱爲典型變數 (Canonical variates) 。除了其相關性已被最大化之外，每個典型變數與其他典型變數正交 (correlation) 。這樣的典型變數數目會被限制組中變數的數目。本例子，共 3 個心理變數和 4 個的學術變數，因此，典型相關分析最多只能產生 3 對典型變數。

## 一、資料檔之內容

資料檔「mmreg.sav」，如下圖所示，共有 9 個變數，內容如下圖。共調查 600 名高中生。

mmr.sav [$資料集] - IBM SPSS Statistics 資料編輯器

(F) 編輯(E) 檢視(V) 資料(D) 轉換(T) 分析(A) 圖形(G) 公用程式(U) 延伸(X) 視窗(W) 說明(H)

三個心理變數：內外控(**locus of control**)、自我概念(**self-concept**)和動機(**motivation**)

四個學術變數：閱讀(**reading**)、寫作(**writing**)、數學(**math**)和科學(**science**)

| | id | locus_of_control | self_concept | motivation | read | write | math | science |
|---|---|---|---|---|---|---|---|---|
| 1 | 303.00 | -.84 | -.24 | 1.00 | 54.80 | 64.50 | 44.50 | 52.60 |
| 2 | 404.00 | -.38 | -.47 | .67 | 62.70 | 43.70 | 44.70 | 52.60 |
| 3 | 225.00 | .89 | .59 | .67 | 60.60 | 56.70 | 70.50 | 58.00 |
| 4 | 553.00 | .71 | .28 | .67 | 62.70 | 56.70 | 54.70 | 58.00 |
| 5 | 433.00 | -.64 | .03 | 1.00 | 41.60 | 46.30 | 38.40 | 36.30 |
| 6 | 189.00 | 1.11 | .90 | .33 | 62.70 | 64.50 | 61.40 | 58.00 |
| 7 | 336.00 | .06 | .03 | .67 | 41.60 | 39.10 | 56.30 | 45.00 |
| 8 | 321.00 | -.91 | -.59 | .67 | 44.20 | 39.10 | 46.30 | 36.30 |
| 9 | 358.00 | .45 | .03 | 1.00 | 62.70 | 51.50 | 54.40 | 49.80 |
| 10 | 422.00 | .00 | .03 | .67 | 62.70 | 64.50 | 38.30 | 55.80 |
| 11 | 461.00 | .24 | -.43 | .33 | 70.70 | 43.70 | 58.80 | 66.10 |
| 12 | 593.00 | -1.09 | -.26 | .33 | 44.20 | 41.10 | 45.10 | 47.10 |
| 13 | 346.00 | .46 | .03 | .67 | 57.40 | 59.30 | 53.90 | 49.80 |
| 14 | 531.00 | .68 | .06 | .67 | 49.50 | 51.50 | 41.20 | 41.70 |
| 15 | 492.00 | -.14 | -1.05 | 1.00 | 70.70 | 65.10 | 66.40 | 63.40 |
| 16 | 582.00 | .10 | -.16 | .33 | 49.50 | 59.30 | 51.00 | 47.10 |
| 17 | 102.00 | .45 | .65 | 1.00 | 57.40 | 56.70 | 46.90 | 52.60 |
| 18 | 249.00 | -1.56 | .03 | .33 | 62.70 | 54.10 | 53.00 | 55.30 |
| 19 | 389.00 | -1.02 | -1.67 | .67 | 45.30 | 43.00 | 52.30 | 60.70 |
| 20 | 324.00 | .94 | .03 | 1.00 | 68.00 | 56.70 | 59.60 | 58.00 |

圖 6-6 「mmreg.sav」 資料檔內容 (N=600 個人 )

## 二、二組變數之資料描述

對應的指令語法：

```
GET
  FILE='D:\CD\mmr.sav'.

title "典型相關分析(canonical correlation)：3項心理變數對4項學業成績".
subtitle "資料檔「mmreg.sav」".

descriptives
  variables=locus_of_control self_concept motivation
```

```
read write math science female
/statistics=mean stddev min max.
```

**Descriptive Statistics**

|  | N | Minimum | Maximum | Mean | Std. Deviation |
|---|---|---|---|---|---|
| locus of control | 600 | -2.23 | 1.36 | .0965 | .67028 |
| self-concept | 600 | -2.62 | 1.19 | .0049 | .70551 |
| motivation | 600 | .00 | 1.00 | .6608 | .34273 |
| reading score | 600 | 28.30 | 76.00 | 51.9018 | 10.10298 |
| writing score | 600 | 25.50 | 67.10 | 52.3848 | 9.72645 |
| math score | 600 | 31.80 | 75.50 | 51.8490 | 9.41474 |
| science score | 600 | 26.00 | 74.20 | 51.7633 | 9.70618 |
| 女性嗎 | 600 | .00 | 1.00 | .5450 | .49839 |
| Valid N (listwise) | 600 |  |  |  |  |

1. descriptives 指令印出七個變數的最大值、最小值、平均數、標準差。

2. 上表數據，沒有任何 missing 值。故可放心進行典型相關分析，不用擔心數據 missing data，同時你要記住這七個變數的 scale 差別很大。

## 三、分析結果與討論

SPSS 的 MANOVA 指令，已改成語法版本，無有 pull-down 選擇表可用。

由於 SPSS 印出的報表很長，故本書都只擷取重要的統計表才解說，其餘不重要的都刪除。

**Step 1.** 典型相關分析說明

在 MANOVA 指令語法中，首先列出心理組的變數 (locus_of_control, self_concept, motivation)。然後，在 with 後面，列出了學術組的變數 (read, write, math, science, female)。SPSS 將第一組變數稱為「依變數 (DV)」，將第二組變量稱為「共變量 (CV)」。

指令語法：

```
MANOVA locus_of_control self_concept motivation with read write math science female
    / discrim all alpha(1)
    / print=sig(eigen dim).
```

```
...[ 不重要報表就刪 ]...
* 印出顯著性檢定
* * * * * * Analysis  of  Variance -- design  1 * * * * * *

EFFECT .. WITHIN CELLS Regression
Multivariate Tests of Significance (S = 3, M = 1/2, N = 295 )

Test Name       Value  Approx. F Hypoth. DF   Error DF  Sig. of F
Pillais         .25425  11.00057      15.00   1782.00      .000
Hotellings      .31430  12.37633      15.00   1772.00      .000
Wilks           .75436  11.71573      15.00   1634.65      .000
Roys            .21538
```

1. Pillais：Pillai's trace，是 SPSS 計算的四個 multivariate 統計量之一，用於檢定虛無假設「$H_0$：典型相關性 =0」( 這意味著兩個指定的變數組之間不存在線性關係 )。Pillai's trace 是典型相關平方的總和，Pillais $= 0.464^2 + 0.168^2 + 0.104^2 = 0.25425$。

2. Hotellings：Hotelling-Lawley trace，它很像 Pillai's trace，公式：the sum of the values of (canonical correlation$^2$/(1-canonical correlation$^2$))，Hotellings$= 0.464^2$ /(1-$0.464^2$) + $0.168^2$/(1-$0.168^2$) + $0.104^2$/(1-$0.104^2$) = 0.31430.

3. Wilks: Wilks' lambda。公式：$(1 - $ 典型相關值$^2)$ 的連乘積，典型相關值為：0.4641, 0.1675, 和 0.1040，故 Wilks' Lambda is $= (1-0.464^2)*(1-0.168^2)*(1-0.104^2) = 0.75436$.

4. Roys：Roy's 最大根 (Greatest root)，即求最大特徵值 (Eigen value)：largest eigenvalue/(1 + largest eigenvalue)。因為它基於最大值，所以它的行為可能與其他三種檢定值不同。如果其他三個檢定值不具有統計顯著性，但 Roy's 具有統計顯著性，則 Roy's 應視為無意義統計。

5. Value 欄：Multivariate test 值。

6. (Approx.) F 欄：有關 SPSS 輸出中的各種檢定相關的 F 值。於多變量檢定，F 值是近似值 (approximate)。

7. Hypoth. DF, Error DF 欄：這些是用於決定 F 值的自由度 (Degrees of freedom)。請注意，有些情況下自由度可能是非整數，因為這些自由度是使用均方誤差 (Mean squared errors) 計算的，這些誤差通常是非整數。

8. Sig. of F 欄：給定檢定統計量的 F 值相關聯的 p 值。這個 p 值可來評估兩組變量不是線性相關的虛無假設 (Null hypothesis)。對於給定的 $\alpha$ level( 如 0.05)，如果 p 值小於 $\alpha$，則拒絕 (rejecte) 虛無假設；反之，則接受虛無假設。

**Step 2.** 典型相關分析說明

```
三個典型相關值
Eigenvalues and Canonical Correlations
Root No.    Eigenvalue    Pct.    Cum. Pct.    Canon Cor.    Sq. Cor
      1         .274     87.336     87.336         .464        .215
      2         .029      9.185     96.522         .168        .028
      3         .011      3.478    100.000         .104        .011


- - - - - - - - - - - - - - - - - - - - - - - - - - - -

Dimension Reduction Analysis
*
Roots       Wilks L.         F Hypoth. DF    Error DF  Sig. of F
1 TO 3       .75436    11.71573     15.00    1634.65       .000
2 TO 3       .96143     2.94446      8.00    1186.00       .003
3 TO 3       .98919     2.16461      3.00     594.00       .091
* 測試第 3 個典型相關也要，結果不顯著 (p=0.091>.05)，故可選擇捨棄它。如上一行。

- - - - - - - - - - - - - - - - - - - - - - - - - - - -

...[ 不重要報表就刪 ]...
* * * * * * A n a l y s i s   o f   V a r i a n c e -- design  1 * * * * * *
自變數對典型自變數 1 的迴歸係數
Raw canonical coefficients for DEPENDENT variables
          Function No.
Variable         1          2          3
locus_of      1.254      -.621       .662
self_con      -.351     -1.188      -.827
motivati      1.262      2.027     -2.000
```

```
- - - - - - - - - - - - - - - - - - - - - - - - - - - - - - - -
Standardized canonical coefficients for DEPENDENT variables
          Function No.
Variable        1           2           3
locus_of      .840        -.417        .444
self_con     -.248        -.838       -.583
motivati      .433         .695       -.686


- - - - - - - - - - - - - - - - - - - - - - - - - - - - - - - -
Correlations between DEPENDENT and canonical variables
          Function No.
Variable        1           2           3
locus_of      .904        -.390        .176
self_con      .021        -.709       -.705
motivati      .567         .351       -.745


- - - - - - - - - - - - - - - - - - - - - - - - - - - - - - - -
Variance in dependent variables explained by canonical variables
CAN. VAR.  Pct Var DE Cum Pct DE Pct Var CO Cum Pct CO
    1        37.980      37.980      8.180       8.180
    2        25.910      63.889       .727       8.907
    3        36.111     100.000       .391       9.297


- - - - - - - - - - - - - - - - - - - - - - - - - - - - - - - -
```

典型依變數 1 對依變數的迴歸係數

```
Raw canonical coefficients for COVARIATES
          Function No.
COVARIATE       1           2           3
read          .045        -.005       -.021
write         .036         .042       -.091
math          .023         .004       -.009
science       .005        -.085        .110
female        .632        1.085       1.795


* * * * * * A n a l y s i s   o f   V a r i a n c e -- design  1 * * * * * *


Standardized canonical coefficients for COVARIATES
          CAN. VAR.
```

```
COVARIATE        1         2         3
read           .451     -.050     -.216
write          .349      .409     -.888
math           .220      .040     -.088
science        .049     -.827     1.066
female         .315      .541      .894


- - - - - - - - - - - - - - - - - - - - - - - - - - - - - - - -
Correlations between COVARIATES and canonical variables
        CAN. VAR.
Covariate        1         2         3
read           .840     -.359     -.135
write          .877      .065     -.255
math           .764     -.298     -.148
science        .658     -.677      .230
female         .364      .755      .543


- - - - - - - - - - - - - - - - - - - - - - - - - - - - - - - -
Variance in covariates explained by canonical variables
CAN. VAR.  Pct Var DE Cum Pct DE Pct Var CO Cum Pct CO
    1        11.305     11.305    52.488     52.488
    2          .701     12.006    24.994     77.482
    3          .098     12.104     9.066     86.548
- - - - - - - - - - - - - - - - - - - - - - - - - - - - - - - -
   ...[ 不重要報表已刪 ]...
- - - - - - - - - - - - - - - - - - - - - - - - - - - - - - - - -
Data Summary, Eigenvalues and Hypothesis Tests
* * * * * * A n a l y s i s   o f   V a r i a n c e -- design  1 * * * * * *


EFFECT .. WITHIN CELLS Regression
Multivariate Tests of Significance (S = 3, M = 1/2, N = 295 )


Test Name        Valuee   Approx. Ff Hypoth. DFg  Error DFg  Sig. of Fh
Pillaisa         .25425   11.00057      15.00     1782.00      .000
Hotellingsb      .31430   12.37633      15.00     1772.00      .000
Wilksc           .75436   11.71573      15.00     1634.65      .000
Roysd            .21538
```

```
- - - - - - - - - - - - - - - - - - - - - - - - - - - - - - - - - -
Eigenvalues and Canonical Correlations
Root No.i      Eigenvaluej      Pct.k    Cum. Pct.l  Canon Cor.m    Sq. Corn
    1             .274          87.336      87.336       .464          .215
    2             .029           9.185      96.522       .168          .028
    3             .011           3.478     100.000       .104          .011


- - - - - - - - - - - - - - - - - - - - - - - - - - - - - - - - - -
Dimension Reduction Analysis


Rootso        Wilks L.p      Ff      Hypoth. DFg   Error DFg  Sig. of Fh
1 TO 3         .75436     11.71573     15.00       1634.65       .000
2 TO 3         .96143      2.94446      8.00       1186.00       .003
3 TO 3         .98919      2.16461      3.00        594.00       .091
```

9. Root No. 欄：這是給定特徵值 (Eigen value) 的等級 ( 從最大到最小 )。取兩個變數集 (set) 中較少的變數數目當根。本例中，一組心理變數包含三個變數；另一組學術變數包含五個變數。因此，較小的變數集包含三個變數，分析產生三個根。

10. Eigen value 欄：是模型矩陣特徵值及誤差的反矩陣的乘積。這些特徵值也可以使用平方典型相關來計算。其中，最大特徵值 = largest squared correlation / (1- largest squared correlation)；即 0.215/(1-0.215) = 0.274。特徵值的相對大小反映了典型變數的多少變化係可用相應的典型相關來解釋。因此，與第一相關對應的特徵值最大，並且隨後的所有特徵值都遞減。

11. Pct. 欄：該特徵值所能表示特徵值總和的百分比。本例，三個特徵值的總和為 (0.2745+0.0289+0.0109) = 0.3143，故這三個典型變數所能解釋變異的比例，依序為：0.2745/0.3143 = 0.8734、0.0289/0.3143 = 0.0919、0.0109/0.3143 = 0.0348。

12. Cum. Pct. 欄：百分比的累計總和。

13. Canon Cor. 欄：配對之典型變量的 Pearson 相關性。第一配對變量是「心理測量與學術測量」的線性組合，相關係數為 0.464。第二配對的相關係數為 0.168，第三配對的相關係數為 0.104。每個隨後的配對 canonical variates 相關

性越來越小。

14. Sq. Cor 欄：典型相關值的平方。例如：(0.464*0.464) = 0.215.

15. Roots：包含在正在測試的虛無假設中的一組根。本例，首先測試了所有三個根，然後測試根二及根三，然後單獨測試根三。

16. Wilks L.：它是 4 種 multivariate statistics 檢定之一。「Wilks' lambda」：檢定虛無假設「$H_0$：給定的典型相關和所有較小的相關等於 0(The given canonical correlation and all smaller ones are equal to zero in the population)」。

Wilks' lambda 是「the product of the values of (1-canonical correlation$^2$)」。本例，典型相關爲「0.464、0.168、0.104」，所以：

(1) 檢定這三個相關性爲 0：$(1- 0.464^2)*(1-0.168^2)*(1-0.104^2) = 0.75436$。

(2) 檢定兩個較小的典型相關性「0.168、0.104」爲 0：$(1-0.168^2)*(1-0.104^2) = 0.96143$。

(3) 檢定最小典型相關性爲 0：$(1-0.104^2) = 0.98919$。

17. 「Pillai's trace」：它是 4 種 Multivariate statistics 之一。Pillai's trace 是「The sum of the squared canonical correlations」。它出現在所有三個相關性的檢定中。

Pillai's trace= $0.4641^2 + 0.1675^2 + 0.1040^2 = 0.254249$。

18. 「Lawley-Hotelling trace」與 Pillai's trace 非常相似。它計算「The sum of the values of (canonical correlation$^2$/(1-canonical correlation$^2$))」。本例爲：$0.4641^2 /(1-0.4641^2) + 1675^2/(1-0.1675^2) + 0.1040^2/(1-0.1040^2) = 0.314297$。

19. 「Roy's largest root」：它是最大的典型相關的平方。

因爲它是求最大值，所以它的行爲可能與其他三個測試統計不同。如果其他三個不顯著，但 Roy's 卻是顯著的，則這個效果應該是不被承認。

**Step 3.** 典型相關分析徑路圖之迴歸係數

```
Canonical Coefficients, Correlations, and Variance Explained
* * * * * *A n a l y s i s   o f   V a r i a n c e -- design   1 * * * * * *


Raw canonical coefficients for DEPENDENT variables
        Function No.
```

| Variable | 1 | 2 | 3 |
|---|---|---|---|
| locus_of | 1.254 | -.621 | .662 |
| self_con | -.351 | -1.188 | -.827 |
| motivati | 1.262 | 2.027 | -2.000 |

- - - - - - - - - - - - - - - - - - - - - - - - - - - - - - -

Standardized canonical coefficients for DEPENDENT variables
        Function No.

| Variable | 1 | 2 | 3 |
|---|---|---|---|
| locus_of | .840 | -.417 | .444 |
| self_con | -.248 | -.838 | -.583 |
| motivati | .433 | .695 | -.686 |

- - - - - - - - - - - - - - - - - - - - - - - - - - - - - - -

Correlations between DEPENDENT and canonical variables
        Function No.

| Variable | 1 | 2 | 3 |
|---|---|---|---|
| locus_of | .904 | -.390 | .176 |
| self_con | .021 | -.709 | -.705 |
| motivati | .567 | .351 | -.745 |

- - - - - - - - - - - - - - - - - - - - - - - - - - - - - - -

Variance in dependent variables explained by canonical variablest

| CAN. VAR. | Pct Var DE | Cum Pct DE | Pct Var CO | Cum Pct CO |
|---|---|---|---|---|
| 1 | 37.980 | 37.980 | 8.180 | 8.180 |
| 2 | 25.910 | 63.889 | .727 | 8.907 |
| 3 | 36.111 | 100.000 | .391 | 9.297 |

- - - - - - - - - - - - - - - - - - - - - - - - - - - - - - -

Raw canonical coefficients for COVARIATES
        Function No.

| COVARIATE | 1 | 2 | 3 |
|---|---|---|---|
| read | .045 | -.005 | -.021 |
| write | .036 | .042 | -.091 |
| math | .023 | .004 | -.009 |
| science | .005 | -.085 | .110 |
| female | .632 | 1.085 | 1.795 |

```
******Analysis  of  Variance--design  1******

Standardized canonical coefficients for COVARIATESr
         CAN. VAR.
COVARIATE        1          2          3
read            .451       -.050      -.216
write           .349        .409      -.888
math            .220        .040      -.088
science         .049       -.827      1.066
female          .315        .541       .894
```

20. **Raw canonical coefficients for DEPENDENT/COVARIATE variables**：這些是原始典型係數。可定義給定組變數與典型變數之間的線性關係。假定典型變數作爲結果變數，它們可以用與迴歸係數相同的方式來解釋。例如：locus_of_control( 內外控 ) 每增加一個單位會導致的第一個心理變數增加 1.254 個單位，**read** 分數每增加一個單位會導致第一個學術變數增加 0.045 個單位。回想一下，七個變數的scale差很大，這也會反映在這些原始係數的不同scale上。

21. **Standardized canonical coefficients for DEPENDENT/COVARIATE variables**：這些標準化的典型係數，意味著，如果分析中的七個變數都被重新調整爲：平均值爲 0 及標準偏差爲 1，則產生典型變數的係數將顯示，變數增加一個標準偏差會如何改變變數。例如：在控制點上增加一個標準偏差會導致心理測量的第一個變數的標準偏差增加 0.840，讀取時增加一個標準偏差會導致第一個變數的標準偏差增加 0.451 學術測量。**locus_of_control** ( 內外控 ) 每增加一個標準偏差會導致測量第一個心理變數的標準偏差增加 0.840，read 每增加一個標準偏差也會導致第一個學術變數的標準偏差增加 0.451。

22. **Correlations between DEPENDENT/COVARIATE variables and canonical variables**：這些是組中每個變數和組的典型變數之間的相關性。例如：可在「dependent」變數中看到，locus_of_control 與第一個心理變數的 Pearson 相關係數爲 0.904，第二個心理變數爲 -0.390，第三個心理變數爲 0.176。在「covariates」變數中看到，read 與第一個學術變數的 Pearson 相關係數爲 0.840，read 與第二個爲學術變數相關爲 -0.359，read 與第三個學術變數相關爲 -0.335。

```
Correlations between COVARIATES and canonical variables
        CAN. VAR.

Covariate        1           2           3
read           .840       -.359       -.135
write          .877        .065       -.255
math           .764       -.298       -.148
science        .658       -.677        .230
female         .364        .755        .543


- - - - - - - - - - - - - - - - - - - - - - - - - - - -

Variance in covariates explained by canonical variables

CAN. VAR.   Pct Var DE Cum Pct DE Pct Var CO Cum Pct CO
   1         11.305     11.305     52.488     52.488
   2           .701     12.006     24.994     77.482
   3           .098     12.104      9.066     86.548
```

23. **Variance in dependent variables explained by canonical variables**：這是「依變數 (DE) 和共變數 (CO)」的典型變數可解釋依變數的標準化變異 (variability) 的程度。

24. **Variance in covariates explained by canonical variables**：這是「依變數 (DE) 和共變數 (CO)」的典型變數可以解釋共變數的標準化變異的程度。對於兩組典型變數，顯示由每個變數解釋變異 (variability) 的百分比和累積百分比。

## 6-3-2 典型相關：5 項高中測驗對 2 項大學入學成績 (MANOVA xx WITH xx / DISCRIM 等指令)

SPSS 指令 GLM (General linear model) 已可取代 MANOVA 指令，來執行：One-way, factorial, 及 Repeated measures 的 ANOVA/ MANOVA/ MANCOVA 分析。

可惜，SPSS 只供提「MANOVA xx WITH xx / **DISCRIM** … 」指令來分析典型相關 Canonical correlation。

範例：典型相關分析 (canon 、canon, test() 、estat correlations) 指令

( 參考林清山，《多變項分析統計法》，民 79，第 5 版，p339)

　　十六名高中生的學科成就測驗 (x1)、智力測驗 (x2)、創造力測驗 (x3)、學習態度測驗 (x4)、焦慮測驗成績 (x5)，以及「大學入學考學科成績」(y1)、「大學入學考術科成績」(y2) 如下表所示。試以型 I 誤差 $\alpha = .05$ 進行典型相關分析。

| 變數<br>受試者 | 入學學科<br>(y1) | 入學術科<br>(y2) | 成就<br>(x1) | 智力<br>(x2) | 創造力<br>(x3) | 學習態度<br>(x4) | 焦慮<br>(x5) |
|---|---|---|---|---|---|---|---|
| 1 | 51 | 20 | 78 | 103 | 9 | 27 | 35 |
| 2 | 70 | 42 | 88 | 108 | 16 | 29 | 19 |
| 3 | 60 | 46 | 71 | 111 | 21 | 27 | 35 |
| 4 | 71 | 45 | 75 | 109 | 19 | 40 | 20 |
| 5 | 79 | 39 | 85 | 114 | 22 | 25 | 42 |
| 6 | 69 | 32 | 79 | 112 | 13 | 33 | 43 |
| 7 | 70 | 40 | 76 | 120 | 17 | 40 | 39 |
| 8 | 74 | 30 | 84 | 115 | 11 | 32 | 50 |
| 9 | 50 | 15 | 43 | 96 | 8 | 29 | 48 |
| 10 | 62 | 38 | 80 | 105 | 12 | 33 | 50 |
| 11 | 81 | 50 | 92 | 116 | 21 | 38 | 42 |
| 12 | 44 | 31 | 50 | 101 | 20 | 22 | 30 |
| 13 | 59 | 42 | 65 | 92 | 18 | 20 | 48 |
| 14 | 61 | 25 | 73 | 108 | 17 | 10 | 31 |
| 15 | 80 | 29 | 86 | 125 | 14 | 16 | 22 |
| 16 | 63 | 32 | 71 | 113 | 10 | 23 | 30 |

## 一、資料檔之內容

　　本例所建資料檔「cancorr_p339.sav」，如下圖所示，共有五個 x 變數和二個 y 變數。

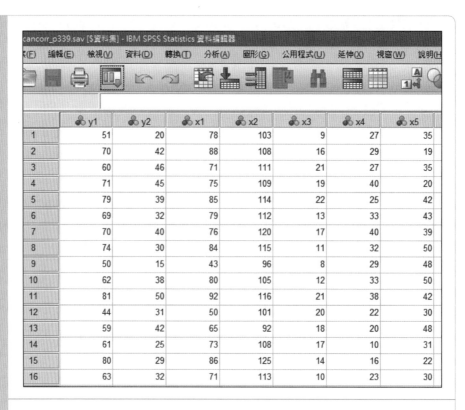

圖 6-7 「cancorr_p339.sav」 資料檔内容 (N=16 個人 )

## 二、分析結果與討論

【A. 分析結果】：指令

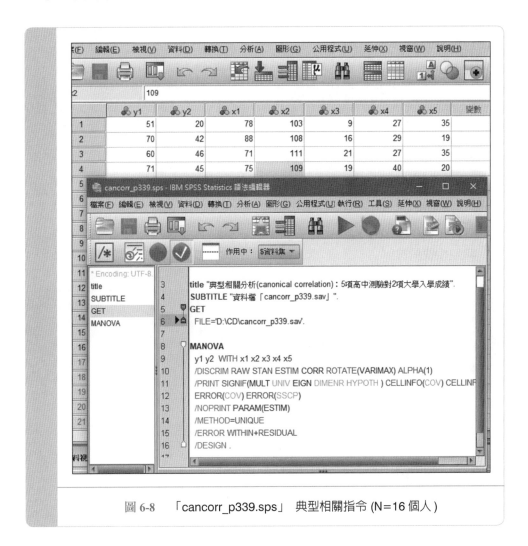

圖 6-8 「cancorr_p339.sps」 典型相關指令 (N=16 個人 )

指令語法：

```
GET
  FILE='D:\CD\cancorr_p339.sav'.
title "典型相關分析(canonical correlation)：5項高中測驗對2項大學入學成績".
SUBTITLE "資料檔「cancorr_p339.sav」".
```

```
GET
  FILE='D:\CD\cancorr_p339.sav'.

MANOVA
  y1 y2  WITH x1 x2 x3 x4 x5
  /DISCRIM RAW STAN ESTIM CORR ROTATE(VARIMAX) ALPHA(1)
  /PRINT SIGNIF(MULT UNIV EIGN DIMENR HYPOTH ) CELLINFO(COV) CELLINFO(SSCP)
  ERROR(COV) ERROR(SSCP)
  /NOPRINT PARAM(ESTIM)
  /METHOD=UNIQUE
  /ERROR WITHIN+RESIDUAL
  /DESIGN .
```

## 【B. 分析結果說明】

### 1. 典型相關係數

| Eigenvalues and Canonical Correlations | | | | |
|---|---|---|---|---|
| Root No. Eigenvalue | Pct. | Cum. Pct. | Canon Cor. | Sq. Cor |
| 特徵值 | 百分比 | 累積百分比 | 典型相關係數 | 典型相關平方 |
| 1    5.535 | 74.573 | 74.573 | .920 | .847 |
| 2    1.887 | 25.427 | 100.000 | .808 | .654 |

印出兩個典型相關係數，分別為 .92 及 .81，典型相關係數的平方 ($\rho^2$) 為 .85 及 .65。

### 2. 典型相關係數顯著性檢定

| Dimension Reduction Analysis | | | | | |
|---|---|---|---|---|---|
| Roots | Wilks L. | F | Hypoth. DF | Error DF | Sig. of F |
| 1 TO 2 | .05300 | 6.01882 | 10.00 | 18.00 | .001 |
| 2 TO 2 | .34634 | 4.71825 | 4.00 | 10.00 | .021 |

印出所抽取兩個典型相關係數之顯著性檢定，第一個典型相關係數的 Wilk's Λ 值是 .05(p < .05)，故應拒絕 $\chi_1$ 和 $\eta_1$ 無相關存在的虛無假設。

第二個典型相關係數的 Wilk's Λ 值是 .35(p < .05)，亦達顯著水準，故我們可拒絕 $\chi_2$ 和 $\eta_2$ 無相關存在的虛無假設。由此可見，本研究兩組典型相關係數均有顯著相關性。

(1) 典型因素結構 $S_x$

| Variable | 1 | 2 |
|----------|------|-------|
| y1 | .879 | -.476 |
| y2 | .853 | .521 |

印出測驗變數 y1 和 y2 兩者與典型變數之相關：

| Covariate | 1 | 2 |
|-----------|-------|-------|
| x1 | .820 | -.420 |
| x2 | .654 | -.628 |
| x3 | .630 | .573 |
| x4 | .434 | .206 |
| x5 | -.129 | -.029 |

印出測驗變數 X1、X2、X3、X4 和 X5 與典型變數之相關，我們整理如下表。

| 測驗變數 | 典型變數 | $\chi_1$ | $\chi_2$ |
|----------|----------|----------|----------|
| 學科成就 | X1 | .82 | -.42 |
| 智　　力 | X2 | .65 | -.63 |
| 創 造 力 | X3 | .63 | .57 |
| 學習態度 | X4 | .43 | .21 |
| 焦慮分數 | X5 | -.13 | -.03 |
| | | $\eta_1$ | $\eta_2$ |
| 聯考學科 | Y1 | .88 | -.48 |
| 聯考術科 | Y2 | .85 | .52 |

### 3. 典型相關分析摘要表

　　將上述之典型相關負荷量 (loadings)，整理成典型相關分析摘要表：(estat loadings) 指令

**典型相關分析摘要表**

| X 變囊 | 典型變數 | | Y 變數 | 典型變數 | |
|---|---|---|---|---|---|
| | $X_1$ | $X_2$ | | $\eta_1$ | $\eta_2$ |
| (X1)　學科成就 | .82 | -.42 | 聯考學科 | .88 | -.48 |
| (X2)　智　　力 | .65 | -.63 | 聯考術科 | .85 | -.52 |
| (X3)　創 造 力 | .63 | .57 | | | |
| (X4)　學習態度 | .43 | .21 | 抽出變異數百分比 | 75.10 | 24.90 |
| (X5)　焦慮分數 | -.13 | -0.3 | | | |
| | | | 重疊 (%) | 63.61 | 16.28 |
| 抽出變異數百分比 | 34.06 | 18.82 | $\rho^2$ | .85 | .62 |
| 重疊 (%) | 28.85 | 12.30 | 典型相關 $(\rho)$ | .92* | .81* |

*p < .05

### 4. 典型相關分析徑路圖

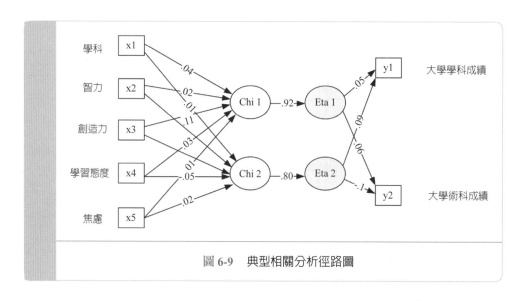

圖 6-9　典型相關分析徑路圖

由典型相關分析徑路圖之迴歸係數可以看出「成就」和「創造」兩個 x 變數主要係透過第一個典型因素 $\chi_1$(Chi-1) 而影響到「學科」和「術科」兩個 y 變數。而「智力」、「創造」、「態度」主要係透過第二個典型因素 $\chi_2$(Chi-2) 而影響到「學科」和「術科」。

---

**定義：重疊 (redundancy)**

何謂「重疊」(redundancy)？在典型相關分析裡，重疊是指 X 與 Y 兩組變數共同的變異數百分比，爲測量兩組變數結合的另一種方法，是由 Steward & Love(1968) 及 Miller(1969) 發展而成的，這種測量是不對稱的，此點不同於典型相關係數。

通常有兩種重疊指標 (Redundancy index)，一爲 $R_{dxj}$，另一爲 $R_{dyj}$。

$$R_{dxj} = \frac{S'_{xj} \cdot S_{xj}}{p} \cdot \rho^2_j$$

指第 j 個典型因素 $\chi_j$ 所解釋的 $\eta_j$ 的變異數中，爲 P 個 X 變數所解釋的變異數又占去多少百分比。重疊的指標愈大，表示 X 變數和 Y 變數這二組變數之間互相重疊的情形愈明顯。

$$R_{dyj} = \frac{S'_{yj} \cdot S_{yj}}{q} \times \rho^2_j$$

指第 j 個典型因素 $\eta_j$ 所解釋的 $\chi_j$ 之變異數中，q 個 Y 變數所解釋的變異數的百分比。

兩組變數各自所解釋的變異數百分比：$R_{dx} = \sum_{j=1}^{q} R_{dxj}$，$R_{dy} = \sum_{j=1}^{q} R_{dyj}$

---

### 5-1. 典型變數對依變數的解釋量

```
Variance in dependent variables explained by canonical variables

CAN. VAR.  Pct Var DE Cum Pct DE Pct Var CO Cum Pct CO
```

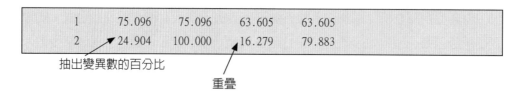

| | | | | |
|---|---|---|---|---|
| 1 | 75.096 | 75.096 | 63.605 | 63.605 |
| 2 | 24.904 | 100.000 | 16.279 | 79.883 |

抽出變異數的百分比

重疊

### 5-2. 典型變數對共變數的解釋量

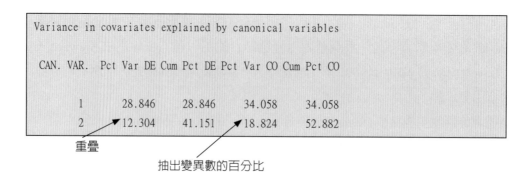

Variance in covariates explained by canonical variables

| CAN. VAR. | Pct Var DE | Cum Pct DE | Pct Var CO | Cum Pct CO |
|---|---|---|---|---|
| 1 | 28.846 | 28.846 | 34.058 | 34.058 |
| 2 | 12.304 | 41.151 | 18.824 | 52.882 |

重疊

抽出變異數的百分比

### 6-1. 典型變數對依變數的解釋量

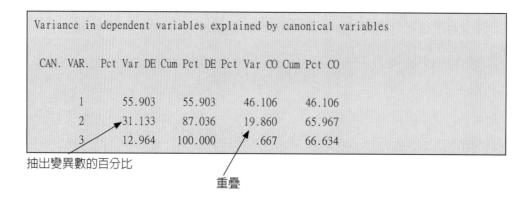

Variance in dependent variables explained by canonical variables

| CAN. VAR. | Pct Var DE | Cum Pct DE | Pct Var CO | Cum Pct CO |
|---|---|---|---|---|
| 1 | 55.903 | 55.903 | 46.106 | 46.106 |
| 2 | 31.133 | 87.036 | 19.860 | 65.967 |
| 3 | 12.964 | 100.000 | .667 | 66.634 |

抽出變異數的百分比

重疊

### 6-2. 典型變數對共變數的解釋量

Variance in covariates explained by canonical variables

CAN. VAR.　Pct Var DE Cum Pct DE Pct Var CO Cum Pct CO

| | | | | |
|---|---|---|---|---|
| 1 | 31.313 | 31.313 | 37.966 | 37.966 |
| 2 | 7.449 | 38.761 | 11.676 | 49.643 |
| 3 | 1.370 | 40.131 | 26.609 | 76.252 |

重疊

抽出變異數的百分比

# 07

# 判別分析/區別分析
# (Discriminant analysis,
DISCRIMINANT指令)

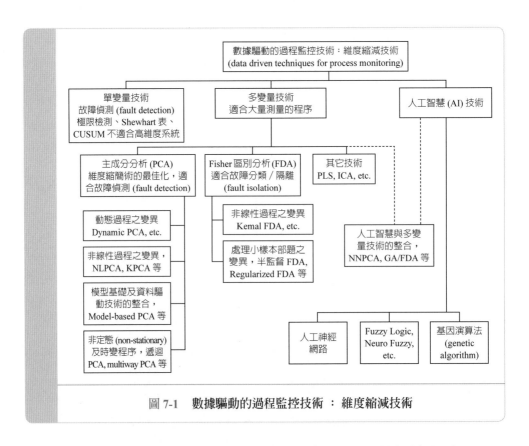

圖 7-1　數據驅動的過程監控技術 ： 維度縮減技術

　　區別分析 (Discriminant analysis)，又譯「判別分析」。線性判別分析 (LDA) 是使用統計學，模式判別和機器學習方法，試圖找到兩類物體或事件的特徵的一個線性組合，以能夠特徵化或區分它們。所得的組合可用來作為一個線性分類器，或者更常見的是，為後續的分類做降維處理。

## 一、判別分析 vs. 集群分析的比較

　　假設有數個群體，對每一群體中的一些個體取幾個變數 (說明變數) 組，作成適當的判別標準時，即可辨別該群體的歸屬。在此處我們想要討論的情況，看起來與分群分析法類似，似乎都是要將觀察值分群分類，但是他們的使用前提及意義仍是不同的。

1. 判別分析法 (Discriminant analysis)，是在已知的分類之下，一旦遇到有新的樣本時，可以利用此法選定一判別標準，以判定如何該將新樣本放置於那個族群中。判別分析是一種相依方法，其準則變數為事先訂定的類別或組別。

判別分析法之用途很多，如：人格分類、植物分類、醫學疾病診斷、社區種類劃分、氣象區 ( 或農業氣象區 ) 之劃分、商品等級分類、信用力分類，以及人類考古學上之年代及人種分類等等均可利用。

2. 集群分析法 (Cluster analysis) ，則是希望將一群具有相關性的資料加以有意義的分類。未事先訂定的類別或組別。

## 二、判別分析與其它統計的比較

判別分析 (LDA) 旨在運用於計算一組預測變數 ( 自變數 ) 包括知識、價值、態度、環保行為的線性組合，對依變數 ( 間斷變數 ) 接受有機農產品更高售價之意願加以分類，並檢定其再分組的正確率。

LDA 也與主成分分析 (PCA) 和因素分析緊密相關 ( 如下圖 ) ，它們都在尋找最佳解釋數據的變數線性組合。LDA 明確的嘗試為數據類之間不同建立模型。另一方面，PCA 不考慮類的任何不同，因素分析是根據不同點而不是相同點來建立特徵組合。判別的分析不同因素。

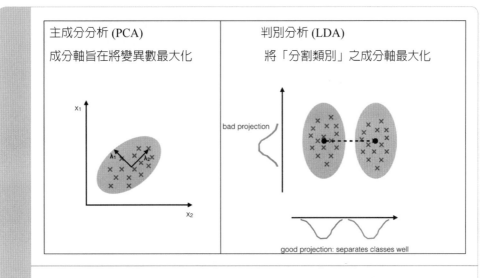

圖 7-2　主成分分析 vs. 區別分析 (LDA) 之比較

| 統計技術 | 自變數 ( 解釋變數 )X$_i$ | 依變數 ( 應變數 )Y |
|---|---|---|
| 1. 判別／區別分析 (discriminant analysis, **discrim** 指令 ) | 自變數 ( 預測變數 (predictor variable)) 數量不限<br>Interval scale or ratio scale( 連續變數 )<br>Nominal scale or ordinal scale( 轉化為虛擬變數 )。 | 單一個依變數 ( 分組變數 )。<br>三項式以上 ( 三類以上 )<br>Nominalscale or ordinal scale。 |
| 2. 簡單迴歸分析 (**reg** 指令 ) | 1. 單一個自變數(預測變數(predictor variable))。<br>2. Interval scale or ratio scale( 連續變數 )。<br>3. Nominal scale or ordinal scale( 轉化為虛擬變數 )。 | 單一個依變數 ( 效標變數 (criterion variable))。<br>Interval scale or ratio scale( 連續變數 )。 |
| 3. 複迴歸分析 ( 含 logistic regression, **reg** 指令 ) | 1. 兩個 ( 含 ) 以上自變數 ( 預測變數 (predictor variable))。<br>2. Interval scale or ratio scale( 連續變數 )。<br>3. Nominal scale or ordinal scale( 轉化為虛擬變數 )。 | 單一個依變數 ( 效標變數 (criterion variable))。<br>Interval scale or ratio scale( 連續變數 )。 |
| 4. 邏輯斯迴歸分析 (logistic 指令 ) | 1. 自變數 ( 預測變數 (predictor variable)) 數量不限。<br>2. Interval scale or ratio scale( 連續變數 )。<br>3. Nominal scale or ordinal scale( 轉化為虛擬變數 )。 | 單一個依變數。<br>兩項式 ( 二分 )Nominal scale。 |

　　邏輯斯迴歸用於預測類別變數 ( 通常是二元的 (banary))。(1) 對於類別依變數，如果所有的預測變數都是連續變數且分布良好的，則通常使用判別 (discriminant) 函數分析。(2) 如果所有預測變數都是類別的 (categorical)，通常採用 logistic 分析。(3) 如果預測變數是連續變數和類別變數的混合或者它們不是很好地分布 ( ∵ 邏輯斯迴歸沒有對預測變數的分布做出假設 )，則往往選擇邏輯斯迴歸。Logistic 迴歸特別流行於醫學研究中，其中，依變數 (y) 是患者是否患有疾病。

　　對於邏輯斯迴歸，預測的依變數是特定受試者將處於某一類別 ( 例如：小明患有某疾病的概率，給定其預測變數的分數集合 ) 的概率的函數。

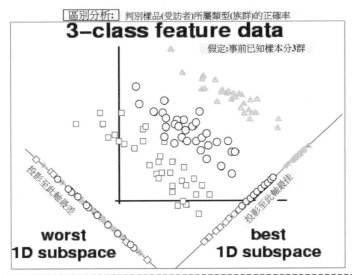

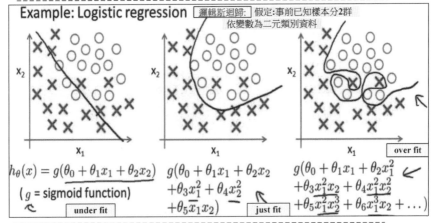

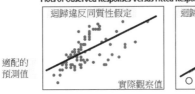

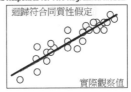

圖 7-3　區別分析與邏輯斯迴歸、複迴歸分析之比較圖

### 三、MANOVA 與 discriminant analysis 的差異

線性判別分析 (LDA) 與變異數分析 (ANOVA) 和迴歸分析緊密相關，這兩種分析方法也試圖通過一些特徵或測量值的線性組合來表示一個因變數。然而，變異數分析使用類別自變數和連續數因變數，而判別分析連續自變數和類別因變數 ( 即類標籤 )。邏輯斯迴歸和機率迴歸比變異數分析更類似於 LDA，因為他們也是用連續自變數來解釋類別因變數的。LDA 的基本假定 (assumption) 是自變數符合常態分布，當這一假定無法滿足時，在實際應用中更傾向於用上述的其他方法。

MANOVA 旨在瞭解各集群 ( 組 ) 樣本在哪幾個依變數的平均值達到顯著水準。判別分析透過得到自變數之線性組合方成函數，瞭解自變數 ( 觀測值 ) 在依變數 ( 集群、組數 ) 上分類的正確性，進而獲悉哪些自變數 ( 預測變數 ) 可以有效區分類別。

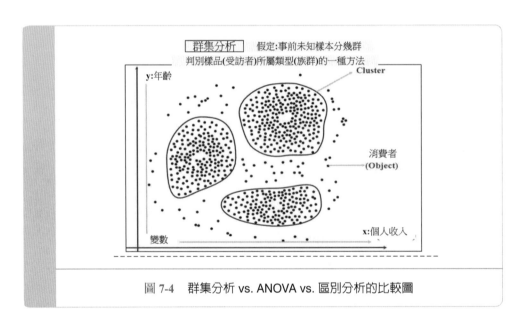

圖 7-4　群集分析 vs. ANOVA vs. 區別分析的比較圖

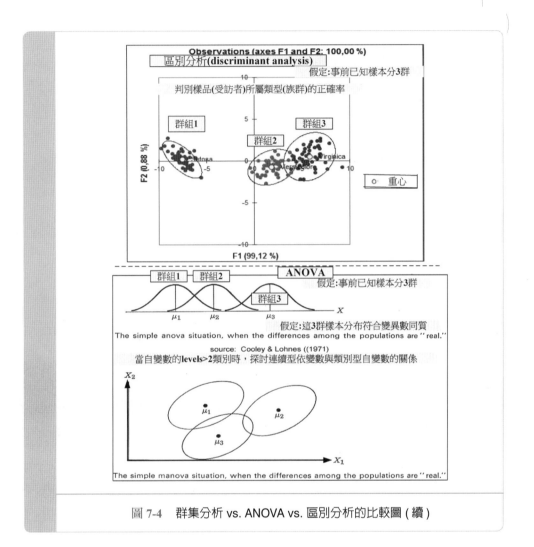

圖 7-4　群集分析 vs. ANOVA vs. 區別分析的比較圖（續）

## 四、判別準則

　　判別分析 (Discriminatory Analysis) 旨在根據已掌握的 1 批分類明確的樣品，建立較好的判別函數，使產生誤判的事例最少，進而對給定的 1 個新樣品，判斷它來自哪個總體。

　　根據資料的性質，分為定性資料的判別分析和定量資料的判別分析；採用不同的準則，又有 Fisher、貝葉斯 (Bayes)、距離等區別方法。

　　費雪 (Fisher) 區別思考是投影，使多維問題簡化為一維問題來處理。選擇一個適當的投影軸，使所有的樣品點都投影到這個軸上得到一個投影值。對這個投

影軸的方向的要求是：使每一類內的投影值所形成的類內離均差儘可能小，而不同類間的投影值所形成的類間離均差儘可能大。

貝氏 (Bayes) 區別思考是根據先驗概率求出後驗概率，並依據後驗概率分布作出統計推斷。所謂先驗概率，就是用概率來描述人們事先對所研究的對象的認識的程度；所謂後驗概率，就是根據具體資料、先驗概率、特定的區別規則所計算出來的概率。它是對先驗概率修正後的結果。

### 1. Fisher 區別準則

根據線性 Fisher 函數值進行區別，通常用於兩組區別問題。

要求各組變數的平均值有顯著差異。

### 2. Bayes 區別準則

根據各母體的先驗機率 (Prior probabilities)，使誤判的平均損失最小進行區別，通常用於多組區別。

要求滿足三個假設條件：多元常態分配、各組變異數矩陣相等、各組變數平均值有顯著差異。

### 3. 距離區別準則

距離區別思考是根據各樣品與各母體之間的距離遠近作出區別。即根據資料建立關於各母體的距離區別函數式，將各樣品數據逐一代入計算，得出各樣品與各母體之間的距離值，判樣品屬於距離值最小的那個母體。

## 7-1 區別分析／判別分析 (Discriminant analysis) 之概念

實際從事教育工作者常須由學生的表現判斷其未來在某一行業可能爲成功或失敗。預測日後發展的成敗似乎常發生在我們日常生活中，一般我們常以某些成功或失敗的案例爲標準來做爲判斷，如此主觀的判斷依賴的是決定者的經驗與智慧。判斷結果的正確率時高時低，卻是做決定者所必須考慮的。若決定的問題較複雜，且做決定的後果較嚴重，此時則需依賴較客觀的統計程序，例如區別分析即是一個相當適合的統計程序。

區別分析是多元統計分析中用於判別個體 ( 受訪者 ) 所屬類型 ( 族群 ) 的一種方法，與集群分析相同的勢將相似的樣本 ( 受訪者 ) 歸爲一類 ( 族群 )，不同

處卻在於集群分析預先不知道分類，而區別分析是在研究對象分類已知的情況下，根據樣本資料推導出一個或一組區別 ( 判別 ) 函數，同時指定一種判別規則，用於確定待判別樣本的所屬類別，使錯判率最小。

## 7-1-1 貝氏 (Bayes) 定理及分類 (classification)

### 一、貝氏 (Bayes) 分類法基本演算法

利用已知的事件發生之機率來推測未知資料的類別，此爲貝式分類最大的特色。當新的樣本資料加入時，只要再調整某些機率，及可以得到新的分類的模型 ( 機率 )，因此當資料不斷增加的時候，會有比較好的分類效能，但因貝氏分類器採用機率模型所建構，故有時會有不易解釋分類原因。

### ( 一 ) 貝氏定理：條件機率

一切都從條件機率開始說起，我們說 B 事件發生的條件下發生 A 事件的機率公式如下：

$$P(A|B) = \frac{P(A \cap B)}{P(B)} \tag{1}$$

現在把「B 事件發生的條件下發生 A 事件的機率」和「A 事件發生的條件下發生 B 事件的機率」公式寫在一起，然後做個公式位移：

$$P(B|A) = \frac{P(B \cap A)}{P(A)} \tag{2}$$

把 (1) 和 (2) 公式調整一下

$$P(B|A) \cdot P(A) = P(B \cap A) = P(A \cap B) = P(A|B) \cdot P(B)$$
$$\rightarrow P(B|A) \cdot P(A) = P(A|B) \cdot P(B)$$

最後把 P(B ∩ A) 帶入置換我們一開始說的 P(A|B) 公式，就可以導出貝氏定理

$$P(A|B) = \frac{P(B|A)P(A)}{P(B)}$$

這個公式也可解讀成下列意思：

$$P(posterior) = \frac{P(conditinal) \cdot P(prior)}{P(evidence)}$$

1. Prior probability：先驗機率，P(A) 是在觀察特徵或證據「前」，不考慮任何事件 B 的因素，能表達事件 A 的機率分布。

2. Posterior probability：後驗機率，P(A|B) 是在觀察特徵或證據「後」，所得到的條件機率。

**(二) 貝氏分類應用：新聞依照內容描述來自動分類為汽車 (C)、運動 (S)、科技 (T)。**

迴歸到貝氏分類，我們該如何應用貝氏定理還幫我們執行分類的工作呢？

我們剛剛提的「後驗機率」可以解釋成：

給定一些觀察特徵值，我們能計算事物是屬於某個分類的機率。

上述的觀察特徵值我們可以把表示成一個向量，對於新聞分類這問題，我們可以把特徵關鍵字字詞頻率表示成向量：

$$\vec{tf} = (tf_1, tf_2, tf_3, \cdots, tf_n)$$

我們現在的問題是要把新聞自動分類，那麼「後驗機率」就可以說成：

給定一些特徵關鍵字字詞頻率向量，我們能計算這篇新聞是屬於某個分類的機率。

寫成貝氏定理的公式就是：

$$P(\text{分類}|\text{特徵關鍵字字詞頻率向量}) = \frac{P(\text{特徵關鍵字字詞頻率向量}|\text{分類}) \cdot P(\text{分類})}{P(\text{特徵關鍵字字詞頻率向量})}$$

換成實際的例子就是

$$P(\text{汽車}|\text{賓士, 寶馬, 籃球, 路跑, 手機}, App) =$$

$$\frac{P(\text{賓士, 寶馬, 籃球, 路跑, 手機}, App|\text{汽車}) \cdot P(\text{汽車})}{P(\text{賓士, 寶馬, 籃球, 路跑, 手機}, App)}$$

中文解釋就是：

> 在出現「賓士、寶馬、籃球、路跑、手機、App」這些特徵關鍵字的情況下，
> 該篇新聞是屬於「汽車」的機率是多少？

會等於：

> 在「汽車」新聞當中出現「賓士、寶馬、籃球、路跑、手機、App」字詞的機率
> ×「汽車」新聞的機率 /「賓士、寶馬、籃球、路跑、手機、App」字詞的機率。

## (三) 訓練階段

貝氏分類器的訓練階段是計算：

$$P(特徵關鍵字字詞頻率向量|分類) \cdot P(分類)$$

這個算式的數值就要從訓練集合而來，我們要準備各個分類 ( 汽車、運動、科技 ) 的數篇新聞集合，然後做切字並且比對計算特徵關鍵字字詞頻率向量。

| 新聞 | 分類 | 賓士 | 寶馬 | 籃球 | 路跑 | 手機 | App |
|---|---|---|---|---|---|---|---|
| C63 發表會 | P | 15 | 25 | 0 | 5 | 8 | 3 |
| BMW i8 | P | 35 | 40 | 1 | 3 | 3 | 2 |
| 林書豪 | S | 5 | 0 | 35 | 50 | 0 | 0 |
| 湖人隊 | S | 1 | 5 | 32 | 15 | 0 | 0 |
| Android 5.0 | T | 10 | 5 | 7 | 0 | 2 | 30 |
| iPhone6 | T | 5 | 5 | 5 | 15 | 8 | 32 |

$$\rightarrow P( 賓士 , 寶馬 , 籃球 , 路跑 , 手機 , App| 汽車 ) \cdot P( 汽車 )$$
$$\rightarrow P( 賓士 , 寶馬 , 籃球 , 路跑 , 手機 , App| 運動 ) \cdot P( 運動 )$$
$$\rightarrow P( 賓士 , 寶馬 , 籃球 , 路跑 , 手機 , App| 科技 ) \cdot P( 科技 )$$

這邊我已經沒有寫 P( 特徵關鍵字字詞頻率向量 )，因為比較不同分類之間的後

驗機率時，分母 P( 特徵關鍵字字詞頻率向量 ) 總是常數，因此可以忽略。

### (四) 獨立事件

實際上，即便有了各分類的新聞集合，我們也很難計算 P( 特徵關鍵字字詞頻率向量 | 分類 )，也就是很難計算。

$$P( 賓士, 寶馬, 籃球, 路跑, 手機, App| 汽車 ) \cdot P( 汽車 )$$

所以要引進貝氏分類最重要的「獨立事件」假設，所謂獨立事件就是一個事件 A 的結果不會影響另一個事件 B 發生的機率，舉個例子，給予兩個公正的硬幣，投擲硬幣兩次，那麼第一次投擲的結果不影響第二次投擲的機率。兩個獨立事件發生的機率就會變成兩個事件機率的乘積。

$$P(A \cap B) = P(A) \cdot P(B)$$

回到我們的 P( 特徵關鍵字字詞頻率向量 | 分類 )，我們假設每個分類下的各個特徵關鍵字出現的機率彼此獨立，所以公式可以寫成：

$$P( 賓士, 寶馬, 籃球, 路跑, 手機, App| 汽車 ) \cdot P( 汽車 ) =$$
$$P( 賓士|汽車 ) \cdot P( 寶馬|汽車 ) \cdot P( 籃球|汽車 ) \cdot P( 路跑|汽車 ) \cdot P( 手機|汽車 ) \cdot$$
$$P(App| 汽車 ) \cdot P( 汽車 )$$

### (五) 字詞分布模型

這邊我們有兩個字詞分布模式，分別為：

1. Bernouli 分布：只判斷字詞是否有出現，就出現就是 1，沒有出現就是 0。

   (1) P( 分類 ) = 該分類新聞篇數 / 所有訓練集合新聞篇數

   (2) P( 特徵關鍵字 | 分類 ) = ( 該分類下包含特徵關鍵字的新聞篇數 + 1) / ( 該分類下包含特徵關鍵字的新聞篇數 + 2)

2. Multinomial 分布：直接採用字詞出現頻率。

   (1) P( 分類 ) = 該分類下字詞頻率總和 / 所有訓練集合字詞頻率總和

   (2) P( 特徵關鍵字 | 分類 ) = ( 該分類下、該關鍵字字詞頻率總和 + 1) / ( 該分類下所有關鍵字字詞頻率總和 + 訓練集合關鍵字個數 )

**(六) 計算步驟**

以下我們都採用 Multimonimal 來計算。

我們開始先訓練分類器,這邊只用「汽車」分類當作例子,其他分類計算方式類似,各個特徵關鍵字的分類機率如下:

$$P(賓士|汽車) = \frac{((15+35)+1)}{140+6} = 0.3493150684931507$$

$$P(寶馬|汽車) = \frac{((25+40)+1)}{140+6} = 0.4520547945205479$$

$$P(籃球|汽車) = \frac{((0+1)+1)}{140+6} = 0.0136986301369863$$

$$P(路跑|汽車) = \frac{((5+3)+1)}{140+6} = 0.06164383561643835$$

$$P(手機|汽車) = \frac{((25+40)+1)}{140+6} = 0.0821917808219178$$

$$P(App|汽車) = \frac{((25+40)+1)}{140+6} = 0.0410958904109589$$

$$P(汽車) = 0.343980343980344$$

訓練階段完成,這些數值等等會使用到。

現在有一篇新的新聞,其特徵關鍵字字詞頻率:

| 地點 | 分類 | 賓士 | 寶馬 | 籃球 | 路跑 | 手機 | App |
|------|------|------|------|------|------|------|-----|
| 騎士隊 | ? | 10 | 2 | 50 | 56 | 8 | 5 |

我們要計算該篇新聞屬於「汽車」的機率:

$$P(汽車|特徵關鍵字) = (0.3493150684931507^{10} \cdot 0.4520547945205479^{2} \cdot$$
$$0.0136986301369863^{50} \cdot 0.06164383561643835^{56} \cdot 0.0821917808219178^{8} \cdot$$
$$0.0410958904109589^{5}) \cdot 0.343980343980344$$

這些乘積出來的結果就是這篇新的新聞屬於「汽車」的機率。

**(七) 向下溢位**

如果把這個公式的數值給電腦算,應該有 99.99999% 的機率算不出來,為何?因為機率小於 1,越小的數字會越乘越小,這樣乘下去電腦就產生「向下溢

位」的問題，這邊我們要修改一下機率的計算公式，我們把公式兩邊都取 log，指數就變成相乘，原本相乘就變成相加，算出來的就是機率的 log 值。

注意，這邊我們重點在於比較各分類的機率大小關係，而非數值本身，所以所有分類機率數值都取 log 一樣可以比較所屬分類。

---

### 小結

1. 貝氏分類對於少量的訓練集合一樣會有不錯的分類準度，它的威力恰好在於小樣本下，專家意見或歷史經驗，也就是所謂的先驗分配，能夠補足小樣本的不足，使得推論能夠進行。
2. 適合用在資料會不斷成長的應用。

---

## 7-1-2 線性與二次分類方法

### 一、線性區別分析 (Linear discriminant analysis, LDA)

區別分析又稱判別分析。線性區別函數 (LDF)，是區別分析法中主要的工具。最早由 Fisher(1936) 提出，並應用於花卉分類上。他將花卉之各種特徵 (character)（如花瓣長與寬、花萼長與寬等）利用線性組合 (Linear combination) 方法，將這些基本上是多變數的數據 (Multivariate data)，轉換成單變數 (Univariate data)。再以這個化成單變數的線性組合數值來區別事物間的差別。

線性區別分析 (Linear discriminant analysis, LDA) 是的廣義 Fisher 的線性區別，LDA 的統計法，就是在模樣辨識 (Pattern recognition) 和機器學習中找到一個特徵 (Features that characterizes) 的線性組合或兩類（以上）對象或事件的分離。所得到的線性組合可以用作線性分類器 (Linear classifier)，或用於之後的類別來降低之前維數 (Dimensionality reduction before later classification)。

LDA 與變異數分析 (ANOVA) 和迴歸分析有密切相關，都試圖將一組自變數（解釋變數）的組合式來預測單一依變數。

然而，ANOVA 使用類別型 (categorical) 自變數和連續型 (continuous) 依變數；但判別分析恰好將「類別 vs. 連續型」角色對調，判別分析的自變數是連續型且依變數是類別型。故 Logistic 迴歸和概率迴歸比 ANOVA 更近似 LDA，因爲它

們也都透過「連續型自變數的值來解釋類別變數」。這些「Logistic 迴歸、概率迴歸」方法比 ANOVA 更適合於「自變數違反常態分布」的應用。自變數符合常態分布是 LDA 方法的基本假定 (assumption)。

LDA 與主成分分析 (Principal component analysis, PCA) 和因素 (factor) 分析都有統計分析程序之密切相關，因為它們都試圖尋找最能解釋數據的線性變數組合。LDA 試圖在不同類別 (classes) 之間來建模。但，主成分分析則不考慮類別差異。因素分析旨在利用差異 ( 不是相似性 (similarities)) 來建構特徵組合 (Feature combinations)。區別分析也不同於因素分析，因為它不是一種相互依賴 (interdependence) 的技術，它必須區分自變數和依變數 ( 也稱為 criterion 變數 )。

當每個觀察值的自變數是連續型時，LDA 就很好用。反之，當處理類別型自變數時，相對應的技術就是區別對應分析 (Discriminant correspondence analysis) (ca、mca 指令 )。

## 二、線性與二次分類方法

### ( 一 ) 線性區別分析 (Linear discriminant analysis)

區別分析法 (Discriminant analysis)，是在已知的分類之下，一但遇到有新的樣本時，可以利用此法選定一區別標準，以判定如何將新樣本放置於哪個類別中，而線性區別分析 (Linear discriminant analysis，簡稱 LDA)，是區別分析中主要的工具。最早由 R.A.Fisher(1936) 提出，分類的判定理論裡告訴我們需要去知道最佳分類下的各類別事後機率 Pr(G|X)，假設 $f_k(x)$ 為 G = k 時 X 的條件密度函數且 $\pi_k$ 為類別 k 時的事前機率 (Prior probability) 並滿足 $\sum_{k=1}^{K} \pi_k = 1$，以貝式理論的觀點告訴我們：

$$Pr(G=k|X=x) = \frac{f_k(x)\pi_k}{\sum_{l=1}^{K} f_l(x)\pi_l}$$

假設每一類別的密度函數為一多維的常態分配 (Multivariate Gaussian)，且這每一類別的多維常態分配 (Multivariate Gaussian) 有一樣共同的共變異矩陣 (Covariance matrix) 時，在比較類別 k 跟 l 時，我們可以容易的由對數概度比 (log-ratio) 清楚的得到 x 的線性函數：

$$\log\frac{\Pr(G=k|X=x)}{\Pr(G=l|X=x)} = \log\frac{\pi_k}{\pi_l} - \frac{1}{2}(\mu_k+\mu_l)^T\Sigma^{-1}(\mu_k-\mu_l) + x^T\Sigma^{-1}(\mu_k-\mu_l)$$

此線性對數勝算比函數 (Linear log-odds function) 暗示我們區分 k 跟 l 的區別邊界 (Decision boundary) 即為 Pr(G = k|X = x) = Pr(G = l|X = x) 所成的集合，此集合在二為空間中則形成一直線，在 p 維空間中則形成一個超平面 (hyperplane)，當然這對任意的兩個類別的區分都成立且所有的區別邊界 (Decision boundary) 均為一直線或超平面 (hyperplane)，將此方法用於 Cushing's syndrome 的例子 ( 如下圖所示)，我們可以清楚的看到，共有兩條直線將資料分成 3 類，其中共有 5 個分錯。

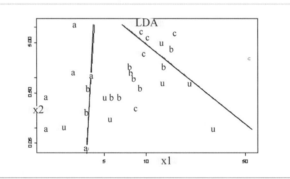

圖 7-5　兩個類別的區分都成立且所有的區別邊界 (decision boundary) 均為一直線或超平面

## (二) 二次區別分析 (Quadratic discriminant analysis)

根據上述所假設的資料型態與模型中，若每一類別的多維常態分配 (Multivariate Gaussian) 裡的共變異矩陣 (Covariance matrix) 彼此不相同時，則上式中的對數概度比 (log-ratio) 裡的共變異矩陣 (Covariance matrix) 則無法消去，此結果將使區別邊界 (Decision boundary) 為 x 的二次式 (Quadratic form)，因而我們得到二次區別分析 (Quadratic discriminant analysis, QDA)：

$$\delta_k(x) = -\frac{1}{2}\log|\Sigma_k| - \frac{1}{2}(x-\mu_k)^T\Sigma_k^{-1}(x-\mu_k) + \log\pi_k$$

當然這對任意的兩個類別區分的區別邊界 (Decision boundary) 均為二次曲線或曲

面，將此方法用於 Cushing's syndrome 的例子 ( 如下圖所示 )，我們可以清楚的看到，共有兩條曲線將資料分成 3 類，而其中共有 3 個分錯，在這個例子中，我們可以容易的判斷二次似乎比線性分類來得好，但這並不是絕對的。

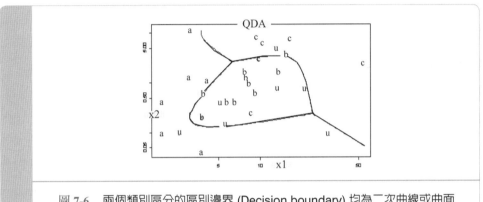

圖 7-6　兩個類別區分的區別邊界 (Decision boundary) 均為二次曲線或曲面

## ( 三 ) 邏輯斯迴歸 (Logistic regression)

除了上述兩種常見的分類方法，還有一個比較常見的分類方法就是邏輯斯迴歸 (Logistic regression)，邏輯斯迴歸模型應用於分類方法上構思於我們想將 K 類別的事後機率 (Posterior probabilities) 作成 x 的線性函數且 K 類別的事後機率 (Posterior probabilities) 總和為 1，此模型有以下的形式：

$$\log \frac{\Pr(G=1 \mid X=x)}{\Pr(G=K \mid X=x)} = \beta_{10} + \beta_1^T x$$

$$\log \frac{\Pr(G=2 \mid X=x)}{\Pr(G=K \mid X=x)} = \beta_{20} + \beta_2^T x$$

……

$$\log \frac{\Pr(G=K-1 \mid X=x)}{\Pr(G=K \mid X=x)} = \beta_{(K-1)0} + \beta_{K-1}^T x$$

雖然此模型使用第 K 類別為勝算比 (odds-ratios) 的分母，但實際上此分母的選擇可以是任意一類別的，然後經由一個簡單的計算我們可以得到：

$$\Pr(G=k\,|\,X=x) = \frac{\exp(\beta_{k0} + \beta_k^T x)}{1 + \sum_{l=1}^{K-1}\exp(\beta_{l0} + \beta_l^T x)}\,,\ k = 1, \cdots, K-1,$$

$$\Pr(G=k\,|\,X=x) = \frac{1}{1 + \sum_{l=1}^{K-1}\exp(\beta_{l0} + \beta_l^T x)}$$

由上面式子中我們可以清楚的得到它們的總和爲 1，在邏輯斯迴歸模型裡通常由最大概似估計式去配適模型的參數，其中條件分配爲 Pr(G|X)，因此 N 個觀察值的對數概度估計式 (log-likelihood) 爲：

$$l(\theta) = \sum_{i=1}^{N}\log p_{gi}(x_i;\theta)\,,\ \text{其中}\ p_k(x_i;\theta) = \Pr(C=K\,|\,X=x_i;\theta)$$

進一步以牛頓 - 辛普森法 (Newton-Raphson algorithm) 求得參數 $\theta$，此模型大部分使用於資料分析與推論工具，而在此我們的目的在於以解釋變數將應變數分類的方法，當然這對任意的兩個類別的區分都成立且所有的區別邊界 (Decision boundary) 均爲一直線或超平面 (hyperplane)，將此方法用於 Cushing's syndrome 的例子 ( 如下圖所示 )，我們可以清楚的看到，共有兩條直線將資料分成 3 類，而其中共有 5 個分錯，在這例子中邏輯斯迴歸 (Logistic regression) 與線性區別分析似乎分的一樣好。

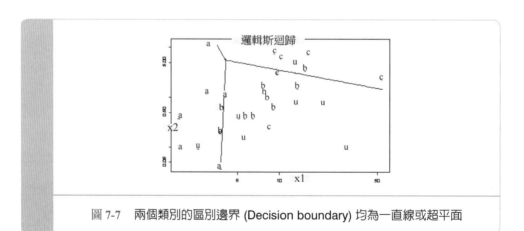

圖 7-7　兩個類別的區別邊界 (Decision boundary) 均為一直線或超平面

**( 四 ) 邏輯斯迴歸 (Logistic regression) 與線性判別分析 (LDA) 的比較**

　　線性判別分析 (LDA) 在假設成立時，即各類別資料中符合多維常態分配的假設及在各類別資料裡的多維常態分配中有共同的共變異矩陣 (Covariance matrix) 時，我們可以清楚的得到任兩類別的對數事後機率勝算比 (Log-posterior odds) 為 x 的線性函數，而邏輯斯迴歸模型也是 x 的線性函數，雖然兩者乍看之下很相似，實際上兩者並不相同，其中的差異在於兩者參數的估計，邏輯斯迴歸模型比較一般化，它使用較少的假設，就可以估計模型，且它是以條件概度函數去估計參數，而線性判別分析是以全部的對數概度函數去估計參數，因此兩者的參數估計式是不相同的。

## 7-1-3　費雪 (Fisher) 的判別分析與線性判別分析

在許多現實應用中，我們往往要面對高維度 ( 多變數 ) 數據，為便利分析，降維 (Dimension reduction) 常是一個必要的前處理工作。主成分分析 (Principal components analysis) 是目前普遍被採用的降維技術 ( 見「主成分分析」)。主成分分析是一種非教導式學習法 (Unsupervised learning)，根據樣本自身的統計性質降維，並不在乎 ( 甚至不知道 ) 這些數據的後續應用。在機器學習領域，分類 (classification) 與迴歸 (regression) 是兩個最具代表性的問題描述典範。所謂分類是指判別出數據點所屬的類別。本文介紹英國統計學家費雪 (Ronald Fisher) 最早提出的一個專為包含兩個類別樣本所設計的教導式 (supervised) 降維法，稱作費雪的區別分析 (Fisher's discriminant analysis)，隨後並討論三個延伸問題：

1. 甚麼是線性區別分析 (Linear discriminant analysis)？它與費雪的區別分析有何關係？

2. 線性區別分析與最小平方法有甚麼關聯性？

3. 費雪的區別分析如何推廣至多類別 ( 類別數大於 2) 區別分析？

### 一、費雪的判別分析

假設我們有一筆維數等於 d，樣本大小為 n 的數據 $\{x_1, x_2, \cdots, x_n\}$，也就是說，數據點 $x_1, x_2, \cdots, x_n$ 散布在 $R^d$ 空間。假設此樣本包含兩個類別，第一類有 $n_1$ 個數據點，以 $C_1$ 表示指標集合，第二類有 $n_2$ 個數據點，以 $C_2$ 表示指標集合，$n_1 + n_2 = n$。費雪提出這個想法：將 $R^d$ 空間的數據點投影至一穿越原點的直線，以達到降低樣本維數的效果。透過改變直線的指向，我們期望找出一最佳直線使得二類數據點於直線的投影盡可能地分離開來，這就是費雪的判別分析的目的。

令單位向量 $w \in R^d(\|w\| = 1)$ 代表直線 L 的指向，即 $L = cW \mid c \in R$。對於任一 $x \in R^d$，令 $yw$ 表示 x 在直線 L 的正交投影。根據正交原則，殘餘量 x-$yw$ 正交於 w，即有 $w^T(-yw) = 0$，整理可得：

$$y = \frac{w^T x}{w^T w} = w^T x$$

根據上式，令 $x_1, \cdots, x_n$ 至直線 L 的投影量（投影座標）為 $y_1, \cdots, y_n$，即 $y_i = w^T x_i$，$1 \leq i \leq n$。設定一門檻值 $w_0$，立刻得到一個簡單的線性分類法則：若 $w^T x \leq -w_0$，則數據點 x 歸於第一類 ($C_1$)，否則歸於第二類 ($C_2$)。稍後我們會說明如何決定 $w_0$，眼前的問題是：怎麼求出使分類效果最佳的直線指向 w？

直覺上，為了獲致最好的分類效果，我們希望分屬兩類別的數據點的投影距離越遠越好。寫出兩個類別數據點的各自樣本中心（樣本平均數向量）：

$$m_j = \frac{1}{n_j} \sum_{i \in c_j} x_i, \ j = 1, 2$$

投影量的樣本平均數就是樣本中心的投影，如下：

$$m_j = \frac{1}{n_j} \sum_{i \in c_j} y_i = \frac{1}{n_j} \sum_{i \in c_j} w^T x_i = w^T x_j, \ j = 1, 2$$

因此，兩類別的樣本中心投影的距離為：

$$|m_2 - m_1| = |w^T(m_2 - m_1)|$$

由於我們已經加入限制 $\|w\| = 1$，樣本中心投影的距離平方$(m_2 - m_1)^2$，稱為組間散布 (Between-class scatter)，不會隨著 w 的長度變化而無限制地增大。使用 Lagrange 乘數法可解出 w 使最大化組間散布平方：

$$L(\lambda, w) = (w^T(m_2 - m_1))^2 - \lambda(w^T w - 1)$$
$$= w^T(m_2 - m_1)(m_2 - m_1)^T w - \lambda(w^T w - 1)$$

其中，$\lambda$ 是 Lagrange 乘數。計算之偏導數：

$$\frac{\partial L}{\partial w} = 2(m_2 - m_1)(m_2 - m_1)^T w - 2\lambda w$$

令上式等於 0，因爲 $(m_2 - m_1)^T w$ 爲一純量，立得 $w \propto m_2 - m_1$，再予以歸一化即可。這個做法有一個明顯的缺點。下面之左圖顯示二類數據點在平面上有良好的散布區隔，但投影至連接樣本中心的直線後反而產生嚴重的交疊。這個現象發生的原因在於描述數據點的兩個變數存在顯著的共變異，換句話說，二變數之間的相關係數不爲 0。爲了克服這個問題，費雪建議直線指向 w 不僅要使樣本中心的投影分離開來，同時還要使同一組內的投影變異越小越好，如下面之右圖。

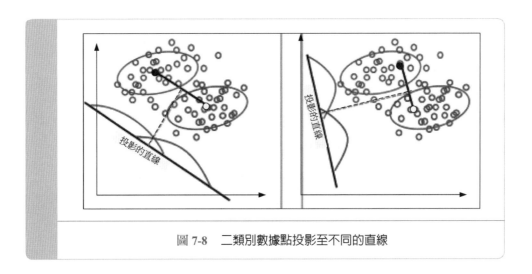

圖 7-8　二類別數據點投影至不同的直線

定義兩類別的投影樣本的組內散布 (Within-class scatter) 爲：

$$s_j^2 = \sum_{i \in c_j} (y_i - m_j)^2, \ j = 1, 2$$

將組內散布 $s_j^2$ 除以 $(n_j - 1)$ 即爲組內樣本變異數。整體的投影樣本組內散布爲 $s_1^2 + s_2^2$。費雪提出的準則爲最大化組間散布和整體組內散布的比值：

$$J(w) = \frac{(m_2 - m_1)^2}{s_1^2 + s_2^2}$$

下面解說如何求出使上式最大的單位向量 w。定義組內散布矩陣

$$s_j = \sum_{i \in c_j} (x_i - m_j)(x_i - m_j)^T, \ j = 1, 2$$

以及整體組內散布矩陣 $S_W = S_1 + S_2$。對於 $j = 1, 2$，組內散布 $s_j^2$ 可表示爲組內散

布矩陣 $S_j$ 的二次型：

$$s_j^2 = \sum_{i \in c_j} (\mathbf{w}^T \mathbf{x}_i - \mathbf{w}^T \mathbf{m}_j)^2$$

$$= \sum_{i \in c_j} \mathbf{w}^T (\mathbf{x}_i - \mathbf{m}_j)(\mathbf{x}_i - \mathbf{m}_j)^T \mathbf{w}$$

$$= \mathbf{w}^T \Big( \sum_{i \in c_j} (\mathbf{x}_j - \mathbf{m}_j)(\mathbf{x}_i - \mathbf{m}_j)^T \Big) \mathbf{w}$$

$$= \mathbf{w}^T S_j \mathbf{w}$$

整體組內散布即為：

$$s_1^2 + s_2^2 = \mathbf{w}^T S_1 \mathbf{w} + \mathbf{w}^T S_2 \mathbf{w} = \mathbf{w}^T S_W \mathbf{w}$$

類似地，定義組間散布矩陣：

$$S_B = (\mathbf{m}_2 - \mathbf{m}_1)(\mathbf{m}_2 - \mathbf{m}_1)^T$$

組間散布$(\mathbf{m}_2 - \mathbf{m}_1)^2$也可表示為組間散布矩陣 $S_B$ 的二次型：

$$(\mathbf{m}_2 - \mathbf{m}_1)^2 = (\mathbf{w}^T \mathbf{m}_2 - \mathbf{w}^T \mathbf{m}_1)^2$$

$$= \mathbf{w}^T (\mathbf{m}_2 - \mathbf{m}_1)(\mathbf{m}_2 - \mathbf{m}_1)^T \mathbf{w}$$

$$= \mathbf{w}^T S_B \mathbf{w}$$

組內散布矩陣(在不造成混淆的情況下，整體組內散布矩陣簡稱為組內散布矩陣)$S_W$ 是一個對稱半正定矩陣。如果 $n > d$，$S_W$ 通常是正定矩陣，也就是可逆矩陣，以下假設如此。組間散布矩陣 $S_B$ 是樣本中心差 $\mathbf{m}_2 - \mathbf{m}_1$ 的外積 (Outer product)，因此是對稱半正定；當 $\mathbf{m}_1 \neq \mathbf{m}_2$ ( 絕大多數的應用都滿足此條件 )，rank $S_B = 1$。

使用組間散布和組內散布的二次型表達，費雪準則可用矩陣式表示為：

$$J(\mathbf{w}) = \frac{\mathbf{w}^T S_B \mathbf{w}}{\mathbf{w}^T S_W \mathbf{w}}$$

最大化費雪準則等價於下列約束優化問題：

$$\max_{\mathbf{w}^T S_W \mathbf{w} = 1} \mathbf{w}^T S_B \mathbf{w}$$

使用 Lagrange 乘數法不難推導出最佳條件式。這裡我們介紹一個線性代數方法：費雪準則也稱為廣義 Rayleigh 商，最大化 J(\mathbf{w}) 等價於求解廣義特徵值

問題：

$$S_B \mathrm{w} = \lambda S_W \mathrm{w}$$

由於 $S_W$ 是可逆矩陣，廣義特徵值問題退化為一般特徵值問題 $S_W^{-1} S_B \mathrm{w} = \lambda \mathrm{w}$。因為 $S_W^{-1}$ 和 $S_B$ 都是半正定，$S_W^{-1} S_B$ 的特徵值 $\lambda$ 為非負數，保證 w 必然是實特徵向量。廣義特徵方程左乘 $\mathrm{w}^T$，$\mathrm{w}^T S_B \mathrm{w} = \lambda \mathrm{w}^T S_W \mathrm{w}$，可知費雪準則為 $J(\mathrm{w}) = \lambda$，因此我們要挑選出最大的特徵值。但 $\mathrm{rank}\,(S_W^{-1} S_B) = \mathrm{rank} S_B = 1$，表示 $S_W^{-1} S_B$ 僅有唯一一個正特徵值。寫出特徵方程的顯式表達 $S_W^{-1}(\mathrm{m}_2 - \mathrm{m}_1)(\mathrm{m}_2 - \mathrm{m}_1)^T \mathrm{w} = \lambda \mathrm{w}$，忽略式中的純量，對應唯一正特徵值的特徵向量為：

$$\mathrm{w} \propto S_W^{-1}(\mathrm{m}_2 - \mathrm{m}_1)$$

直白地說，最佳投影直線的指向即為連接兩類別樣本中心的向量於排除組內散布效應後的方向 ( 如圖 7-8 之右圖所示 )。

## 二、線性判別分析

在機器學習和模式判別中，分類 (classication) 可視為一種決策問題：給定一數據點，判斷它所屬的類別。本文介紹源自於統計學多變量分析的一個古典分類法，稱作線性判別分析 (Linear discriminant analysis，簡稱 LDA)。就理論面來說，線性判別分析與費雪 (Ronald Fisher) 的判別分析 ( 一種應用於分類問題的降維方法 ) 和邏輯斯迴歸 (Logistic regression，一種應用於分類問題的非線性模型 ) 有著密切的關係。就應用面而言，由於線性判別分析建立於嚴苛的假設上，它的分類效能並不突出，或許因為這個緣故，線性判別分析經常被當作與其他方法比較的基準。

費雪的判別分析其實是一個應用於兩類別樣本的降維方法，它本身並不具備判別功能。如欲將費雪的判別分析引進分類功能，我們還須決定分類法則 $\mathrm{w}^T \mathrm{x} \leq -w_0$ 的門檻值 $w_0$，這個分類法稱為線性判別分析 (Linear discriminant analysis，簡稱 LDA)。線性判別分析假設分類樣本的條件密度 $p(\mathrm{x}|C_1)$ 和 $p(\mathrm{x}|C_2)$ 服從常態分布：

$$N(\mathrm{x}\,|\,\mu_j, \Sigma) = \frac{1}{(2\pi)^{n/2}|\Sigma|^{1/2}} \exp\left\{ -\frac{1}{2}(\mathrm{x} - \mu_j)^T \Sigma^{-1}(\mathrm{x} - \mu_j) \right\}$$

其中 $\mu_j \in \mathbb{R}^d$ 是類別 $c_j$ 的平均數向量，$\Sigma$ 是 $d \times d$ 階共變異數矩陣 (Covariance matrix)，$|\Sigma|$ 表示 $\Sigma$ 的行列式。請特別注意，線性判別分析假設兩類別有相同的共變異數矩陣 $\Sigma$，也就是說，兩類別的數據點具有相同的散布型態。

給定一數據點 $x \in \mathbb{R}^d$，如何判定它應歸類於 $c_1$ 抑或 $c_2$？貝氏定理 (Bayes' theorem) 提供了解答：

$$P(c_j \mid x) = \frac{p(x \mid c_j) P(c_j)}{p(x)}$$

其中，

1. $P(c_j)$ 是類別 $c_j$ 出現的機率，稱為先驗機率 (Priori probability)；
2. $p(x \mid c_j)$ 是條件密度函數，即給定類別 $c_j$，數據點 x 的機率密度函數，也稱為似然 (likelihood)；
3. $p(x)$ 是數據點 x 的機率密度函數，稱為證據 (evidence)，算式為：

$$p(x) = p(x \mid c_1) P(c_1) + p(x \mid c_2) P(c_2)$$

所謂貝氏最佳分類器就是將數據點 x 的類別指定給最大後驗機率所屬的類別：若 $P(c_1 \mid x) \geq P(c_2 \mid x)$，則 x 歸於第一類，否則歸於第二類。因為對數函數 $\log(\cdot)$ 是一個單調遞增函數，$P(c_1 \mid x) \geq P(c_2 \mid x)$ 等價於 $\log P(c_1 \mid x) \geq \log P(c_2 \mid x)$。此外，後驗機率 $P(c_1 \mid x)$ 和 $P(c_2 \mid x)$ 有相同的分母 $p(x)$，我們大可直接比較分子的大小。所以，貝氏最優分類法則可以改寫為：若 $\log p(x \mid c_1) + \log P(c_1) \geq \log p(x \mid c_2) + \log P(c_2)$，則 x 歸於第一類，否則歸於第二類。

考慮第一類數據點 x，將多變量常態分布代入 $p(x \mid c_j)$，移除常數部分，得到不等式：

$$-\frac{1}{2}(x - \mu_1)^T \Sigma^{-1}(x - \mu_1) + \log P(c_1) \geq -\frac{1}{2}(x - \mu_2)^T \Sigma^{-1}(x - \mu_2) + \log P(c_2)$$

乘開化簡可得：

$$(\mu_2 - \mu_1)^T \Sigma^{-1} x \leq \frac{1}{2}\mu_2^T \Sigma^{-1}\mu_2 - \frac{1}{2}\mu_1^T \Sigma^{-1}\mu_1 - \log P(c_2) + \log P(c_1)$$

因此，線性判別分析的分類法則如下：若 $w^T x \leq -w_0$，則 x 歸於第一類，否則歸於第二類，其中：

$$w = \Sigma^{-1}(\mu_2 - \mu_1)$$

$$w_0 = -\frac{1}{2}\mu_2^T\Sigma^{-1}\mu_2 + \frac{1}{2}\mu_1^T\Sigma^{-1}\mu_1 + \log P(c_2) - \log P(c_1)$$

給定一訓練樣本，先驗機率 $P(c_j)$ 以類別樣本出現的頻率 $n_j/n$ 估計，類別平均數向量 $\mu_j$ 以樣本平均數向量 $m_j$ 估計，共變異數矩陣 $\Sigma$ 則以加權平均 ( 有偏 ) 共變異數矩陣 $S$ 估計，其中：

$$S = \left(\frac{n_1}{n}\right)\frac{1}{n_1}\sum_{i \in c_1}(x_i - m_1)(x_i - m_1)^T + \left(\frac{n_2}{n}\right)\frac{1}{n_2}\sum_{i \in c_2}(x_i - m_2)(x_i - m_2)^T$$

$$= \frac{1}{n}(S + S_2) = \frac{1}{n}S_W$$

採用估計量的線性判別分析給出：

$$w = nS_W^{-1}(m_2 - m_1)$$

這與費雪的判別分析的最佳直線有相同的指向，同時並確定了判別門檻：

$$w_0 = -\frac{n}{2}m_2^TS_W^{-1}m_2 + \frac{n}{2}m_1^TS_W^{-1}m_1 + \log\frac{n_2}{n} - \log\frac{n_1}{n}$$

## 三、最小平方法

線性判別分析給出分隔兩類別的線性邊界 $w^Tx = -w_0$，我們不免好奇這個邊界可否從最小平方法推導？的確可行，構想是將兩類別的分類問題改寫成迴歸問題。考慮線性迴歸模型 $g(x) = w^Tx + w_0$。若樣本數據點 $x_i$ 屬於第一類，則設目標值為 $n/n_1$；若 $x_i$ 屬於第二類，設目標值為 $n/n_2$。定義最小平方誤差函數：

$$E = \frac{1}{2}\sum_{i=1}^{n}(g(x_i) - r_i)^2 = \frac{1}{2}\sum_{i=1}^{n}(w^Tx_i + w_0 - r_i)^2$$

其中 $r_i = n/n_i$ 若 $i \in c_i$，$r_i = -n/n_2$ 若 $i \in c_2$。計算偏導數：

$$\frac{\partial E}{\partial w_0} = 2\sum_{i=1}^{n}(w^Tx_i + w_0 - r_i)$$

$$\frac{\partial E}{\partial w} = 2\sum_{i=1}^{n}(w^Tx_i + w_0 - r_i)x_i$$

令上面兩式為 0。由 $\frac{\partial E}{\partial w_0} = 0$ 可解出：

$$w_0 = -\frac{1}{n}\sum_{i=1}^{n}\mathbf{w}^T\mathbf{x}_i + \sum_{i=1}^{n}r_i$$

$$= -\mathbf{w}^T\left(\frac{1}{n}\sum_{i=1}^{n}\mathbf{x}_i\right) + n_1\frac{n}{n_1} - n_2\frac{n}{n_2}$$

$$= -\mathbf{w}^T\mathbf{m}$$

將解得的 $w_0$ 表達式代入 $\frac{\partial E}{\partial w} = 0$，整理化簡可得：

$$\left(S_W + \frac{n_1 n_2}{n}S_B\right)\mathbf{w} = n(\mathbf{m}_1 - \mathbf{m}_2)$$

展開即有：

$$S_W\mathbf{w} = -\frac{n_1 n_2}{n}(\mathbf{m}_2 - \mathbf{m}_1)(\mathbf{m}_2 - \mathbf{m}_1)^T\mathbf{w} + n(\mathbf{m}_1 - \mathbf{m}_2)$$

$$= \left(-\frac{n_1 n_2}{n}(\mathbf{m}_2 - \mathbf{m}_1)^T\mathbf{w} - n\right)(\mathbf{m}_2 - \mathbf{m}_1)$$

不計純量，則得：

$$\mathbf{w} \propto S_W^{-1}(\mathbf{m}_2 - \mathbf{m}_1)$$

因為 $\mathbf{w}$ 的長度不影響邊界 $\mathbf{w}^T\mathbf{x} - \mathbf{w}^T\mathbf{m} = 0$，直接設 $\mathbf{w} = S_W^{-1}(\mathbf{m}_2 - \mathbf{m}_1)$，可得分類法則：若 $\mathbf{w}^T\mathbf{x} \leq \mathbf{w}^T\mathbf{m}$，則 $\mathbf{x}$ 歸為第一類，否則歸為第二類。原因如下：代入 $\mathbf{x} = \mathbf{m}_1$，則：

$$\mathbf{w}^T(\mathbf{m}_1 - \mathbf{m}) = (\mathbf{m}_2 - \mathbf{m}_1)^T S_W^{-1}\left(\mathbf{m}_1 - \frac{n_1}{n}\mathbf{m}_1 - \frac{n_2}{n}\mathbf{m}_2\right)$$

$$= -\frac{n_2}{n}(\mathbf{m}_2 - \mathbf{m}_1)S_W^{-1}(\mathbf{m}_2 - \mathbf{m}_1) < 0$$

上面不等式係因 $S_W^{-1}$ 是正定矩陣。費雪的判別分析、線性判別分析和最小平方法導出同樣的直線指向 $\mathbf{w}$。請讀者自行驗證：當 $n_1 = n_2 = n/2$，最小平方法和線性判別分析給出相同的分類邊界 $\mathbf{w}^T\mathbf{x} + w_0 = 0$。

## 四、多類別判別分析

費雪的判別分析限定於包含兩類別的樣本，後續學者將它推廣至 $k > 2$ 類別的情況，即 $c_1, \cdots, c_k$。首先，我們推廣組內散布矩陣和組間散布矩陣。多類別的組內散布矩陣可由 $k = 2$ 延伸而得：

$$S_W = \sum_{i=1}^{k} S_j$$

其中：

$$S_j = \sum_{i \in c_j} (x_i - m_j)(x_i - m_j)^T, \quad j = 1, \cdots, k$$

且

$$m_j = \frac{1}{n_j} \sum_{i \in c_j} x_i, \quad j = 1, \cdots, k$$

上式中 $n_1 + \cdots + n_k = n$。不過，組間散布矩陣的適切推廣則不明顯。我們從另一個方向著手。定義整體樣本平均數向量 m 和整體散布矩陣 $S_T$ 為：

$$m = \frac{1}{n} \sum_{i=1}^{n} x_i = \frac{1}{n} \sum_{j=1}^{k} \sum_{i \in c_j} x_i = \frac{1}{n} \sum_{j=1}^{k} n_j m_j$$

$$S_T = \sum_{i=1}^{n} (x_i - m)(x_i - m)^T$$

使用上面兩式化簡整體散布矩陣 $S_T$，過程如下：

$$S_T = \sum_{j=1}^{k} \sum_{i \in c_j} (x_i - m_j + m_j - m)(x_i - m_j + m_j - m)^T$$

$$= \sum_{j=1}^{k} \sum_{i \in c_j} (x_i - m_j)(x_i - m_j)^T + \sum_{j=1}^{k} \sum_{i \in c_j} (m_j - m)(m_j - m)^T$$

$$+ \sum_{j=1}^{k} \sum_{i \in c_j} (x_i - m_j)(m_j - m)^T + \sum_{j=1}^{k} (m_j - m) \sum_{i \in c_j} (x_i - m_j)^T$$

$$= S_W + \sum_{j=1}^{k} n_j (m_j - m)(m_j - m)^T$$

這個結果提示了組間散布矩陣可定義為：

$$S_B = \sum_{j=1}^{k} n_j (\mathrm{m}_j - \mathrm{m})(\mathrm{m}_j - \mathrm{m})^T$$

即有，$S_T = S_W + S_B$。

　　我們引進 $q \geq 1$ 個單位向量 $\mathrm{w}_1, \cdots, \mathrm{w}_q$，對應 $q$ 個直線。對於任一 $\mathrm{x} \in \mathbb{R}^d$，分別投影至 $\mathrm{w}_1, \cdots, \mathrm{w}_q$ 所指的直線可得 $q$ 個線性特徵：

$$y_l = \mathrm{w}_l^T \mathrm{x}, \; l = 1, \cdots, q$$

或合併爲矩陣形式：

$$\mathrm{y} = \begin{bmatrix} y_1 \\ \vdots \\ y_q \end{bmatrix} = \begin{bmatrix} \mathrm{w}_1^T \mathrm{x} \\ \vdots \\ \mathrm{w}_q^T \mathrm{x} \end{bmatrix} = [\mathrm{w}_1 \; \cdots \; \mathrm{w}_q]^T \mathrm{x} = W^T \mathrm{x}$$

其中 $W = [\mathrm{w}_1 \; \cdots \; \mathrm{w}_q]$ 是 $d \times q$ 階矩陣。令 $\mathrm{y}_1, \cdots, \mathrm{y}_n \in \mathbb{R}^q$ 表示樣本 $\mathrm{x}_1, \cdots, \mathrm{x}_n \in \mathbb{R}^d$ 於 $\mathrm{w}_l$，$1 \leq l \leq q$，的投影，即 $\mathrm{y}_i = W^T \mathrm{x}_i$，$i = 1, \cdots, n$。如同 $\{\mathrm{x}_i\}$ 有 $d \times d$ 階組內散布矩陣和組間散布矩陣，$\{y_i\}$ 也可定義 $q \times q$ 階組內散布矩陣和組間散布矩陣：

$$\tilde{S}_W = \sum_{j=1}^{k} \sum_{i \in c_j} (\mathrm{y}_i - \tilde{\mathrm{m}}_j)(\mathrm{y}_i - \tilde{\mathrm{m}}_j)^T$$

$$\tilde{S}_B = \sum_{j=1}^{k} n_j (\tilde{\mathrm{m}}_j - \tilde{\mathrm{m}})(\tilde{\mathrm{m}}_j - \tilde{\mathrm{m}})^T$$

其中：

$$\tilde{\mathrm{m}}_j = \frac{1}{n_j} \sum_{i \in c_j} \mathrm{y}_i = \frac{1}{n_j} \sum_{i \in c_j} W^T \mathrm{x}_i = W^T \mathrm{m}_j, \; j = 1, \cdots, k$$

$$\tilde{\mathrm{m}} = \frac{1}{n} \sum_{j=1}^{k} n_j \tilde{\mathrm{m}}_j = \frac{1}{n} \sum_{j=1}^{k} n_j W^T \mathrm{m}_j = W^T \mathrm{m}$$

接下來將定義於兩類別的費雪準則推廣至 $k > 2$ 個類別。常見的目標函數有兩種，一爲跡數表達式，另一爲行列式表達式，分述於下：

$$J_1(W) = \mathrm{trace}\left(\tilde{S}_W^{-1} \tilde{S}_B\right) = \mathrm{trace}((W^T S_W W)^{-1}(W^T S_B W))$$

及

$$J_2(W) = \frac{\det \vec{S}_B}{\det \tilde{S}_W} = \frac{\det(W^T S_B W)}{\det(W^T S_W W)}$$

有趣的是，這兩個準則有相同的最佳條件：

$$S_B \mathbf{w}_l = \lambda_l S_W \mathbf{w}_l, \ l = 1, \cdots, q$$

其中 $\mathbf{w}_l$ 是廣義特徵向量，對應廣義特徵值 $\lambda_l$。由於推導涉及跡數和行列式的導數，過程不免繁瑣，欲深入了解的讀者請見註解 [5] 和 [6]。提醒讀者，$\mathbf{w}_1, \cdots, \mathbf{w}_q$ 亦為 $S_W^{-1} S_B$ 的特徵向量，對應非負特徵值 $\lambda_1, \cdots, \lambda_q$。另外，$S_W^{-1}$ 是正定矩陣，推知 $S_W^{-1} S_B$ 可對角化，也就是說，$\{\mathbf{w}_1, \cdots, \mathbf{w}_q\}$ 為一線性獨立集。但 $S_W^{-1} S_B$ 並非對稱矩陣 ( 除非 $S_W^{-1}$ 和 $S_B$ 是可交換矩陣 )，故 $\{\mathbf{w}_1, \cdots, \mathbf{w}_q\}$ 並不是一個單範正交集 (Orthonormal set)。最後說明 $q$ 的大小限制。我們可以證明 $\tilde{S}_W^{-1} \tilde{S}_B$ 和 $S_W^{-1} S_B$ 有相同的特徵值 $\lambda_1, \cdots, \lambda_q$ ( 見註解 [5] )。為了方便，下面用 $J_1(W)$ 來解說。目標函數 $J_1(W)$ 可表示為：

$$J_1(W) = \lambda_1 + \cdots + \lambda_q$$

因為加入 0 特徵值不會加大 $J_1(W)$，我們要求 $\lambda_1, \cdots, \lambda_q$ 都是正特徵值，故 $q = \text{rank}(\tilde{S}_W^{-1} \tilde{S}_B)$。另一方面，$\tilde{\mathbf{m}}$ 是 $\tilde{\mathbf{m}}_1, \cdots, \tilde{\mathbf{m}}_k$ 的線性組合：

$$\text{rank}(\tilde{S}_W^{-1} \tilde{S}_B) = \text{rank}\, \tilde{S}_B = \dim \text{span}\{\tilde{\mathbf{m}}_1 - \tilde{\mathbf{m}}, \cdots, \tilde{\mathbf{m}}_k - \tilde{\mathbf{m}}\} \leq k - 1$$

故 $q \leq k - 1$。給定包含 $k \geq 2$ 個類別的樣本，多類別判別分析所能產生的有效線性特徵總數至多為 $k - 1$。

在確保樣本保有最佳分類效果的前提下，多類別判別分析將 $d$ 維數據點 $\mathbf{x}_1, \cdots, \mathbf{x}_n$ 壓縮至 $q \leq k - 1$ 維數據點 $\mathbf{y}_1, \cdots, \mathbf{y}_n$。針對降維後的新樣本，如何設計有效的多類別分類器呢？這也是機器學習領域的熱門研究主題。

## 7-2 判別分析 (Discriminant analysis, DISCRIMINANT 指令 )

### 一、區別分析之概念

判別分析又稱區別分析，判別分析由 S. R. Fisher 首先提出，其基本概念是根據自變數 ( 或稱預測變數 ) 的線性組合，做爲將觀察值分組的基礎。這個線性組合，即爲區別函數。經由區別函數，可以瞭解個別預測變數對區分組別的貢獻，也可以瞭解每個組別的特色。

判別分析的用途，包括：

**1. 歸類**：根據觀察值的特性，將其歸類到某一組別中，如：將某種心理疾病歸入某一類疾病中。

**2. 處理分類 ( 判別 ) 的問題**：判別分析可讓使用者將多個預測變數加以線性組合，以進行已知組別的判別 ( 分類 )，並了解其判別能力。例如：林清山 ( 民 74)「魏肯氏心理分化理論相關問題之實際性研究」( 教育心理學報，18 期 ) 中，研究者欲了解根據藏圖測驗判別科學資優、藝能資優和普通學生，即以三組學生爲組別，以藏圖測驗成績和 R-L 差異指數爲預測變數，進行判別分析。

**3. 預測**：根據判別函數所得到的判別分數，可預測某一觀察值可能屬於哪一個組別，或其日後的表現。

4. 區別分析可用來決定**某一變數**在區別類別時其**相對重要性**及影響力的大小。

5. 可用於不同類別人員**甄選**。

### 二、判別分析之假定

進行判別分析時必須符合某些基本假定 (assumption)：

1. 每一組資料均爲從一多變數常態母群中抽取而得的樣本。

2. 母群的共變數矩陣均需相等。

進行判別分析時的重點，如下：

#### 1. 選擇觀察值

進行區別分析的第一步驟是選擇計算時所用的觀察值。若觀察值含有遺漏值，在區別分析時會產生某些估計的偏誤。因此若有缺失值，則此一**觀察值**即需**排除**。若觀察值含有缺失值的情形與某些變數有關，則可考慮將此**變數**由區別分

析中刪除。

### 2. Wilks' lambda

Wilks' lambda 又稱為「U 統計量」，因其分配呈現「U」字形。當我們分別來看每一個變數時，Lambda 即為組內離均差平方和與總離均差平方和的比，即：

$$Lambda = \frac{SS_{within}}{SS_t}$$

若有二個以上的函數需同時考慮時，則：

$$Lambda = \left(\frac{SS_{w1}}{SS_{t1}}\right)\left(\frac{SS_{w2}}{SS_{t2}}\right)$$

若所有的組平均數均相等時，則 Lambda 等於 1；若 Lambda 接近 0，表示總變異大多是由於組間平均數的差異所引起。因此我們可以說：Lambda 愈大，表示各組平均數愈沒有差異；Lambda 愈小，表示各組平均數間的差異愈大。

## 三、估計區別係數

區別分析是要找出一個自變數的線性組合做為將觀察值分組的基礎。即找出一組線性區別方程式，可將觀察值做最佳的分組。線性區別函數的通式為：

$$D = B_0 + B_1X_1 + B_2X_2 + \cdots + B_pX_p$$

若線性區別函數可將觀察值加以區別成不同的組別，則不同組別的 D 值會不相同。因此在求取 B 值時，需使其產生的區別函數的值在各組間是儘量不同的，即，使下列比值為最大：

$$\frac{between-groups \quad sum \quad of \quad squares}{within-groups \quad sum \quad of \quad squares}$$

求出區別係數之後，即可根據區別函數求取每一個觀察值的區別分數 (D)。STATA 會列出每一組其區別分數的基本描述性統計量。區別分數其合併的組平均數為 0，合併的組內變異數為 1。

## 四、貝氏法則 (Bayes' Rule)

SPSS 根據貝氏法則將具有不同區別分數的觀察值分組。不同的區別分數 (D) 是屬於第幾組 (i) 的機率估計公式如下：

$$P(G_i|D) = \frac{P(D|G_i)}{\sum_{i=1}^{g} P(D|G_i)P(G_i)}$$

在此公式中，$P(G_i|D)$ 是指區別分數 (D) 屬於第 i 組的機率。$P(G_i)$ 是事前機率，$P(D|G_i)$ 是條件機率，而 $P(G|D)$ 則是事後機率。

事前機率 (Prior probability)：指當沒有其他有用的訊息存在時，某一觀察值屬於某一組可能性的估計值，記為 $P(G_i)$。當樣本能代表母群時，則每一組觀察值的實測機率可做為事前機率的估計值。例如：如果調查結果患有呼吸困難症候群的嬰兒中有 30% 死了，則嬰兒如患有呼吸困難症候群，其死亡的機率為 0.3。

條件機率 (Conditional probability)：指當我們知道觀察值所屬的組別時，得到某一特殊的區別函數值的機率，記為 $P(D|G_i)$。

事後機率 (Posterior probability)：即當我們知道某一觀察值的 D 值時，判定其屬於某一組別的機率，記為 $P(G_i|D)$。

## 五、估計分組錯誤率

有幾個方法可估計真實的分組錯誤率。(1) 若樣本夠大可隨機將這些樣本分成兩組時，我們可用其中一組來產生區別函數，而用另一組來檢定此區別函數的分組錯誤率。這種方法的缺點是所需的樣本較大且無法充分利用所有可用的訊息。(2) 另一種方法即所謂的「jackknife 法」，又稱為「Leaving-one-out mehtod」。每次拿走一個觀察值，然後計算剩餘的 n-1 個觀察值的區別函數，根據此一函數將拿走的觀察值分類。

## 六、其他的區別函數統計量

除了以正確分組的觀察值百分比做為區別函數效率的指標外，尚可以實際的區別分數為指標。所謂較佳的區別函數是指組間的變異數遠大於組內的變異數。即

$$eigenvalue = \frac{between-groups \quad SS}{within-groups \quad SS}$$

當特徵值 (eigenvalue) 較大時即表示區別函數較有效。

典型相關 (canonical correlation) 是區別分數與組別間關聯程度的量數，相當於單因子變異數分數的「eta」——以區別分數為依變數，而組別為自變數。

$$eta^2 = \frac{between-groups \quad SS}{total \quad SS}$$

即表示總變異數中由組別間的差異所產生變異的百分比。

在只有二個分組的區別分析中，Wilks' lambda 即為組內離均差平方和與總離均差平方和的比率，即總變異中非由組別間的差異所解釋的變異的比率。故 lambda + eta$^2$ = 1。

須特別注意的是 lambda 只檢定母群平均數相等的虛無假設，而不是在檢定區別函數的有效性。

## 七、判別函數係數

判別函數係數類似多元迴歸係數，因為變數間彼此有相關，所以不能評估個別變數的重要性，每一個變數其區別係數的值均因其他變數的係數值而不同。因此我們只能以係數的大小來比較變數間相對重要性。

所謂標準化區別函數係數是將各區別變數標準化成平均數為 0、標準差為 1 所組成的函數係數。標準化區別函數係數愈大的變數對區別函數的影響力可謂是愈大。

此外，我們也可以區別函數與變數間的相關來評估變數對區別函數的影響力。在 SPSS 的輸出結果中有所謂的結構矩陣 (Structure matrix)，即區別變數與典型區別函數間合併的組內相關。相關的絕對值愈大，表示此變數對區別函數愈有影響力。

## 7-2-1 判別 / 區別分析：3 個職位分類是否適合不同人格類型 (DISCRIMINANT) 指令

範例：**判別分析 (DISCRIMINANT) 指令**

線性判別函數分析 ( 即判別分析 ) 進行組間差異的多變數檢定。另外，使用判別分析來確定描述這些差異所需的最小維數 (Minimum number of dimensions needed to describe these differences)。有時在描述性判別分析和預測性判別分析之間作出區分。我們將以本例來說明預測判別分析 (Predictive discriminant analysis)。

本例旨在展示如何使用各種判別分析命令。它不涵蓋研究人員所期望的研究過程的所有方面。特別是，它不包括數據清理和檢查、假定驗證 (Verification of assumptions)、模型診斷或潛在的追蹤 (follow-up) 分析。

### 一、資料檔之內容

某家國際航空公司收集了三個不同職位類別的員工數據：(1) 客戶服務人員、(2) 機械師、(3) 調度員。人力資源總監想知道這 3 個職位分類是否適合不同的人格類型。每個員工都要進行一系列心理檢定，包括對戶外活動，社交和保守性感興趣的措施。

資料檔「discrim.sav」，如下圖所示，共有 244 個員工，四個自變數，這 4 個心理變數包括：戶外興趣 (Outdoor interests)，社交性 (social) 和保守性 (conservative)。類別 (categorical) 變數是三個 levels 的工作類型：(1) 客戶服務人員 (Customer service)、(2) 機械師 (mechanics)、(3) 調度員 (dispatchers)。

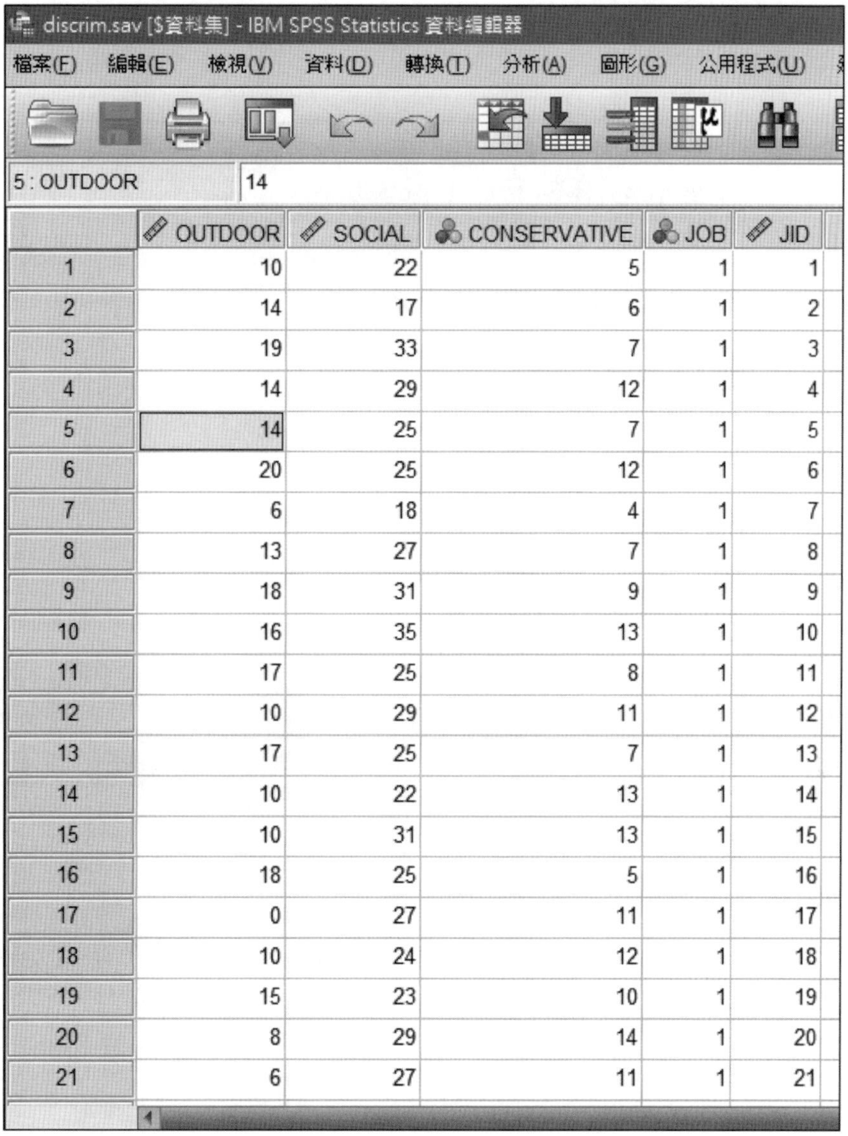

discrim.sav [$資料集] – IBM SPSS Statistics 資料編輯器

檔案(F)　編輯(E)　檢視(V)　資料(D)　轉換(T)　分析(A)　圖形(G)　公用程式(U)

5 : OUTDOOR　　　14

| | OUTDOOR | SOCIAL | CONSERVATIVE | JOB | JID |
|---|---|---|---|---|---|
| 1 | 10 | 22 | 5 | 1 | 1 |
| 2 | 14 | 17 | 6 | 1 | 2 |
| 3 | 19 | 33 | 7 | 1 | 3 |
| 4 | 14 | 29 | 12 | 1 | 4 |
| 5 | 14 | 25 | 7 | 1 | 5 |
| 6 | 20 | 25 | 12 | 1 | 6 |
| 7 | 6 | 18 | 4 | 1 | 7 |
| 8 | 13 | 27 | 7 | 1 | 8 |
| 9 | 18 | 31 | 9 | 1 | 9 |
| 10 | 16 | 35 | 13 | 1 | 10 |
| 11 | 17 | 25 | 8 | 1 | 11 |
| 12 | 10 | 29 | 11 | 1 | 12 |
| 13 | 17 | 25 | 7 | 1 | 13 |
| 14 | 10 | 22 | 13 | 1 | 14 |
| 15 | 10 | 31 | 13 | 1 | 15 |
| 16 | 18 | 25 | 5 | 1 | 16 |
| 17 | 0 | 27 | 11 | 1 | 17 |
| 18 | 10 | 24 | 12 | 1 | 18 |
| 19 | 15 | 23 | 10 | 1 | 19 |
| 20 | 8 | 29 | 14 | 1 | 20 |
| 21 | 6 | 27 | 11 | 1 | 21 |

圖 7-9　　「discrim.sav」　資料檔內容 (N=244 個航空公司員工 )

## 二、分析結果與討論

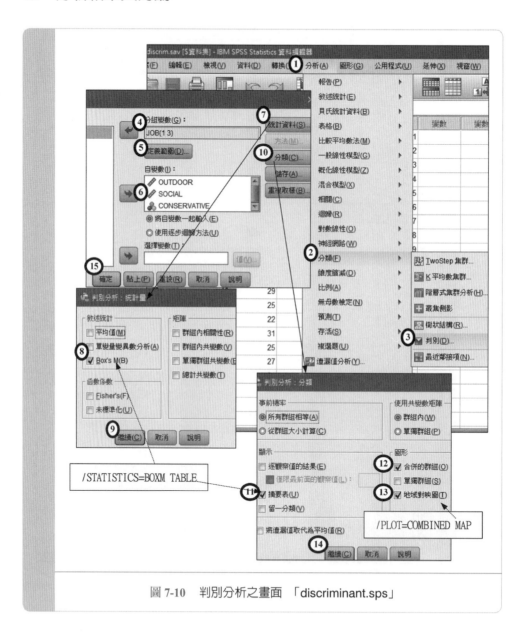

圖 7-10　判別分析之畫面　「discriminant.sps」

對應的指令語法「discriminant.sps」內容：

```
title " 判別 / 區別分析 (discriminant analysis)：3 個職位分類是否適合不同人格類型 ".
SUBTITLE " 資料檔「discrim.sav」".

GET
  FILE='D:\CD\discrim.sav'.
* 或 .
GET
  STATA FILE='D:\CD\discrim.dta'.
descriptives variables=outdoor social conservative.
means tables=outdoor social conservative by job.
correlations variables=outdoor social conservative.
frequencies variables=job.

DISCRIMINANT
  /GROUPS=JOB(1 3)
  /VARIABLES=OUTDOOR SOCIAL CONSERVATIVE
  /ANALYSIS ALL
  /PRIORS EQUAL
  /STATISTICS=BOXM TABLE
  /PLOT=COMBINED MAP
  /CLASSIFY=NONMISSING POOLED.
```

　　「Discriminant」分析至少須有二項界定：

1. 一個或一個以上的數值自變數 (independents)。

2. 一個數值分組變數 (Grouping variable)。

Step 1. 樣本特性

　　【A1. 分析結果說明】：連續型自變數之特性

```
GET
  STATA FILE='D:\CD\discrim.dta'.
descriptives variables=outdoor social conservative.
```

**Descriptive Statistics**

| | N | Minimum | Maximum | Mean | Std. Deviation |
|---|---|---|---|---|---|
| OUTDOOR | 244 | 0 | 28 | 15.64 | 4.840 |
| SOCIAL | 244 | 7 | 35 | 20.68 | 5.479 |
| CONSERVATIVE | 244 | 0 | 20 | 10.59 | 3.727 |
| Valid N (listwise) | 244 | | | | |

1. 印出連續型自變數之最小值(Min)、最大值(Max)、平均數(Mean)、標準差(Std. Deviation)。

```
means tables=outdoor social conservative by job.
```

**Case Processing Summary**

| | Cases | | | | | |
|---|---|---|---|---|---|---|
| | Included | | Excluded | | Total | |
| | N | Percent | N | Percent | N | Percent |
| OUTDOOR * JOB | 244 | 100.0% | 0 | 0.0% | 244 | 100.0% |
| SOCIAL * JOB | 244 | 100.0% | 0 | 0.0% | 244 | 100.0% |
| CONSERVATIVE * JOB | 244 | 100.0% | 0 | 0.0% | 244 | 100.0% |

【A2. 分析結果說明】：連續型自變數之間的相關

```
correlations variables=outdoor social conservative.
```

**Correlations**

| | | OUTDOOR | SOCIAL | CONSERVATIVE |
|---|---|---|---|---|
| OUTDOOR | Pearson Correlation | 1 | -.071 | .079 |
| | Sig. (2-tailed) | | .267 | .217 |
| | N | 244 | 244 | 244 |

| SOCIAL | Pearson Correlation | -.071 | 1 | -.236 |
| | Sig. (2-tailed) | .267 | | .000 |
| | N | 244 | 244 | 244 |
| CONSERVATIVE | Pearson Correlation | .079 | -.236 | 1 |
| | Sig. (2-tailed) | .217 | .000 | |
| | N | 244 | 244 | 244 |

**Report**

| JOB | | OUTDOOR | SOCIAL | CONSERVATIVE |
|---|---|---|---|---|
| 1 | Mean | 12.52 | 24.22 | 9.02 |
| | N | 85 | 85 | 85 |
| | Std. Deviation | 4.649 | 4.335 | 3.143 |
| 2 | Mean | 18.54 | 21.14 | 10.14 |
| | N | 93 | 93 | 93 |
| | Std. Deviation | 3.565 | 4.551 | 3.242 |
| 3 | Mean | 15.58 | 15.45 | 13.24 |
| | N | 66 | 66 | 66 |
| | Std. Deviation | 4.110 | 3.767 | 3.692 |
| Total | Mean | 15.64 | 20.68 | 10.59 |
| | N | 244 | 244 | 244 |
| | Std. Deviation | 4.840 | 5.479 | 3.727 |

【A3. 分析結果說明】：類別型依變數的次數分配

```
frequencies variables=job.
```

**Statistics**

JOB

| N | Valid | 244 |
|---|---|---|
| | Missing | 0 |

**JOB**

| | | Frequency | Percent | Valid Percent | Cumulative Percent |
|---|---|---|---|---|---|
| Valid | 1 | 85 | 34.8 | 34.8 | 34.8 |
| | 2 | 93 | 38.1 | 38.1 | 73.0 |
| | 3 | 66 | 27.0 | 27.0 | 100.0 |
| | Total | 244 | 100.0 | 100.0 | |

1. 印出細格人數 (Freq)、百分比 (Percent)、累積百分比 (Cumulative Percent)。

**Step 2.** 判別函數分析

以下都是本例可用的統計法。在此僅簡短說明這些方法的合理性，那些方法是失寵或有局限性。

1. 判別函數分析 (Discriminant function analysis)：本例的重點。這個程序是多變數的，也提供了有關個別維度的資訊 (Information on the individual dimensions)。同樣，判別分析之自變數和依變數的指定恰與 MANOVA 相反。

2. 多項邏輯斯迴歸 (Multinomial logistic regression, mlogit、asmprobit、mprobit、bayes: mlogit 指令 ) 或多項概率 (Multinomial probit, mprobit 指令 )：這些也是可行的選擇。

3. MANOVA(MANOVA 指令 )：顯著性檢定與判別函數分析相同，但 MANOVA 不提供各個維度的相關資訊。本方法界定 3 個心理變數是依變數，工作類型 (job) 是自變數。

4. Separate 的單因子變異數分析 (anova 指令 )：您可以使用 Separate one-way ANOVA 分析每個這些心理變數的數據。單獨的變異數分析不會產生多變數結果，也不會報告關於維度的資訊。

【B. 分析結果說明】：判別函數分析 (Discriminant function analysis)

使用 discriminant 指令如下表：

```
discriminant
  /groups=job(1 3)
  /variables=outdoor social conservative
  /analysis all
```

```
/priors equal
/statistics=boxm
/plot=combined map
/classify=pooled.
```

我們將分段來解說：

**Analysis Case Processing Summary**

| Unweighted Cases | | N | Percent |
|---|---|---|---|
| Valid | | 244 | 100.0 |
| Excluded | Missing or out-of-range group codes | 0 | .0 |
| | At least one missing discriminating variable | 0 | .0 |
| | Both missing or out-of-range group codes and at least one missing discriminating variable | 0 | .0 |
| | Total | 0 | .0 |
| Total | | 244 | 100.0 |

1. 印出各組的遺失值 (missing) 的個數。

**Group Statistics**

| JOB | | Valid N (listwise) | |
|---|---|---|---|
| | | Unweighted | Weighted |
| 1 | OUTDOOR | 85 | 85.000 |
| | SOCIAL | 85 | 85.000 |
| | CONSERVATIVE | 85 | 85.000 |
| 2 | OUTDOOR | 93 | 93.000 |
| | SOCIAL | 93 | 93.000 |
| | CONSERVATIVE | 93 | 93.000 |
| 3 | OUTDOOR | 66 | 66.000 |
| | SOCIAL | 66 | 66.000 |
| | CONSERVATIVE | 66 | 66.000 |

| Total | OUTDOOR | 244 | 244.000 |
|---|---|---|---|
| | SOCIAL | 244 | 244.000 |
| | CONSERVATIVE | 244 | 244.000 |

1. 印出各組 (job) 的細格人數。本例共有 244 cases 進行判別分析。

**Log Determinants**

| JOB | Rank | Log Determinant |
|---|---|---|
| 1 | 3 | 8.162 |
| 2 | 3 | 7.865 |
| 3 | 3 | 8.078 |
| Pooled within-groups | 3 | 8.134 |

The ranks and natural logarithms of determinants printed are
those of the group covariance matrices.

1. 印出各組 (job) 的細格人數。本例共有 244 cases 進行判別分析。

2. 組別 (job=1) 的共變數取自然對數 (Ln(x)) 為 8.162。

**Test Results**

| Box's M | | 26.123 |
|---|---|---|
| F | Approx. | 2.137 |
| | df1 | 12 |
| | df2 | 233001.647 |
| | Sig. | .012 |

Tests null hypothesis of equal
population covariance matrices.

1. Box' 共變數矩陣的相等檢定：

　Box F(22, 233001.65) = 2.137 (p<.05) 未達顯著差異，故拒絕虛無假設「$H_0$：變異數同質性」，表示本研究資料違反「變異數同質性」假定 (assumption)。

Summary of Canonical Discriminant Functions

### Eigenvalues( 特徵值 )

| Function | Eigenvalue | % of Variance | Cumulative % | Canonical Correlation |
|---|---|---|---|---|
| 1 | 1.081[a] | 77.1 | 77.1 | .721 |
| 2 | .321[a] | 22.9 | 100.0 | .493 |

a. First 2 canonical discriminant functions were used in the analysis.

### Wilks' Lambda

| Test of Function(s) | Wilks' Lambda | Chi-square | df | Sig. |
|---|---|---|---|---|
| 1 through 2 | .364 | 242.552 | 6 | .000 |
| 2 | .757 | 66.723 | 2 | .000 |

* 二個判別函數的卡方值都達顯著 (p 值 <0.05)

### Standardized Canonical Discriminant Function Coefficients

| | Function | |
|---|---|---|
| | 1 | 2 |
| OUTDOOR | .379 | .926 |
| SOCIAL | -.831 | .213 |
| CONSERVATIVE | .517 | -.291 |

* 判別函數標準化為：平均數為 0；標準差為 1

### Structure Matrix

| | Function | |
|---|---|---|
| | 1 | 2 |
| SOCIAL | -.765* | .266 |
| CONSERVATIVE | .468* | -.259 |
| OUTDOOR | .323 | .937* |

Pooled within-groups correlations between discriminating variables and standardized canonical discriminant functions

Variables ordered by absolute size of correlation within function.

*. Largest absolute correlation between each variable and any discriminant function

1. 判別維度的數量等於組數 (the number of groups) 減 1。但是，多餘的判別維度可能不具有統計意義。

2. 「Eigenvalue」：是「These are the eigenvalues of the matrix product of the inverse of the within-group sums-of-squares and cross-product matrix and the between-groups sums-of-squares and cross-product matrix.」。這些特徵值與典型相關性有關，它描述函數具有多少區分能力。

3. 「% of Variance」：這是在給定函數中發現的三個連續變數的判別能力的比例。這個比例是作為函數的特徵值與所有特徵值之和的比例來計算的。在這個分析中，第一個函數占判別變數的判別能力的 77%，第二個函數占 23%。我們可以透過特徵值的總和來驗證這一點：1.08053+.320504 = 1.401034 然後 (1.08053/1.401034) = 0.7712 且 (0.320504/1.401034) = 0.2288.

4. 「Cumulative %」：這是辨別力的累計比例。對於任何分析，辨別力的比例總和為 1。因此，累積列中的最後一個條目也將是 1。

5. 「Sig.」：這是與給定函數的 Wilks' Lambda 的 p 值。給定函數的典型相關性且「all smaller canonical correlations are equal to zero」就用這個 p 值來進行評估。如果 p 值小於指定的 $\alpha$( 比如說 0.05)，則拒絕虛無 (null) 假設。如果不是，那麼我們不能拒絕虛無假設。在這個例子中，我們拒絕兩個虛無假設，即在 $\alpha$=0.05，函數 1 和 2 的典型相關性為 0，因為 p 值都小於 0.05。因此，這兩種功能都有助於根據模型中的判別變數來區分 job 中所發現的群體。

6. 「Standardized Canonical Discriminant Function Coefficients」：這些係數可以用來計算給定記錄的判別分數。使用標準化係數和標準化變數，它與線性迴歸的預測值採相同的計算方式。例如：令 zoutdoor、zsocial 和 zconservative 是透過標準化區分變數所創建的變數。然後，對於每個記錄，function scores 將使用以下等式來計算：

Score1 = .3785725*zoutdoor － .8306986*zsocial + .5171682*zconservative

Score2 = .9261104 *zoutdoor + .2128593*zsocial － .2914406*zconservative

每個函數得分分布的標準化，平均數為 0 和標準差為 1。這些係數的大小表示識別變數對分數的影響程度。例如：我們可以看到，第一個函數中 zsocial 的標準化係數大於另外兩個變數的係數。因此，social 在第一判別分數的影響最大。

7. 「Canonical structure」：這是判別函數的典型結構，也稱為典型負荷量 (loading) 或判別 loading。它表示觀察變數 ( 三個連續的鑑別變數 ) 和用未觀察到的鑑別函數 ( 維度 ) 產生的維度之間的相關性。

「Canonical structure」列出判別變數與典型判別函數的相關矩陣 ( 電腦會根據係數大小將自變數排序 )，即結構矩陣 (Structure matrix)。相關係數的絕對值愈大，表示此變數對此函數的影響力愈大。在一般論文上，此結構矩陣 ( 又稱「判別負載 (loading) 係數 )，若係數的絕對值 >0.3，則表示該自變數才有判別能力；係數的絕對值 >0.45 則表示判別能力「強」。

8. 在這個例子中，有兩個判別維度，這兩個維度都達統計顯著的。第一個 Wilks' Lambda 檢定：「$H_0$: 兩個典型相關都是 0 (Both canonical correlations are zero)」；第二個 Wilks' lambda 檢定：「$H_0$: 第 2 個典型相關都是 0」。由於這兩個檢定都達顯著水準 (p<.05)，故這兩個維度你都要保留，並且需要描述這三組員工之間的差異。

9. 維度 1 和維度 2 的典型相關 (Canonical correlation) 分別是 0.72 和 0.49。

典型相關 (Canonical corr) 是判別分數與組別間關聯程度的量數，相當於單因子變異數分析中的 eta(eta = $\sqrt{\dfrac{SS_b}{SS_t}}$ )，即總變異中由組間變異可解釋的比例之開方根。

本例中共有二組典型判別函數。eigenvalue = $\dfrac{SS_b}{SS_w}$，故特徵值 (eigenvalue) 愈大，表示此函數愈有判別效力。

10. Discrimant functions 為：

第 1 個典型判別函數為：

discriminant_score_1 = 0.517*conservative + 0.379*outdoor - 0.831*social.

第 2 個典型判別函數為：

discriminant_score_2 = 0.926*outdoor + 0.213*social - 0.291*conservative.

**小結**

1. 請注意，標準化典型判別函數係數表和結構矩陣表，列出變數順序不同。

2. 判別維度的數量是組的數量減1。但是，一些判別維度可能不具有統計意義。

3. 在這個例子中，有兩個判別維度，這兩個維度都具有統計顯著性。

4. 維度1和維度2的典型相關分別是0.72和0.49。

5. 標準化判別係數以類似於OLS迴歸中的標準化迴歸係數的方式起作用。例如：outdoor變數每增加一個標準差會減少判別函數一預測值減少0.32的標準偏差。

6. Canonical structure，也稱為典型判別loadings，表示觀察變數與無法觀察判別函數(維度)之間的相關性。

7. 判別函數是一種潛在變數，其相關值很像因素(factor)分析的負荷量(loadings)。

8. 組重心(Group centroids)是canonical變數的組平均(Group means)。

**Functions at Group Centroids**

| JOB | Function 1 | Function 2 |
|---|---|---|
| 1 | -1.219 | -.389 |
| 2 | .107 | .715 |
| 3 | 1.420 | -.506 |

Unstandardized canonical discriminant functions evaluated at group means

Classification Statistics

**Classification Processing Summary**

| Processed | | 244 |
|---|---|---|
| Excluded | Missing or out-of-range group codes | 0 |
| | At least one missing discriminating variable | 0 |
| Used in Output | | 244 |

**Prior Probabilities for Groups**

| JOB | Prior | Cases Used in Analysis | |
|---|---|---|---|
| | | Unweighted | Weighted |
| 1 | .333 | 85 | 85.000 |
| 2 | .333 | 93 | 93.000 |
| 3 | .333 | 66 | 66.000 |
| Total | 1.000 | 244 | 244.000 |

**Classification Results[a]**

| | | JOB | Predicted Group Membership | | | Total |
|---|---|---|---|---|---|---|
| | | | 1 | 2 | 3 | |
| Original | Count | 1 | 70 | 11 | 4 | 85 |
| | | 2 | 16 | 62 | 15 | 93 |
| | | 3 | 3 | 12 | 51 | 66 |
| | % | 1 | 82.4 | 12.9 | 4.7 | 100.0 |
| | | 2 | 17.2 | 66.7 | 16.1 | 100.0 |
| | | 3 | 4.5 | 18.2 | 77.3 | 100.0 |

a. 75.0% of original grouped cases correctly classified.

1. SPSS 內定判別前，各組占比是 equal。

2. 上述矩陣，對角線的人數是正確分類。

3. 本例，正確分類率為 75%。

【C. 分析結果說明】：在判別維度上，繪個體之散布界限圖 (Plot a graph of individuals on the discriminant dimensions)

接下來，我們將繪製關於判別維度的 individuals 圖。由於樣本數眾多，故會縮短 job 組的標籤，以使圖形更清晰易讀。只要我們不保存數據集，這些新標籤就不會永久保存。

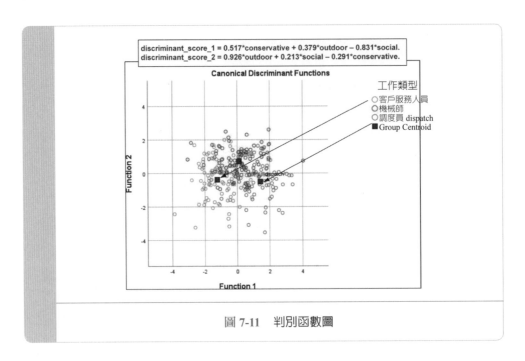

圖 7-11　判別函數圖

二個判別函數為：

```
discriminant_score_1 = 0.517*conservative + 0.379*outdoor - 0.831*social.
discriminant_score_2 = 0.926*outdoor + 0.213*social - 0.291*conservative.
```

正如你所看到的，客戶服務員工 (Customer service) 集中在水平軸 social (negative 值) 左端。調度員 (dispatchers) 則集中在水平軸右端。機械師 (mechanics) 集在水平軸中間。然而，垂直軸，job 分組界線就不是很清楚；outdoor 維度上 mechanics 集中上端，Customer service 和 dispatchers 集中下端。

SPSS 還產成一個 ASCII 領土地圖 (Territorial map)，顯示不同類別邊界的相

對位置。領土地圖如下所示。

```
                              Territorial Map
Canonical Discriminant
Function 2
 -8.0        -6.0        -4.0        -2.0          .0         2.0         4.0         6.0         8.0
       +---------+---------+---------+---------+---------+---------+---------+---------+
  8.0 +      12                                                                                +
    I       122                                                                           22I
    I       112                                                                          233I
    I      12                                                                           223  I
    I       122                                                                         233   I
    I       112                                                                        223    I
  6.0 +       + 122    +         +         +         +         +        +2233          +
    I            112                                                             233        I
    I            12                                                            223          I
    I             122                                                         233           I
    I             112                                                        223            I
    I             122                                                       233             I
  4.0 +      +         112    +         +         +        + 223      +              +
    I                 12                                          233                       I
    I                 122                                        223                        I
    I                  112                                      2233                        I
    I                 12                                       233                          I
    I                  122                                    223                           I
  2.0 +      +         +    112      +        + 233      +              +              +
    I                       122                  223                                       I
    I                       112                233                                         I
    I                        12               223                                          I
    I                        122     *      233                                            I
    I                        112            223                                            I
   .0 +         +         +         122+    233     +              +              +
```

```
         I                                    *   112 223                           I
         I                                         1233    *                        I
         I                                         13                               I
         I                                         13                               I
         I                                         13                               I
 -2.0 +        +         +         +               13        +         +         +   +
         I                                         13                               I
         I                                         13                               I
         I                                         13                               I
         I                                         13                               I
         I                                         13                               I
 -4.0 +        +         +         +               13        +         +         +   +
         I                                         13                               I
         I                                         13                               I
         I                                         13                               I
         I                                         13                               I
         I                                         13                               I
 -6.0 +        +         +         +               13        +         +         +   +
         I                                         13                               I
         I                                         13                               I
         I                                         13                               I
         I                                         13                               I
         I                                         13                               I
 -8.0 +                                            13                               +
       +---------+---------+---------+---------+---------+---------+---------+---------+
     -8.0      -6.0      -4.0      -2.0       .0       2.0       4.0       6.0       8.0
                          Canonical Discriminant Function 1
```

Symbols used in territorial map

Symbol  Group  Label
------  -----  --------------------

  1       1    客戶服務人員
  2       2    機械師
  3       3    調度員 dispatch
  *            Indicates a group centroid

**尚需考慮的事情**

1. 多變數常態分布假定適用於本例的反應變數。這意味著每個依變數在組內是常態分布，依變數的任何線性組合都是常態分布的，並且變數的所有子集都必須是多元常態的。

2. 本例，每個小組已有足夠多的個案。

3. 本例可以使用不同的分類方法，具體取決於「變異數－共變數 (SSCP)」矩陣是否在組間相等 ( 或非常相似 )。

4. 本例也可以執行無母數判別函數分析，稱為第 k 個最近鄰 ($k^{th}$ nearest neighbor)。

## 7-2-2 判別分析：3組高中生對3種成就測驗 (DISCRIMINANT 指令 )

範例：典型線性：判別函數分析 (Discriminant function analysis) (DISCRIMINANT 指令 )

例 7-3 ( 參考林清山 ( 民 79)，《多變數分析統計法》，P444)

自高三學生中隨機抽取 10 名自然組學生，12 名社會組學生，和 10 名就業組學生，實施語文、數理和藝能三種成就測驗，結果如下表所示，試以 $\alpha = .01$ 就該項資料進行判別分析。

表 7-1　三組學生三科成就測驗原始分數

| 自然組 | | | 社會組 | | | 就業組 | | |
|---|---|---|---|---|---|---|---|---|
| 語文 | 數理 | 藝能 | 語文 | 數理 | 藝能 | 語文 | 數理 | 藝能 |
| 5 | 12 | 8 | 9 | 10 | 12 | 3 | 7 | 6 |
| 8 | 9 | 2 | 5 | 6 | 7 | 6 | 8 | 12 |
| 6 | 15 | 9 | 13 | 11 | 13 | 5 | 5 | 6 |
| 1 | 8 | 9 | 10 | 5 | 7 | 8 | 11 | 13 |
| 3 | 9 | 4 | 12 | 7 | 10 | 6 | 7 | 12 |
| 4 | 6 | 3 | 7 | 9 | 7 | 4 | 2 | 8 |

| 自然組 | | | 社會組 | | | 就業組 | | |
|---|---|---|---|---|---|---|---|---|
| 語文 | 數理 | 藝能 | 語文 | 數理 | 藝能 | 語文 | 數理 | 藝能 |
| 6 | 15 | 8 | 8 | 6 | 5 | 9 | 9 | 7 |
| 10 | 13 | 9 | 4 | 6 | 6 | 5 | 8 | 13 |
| 2 | 9 | 2 | 5 | 4 | 8 | 4 | 5 | 8 |
| 4 | 8 | 5 | 13 | 12 | 5 | 12 | 10 | 15 |
| | | | 10 | 8 | 11 | 7 | 9 | 11 |
| | | | 7 | 8 | 4 | | | |

## 一、資料檔之內容

資料檔「discriminant_P444.sav」，如下圖所示，共有共有 4 個數數：變數 A 為分組變數，其值 1 代表自然組，2 代表社會組，3 代表就業組。變數 y1 是語文測驗分數，變數 y2 是數理測驗分數，變數 y3 是藝能測驗分數。三組學生共有 33 人。

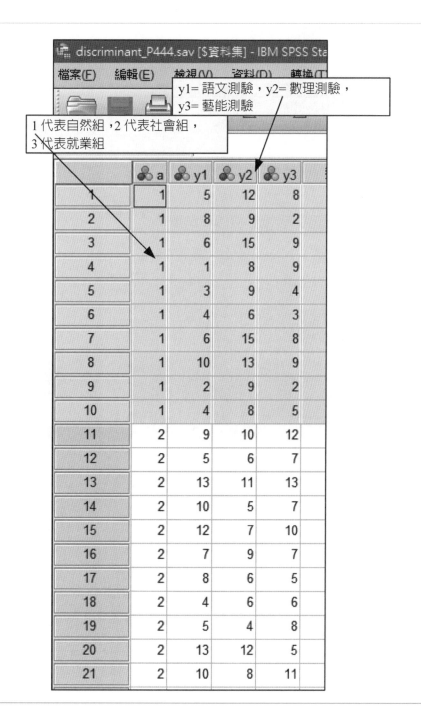

圖 7-12 「discriminant_P444.sav」 資料檔內容 (N=33 個人 )

# 二、分析結果與討論

圖 7-13　判別分析之畫面　「discriminant_P444.sps」

對應的指令語法：

```
title " 判別 / 區別分析 (discriminant analysis)：3 組高中生對 3 種成就測驗 ".
SUBTITLE " 資料檔「discriminant_P444.sav」".

GET
  FILE='D:\CD\「discriminant_P444.sav'.
* 或 .
GET
  STATA FILE='D:\CD\「discriminant_P444.dta'.
descriptives variables=outdoor social conservative.
means tables=outdoor social conservative by job.
correlations variables=outdoor social conservative.
frequencies variables=job.

DISCRIMINANT
  /GROUPS=a(1 3)
  /VARIABLES=y1 y2 y3
  /ANALYSIS ALL
  /PRIORS EQUAL
  /STATISTICS=BOXM TABLE
  /PLOT=COMBINED MAP
  /CLASSIFY=NONMISSING POOLED.
```

總之，根據上述結果，我們可將它們整理成判別分析摘要表，如下表。

表 7-2　判別分析摘要表

| 變數<br>名稱 | 判別函數一<br>(F = 8.88, p < .05) | | 判別函數二<br>(F = 5.56, p < .05) | | 平均數 | | |
|---|---|---|---|---|---|---|---|
| | 判別函數<br>係數 | 判別負載<br>係數 | 判別函數<br>係數 | 判別負載<br>係數 | 自然組 | 社會組 | 就業組 |
| 語文 (y1) | .835 | .336+ | .947 | .097 | 4.90 | 8.50 | 6.27 |
| 數理 (y2) | -1.247 | -.385+ | -.021 | .559++ | 10.40 | 7.69 | 7.36 |
| 藝能 (y3) | .663 | .361+ | -.904 | -.523++ | 5.90 | 7.92 | 10.09 |

*P < .05
"+" 表示判別負載係數絕對值大於 0.3( 它有判別能力 )
"++" 表示判別負載係數絕對值大於 0.45( 它有「強」判別能力 )

**尚需考慮的事情**

1. 多變數常態分布假定適用於本例的反應變數。這意味著每個依變數在組內是常態分布，依變數的任何線性組合都是常態分布的，並且變數的所有子集都必須是多元常態的。

2. 本例，每個小組已有足夠多的個案。

3. 本例可以使用不同的分類方法，具體取決於「變異數—共變數 (SSCP)」矩陣是否在組間相等 ( 或非常相似 )。

4. 本例也可以執行無母數判別函數分析，稱爲第 k 個最近鄰 ($k^{th}$ nearest neighbor)。

# 08

# 集群(cluster)分析/
# 聚類分析

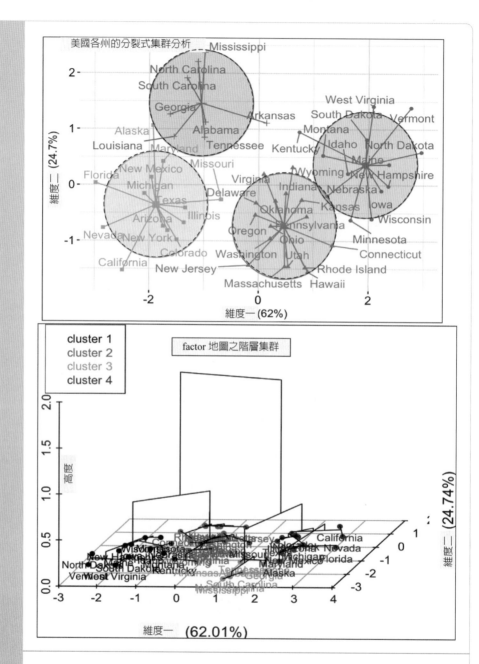

圖 8-1　二種集群 (cluster) 分析之示意圖

集群分析 ( 又譯聚類分析 )。聚類分析起源於 1932 年的 Driver 和 Kroeber 人類學，1938 年由 Zubin 和 Robert Tryon 於 1939 年引入心理學 (Bailey & Ken, 1994)，並於 1943 年開始被 Cattell(1943) 用於人格心理學中的特質理論分類。

第 7 章所談區別分析是集群 (cluster analysis) 分析的特例，區別分析須事先知道觀察值 (cases) 所屬組別，依據已知組別之觀察值的資料，計算區別函數，用以預測其它具有相同特徵 ( 即變數 ) 的觀察值所屬的組 ( 分類 )。本章所介紹集群分析則毋須事先知道觀察值所屬組別，即可根據變數間的相同性或相異，將相似性 ( 或同質性 ) 較高或相異性較低的觀察值集成一群。因素分析其實與集群分析有著異曲同工之妙，因為因素分析是將相同性愈高的變數集成一群；而集群分析則是將觀察變數相同性愈高的觀察值 ( 或變數 ) 集成一群。

集群分析 ( 聚類分析 )。階層聚類分析由凝聚法 (Agglomerative methods) 和分裂法 (Divisive methods) 組成，進而在樣本內找到觀察值所屬的小群組。

分裂法初始從所有觀測值都是同一個 cluster 開始，然後繼續將它們一步一步分割 ( 分成 ) 成更小的 cluster。

凝聚法初始時，先從每一個觀察都是分開的集群開始，然後進行一步一步的組合，直到所有的觀測屬於一個集群。目前有四個較好的階層聚類 (Hierachical clustering) 演算法，包括：平均數連結 (Average linkage)，完全連結 (Complete linkage)，單連結 (Single linkage) 和 Ward 連結 (Ward's linkage)。

1. 平均數連結 clustering：使用兩組之間觀察值的平均相似度作為兩組之間的量度。

2. 完全連結 clustering：使用兩組之間最遠的一對觀察來確定兩組的相似性。

3. 單連結 clustering：計算兩組之間的相似度作為兩組之間最接近的觀察值的相似度。

4. **Ward 連結** clustering：它與其他所有方法都不同，因為它使用變異數分析方法來評估集群之間的距離。簡而言之，這種方法試圖求得「每一步可以形成的任何兩個 ( 假設 ) 聚類的平方和 (SS)(The Sum of Squares (SS) of any two (hypothetical) clusters that can be formed at each step)」最小值。一般來說，這種方法被認為是非常有效的，但是，它擅長新建小樣本的集群 (Clusters of small size)。大樣本的集群則要改採 K-mean 法。

## 8-1 集群分析 / 聚類分析 (Cluster analysis) 之概念

聚類分析 (Cluster analysis) 是將一組對象分組的任務，使得同一組中的對象 ( 稱為 cluster) 與其他 cluster 中的對象更相似 ( 在某種意義上或另一種意義上 )。 它是探索性資料挖掘 (Data mining) 的一個主要任務，也是統計數據分析的一種 常用技術，在機器學習、模式 (pattern) 識別、圖像分析、訊息檢索、生物訊息學、 數據壓縮和計算機圖形等許多領域都有應用。

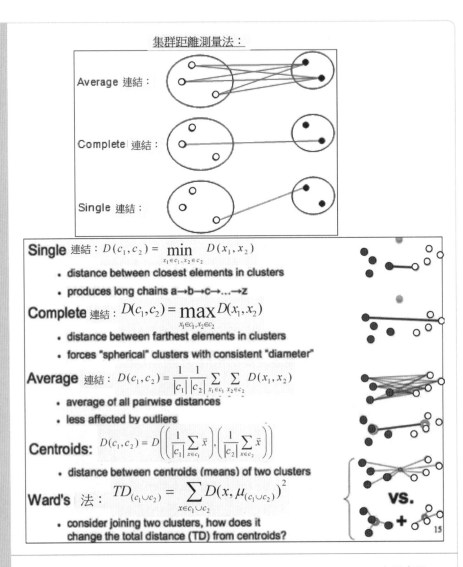

圖 8-2　Single linkage、 Average linkage、 Complete linkage 之示意圖

集群分析本身並不是一個特定的演算法 (Specific algorithm)，只是想解決一般任務 (General task)。它可以通過 7 種不同的演算法 (Single linkage、Average linkage、Complete linkage、Weighted-average linkage、Median linkage、Centroid linkage、Ward's linkage) 來實作，這些演算法在組成群集的概念以及如何有效地找到它們的概念方面有很大的不同。受歡迎的集群概念包括：集群成員之間的距離要小 (Small distances among the cluster members)、數據空間密集的區域 (Dense areas of the data space)、間隔或特定的統計分布 (Intervals or particular statistical distributions)。因此可以將集群可視為一個多目標優化問題 (Multi-objective optimization problem)。選適當的集群演算法和參數設定 ( 包括使用的距離函數，a density threshold 或期望 cluster 數目 ) 取決於樣本資料檔和結果的預期用途。集群分析本身不是一項自動化任務，而是一個試驗和失敗 (Trial and failure) 過程，旨在發現或交互式多目標優化的疊代過程。求解過程常需要修改 preprocessing 和模型參數，直到結果達到所需的性質 (properties)。

除「集群」(cluster) 外，還有許多相似的專有名詞，包括：自動分類 (Automatic classification)、數值分類學 (Numerical taxonomy) 和拓樸分析 (Typological analysis)。它們在結果使用上，會有微妙的差異：在資料挖掘中，所得到的**組**是所關心的事情，在自動分類中，由此產生的**區分**能力是人們感興趣的。

## 一、Clustering 模型的種類

「集群」(cluster) 概念無法精確定義，因為仍沒有夠多的集群演算法 (Clustering algorithms)。但有一個共同的說法：集群是一組數據個體 (A group of data objects)。然而，不同研究者採用不同集群模型，並選用不同的演算法來建模。SPSS 這 9 種演算法發現的群集在屬性上有很大的不同。理解這些「集群模型」是理解各種算法之間差異的關鍵。典型的集群模型包括：

1. 重心模型 (Centroid models)：例如：k-means 算法用一個平均值向量來表示每個 cluster。

2. 分布模型 (Distribution models)：使用統計分布，例如：期望最大化 (expectation-maximization, EM) 演算法使用的多元常態分布，對集群進行建模。詳情見作者《有限混合模型 (FMM)：STaTa 分析 ( 以 EM algorithm 做潛在分類再迴歸分析 )》一書。

3. 密度模型 (Density models)：例如：DBSCAN 和 OPTICS 在數據空間中將 clusters 定義爲連結的稠密區域 (Connected dense regions)。

4. 子空間模型 (Subspace models)：在雙集群 ( 也稱爲 co-clustering 、two-mode-clustering) 中，集群使用集群成員和相關屬性建模。

5. 小組模型 (Group models)：某些演算法不提供精確的結果模型，只提供分組訊息 (Grouping information)。

6. 基於圖的模型 (Graph-based models)：一個 clique ，也就是圖中節點 (nodes) 的一個子集，使得子集中每兩個節點通過一個邊 (edge) 連結，可以被認爲是一個集群的鄒形。在 HCS clustering algorithm 中，完全連通性要求的條件放寬 ( 邊緣的一小部分可能丟失 ) 謂之 quasi-cliques 。

7. 類神經模型 (Neural models)：最有名的無監督類神經網絡 (Unsupervised neural network) 是自組織映射 (Self-organizing map) ，這些模型通常可以表徵爲以上述一個 ( 或多個 ) 模型，包括類神經網絡實現主成分分析 (Principal component analysis) 或獨立形式 (Independent component analysis) 的子空間模型組件分析。

　　clustering 本質上是一組集群 (clusters) ，通常包含數據集中的所有對象。此外，它還可以指定各個集群之間的關係，例如：集群的層次結構彼此是嵌套的 (embedded)。集群可以大致區分爲：

1. Hard clustering：每個樣本只屬於 ( 或不屬於 ) 某一個集群。

2. Soft clustering ( 即 fuzzy clustering)：每個樣本在一定程度上屬於每個集群 ( 例如：屬於集群的可能性 )

　　Clustering 種類還有另一種的分法：

1. Strict partitioning clustering：每個對象都屬於一個集群。

2. Strict partitioning clustering with outliers：對像也可以不屬於任何集群，並被視爲異常值。

3. Overlapping clustering( 又稱 Alternative clustering, Multi-view clustering)：對象可能屬於多個集群；通常涉及硬集群 (Hard clusters)。

4. Hierarchical clustering：於子集群的對像也屬於父集群。

5. Subspace clustering：在唯一定義的子空間內的重疊集群 (Overlapping clustering) 不期望有重疊。

## 二、Clustering 技術的大分類

### (一) 連結式 (Connectivity-based) 集群 ( 即 Hierarchical clustering)

連結式 **(Connectivity-based)** 集群，係基於 objects 與附近 objects 相關而不是遠距 objects 的相關。這些演算法根據它們的距離連結「objects」以形成「集群」(clusters)。一個集群可以通過連結集群成員所需的最大距離來描述。在不同的距離，將形成不同的 clusters，它可以使用樹狀圖 (dendrogram) 來表示，樹狀圖又名「**層次集群**」**(Hierarchical clustering)**，此種演算法不提供數據集的單個分割 (Single partitioning)，而是提供集群的廣泛層次結構 (Extensive hierarchy of clusters)。在樹狀圖中，y 軸表示集群合併的距離，而 objects 沿著 x 軸放置，使得集群不混合 (mix)。

連結式 **(Connectivity-based)** 集群是根據計算距離的方式而不同的一整套方法。除了通常的距離函數選擇之外，你還需要決定連結標準 ( 因為一個 cluster 由多個 objects 組成，有多個候選來計算距離 )。流行的選擇被稱為單連結集群 ( 對象距離的最小值 )，完全連結集群 ( 對象距離的最大值 ) 或 UPGMA( 有算術平均值的非加權對組方法 (Unweighted pair group method with arithmetic mean)，也稱為平均連結集群 )。此外，層次集群可以是凝聚法 ( 從單個元素開始並將它們聚合成集群 ) 或分裂法 ( 從完整的數據集開始並將其劃分成分區 )。

連結式 (Connectivity-based) 集群法不會產生數據集的唯一分割，而是你仍然需要從中選擇適當的集群的分層結構。對異常值 (outliers) 來說，它們不是很 robust，這些異常值可能會顯示為 Additional clusters，甚至會導致其他簇再合併 ( 稱為 chaining 現象，尤其是 single-linkage 集群 )。在通常情況下，Agglomerative clustering 演算法時間複雜度為 $O(n^3)$；Divisive clustering 時間複雜度為 $O(2^{n-1})$，其中 n 是 objects 個數。故遇到大樣本時計算速度會慢。可是 Complete-linkage clustering 在特殊情況，最佳的時間複雜度會達到 $O(n^2)$。在 Data mining 領域中，這些方法被認為是集群分析的理論基礎，但也被認為是過時的方法。但它們為未來許多方法 ( 如 Density based clustering) 提供了靈感。

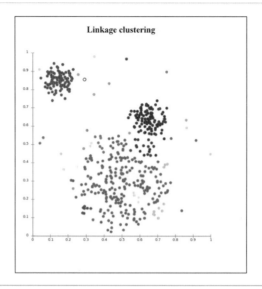

圖 8-3　Single-linkage 的 Gaussian 樣本， 在 35 個集群中， 最大的集群開始分解 (fragmenting) 成較小的部分， 而在由於 Single-linkage 效應而仍然連接到第二大集群之前。

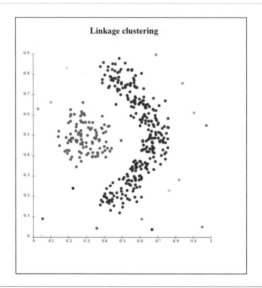

圖 8- 4　Single-linkage on density-based clusters. 萃取出 20 個 clusters， 其中大部分包含單個元素， 因為 linkage clustering 沒有 「noise」 的概念。

## (二) 重心式 (Centroid-based) 集群

重心為基礎的集群中，clusters 由中心向量 (Central vector) 表示，它可能不一定是數據集的成員。當「clusters 數量 =k」時，我們正式命名為 K-means clustering，它求最佳化問題：旨在找到 k 個集群中心 (Cluster centers)，並將這些個體 (objects) 分配到最近的集群中心，使距離集群的平方距離最小，如下圖所示。

最佳化問題 (Optimization problem) 是計算時間複雜度的 NP-hard，因此常用的方法是只能搜索近似解 (Approximate solutions)。

有一種眾所周知的特別近似法是 Lloyd's 演算法，謂之「K-means algorithm」( 儘管另有演算法亦引用這個名字 )。然而，它只能找到一個局部最優化 (local optimum)，並且通常以不同的隨機初始化執行好幾回。k-means 的變形，通常包括選擇多次runs中(Choosing the best of multiple runs)的最佳化，並將重心限制為：數據集的成員 (k-medoids)、中位數 (K-medians clustering)、較少隨機地選擇初始中心 (k-means++) 或者允許 Fuzzy cluster assignment(Fuzzy c-means)。

k-means-type 演算法，多數都須事先指定 clusters 數目為 k，造成這些算法的最大缺點之一。此外，k-means 演算法更偏好近似相似量的 clusters，因為它們總是將 object 分配給最近的重心。這經常導致不正確地分割 clusters 的邊界 (Incorrectly cut borders of clusters)( 這不是令人驚訝的，因為算法優化了 cluster centers 而不是 cluster 邊界 )。

K-means 具有許多有趣的理論性質 (properties)。(1) 它將數據空間分割成一個稱為 Voronoi 圖的結構。(2) 它在概念上接近於最近鄰分類 (Nearest neighbor classification)，因此在機器學習中很受歡迎。(3) 它可視為 Model based clustering 的變形，並且 Lloyd 算法作為下面討論的該模型的 Expectation-maximization (EM) 演算法的變形。

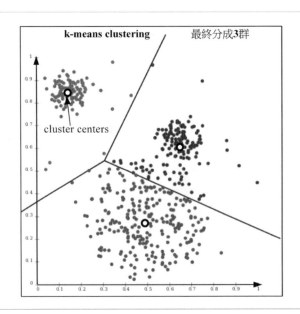

圖 8-5　K-means separates data into Voronoi-cells ， 它假定 clusters 樣本數都相同 ( 本例有違反 )

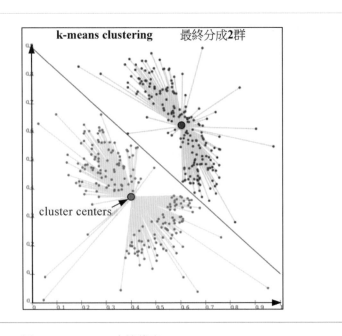

圖 8-6　K-means 未能代表 density-based clusters

### (三) 分布式 (Distribution-based) 集群

分布式 **(Distribution-based)** 集群與統計 Distribution models 最密切。然後可以很容易地將集群定義為：最可能屬於同一分布的 objects。這種方法的一個方便的特性是，這非常類似於生成人造數據集的方式：從分布中隨機抽樣 objects。

雖然這些方法的理論基礎非常好，但是除非對模型的複雜性加以限制，否則很容易造成過度適配 (overfitting) 的問題。一個更複雜的模型通常能夠更好地解釋數據，這使得選擇合適的模型複雜性變得有困難。

一個突出的方法被稱為高斯混合模型 ( 使用期望最大化演算法 )。為了避免 overfitting，故樣本分組數常被限定為有限個的高斯分布 (Finite mixture model, FMM)：高斯分布隨機初始化，並令參數 ( 平均數、變異數 ) 籍由疊代來優化最佳的分類。FMM 會收斂至局部最佳解，所以 Multiple runs 可能會產生不同的結果。為了獲得 Hard clustering，objects 通常被分配到他們最可能屬於的高斯 ( 常態 ) 分布；但對於 Soft clustering 則不需這樣做。

基於分布的 clustering 為集群產生複雜的模型，可以捕獲屬性之間的相關性和依賴性 (Capture correlation and dependence between attributes)。然而，這些算法給你帶來了額外的計算：對於許多實際的數據集，它可能沒有簡潔定義的數學模型 ( 例如：對數據限定高斯分布具有更多的假定 )。

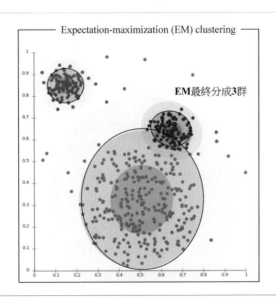

圖 8-7　遇 Gaussian-distributed 樣本時 EM 很好分群，　因為它使用高斯集群建模

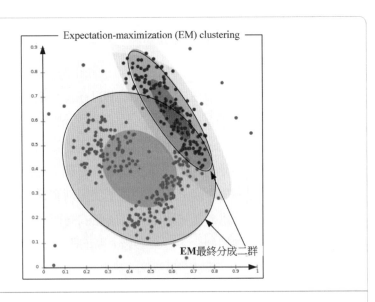

圖 8-8　Density-based clusters 不能用在 Gaussian distributions（樣本分布條件不佳時）

　　詳情請見作者《有限混合模型 (FMM)：STaTa 分析（以 EM algorithm 做潛在分類再迴歸分析)》一書。

### (四) 密度式 (Density-based) 集群

　　在基於密度的 clustering 中，clusters 被定義為：密度高於數據集的其餘區域 (Areas of higher density than the remainder of the data set)。這些稀疏區域的 objects(分離群集所需的對象) 通常被認為是噪聲和邊界點 (Noise and border points)。

　　DBSCAN 是最有名的密度式 (Density-based) 集群。與其它新方法相比，它具有「密度可達性」(density-reachability) 的明確定義的集群模型。密度式集群跟 Linkage based clustering 相似（它基於一定距離閾值 (Distance thresholds) 內的連接點）。但它只連結滿足密度標準的點，原始密度式集群另一定義為：此半徑內其他對象的最小數量。某一個 cluster 係由所有 Density-connected objects 來組成 [ 與其他方法相比，它可以形成一個任意形狀 (Arbitrary shape) 的 cluster]。DBSCAN 另一有趣的特性是它的 Big-O 時間複雜度較低：因它只需在數據庫上進行一定數量的範圍查詢（非全區域）、並且它會發現基本上相同的結果（對於核心和噪音

點 (Core and noise points) 是明確的，但邊界點就不是確定性的 )，因此在每次計算，不需要多次多回合 (run)。

OPTICS 是廣義的 DBSCAN，這消除了爲範圍參數 $\varepsilon$ 選擇適當值的需要。Density-link-clustering 結合 Single-linkage clustering 及 OPTICS 優點，完全消除參數 $\varepsilon$ 估計並使用 R-tree 索引來提供比 OPTICS 更好的性能。

DBSCAN 和 OPTICS 的主要缺點是他們期望某種密度下降來偵測集群邊界 (Cluster borders)。例如：在重疊高斯分布的數據集 ( 在人造數據中的常見用例 ) 中，由這些演算法產生的集群邊界常常看起來是任意的，因爲集群密度不斷減小。在由高斯混合組成的數據集中，DBSCAN 和 OPTICS 幾乎都可勝過 EM 法。

均值漂移 (Mean-shift) 是一種 clustering 法，根據核密度估計，將每個 object 移動到附近最密集的區域。最終，object 收斂到局部密度最大的地方。它類似 K-means clustering，這些「密度吸引子」(Density attractors) 可以作爲數據集的代表，但 Mean-shift 可以像 DBSCAN 可偵測任意形狀的 clusters。

由於昂貴的疊代過程和密度估計，Mean-shift 速度通常比 DBSCAN 或 k-Means 慢。此外，Mean-shift 法對多維數據的適用性受到核密度估計的不平滑行爲所阻礙，導致 cluster 尾端會過度分裂 (Over-fragmentation of cluster tails)。

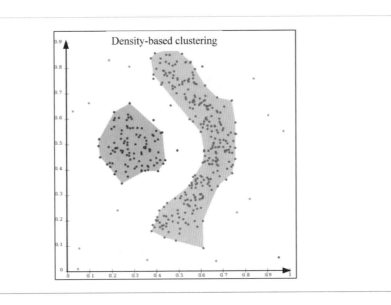

圖 8-9　Density-based clustering with DBSCAN

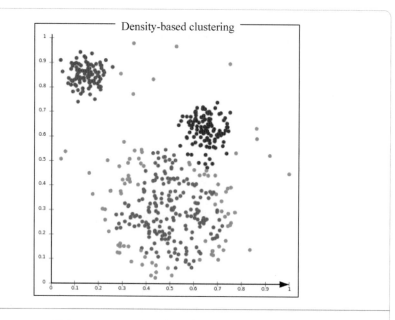

圖 8-10　DBSCAN 假定 ： clusters 有相似的密度， 但在分離鄰近 cluster 時仍會出問題

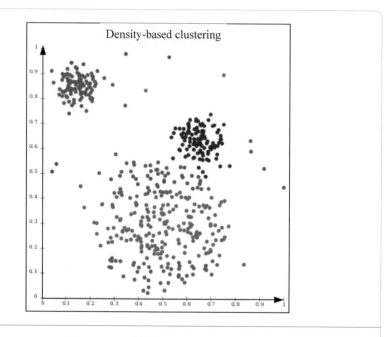

圖 8-11　OPTICS 是 DBSCAN 的變形， 更適合處理各集群密度不相同

## 三、Clustering 最近發展

近年來，陸續出現高性能的新演算法。例如：CLARANS (Ng and Han, 1994) 和 BIRCH(Zhang et al., 1996)。隨著最近需要處理越來越大的數據集 ( 也被稱為大數據 )。導致 Pre-clustering 法的發展 ( 像 Seed based clustering)，其可以有效地處理大量數據集 (Huge data sets)，但是所得到的「clusters」僅僅是對數據集進行粗略的預分割 (pre-partitioning)，接著再使用現有的較慢方法 ( 像 K-means clustering) 來分析分區。已經嘗試了各種其他的集群方法，例如：Seed based clustering。

對於高維數據 ( 變數愈多 )，由於維數的詛咒，許多現有 clustering 法常常失敗，這使得高維空間中特定的距離函數成為問題。

使人們聚焦於子空間 (subspace)clustering( 僅使用一些屬性 (attributes)，cluster 模型僅包括 cluster 相關屬性 ) 的高維數據的新算法，以及也找尋任意旋轉 (correlated) 子空間的相關集群。Subspace clusters 可以透過給定屬性的相關性來進行建模。CLIQUE 和 SUBCLU 都是這種 clustering 法的例子。

採用 Density-based clustering 法 ( 特別是 DBSCAN / OPTICS 演算法家族 ) 來進行子空間 clustering 和相關 clustering(HiCO, **hi**erarchical **co**rrelation clustering, 4C 使用「Correlation connectivity」且 ERiC 探索 Hierarchical density-based correlation clusters).

迄今，有人提出了基於 Mutual information 的幾種不同的 clustering 系統。包括：(1)MarinaMeilă 的信息度量。(2) Hierarchical clustering。(3) 使用遺傳 (genetic) 演算法，可以優化各種不同的 fit-functions，包括互信息 (Mutual information)。(4) 消息傳遞 (Message passing) 演算法 ( 計算機科學和統計物理學最近發展的 ) 也導致了新型 clustering 法的問世。

## 四、Clustering 重點整理

集群分析係根據樣本的某些特性之相似程度，將樣本劃分成幾個集群，使同一集群內的樣本具有高度之同質性，而不同集群間之樣本則具有較高度的異質性。集群分析依分類的方法不同，可分為：階層式集群分析 (Hierarchical cluster analysis) 及非階層式集群分析 (Nonhierarchical cluster analysis)，其中階層式集群分析又分為凝集群法 (Agglomerative hierarchical method) 及分裂式集群法 (Divisive hierarchical method)。所謂的凝集群法是指「剛開始時將 N 個觀察體劃分爲 N 集群，然後根據彼此間的相似程度 (similarity)，將最相似的集群加以合併，最後將所有集群合併爲一個大集群」；所謂分裂式集群法恰好與融核式集群法相反，首先「乃將所有觀察體歸爲同一集群，然後再根據各個觀察體與集群間的相似程度，一步步分類爲小集群，最後直到將所有觀察體劃分爲 N 個集群爲止」；在非階層式集群分析中最常用的爲 K-means 法。

### (一) 應用領域

1. 生物學方面：集群分析常用來將動物分類及植物分類。此種分析又稱數值分類學 (Numerical taxonomy)。

2. 醫學方面：集群分析常用於辨識疾病及它們可能發生環境。舉例來說，得憂鬱症病人就可分成幾種類型症狀。

3. 行銷學：集群分析常用於辨識某消費群購買行爲的相似嗜好爲何？藉由檢視各消費群的特性，行銷者更能掌握先機，拓展其行銷策略。讀者若對行銷學特別有興趣，則可研究 Romesburg(1984 年 ) 集群分析例子。

### (二) 基本步驟

　　如同其它統計程序一樣，執行集群分析之前，您要事先思考一下，才做一些決定，例如：(1) 那些變數才須進入集群分析程序、(2) 決定用那種方法計算觀察值之間的相異性 (distance)、(3) 合併觀察值成爲一群組的準則 (criteria) 又是什麼？

　　如何挑選那些變數進入集群分析模式，是一門專業學問，就如同利用迴歸分析預測員工薪水，若預測變數少了員工「教育程度」和「經驗」二項變數，則其可信度不難想像，是非常可疑的。進行集群分析第一個選擇就是挑選有鑑別力的變數，例如：各家啤酒廠出產的啤酒，您若忽略啤酒品質及口味，僅以啤酒本身酒精含量及價格進行集群分析，則分群後啤酒可能未盡相似。

### (三) 如何計算觀察值之間相似性？

　　進行集群分析前，會提供多種計算觀察值之間相似性 (similarity) 或相異性 (distance) 方法，讓您勾選。計算相似性最常見的方法，就是歐幾里得距離平方 (Squared Euclidean distance)。舉例來說，下表爲二種不同品牌啤酒的熱量 (calories) 及定價：

| 啤酒 ＼ 特性 | 熱量 | 定價 |
|---|---|---|
| Budweiser | 144 | 43 |
| Lowenbrau | 157 | 48 |

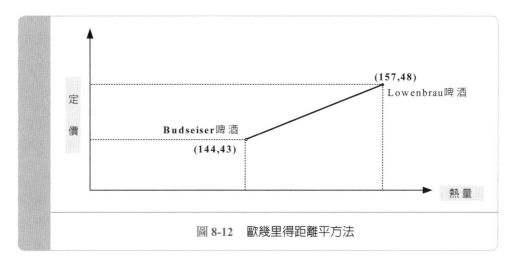

圖 8-12　歐幾里得距離平方法

則其相異性採用歐幾里得距離平方法，就是 $(144 - 157)^2 + (43 - 48)^2 = 13^2 + 5^2 = 194$。歐幾里得平方距離法最大缺點就是其計算的相異性，會隨著測量單位 (即物理單位) 不同而不同。例如：重量單位若採用「磅」為單位，就與「公斤」為單位計算結果不同。解決此缺點的秘訣，就是將觀察的值標準化 (平均數為 0，標準差為 1)。以上表二種啤酒為例，若將其觀察值標準化，則可得下表資料：

| 啤酒 ＼ 特性 | 熱量 | 定價 |
|---|---|---|
| Budweiser | 0.38 | -0.46 |
| Lowenbrau | 0.81 | -0.11 |

則其相異性 $= (0.38 - 0.81)^2 - (-0.46 + 0.11)^2 = 0.307$。經過標準化手續後，本例測量啤酒特性之熱量及定價的權數，自動會變成相等。

## (四) 集群的形成 (forming)

計算觀察體 (objects) 之間相異性有幾種不同方法，連帶聚合觀察值成

爲某群組的方法亦有好幾種。其中最常見集群的形成方法就是階層集群分析 (Hierarchical cluster analysis)，階層集群分析採二種方式：一種是凝聚集群法 (Agglomerative hierarchical clustering)，先將每一觀察體視爲個別的集群，然後逐漸地將二個集群合併，直到所有觀察體都合併成一個集群爲止。另一種方法是分裂式集群法 (Divisive hierarchical clustering)，先將所有觀察體視爲一個集群，然後逐漸地分裂，直到每個觀察體都形成個別的集群爲止。聚群或分群的標準不一，因此產生多種的集群分析法，如遠鄰法、近鄰法等。

### (五) 集群合併的準則 (criteria)

好幾種方法，讓您挑選觀察值或小集群之合併的準則 (criteria)。這些準則的計算均取自相似矩陣 (Similarities matrix) 或相異 (distance) 矩陣的資料。集群合併最簡單準則之一就是單連結法 (Single linkage)，又稱近鄰法 (Nearest neighbor)，顧名思義就是每當相異性最小 ( 或相似性最大 ) 者先行合併後，新產生的小集群或觀察值的相異性 (distance) 就須重新計算一次，但未合併的觀察值的相異性就不須再計算一遍。在觀察值合併的每一步驟中，兩個小集群的相異性均以兩者相距最近那一段距離爲準。

另一較常使用之集群合併準則，就是完整連結 (Complete linkage) 法，又稱遠鄰法 (Furthest neighbor)，顧名思義，就是兩個小集群的相異性均以兩者相距最遠那一段距離爲準。

## 8-2 階層聚類分析／集群分析 (Hierarchical Cluster)：範例 (cluster, cluster dendrogram, cluster generate,cluster kmeans and kmedians 指令 )

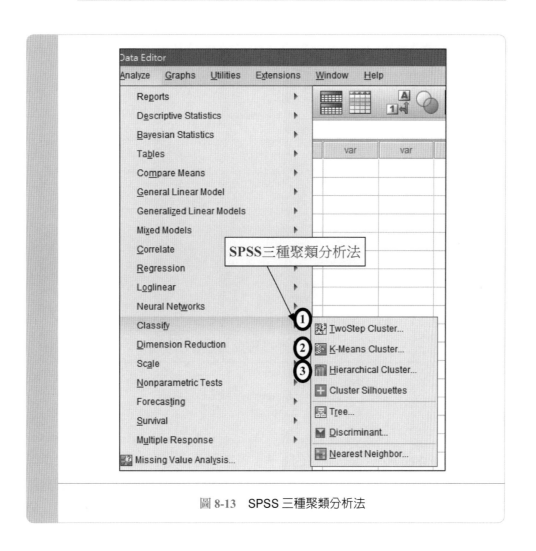

圖 8-13　SPSS 三種聚類分析法

在 SPSS Cluster Analysis 中可以找到「Analyze → Classify ... 」。SPSS 為聚類分析提供三種方法：K-Means Cluster、Hierarchical Cluster 和 Two-Step Cluster。

1. **K-means 聚類**：是一種快速聚類大型數據集的方法。研究人員預先定義了簇的數量。這對測試「具有不同假定 clusters 數的不同模型」很有用。

圖 8-14　K-means 聚類分析之畫面

2. **Hierarchical cluster**：是最常用的方法。它產生成一系列模型，其中從 1( 所有 cases 屬一個集群 ) 到 n( 每種 cases 都是一個集群 ) 的集群解決方案。分層聚類也適用於變數而不是案例；它類似因素分析：將變量聚集在一起。另外，層次聚類分析可以處理名義變數、次序變數和比例變數；但不建議混合「( 不同級別的測量 )Levels of measurement」。

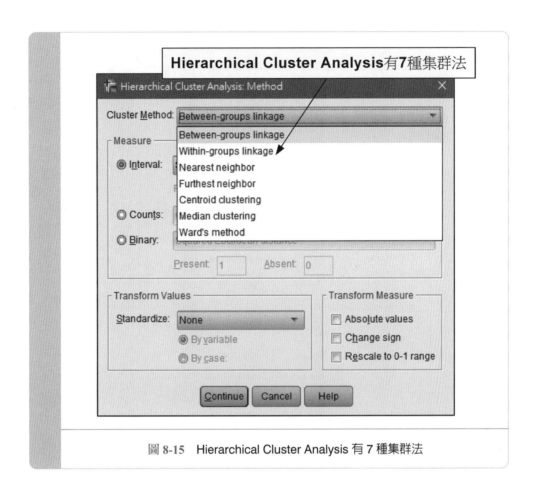

圖 8-15 Hierarchical Cluster Analysis 有 7 種集群法

3. **Two-step 聚類分析**：先透過 pre-clustering 預聚類，再執行分層 (hierarchical) 方法來識別分組。因爲它預先使用了快速集群算法，所以它可以處理需要很長時間才能使用分層集群方法進行計算的大型數據集。在這方面，它是前兩種方法的組合。Two-step 聚類可以處理同一模型中的比例和序數據，並自動選擇聚類數量。

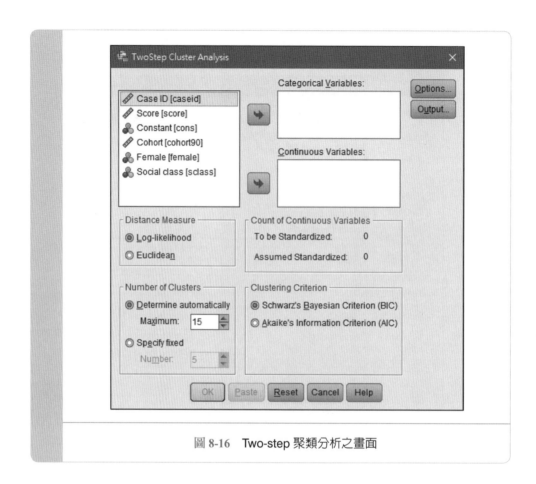

圖 8-16　Two-step 聚類分析之畫面

## 8-2-1 階層集群分析：17 學區的 4 項學生成績 (CLUSTER xx /METHOD xx 指令) 有 7 種集群法

　　階層集群分析 (Hierarchical Cluster Analysis) 由凝聚方法 (Agglomerative methods) 和分裂方法 (Divisive methods) 組成，進而在樣本內找到觀察值所屬的小群組。

　　分裂方法初始從所有觀測值都是同一個 cluster 開始，然後繼續將它們一步一步分割 ( 分成 ) 成更小的 cluster。

　　凝聚方法初始時，先從每一個觀察都是分開的集群開始，然後進行一步一步的組合，直到所有的觀測屬於一個集群。目前有四個較好的階層集群 (Hierachical clustering) 演算法，包括：平均數連結 (Average linkage)，完全連結 (Complete linkage)，單連結 (Single linkage) 和 Ward 連結 (Ward's linkage)。

1. 平均數連結 clustering：使用兩組之間觀察值的平均相似度作為兩組之間的量度。

2. 完全連結 clustering：使用兩組之間最遠的一對觀察來確定兩組的相似性。

3. 單連結 clustering：計算兩組之間的相似度作為兩組之間最接近的觀察值的相似度。

4. **Ward 連結** clustering：它與其他所有方法都不同，因為它使用變異數分析方法來評估集群之間的距離。簡而言之，這種方法試圖求得「每一步可以形成的任何兩個 ( 假設 ) 集群的平方和 (SS)(The Sum of Squares (SS) of any two (hypothetical) clusters that can be formed at each step)」最小值。一般來說，這種方法被認為是非常有效的，但是，它傾向於創建小規模的集群 (clusters of small size)。

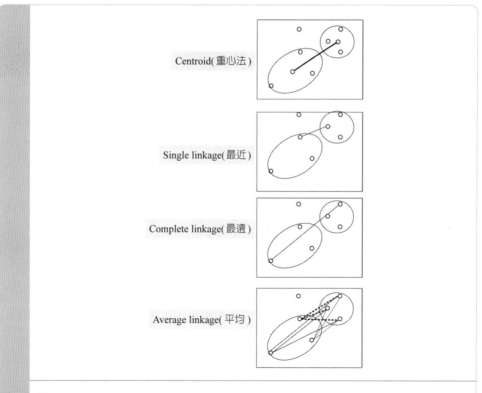

圖 8-17　Single linkage( 最近 )、 Complete linkage( 最遠 )、 Average linkage( 平均 )、 Centroid( 重心法 )

範例 階層集群分析 **(Hierarchical cluster analysis)：17 學區的 4 項 學生成績 (CLUSTER xx /METHOD xx) 指令**

hierarchical 聚類分析包括三個基本步驟：(1) 計算距離。(2) 鏈接聚類。(3) 選擇合適數量的聚類來解決方案。

## 一、資料檔之內容

本例 1998 年考試數據，取自洛杉磯市 17 個學區的學生。變數如下：

| 變數 | 說明 |
|------|------|
| lep | LEP 學生的總比例測試 (Proportion of LEP students to total tested) |
| read | 5 年級閱讀成績 (The Reading Scaled Score for 5th Grade) |
| math | 5 年級數學成績 (The Math Scaled Score for 5th Grade) |
| lang | 5 年級語文成績 (The Language Scaled Score for 5th Grade) |

17 個學區的縮寫名稱如下：

lau - Los Angeles

ccu - Culver City

bhu - Beverly Hills

ing - Inglewood

com - Compton

smm - Santa Monica Malibu

bur - Burbank

gln - Glendale

pvu - Palos Verdes

sgu - San Gabriel

abc - Artesia, Bloomfield, and Carmenita

pas - Pasadena

lan - Lancaster

plm - Palmdale

tor - Torrance

dow - Downey

lbu - Long Beach

圖 8-18　「Hierarchical_Cluster_Analysis.sav」　資料檔內容 (N=17 個學區 )

## 二、分析結果與討論

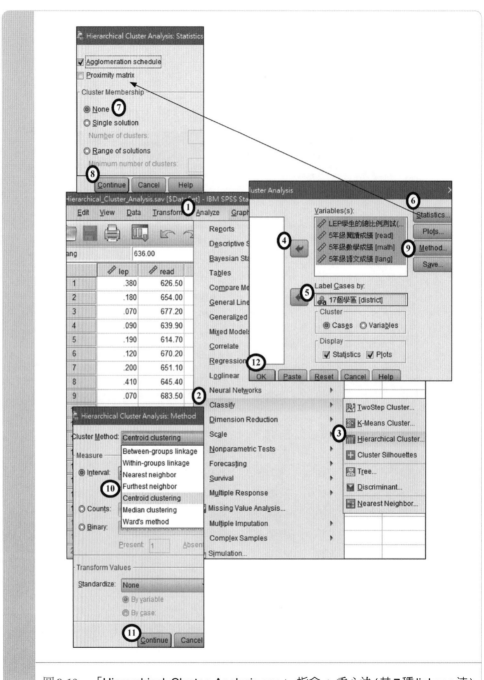

圖 8-19 「Hierarchical_Cluster_Analysis.sps」 指令：重心法 (共 7 種 linkage 法)

指令語法：

```
Title"Hierarchical 比較集群法的四個集群解決方案 ".
subtitle"Hierarchical_Cluster_Analysis.sps".

subtitle"Hierarchical 集群 :Centroid -linkage clustering( 重心法 )".
CLUSTER   lep read math lang
  /METHOD CENTROID
  /MEASURE=SEUCLID
  /ID=district
  /PRINT SCHEDULE
  /PLOT VICICLE.

subtitle"Hierarchical 集群 :Complete-linkage clustering( 最遠法 ) ".
CLUSTER   lep read math lang
  /METHOD COMPLETE
  /MEASURE=SEUCLID
  /ID=district
  /PRINT SCHEDULE
  /PLOT VICICLE.

subtitle" Average Linkage clustering 法 (Between-Grops 法 ) 方案 ".
CLUSTER   lep read math lang
  /METHOD BAVERAGE
  /MEASURE=SEUCLID
  /ID=district
  /PRINT SCHEDULE
  /PLOT VICICLE.

subtitle"Hierarchical 集群 :Ward's-linkage clustering 法 ( 重心法 ) ".
CLUSTER   lep read math lang
  /METHOD WARD
  /MEASURE=SEUCLID
  /ID=district
  /PRINT SCHEDULE
  /PLOT VICICLE.
```

我們將比較：Hierarchical 集群的四個方案，指令如上表。

Step 1. **Centroid -linkage clustering( 重心法 )**：使用兩組之間觀察值的平均相似度作為兩組之間的量度。

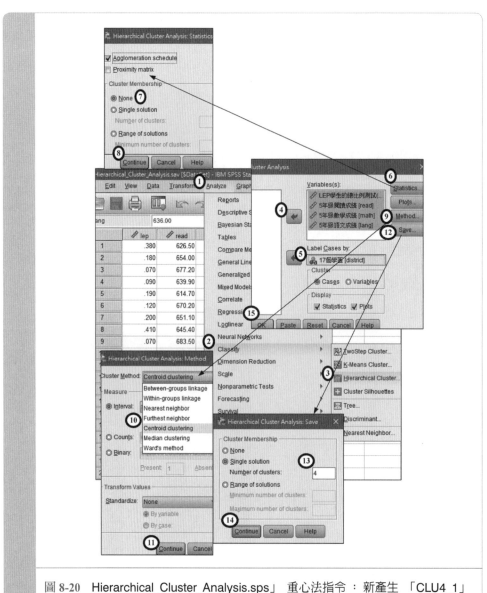

圖 8-20　Hierarchical_Cluster_Analysis.sps」　重心法指令：　新產生　「CLU4_1」變數來記錄 4 clusters

指令語法：

```
subtitle "Hierarchical 集群 :average-linkage clustering( 重心法 ) 方案 ".
CLUSTER    lep read math lang
  /METHOD CENTROID
  /MEASURE=SEUCLID
  /ID=district
  /PRINT SCHEDULE
  /PLOT VICICLE
  /SAVE CLUSTER(4) .
```

**Centroid Linkage**

**Agglomeration Schedule**

| Stage | Cluster Combined Cluster 1 | Cluster Combined Cluster 2 | Coefficients | Stage Cluster First Appears Cluster 1 | Stage Cluster First Appears Cluster 2 | Next Stage |
|---|---|---|---|---|---|---|
| 1 | 8 | 16 | 6.036 | 0 | 0 | 7 |
| 2 | 13 | 14 | 11.461 | 0 | 0 | 8 |
| 3 | 10 | 11 | 12.913 | 0 | 0 | 5 |
| 4 | 2 | 7 | 14.581 | 0 | 0 | 5 |
| 5 | 2 | 10 | 20.047 | 4 | 3 | 7 |
| 6 | 12 | 17 | 34.118 | 0 | 0 | 8 |
| 7 | 2 | 8 | 37.368 | 5 | 1 | 13 |
| 8 | 12 | 13 | 57.895 | 6 | 2 | 10 |
| 9 | 3 | 9 | 95.090 | 0 | 0 | 14 |
| 10 | 4 | 12 | 148.442 | 0 | 8 | 13 |
| 11 | 6 | 15 | 182.690 | 0 | 0 | 14 |
| 12 | 1 | 5 | 396.086 | 0 | 0 | 16 |
| 13 | 2 | 4 | 529.539 | 7 | 10 | 15 |
| 14 | 3 | 6 | 791.467 | 9 | 11 | 15 |
| 15 | 2 | 3 | 2455.915 | 13 | 14 | 16 |
| 16 | 1 | 2 | 4049.568 | 12 | 15 | 0 |

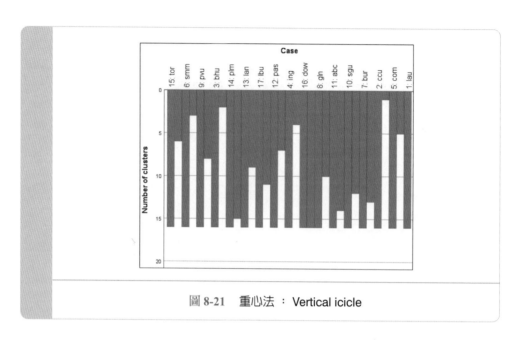

圖 8-21　重心法 ： Vertical icicle

**Step 2.** Complete-linkage clustering( 最遠法 )：使用兩組之間最遠的一對觀察來確定兩組的相似性。

指令語法：

```
subtitle "Hierarchical 集群 :Complete-linkage clustering( 最遠法 ) 方案 ".
CLUSTER    lep read math lang
  /METHOD COMPLETE
  /MEASURE=SEUCLID
  /ID=district
  /PRINT SCHEDULE
  /PLOT VICICLE.
```

**Complete Linkage**

## Agglomeration Schedule

| Stage | Cluster Combined | | Coefficients | Stage Cluster First Appears | | Next Stage |
|---|---|---|---|---|---|---|
| | Cluster 1 | Cluster 2 | | Cluster 1 | Cluster 2 | |
| 1 | 8 | 16 | 6.036 | 0 | 0 | 7 |
| 2 | 13 | 14 | 11.461 | 0 | 0 | 8 |
| 3 | 10 | 11 | 12.913 | 0 | 0 | 5 |
| 4 | 2 | 7 | 14.581 | 0 | 0 | 5 |
| 5 | 2 | 10 | 32.100 | 4 | 3 | 7 |
| 6 | 12 | 17 | 34.118 | 0 | 0 | 8 |
| 7 | 2 | 8 | 85.611 | 5 | 1 | 13 |
| 8 | 12 | 13 | 90.853 | 6 | 2 | 11 |
| 9 | 3 | 9 | 95.090 | 0 | 0 | 14 |
| 10 | 6 | 15 | 182.690 | 0 | 0 | 14 |
| 11 | 4 | 12 | 217.131 | 0 | 8 | 13 |
| 12 | 1 | 5 | 396.086 | 0 | 0 | 15 |
| 13 | 2 | 4 | 921.469 | 7 | 11 | 15 |
| 14 | 3 | 6 | 1565.872 | 9 | 10 | 16 |
| 15 | 1 | 2 | 4511.453 | 12 | 13 | 16 |
| 16 | 1 | 3 | 14668.662 | 15 | 14 | 0 |

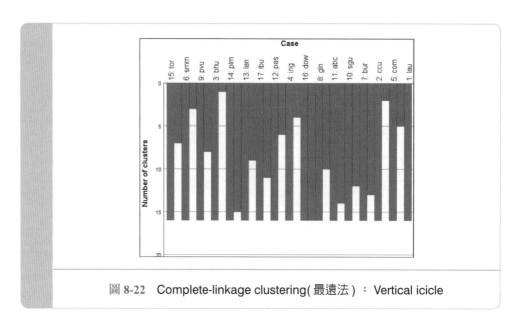

圖 8-22　Complete-linkage clustering(最遠法)：Vertical icicle

Step 3. **Average Linkage clustering** 法 (Between-Grops 法)：計算兩組之間的相
　　　似度作為兩組之間最接近的觀察值的相似度。

　　指令語法：

```
subtitle "Average Linkage clustering法(Between-Grops法)方案".
CLUSTER    lep read math lang
  /METHOD BAVERAGE
  /MEASURE=SEUCLID
  /ID=district
  /PRINT SCHEDULE
  /PLOT VICICLE.
```

**Average Linkage (Between Groups)**

**Agglomeration Schedule**

| Stage | Cluster Combined | | Coefficients | Stage Cluster First Appears | | Next Stage |
|---|---|---|---|---|---|---|
| | Cluster 1 | Cluster 2 | | Cluster 1 | Cluster 2 | |
| 1 | 8 | 16 | 6.036 | 0 | 0 | 7 |
| 2 | 13 | 14 | 11.461 | 0 | 0 | 8 |
| 3 | 10 | 11 | 12.913 | 0 | 0 | 5 |
| 4 | 2 | 7 | 14.581 | 0 | 0 | 5 |
| 5 | 2 | 10 | 26.920 | 4 | 3 | 7 |
| 6 | 12 | 17 | 34.118 | 0 | 0 | 8 |
| 7 | 2 | 8 | 47.326 | 5 | 1 | 13 |
| 8 | 12 | 13 | 69.290 | 6 | 2 | 10 |
| 9 | 3 | 9 | 95.090 | 0 | 0 | 14 |
| 10 | 4 | 12 | 168.613 | 0 | 8 | 13 |
| 11 | 6 | 15 | 182.690 | 0 | 0 | 14 |
| 12 | 1 | 5 | 396.086 | 0 | 0 | 15 |
| 13 | 2 | 4 | 583.866 | 7 | 10 | 15 |
| 14 | 3 | 6 | 860.912 | 9 | 11 | 16 |
| 15 | 1 | 2 | 2810.438 | 12 | 13 | 16 |
| 16 | 1 | 3 | 3991.781 | 15 | 14 | 0 |

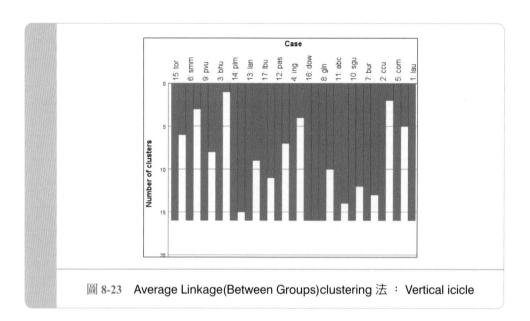

圖 8-23　Average Linkage(Between Groups)clustering 法 ： Vertical icicle

**Step 4.** **Ward's-linkage** clustering 法：它與其他所有方法都不同，因為它使用變異數分析

指令語法：

```
subtitle "Hierarchical 集群:Ward's-linkage clustering 法 ( 重心法 ) 方案 ".
CLUSTER    1ep read math lang
    /METHOD WARD
    /MEASURE=SEUCLID
    /ID=district
    /PRINT SCHEDULE
    /PLOT VICICLE.
```

**Ward Linkage**

<table>
<tr><th colspan="7" align="center">Agglomeration Schedule</th></tr>
<tr><th></th><th colspan="3" align="center">Cluster Combined</th><th colspan="2" align="center">Stage Cluster First Appears</th><th></th></tr>
<tr><th>Stage</th><th>Cluster 1</th><th>Cluster 2</th><th>Coefficients</th><th>Cluster 1</th><th>Cluster 2</th><th>Next Stage</th></tr>
<tr><td>1</td><td>8</td><td>16</td><td>3.018</td><td>0</td><td>0</td><td>8</td></tr>
<tr><td>2</td><td>13</td><td>14</td><td>8.748</td><td>0</td><td>0</td><td>9</td></tr>
<tr><td>3</td><td>10</td><td>11</td><td>15.205</td><td>0</td><td>0</td><td>6</td></tr>
<tr><td>4</td><td>2</td><td>7</td><td>22.495</td><td>0</td><td>0</td><td>6</td></tr>
<tr><td>5</td><td>12</td><td>17</td><td>39.554</td><td>0</td><td>0</td><td>9</td></tr>
<tr><td>6</td><td>2</td><td>10</td><td>59.601</td><td>4</td><td>3</td><td>8</td></tr>
<tr><td>7</td><td>3</td><td>9</td><td>107.146</td><td>0</td><td>0</td><td>13</td></tr>
<tr><td>8</td><td>2</td><td>8</td><td>156.971</td><td>6</td><td>1</td><td>14</td></tr>
<tr><td>9</td><td>12</td><td>13</td><td>214.866</td><td>5</td><td>2</td><td>11</td></tr>
<tr><td>10</td><td>6</td><td>15</td><td>306.211</td><td>0</td><td>0</td><td>13</td></tr>
<tr><td>11</td><td>4</td><td>12</td><td>424.964</td><td>0</td><td>9</td><td>14</td></tr>
<tr><td>12</td><td>1</td><td>5</td><td>623.007</td><td>0</td><td>0</td><td>15</td></tr>
<tr><td>13</td><td>3</td><td>6</td><td>1414.474</td><td>7</td><td>10</td><td>16</td></tr>
<tr><td>14</td><td>2</td><td>4</td><td>2858.672</td><td>8</td><td>11</td><td>15</td></tr>
<tr><td>15</td><td>1</td><td>2</td><td>7181.028</td><td>12</td><td>14</td><td>16</td></tr>
<tr><td>16</td><td>1</td><td>3</td><td>17208.986</td><td>15</td><td>13</td><td>0</td></tr>
</table>

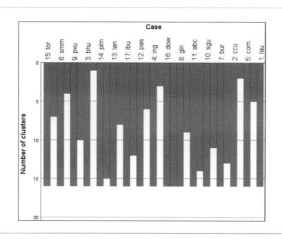

圖 8-24　Ward Linkage 法：Vertical icicle

### 8-2-2 練習題：mammal 資料 (CLUSTER xx /METHOD xx 指令) 有 7 種方法

一、資料檔之內容

圖 8-25 「mammal.sav」 資料檔內容 (N=32 隻哺乳動物 )

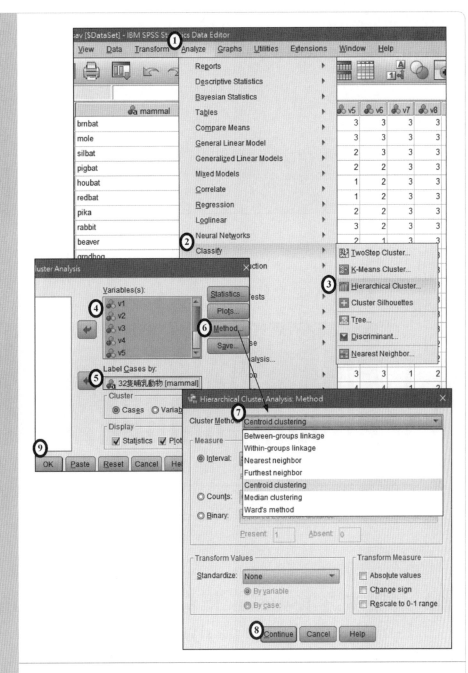

圖 8-26　重心法 「mammal.sps」 指令畫面

對應的指令語法：

```
title " 重心法「mammal.sps」指令 ".

CLUSTER    v1 v2 v3 v4 v5 v6 v7 v8
    /METHOD CENTROID
    /MEASURE=SEUCLID
    /ID=mammal
    /PRINT SCHEDULE
    /PLOT VICICLE.
```

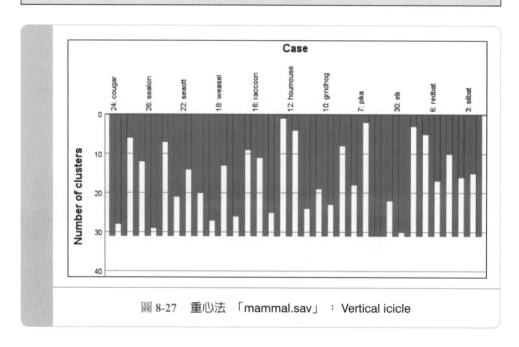

圖 8-27　重心法　「mammal.sav」：Vertical icicle

## 8-3 大樣本之 K-means 集群分析 (K-means and k-medians cluster analysis)：50 棵植物 4 個化學實驗數據 (QUICK CLUSTER 指令)

　　前面介紹集群分析基本概念和常見集群法。凝聚階層集群分析僅是集群分析其中一種。當我們遇到某特殊問題時，所採用分析法除須考慮各種集群法特點

外，尚須考慮資料檔的大小。例如：遇到資料檔非常龐大（觀察值超過 200 個以上），一般集群演算法不但占用龐大電腦記憶體，並且費時。

本例介紹「K-Means Cluster」統計程序則較不受觀察值個數增加，而占用大量電腦記憶體的限制且省時。因此適合眾多觀察值之集群分析。

在 K-Means Cluster 統計程序中，決定集群成員之演算法 (algorithm) 叫最近重心排序 (Nearest centroid sorting) 法 (Anderberg, 1973)。它是在已知集群數情況下，將各觀察值分派到最近的重心。這種集群法，您可事先規定其各集群中心點；倘若您不知各集群的中心點亦無妨，它可依據您的研究資料進行估計。

範例：**大樣本之 K-means 集群分析 (cluster correlation) (QUICK CLUSTER 指令 )**

K-means 類聚法，旨在處理大樣本 (N>100) 之集群分析。

## 一、資料檔之內容

作為一家小型生物技術公司的高級數據分析師，您將研究一個數據集，其中包含，從雨林搜集的特定植物的 50 個不同樣品的 4 個化學實驗室測量數據 (x1,x2,x3,x4)。收集樣本的考察隊負責人認為，根據當地人的傳說，植物提取物可能會減少與貴公司最暢銷的營養補品相關的負面影響。

雖然公司化學家和植物學家繼續探索植物的可能用途，但產品開發負責人要求您查看初步數據，並向研究人員報告任何可能有用的信息。

雖然所有 50 種植物都應該屬於同一類型 (Same type)，但是您決定進行集群分析 (Cluster analysis)，以查看其中是否存在更小組或異常 (Subgroups or anomalies)。你隨意決定使用 K-means clustering。

本例資料檔「labtech.sav」，如下圖所示，共有 50 個個體。

abtech.sav [$DataSet] - IBM SPSS Statistics Data Editor

Edit View Data Transform Analyze Graphs Utilities Extensions

4個化學測量(x1,x2,x3,x4)

| | x1 | x2 | x3 | x4 | labtech |
|---|---|---|---|---|---|
| 1 | 17.40 | 78.60 | 101.40 | 109.30 | Jen |
| 2 | 87.00 | 30.10 | 79.10 | 6.60 | Jen |
| 3 | .10 | .60 | .90 | .20 | Sam |
| 4 | 106.00 | 10.00 | 44.60 | 57.60 | Deb |
| 5 | 140.60 | 122.00 | 114.80 | 122.80 | Jen |
| 6 | .50 | .80 | .20 | .50 | Sam |
| 7 | 140.50 | 27.00 | 71.20 | 69.60 | Bill |
| 8 | .50 | .30 | .50 | .70 | Sam |
| 9 | 18.00 | 74.40 | 26.40 | 116.00 | Al |
| 10 | 3.60 | 143.60 | 12.80 | 70.10 | Deb |
| 11 | 20.00 | 116.40 | 118.30 | 115.80 | Deb |
| 12 | 84.70 | 142.10 | 147.90 | 45.00 | Al |
| 13 | 120.40 | 55.80 | 144.70 | 75.20 | Jen |
| 14 | .10 | .90 | .60 | .20 | Sam |
| 15 | 113.00 | 69.40 | 127.00 | 10.40 | Deb |
| 16 | 90.30 | 102.30 | 113.70 | 74.10 | Al |
| 17 | .90 | .20 | .50 | .30 | Sam |
| 18 | 86.70 | 99.90 | 57.30 | 30.50 | Bill |
| 19 | 89.10 | 45.30 | 126.10 | 28.60 | Deb |
| 20 | 94.00 | 107.10 | 132.50 | 72.00 | Bill |
| 21 | 81.20 | 125.10 | 76.50 | 40.30 | Deb |

圖 8-28 「labtech.sav」 資料檔內容 (N=50 株植物 )

## 二、分析結果與討論

Step-1. **K-means 分二群 ( 存至 QCL_1 新變數 )，再求判別分析正確率**

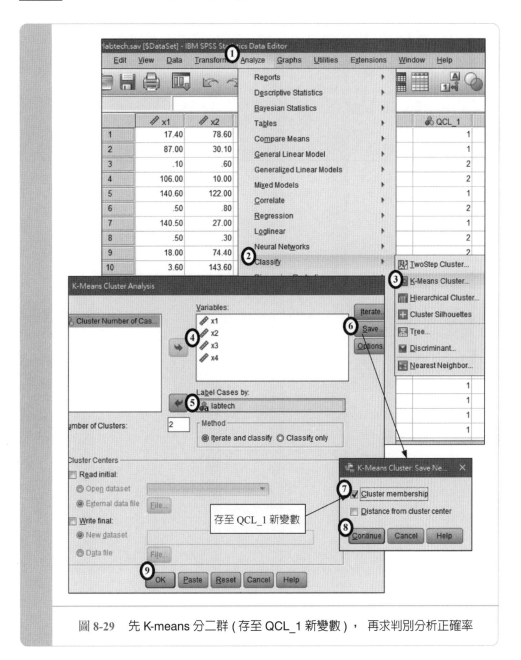

圖 8-29 先 K-means 分二群 ( 存至 QCL_1 新變數 )， 再求判別分析正確率

對應的指令語法：

```
title "K-means 分二群 ( 存至 QCL_1 新變數 )，再求判別分析正確率 ".
subtitle "K-means.sps,「labtech.sav」資料檔 ".
QUICK CLUSTER x1 x2 x3 x4
  /MISSING=LISTWISE
  /CRITERIA=CLUSTER(2) MXITER(10) CONVERGE(0)
  /METHOD=KMEANS(NOUPDATE)
  /SAVE CLUSTER
  /PRINT ID(labtech) INITIAL.
```

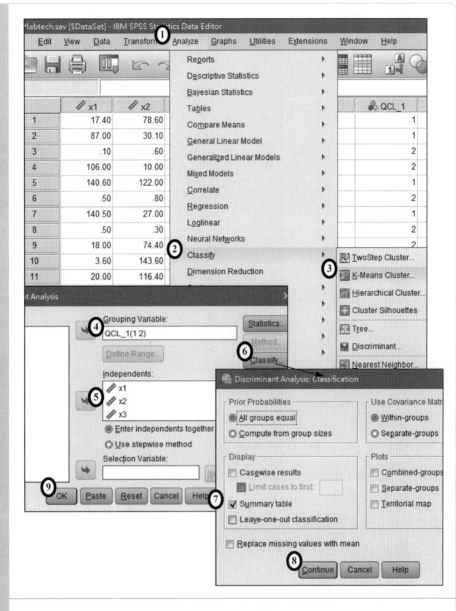

圖 8-30　K-means 二群之判別分析正確率

對應的指令語法：

```
subtitle "求二群 ( 存至 QCL_1 新變數 ) 判別分析正確率 ".
DISCRIMINANT
  /GROUPS=QCL_1(1 2)
  /VARIABLES=x1 x2 x3 x4
  /ANALYSIS ALL
  /PRIORS EQUAL
  /STATISTICS=TABLE
  /CLASSIFY=NONMISSING POOLED.
```

**Classification Results[a]**

| | | Cluster Number of Case | Predicted Group Membership 1 | 2 | Total |
|---|---|---|---|---|---|
| Original | Count | 1 | 25 | 0 | 25 |
| | | 2 | 1 | 24 | 25 |
| | % | 1 | 100.0 | .0 | 100.0 |
| | | 2 | 4.0 | 96.0 | 100.0 |

a. 98.0% of original grouped cases correctly classified.

1. 分成 2 組 (QCL_1)：區別分析求出分組正確率 =(25+24)/100=98.0%。

**Step-2.** **K-medians cluster 該分成 2 組或 3 組呢？**

　　學術研究常見的 K-medians cluster ，分群組數都是成成 2 組 vs. 3 組群。鮮少像本例可分成 6 組 (groups)。到底你該分成幾群才恰當呢？這要借用區別分析的「分組正確率」來判定。假設本例你要比較「2 組 vs. 3 組」的「分組正確率」，其指令如下。

　　先 K-means 分 3 群 ( 存至 QCL_2 新變數 )，再求判別分析正確率。

　　對應的指令語法：

```
QUICK CLUSTER x1 x2 x3 x4
  /MISSING=LISTWISE
  /CRITERIA=CLUSTER(3) MXITER(10) CONVERGE(0)
  /METHOD=KMEANS(NOUPDATE)
```

```
/SAVE CLUSTER
/PRINT ID(labtech) INITIAL.
```

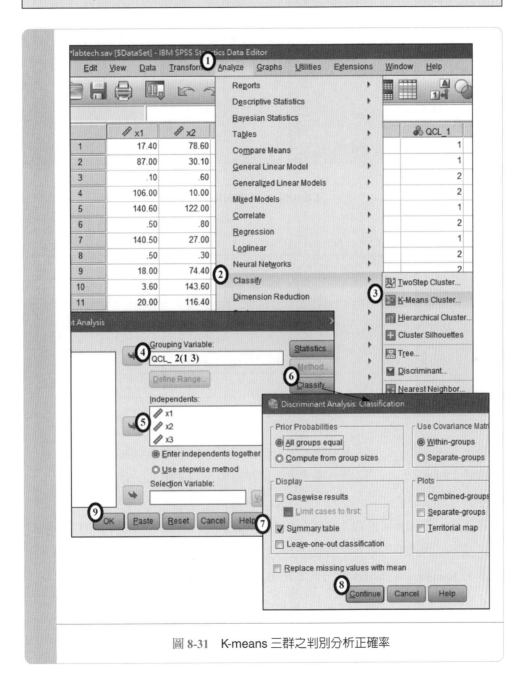

圖 8-31　K-means 三群之判別分析正確率

對應的指令語法：

```
subtitle " 求 3 群 ( 存至 QCL_2 新變數 ) 判別分析正確率 ".
DISCRIMINANT
  /GROUPS=QCL_2(1  3)
  /VARIABLES=x1  x2  x3  x4
  /ANALYSIS ALL
  /PRIORS EQUAL
  /STATISTICS=TABLE
  /CLASSIFY=NONMISSING POOLED.
```

**Classification Results[a]**

| | | | Predicted Group Membership | | | |
|---|---|---|---|---|---|---|
| | | Cluster Number of Case | 1 | 2 | 3 | Total |
| Original | Count | 1 | 16 | 0 | 0 | 16 |
| | | 2 | 1 | 20 | 0 | 21 |
| | | 3 | 0 | 1 | 12 | 13 |
| | % | 1 | 100.0 | .0 | .0 | 100.0 |
| | | 2 | 4.8 | 95.2 | .0 | 100.0 |
| | | 3 | .0 | 7.7 | 92.3 | 100.0 |

a. 96.0% of original grouped cases correctly classified.

1. 分成 2 組 (QCL_1)：區別分析求出分組正確率 =(25+24)/100=98.0%。
2. 分成 3 組 (QCL_2)：區別分析求出分組正確率 =(16+20+12)/50=96%。
3. 由於分成 2 組之正確率高於分成 3 組，故本例應分成 2 組才對。
4. 易言之，你可改用其它「區別分析法」，或其它「分組個數」，籍由「分組的正確率」的比較，即可找出最佳的「區別分析法」及「分組個數」。

**Step-3.** K-medians cluster 應分成 **2 組 (QCL_1)**：各分組的命名呢？

　　2 組在 4 個依變數的平均得分高低，即可判定各分組該如何命名呢？請使用 ONEWAY 指令，求各組在依變數們的平均數：

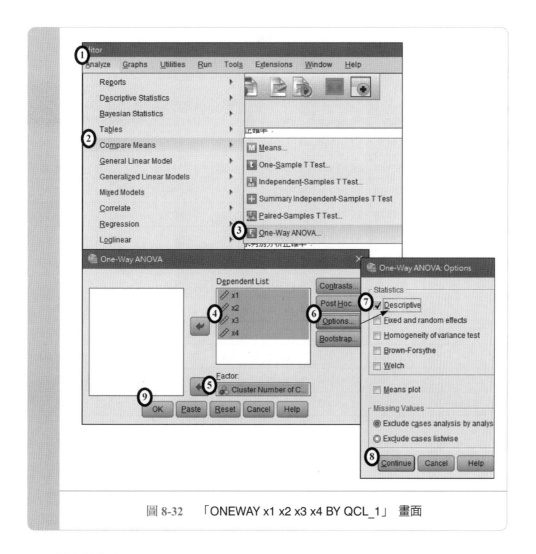

圖 8-32 「ONEWAY x1 x2 x3 x4 BY QCL_1」畫面

對應的指令語法：

```
ONEWAY x1 x2 x3 x4 BY QCL_1
  /STATISTICS DESCRIPTIVES
  /MISSING ANALYSIS.
```

| Descriptives | | | | | | | | | |
|---|---|---|---|---|---|---|---|---|---|
| | | N | Mean | Std. Deviation | Std. Error | 95% Confidence Interval for Mean Lower Bound | Upper Bound | Minimum | Maximum |
| x1 | 1 | 25 | 90.9200 | 37.94349 | 7.58870 | 75.2577 | 106.5823 | 17.40 | 143.00 |
| | 2 | 25 | 22.2880 | 28.64859 | 5.72972 | 10.4624 | 34.1136 | .00 | 106.00 |
| | Total | 50 | 56.6040 | 48.04976 | 6.79526 | 42.9484 | 70.2596 | .00 | 143.00 |
| x2 | 1 | 25 | 77.1640 | 39.83533 | 7.96707 | 60.7208 | 93.6072 | 4.80 | 142.10 |
| | 2 | 25 | 29.2560 | 37.09422 | 7.41884 | 13.9443 | 44.5677 | .00 | 143.60 |
| | Total | 50 | 53.2100 | 45.12968 | 6.38230 | 40.3843 | 66.0357 | .00 | 143.60 |
| x3 | 1 | 25 | 103.2640 | 35.84485 | 7.16897 | 88.4680 | 118.0600 | 16.30 | 147.90 |
| | 2 | 25 | 19.5880 | 21.85590 | 4.37118 | 10.5663 | 28.6097 | .20 | 69.70 |
| | Total | 50 | 61.4260 | 51.47254 | 7.27932 | 46.7977 | 76.0543 | .20 | 147.90 |
| x4 | 1 | 25 | 72.3400 | 43.82941 | 8.76588 | 54.2481 | 90.4319 | 6.60 | 146.10 |
| | 2 | 25 | 42.5200 | 42.81724 | 8.56345 | 24.8459 | 60.1941 | .10 | 130.90 |
| | Total | 50 | 57.4300 | 45.45000 | 6.42760 | 44.5133 | 70.3467 | .10 | 146.10 |

1. 集群分析分成 2 組 ( 新變數 QCL_1)，結果如上表。

| 平均數 _clus_1 | x1 | x2 | x3 | x4 |
|---|---|---|---|---|
| 1 | 90.9200 | 77.1640 | 103.2640 | 72.3400 |
| 2 | 22.2880 | 29.2560 | 19.5880 | 42.5200 |

1. 集群分析分成 2 組 ( 新變數 QCL_1)，結果如上表。

2. 組 1「QCL_1=1」在「x1 x2 x3 x4」平均數都高於「QCL_1=2」，故正向命名「QCL_1=1」優質木材群；「QCL_1=2」劣質木材群。

**Step-4.** 各分群的命名 **(QCL_1)** 當類別型自變數 ( 視同 **a** 因子 )，再與其它因素變數再進行 **MANOVA** 分析

# 8-4 二元變數之集群分析(CLUSTER / METHOD XX / MEASURE=BSEUCLID(1,0) 指令 )

## 8-4-1 二元變數 (binary variables) 關聯性 (Association) 之概念

在 Woodyard Hammock( 吊床 ) 的例子中，觀察員記錄了每個地點 (each site) 每個物種 (species) 有多少 individual 才屬於這個樣本。然而，其他研究法可能會發現觀察者記錄該物種是否存在於一個地點。在社會學研究中，我們可能會看到，有些人具有某特質 (traits)，但其他人則無沒有此特質。因此用「1 vs. 0」編碼，來表示感興趣的特徵是否存在。

對於樣本單位 i 和單位 j，考慮下列「1-1, 1-0, 0-1, 0-0」匹配頻率的 contingency 表：

|  |  | Unit $j$ | | |
|---|---|---|---|---|
|  |  | 1 | 0 | Total |
| Unit $i$ | 1 | $a$ | $b$ | $a + b$ |
|  | 0 | $c$ | $d$ | $c + d$ |
|  | Total | $a + c$ | $b + d$ | $p = a + b + c + d$ |

如果你比較兩個受試者 (subjects)，subject i 和 subject j。$a$ 是兩個 subjects 的變數數量。在 Woodyard 吊床的例子中，這將是兩個地點的物種數量。再次 $b$ 將是在 subject i 發現 ( 但不是 subject j) 的數量 ( 物種 )。$c$ 正好相反，$d$ 是在任一 subject 中都找不到的數字。

從這裡我們可以計算「row totals、column totals 及 grand total」。

Johnson 和 Wichern 列出了可以用於二進制數據的以下距離相似係數 (Similarity Coefficients)。

| 係數 | 理由 |
|---|---|
| $\dfrac{a+d}{p}$ | Equal weights for 1-1, 0-0 matches |
| $\dfrac{2(a+d)}{2(a+d)+b+c}$ | Double weights for 1-1, 0-0 matches |
| $\dfrac{a+d}{a+d+2(b+c)}$ | Double weights for unmatched pairs |
| $\dfrac{a}{p}$ | Proportion of 1-1 matches |
| $\dfrac{a}{a+b+c}$ | 0-0 matches are irrelevant |
| $\dfrac{2a}{2a+b+c}$ | 0-0 matches are irrelevant |
|  | Double weights for 1-1 matches |
| $\dfrac{a}{a+2(b+c)}$ | 0-0 matches are irrelevant |
|  | Double weights for unmatched pairs |
| $\dfrac{a}{b+c}$ | Ratio of 1-1 matches to mismatches |

距離相似係數，第一個係數先看 matches 的數量 (1-1 or 0-0) 並除以變數的總數。如果兩個地點有相同的物種清單，那麼這個係數等於 1，因為「c = b = 0」。兩個地點中只有一個發現的物種越多，這個係數的值就越小。如果在一個地點沒有發現物種，那麼這個係數取值為 0，因為在這種情況下「a = d = 0」。

其餘係數，給 matched(1-1 或 0-0) 或 mismatched(1-0 或 0-1) 的配對賦予不同的權重。因為，第二個係數給配對雙倍的權重，從而強調物種 agreements。相比之下，第三個係數給 Mismatched pairs 的雙倍權重，更強烈地懲罰「Disagreements between the species lists」。其餘的係數忽略 (ignores) 在兩個站點都沒有發現的物種。

二元變數的距離測量法有 14 種。故距離相似係數的選擇將對分析結果產生不同影響。係數可以基於當前問題的特定理論考慮來選擇，或者為了產生對數據的最簡潔描述。對於後者，可以使用這些係數中的幾個來重複 (repeated) 分析。最容易產生解釋結果的係數就被選擇。

最重要的是，在分析可以進行之前，您需要在 subjects 之間建立一些「Measure of association」。

## 8-4-2 二元變數之集群分析 (Cluster analysis for binary variables)：35 題是非題 (CLUSTER ／ METHOD XX ／ MEASURE＝BSEUCLID(1,0) 指令 )

範例 **二元變數之集群分析 (Cluster analysis for binary variables)：35 題是非題 (CLUSTER ／ METHOD XX ／ MEASURE=BSEUCLID(1,0) 指令 )**

研究者調查女子俱樂部，邀請社會上 30 名女性，讓他們填寫一份問卷，內容有關：體育、音樂、閱讀和業餘愛好的問題，共 35 題，都是是非題「yes vs. no」回答方式之 Binary 變數。

在籌劃俱樂部的第一次會議時，要女性根據共同興趣在五個午餐桌上分配座位。你們真的希望分享利益的人們才坐在一起，而不是那些不喜歡的人們。從所有可用的二元相似性度量中，本例決定使用 Jaccard 係數作為二元相似性度量，因為它不包括其公式中的「聯合 0 比較」(Jointly zero comparisons)。

本例決定用 kmeans、Kmedians clustering 來分組。

## 一、資料檔之內容

資料檔「wclub.sav」，如下圖所示。

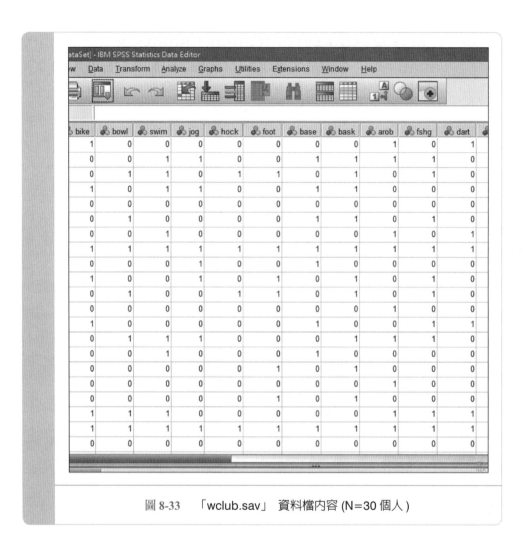

圖 8-33　「wclub.sav」 資料檔內容 (N=30 個人 )

## 二、分析結果與討論

Step 1.　二元變數之 Hierarchical cluster

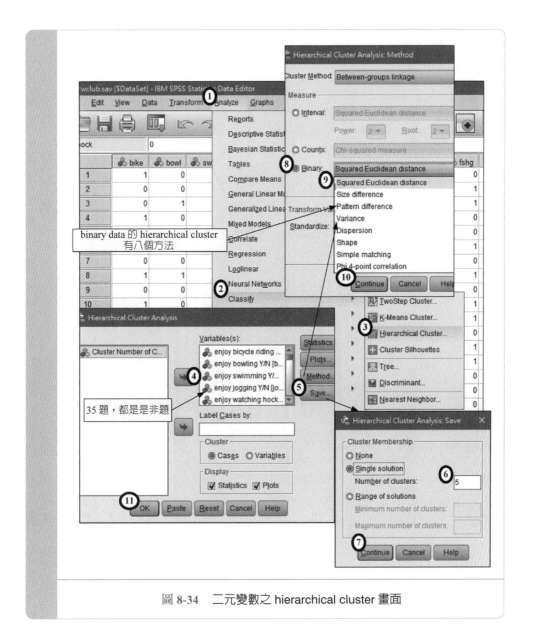

圖 8-34　二元變數之 hierarchical cluster 畫面

對應的指令語法：

```
CLUSTER bike bowl swim jog hock foot base bask arob fshg dart clas cntr jazz rock
    west romc scif  biog fict hist cook shop soap sew crft auto pokr brdg kids
    hors cat dog bird fish
```

```
/METHOD BAVERAGE
/MEASURE=BSEUCLID(1,0)
/PRINT SCHEDULE
/PLOT VICICLE
/SAVE CLUSTER(5).
```

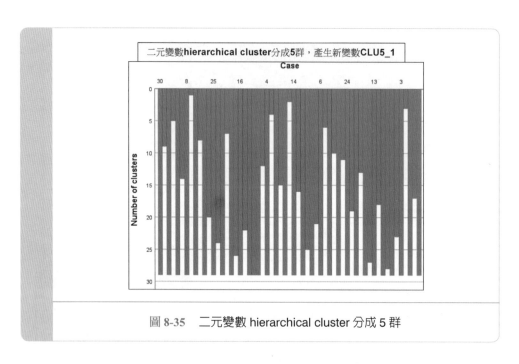

圖 8-35　二元變數 hierarchical cluster 分成 5 群

**Step 2.** 二元變數 hierarchical cluster 分成 5 群，產生新變數 CLU5_1，求其次數分配

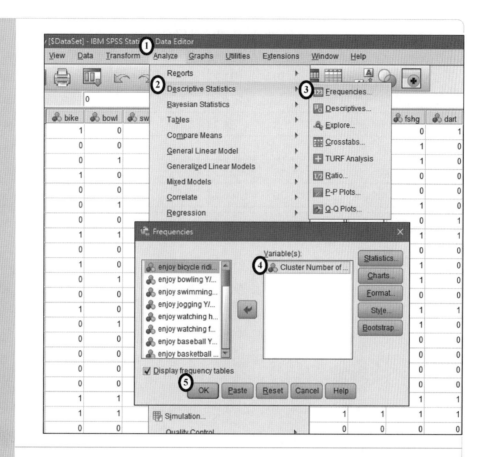

圖 8-36 「二元變數 hierarchical cluster 分成 5 群， 產生新變數 CLU5_1， 求其
次數分配」 畫面

對應的指令語法：

```
subtitle " 新變數 CLU5_1，求其次數分配 ".
FREQUENCIES VARIABLES=QCL_1
   /ORDER=ANALYSIS.
```

| Cluster Number of Case | | | | |
|---|---|---|---|---|
| CLU5_1 | | Frequency | Percent | Valid Percent | Cumulative Percent |
| Valid | 1 | 10 | 33.3 | 33.3 | 33.3 |
| | 2 | 2 | 6.7 | 6.7 | 40.0 |
| | 3 | 8 | 26.7 | 26.7 | 66.7 |
| | 4 | 3 | 10.0 | 10.0 | 76.7 |
| | 5 | 7 | 23.3 | 23.3 | 100.0 |
| | Total | 30 | 100.0 | 100.0 | |

# 主成分分析
(Principal components analysis,
PCA指令)

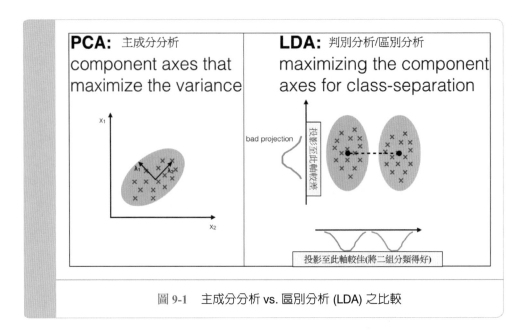

圖 9-1　主成分分析 vs. 區別分析 (LDA) 之比較

## 一、緒論

　　當樣本數據是從一個人群中收集到大量的變數，主成分分析亦是維度縮減之一。例如：Boyer 和 Savageau 曾根據以下 9 個準則評估了 329 個社區的居住品質 ( 資料建檔如下圖 )，做居住地評比 (Places rated) 所蒐集資料，包括：

1. 氣候和地形 (Climate and terrain)

2. 住房 (housing)

3. 衛生保健與環境 (Health care & The environment)

4. 犯罪 (crime)

5. 運輸 (transportation)

6. 教育 (education)

7. 藝術 (The arts)

8. 娛樂 (recreation)

9. 經濟 (economics)

　　本例係以「地區」為分析單位，樣本資料共 9 大類的變數，除了住房和犯罪外，其它變數的分數越高越好。住房和犯罪，負向題的分數越低越好。在一些社區可能在藝術方面做得更好的地方，其他社區在犯罪率較低和教育機會較好的其

他領域可能會更好。故本樣本就可延伸至「美國房地產泡沫的地理和制度因素：制度，設施和稅收的作用」的研究。

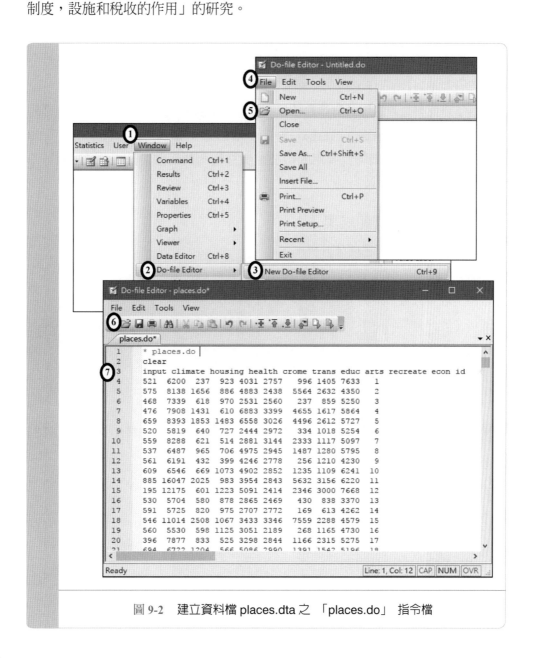

圖 9-2　建立資料檔 places.dta 之 「places.do」 指令檔

## 二、PCA 目的

由於大量的變數，分散矩陣 (Dispersion matrix) 可能太大而無法正確地研究和解釋。你要擔心的是：變數之間成對相關性太多。數據的圖形顯示可能也不是特別有用的，因爲資料檔非常大。例如：有 12 個變數，就會有 200 多個三維散點圖被研究！

爲了以更有意義的形式解釋數據，因此有必要將變數的數量減少到可解釋的數據的線性組合。每個線性組合都將對應一個主成分。

此外，還有另一個非常有用的數據縮減技術，稱爲因素分析 ( 又譯因子分析 )，將在後續的課程中討論。

## 三、PCA 學習目標和結果

1. 你會使用 SPSS 進行主成分分析。
2. 評估分析中應該考慮多少個主成分。
3. 解釋主成分分數。能夠描述高分或低分的 subjects。
4. 確定主成分分析何時可以基於「變異數—共變數」(variance- covariance) 矩陣，何時使用相關矩陣。
5. 了解主成分分數如何用於進一步的分析。

# 9-1 主成分分析 (principal components analysis) 之重點整理 (PCA 指令 )

## 9-1-1 主成分分析之概念

### 一、主成分分析的程序

假設我們有一個隨機向量 X：

$$x = \begin{pmatrix} x_1 \\ x_2 \\ \vdots \\ x_p \end{pmatrix}$$

具有母群體的 variance-covariance 矩陣：

$$\text{var(x)} = \Sigma = \begin{pmatrix} \sigma_1^2 & \sigma_{12} & \cdots & \sigma_{1p} \\ \sigma_{21} & \sigma_2^2 & \cdots & \sigma_{2p} \\ \vdots & \vdots & \ddots & \vdots \\ \sigma_{p1} & \sigma_{p2} & \cdots & \sigma_p^2 \end{pmatrix}$$

考慮線性組合：

$$Y_1 = e_{11}X_1 + e_{12}X_2 + \cdots + e_{1p}X_p$$
$$Y_2 = e_{21}X_1 + e_{22}X_2 + \cdots + e_{2p}X_p$$
$$\vdots$$
$$Y_p = e_{p1}X_1 + e_{p2}X_2 + \cdots + e_{pp}X_p$$

其中，每一個 $Y_i$ 都可視為「$X_1, X_2, ..., X_p$」的線性迴歸，從「$X_1, X_2, ..., X_p$」來預測 $Y_i$。聯立方程式沒有截距，但是 $e_{i1}, e_{i2}, ..., e_{ip}$ 都可視為迴歸係數。

請注意，$Y_i$ 是我們的隨機數據的函數，故是隨機的。因此它有一個母群體變異數。

$$\text{var}(Y_i) = \sum_{k=1}^{p} \sum_{l=1}^{p} e_{ik}e_{il}\sigma_{kl} = e_i' \Sigma e_i$$

此外，$Y_i$ 和 $Y_j$ 將具有母群體共變數

$$\text{cov}(Y_i, Y_j) = \sum_{k=1}^{p} \sum_{l=1}^{p} e_{ik}e_{jl}\sigma_{kl} = e_i' \Sigma e_j$$

其中，係數 $e_{ij}$ 被收集到向量中

$$e_i = \begin{pmatrix} e_{i1} \\ e_{i2} \\ \vdots \\ e_{ip} \end{pmatrix}$$

### 第一主成分 (PCA$_1$)：$Y_1$

第一個主成分是具有最大 variance ( 所有線性組合 ) 的 x 變數的線性組合，所以它在數據中占盡可能多的變化。

具體而言，我們將定義該分量的係數 $e_{11}, e_{12}, ..., e_{1p}$，使得其 variance 最大化，受制於平方係數之和等於 1 的限制。這個約束是必需的，以便可以獲得唯一的答案。

更正式地，該如何選擇最大化的 $e_{11}, e_{12}, ..., e_{1p}$

$$\text{var}(Y_1) = \sum_{k=1}^{p} \sum_{l=1}^{p} e_{1k} e_{1l} \sigma_{kl} = e_1' \Sigma e_1$$

受制於這個限制

$$e_1' e_1 = \sum_{j=1}^{p} e_{1j}^2 = 1$$

**第二主成分 (PCA$_2$)：Y$_2$**

所述第二主成分為 x- 變數的線性組合，x- 變數盡可能代表剩餘 variation，並且要限制：第一和第二組分之間的相關性為 0。

選擇 $e_{21}, e_{22}, ..., e_{2p}$，使這個新 component 的 variance 最大化。

$$\text{var}(Y_2) = \sum_{k=1}^{p} \sum_{l=1}^{p} e_{2k} e_{2l} \sigma_{kl} = e_2' \Sigma e_2$$

受制於平方係數之總和為 1 的限制：

$$e_2' e_2 = \sum_{j=1}^{p} e_{2j}^2 = 1$$

以及這兩個組成部分彼此不相關的附加限制：

$$(Y_1, Y_2) = \sum_{k=1}^{p} \sum_{l=1}^{p} e_{1k} e_{2l} \sigma_{kl} = e_1' \Sigma e_2$$

所有後續的主成分都具有相同的屬性：它們是線性組合，它們盡可能多地解釋剩餘的變異 (variation)，並且與其他主成分不相關。

我們將以相同的方式與每個附加組件做到這一點。例如：

第 i 個 Principal component (PCA$_i$): Y$_i$

$$\text{var}(Y_i) = \sum_{k=1}^{p} \sum_{l=1}^{p} e_{ik} e_{il} \sigma_{kl} = e_i' \Sigma e_i$$

我們選擇最大化的 $e_{i1}, e_{i2}, ..., e_{ip}$：

$$e_i'e_i = \Sigma_{j=1}^p e_{ij}^2 = 1$$

受制於平方係數之總和爲 1 的約束條件以及附加的約束，即新的 component 將與所有先前定義的 component 無相關。

$$e_i'e_i = \Sigma_{j=1}^p e_{ij}^2 = 1$$
$$\text{cov}(Y_1, Y_i) = \Sigma_{k=1}^p \Sigma_{l=1}^p e_{1k} e_{il} \sigma_{kl} = e_1' \Sigma e_i = 0$$
$$\text{cov}(Y_2, Y_i) = \Sigma_{k=1}^p \Sigma_{l=1}^p e_{2k} e_{il} \sigma_{kl} = e_2' \Sigma e_i = 0$$
$$\vdots$$
$$\text{cov}(Y_{i-1}, Y_i) = \Sigma_{k=1}^p \Sigma_{l=1}^p e_{i-k,k} e_{il} \sigma_{kl} = e_{i-1}' \Sigma e_i = 0$$

因此，所有 principal components 是無相關的。

## 二、我們如何找到係數 (coefficients)？

我們如何找到主成分的係數 $_{eij}$？

該解答的是，variance-covariance 矩陣 $\Sigma$ 的特徵值和特徵向量 (Eigenvalues and eigenvectors)。

**解答：**

我們將讓 $\lambda_1$ 至 $\lambda_p$ 表示 variance-covariance 矩陣 $\Sigma$ 的特徵值。這些被排序，使得 $\lambda_1$ 具有的最大特徵值和 $\lambda_p$ 是最小特徵值。

$$\lambda_1 \geq \lambda_2 \geq ... \geq \lambda_p$$

我們也要讓向量 $e_1$ 到 $e_p$：

$$e_1, e_2, ..., e_p$$

表示相應的特徵向量。事實證明，這些特徵向量的元素將是我們主要成分的係數。

第 i 個主成分的 variance 等於第 i 個特徵值。

$$\text{var}(Y_i) = \text{var}(e_{i1}X_1 + e_{i2}X_2 + \cdots e_{ip}X_p) = \lambda_i$$

此外，主成分也是無相關的。

$$\mathrm{cov}\,(Y_i,\,Y_j)=0$$

## (一) 譜分解定理 (Spectral decomposition theorem)

　　variance-covariance 矩陣可寫成 p 個特徵值之和，再乘以相應特徵向量乘其轉置的乘積，如下面的第一個數學式所示：

$$\Sigma=\Sigma_{i=1}^p\lambda_i\mathbf{e}_i\mathbf{e}_i'$$
$$\cong\Sigma_{i=1}^k\lambda_i\mathbf{e}_i\mathbf{e}_i'$$

如果「$\lambda_{k+1}$, $\lambda_{k+2}$, ... , $\lambda_p$」很小，則第二個數學式是有用的近似。

$$\sum_{i=1}^{k}\lambda_i\mathbf{e}_i\mathbf{e}_i'$$

再說一次，當我們談論因素分析時，這將變得更有用。

　　在這個過程中，我們定義了 X 的總變差 (total variation) 作爲「Trace of the variance-covariance matrix」，或者如果你喜歡的話，定義了單變數的 variance 之和。這也等於特徵值的總和，如下所示：

$$trace(\Sigma)=\sigma_1^2+\sigma_2^2+\cdots+\sigma_p^2$$
$$=\lambda_1+\lambda_2+\cdots+\lambda_p$$

　　這將根據每個 component 所能解釋的 full variation。那麼第 i 個主分量解釋的變異比例 (Proportion of variation) 將被定義爲該 component 的特徵值除以特徵值總和。換句話說，第 i 個 Principal component 解釋了「Proportion of the total variation」：

$$\frac{\lambda_i}{\lambda_1+\lambda_2+\cdots+\lambda_p}$$

相關的數量 (quantity) 是由第一個 k 主成分解釋的變異的比例。這將是前 k 個特徵值除以其總變異的總和。

$$\frac{\lambda_1+\lambda_2+\cdots+\lambda_k}{\lambda_1+\lambda_2+\cdots+\lambda_p}$$

當然，如果前 k 個主成分解釋的變異比例很大，那麼只考慮前 k 個主成分就不會

丟失太多的資訊。

## (二) 為何可維度減少 (Why it may be possible to reduce dimensions?)

當 x- 變數之間存在相關性 ( 多重性 ) 時，數據可能或多或少地落在維數較低的線或平面上。例如：想像一下，兩個幾乎完美相關之 x- 變數的圖，兩者散布圖將接近一條直線，該線可以用作新的 ( 一維 ) 軸來表示數據點之間的變化。再舉一個例子，假設我們有一組學生的「口頭、數學、總 SAT 分數」，表面上是 3 個變數，實際上數據 ( 最多 ) 是兩個維度，因為總數 = 口頭 + 數學，意味著第三個變數完全由前兩個決定。「最多」兩個維度的原因是，如果口頭和數學之間有很強的相關性，那麼數據可能只有一個真實的維度。

## (三) 注意事項

以上這些推論都是根據未知的母群體 variance-covariance 矩陣 Σ 來定義。實際上，我們可以透過標準公式中已知的樣本 variance-covariance 矩陣來估計 Σ：

$$S = \frac{1}{n-1} \sum_{i=1}^{n} (X_i - \bar{x})(X_i - \bar{x})'$$

## (四) 主成分分析的程序

計算樣本 variance-covariance 矩陣 S 的特徵值 ( $\hat{\lambda}_1, \hat{\lambda}_2, \cdots, \hat{\lambda}_p$ ) 和對應的特徵向量 ( $\hat{e}_1, \hat{e}_2, \cdots, \hat{e}_p$ )。

那麼我們將使用特徵向量作為我們的係數來定義我們估計的主成分：

$$\hat{Y}_1 = \hat{e}_{11}X_1 + \hat{e}_{12}X_2 + \cdots + \hat{e}_{1p}X_p$$
$$\hat{Y}_2 = \hat{e}_{21}X_1 + \hat{e}_{22}X_2 + \cdots + \hat{e}_{2p}X_p$$
$$\vdots$$
$$\hat{Y}_p = \hat{e}_{p1}X_1 + \hat{e}_{p2}X_2 + \cdots + \hat{e}_{pp}X_p$$

一般來說，我們只保留前 k 個 ( 非 p 個 ) 主成分。在這裡我們必須平衡兩個相互衝突的慾望：

1. 為了獲得最簡單的解釋，我們希望 k 盡可能小。如果我們可以用兩個主成分來解釋大部分的變異 (variation)，那麼這會給我們一個更簡單的數據描述。較小的 k 是由前 k 個 component 來解釋較小的變異量。

2. 為了避免訊息的遺漏，我們希望前 k 個主成分的解釋變異比例很大，盡可能接近 1，即我們想要的：

$$\frac{\hat{\lambda}_1 + \hat{\lambda}_2 + \cdots + \hat{\lambda}_k}{\hat{\lambda}_1 + \hat{\lambda}_2 + \cdots + \hat{\lambda}_p} \cong 1$$

## 9-1-2 主成分分析之統計基礎

處於資訊爆炸的大數據 (big-data) 時代，我們不免要面對變數很多且樣本數很大的資料，常須化繁為簡來改善現況。在分析高維度 ( 變數很多 ) 數據時，降維 (Dimension reduction) 常是一個必要的前處理工作。主成分分析 (Principal components analysis，簡稱 PCA) 由英國統計學家皮爾生 (Karl Pearson) 於 1901 年提出，是一種降低數據維度的有效技術。主成分分析的主要構想是分析共變異數矩陣 (Covariance matrix) 的特徵性，以得出數據的主成分 ( 即特徵向量 ) 與它們的權值 ( 即特徵值 )：透過保留低階主成分 ( 對應大特徵值 )，捨棄高階主成分 ( 對應小特徵值 )，達到減少數據集維度，同時保留最大數據集變異的目的。本文從線性代數觀點介紹主成分分析，並討論實際應用時可能遭遇的一些問題。

假設我們有一筆維數等於 $p$，樣本大小是 $n$ 的數據 $\{x_1, \cdots, x_n\}$，即每一數據點 $x_k \in \mathbb{R}^p$ 包含 $p$ 個變數的量測值。如果我們想要以單一向量 a 來代表整組數據，可用均方誤差作為誤差函數：

$$E_0(a) = \frac{1}{n-1} \sum_{k=1}^{n} \| x_k - a \|^2$$

上式中，誤差平方和除以 $n-1$。理想的中心向量 a 必須有最小的均方誤差，滿足此條件的向量是：

$$m = \frac{1}{n} \sum_{k=1}^{n} x_k$$

稱為樣本平均數向量。證明如下：

$$E_0(\text{a}) = \frac{1}{n-1} \sum_{k=1}^{n} \| (\text{x}_k - \text{m}) + (\text{m} - \text{a}) \|^2$$

$$= \frac{1}{n-1} \left( \sum_{k=1}^{n} \| \text{x}_k - \text{m} \|^2 + \sum_{k=1}^{n} \| \text{m} - \text{a} \|^2 + 2 \sum_{k=1}^{n} (\text{x}_k - \text{m})^T (\text{m} - \text{a}) \right)$$

$$= \frac{1}{n-1} \left( \sum_{k=1}^{n} \| \text{x}_k - \text{m} \|^2 + n \| \text{m} - \text{a} \|^2 + 2 \left( \sum_{k=1}^{n} \text{x}_k - n\text{m} \right)^T (\text{m} - \text{a}) \right)$$

根據樣本平均數向量 m 的表達式，上式最後一項等於 0。因為 $\| \text{m} - \text{a} \|^2 \geq 0$，可知 $E_0(\text{a}) \geq \frac{1}{n-1} \sum_{k=1}^{n} \| \text{x}_k - \text{m} \|^2$，等號於 a = m 時成立。

數據點 $\text{x}_k$ 與其分布平均的差，$\text{x}_k - \text{m}$，稱為離差 (deviation)。在變數數目 $p$ 很大時，如何「目視」離差的散布情況？最簡單的作法是降維，譬如：將散布於高維空間 $\mathbb{R}^p$ 的離差「壓縮」至一直線上。令直線 $L$ 穿越 m，w 為其指向向量，且 $\| \text{w} \| = 1$。直線 $L$ 上的任一點可表示如下：

$$\text{x} = \text{m} + c\text{w}$$

其中 $c$ 為一純量，$| c |$ 代表 x 至 m 的距離。一旦 w 給定，我們可以用 $\text{m} + c_k\text{w}$ 來近似 $\text{x}_k$，也就是以 $c_k\text{w}$ 近似離差 $\text{x}_k - \text{m}$。如同樣本平均數向量的設定方式，最佳的近似係數 $c_1, \cdots, c_n$ 必須最小化均方誤差：

$$E_1(\{c_k\}, \text{w}) = \frac{1}{n-1} \sum_{k=1}^{n} \| (\text{m} + c_k\text{w}) - \text{x}_k \|^2$$

$$= \frac{1}{n-1} \sum_{k=1}^{n} \| c_k\text{w} - (\text{x}_k - \text{m}) \|^2$$

$$= \frac{1}{n-1} \left( \sum_{k=1}^{n} c_k^2 \| w \|^2 - 2 \sum_{k=1}^{n} c_k \text{w}^T (\text{x}_k - \text{m}) + \sum_{k=1}^{n} \| \text{x}_k - \text{m} \|^2 \right)$$

因為 $\| \text{w} \| = 1$，計算偏導數 $\partial E_1 / \partial c_k$ 並設為 0：

$$\frac{\partial E_1}{\partial c_k} = \frac{1}{n-1} (2c_k - 2\text{w}^T (\text{x}_k - \text{m})) = 0$$

由此解得：

$$c_k = \text{w}^T (\text{x}_k - \text{m}), \, k = 1, \cdots, n$$

從幾何觀點解釋，$c_k\mathbf{w}$ 即是離差 $\mathbf{x}_k - \mathbf{m}$ 在直線 $L$ 的正交投影，以下稱爲正交原則：

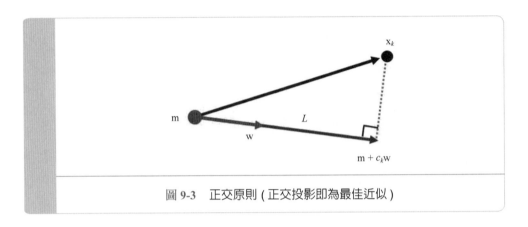

圖 9-3　正交原則（正交投影即爲最佳近似）

接下來我們尋找使 $E_1$ 最小化的直線方向 $\mathbf{w}$。將先前解出的最佳係數代回 $E_1$，整理可得：

$$E_1(\mathbf{w}) = \frac{1}{n-1}\left(\sum_{k=1}^{n} c_k^2 - 2\sum_{k=1}^{n} c_k^2 + \sum_{k=1}^{n}\|\mathbf{x}_k - \mathbf{m}\|^2\right)$$

$$= -\frac{1}{n-1}\sum_{k=1}^{n}(\mathbf{w}^T(\mathbf{x}_k - \mathbf{m}))^2 + \frac{1}{n-1}\sum_{k=1}^{n}\|\mathbf{x}_k - \mathbf{m}\|^2$$

$$= -\frac{1}{n-1}\sum_{k=1}^{n}\mathbf{w}^T(\mathbf{x}_k - \mathbf{m})(\mathbf{x}_k - \mathbf{m})^T\mathbf{w} + \frac{1}{n-1}\sum_{k=1}^{n}\|\mathbf{x}_k - \mathbf{m}\|^2$$

$$= -\mathbf{w}^T\left(\frac{1}{n-1}\sum_{k=1}^{n}(\mathbf{x}_k - \mathbf{m})(\mathbf{x}_k - \mathbf{m})^T\right)\mathbf{w} + \frac{1}{n-1}\sum_{k=1}^{n}\|\mathbf{x}_k - \mathbf{m}\|^2$$

上面使用了 $\mathbf{w}^T(\mathbf{x}_k - \mathbf{m}) = (\mathbf{x}_k - \mathbf{m})^T\mathbf{w}$。令：

$$S = \frac{1}{n-1}\sum_{k=1}^{n}(\mathbf{x}_k - \mathbf{m})(\mathbf{x}_k - \mathbf{m})^T$$

稱爲樣本共變異數矩陣。乘開上式，確認 $S$ 的 $(i, j)$ 元 $s_{ij}$ 即爲第 $i$ 個變數和第 $j$ 個變數的樣本共變異數：

$$s_{ij} = \frac{1}{n-1}\sum_{k=1}^{n}(x_{ki} - m_i)(x_{kj} - m_j)$$

其中 $x_{ki}$ 是第 $k$ 個數據點的第 $i$ 個變數 ( 即 $\mathrm{x}_k$ 的第 $i$ 元 ) ，$m_i = \frac{1}{n}\Sigma_{k=1}^{n}x_{ki}$ 是第 $i$ 個變數的樣本平均數 ( 即 m 的第 $i$ 元 )。明顯地，$s_{ij} = s_{ji}$，故 $S$ 是一 $p \times p$ 階對稱矩陣。對於任一 $p$ 維向量 y：

$$y^{T}sy = \frac{1}{n-1}y^{T}\sum_{k=1}^{n}(\mathrm{x}_k - \mathrm{m})(\mathrm{x}_k - \mathrm{m})^{T}y = \frac{1}{n-1}\sum_{k=1}^{n}(y^{T}(\mathrm{x}_k - \mathrm{m}))^2 \geq 0$$

即知 $S$ 是半正定矩陣。數據集的總變異量 ( 即離差平方和 )$\Sigma_{k=1}^{n}\| \mathrm{x}_k - \mathrm{m} \|^2$是一常數，所以最小化 $E_1(\mathrm{w})$ 等價於最大化 $\mathrm{w}^T S\mathrm{w}$。我們的問題變成求解下列約束二次型：

$$\begin{array}{c}\max \ \mathrm{w}^{T}S\mathrm{w} \\ \|\mathrm{w}\|=1\end{array}$$

解法如下。使用 Lagrange 乘數法，定義：

$$L(\mathrm{w}, \mu) = \mathrm{w}^{T}S\mathrm{w} - \mu(\mathrm{w}^{T}\mathrm{w} - 1)$$

其中 $\mu$ 是未定的 Lagrange 乘數。計算偏導數 ( 即梯度 ) 並設爲 0：

$$\frac{\partial L}{\partial \mathrm{w}} = 2S\mathrm{w} - 2\mu\mathrm{w} = 0$$

可得：

$$S\mathrm{w} = \mu\mathrm{w}$$

直線 $L$ 的指向向量 w 就是樣本共變異數矩陣 $S$ 的特徵向量。因爲$\mathrm{w}^T S\mathrm{w} = \mu\mathrm{w}^T\mathrm{w} = \mu$，欲使$\mathrm{w}^T S\mathrm{w}$有最大值，我們必須選擇對應最大特徵值的特徵向量。實對稱半正定矩陣有非負的特徵值，故可設 $S$ 的特徵值爲 $\lambda_1 \geq \lambda_2 \cdots \geq \lambda_p \geq 0$。此外，$S$ 的特徵向量構成一個單範正交集 (Orthonormal set)，這個性質將於稍後使用。我們選擇對應最大特徵值 $\lambda_1$ 的特徵向量作爲 w，透過離差 $x_k - \mathrm{m}$ 在直線 $L$ 的正交投影 $c_k$ $= \mathrm{w}^{T}(\mathrm{x}_k - \mathrm{m})$ 即可粗估數據集的散布情況。

　　如果我們想獲得較爲精確的近似結果，以上過程可推廣至更高維度。考慮

$$\mathrm{x} = \mathrm{m} + z_1\mathrm{w}_1 + \cdots + z_r\mathrm{w}_r$$

其中 $r \leq p$。我們的目標是尋找一組單範正交集 $\{\mathrm{w}_1, \cdots, \mathrm{w}_r\}$，即$\mathrm{w}_i^{T}\mathrm{w}_j = \delta_{ij}$ ( 稱爲

Kronecker 記號，$\delta_{ij} = 1$ 若 $i = j$，否則 $\delta_{ij} = 0$)，使最小化

$$E_r(\{w_j\}) = \sum_{k=1}^{n} \left\| \left(m + \sum_{j=1}^{r} z_{kj}w_j\right) - x_k \right\|^2$$

根據正交原則，組合係數 $z_{kj}$ 就是離差 $x_k - m$ 至單位向量 $w_j$ 的正交投影量，即 $z_{kj} = w_j^T(x_k - m)$。重複前述推導方式，可以證明：

$$E_r(\{w_j\}) = -(n-1)\sum_{j=1}^{r} w_j^T S w_j + \sum_{k=1}^{n} \| x_k - m \|^2$$

緊接的任務要解出約束二次型：

$$\max_{w_i^T w_j = \delta_{ij}} \sum_{j=1}^{r} w_j^T S w_j$$

仍然使用 Lagrange 乘數法，定義：

$$L(\{w_j\}, \{\mu_{ij}\}) = \sum_{j=1}^{r} w_j^T S w_j - \sum_{i=1}^{r}\sum_{j=1}^{r} \mu_{ij}(w_i^T w_j - \delta_{ij})$$

其中 $\{\mu_{ij}\}$ 是未定的 Lagrange 乘數。計算偏導數，並設結果為 0 向量：

$$\frac{\partial L}{\partial w_j} = 2Sw_j - 2\mu_{jj}w_j - \sum_{i \neq j}(\mu_{ij} + \mu_{ji})w_i = 0, \ j = 1, \cdots, r$$

對於 $i \neq j$，設 $\mu_{ij} + \mu_{ji} = 0$，則

$$Sw_j = \mu_{jj}w_j, \ j = 1, \cdots, r$$

換句話說，當 $w_1, \cdots, w_r$ 是樣本共變數矩陣 $S$ 的最大 $r$ 個特徵值 $\lambda_1, \cdots, \lambda_r$ 的對應 ( 單範正交 ) 特徵向量時，目標函數 $\sum_{j=1}^{r} w_j^T S w_j = \sum_{j=1}^{r} \lambda_j w_j^T w_j = \sum_{j=1}^{r} \lambda_j$ 有最大值。當然，這並不是唯一解，但可以證明所有的解都有相同的目標函數值 $\sum_{j=1}^{r} w_j^T S w_j$ [4]。不過，如果要求 $\{w_1, \cdots, w_r\}$ 滿足 $\max_{w_i^T w_j = \delta_{ij}} \sum_{j=1}^{r} w_j^T S w_j$，$1 \leq r \leq p$，則樣本共變數矩陣 $S$ 的特徵向量集是唯一的選擇 [5]。

　　我們以 $m + z_{k1}w_1 + \cdots + z_{kr}w_r$ 近似數據點 $x_k$，樣本共變異數矩陣 $S$ 的特徵向量 $\{w_1, \cdots, w_r\}$ 描述了數據集的主要成分，因此稱為主成分。那麼 $S$ 的特徵值又有甚麼涵義呢？特徵值 $\lambda_j$ 就是主成分 $w_j$ 的係數 $z_j$ ( 稱為主成分係數 ) 的變異數。

首先證明 $z_j$ 的平均數是 0：對於 $j = 1, \cdots, r$。

$$\frac{1}{n}\sum_{k=1}^{n} z_{kj} = \frac{1}{n}\sum_{k=1}^{n} \mathrm{w}_j^T(\mathrm{x}_k - \mathrm{m}) = \frac{1}{n}\mathrm{w}_j^T\left(\sum_{k=1}^{n} \mathrm{x}_k - n\mathrm{m}\right) = 0$$

再來計算 $z_j$ 的樣本變異數：

$$s_{z_j}^2 = \frac{1}{n-1}\sum_{k=1}^{n} z_{kj}^2 = \frac{1}{n-1}\sum_{k=1}^{n} (\mathrm{w}_j^T(\mathrm{x}_k - \mathrm{m}))((\mathrm{x}_k - \mathrm{m})^T\mathrm{w}_j)$$

$$= \mathrm{w}_j^T\left(\frac{1}{n-1}\sum_{k=1}^{T} (\mathrm{x}_k - \mathrm{m})(\mathrm{x}_k - \mathrm{m})^T\right)\mathrm{w}_j = \mathrm{w}_j^T S\mathrm{w}_j = \lambda_j\mathrm{w}_j^T\mathrm{w}_j = \lambda_j$$

所以說，特徵值 $\lambda_j$ 表示主成分 $\mathrm{w}_j$ 的權值。另外必須一提的是，主成分係數 $z_i$ 和 $z_j$ 沒有相關性，即樣本共變異數 $s_{z_i z_j}$ 為 0。當 $i \neq j$，

$$s_{z_i z_j} = \frac{1}{n-1}\sum_{k=1} z_{ki} z_{kj} = \frac{1}{n-1}\sum_{k=1}^{n} (\mathrm{w}_i^T(\mathrm{x}_k - \mathrm{m}))((\mathrm{x}_k - \mathrm{m})^T\mathrm{w}_j)$$

$$= \mathrm{w}_i^T S\mathrm{w}_j = \lambda_j\mathrm{w}_i^T\mathrm{w}_j = 0$$

給定維度等於 $p$ 的數據集 $\{\mathrm{x}_1, \cdots, \mathrm{x}_n\}$，主成分分析的計算程序與結果可整理成簡明的矩陣形式。

1. 計算樣本平均 $\mathrm{m} = \frac{1}{n}\sum_{k=1}^{n}\mathrm{x}_k$，定義 $n \times p$ 階離差矩陣：

$$X = \begin{bmatrix} (\mathrm{x}_1 - \mathrm{m})^T \\ (\mathrm{x}_2 - \mathrm{m})^T \\ \vdots \\ (\mathrm{x}_n - \mathrm{m})^T \end{bmatrix} = \begin{bmatrix} x_{11} - m_1 & x_{12} - m_2 & \cdots & x_{1p} - m_p \\ x_{21} - m_1 & x_{22} - m_2 & \cdots & x_{2p} - m_p \\ \vdots & \vdots & \ddots & \vdots \\ x_{n1} - m_1 & x_{n2} - m_2 & \cdots & x_{np} - m_p \end{bmatrix}$$

$p \times p$ 階樣本共變異數矩陣則是：

$$S = \frac{1}{n-1}\sum_{k=1}^{n} (x_k - \mathrm{m})(x_k - \mathrm{m})^T = \frac{1}{n-1}X_T X$$

2. 將 $S$ 正交對角化為：

$$S = W\Lambda W^T$$

其中 $\Lambda = \mathrm{diag}(\lambda_1, \cdots, \lambda_p)$ 是特徵值矩陣，$\lambda_1 \geq \cdots \geq \lambda_p \geq 0$ 代表主成分的權值，$\mathrm{W} = [\mathrm{w}_1 \quad \cdots \quad \mathrm{w}_p]$ 是單範正交特徵向量構成的 $p \times p$ 階正交主成分矩陣，$W^T W = WW^T = I_p$。下圖顯示 $p = 2$ 的資料散布圖，樣本平均數向量 $\mathrm{m}$，以及主成分 $\mathrm{w}_1$ 和 $\mathrm{w}_2$。下圖，橢圓的長軸平方與短軸平方之比等於主成分係數 $z_1$ 的變異數與 $z_2$ 的變異數之比，即 $\lambda_1 : \lambda_2$。

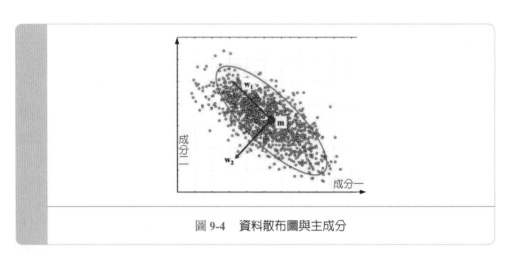

圖 9-4　資料散布圖與主成分

3. 定義 $n \times p$ 階主成分係數矩陣 $Z = [z_{kj}]$，其中 $z_{kj} = (\mathrm{x}_k - \mathrm{m})^T \mathrm{w}_j$，因此：

$$Z = \begin{bmatrix} (\mathrm{x}_1 - \mathrm{m})^T \\ \vdots \\ (\mathrm{x}_n - \mathrm{m})^T \end{bmatrix} [\mathrm{w}_1 \quad \cdots \quad \mathrm{w}_p] = XW$$

上式等號兩邊右乘 $W^T$，可得 $X = ZW^T$。換一個說法，數據點 $\mathrm{x}_k$ 的主成分分解式為：

$$\mathrm{x}_k = \mathrm{m} + \sum_{i=1}^{p} z_{kj} \mathrm{w}_j, \ \ k = 1, \cdots, n$$

主成分係數 $(z_{k1}, \cdots, z_{kp})$ 是離差 $\mathrm{x}_k - \mathrm{m}$ 參考單範正交基底 $\mathscr{B} = \{\mathrm{w}_1, \cdots, \mathrm{w}_p\}$ 的座標向量。

**小結：實際應用應注意的細節**

1. 我們應當保留多少低階主成分（對應大特徵值的特徵向量）？也就是說，如何選擇 $r$ ？常用的一種方式是設定近似數據 $m + \sum_{j=1}^{r} z_{kj}w_j$ 的變異與原始數據 $x_k = m + \sum_{j=1}^{p} z_{kj}w_j$ 的變異的比例。譬如：選擇最小的 $r$ 使得：

$$\frac{\sum_{j=1}^{r}\lambda_j}{\sum_{j=1}^{p}\lambda_j} \geq 0.8$$

表示我們保留了 80% 的數據變異。

2. 若數據的變數具有不同的變異，主成分方向會受到變異大的變數所決定。如欲排除這個影響，我們可以用樣本相關矩陣取代樣本共變異數矩陣。在套用主成分分析之前，預先將每一變數予以標準化 (standardized)，如下：

$$\tilde{X} = \begin{bmatrix} (x_1 - m)^T \\ (x_2 - m)^T \\ \vdots \\ (x_n - m)^T \end{bmatrix} \begin{bmatrix} 1/s_1 & & & \\ & 1/s_2 & & \\ & & \ddots & \\ & & & 1/s_p \end{bmatrix}$$

$$= \begin{bmatrix} (x_{11} - m_1)/s_1 & (x_{12} - m_2)/s_2 & \cdots & (x_{1p} - m_p)/s_p \\ (x_{21} - m_1)/s_1 & (x_{22} - m_2)/s_2 & \cdots & (x_{2p} - m_p)/s_p \\ \vdots & \vdots & \ddots & \vdots \\ (x_{n1} - m_1)/s_1 & (x_{n2} - m_2)/s_2 & \cdots & (x_{np} - m_p)/s_p \end{bmatrix}$$

其中 $s_i^2$ 是第 $i$ 個變數的樣本變異數，即 $s_i^2 = \frac{1}{n-1}\sum_{k=1}^{n}(x_{ki} - m_i)^2$ 。標準化後的數據集的樣本共變異數矩陣即為樣本相關矩陣：

$$R = \frac{1}{n-1}\tilde{X}^T\tilde{X}$$

你可自行驗證 $R$ 的 $(i, j)$ 元就是第 $i$ 個變數與第 $j$ 個變數的相關係數。這時候，數據集的總變異等於維數 $p$ ，原因如下：

$$\sum_{i=1}^{p}\lambda_j = \text{trace}\Lambda = \text{trace}(W^T RW) = \text{trace}(RWW^T) = \text{trace}\, R = p$$

上面使用了跡數循環不變性 $\text{trace}(AB) = \text{trace}(BA)$ ，最後一個等式係因 $R$ 的

主對角元皆為 1。

3. 如何得到數值穩定的主成分 $w_1, \cdots, w_p$，權值 $\lambda_1, \cdots, \lambda_p$，以及主成分係數 $z_{kj}$，$k = 1, \cdots, n$，$j = 1, \cdots, p$？答案是奇異值分解 (singular value decomposition)。通過主成分分析與奇異值分解的關係可以顯現主成分分析隱含的其他訊息

## 9-1-3 主成分分析：標準化居住品質 9 指標 (EXAMINE 、 COMPUTER 、FACTOR 、CORRELATIONS 指令 )

範例：居主地區的評分 **(Places rated)**

主成分分析：Places rated after standardization (**EXAMINE** 、**COMPUTER** 、 **FACTOR** 、**CORRELATIONS** 指令 )

**( 一 ) 資料檔之內容**

　　資料檔「places.sav」，如下圖所示，共有 9 個變數、329 社區。

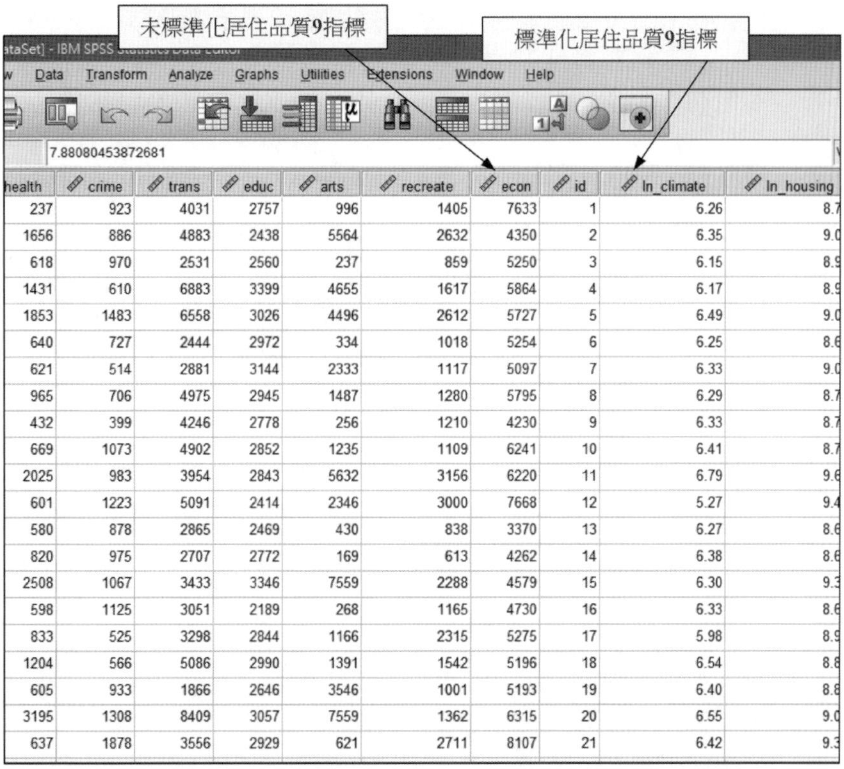


| health | crime | trans | educ | arts | recreate | econ | id | ln_climate | ln_housing |
|---|---|---|---|---|---|---|---|---|---|
| 237 | 923 | 4031 | 2757 | 996 | 1405 | 7633 | 1 | 6.26 | 8.7 |
| 1656 | 886 | 4883 | 2438 | 5564 | 2632 | 4350 | 2 | 6.35 | 9.0 |
| 618 | 970 | 2531 | 2560 | 237 | 859 | 5250 | 3 | 6.15 | 8.9 |
| 1431 | 610 | 6883 | 3399 | 4655 | 1617 | 5864 | 4 | 6.17 | 8.9 |
| 1853 | 1483 | 6558 | 3026 | 4496 | 2612 | 5727 | 5 | 6.49 | 9.0 |
| 640 | 727 | 2444 | 2972 | 334 | 1018 | 5254 | 6 | 6.25 | 8.6 |
| 621 | 514 | 2881 | 3144 | 2333 | 1117 | 5097 | 7 | 6.33 | 9.0 |
| 965 | 706 | 4975 | 2945 | 1487 | 1280 | 5795 | 8 | 6.29 | 8.7 |
| 432 | 399 | 4246 | 2778 | 256 | 1210 | 4230 | 9 | 6.33 | 8.7 |
| 669 | 1073 | 4902 | 2852 | 1235 | 1109 | 6241 | 10 | 6.41 | 8.7 |
| 2025 | 983 | 3954 | 2843 | 5632 | 3156 | 6220 | 11 | 6.79 | 9.6 |
| 601 | 1223 | 5091 | 2414 | 2346 | 3000 | 7668 | 12 | 5.27 | 9.4 |
| 580 | 878 | 2865 | 2469 | 430 | 838 | 3370 | 13 | 6.27 | 8.6 |
| 820 | 975 | 2707 | 2772 | 169 | 613 | 4262 | 14 | 6.38 | 8.6 |
| 2508 | 1067 | 3433 | 3346 | 7559 | 2288 | 4579 | 15 | 6.30 | 9.3 |
| 598 | 1125 | 3051 | 2189 | 268 | 1165 | 4730 | 16 | 6.33 | 8.6 |
| 833 | 525 | 3298 | 2844 | 1166 | 2315 | 5275 | 17 | 5.98 | 8.9 |
| 1204 | 566 | 5086 | 2990 | 1391 | 1542 | 5196 | 18 | 6.54 | 8.8 |
| 605 | 933 | 1866 | 2646 | 3546 | 1001 | 5193 | 19 | 6.40 | 8.8 |
| 3195 | 1308 | 8409 | 3057 | 7559 | 1362 | 6315 | 20 | 6.55 | 9.0 |
| 637 | 1878 | 3556 | 2929 | 621 | 2711 | 8107 | 21 | 6.42 | 9.3 |

圖 9-5　「places.sav」 資料檔內容 (N=329 社區 )

## ( 二 ) 分析結果與討論

**Step 1.** 常態性假定：多變數檢定

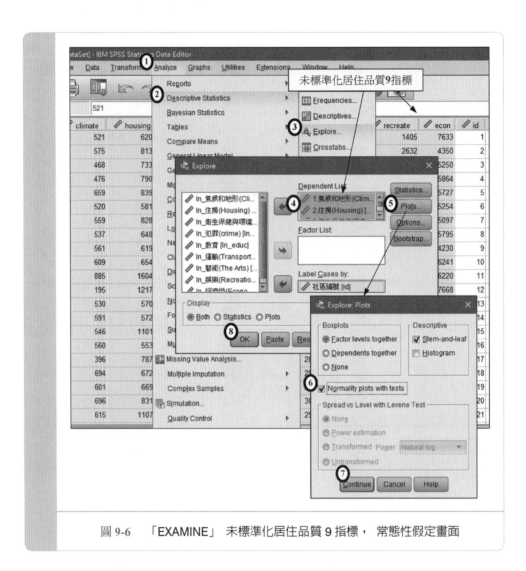

圖 9-6 「EXAMINE」 未標準化居住品質9指標， 常態性假定畫面

對應的指令語法：

```
title " 未標準化居住品質9指標 , 常態性假定：多變量檢定 ".
subtitle "PCA.sps,「places.sav」資料檔 ".

EXAMINE VARIABLES=climate housing health crime trans educ arts recreate econ
  /ID=id
  /PLOT BOXPLOT STEMLEAF
  /COMPARE GROUPS
```

```
/STATISTICS DESCRIPTIVES
/CINTERVAL 95
/MISSING LISTWISE
/NOTOTAL.
```

**Descriptives**

| | | | Statistic | Std. Error |
|---|---|---|---|---|
| 1. 氣候和地形 (Climate and Terrain) | Mean | | 538.73 | 6.660 |
| | 95% Confidence Interval for Mean | Lower Bound | 525.63 | |
| | | Upper Bound | 551.83 | |
| | 5% Trimmed Mean | | 537.68 | |
| | Median | | 542.00 | |
| | Variance | | 14594.636 | |
| | Std. Deviation | | 120.808 | |
| | Minimum | | 105 | |
| | Maximum | | 910 | |
| | Range | | 805 | |
| | Interquartile Range | | 113 | |
| | Skewness | | .041 | .134 |
| | Kurtosis | | 2.182 | .268 |
| 2. 住房 (Housing) | Mean | | 8346.56 | 131.504 |
| | 95% Confidence Interval for Mean | Lower Bound | 8087.86 | |
| | | Upper Bound | 8605.26 | |
| | 5% Trimmed Mean | | 8087.97 | |
| | Median | | 7877.00 | |
| | Variance | | 5689477.778 | |
| | Std. Deviation | | 2385.263 | |
| | Minimum | | 5159 | |
| | Maximum | | 23640 | |
| | Range | | 18481 | |
| | Interquartile Range | | 2256 | |
| | Skewness | | 2.253 | .134 |
| | Kurtosis | | 7.824 | .268 |

| | | | | |
|---|---|---|---|---|
| 3. 衛生保健與環境 (Health Care & the Environment) | Mean | | 1185.74 | 55.297 |
| | 95% Confidence Interval for Mean | Lower Bound | 1076.96 | |
| | | Upper Bound | 1294.52 | |
| | 5% Trimmed Mean | | 1063.99 | |
| | Median | | 833.00 | |
| | Variance | | 1006013.084 | |
| | Std. Deviation | | 1003.002 | |
| | Minimum | | 43 | |
| | Maximum | | 7850 | |
| | Range | | 7807 | |
| | Interquartile Range | | 864 | |
| | Skewness | | 2.466 | .134 |
| | Kurtosis | | 8.859 | .268 |
| 4. 犯罪 (Crime) | Mean | | 961.05 | 19.691 |
| | 95% Confidence Interval for Mean | Lower Bound | 922.32 | |
| | | Upper Bound | 999.79 | |
| | 5% Trimmed Mean | | 946.65 | |
| | Median | | 947.00 | |
| | Variance | | 127559.113 | |
| | Std. Deviation | | 357.154 | |
| | Minimum | | 308 | |
| | Maximum | | 2498 | |
| | Range | | 2190 | |
| | Interquartile Range | | 452 | |
| | Skewness | | .712 | .134 |
| | Kurtosis | | 1.198 | .268 |
| 5. 運輸 (Transportation) | Mean | | 4210.08 | 80.006 |
| | 95% Confidence Interval for Mean | Lower Bound | 4052.69 | |
| | | Upper Bound | 4367.47 | |
| | 5% Trimmed Mean | | 4162.40 | |
| | Median | | 4080.00 | |

| | | | |
|---|---|---|---|
| | Variance | 2105921.185 | |
| | Std. Deviation | 1451.179 | |
| | Minimum | 1145 | |
| | Maximum | 8625 | |
| | Range | 7480 | |
| | Interquartile Range | 2084 | |
| | Skewness | .465 | .134 |
| | Kurtosis | -.117 | .268 |
| 6. 教育 | Mean | 2814.89 | 17.686 |
| | 95% Confidence Interval for Mean — Lower Bound | 2780.10 | |
| | 95% Confidence Interval for Mean — Upper Bound | 2849.68 | |
| | 5% Trimmed Mean | 2810.79 | |
| | Median | 2794.00 | |
| | Variance | 102908.118 | |
| | Std. Deviation | 320.793 | |
| | Minimum | 1701 | |
| | Maximum | 3781 | |
| | Range | 2080 | |
| | Interquartile Range | 394 | |
| | Skewness | .132 | .134 |
| | Kurtosis | .667 | .268 |
| 7. 藝術 (The Arts) | Mean | 3150.88 | 255.937 |
| | 95% Confidence Interval for Mean — Lower Bound | 2647.40 | |
| | 95% Confidence Interval for Mean — Upper Bound | 3654.37 | |
| | 5% Trimmed Mean | 2533.82 | |
| | Median | 1871.00 | |
| | Variance | 21550798.304 | |
| | Std. Deviation | 4642.284 | |
| | Minimum | 52 | |
| | Maximum | 56745 | |
| | Range | 56693 | |

| | | | |
|---|---|---|---|
| | Interquartile Range | 3077 | |
| | Skewness | 5.978 | .134 |
| | Kurtosis | 57.072 | .268 |
| 8. 娛樂 (Recreation) | Mean | 1845.96 | 44.540 |
| | 95% Confidence Interval for Mean Lower Bound | 1758.34 | |
| | Upper Bound | 1933.58 | |
| | 5% Trimmed Mean | 1790.33 | |
| | Median | 1670.00 | |
| | Variance | 652683.297 | |
| | Std. Deviation | 807.888 | |
| | Minimum | 300 | |
| | Maximum | 4800 | |
| | Range | 4500 | |
| | Interquartile Range | 888 | |
| | Skewness | 1.068 | .134 |
| | Kurtosis | 1.072 | .268 |
| 9. 經濟學 (Economics) | Mean | 5525.36 | 59.789 |
| | 95% Confidence Interval for Mean Lower Bound | 5407.75 | |
| | Upper Bound | 5642.98 | |
| | 5% Trimmed Mean | 5490.34 | |
| | Median | 5384.00 | |
| | Variance | 1176071.976 | |
| | Std. Deviation | 1084.469 | |
| | Minimum | 3045 | |
| | Maximum | 9980 | |
| | Range | 6935 | |
| | Interquartile Range | 1291 | |
| | Skewness | .643 | .134 |
| | Kurtosis | 1.007 | .268 |

1. 常態分布，偏態越近似 (skewness)=0；峰度越近似 (kurtosis)=3，則該變數越近似常態分布。

2. 以上原始 Places Rated 共 9 個變數 (climate 至 econ) 都違反常態假定，故需先經「ln(x)」標準化 (standardization) 後，才可進行主成分分析。

**Step 2.** 違反常態假定的 9 變數都先 ln(x) 做標準化 (normalization)

```
title " 未標準化居住品質 9 指標 , 常態性假定：多變量檢定 ".
subtitle "PCA.sps,「places.sav」資料檔 ".
* 做自然對數之變數變換 .
COMPUTE ln_climate=ln(climate).
COMPUTE ln_housing=ln(housing).
COMPUTE ln_health =ln(health).
COMPUTE ln_crime =ln(crime).
COMPUTE ln_trans =ln(trans).
COMPUTE ln_educ =ln(educ).
COMPUTE ln_arts =ln(arts).
COMPUTE ln_recreate =ln(recreate).
COMPUTE ln_econ =ln(econ).
EXECUTE.
```

**Step 3.** 主成分分析：未限定成分的個數

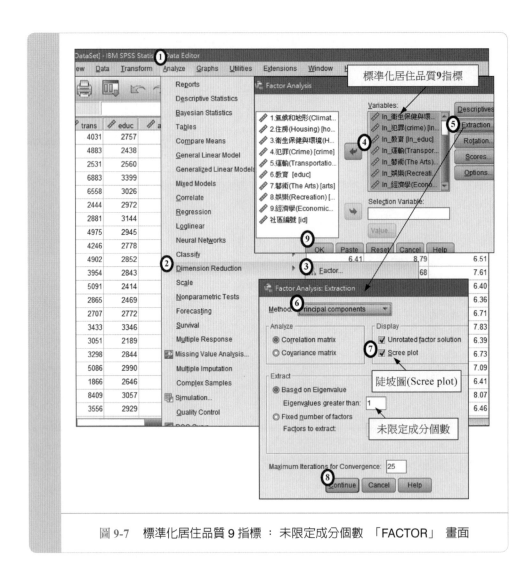

圖 9-7　標準化居住品質 9 指標 ： 未限定成分個數 「FACTOR」 畫面

對應的指令語法：

```
title "標準化居住品質 9 指標：未限定成分個數「FACTOR」主成分分析，PLOT 來繪陡坡圖
(Scree plot)".
FACTOR
  /VARIABLES ln_climate ln_housing ln_health ln_crime ln_edu ln_trans ln_arts ln_
    recreate ln_econ
  /MISSING LISTWISE
```

```
/ANALYSIS ln_climate ln_housing ln_health ln_crime ln_educ ln_trans ln_arts ln_
  recreate ln_econ
/PRINT INITIAL EXTRACTION
/PLOT EIGEN ROTATION
/CRITERIA MINEIGEN(1) ITERATE(25)
/EXTRACTION PC
/ROTATION NOROTATE
/METHOD=CORRELATION.
```

### Total Variance Explained

| Component | Total | Initial Eigenvalues % of Variance | Initial Eigenvalues Cumulative % | Total | Extraction Sums of Squared Loadings % of Variance | Extraction Sums of Squared Loadings Cumulative % |
|---|---|---|---|---|---|---|
| 1 | 3.298 | 36.642 | 36.642 | 3.298 | 36.642 | 36.642 |
| 2 | 1.214 | 13.484 | 50.126 | 1.214 | 13.484 | 50.126 |
| 3 | 1.106 | 12.284 | 62.410 | 1.106 | 12.284 | 62.410 |
| 4 | .907 | 10.081 | 72.491 | | | |
| 5 | .861 | 9.563 | 82.053 | | | |
| 6 | .562 | 6.247 | 88.300 | | | |
| 7 | .484 | 5.376 | 93.676 | | | |
| 8 | .318 | 3.534 | 97.210 | | | |
| 9 | .251 | 2.790 | 100.000 | | | |

Extraction Method: Principal Component Analysis.

1. 第一個 Principal component 解釋了大約 36.6% 的變異 (variation)。此外，前四個主成分解釋 72.49%，而前五個主成分解釋 82% 的變異。若比較這些標準化變數的比例與非標準化變數的比例。這種分析將需要大量的 component 來解釋與使用 variance-covariance 矩陣的原始分析相同的變異量。但這鮮少有人這樣比較。

2. 在大多數情況下，「components 個數」的 cut-off 是預先指定的，即要解釋多少變異是預先確定的。例如：如果我能解釋 70% 的變化，我可能會說我會很滿意。如果我們這樣做，那麼我們將選擇所需的成分，直到你達到 70% 的變化。這將是一個方法。如果您對這些類型的分析沒有經驗，這種判斷是任意的，

很難做出。在一定程度上，cut-off目標也取決於問題的類型。

3. 「components 個數」的 cut-off：另一種方法是繪製「特徵次序值」(ordered values) 之間的差異，並尋找一個突破或急劇下降。在這種情況下唯一明顯的下降是在第一個成分之後。基於此，人們可能只選擇一個成分。但是，一個成分可能太少，特別是因為我們只解釋了 37% 的變化。考慮基於標準化變數的陡坡圖 (Scree plot)。陡坡圖的「肘」(elbow)，是陡坡圖開始轉平坦的地方，用此轉折肘點來判定最適切的因素個數。陡坡圖的 y 軸是特徵值，x 軸是因素的個數，曲線上的點代表變數可以解釋的變異。

| **Component Matrix**[a] | | | |
|---|---|---|---|
| | Component | | |
| | 1 | 2 | 3 |
| ln_ 氣候和地形 (Climate and Terrain) | .287 | .076 | .841 |
| ln_ 住房 (Housing) | .698 | .153 | .084 |
| ln_ 衛生保健與環境 (Health Care & the Environment) | .744 | -.410 | -.020 |
| ln_ 犯罪 (crime) | .471 | .522 | .135 |
| ln_ 教育 | .498 | -.498 | -.253 |
| ln_ 運輸 (Transportation) | .681 | -.156 | -.148 |
| ln_ 藝術 (The Arts) | .860 | -.115 | .012 |
| ln_ 娛樂 (Recreation) | .642 | .322 | .044 |
| ln_ 經濟學 (Economics) | .298 | .595 | -.533 |

Extraction Method: Principal Component Analysis.
a. 3 components extracted.

4. 接著，我們可以使用特徵向量來計算主成分分數。這是第一個主要部分的公式：

$$Y_1 = 0.29Z_{climate} + 0.70Z_{housing} + 0.74Z_{health} + 0.47Z_{crime} + 0.68Z_{trans} +$$
$$0.50Z_{educ} + 0.86Z_{arts} + 0.64Z_{recreate} + 0.30X_{econ}$$

請記住，以上方程式是一個函數，而不是原始數據，而是標準化數據。係數的大小給出了每個變數對該 component 的貢獻。由於數據已經標準化，所以不依

賴於相應變數的變異數。

5. 我們可以看看主成分的係數。在這種情況下，由於數據是標準化的，所以在
column 中可以直接評估這些係數的相對大小。上表「Component Matrix」的每
一 column 對應於標記為特徵向量的程序輸出中的一 column。

6. 主成分的解釋是基於找出哪些變數與每個成分最密切相關。換句話說，我們
需要確定每 column 中哪些數字很大。在第一 column 中，我們將決定健康和
藝術是大的。這是非常武斷的。其他變數也可能被包括在這個第一主成分的
一部分。

7. 五個成分：小結

第 1 主成分分析：PCA$_1$

第 1 個主要部分是衡量健康和藝術的質量，在一定程度上是住房，交通和娛
樂。健康隨著藝術價值的增加而增加。如果這些變數中的任何一個上升，剩
下的變數也會變大。他們都是積極的相關，因為他們都有積極的跡象。

第 2 主成分分析：PCA$_2$

第 2 個主要部分是衡量犯罪嚴重程度，經濟質量和教育質量的缺失。犯罪和經
濟隨著教育的減少而增加。在這裡我們可以看到，犯罪率高，經濟效益好的
城市往往教育制度差。

第 3 主成分分析：PCA$_3$

第 3 個主要部分是衡量氣候和經濟不景氣的質量。氣候隨著經濟下滑而增加。
在這個組件中包含經濟性將在我們的結果中增加一些冗餘。這個部分主要是
衡量氣候的因素，其次是經濟。

第 4 主成分分析：PCA$_4$

第 4 個主要部分是衡量教育質量和經濟以及交通網絡和娛樂機會的不足之處。
教育和經濟隨著運輸和娛樂的減少而增加。

第 5 主成分分析：PCA$_5$

第 5 個主要部分是衡量犯罪嚴重程度和住房質量。隨著住房的減少犯罪增加。

Step 3. 共線性診斷（相關係數）：9 個變數之間都是高相關

對應的指令

```
title " 共線性診斷 ( 相關係數 )：9 個變數之間都是高相關 ".
CORRELATIONS
  /VARIABLES=ln_climate ln_housing ln_health ln_crime ln_educ ln_trans ln_arts ln_
recreate ln_econ
  /PRINT=TWOTAIL NOSIG
  /MISSING=PAIRWISE.
```

```
. corr  ln_climate- ln_econ
(obs=329)

     | ln_cli~e ln_hou~g ln_hea~h ln_crime ln_educ ln_trans ln_arts ln_rec~e ln_econ
-----------+-------------------------------------------------------------------------------------
ln_climate | 1.0000
ln_housing | 0.2730   1.0000
 ln_health | 0.1506   0.4319   1.0000
  ln_crime | 0.2278   0.1392   0.1836   1.0000
   ln_educ | 0.0775   0.2021   0.4648   0.0555   1.0000
  ln_trans | 0.0216   0.3177   0.4189   0.2739   0.3112   1.0000
   ln_arts | 0.1727   0.5085   0.6781   0.3465   0.3479   0.5476   1.0000
ln_recreate| 0.1206   0.4607   0.2540   0.2921   0.0930   0.3907   0.4965   1.0000
   ln_econ |-0.1007   0.2971   0.0540   0.2762   0.1289   0.0627   0.1348   0.1759   1.0000
```

Step 4. 繪 scree 圖

「components 個數」的 cut-off：除了看成分累積變異量 ( 例如：達目標值 60% 嗎？) 外，另一種方法是繪製「特徵次序值」(Ordered values) 之間的差異，並尋找一個突破或急劇下降。在這種情況下唯一明顯的下降是在第一個成分之後。基於此，人們可能只選擇一個成分。但是，一個成分可能太少，特別是因為我們只解釋了 37% 的變化。考慮基於標準化變數的陡坡圖 (Scree plot)。

```
* 標準化變數就是取 log(x) 後的新變數，共 9 個。
. PCA ln_climate- ln_econ
( 略 )
* scree 是 screeplot 的同義詞。
. scree

*註 :Statistics > Multivariate analysis > Factor and principal component analysis >
     Postestimation > Scree plot of eigenvalues
```

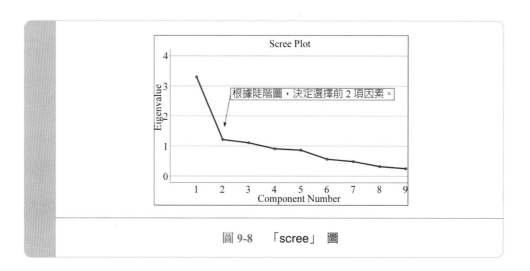

圖 9-8　「scree」圖

　　陡坡圖 (Scree plot) 的「肘」(elbow)，是陡坡圖開始轉平坦的地方，用此轉折肘點來判定最適切的因素個數。陡坡圖的 y 軸是特徵值，x 軸是因素的個數，曲線上的點代表變數可以解釋的變異。

Step 5. 主成分分析：限定成分的個數為 2

```
*限定：只留二個成分，有二種指令：
*方法一：PCA 指令
. PCA ln_climate- ln_econ, components(2)


Principal components/correlation        Number of obs    =      329
                                        Number of comp.  =        2
                                        Trace            =        9
    Rotation: (unrotated = principal)   Rho              =   0.5013


    ------------------------------------------------------------------
    Component |  Eigenvalue  Difference     Proportion   Cumulative
    ----------+-------------------------------------------------------
        Comp1 |    3.29779     2.08423         0.3664       0.3664
        Comp2 |    1.21356     .108032         0.1348       0.5013
        Comp3 |    1.10553      .19825         0.1228       0.6241
        Comp4 |     .90728    .0466511         0.1008       0.7249
        Comp5 |    .860629     .298443         0.0956       0.8205
```

| | | | | |
|---|---|---|---|---|
| Comp6 | .562186 | .0783651 | 0.0625 | 0.8830 |
| Comp7 | .483821 | .165749 | 0.0538 | 0.9368 |
| Comp8 | .318072 | .066944 | 0.0353 | 0.9721 |
| Comp9 | .251128 | . | 0.0279 | 1.0000 |

* 因 Comp2 到 Comp3 的 Difference 很小（.108），故取二個成分是恰當的

Principal components (eigenvectors)

| Variable | Comp1 | Comp2 | Unexplained |
|---|---|---|---|
| ln_climate | 0.1579 | 0.0686 | .912 |
| ln_housing | 0.3844 | 0.1392 | .4892 |
| ln_health | 0.4099 | -0.3718 | .2781 |
| ln_crime | 0.2591 | 0.4741 | .5058 |
| ln_educ | 0.2743 | -0.4524 | .5035 |
| ln_trans | 0.3749 | -0.1415 | .5122 |
| ln_arts | 0.4738 | -0.1044 | .2463 |
| ln_recreate | 0.3534 | 0.2919 | .4847 |
| ln_econ | 0.1640 | 0.5405 | .5568 |

* 方法二：factor 指令
* Principal-component factors, keep 2
. factor ln_climate- ln_econ, factors(2) pcf

(obs=329)

| Factor analysis/correlation | Number of obs = 329 |
|---|---|
| Method: principal-component factors | Retained factors = 2 |
| Rotation: (unrotated) | Number of params = 17 |

| Factor | Eigenvalue | Difference | Proportion | Cumulative |
|---|---|---|---|---|
| Factor1 | 3.29779 | 2.08423 | 0.3664 | 0.3664 |
| Factor2 | 1.21356 | 0.10803 | 0.1348 | 0.5013 |
| Factor3 | 1.10553 | 0.19825 | 0.1228 | 0.6241 |

| | | | | |
|---|---|---|---|---|
| Factor4 | 0.90728 | 0.04665 | 0.1008 | 0.7249 |
| Factor5 | 0.86063 | 0.29844 | 0.0956 | 0.8205 |
| Factor6 | 0.56219 | 0.07837 | 0.0625 | 0.8830 |
| Factor7 | 0.48382 | 0.16575 | 0.0538 | 0.9368 |
| Factor8 | 0.31807 | 0.06694 | 0.0353 | 0.9721 |
| Factor9 | 0.25113 | . | 0.0279 | 1.0000 |

```
    --------------------------------------------------------------------
    LR test: independent vs. saturated:  chi2(36) =  842.02 Prob>chi2 = 0.0000


Factor loadings (pattern matrix) and unique variances


    ------------------------------------------------------
      Variable |  Factor1   Factor2 |   Uniqueness
    -----------+--------------------+-----------------
     ln_climate |  0.2868    0.0756  |    0.9120
     ln_housing |  0.6981    0.1534  |    0.4892
     ln_health  |  0.7444   -0.4096  |    0.2781
     ln_crime   |  0.4705    0.5223  |    0.5058
     ln_educ    |  0.4982   -0.4983  |    0.5035
     ln_trans   |  0.6808   -0.1559  |    0.5122
     ln_arts    |  0.8605   -0.1150  |    0.2463
     ln_recreate|  0.6418    0.3216  |    0.4847
     ln_econ    |  0.2978    0.5954  |    0.5568
    ------------------------------------------------------

* 求斜交轉軸之因素負荷量 (Oblique oblimin rotation)
. rotate, oblimin(0.5) oblique
*save 斜交轉軸之因素負荷量 (Oblique oblimin rotation) 至 2 個新變數
. predict f1 f2
```

1. 接下來，我們可以使用特徵向量來計算主成分分數。這是第一個主要部分的公式：

$$Y_1 = 0.158 \times Z_{climate} + 0.384 \times Z_{housing} + 0.410 \times Z_{health} + 0.259 \times Z_{crime} + 0.375 \times Z_{transportation} + 0.274 \times Z_{education} + 0.474 \times Z_{arts} + 0.353 \times Z_{recreation} + 0.164 \times Z_{economy}$$

請記住，以上方程式是一個函數，而不是原始數據，而是標準化數據。係數的大小給出了每個變數對該 component 的貢獻。由於數據已經標準化，所以不依賴於相應變數的變異數。

## 補充

因素分析是多變數萃取與分類統計工具，又分為 2 類：第一類稱為探索式因素分析 (Exploratory factor analysis, EFA)，目的在萃取構念 (construct) 或稱隱性因素 (Latent factor)，並用以建構量表。建構的程序為：

1. 設計題庫：依據研究目的，收集相關項目。
2. 因素萃取：一般使用 STaTa、SAS、SPSS。
3. 因素命名：根據理論邏輯進行因素命名，亦可視為「構念」命名。
4. 建構量表：淨化量表項目以建構具備信度的測量工具，最常見的是「總加量表」。

第二類為驗證式 (Confirmatory factor analysis, CFA)，是檢驗「因素效度」，或稱「因素組合」，確認構念存在、以及應用構念發展理論的方法。

因素分析是相關分析與變異數分析的綜合進階應用。

## 小結

人們可以通過 component 來解釋這些 component。有一方法可決定有多少 component 數目，就是你要明確指定 component 總共要解釋多少變異 ( 例如：給一門檻值 65%)。

請注意，主成分分析的主要目的是描述性的，它不是假設檢定 (Hypothesis testing)！所以你的決定在很多方面需要根據什麼為你提供一個好的，簡潔的數據描述。

我們必須做出什麼是重要的相關性的決定，不一定從統計假設檢驗的角度來看，而是從城市社會學的角度來看。你必須決定手頭問題的重要性。這個決定可能因紀律而不同。在社會學和生態學等學科中，數據往往本質上是「嘈雜的」(noisy)，在這種情況下，你會期望「混亂」(messier) 的解釋。如果您正在尋找像工程學這樣一個必須精確的學科，您可能會對分析提出更高的要求。你會想要有非常高的相關性。主成分分析主要應用於社會學和生態類型的應

用以及市場研究。

和以前一樣，您可以將主要組成部分相互繪製，我們可以探索某些觀測數據的位置。

有時主成分分數將被用作迴歸中的解釋變異。有時在迴歸設置中，您可能有大量可能的解釋變異需要處理。而你可能沒有太多的想法，你可能認為哪些是重要的。你可能做的是，首先執行一個主成分分析，然後執行一個迴歸預測變量從主成分本身輸入。這個分析的好處在於迴歸係數是彼此獨立的，因為這些分量是相互獨立的。在這種情況下，您實際上會說出每個單獨的component 對多少感興趣變量的變化進行解釋。這是你在多元迴歸中通常不能做的事情。

我們分析這個問題的其中一個問題就是，由於涉及的數字都很多，所以分析並不像所希望的那樣「乾淨」(clean)。例如：在考察第二和第三部分時，經濟被認為對這兩個組成部分都是重要的。正如你所看到的，這將在我們的分析中導致一個模棱兩可的解釋。

數據簡化的另一種方法是**因素分析**，其中使用因素旋轉來降低複雜性並獲得數據的更清晰的解釋。

**Step 6.** 繪圖：2 個主成分分析與 9 個原始變數的關係

```
* 繪圖：2 個主成分分析與 9 個原始變數的關係
. loadingplot
*註：Statistics > Multivariate analysis > Factor and principal component analysis
 > Postestimation > Loading plot


* 繪圖：2 個主成分分析與各觀察值的關係
. scoreplot, mlabel(id)
*註：Statistics > Multivariate analysis > Factor and principal component analysis
 > Postestimation > Score variables plot
```

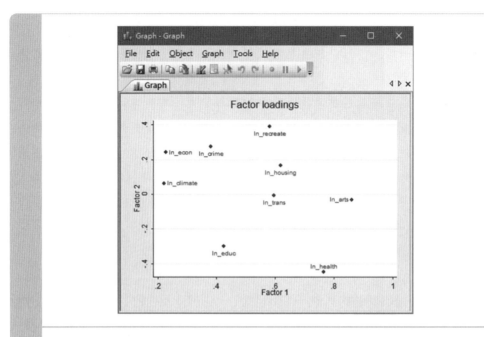

圖 9-9　　「loadingplot」圖（繪圖：2 個主成分分析與 9 個原始變數的關係）

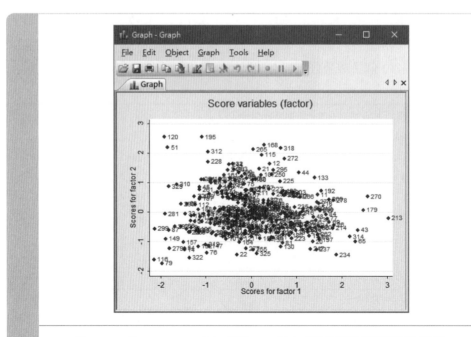

圖 9-10　　「scoreplot」圖（繪圖：2 個主成分分析與各觀察值的關係）

# 9-2 主成分分析 (Principal components analysis, PCA)(EXAMINE、COMPUTER、FACTOR、CORRELATIONS 指令)

**練習題 1：讀入原始分數**

```
* Standard PCA for descriptive use
. sysuse auto, clear
*不限成分的個數
. PCA trunk weight length headroom
(略)


*限成分的個數為 2
. PCA trunk weight length headroom, comp(2) covariance

Principal components/covariance              Number of obs    =        74
                                             Number of comp.  =         2
                                             Trace            =    604545
       Rotation: (unrotated = principal)     Rho              =    1.0000


    ----------------------------------------------------------------------
       Component |  Eigenvalue   Difference      Proportion   Cumulative
    -------------+--------------------------------------------------------
          Comp1  |     604482       604428         0.9999       0.9999
          Comp2  |    53.7887      45.3428         0.0001       1.0000
          Comp3  |    8.44587      8.05183         0.0000       1.0000
          Comp4  |     .39404           .          0.0000       1.0000
    ----------------------------------------------------------------------

Principal components (eigenvectors)


    ------------------------------------------------------
        Variable |   Comp1     Comp2  | Unexplained
    -------------+--------------------+-------------------
           trunk |  0.0037    0.1940  |     8.001
          weight |  0.9996   -0.0273  |  .00002269
          length |  0.0271    0.9803  |     .3234
        headroom |  0.0005    0.0249  |     .5151
    ------------------------------------------------------
```

**練習題 2：讀入原始分數 (with PCA/correlation, SEs and tests are approximate)**

```
* PCA assuming multivariate normality of the data
. webuse bg2, clear
(Physician-cost data)


* 所有 bg2cost 開頭的變數，都納入 PCA 分析
. PCA bg2cost*, vce(normal)


(with PCA/correlation, SEs and tests are approximate)


Principal components/correlation              Number of obs    =        568
                                              Number of comp.  =          6
                                              Trace            =          6
                                              Rho              =     1.0000
SEs assume multivariate normality             SE(Rho)          =     0.0000


-------------------------------------------------------------------------------
             |      Coef.    Std. Err.      z     P>|z|    [95% Conf. Interval]
-------------+-----------------------------------------------------------------
Eigenvalues  |
      Comp1  |   1.706215    .0990903    17.22   0.000    1.512002    1.900429
      Comp2  |   1.402876    .0804502    17.44   0.000    1.245197    1.560556
      Comp3  |   .9086517    .0520388    17.46   0.000    .8066576    1.010646
      Comp4  |   .7229791    .0348437    20.75   0.000    .6546867    .7912714
      Comp5  |   .6669203    .0296158    22.52   0.000    .6088745    .7249661
      Comp6  |   .5923573    .0310691    19.07   0.000    .531463     .6532515
-------------+-----------------------------------------------------------------
Comp1        |
    bg2cost1 |    .274121    .1202454     2.28   0.023    .0384444    .5097976
    bg2cost2 |  -.3713049    .1036411    -3.58   0.000   -.5744377   -.1681722
    bg2cost3 |  -.4077385    .1084276    -3.76   0.000   -.6202527   -.1952244
    bg2cost4 |  -.3765699    .0788239    -4.78   0.000   -.531062    -.2220778
    bg2cost5 |   .4775524    .0811578     5.88   0.000    .318486     .6366187
    bg2cost6 |   .5008777    .0766017     6.54   0.000    .3507411    .6510143
-------------+-----------------------------------------------------------------
```

| Comp2 | | | | | | |
|---|---|---|---|---|---|---|
| bg2cost1 | .530157 | .079371 | 6.68 | 0.000 | .3745926 | .6857214 |
| bg2cost2 | .442755 | .0985954 | 4.49 | 0.000 | .2495115 | .6359986 |
| bg2cost3 | .4833553 | .0966424 | 5.00 | 0.000 | .2939398 | .6727709 |
| bg2cost4 | .2747594 | .1102616 | 2.49 | 0.013 | .0586506 | .4908681 |
| bg2cost5 | .3345178 | .1145587 | 2.92 | 0.003 | .1099869 | .5590488 |
| bg2cost6 | .3191774 | .1160838 | 2.75 | 0.006 | .0916574 | .5466974 |

| Comp3 | | | | | | |
|---|---|---|---|---|---|---|
| bg2cost1 | -.271238 | .1474327 | -1.84 | 0.066 | -.5602007 | .0177248 |
| bg2cost2 | -.4973984 | .0950555 | -5.23 | 0.000 | -.6837036 | -.3110931 |
| bg2cost3 | .0656416 | .1130108 | 0.58 | 0.561 | -.1558554 | .2871387 |
| bg2cost4 | .7265752 | .0817178 | 8.89 | 0.000 | .5664112 | .8867392 |
| bg2cost5 | .3828817 | .0956613 | 4.00 | 0.000 | .195389 | .5703743 |
| bg2cost6 | .0143557 | .12404 | 0.12 | 0.908 | -.2287582 | .2574696 |

| Comp4 | | | | | | |
|---|---|---|---|---|---|---|
| bg2cost1 | -.7468414 | .0655545 | -11.39 | 0.000 | -.8753259 | -.6183569 |
| bg2cost2 | .2800311 | .2113982 | 1.32 | 0.185 | -.1343017 | .6943639 |
| bg2cost3 | .2466174 | .3116971 | 0.79 | 0.429 | -.3642977 | .8575324 |
| bg2cost4 | -.2213431 | .2706618 | -0.82 | 0.413 | -.7518304 | .3091443 |
| bg2cost5 | .1950422 | .2489433 | 0.78 | 0.433 | -.2928778 | .6829622 |
| bg2cost6 | .4647108 | .2694465 | 1.72 | 0.085 | -.0633946 | .9928162 |

| Comp5 | | | | | | |
|---|---|---|---|---|---|---|
| bg2cost1 | -.0104222 | .3931275 | -0.03 | 0.979 | -.780938 | .7600937 |
| bg2cost2 | .2996375 | .240601 | 1.25 | 0.213 | -.1719319 | .7712068 |
| bg2cost3 | -.5648796 | .2110351 | -2.68 | 0.007 | -.9785009 | -.1512583 |
| bg2cost4 | .450446 | .1540383 | 2.92 | 0.003 | .1485364 | .7523556 |
| bg2cost5 | -.3941605 | .2318474 | -1.70 | 0.089 | -.848573 | .0602521 |
| bg2cost6 | .4824476 | .2896986 | 1.67 | 0.096 | -.0853512 | 1.050246 |

| Comp6 | | | | | | |
|---|---|---|---|---|---|---|
| bg2cost1 | -.1110876 | .1615316 | -0.69 | 0.492 | -.4276837 | .2055085 |
| bg2cost2 | .5004952 | .1329474 | 3.76 | 0.000 | .2399231 | .7610673 |
| bg2cost3 | -.4646493 | .2083404 | -2.23 | 0.026 | -.872989 | -.0563097 |
| bg2cost4 | .0538196 | .1814394 | 0.30 | 0.767 | -.3017952 | .4094343 |

```
  bg2cost5 |   .5657201    .1519277     3.72    0.000     .2679472     .863493
  bg2cost6 |  -.4453418     .198116    -2.25    0.025    -.833642   -.0570417
-------------------------------------------------------------------------------
LR test for independence:      chi2(15)  =      269.07   Prob > chi2 =  0.0000
LR test for   sphericity:      chi2(20)  =      269.36   Prob > chi2 =  0.0000


Explained variance by components


  Components | Eigenvalue  Proportion   SE_Prop  Cumulative    SE_Cum        Bias
-------------+-----------------------------------------------------------------
      Comp1  |   1.706215      0.2844    0.0134      0.2844    0.0134     .023049
      Comp2  |   1.402876      0.2338    0.0118      0.5182    0.0129    -.002682
      Comp3  |   .9086517      0.1514    0.0085      0.6696    0.0109     .005675
      Comp4  |   .7229791      0.1205    0.0070      0.7901    0.0087     .009851
      Comp5  |   .6669203      0.1112    0.0065      0.9013    0.0059    -.014394
      Comp6  |   .5923573      0.0987    0.0059      1.0000    0.0000    -.021499


* PCA of a covariance or correlation matrix
. matrix S = (10.167,22.690,2.040 \ 22.690, 56.949,3.788 \ 2.040,3.788, 0.688)
. matrix rownames S = visual hearing taste
. matrix colnames S = visual hearing taste
* 只求二個成分
. pcamat S, n(979) comp(2)


Principal components/correlation              Number of obs    =       979
                                              Number of comp.  =         2
                                              Trace            =         3
     Rotation: (unrotated = principal)        Rho              =    0.9906


    -------------------------------------------------------------------------
     Component |  Eigenvalue  Difference       Proportion  Cumulative
    -----------+-------------------------------------------------------------
        Comp1  |    2.55455     2.13721           0.8515      0.8515
        Comp2  |    .417345     .389241           0.1391      0.9906
        Comp3  |   .0281032           .            0.0094      1.0000
    -------------------------------------------------------------------------
```

```
Principal components (eigenvectors)

    -----------------------------------------------
        Variable |    Comp1     Comp2 | Unexplained
    -------------+--------------------+-------------
          visual |   0.6162   -0.1793 |      .01653
         hearing |   0.5808   -0.5542 |     .009992
           taste |   0.5319    0.8129 |     .001583
    -----------------------------------------------



* Same as above
. matrix S = ( 10.167, 22.690, 2.040, 56.949, 3.788, 0.688 )
. pcamat S, n(979) shape(upper) comp(2) names(visual hearing taste)
```

## 練習題 3：讀入「variance-covariance」矩陣 $S_{3 \times 3}$

```
* PCA of a covariance or correlation matrix
. matrix S = (10.167,22.690,2.040 \ 22.690, 56.949,3.788 \ 2.040,3.788, 0.688)


* 三個變數的註解
. matrix rownames S = visual hearing taste
. matrix colnames S = visual hearing taste
* 只求二個成分，樣本數 N=979 人
. pcamat S, n(979) comp(2)

Principal components/correlation          Number of obs    =        979
                                          Number of comp.  =          2
                                          Trace            =          3
      Rotation: (unrotated = principal)   Rho              =     0.9906


    -----------------------------------------------------------------------
      Component |  Eigenvalue   Difference       Proportion   Cumulative
    ------------+----------------------------------------------------------
          Comp1 |     2.55455     2.13721           0.8515       0.8515
```

| | | | | |
|---|---|---|---|---|
| Comp2 | .417345 | .389241 | 0.1391 | 0.9906 |
| Comp3 | .0281032 | . | 0.0094 | 1.0000 |

----------------------------------------------------------------

Principal components (eigenvectors)

------------------------------------------------

| Variable | Comp1 | Comp2 | Unexplained |
|---|---|---|---|
| visual | 0.6162 | -0.1793 | .01653 |
| hearing | 0.5808 | -0.5542 | .009992 |
| taste | 0.5319 | 0.8129 | .001583 |

------------------------------------------------

\* Same as above

. **matrix** S = ( 10.167, 22.690, 2.040, 56.949, 3.788, 0.688 )

. **pcamat** S, n(979) shape(upper) **comp**(2) **names**(visual hearing taste)

測量工具檢定：信度
(reliability)與建構效度
(Construct validity)

因素分析 (Factor analysis)，又譯「因子分析」。「因素」(factor) 是指存在而看不見、無法用物理方式觀察、測量出來的變數，如：聰明的操作型定義 IQ 、性質 ( 工作複雜性、工作自主性、IT 實用性、IT 易用性、工作單調性 )、動機、( 工作、溝通、使用者 ) 滿意度、( 組織、團隊 ) 創新等等。

探索性因素分析 (factor 指令 ) 也是建構效度的檢定技術，它可指根據收斂效度及區別效度來篩選無效度的問卷題目。因爲沒效果就無信度，但無信度不代表沒效度。故因素分析 (factor 指令 ) 又比信度分析 (alpha 指令 ) 當被學界論文使用。

因素分析所歸納、萃取之「因素」即爲理論建構中之潛在變數 (latent variable，用隨圓型符號表示 ) 或構念 (construct，用長方型符號表示 )。

廣義上，因素等於幾何數學 / 經濟的「維度」(dimension)，不過，在統計專業定義上，「因素」可專指因素分析之結果，必須爲等距 (interval) 資料；而「構面 / 維度」(dimension) 可專指「多維標度法」(Multidimensional scaling) 分析之結果，通常爲序次 (ordered) 資料。

因素分析 (Factor analysis) 是一種對觀測變數及其共變數結構進行建模的方法，以較少數量的潛在不可觀測 ( 潛在 latent) 因素爲基礎。這些因素通常被視爲可能描述觀測現象的廣義概念或觀點。例如：人們獲得社會水準的基本慾望即可解釋了大部分的消費行爲。這些未被察覺的因素 (Unobserved factors) 對於社會科學家來說比觀察到的定量測量 (Observed quantitative measurements) 更有趣。

通常，因素分析是一種探索性、描述性的方法，需要許多使戶者自已的主觀判斷。它是一個被廣泛使用的工具，但可能會引起爭議 (controversial)，因爲「模型、方法和主觀性」非常靈活，可能會發生解釋上的爭論。

正如教科書所說的，因素分析法與主成分 (Principal components) 相似，但因素分析比較精細 (elaborate)。從某種意義上講，因素分析是主成分的一體兩面 (inversion)。在因素分析中，我們將觀察變數建模爲「因素」(factors) 的線性函數。在主要成分中，我們創建了新變數，這些 component 變數是觀察變數的線性組合。但 PCA 和 FA 都可縮減資料樣本的維度 (dimension) 數目。回想前一章，在主成分分析中，主成分往往不是很乾淨 (clean)。有時，某一特別變數可能會對多個成分 (components) 部分都有重大貢獻 ( 沒有區別效度 )。理想情況下，我們期待每個變數只對一個成分做出重大貢獻。一個叫做因素旋軸的技術被用來實現這個目標。常用因素分析的領域包括：生理學、健康、智力、社會學、生態學、管理

學等。

　　舉例來說，下圖因素模型中，它是以中間的觀察變數 $(X_1, X_2, X_3, X_4)$ 為主，向左探討可被潛在因素 $(Y_1, Y_2)$ 解釋的程度，它以組型負荷量來表示；向右探討無法被潛在因素解釋之部分 ( 即誤差 )，它以獨特性係數表示。

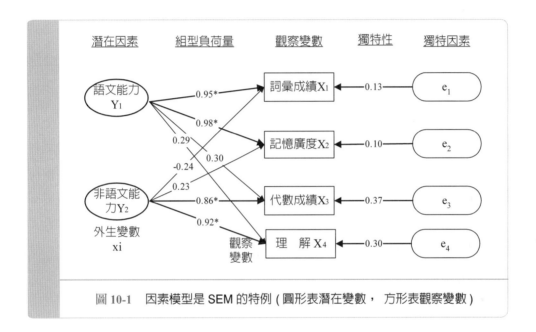

圖 10-1　因素模型是 SEM 的特例 ( 圓形表潛在變數，方形表觀察變數 )

　　因素模型之對應的代數式如下：

詞彙成績 = 0.95 × 語文能力 − 0.24 × 非語文能力 + 0.13

記憶廣度 = 0.98 × 語文能力 + 0.23 × 非語文能力 + 0.10

代數成績 = 0.30 × 語文能力 + 0.86 × 非語文能力 + 0.37

理　　解 = 0.98 × 語文能力 + 0.92 × 非語文能力 + 0.30

## 學習目標和結果

　　學完本章 factor 分析後，您應該能夠執行以下操作：

1. 理解因素分析的術語，包括因素負荷量 (loadings) 的解釋、特定變異數 (Specific variances) 和共同性 (communalities)。

2. 了解如何應用主成分和最大概似法 (Maximum likelihood) 來估計因素模型的參數。

3. 理解因素旋軸，並解釋旋軸的因素負荷量 (loadings)。

# 10-1 測量工具檢定：信度 (reliability) 與效度 (validity)

## 一、信度的意義

所謂信度是衡量沒有誤差的程度，也是測驗結果的一致性 (consistency) 程度，信度是以衡量的變異理論爲基礎。

## 二、衡量誤差的意義與來源

衡量誤差可分爲系統性誤差及隨機性誤差。一般而言，大部分的誤差是系統性的 ( 從偏差而來 )。所謂系統性誤差也被視成常數性 (constant) 誤差。而隨機性誤差 (Random error) 則不是一種常數性誤差，其原因可能來自情境因素，或者被受測者一時的情緒而影響。衡量誤差可能的來源如下：

1. 由回應者 (respondent) 產生的誤差。
2. 由情境因素產生的誤差。
3. 由衡量者產生的誤差。
4. 由衡量工具產生的誤差。

## 三、效度的意義

所謂效度是指衡量的工具是否能眞正衡量到研究者想要衡量的問題。

## 10-1-1 信度與效度之重點整理

一、信度 (reliability) 與效度 (validity) 是所有測量的重要議題。兩者都是關心我們所設計的具體指標與這些指標所預測之構念 (construct) 間的關係。

構念是指將一些觀念，事實或印象有系統的組織起來後，所形成的概念。

二、信度是指可靠性或一致性。信度好的指標在同樣或類似的條件下重複操作，可以得到一致或穩定的結果。

1. 信度的種類

信度有三種：

(1) 穩定信度 (Stability reliability)：這是一種長期的信度。也就是指標在不同時間做測量時，可以得到同樣的結果。通常我們是用測試與再測試方法 (test-retest method) 來檢視一個指標的穩定信度，也就是將同樣的指標對同一群體重新施測，如果每次都得到同樣的結果，則此指標即有穩定信度。

(2) 代表性信度 (Representative reliability)：代表性信度是橫跨各個次母體或群組的信度。也就是指標用於不同次母體或群組 ( 如：年齡、性別 ) 時，可以得到同樣的結果。例如：對年齡的測量，應該是詢問不同年齡層時，都可得到一致性的資訊，不論此指標是正確的問到年齡，還是有同樣方向的偏誤，如以多報少。做次母群體分析 (Subpopulation analysis) 時，除了比較指標使用在不同的次母群體或群組的結果外，還涉及利用其他獨立的資訊，以判斷指標使用在不同群組時所得到的結果是否有同樣的誤差。

(3) 同等信度 (Equivalence reliability)：同等信度是應用在利用多重指標測量同一構念的情況。我們感興趣的是：是否不同指標能得到一致的測量結果？

研究者常用折半法 (The split-half method) 來做此種信度的分析。其作法是將測量同一構念的多重指標隨機分成兩組後進行測量，然後判定是否兩組指標得到相同的結果。我們可以用如 Cronbach's $\alpha$ 這種統計方法來做此種信度分析。如果多重指標有相當的信度，我們就可利用這些指標來建構量表。

另一種同等信度的特殊分析方法是做編碼者間信度 (Intercoder reliability) 的分析。當我們用多位觀察者、評判者或編碼者時就可用此方法。其目的是檢視不同的觀察者或編碼者是否彼此間的意見一致。

2. 如何增進信度

(1) 明確的概念化：當我們只測量單一構念或構念的一個次維度(subdimension)，並有清楚的理論定義時，信度就會增加。

(2) 提升測量尺度的精確性

(3) 使用多重指標：多重指標能使研究者測量一個構念的廣泛定義內容。這就好像是從概念領域中做抽樣 (Sampling from the conceptual domain)，使研究者能測量到一個構念的不同層面。

(4) 使用前測 (pretests)、預試研究 (Pilot studies) 及重複測試 (replication)

3. 效度的種類

效度是指概念定義 (Conceptual definition) 及操作化定義 (Operational

definition) 間是否契合。因此，當我們說一個指標有效度時，我們是在特定目的及定義的情況下做此判斷。同樣的指標在不同的研究目的下，可能有不同的效度。

測量的效度比信度難達到。因為構念是抽象的，而指標則是具體的觀察。我們對於一個測量是否有效度並無絕對的信心，但可判斷是否比另一測量更有效度。測量的效度有四種類型：

1. 表面效度 (Face validity)：這是最容易達成及最基本的效度。此類效度就是由學界來判斷指標是否真的測量到所欲測量到的構念。

2. 內容效度 (Content validity)：這是一種特殊的表面效度。此類效度關心的是：是否一個定義的內容都在測量中呈現出來？構念定義包含著想法與概念的「空間」，指標測量應該抽樣到或包含到此空間中所有的想法。內容效度的達成有三個步驟：

   Step 1：說明構念定義的內容：

   Step 2：從此定義所包含的區域或部分中做抽樣

   Step 3：發展指標將定義來連結定義的這些部分

3. 效標效度 (Criterion validity)：此類效度是用某些標準或校標來精確的指明一個構念。檢視測量指標的這種效度是要將它與測量同一構念且研究者有信心的指標來做比較。這種效度有兩個次類型：

   (1) 同時效度 (Concurrent validity)：一個指標必須與既存且已被視為有效的指標相關連。

   (2) 預測效度 (Predictive validity)：一個指標能預測在邏輯上與構念相關的事件。此指標與預測的事件是指向同一構念，但又有區別。這和假設測定不同。假設測定是一個變項預測另一不同的變項。

4. 建構效度 (Construct validity)：建構效度 ( 或構念效度 ) 是用於多重指標的測量情況。此類效度也有兩個次類型：

   (1) 收斂效度 (Convergent validity)：當測量同一構念的多重指標彼此間收斂或有關連時，就有此種效度存在。

   (2) 區別效度 (Discriminant validity)：此種效度也稱之為分歧效度 (Divergent validity)，與收斂效度相反。此類效度是指當一個構念的多重指標相收斂或呼應時，則這個構念的多重指標也應與其相對立之構念的測量指標有負向相關。例如：與「組織滿意」相關的多重指標應會與「組織不滿意」相關

的多重指標間有負向相關。

## 10-1-2 因素分析 (Factor analysis, FA)，又譯因子分析

因素分析在我們進行的許多研究中，扮演相當重要的角色，它的重要應用有形成構面、建立加總尺度、提供信度與提供效度。因素分析的目的有二：

### 1. 形成構面

構面是概念性旳定義，當我們以理論爲基礎，以定義概念來代表研究的內容，我們所使用量表的項目經由因素分析的轉軸後，通常相同概念的項目會在某個因素下，我們將此因素命名，就形成我們要的構面。

### 2. 建立加總尺度

在形成構面後，代表單一因素是由多個項目所成分，因此，我們可以建立加總尺度 (Summated scale)，以單一的值來代表單一的一個因素或構面。

---

名詞解釋：

1. 效度 (validity)

爲確保量表符合我們所給的概念性定義 ( 構念 )，須符合信度的要求和呈現單一維度的情形。測量工具的建構效度包括：收斂效度 (convergent validity) 和區別效度 (Discriminant Validity)，收斂效度指的是構面內的相關程度要高，區別效度指的是構面之間相關的程度要低。

2. 信度 (reliability)

用來評估一個變數經由多次量測後，是否呈現一致性的程度，我們稱之爲信度，在測量內部的一致性時，我們遵守的準則爲：同一構念的項目 (item) 與項目的相關係數大於 0.3，項目與構面的相關係數大於 0.5。整個構面的信度大多使用 Cronbach's alpha 值大於或等於 0.7，探索性的研究則允許下降到 0.6 的標準。

---

因素分析是多變數萃取與分類統計工具，又分爲 2 類：

( 一 ) 探索性因素分析 (Exploratory factor analysis, EFA)，目的在萃取構念 (construct) 或稱隱性因素 (Latent factor)，並用以建構量表。建構的程序爲：

1. 設計題庫：依據研究目的，收集相關項目。
2. 因素萃取：使用 STaTa 、SAS 、SPSS 來檢定建構效度，並將沒有區別效度或收斂效度的題目刪除。
3. 因素命名：根據理論邏輯進行因素命名，亦可視爲「構念」命名。
4. 建構量表：淨化量表項目以建構具備信度的測量工具，最常見的是 Likert「總加式量表(線性組合)」。

(二) 驗證性因素分析 (confirmatory factor analysis, CFA)，是檢定「因素效度」或稱「因素組合」來確認構念存在、以及應用構念發展理論的方法。

因素分析是相關分析與變異數分析的綜合進階應用。

# 10-2 因素分析之重點整理

## 10-2-1因素分析之概念

### 一、因素分析(Factor analysis，因子分析)的符號和術語(Notations and terminology)

**符號**

　　將所有變數 X 收集到每個單獨 subject 的向量 X 中。讓 $X_i$ 表示可觀察到的特質 $i$(trait $i$)。這些是來自每個 subject 的數據，並將被收集到特質向量 (Vector of traits) 中。

$$x = \begin{pmatrix} x_1 \\ x_2 \\ \vdots \\ x_p \end{pmatrix} = \text{Vector of traits}$$

這將是一個隨機向量，具有母體平均值。假設特質向量 X 是從具有母體平均值向量的母群中 (A population with population mean vector) 抽樣的：

$$\mu = \begin{pmatrix} \mu_1 \\ \mu_2 \\ \vdots \\ \mu_p \end{pmatrix} = \text{Population mean vector}$$

其中，$E(X_i) = \mu_i$ 代表變數 i 的母群平均數。

考慮 m 不可觀察共同因素「$f_1$, $f_2$, $\cdots$, $f_m$」。第 i 個 Common factor 是 $f_i$。通常，m 值 < p。

共同因素也收集到一個向量中：

$$f = \begin{pmatrix} f_1 \\ f_2 \\ \vdots \\ f_m \end{pmatrix} = \text{Vector of common factors}$$

## 模型

因素模型可以視爲一系列多元迴歸 (Multiple regressions)，從不可觀測共同因素的值 $F_i$ 來預測每個可觀測變數 $X_i$：

$$x_1 = \mu_1 + l_{11}f_1 + l_{12}f_2 + \cdots + l_{1m}f_m + \epsilon_1$$
$$x_2 = \mu_2 + l_{21}f_1 + l_{22}f_2 + \cdots + l_{2m}f_m + \epsilon_2$$
$$\vdots$$
$$x_p = \mu_p + l_{p1}f_1 + l_{p2}f_2 + \cdots + l_{pm}f_m + \epsilon_p$$

上式，變數平均數 $\mu_1$ 截距項是 $\mu_p$，此式很像多元迴歸模型。

這些多元迴歸的迴歸係數 $l_{ij}$(Partial slopes) 稱爲因素負荷量 (Factor loadings)。這裡，第 i 個變數第 j 個因素的負荷量爲「$l_{ij}$」。這些將被收集到矩陣中，如下所示：

$$L = \begin{pmatrix} l_{11} & l_{12} & \cdots & l_{1m} \\ l_{21} & l_{22} & \cdots & l_{2m} \\ \vdots & \vdots & & \vdots \\ l_{p1} & l_{p2} & \cdots & l_{pm} \end{pmatrix} = \text{Matrix of factor loadings}$$

最後，誤差 $\varepsilon_i$ 叫的特定因素 (Specific factors)。在這裡，「$\varepsilon_i$ = 變數的特定因素」。特定因素也被收集到一個向量中：

$$\epsilon = \begin{pmatrix} \epsilon_1 \\ \epsilon_2 \\ \vdots \\ \epsilon_p \end{pmatrix} = \text{Vector of specific factors}$$

總之，基本 fcator 模型就像一個迴歸模型。不可觀察公共因素「$f_1$，$f_2$ 到 $f_m$」線性函數來預測每個反應變數 X。因此，我們的解釋變數是「$f_1$，$f_2$ 到 $f_m$」。因此，在這裡我們要說的是，我們有 m 個不可觀測的因素，控制我們的數據中的變異 (variation)。

通常我們將這個縮減為矩陣符號，如下所示：

$$X = \mu + Lf + \epsilon$$

一般來說，我們期待 m < p。

## 二、模型假定 (Model assumptions)

### (一) 平均數 (mean)

1. 特定因素 (Specific factors) 或隨機誤差的所有平均數為 0：$E(\varepsilon_i) = 0$, i = 1, 2, …, p。
2. 共同因素 (Common factors)，平均數也為 0：$E(f_i) = 0$, i = 1, 2, …, m。
   以上這些假定的結果是，第 i 個特質 (trait) 的平均反應是 $\mu_i$：$E(X_i) = \mu_i$。

### (二) 變異數 (varinace)

1. 共同因素 (Common factors)，變異數為 1：$\text{var}(f_i) = 0$, i = 1, 2, …, m。
2. 第 i 個特定因素 (Specific factors)，變異數為 $\psi_i$：$\text{var}(\varepsilon_i) = \psi_i$, i = 1, 2, …, p。其中，$\psi_i$ 特定變異數 (Specific variance)。

### (三) 相關

1. 共同因素 (Common factors) 之間無相關：$\text{cov}(f_i, f_j) = 0$, for i ≠ j。
2. 特定因素之間無相關：$\text{cov}(\varepsilon_i, \varepsilon_j) = 0$, for i ≠ j。
3. 特定因素與共同因素無相關：$\text{cov}(\varepsilon_i, f_j) = 0$, for i = 1, 2, …, p，j = 1, 2, …, m。
   這些假定對於唯一估計參數是必要的。若非符合這些假定，則你會求得具有不同的參數值的無限數量的 Equally well-fitting 的模型。
   在此模型下，第 i 個觀測變數的變異數等於該變數及特定變異數 Squared

loadings 加總：$\sigma_i^2 = \text{var}(X_i) = \sum_{j=1}^{m} l_{ij}^2 + \psi_i$

　　基於前面的假定，你可推導出：第 i 個變數的共同性 (communality) 爲：$\sum_{j=1}^{m} l_{ij}^2$。

稍後我們將看到這是如何衡量特定變數對模型對的表現。共同性越大，代表第 i 個變數對模型 performance 越佳。

　　Traits i 與 traits j 配對的共變數是：$\sigma_{ij} = \text{cov}(X_i, X_j) = \sum_{k=1}^{m} l_{ik} l_{jk}$。

　　Traits i 與 factor j 的共變數是：$\text{cov}(X_i, f_j) = l_{ij}$。

　　在矩陣符號中，我們 variance-covariance 矩陣模型可表示爲：

$$\Sigma = LL' + \Psi$$

這是 factor loadings 乘以其轉置 (LL') 的矩陣，再加上包含特定變異數的對角矩陣 $\Psi$。這裡 $\Psi$ 等於：

$$\Psi = \begin{pmatrix} \psi_{11} & 0 & \cdots & 0 \\ 0 & \psi_2 & \cdots & 0 \\ \vdots & \vdots & \ddots & \vdots \\ 0 & 0 & \cdots & \psi_p \end{pmatrix}$$

因此獲得了 variance-covariance 矩陣的精簡化 (simplified) 模型。並用它來估計。值得一提的是：

1. 模型假定：數據是公共因素的線性函數。但是，由於共同的因素是不可觀察的，所以沒有數據可用於檢查線性。

2. variance-covariance 矩陣是一個對稱矩陣，即變數 i 和變數 j 之間的 variance 與 j 和 i 之間的 variance 是相同的。對於這個模型：

$$\Sigma = LL' + \psi$$

因此，我們可以用矩陣符號來表示我們的因素模型：

$$X = \mu + Lf + \epsilon = \mu + LTT'f + \epsilon = \mu + L^*f^* + \epsilon$$

請注意，這不會改變計算，因爲單位矩陣乘以任何矩陣仍是原始矩陣。這導致了一個替代因素模型，其中，新 Factor loadings 與原始 Factor loadings 之間的

關係是：

$$L^* = LT$$

新共同因素與原始共同因素的關係是：

$$f^* = T'f$$

這給出了一個同樣適配的模型。而且，由於存在無限多的正交 (orthogonal) 矩陣，所以存在無數的替代 (alternative) 模型。事實證明，這個模型滿足了我們前面討論的所有假定。即：

$$E(f^*) = E(T'f) = T'E(f) = T'0 = 0$$
$$var(f^*) = var(T'f) = T'var(f)T = T'TT = T'T = I$$
$$cov(f^*, \epsilon) = cov(T'f, \epsilon) = T'cov(f, \epsilon) = T'0 = 0$$

所以 $f^*$ 滿足所有的假設，因此 $f^*$ 是同樣有效的一組共同因素。所以這些模型有一定的歧義 (ambiguity)。然而，我們要利用這個同樣的 ambiguity。這種 ambiguity 將被用來證明我們稍後將使用的因素旋軸來獲得對數據的更簡潔的描述。

## 三、主成分法 (Principal component method)

我們將考慮兩種不同的方法來估計因素模型的參數：

1. 成分因素法 (Principal factor)，這也是 SPSS 內定估計法。
2. 最大概似估計 (Maximum likelihood factor)。

第三種方法，主成分因素法 (Principal-component factor) 也是可用的

## (一) 主成分法 (Principal component method)

第 i 個 subject 的觀測向量：

$$X_i = \begin{pmatrix} X_{i1} \\ X_{i2} \\ \vdots \\ X_{ip} \end{pmatrix}$$

S 將用來表示我們的樣本 variance-covariance 矩陣，並表示為：

$$S = \frac{1}{n-1} \Sigma_{i=1}^{n} (X_i - \bar{x})(X_i - \bar{x})'$$

此 variance-covariance 矩陣將有 p 個特徵值 (eigenvalues) 及對應的特徵向量 (eigenvectors)。

S 的 eigenvalues：

$$\hat{\lambda}_1, \hat{\lambda}_2, \cdots, \hat{\lambda}_p$$

S 的 eigenvectors：

$$\hat{e}_1, \hat{e}_2, \cdots, \hat{e}_p$$

回想一下，variance-covariance 矩陣可以用下面的形式重新表示為特徵值和特徵向量的函數：

## (二) Σ 的譜分解 (Spectral decomposition)

$$\Sigma = \sum_{i=1}^{p} \lambda_i e_i e_i' \cong \sum_{i=1}^{m} \lambda_i e_i e_i' = \left( \sqrt{\lambda_1} e_1 \quad \sqrt{\lambda_2} e_2 \quad \cdots \quad \sqrt{\lambda_m} e_m \right) \begin{pmatrix} \sqrt{\lambda_1} e_1' \\ \sqrt{\lambda_2} e_2' \\ \vdots \\ \sqrt{\lambda_m} e_m' \end{pmatrix} = LL'$$

主成分法背後的想法是近似這個數學式。現在將它從 1 加到 m 加總而，並省略後面 p-m 項來求得第 3 個數學式我們可以重寫這個，成為第四個數學式，用來定義因素負荷量 (Factor loadings)L，得到矩陣表示式的最終數學式。

注意：如果使用標準化測量 ( 即經 log(x)) 轉換，我們用樣本相關矩陣 R 來代替 S。

這將產生以下因素負荷量 (Factor loadings) 的估計值：

$$\hat{l}_{ij} = \hat{e}_{ji} \sqrt{\hat{\lambda}_j}$$

這將在因素分析中形成我們的因素負荷量矩陣 L，隨後是 L 的轉置 (transpose)。為了估計我們的特定變異數 (Specific variances)，回想一下 variance-covariance 矩

陣的因素模型：

$$\Sigma = LL' + \Psi$$

用矩陣符號表示。$\Psi$ 現在將等於 variance-covariance 矩陣減 LL'。

$$\Psi = \Sigma - LL'$$

這又意味著，矩陣 $\Psi$ 的對角元素的特定變異數，可用以下式來估計：

$$\hat{\Psi}_i = s_i^2 - \sum_{i=1}^{m} \lambda_j \hat{e}_{ji}^2$$

上式，我們取第 i 個變數的樣本變異數 $S_i^2$，再減去 factor loadings 平方的總和 ( 即共同性 communality)。

## 四、共同性 (communalities) $\hat{h}_i^2$

第 i 個變數的共同性 ( $\hat{h}_i^2$ ) 為該變數 loading 平方 ( $\hat{l}_{ij}^2$ ) 的加總。表示如下：

$$\hat{h}_i^2 = \sum_{j=1}^{m} \hat{l}_{ij}^2$$

上面的解釋與主成分分析非常相似。

為了理解 communulaties 的計算，請見上述 factor 分析結果：Factor loadings 表。例如：第 1 個變數 Climate 為的共同性 (communality) 為：
$\hat{h}_1^2 = 0.3811^2 + 0.240^2 - 0.7371^2 = 0.7950$

您可以將這些 communulaties，當作 3 個因素預測你感興趣變數的迴歸模型的適配度 $R^2$ 值。某一變數的共同性，可解釋為 3 個因素所解釋變異的比例。換句話說，如果我們對 3 個常見因素進行 climate 多元迴歸，可得到 $R^2 = 0.795$，表示大約 79% 的氣候變化是由 3 因素模型解釋的。結果顯示，因素分析在解釋氣候、藝術、經濟和健康變異做得最好。

共同性 (communalities) 愈高代表此模型評估 (assessment) 愈好。它表示模型解釋了這些變數多少變異？本模型解釋氣候最好，次之為經濟、健康和藝術。但對於犯罪、娛樂、交通和住房等變數，本模型並不是很好，只能解釋大約一半的變異。

如果把所有 Communality values 都考慮在內，那麼你就可得到一個「Total communality value」：

$$\sum_{i=1}^{p}\hat{h}_i^2 = \sum_{i=1}^{m}\hat{\lambda}_i$$

本例，Total communality 是 5.617。這 3 個因素解釋的總變異比例是：$\frac{5.617}{9} = 0.624$。

這給了我們在我們的模型中解釋的變異的百分比。這可以看作是模型性能 (performance) 的總體評估。但是，這個百分比與之前獲得的前三個特徵值 (eigenvalues) 所解釋的變異 (variation) 的比例相同。個體共同性 (Individual communalities) 表示模型對於單個變數的效果如何，總體共同性 (totalcommunalities) 則對性能進行總體評估。這是你可用的兩種不同評估。

若樣本資是經標準化的 ( 取 log(x))，則標準化的變異數將等於 1。然後，特定變異數 (Specific variances) $\hat{\Psi}_i$ 等於「**1- 共同性**」，如下所示：

$$\hat{\Psi}_i = 1 - \hat{h}_i^2$$

回想一下，之前分析的數據是標準化的，所以標準化變變的變異數都等於1。例如：氣候的具體變異數計算如下：

$$\hat{\Psi}_i = 1 - 0.795 = 0.205$$

## 10-2-2因素分析：居住社區 9 個評量指標 (factor 指令 )

範例：**Places Rated 資料做因素分析**

樣本數據往往是從一個人群中收集到大量的變數。例如：Boyer 和 Savageau 曾根據以下 9 個準則評估了 329 個社區的居住品質 ( 資料建檔如下圖 )，做地方評比 (Places Rated) 所搜集資料檔：

1. 氣候和地形 (Climate and Terrain)
2. 住房 (Housing)

3. 衛生保健與環境 (Health Care & the Environment)
4. 犯罪 (Crime)
5. 運輸 (Transportation)
6. 教育 (Education)
7. 藝術 (The Arts)
8. 娛樂 (Recreation)
9. 經濟 (Economics)

本例係以「地區」爲分析單位，樣本資料共 9 大類的變數，除了住房和犯罪外，其它變數的分數越高越好。住房和犯罪，負向題的分數越低越好。在一些社區可能在藝術方面做得更好的地方，其他社區在犯罪率較低和教育機會較好的其他領域可能會更好。故本樣本就可延伸至「美國房地產泡沫的地理和制度因素：制度，設施和稅收的作用」的研究。

## 一、資料檔之內容

資料檔「places.sav」，如下圖所示，共有 9 個變數、329 社區。

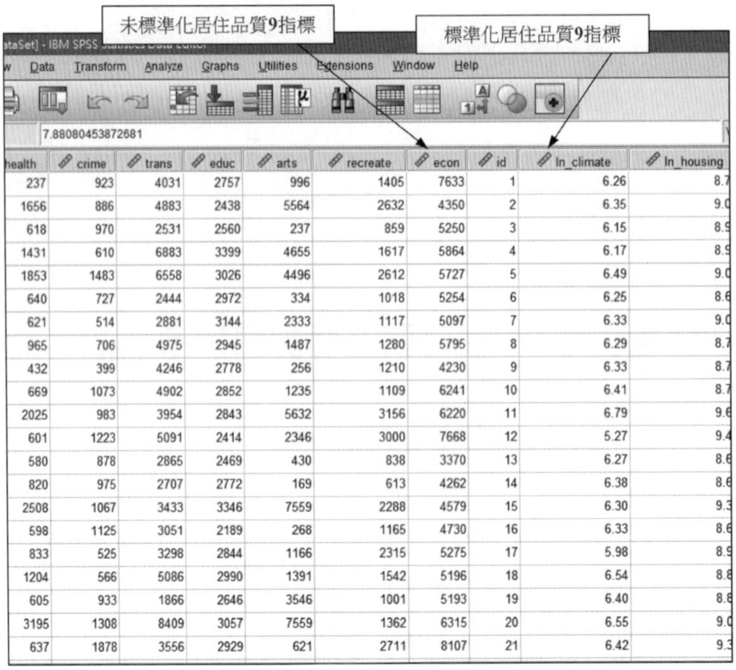


| health | crime | trans | educ | arts | recreate | econ | id | ln_climate | ln_housing |
|---|---|---|---|---|---|---|---|---|---|
| 237 | 923 | 4031 | 2757 | 996 | 1405 | 7633 | 1 | 6.26 | 8.7 |
| 1656 | 886 | 4883 | 2438 | 5564 | 2632 | 4350 | 2 | 6.35 | 9.0 |
| 618 | 970 | 2531 | 2560 | 237 | 859 | 5250 | 3 | 6.15 | 8.9 |
| 1431 | 610 | 6883 | 3399 | 4655 | 1617 | 5864 | 4 | 6.17 | 8.9 |
| 1853 | 1483 | 6558 | 3026 | 4496 | 2612 | 5727 | 5 | 6.49 | 9.0 |
| 640 | 727 | 2444 | 2972 | 334 | 1018 | 5254 | 6 | 6.25 | 8.6 |
| 621 | 514 | 2881 | 3144 | 2333 | 1117 | 5097 | 7 | 6.33 | 9.0 |
| 965 | 706 | 4975 | 2945 | 1487 | 1280 | 5795 | 8 | 6.29 | 8.7 |
| 432 | 399 | 4246 | 2778 | 256 | 1210 | 4230 | 9 | 6.33 | 8.7 |
| 669 | 1073 | 4902 | 2852 | 1235 | 1109 | 6241 | 10 | 6.41 | 8.7 |
| 2025 | 983 | 3954 | 2843 | 5632 | 3156 | 6220 | 11 | 6.79 | 9.6 |
| 601 | 1223 | 5091 | 2414 | 2346 | 3000 | 7668 | 12 | 5.27 | 9.4 |
| 580 | 878 | 2865 | 2469 | 430 | 838 | 3370 | 13 | 6.27 | 8.6 |
| 820 | 975 | 2707 | 2772 | 169 | 613 | 4262 | 14 | 6.38 | 8.6 |
| 2508 | 1067 | 3433 | 3346 | 7559 | 2288 | 4579 | 15 | 6.30 | 9.3 |
| 598 | 1125 | 3051 | 2189 | 268 | 1165 | 4730 | 16 | 6.33 | 8.6 |
| 833 | 525 | 3298 | 2844 | 1166 | 2315 | 5275 | 17 | 5.98 | 8.9 |
| 1204 | 566 | 5086 | 2990 | 1391 | 1542 | 5196 | 18 | 6.54 | 8.8 |
| 605 | 933 | 1866 | 2646 | 3546 | 1001 | 5193 | 19 | 6.40 | 8.8 |
| 3195 | 1308 | 8409 | 3057 | 7559 | 1362 | 6315 | 20 | 6.55 | 9.0 |
| 637 | 1878 | 3556 | 2929 | 621 | 2711 | 8107 | 21 | 6.42 | 9.3 |

圖 10-2　「places.sav」 資料檔內容 (N=329 社區 )

本例的目標是描述變數之間的相互關係 (inter-relationships)。

在進行因素分析之前，我們需要確定 m 是多少。即模型中應包括多少個共同因素 (Common factors)？這也是確定了參數個數。

對於 p = 9，The variance-covariance 矩陣 Σ 包含：$\frac{p(p+1)}{2} = \frac{9 \times 10}{2} = 45$ 獨特的元素或個體 (Unique elements or entries)。對於 m 個 factors 的因素分析，因素模型中的參數個數為：p(m + 1) = 9(m + 1)。

在 m = 4 的情況下，因素模型中有 45 個參數，這等於原始參數 (Original parameters) 的個數，但這就不會導致維度降低 (Dimension reduction)。因此，在這種情況下，我們將選擇 m = 3，在因素模型會有 36 個參數，從而在我們的分析中維度降低。

此外，我們已經做的是看看主成分分析的結果。在下面你可以看到我們之前「主成分分析」報表如下表。前 3 個 component 解釋了 62% 的變異 (variation)。我們會認為這對本例子已經足夠了。所以，下面的因素分析將限制抽取 3 個 components。

| 成分 | 特徵值 | 解釋比例 | 解釋累積比例 |
|---|---|---|---|
| 1 | 3.2978 | 0.3664 | 0.3664 |
| 2 | 1.2136 | 0.1348 | 0.5013 |
| 3 | 1.1055 | 0.1228 | 0.6241 |
| 4 | 0.9073 | 0.1008 | 0.7249 |
| 5 | 0.8606 | 0.0956 | 0.8205 |
| 6 | 0.5622 | 0.0625 | 0.8830 |
| 7 | 0.4838 | 0.0538 | 0.9368 |
| 8 | 0.3181 | 0.0353 | 0.9721 |
| 9 | 0.2511 | 0.0279 | 1.0000 |

需要多少 m( 因素個數 )，以便我們在數據中有足夠的變異 (variation) 來解釋結果。什麼是足夠？這是主觀的，取決於手頭的例子。

或者，通常在社會科學領域，研究領域內的基礎理論指出有多少預期的因素。如：在心理學中，環狀模型 (Circumplex model) 表明情緒有 2 個因素：積極

情緒和激勵。因此，可以考慮關於受試者情緒的問卷數據的雙因素模型。在許多方面，這是一個更好的方法，因爲那麼你就是讓科學推動統計而不是統計推動科學！如果可以的話，用你的科學理解來確定模型中應該包含多少因素，才是上策。

經前一章主成分分析，我們認爲本例子 3 個 components 已經足夠了。

## 二、分析結果與討論

Step 1. 使用內定主成分法 ( 當對照組 )：限定 3 個 components 之因素分析

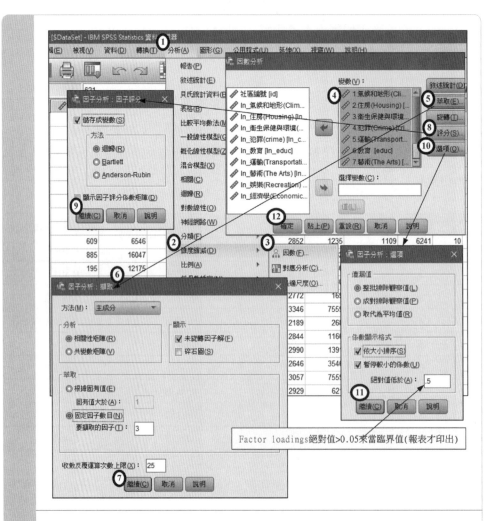

圖 10-3　「FACTOR / CRITERIA FACTORS(3) / EXTRACTION PC」 畫面 ( 方法一：主成分法，未轉軸 )

對應的指令語法：

```
title " 做因素分析 ( 內定 Principal-component 法 )，限定 3 個因素 ".
subtitle "factor.sps,「places.sav」資料檔 ".

FACTOR
   /VARIABLES climate housing health crime trans educ arts recreate econ
   /MISSING LISTWISE
   /ANALYSIS climate housing health crime trans educ arts recreate econ
   /PRINT INITIAL EXTRACTION
   /FORMAT SORT BLANK(.5)
   /CRITERIA FACTORS(3) ITERATE(25)
   /EXTRACTION PC
   /ROTATION NOROTATE
   /SAVE REG(ALL)
   /METHOD=CORRELATION.
```

**Total Variance Explained**

| Component | Initial Eigenvalues | | | Extraction Sums of Squared Loadings | | |
|---|---|---|---|---|---|---|
| | Total | % of Variance | Cumulative % | Total | % of Variance | Cumulative % |
| 1 | 3.408 | 37.870 | 37.870 | 3.408 | 37.870 | 37.870 |
| 2 | 1.214 | 13.489 | 51.359 | 1.214 | 13.489 | 51.359 |
| 3 | 1.141 | 12.683 | 64.042 | 1.141 | 12.683 | 64.042 |
| 4 | .921 | 10.232 | 74.274 | | | |
| 5 | .753 | 8.370 | 82.644 | | | |
| 6 | .631 | 7.006 | 89.650 | | | |
| 7 | .493 | 5.478 | 95.128 | | | |
| 8 | .318 | 3.534 | 98.662 | | | |
| 9 | .120 | 1.338 | 100.000 | | | |

Extraction Method: Principal Component Analysis.

**Component Matrix[a]**

| | Component | | |
|---|---|---|---|
| | 1 | 2 | 3 |
| 7. 藝術 (The Arts) | .855 | | |
| 3. 衛生保健與環境 (Health Care & the Environment) | .850 | | |
| 2. 住房 (Housing) | .658 | | |
| 5. 運輸 (Transportation) | .648 | | |
| 8. 娛樂 (Recreation) | .605 | | |
| 4. 犯罪 (Crime) | .519 | | |
| 6. 教育 (Education) | .508 | -.533 | |
| 1. 氣候和地形 (Climate and Terrain) | | | -.737 |
| 9. 經濟 (Economics) | | .519 | .649 |

Extraction Method: Principal Component Analysis.
a. 3 components extracted.

1. 本例以 Factor loadings 絕對值 >0.05 來當臨界值 ( 報表才印出 )，來命名這三個因素。

2. 「教育」及「經濟」二構念，都橫跨二個 component，表示它無「區別效度」，若為精簡問卷量表，你可考量刪去「教育」及「經濟」二構念，再做第二回合因素分析。

| Step 2 . | 改用 Maximum-likelihood factors

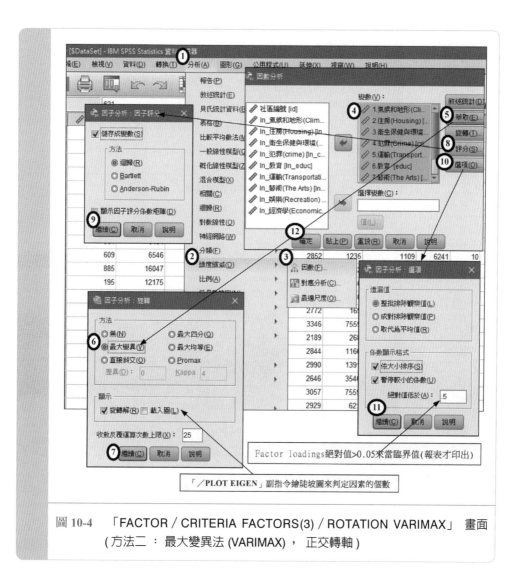

圖 10-4 「FACTOR / CRITERIA FACTORS(3) / ROTATION VARIMAX」 畫面
(方法二：最大變異法 (VARIMAX)，正交轉軸)

對應的指令語法：

```
subtitle2    "方法二：最大變異法，正交轉軸".
FACTOR
  /VARIABLES climate housing health crime trans educ arts recreate econ
  /MISSING LISTWISE
  /ANALYSIS climate housing health crime trans educ arts recreate econ
  /PRINT INITIAL EXTRACTION ROTATION
  /FORMAT SORT BLANK(.5)
```

```
/CRITERIA FACTORS(3) ITERATE(25)
/EXTRACTION PC
/CRITERIA ITERATE(25)
/ROTATION VARIMAX
/SAVE REG(ALL)
/METHOD=CORRELATION.
```

**Rotated Component Matrixa**

|  | Component | | |
|---|---|---|---|
|  | 1 | 2 | 3 |
| 3. 衛生保健與環境 (Health Care & the Environment) | .856 | | |
| 7. 藝術 (The Arts) | .787 | | |
| 6. 教育 (Education) | .761 | | |
| 5. 運輸 (Transportation) | .651 | | |
| 1. 氣候和地形 (Climate and Terrain) | | .853 | |
| 2. 住房 (Housing) | | .609 | |
| 8. 娛樂 (Recreation) | | .512 | |
| 9. 經濟 (Economics) | | | .851 |
| 4. 犯罪 (Crime) | | | .594 |

Extraction Method: Principal Component Analysis.
Rotation Method: Varimax with Kaiser Normalization.
a. Rotation converged in 4 iterations.

1. 對照方法一：採用主成分做因素分析 (未轉軸時)，發現「教育」及「經濟」二構念，都橫跨二個 component，表示它無「區別效度」，若為精簡問卷量表，你可考量刪去「教育」及「經濟」二構念。

2. 方法二：但採用最大變異做因素分析 (正交轉軸時)，卻發現「教育」及「經濟」二構念，都只屬於唯一 component，表示它具「收斂效度」，反而可保留「教育」及「經濟」二構念。

3. 經驗法則，通常人們做因素分析，多數會選擇「正交轉軸、斜交轉軸」，捨棄「未轉軸」法。

4. 首先，我們會想看看這個因素負荷量 (Factor loadings)。這些 Factor loadings 是

使用下式來求得：

$$\hat{e}_i\sqrt{\hat{\lambda}_i}$$

5. Factor loadings 只列前 3 個因素的記錄。這些因素負荷是因素與變數之間的相關性。例如：藝術與第 1 個因素的相關性約為 0.787。同樣，氣候和第 2 個因素之間的相關性只有大約 0.853。

6. Factor loadings 絕對值 >0.05，來命名三個因素。

(1) 因素 1 與衛生保健與環境 (0.856) 相關性最強，但也與藝術 (0.787)、教育 (0.761)、運輸 (0.651) 有關。所以，在這種情況下，你可以說第 1 個因素主要是衡量這些變數。

(2) 因素 2 主要與氣候和地形 (0.853)、住房 (0.609) 及娛樂 (0.512) 有關。在這裡我們可以看到氣候和房價、娛樂增長有相關。

(3) 因素 3 主要是衡量經濟 (0.851) 及犯罪 (0.594) 的指標。我們可以看到，經濟差犯罪就高。所以經濟越好，犯罪越低。

7. 上面的解釋與主成分分析非常相似。

---

**共同性 (communalities) $\hat{h}_i^2$**

第 i 個變數的共同性 ( $\hat{h}_i^2$ ) 為該變數 loading 平方 ( $\hat{l}_{ij}^2$ ) 的加總。表示如下：

$$\hat{h}_i^2 = \sum_{j=1}^m \hat{l}_{ij}^2$$

上面的解釋與主成分分析非常相似。

為了理解 communulaties 的計算，請見上述 factor 分析結果：Factor loadings 表。例如：第 1 個變數 Climate 為的共同性 (communality) 為：$\hat{h}_1^2 = 0.3811^2 + 0.240^2 - 0.7371^2 = 0.7950$

您可以將這些 communulaties，當作 3 個因素預測你感興趣變數的迴歸模型的適配度 $R^2$ 值。某一變數的共同性，可解釋為 3 個因素所解釋變異的比例。換句話說，如果我們對 3 個常見因素進行 climate 多元迴歸，可得到 $R^2 = 0.795$，表示大約 79% 的氣候變化是由 3 因素模型解釋的。結果顯示，因素分析在解釋氣候、藝術、經濟和健康變異做得最好。

共同性 (Communalities) 愈高代表此模型評估 (assessment) 愈好。它表示模型解釋了這些變數多少變異？本模型解釋氣候最好，次之為經濟、健康和藝術。但對於犯罪、娛樂、交通和住房等變數，本模型並不是很好，只能解釋大約一半的變異。

如果把所有 Communality values 都考慮在內，那麼你就可得到一個「Total communality value」：

$$\sum_{i=1}^{p} \hat{h}_i^2 = \sum_{i=1}^{m} \hat{\lambda}_i$$

本例，total communality 是 5.617。這 3 個因素解釋的總變異比例是：$\frac{5.617}{9} = 0.624$。

這給了我們在我們的模型中解釋的變異的百分比。這可以看作是模型性能 (performance) 的總體評估。但是，這個百分比與之前獲得的前三個特徵值 (eigenvalues) 所解釋的變異 (variation) 的比例相同。個體共同性 (Individual communalities) 表示模型對於單個變數的效果如何，總體共同性 (totalcommunalities) 則對性能進行總體評估。這是你可用的兩種不同評估。

若樣本資料是經標準化的 ( 取 log(x))，則標準化的變異數將等於 1。然後，特定變異數 (Specific variances) $\hat{\Psi}_i$ 等於「1- 共同性」，如下所示：

$$\hat{\Psi}_i = 1 - \hat{h}_i^2$$

回想一下，之前分析的數據是標準化的，所以標準化變數的變異數都等於 1。例如：氣候的具體變異數計算如下：

$$\hat{\Psi}_i = 1 - 0.795 = 0.205$$

**Step 2.** 使用因素分析 ( 區別效度、收斂效度 ) 來建構「精簡版」量表

---

**建構效度 (Construct validity)** 的意義

所謂建構效度係指研究量表可以有效的衡量出抽象概念的程度高低，可分為收斂效度 (Convergent validity) 與區別效度 (Discriminant validity) 兩項。當測量變數可以有效的被分配到某一因素時，則具有收斂效度，在實務上，若變數的因素負荷量 (Factor loading) 絕對值在每個因素上都低於 0.5 時 ( 也有學者取 0.6 作為標準 )，則表示該變數不具有收斂效度。當測量變數同時可以分配到 2 個以上的因素時，則該問題就不具有區別效度。在實務上，若變數的「因素負荷量 (Factor loading) 絕對值 >0.5」橫跨 2 個 ( 以上 ) 因素時，則表示該變數不具有區別效度 ( 也有學者以最大與最低因素負荷量數值差異在 0.3 以上做為標準 )。若 Liker 量表的所有問題同時具有收斂效度與區別效度時，則表示該研究量表具有建構效度。

---

實務上，區別效度可來篩選變數。本例若以 |loadings| < 0.05 當門檻值。可看出「未轉軸」時：**educ**、**econ** 橫跨「factor1、factor2」( 劈腿二個因素 )，表示這二個指標變數區別效度低。若為了精簡量表，你可考慮刪除它，接著，剩餘 7 個變數再做第 2 回合的因素分析。

### 因素分析的樣本適配度：Kaiser-Meyer-Olkin(KMO)

因素分析的使用：在確認結構成分後，我們經常使用因素分析於彙總 (summarization) 和資料維度縮減 (Data reduction)，我們分別介紹如下：

#### 1. 彙總 (summarization)

所有的變數經由因素分析後，可以得到少數的概念，這些概念等同於彙總所有的變數，經由適當的命名後，就成了我們所謂的構面。

#### 2. 資料維度縮減 (Data reduction)

我們可以經由因素分析後，選取具有代表性的變數，這些有代表性的變數仍然具有原有變數的大部分解釋量外，也保留了原始的結構，因此，透過因素分析我們可以得到資料縮減的功能。

圖 10-5　Kaiser-Meyer-Olkin(KMO) 選項

　　當變數之間的相關太高或太低時，都不適合作因素分析，我們一般都會使用 KMO 和 Bartlett's 球形檢定來判定是否作因素分析。

| KMO 值 | 說明 |
|---|---|
| 0.00~0.49 | 不能接受 (unacceptable) |
| 0.50~0.59 | 慘不忍睹 (miserable) |
| 0.60~0.69 | 平庸 (mediocre) |
| 0.70~0.79 | 中等 (middling) |
| 0.80~0.89 | 有功 (meritorious) |
| 0.90~1.00 | 奇妙 (marvelous) |

　　Kaiser-Meyer-Olkin(KMO) 代表抽樣的充足性 (sampling adequacy)。KMO 值介於 0 到 1 之間，數值愈小意代表這些變數的共同性愈少，不足以進行因子分析 (Kaiser, 1974)。

　　KMO 的全名是 Kaiser-Meyer-Olkin，KMO 是使用淨相關 (partial correlation) 矩陣來計算。

$$KMO = \frac{\sum_i \sum_{j(i \neq j)} r_{ij}^2}{\sum_i \sum_{j(i \neq j)} r_{ij}^2 + \sum_i \sum_{j(i \neq j)} r_{ij}'^2}$$

其中，$r_{ij}$ 為表變數 $X_i$ 和 $X_j$ 的相關係數，表變數 $X_i$ 和 $X_j$ 的偏相關係數，KMO 的值越小表示不適合進行因素分析，在實務上，通常要求 KMO 的值須大於 0.8。

**主成分法的重點提示**

圖 10-6　SPSS 因素分析轉軸有 6 個敵對 (competing) 法

SPSS 因素分析轉軸有 6 個敵對 (competing) 方法，但結果不盡相同。例如：主成分法估計的 Factor loadings 不會隨著因素個數的增加而改變；其餘方法 ( 例如最大變異 ) 則不然，共同性 (communalities) 和特定變異數 (Specific variances) 將取決於模型中的因素數量。一般來說，隨著你增加因素的數量，社區增加到 1，具 Specific variances 將減少到 0。

variance-covariance 矩陣 S( 或 R) 的對角線元素等於你因素分析選用估計模型的對角元素：

$$\hat{L}\hat{L}' + \hat{\Psi}$$

相對地，非對角元素並不受我們重現。這部分是由於數據的可變性 (variability)「只是隨機的機率」。因此，我們要做的就是選擇一些因素，使殘差矩陣的非對角元素變小：

$$S - (\hat{L}\hat{L}' + \hat{\Psi})$$

在這裡，我們想平衡兩個相互衝突的期待。對於精簡模型，我們希望選擇因素個數 m 的數量盡可能小，但對於這樣的模型，殘差 (residuals) 可能很大。相反，選擇 m 愈大，我們可以以減小殘差的大小，但是以產生更複雜和更不容易解釋的模型為代價 ( 還有更多的因素需要解釋 )。

我們應該注意的另一個結果是，殘差矩陣的元素平方加總，等於矩陣中遺留的特徵值平方之總和：

$$\sum_{j=m+1}^{p} \hat{\lambda}_j^2$$

### 因素個數的決定方法

以下是用於確定要萃取的因素數量的三種常用技術：

1. 自定解釋變異的累計比例，例如：自定 0.80 以上 (80% 變異數解釋 )。
2. 至少一個特徵值。
3. 陡坡圖 (Scree plot) 的「肘」(elbow) ，是陡坡圖開始轉平坦的地方，用此轉折肘點來判定最適切的因素個數。陡坡圖的 y 軸是特徵值，x 軸是因素的個數，曲線上的點代表變數可以解釋的變異，如下圖：

```
* 限三因素個數之因素分析 .
* 繪陡坡圖來判定因素的個數
subtitle "「／PLOT EIGEN」副指令繪陡坡圖來判定因素的個數 ".
FACTOR
  /VARIABLES climate housing health crime trans educ arts recreate econ
  /MISSING LISTWISE
  /ANALYSIS climate housing health crime trans educ arts recreate econ
  /PRINT INITIAL EXTRACTION ROTATION
```

```
/FORMAT SORT BLANK(.5)
/PLOT EIGEN
/CRITERIA FACTORS(3) ITERATE(25)
/EXTRACTION PC
/CRITERIA ITERATE(25)
/ROTATION VARIMAX
/SAVE REG(ALL)
/METHOD=CORRELATION.
```

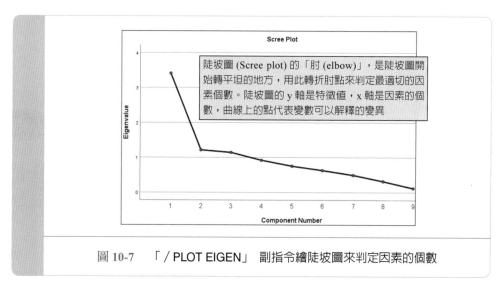

圖 10-7    「/PLOT EIGEN」 副指令繪陡坡圖來判定因素的個數

## 因素的轉軸和命名成為構面

以下圖為例，原始的變數 x1、x2、x3、x4 投影在 x 和 y 軸時，在 x 軸上的 x1 和 x2 矩離很近，很難歸屬那一方，經由轉軸後，投影到 x' 和 y'，我們可以查看 x1、x2 和 x4 同屬一群，而 x3 則屬於另一群，這就是轉軸的功能。

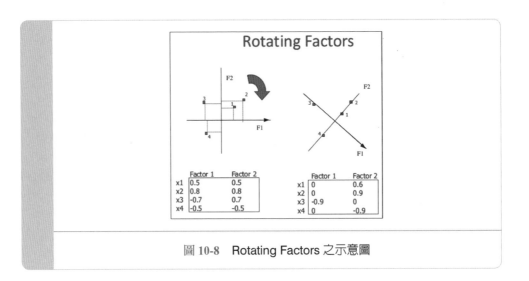

圖 10-8　Rotating Factors 之示意圖

### 樣本的大小和因素分析

　　樣本的大小並沒有絕對的準則，樣本數量不可少於 50，最好至少要達 100 個以上，因素分析的可靠性才會高，在一般的情形下，都會以多少個變數作為基準，樣本數最少為變數數量的 5 倍，例如：我們有 20 個變數，至少要有 20×5=100 個樣本，最好有 10 倍變數的數量，也就是說，若是我們有 20 個變數，最好有 15×10=200 個樣本。

　　交叉效度：因素分析時，我們常用分割的樣本 (Split sample)，將分半的樣本分二批，來執行因素分析，看看二次因素分析結果是否呈現一致性。分半的樣本是當我們一次取樣的數量夠大時，我們可以隨機的將此樣本分成兩半，再將此分半的二個樣本進行檢定，看看結果是否呈現一致性，以達到因素分析的驗證。

## 10-2-2a 因素分析 ( 最大概似法 ): 適配度 (Goodness-of-Fit) 卡方檢定

　　繼續之前例子 (places.sav)，我們想確定因素模型是否適配數據。在這種情況下，**適配度 (Goodness-of-Fit)** 檢定，旨在比較「有限定因素個素之精簡模型」與的「未限定因素個數之飽和模型」二者的變異數—共變數 (variance-covariance) 矩陣。假定模型的變異數—共變數矩陣為：

$$\Sigma = LL' + \Psi$$

其中，L 是因素負荷量矩陣，$\Psi$ 對角元素等於特定變異數 (specific variances)。上式是一個非常特定 variance-covariance 矩陣結構。更一般的 V-C 結構將允許這些矩陣元素是任何價值。為了評估 goodness-of-fit，我們使用 Bartlett-Corrected Likelihood Ratio 卡方檢定：

$$\chi^2 = \left( n - 1 - \frac{2p + 4m - 5}{6} \right) \log \frac{\hat{L}\hat{L}' + \hat{\Psi}}{|\hat{\Sigma}|}$$

此檢定是一個概似比 (LR) 檢定，即比較兩個可能性：一個限制因素個數模型，另一個未限制因素個數模型。LR 還包括一個常數，稱為 Bartlett 修正。上式的 log() 函數係指自然對數函數 ln(x)。在分子中，我們有 variance-covariance 矩陣的 Fitted factor model 模型的行列式。下面我們有 variance-covariance 矩陣的樣本估計，它假定沒有結構：

$$\hat{\Sigma} = \frac{n - 1}{n} S$$

其中，S 是樣本 variance-covariance 矩陣，它也是具有小偏誤的 variance-covariance 矩陣的另一個估計。如果因素模型適配 (fits) 得很好，那麼這兩個行列式 (determinants) 應該大致相同的，並求得到一個小值 $\chi^2$。相反地，如果模型不適配，那麼這比值將很大，即 $\chi^2$ 值會很大。概似比 (LR) 卡方檢定之查表臨界值如下：

$$\chi^2 \sim \chi^2_{\frac{(p-m)^2 - p - m}{2}}$$

概似比 (LR) 卡方檢定，虛無假設 (Null hypothesis)「$H_0$：因素模型已充分描述了數據」。這個卡方檢定統計量將具有卡方分布，並具有如上所示的不尋常的一組自由度。實際上，這裡的這個自由度等於這兩個模型中獨特參數數量的差異。如果 $\chi^2$ 超過卡方表的臨界值，我們拒絕虛無假設 $H_0$。

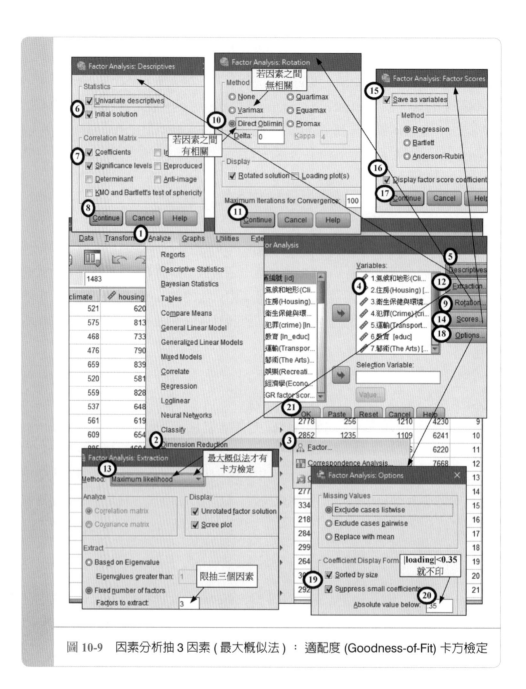

圖 10-9　因素分析抽 3 因素 ( 最大概似法 )：適配度 (Goodness-of-Fit) 卡方檢定

抽 3 因素 ( 最大概似法 )：對應的指令語法

```
title " 因素分析抽 3 因素 ( 最大概似法 ): 適配度 (Goodness-of-Fit) Chi-Squared 檢定 ".
FACTOR
  /VARIABLES climate housing health crime trans educ arts recreate econ
  /MISSING LISTWISE
  /ANALYSIS climate housing health crime trans educ arts recreate econ
  /PRINT UNIVARIATE INITIAL CORRELATION SIG EXTRACTION ROTATION FSCORE
  /FORMAT SORT BLANK(.35)
  /PLOT EIGEN
  /CRITERIA FACTORS(3) ITERATE(100)
  /EXTRACTION ML
  /CRITERIA ITERATE(100) DELTA(0)
  /ROTATION OBLIMIN
  /SAVE REG(ALL).
```

| Goodness-of-fit Test | | |
|---|---|---|
| Chi-Square | df | Sig. |
| 72.151 | 12 | .000 |

1. 本例限抽 3 個因素，適配度卡方檢定，求得卡方 =72.15 (P< 0.05)，故拒絕虛
   無假設「$H_0$ : m = 3 因素模型已充分描述了數據」。

**抽 4 因素 ( 最大概似法 )：對應的指令語法**

```
title " 因素分析抽 4 因素 ( 最大概似法 ): 適配度 (Goodness-of-Fit) Chi-Squared 檢定 ".
FACTOR
  /VARIABLES climate housing health crime trans educ arts recreate econ
  /MISSING LISTWISE
  /ANALYSIS climate housing health crime trans educ arts recreate econ
  /PRINT UNIVARIATE INITIAL CORRELATION SIG EXTRACTION ROTATION FSCORE
  /FORMAT SORT BLANK(.35)
  /PLOT EIGEN
  /CRITERIA FACTORS(4) ITERATE(100)
  /EXTRACTION ML
  /CRITERIA ITERATE(100) DELTA(0)
  /ROTATION OBLIMIN
  /SAVE REG(ALL).
```

| Goodness-of-fit Test | | |
|---|---|---|
| Chi-Square | df | Sig. |
| 30.741 | 6 | .000 |

2. 本例限抽 4 個因素，適配度卡方檢定，求得卡方 =30.74 (P< 0.05)，故拒絕虛無假設「$H_0 : m = 4$ 因素模型已充分描述了數據」。

3. 可見本例，因素個數 m 亦可大於 4。

## 10-2-2b 因素轉軸 (Factor rotations)

繼續之前例子 (places.sav)，抽出 3 個或 4 個因素模型都未很適配樣本數據。一般來說，因素分析無法保證任何模型都能很好地適配數據。

因素分析的第 1 個動機是試圖辨別「描述數據的潛在因素」。Maximum likelihood method 顯著，本例並未找到這樣好的模型來描述居住地 9 項評分數據 (places.sav)。第 2 個動機「效度」(valid)：嘗試獲得更好的數據解釋。為達此目標，讓我們來看主成分法 (Principal component) 的因素負荷量 (Factor loadings)。

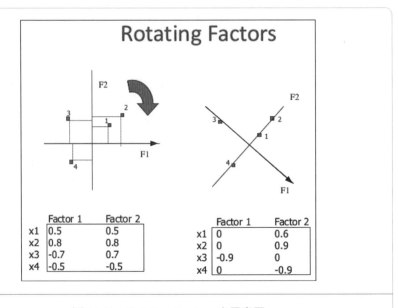

圖 10-10　Rotating Factors 之示意圖

Step 1. 未轉軸之因素負荷量

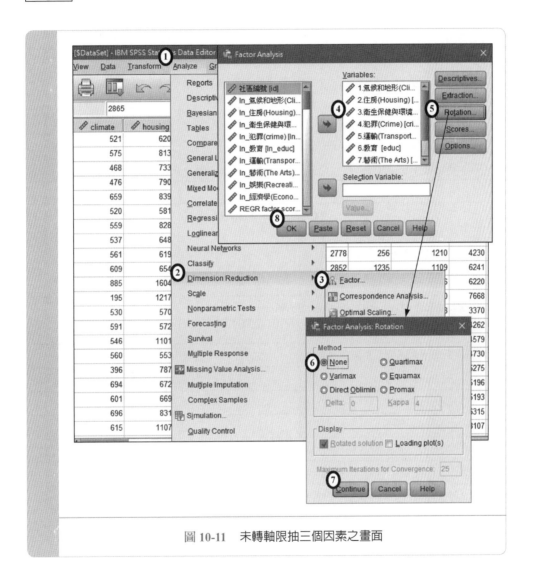

圖 10-11　未轉軸限抽三個因素之畫面

對應的指令語法：

```
title "未轉軸限抽三個因素".
subtitle "factor.sps,「places.sav」資料檔".
FACTOR
  /VARIABLES climate housing health crime trans educ arts recreate econ
```

```
/MISSING LISTWISE
/ANALYSIS climate housing health crime trans educ arts recreate econ
/PRINT UNIVARIATE INITIAL CORRELATION SIG EXTRACTION FSCORE
/FORMAT SORT BLANK(.35)
/PLOT EIGEN
/CRITERIA FACTORS(3) ITERATE(100)
/EXTRACTION PC
/ROTATION_NOROTATE
/SAVE REG(ALL)
/METHOD=CORRELATION.
```

**Component Matrix[a]**

|  | Component | | |
|---|---|---|---|
|  | 1 | 2 | 3 |
| 7. 藝術 (The Arts) | .855 | | |
| 3. 衛生保健與環境 (Health Care & the Environment) | .850 | | |
| 2. 住房 (Housing) | .658 | | |
| 5. 運輸 (Transportation) | .648 | | |
| 8. 娛樂 (Recreation) | .605 | .424 | |
| 4. 犯罪 (Crime) | .519 | .392 | |
| 6. 教育 (Education) | .508 | -.533 | |
| 1. 氣候和地形 (Climate and Terrain) | .381 | | -.737 |
| 9. 經濟 (Economics) | | .519 | .649 |

Extraction Method: Principal Component Analysis.
a. 3 components extracted.

1. 讓我們回顧之前，主成分法得到的 factor loadings。如上表。

2. 以上 FA 分析出現一個問題。例如：犯罪 (ln_crime) 對於「Component 2、Component 3」都是低相關 ( 收斂效度低 )。經濟因素 (ln_econ) 在這 1 個因素也是收斂效度低。未轉軸因素分析無法滿足：對數據提供一個非常簡潔的解釋。

3. FA 的理想情況是，每個變數只會出現在 one column 且有顯著 (significant) 高相關 ( 收斂效度 )，但在其它 column 的相關要低 ( 區別效度 )。教育橫跨「Component 1、Component 2」二個因素，故不具區別效度。表示未**轉軸**之因

素分析適配度不佳，所以再試試正交轉軸。

**Step 2.** ( 正交 ) 轉軸後之因素負荷量

即然未轉軸分析因素，不儘滿意，故接著「轉軸後之因素分析」。

因素轉軸的理由是因為這些因素模型不是唯一的。首先回想一下，數據向量的因素模型「$X = \mu + LF + \varepsilon$」，是「平均值 $\mu$、因素負荷量 L 乘以 common factors(F)」的函數。

接著，我們應該注意，轉軸的因素模型，$X = \mu + L^* F^* + \varepsilon$，其中，$L^* = LT$ 和 $f^* = T'f$ ( 正交矩陣 T )，其中 $T'T = TT' = I$。請注意，每個對應於一個特定的因素轉軸，會有無數個正交矩陣。因此我們打算做的是找到一個適當的轉軸，通過一個正交矩陣 T 定義，產生最容易解釋的因素。

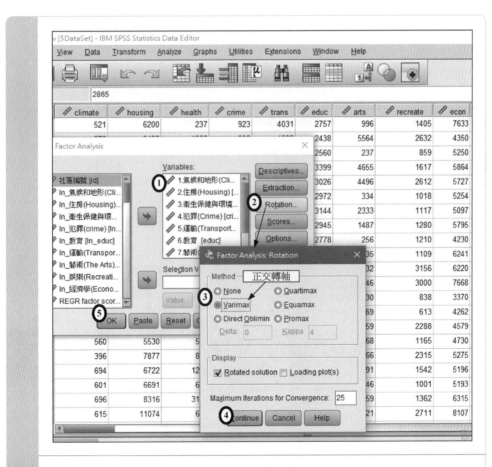

圖 10-12　正交轉軸限抽三個因素之畫面

對應的指令語法：

```
title " 正交轉軸限抽三個因素 ".
subtitle "factor.sps,「places.sav」資料檔 ".
 FACTOR
 /VARIABLES climate housing health crime trans educ arts recreate econ
 /MISSING LISTWISE
 /ANALYSIS climate housing health crime trans educ arts recreate econ
 /PRINT UNIVARIATE INITIAL CORRELATION SIG EXTRACTION ROTATION FSCORE
 /FORMAT SORT BLANK(.35)
 /PLOT EIGEN
 /CRITERIA FACTORS(3) ITERATE(100)
 /EXTRACTION PC
 /CRITERIA ITERATE(25)
 /ROTATION VARIMAX
 /SAVE REG(ALL)
 /METHOD=CORRELATION.
```

## Rotated Component Matrix[a]

| | Component | | |
|---|---|---|---|
| | 1 | 2 | 3 |
| 3. 衛生保健與環境 (Health Care & the Environment) | .856 | | |
| 7. 藝術 (The Arts) | .787 | .361 | |
| 6. 教育 (Education) | .761 | | |
| 5. 運輸 (Transportation) | .651 | | |
| 1. 氣候和地形 (Climate and Terrain) | | .853 | |
| 2. 住房 (Housing) | | .609 | |
| 8. 娛樂 (Recreation) | | .512 | .496 |
| 9. 經濟 (Economics) | | | .851 |
| 4. 犯罪 (Crime) | | | .594 |

Extraction Method: Principal Component Analysis.

Rotation Method: Varimax with Kaiser Normalization.

a. Rotation converged in 4 iterations.

1. 正交轉軸後，求得 3 因素之負荷量如上表。若以學界常用的「|loadings|>0.5」當臨界值，則本例這 9 個變數，轉軸後，收斂效度的區別效度佳。
2. 本例正交轉軸法優於未轉軸；而且，正交轉軸法亦優斜交轉軸法。

**最大變異數轉軸法** (Varimax rotation)：正交轉軸法

Varimax 轉軸法是正交轉軸法。也是最常見轉軸之一。它將 loadings 除以對應的共同性 (communality) 來縮放負荷量 (Scaling the loadings)，如下所示：

$$\tilde{l}_{ij}^* = \hat{l}_{ij}^* / \hat{h}_i$$

需要找到這個數量最大化的旋轉。

Varimax 程序，如下所定義，選擇旋轉來找最大值：

$$V = \frac{1}{p} \sum_{j=1}^{m} \left\{ \sum_{i=1}^{p} \left( \tilde{l}_{ij}^* \right)^4 - \frac{1}{p} \left( \sum_{i=1}^{p} \left( \tilde{l}_{ij}^* \right)^2 \right)^2 \right\}$$

## 10-2-2c 因素分數的估計 (Estimation of factor scores)

這些因素分數與前一章的主要成分相似。主要成分彼此之散布圖，與因素分數 (factor scores) 的散點圖相似。這些因素分數作為集群分析的解釋變數，或者，未來 ANOVA 分析的依變數。

估計因素分數的方法，很大程度上取決於主成分分析的方法。我們試圖找出共同因素的向量 f。在我們的模型中有許多不可觀察的因素，我們又想估計這些因素。因此，給出因素模型：

$$Y_i = \mu + Lf_i + \epsilon_i; \ i = 1, 2, \cdots, n$$

我們可能希望估計每個觀察值之因素分數的向量：

$$f_1, f_2, \cdots, f_n$$

**Factor scores 估計法**：有三種

1. 最小平方法 (Ordinary least squares)

主成分分析方法是 SPSS 內定的方法。計算第 i 個 subject、第 j 個變數與

對應因素模型的值之間的差異。L 是因素負荷量，f 是我們未察覺的共同因素。Subject i 的共同因素向量是透過殘差平方 $\varepsilon_{ij}^2$ 加總最小化來求得的：

$$\sum_{j=1}^{p} \epsilon_{ij}^2 = \sum_{j=1}^{p} (y_{ij} - \mu_j - l_{j1}f_1 - l_{j2}f_2 - \cdots - l_{jm}f_m)^2 = (Y_i - \mu - Lf_i)'(Y_i - \mu - Lf_i)$$

它像最小平方之迴歸，除了在這種情況下，我們已經有參數的估計值 (factor loadings)，但是希望估計解釋性的共同因素。在矩陣符號中，解決方案表示為：

$$\hat{f}_i = (L'L)^{-1}L'(Y_i - \mu)$$

事實上，我們都用數據的樣本平均值來估計因素負荷量，如下：

$$\hat{f}_i = (\hat{L}'\hat{L})^{-1}\hat{L}'(Y_i - \bar{y})$$

使用未轉軸 factor loadings 的主成分分析方法，得出：

$$\hat{f}_i = \begin{pmatrix} \dfrac{1}{\sqrt{\hat{\lambda}_1}}\hat{e}_1'(Y_i - \bar{y}) \\[2ex] \dfrac{1}{\sqrt{\hat{\lambda}_2}}\hat{e}_2'(Y_i - \bar{y}) \\[2ex] \vdots \\[2ex] \dfrac{1}{\sqrt{\hat{\lambda}_m}}\hat{e}_m'(Y_i - \bar{y}) \end{pmatrix}$$

其中，$e_1$ 到 $e_m$ 是前 m 個特徵向量。

2. 加權最小平方方法 (Weighted least squares：bartlett)

WLS 和 OLS 之間的區別在於殘差平方除以特定變異數，如下式，在這個估計中，這將給予具有較低之特定變異數的變數更高的權重。具有低特定變異數的變數是因素模型最適合數據的那些變數。我們假定那些具有低特定變異數的變數給了我們更多關於具體因素真值的信息。

因此，對於因素模型：

$$Y_i = \mu + Lf_i + \epsilon_i$$

我們想找到最小化的 $f_i$：

$$\sum_{j=1}^{p} \frac{\epsilon_{ij}^2}{\Psi_j} = \sum_{j=1}^{p} \frac{(y_{ij} - \mu_j - l_{j1}f_1 - l_{j2}f_2 - \cdots - l_{jm}f_m)^2}{\Psi} = (Y_i - \mu - Lf_i)' \Psi^{-1}(Y_i - \mu - Lf_i)$$

上式已給出解答，其中，$\Psi$ 是對角元素等於特定變異數的對角矩陣：

$$\hat{f}_i = (L'\Psi^{-1}L)^{-1}L'\Psi^{-1}(Y_i - \mu)$$

並且，可由以下式來進行估計：

$$\hat{f}_i = (\hat{L}'\hat{\Psi}^{-1}\hat{L})^{-1}\hat{L}'\hat{\Psi}^{-1}(Y_i - \bar{y})$$

## 3. 迴歸法 (Regression method)

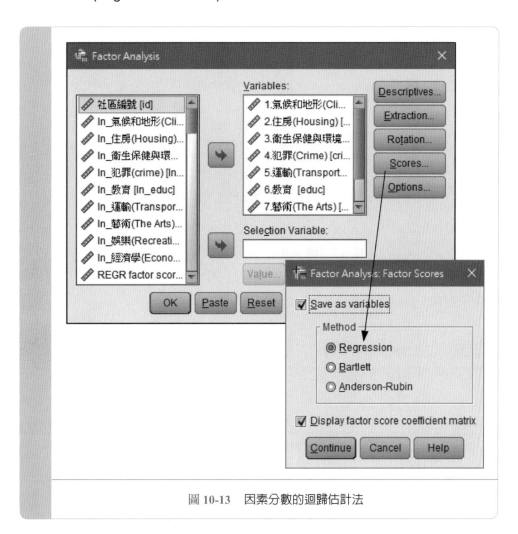

圖 10-13　因素分數的迴歸估計法

使用最大概似來估計因素負荷。考慮觀察數據的向量 $Y_i$，第 i 個 subject 的因素負荷量的向量 L，則數據 $Y_i$ 和因素 $f_i$ 的聯合分布 (Joint distribution) 是：

$$\begin{pmatrix} Y_i \\ f_i \end{pmatrix} \sim N\left[ \begin{pmatrix} \mu \\ 0 \end{pmatrix}, \begin{pmatrix} LL' + \Psi & L \\ L' & I \end{pmatrix} \right]$$

使用下式，來計算「Common factor score」$f_i$ 的條件期望值 (conditional expectation)：

$$E(f_i \mid Y_i) = L'(LL' + \Psi)^{-1}(Y_i - \mu)$$

這暗示 $f_i$ 估計值，可用 L 和 $\Psi$ 來估計：

$$\hat{f}_i = \hat{L}'(\hat{L}\hat{L}' + \hat{\Psi})^{-1}(Y_i - \bar{y})$$

為了減少不正確因素 determination 的影響，常會給你更穩定的結果：

$$\hat{f}_i = \hat{L}'S^{-1}(Y_i - \bar{y})$$

## 10-3 探索性因素分析 ≒ 建構效度 (factor 指令 )

探索性因素分析 (Explore factor analysis, EFA) 與建構效度 (Construct validity) 是一體二面的名詞。驗證性因素分析之 SEM 精闢介紹，請見作者《STaTa 在結構方程模型及試題反應理論的應用》一書，該書內容包括：路徑分析、結構方程模型、測量工具的信效度分析、因素分析……。

表 10-1　因素分析摘要表：例子

| Variable | Factor score coefficients | | Rotated factor loadings and communalities | | |
|---|---|---|---|---|---|
| | Factor 1 | Factor 2 | Factor 1 | Factor 2 | Communality |
| BDW | -0.200 | 0.630 | -0.235 | 0.925 | 0.911 |
| SHL | 0.253 | -0.083 | 0.863 | 0.057 | 0.747 |
| BKL | 0.216 | -0.014 | 0.781 | 0.147 | 0.632 |

| Variable | Factor score coefficients | | Rotated factor loadings and communalities | | |
|---|---|---|---|---|---|
| | Factor 1 | Factor 2 | Factor 1 | Factor 2 | Communality |
| CBL | 0.077 | 0.335 | 0.548 | 0.637 | 0.706 |
| WGL | 0.063 | 0.344 | 0.504 | 0.643 | 0.667 |
| THL | 0.270 | -0.046 | 0.955 | 0.134 | 0.930 |
| WTL | 0.262 | -0.093 | 0.889 | 0.049 | 0.793 |
| Eigenvalues | | | 3.947 | 1.440 | |
| Percentage of total variance | | | 56.392 | 20.568 | |

BDW: Body weight; SHL: Shank length; BKL: Beak length; CBL: Comb length; WGL: Wing Length; THL: Thigh length; WTL: Wattle length; Note: Communality is the proportion of variance that each variable has in common with other variables. Factor score coefficient shows the coefficient by which each variable was multiplied to obtain factor scores. Rotated factors means that each factor was linearly transformed until it defined a distinct cluster of interrelated variables.

## 10-3-1 建構效度 (Construct validity)

### 一、什麼是建構效度

　　建構效度系指測驗能測量理論的概念或特質之程度而言。此種效度旨在以心理學的理論概念來說明並分析測驗分數的意義，即從心理學的理論觀點，就測驗的結果加以詮釋和探討，亦即根據心理學理論上的構想來編製測驗的內容或選擇試題。所謂「建構」或「構念」，就是心理學理論所涉及之抽象而屬假設性的概念，特質或變項，如：智力、焦慮、機械性向、成就動機等。建構效度的主要重點是在於理論上的假設和對理論假設的考驗。在考驗的過程中，必須先從某一建構的理論出發，導出各項關於心理功能或行為的基本假設，據以設計和編製測驗，然後由因求果，以相關實驗和因素分析等方法，查核測驗結果是否符合心理學中的理論觀點。

### 二、建構效度的類型

　　建構效度 ( 或構念效度 ) 是用於多重指標的測量情況。此類效度也有兩個次類型：

1. 收斂效度 (Convergent validity)：當測量同一構念的多重指標彼此間收斂或有關連時，就有此種效度存在。

2. 區別效度 (Discriminant validity)：此種效度也稱之為發散效度 (Divergent validity)，與收斂效度相反。此類效度是指當一個構念的多重指標相收斂或呼應時，則這個構念的多重指標也應與其相對立之構念的測量指標有負向相關。例如：與「政治容忍」相關的多重指標應會與「政治不容忍」相關的多重指標間有負向相關。

## 三、建構效度的應用

建構效度是科學探索研究的歷程，將理論分析細分為單純的反應歷程，再組成歷程理論。建構效度維度：內容代表資料，反應歷程資料，內部結構資料，與變項的關係，結果詮釋資料。

建構效度最關心的問題是：測量工具 ( 量表 ) 實際測量的是哪些特徵？在評價建構效度時，調研人員要試圖解釋「量表為什麼有效」這一理論問題以及考慮從這一理論問題中能得出什麼推論。建構效度要求對每個特徵的測量背後有足夠的理論支持，並且這些被測量的特徵之間應該有合理的關係。建構效度包括同質效度、異質效度和語意邏輯效度。

同質效度是指量表測量同一特徵的其他測量方法相互關聯的程度。異質效度是指量表和測不同特徵的測量方法不同但理論上有關特徵的測量方法之間相互關聯的程度。在設計量表時，首先建立一個理論模型，然後從中導出一系列推論、測試，逐漸形成一個由幾個特徵系統地聯繫起來的語意邏輯網。從表面上看，就是含有多個有關測量對象測量項目的量表。評價建構效度就是要在這個量表的背景下進行。

## 10-3-2因素分析 4 種估計法的取捨：醫生對成本的 6 態度 (factor 指令 )

我們希望分析醫生對成本的態度。Tarlov 等人 (1989) 調查 568 名醫生的「醫療成果研究」中詢問 6 題關於成本的問題。我們沒有原始數據，因此我們使用 corr2data 來還原「具有相同相關矩陣」的資料檔 (bg2.sav)。因素分析通常用於

驗證一組問卷是否具有效度 (validate)。在這裡，我們希望創建一個「每個醫生對成本態度」的總結變數。

每題回答都按 5 點計分來反向編碼，其中：1 表示「同意」，5 表示「不同意」。

## 範例：因素分析：醫生對成本的 6 態度 (factor 指令 )

## 一、資料檔之內容

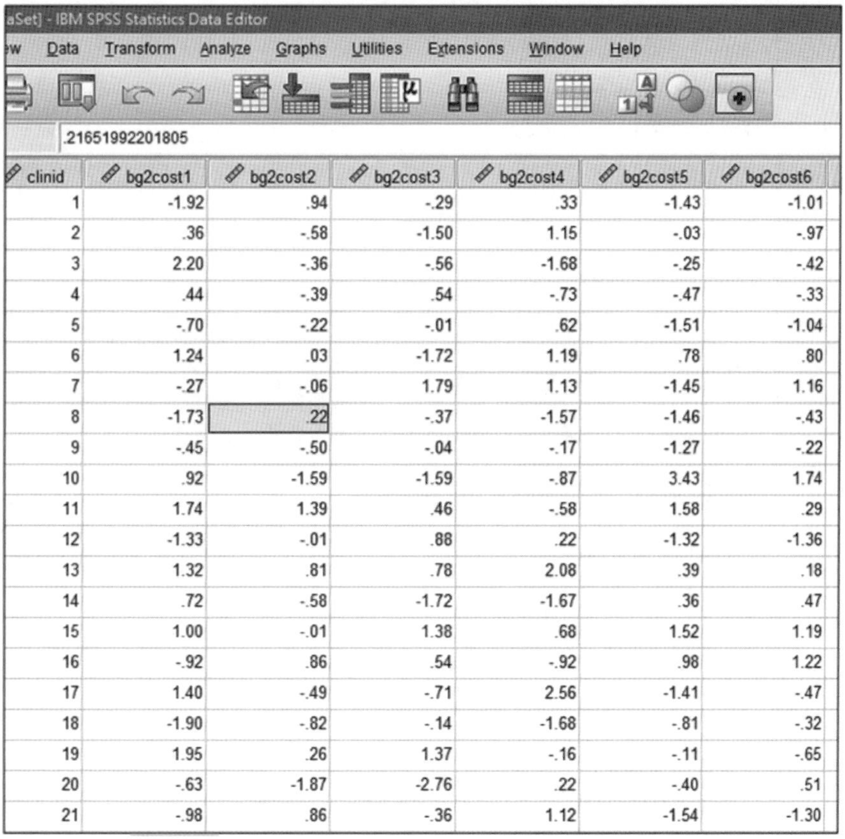


| clinid | bg2cost1 | bg2cost2 | bg2cost3 | bg2cost4 | bg2cost5 | bg2cost6 |
|---|---|---|---|---|---|---|
| 1 | -1.92 | .94 | -.29 | .33 | -1.43 | -1.01 |
| 2 | .36 | -.58 | -1.50 | 1.15 | -.03 | -.97 |
| 3 | 2.20 | -.36 | -.56 | -1.68 | -.25 | -.42 |
| 4 | .44 | -.39 | .54 | -.73 | -.47 | -.33 |
| 5 | -.70 | -.22 | -.01 | .62 | -1.51 | -1.04 |
| 6 | 1.24 | .03 | -1.72 | 1.19 | .78 | .80 |
| 7 | -.27 | -.06 | 1.79 | 1.13 | -1.45 | 1.16 |
| 8 | -1.73 | .22 | -.37 | -1.57 | -1.46 | -.43 |
| 9 | -.45 | -.50 | -.04 | -.17 | -1.27 | -.22 |
| 10 | .92 | -1.59 | -1.59 | -.87 | 3.43 | 1.74 |
| 11 | 1.74 | 1.39 | .46 | -.58 | 1.58 | .29 |
| 12 | -1.33 | -.01 | .88 | .22 | -1.32 | -1.36 |
| 13 | 1.32 | .81 | .78 | 2.08 | .39 | .18 |
| 14 | .72 | -.58 | -1.72 | -1.67 | .36 | .47 |
| 15 | 1.00 | -.01 | 1.38 | .68 | 1.52 | 1.19 |
| 16 | -.92 | .86 | .54 | -.92 | .98 | 1.22 |
| 17 | 1.40 | -.49 | -.71 | 2.56 | -1.41 | -.47 |
| 18 | -1.90 | -.82 | -.14 | -1.68 | -.81 | -.32 |
| 19 | 1.95 | .26 | 1.37 | -.16 | -.11 | -.65 |
| 20 | -.63 | -1.87 | -2.76 | .22 | -.40 | .51 |
| 21 | -.98 | .86 | -.36 | 1.12 | -1.54 | -1.30 |

圖 10-14　「bg2.sav」 資料檔內容 (N=568 個醫生 )

**Step 1.** 斜交轉軸的因素分析：醫生對成本的 6 態度

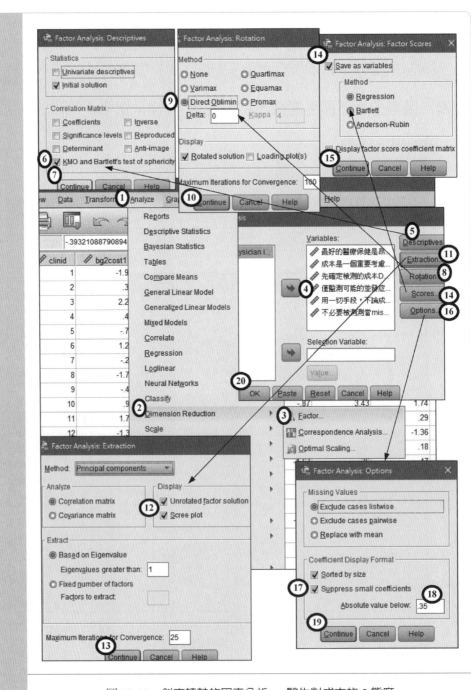

圖 10-15　斜交轉軸的因素分析 ： 醫生對成本的 6 態度

對應的指令語法：

```
title "factor 分析就是建構效度 , 抽徵值 >1 者，斜交轉軸 ".
subtitle "factor2.sps,「bg2.sav」資料檔 ".

FACTOR
    /VARIABLES bg2cost1 bg2cost2 bg2cost3 bg2cost4 bg2cost5 bg2cost6
    /MISSING LISTWISE
    /ANALYSIS bg2cost1 bg2cost2 bg2cost3 bg2cost4 bg2cost5 bg2cost6
    /PRINT INITIAL KMO EXTRACTION ROTATION
    /FORMAT SORT BLANK(.35)
    /PLOT EIGEN
    /CRITERIA MINEIGEN(1) ITERATE(100)
    /EXTRACTION PC
    /CRITERIA ITERATE(100) DELTA(0)
    /ROTATION OBLIMIN
    /SAVE REG(ALL)
    /METHOD=CORRELATION.
```

**KMO and Bartlett's Test**

| Kaiser-Meyer-Olkin Measure of Sampling Adequacy. | | .593 |
|---|---|---|
| Bartlett's Test of Sphericity | Approx. Chi-Square | 268.598 |
| | df | 15 |
| | Sig. | .000 |

**Total Variance Explained**

| Component | Initial Eigenvalues | | | Extraction Sums of Squared Loadings | | | Rotation Sums of Squared Loadingsa |
|---|---|---|---|---|---|---|---|
| | Total | % of Variance | Cumulative % | Total | % of Variance | Cumulative % | Total |
| 1 | 1.706 | 28.437 | 28.437 | 1.706 | 28.437 | 28.437 | 1.575 |
| 2 | 1.403 | 23.381 | 51.818 | 1.403 | 23.381 | 51.818 | 1.561 |
| 3 | .909 | 15.144 | 66.962 | | | | |

| 4 | .723 | 12.050 | 79.012 | | | |
| 5 | .667 | 11.115 | 90.127 | | | |
| 6 | .592 | 9.873 | 100.000 | | | |

Extraction Method: Principal Component Analysis.
a. When components are correlated, sums of squared loadings cannot be added to obtain a total variance.

**Structure Matrix**

| | Component | |
| --- | :---: | :---: |
| | 1 | 2 |
| 不必要檢測測當 missing 檢測 Prefer unnecessary tests to missing tests | .741 | |
| 用一切手段，不論成本 Use all means regardless of cost | .730 | |
| 最好的醫療保健是昂貴的 Best health care is expensive | .683 | |
| bg2cost3: 先確定檢測的成本 Determine cost of tests first | | .781 |
| bg2cost2: 成本是一個重要考慮因素 Cost is a major consideration | | .713 |
| bg2cost4: 僅監測可能的併發症 Monitor likely complications only | | .580 |

Extraction Method: Principal Component Analysis.
Rotation Method: Oblimin with Kaiser Normalization.

1. 因素只保留「抽徵值 >1」前 2 個因素，因為與其餘因素的特徵值都 <1。根據 SPSS 內定準則，只保留特徵值 >1 的因素。雖然 FA 選擇保留 2 個因素的因素，但您亦可限定抽幾個因素。實際上，本例也只有前兩個似乎是有意義的。

2. 上表裡，第一的因素負荷：Component1 描述了醫生對成本的平均位置，因為它影響了對所有問題「正向 (positively)」的回應。但 Component2 是「反向」，因為「正負得負」很明顯，反向題 bg2cost3 的 loadings 是正的。我們回顧資料檔 bg2.sav，可發現 bg2cost2、bg2cost3 和 bg2cost4 都是相反計分題。如果醫生認為費用對醫療的影響不大，他會不同意這三項，而是同意其他三項「正向題」。

3. Component2 只對「bg2cost2、bg2cost3 和 bg2cost4」三個反向計分題都是正相關 (absolutely, not logically)loads，它可被解釋為描述醫生傾向於同意提出的任何難聽的想法。心理學家稱這為「反向回應集」(Negative response set)。從統計的角度來看，我們可能會保留第 2 個因素，儘管從實質的角度來看，我們

可能會放棄這個因素。

4. STaTa 因素分析，最右一欄為「唯一性」(Uniqueness)。唯一性是變數的變異數的百分比，不是由共同因素(Common factors)所能解釋的。數量「1-uniqueness」稱為公共性 (communality)。唯一性可能是純粹的測量誤差 (Measurement error)，同義詞也代表該特定變數 ( 不是其他任何變數 ) 的測量信度 (Measured reliably)。唯一性越大，它不僅是測量誤差的可能性就越大，通常超過 0.6 的值就被認定太高。可惜本例，所有答題的變數都超過 0.71。如果唯一性太高，那麼該變數就不能很好地解釋這個因素。

<u>Step 2.</u> 比例的不同除數 (A different divisor for proportions)

本例假設你限定抽 6 個因素，則「Factor4、Factor5、Factor6」特徵值 (eigenvalues) 是負值，導至我們的因素分析中特徵值的累積比例超過了 1.0。SPSS 內定是，使用所有特徵值之加總，當作計算 Proportion 和 Cumulative 比例的除數 ( 分母 )。altdivisor 選項允許您使用相關矩陣的軌跡當作除數來求得 proportion 和 cumulative 比例。即，估計或重印 FA 結果時都可使用 altdivisor 選項。由於本例的樣本資料，對於哪一種除數才適當的，並沒有達成共識。因此，兩者都可用。

<u>Step 3.</u> 最大概似因素分析 (Maximum likelihood factor analysis)

ML 和 Principle axis factoring 一樣，如果我們沒有說明因素的數量，SPSS 保留了前 2 個以上的因素。為了節省紙張，我們將首先保留兩個因素：

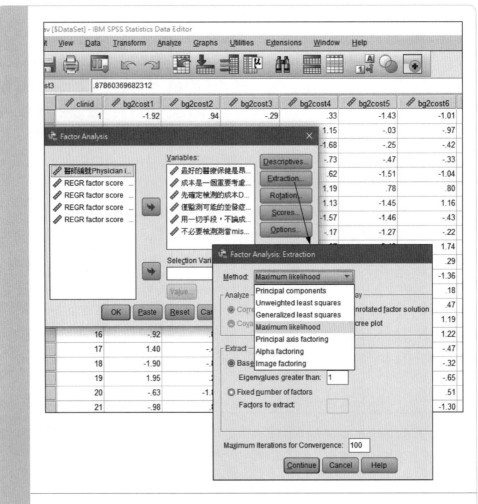

圖 10-16　最大概似來估計因素分析 (Maximum likelihood factor analysis)

```
title " 最大概似 (ML) 來估計因素分析 ".
FACTOR
  /VARIABLES bg2cost1 bg2cost2 bg2cost3 bg2cost4 bg2cost5 bg2cost6
  /MISSING LISTWISE
  /ANALYSIS bg2cost1 bg2cost2 bg2cost3 bg2cost4 bg2cost5 bg2cost6
  /PRINT INITIAL KMO EXTRACTION ROTATION
  /FORMAT SORT BLANK(.1)
  /PLOT EIGEN
  /CRITERIA MINEIGEN(1) ITERATE(100)
```

```
/EXTRACTION ML
/CRITERIA ITERATE(100) DELTA(0)
/ROTATION OBLIMIN
/SAVE REG(ALL).
```

　　「/EXTRACTION ML」副指令，指定使用最大概似因素分析來適配模型。最大概似法假定數據是多元常態分布的。

　　只要樣本數夠大，Maximum likelihood 比其他估計法，更具優勢。Rao (1955) 證明了典型因素法 (Canonical factor method) 等同於最大概似法。該方法試圖「變數和公同因素之間」典型相關性最大值。因此，即使我們不願意假定「樣本符合多元正態性」，也可以描述性地使用 ml。

| Goodness-of-fit Test | | |
| --- | --- | --- |
| Chi-Square | df | Sig. |
| 13.560 | 4 | .009 |

1. 適配度 (Goodness-of-Fit): 卡方 ($\chi^2$) 檢定

   factor 指令只有最大概似法才會顯示「獨立性相對於飽和模型」(independent vs. saturated) 的概似檢定 (LR test)。本例已通過 LR 檢定，故做因素分析才有意義的。

2. 依我來看，本例有 2 個以上因素的證據不足 ( 看似 2 個因素已足夠 )。由於 $\chi^2$ = 13.56 (P < 0.01)，故拒絕：「$H_0$: 超過 2 個因素模型是適合的」。雖然這 2 因素模型並不完美，這並不奇怪。可是，p 值 <1% 暗示著可能還有第三個因素。至於 loadings，ML 法的其他因素模型之解釋相似，雖然 ML 有一些值得注意的差異，但可經轉軸來修補。

小結

　　注意：FA 若遇到 Heywood 情況，該檢定就無效。易言之，卡方檢定若未出見 Heywood，表示本例限定為 2 個因素模型是適當的。用於計算 $\chi^2$ 值和自由度的近似值 (approximations)，發現了因素最大概似 (Factor maximum likelihood) FA 方案在數學上是合理的。在我們上面的例子中就是這種情況，但並不總是如此。

最大概似法似乎特別容易產生 Heywood 解 (Boundary solutions)，通常它會產生 0 的 uniquenesses。儘管如此，我們認為，即使在這種情況下，ML 所印出的檢定也是有用的，你只要謹慎解釋。

## 10-3-3 探索性因素分析 (EFA) ≒ 建構效度 ( 來篩選問卷題目 ) (factor 指令 )

範例：網路廣告態度之指標建構 (factor 指令 )

衡量網路廣告態度之指標建構 ( 僅以表 10-2 問卷爲例說明，如何運用 SPSS 進行建構效度及題目篩選 )

往昔研究多在調查民眾對傳統大眾媒體廣告的態度，而鮮少研究採橫斷面研究設計探討網路廣告態度衡量指標 (N=587)，本文利用信度與效度檢定，來發展出精簡化網路廣告之態度量表。網路廣告態度之初試量表，共有 21 題 ( 對應的變數爲a1~a21)。量表的計分方式係採用 Likert 5 等量尺，其中，1 代表「非常不同意」，5 代表「非常同意」。有效樣本共有 587 人。

本研究用因素分析來建構「網路廣告態度」衡量指標，求得：好感、屈辱感、信任感、廣告干擾性四個構面。

### 一、資料檔之內容

資料檔「廣告態度量表 A1-A21.sav」，如下圖所示，共有 587 個消費者。

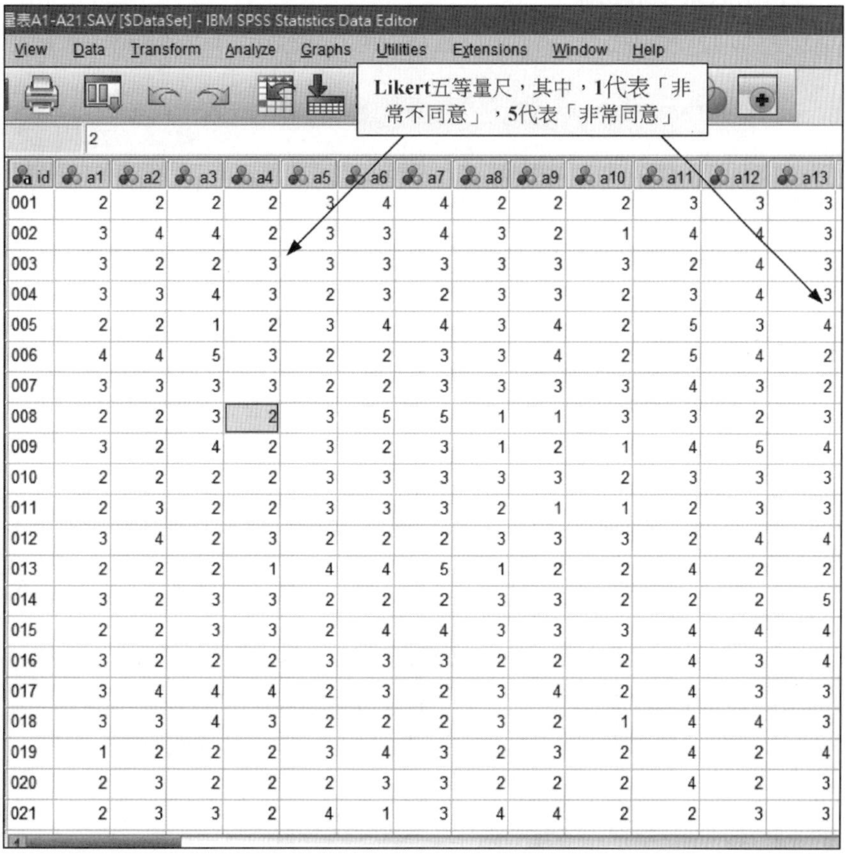


| id | a1 | a2 | a3 | a4 | a5 | a6 | a7 | a8 | a9 | a10 | a11 | a12 | a13 |
|---|---|---|---|---|---|---|---|---|---|---|---|---|---|
| 001 | 2 | 2 | 2 | 2 | 3 | 4 | 4 | 2 | 2 | 2 | 3 | 3 | 3 |
| 002 | 3 | 4 | 4 | 2 | 3 | 3 | 4 | 3 | 2 | 1 | 4 | 4 | 3 |
| 003 | 3 | 2 | 2 | 3 | 3 | 3 | 3 | 3 | 3 | 3 | 2 | 4 | 3 |
| 004 | 3 | 3 | 4 | 3 | 2 | 3 | 2 | 3 | 3 | 2 | 3 | 4 | 3 |
| 005 | 2 | 2 | 1 | 2 | 3 | 4 | 4 | 3 | 4 | 2 | 5 | 3 | 4 |
| 006 | 4 | 4 | 5 | 3 | 2 | 2 | 3 | 3 | 4 | 2 | 5 | 4 | 2 |
| 007 | 3 | 3 | 3 | 3 | 2 | 2 | 3 | 3 | 3 | 3 | 4 | 3 | 2 |
| 008 | 2 | 2 | 3 | 2 | 3 | 5 | 5 | 1 | 1 | 3 | 3 | 2 | 3 |
| 009 | 3 | 2 | 4 | 2 | 3 | 2 | 3 | 1 | 2 | 1 | 4 | 5 | 4 |
| 010 | 2 | 2 | 2 | 2 | 3 | 3 | 3 | 3 | 3 | 2 | 3 | 3 | 3 |
| 011 | 2 | 3 | 2 | 2 | 3 | 3 | 3 | 2 | 1 | 1 | 2 | 3 | 3 |
| 012 | 3 | 4 | 2 | 3 | 2 | 2 | 2 | 3 | 3 | 3 | 2 | 4 | 4 |
| 013 | 2 | 2 | 2 | 1 | 4 | 4 | 5 | 1 | 2 | 2 | 4 | 2 | 2 |
| 014 | 3 | 2 | 3 | 3 | 2 | 2 | 2 | 3 | 3 | 2 | 2 | 2 | 5 |
| 015 | 2 | 2 | 3 | 3 | 2 | 4 | 4 | 3 | 3 | 3 | 4 | 4 | 4 |
| 016 | 3 | 2 | 2 | 2 | 3 | 3 | 3 | 2 | 2 | 2 | 4 | 3 | 4 |
| 017 | 3 | 4 | 4 | 4 | 2 | 3 | 2 | 3 | 4 | 2 | 4 | 3 | 3 |
| 018 | 3 | 3 | 4 | 3 | 2 | 2 | 2 | 3 | 2 | 1 | 4 | 4 | 3 |
| 019 | 1 | 2 | 2 | 2 | 3 | 4 | 3 | 2 | 3 | 2 | 4 | 2 | 4 |
| 020 | 2 | 3 | 2 | 2 | 2 | 3 | 3 | 2 | 2 | 2 | 4 | 2 | 3 |
| 021 | 2 | 3 | 3 | 2 | 4 | 1 | 3 | 4 | 4 | 2 | 2 | 3 | 3 |

圖 10-17 「廣告態度量表 A1-A21.sav」 資料檔內容 (N=587 個人)

## 二、分析結果與討論

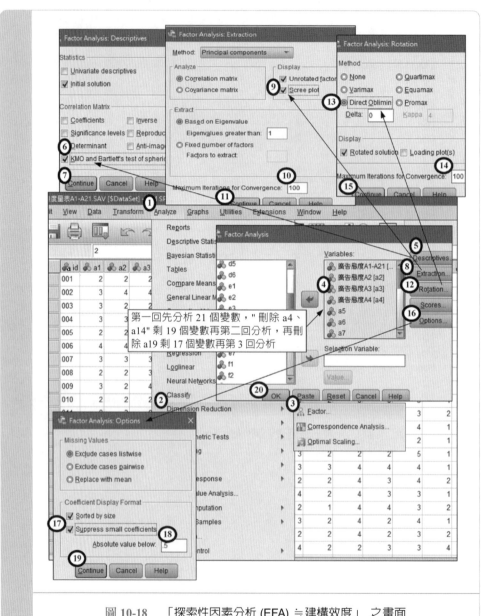

圖 10-18 「探索性因素分析 (EFA) ≒ 建構效度」 之畫面

對應的指令語法：

```
title " 探索性因素分析 (EFA) ≒ 建構效度 ".
subtitle "factor3.sps,「廣告態度量表 A1-A21.sav」資料檔 ".
FACTOR
  /VARIABLES a1 a2 a3 a4 a5 a6 a7 a8 a9 a10 a11 a12 a13 a14 a15 a16 a17 a18 a19 a20
  a21
  /MISSING LISTWISE
  /ANALYSIS a1 a2 a3 a4 a5 a6 a7 a8 a9 a10 a11 a12 a13 a14 a15 a16 a17 a18 a19 a20
  a21
  /PRINT INITIAL KMO EXTRACTION ROTATION
  /FORMAT SORT BLANK(.5)
  /PLOT EIGEN
  /CRITERIA MINEIGEN(1) ITERATE(100)
  /EXTRACTION PC
  /CRITERIA ITERATE(100) DELTA(0)
  /ROTATION OBLIMIN
  /METHOD=CORRELATION.
```

**Step 1.** KMO 球形假定 (assumption) 之檢定

為了確認資料是否適合進行因素分析，在正式分析前，必須先計算 KMO 抽樣合適性測度值 (Kaiser-Meyer-Olkin Measure of Sampling Adequacy)，此值愈高，代表任兩變數間的偏相關係數愈低，進行因素分析時，萃取共同因素的效果愈好。一般 KMO 值的判定標準如下所示。

| KMO 範圍 | 因素分析之合適性 |
|---|---|
| KMO $\leqq 0.5$ | 非常不適合 |
| $0.5 <$ KMO $\leqq 0.6$ | 不太適合 |
| $0.6 <$ KMO $\leqq 0.7$ | 普通 |
| $0.7 <$ KMO $\leqq 0.8$ | 適合 |
| $0.8 <$ KMO $\leqq 0.9$ | 很適合 |
| KMO $> 0.9$ | 非常適合 |

除了 KMO 值判斷原始資料合適合性外，Bartlett 球面性檢定法 (Bartlett test of Sphericity)，則用所採用因素個數是否合適之分析。若 p 值統計量小於顯著水準時，即表示所選用之因素分析模式合適。

| KMO and Bartlett's Test | | |
|---|---|---|
| Kaiser-Meyer-Olkin Measure of Sampling Adequacy. | | .839 |
| Bartlett's Test of Sphericity | Approx. Chi-Square | 4568.179 |
| | df | 210 |
| | Sig. | .000 |

1. 本例，21 個變數的 KMO = .839 樣本適配很好，故可放心做因素分析 (Factor analysis, FA)。

**Step 2.** 第 1 回合因素分析，將「區別效度／收斂效度」低的題目刪除。

| Structure Matrix | | | | | |
|---|---|---|---|---|---|
| | Component | | | | |
| | 1 | 2 | 3 | 4 | 5 |
| a9 | .730 | | | | |
| a8 | .727 | | | | |
| 廣告態度 A4 | .679 | | | -.633 | |
| a10 | .665 | | | | |
| a12 | .648 | | | | |
| a11 | .630 | | | | |
| a13 | .597 | | | | |
| a16 | | .810 | | | |
| a18 | | .809 | | | |
| a17 | | .758 | | | |
| a6 | | | -.855 | | |
| a7 | | | -.775 | | |
| a5 | | | -.756 | | |

| 廣告態度 A1-A21 | | | | -.833 | |
|---|---|---|---|---|---|
| 廣告態度 A2 | | | | -.813 | |
| 廣告態度 A3 | | | | -.763 | |
| a20 | | | | | .748 |
| 廣告態度 A21 | | | | | .735 |
| a15 | | | | | .659 |
| a19 | | | | | .626 |
| a14 | | | | | |

Extraction Method: Principal Component Analysis.
Rotation Method: Oblimin with Kaiser Normalization.

1. 變數 a4 因素負荷量 >0.5( 橫跨二個 Component)，無區別效度，故應予刪除。

2. 若該變數與所有因素變數的相關都 <0.5 者，因沒有收斂效度，故予以刪除，故第 2 回合 FA 應排除變數包括：a14。故第 1 回合 FA 共刪除「a4、a14」二個變數，剩餘 19 個變數再進行第二回合因素分析。

Step 3. 第 2 回合因素分析，將「區別效度 / 收斂效度」低的題目刪除。

```
title "刪除 a4 及 a14，剩 19 個變數再第二回分析".
subtitle "factor3.sps,「廣告態度量表 A1-A21.sav」資料檔".
FACTOR
  /VARIABLES a1 a2 a3 a5 a6 a7 a8 a9 a10 a11 a12 a13 a15 a16 a17 a18 a19 a20 a21
  /MISSING LISTWISE
  /ANALYSIS a1 a2 a3 a5 a6 a7 a8 a9 a10 a11 a12 a13 a15 a16 a17 a18 a19 a20 a21
  /PRINT INITIAL KMO EXTRACTION ROTATION
  /FORMAT SORT BLANK(.5)
  /PLOT EIGEN
  /CRITERIA MINEIGEN(1) ITERATE(100)
  /EXTRACTION PC
  /CRITERIA ITERATE(100) DELTA(0)
  /ROTATION OBLIMIN
  /METHOD=CORRELATION.
```

| Structure Matrix | | | | | |
|---|---|---|---|---|---|
| | Component | | | | |
| | 1 | 2 | 3 | 4 | 5 |
| a8 | .713 | | | | |
| a12 | .711 | | | | |
| a9 | .705 | | | | |
| a13 | .643 | | | | |
| a11 | .622 | | | | |
| a10 | .610 | | | | |
| a18 | | .824 | | | |
| a16 | | .807 | | | |
| a17 | | .800 | | | |
| a6 | | | -.855 | | |
| a7 | | | -.793 | | |
| a5 | | | -.759 | | |
| 廣告態度 A1-A21 | | | | .855 | |
| 廣告態度 A2 | | | | .838 | |
| 廣告態度 A3 | | | | .730 | |
| 廣告態度 A21 | | | | | .766 |
| a20 | | | | .535 | .725 |
| a15 | | | | | .662 |
| a19 | | | | | .572 |

Extraction Method: Principal Component Analysis.
Rotation Method: Oblimin with Kaiser Normalization.

1. 若該變數與所有因素變數的相關都 <0.5 者，因沒有收斂效度，故予以刪除，但第 2 回合 FA 已找不到該排除變數。

2. a20 變數因橫跨 2 個因素變數 ( 相關都 >0.5 者 )，沒有區別效度，故予以刪除，故第 3 回合 FA 只剩 18 變數。

**Step 4.** 第 3 回合因素分析，將「區別效度 / 收斂效度」低的題目刪除。

```
title " 刪除 a20，剩 18 個變數再第三回分析 ".
subtitle "factor3.sps，「廣告態度量表 A1-A21.sav」資料檔 ".
FACTOR
  /VARIABLES a1 a2 a3 a5 a6 a7 a8 a9 a10 a11 a12 a13 a15 a16 a17 a18 a19 a21
  /MISSING LISTWISE
  /ANALYSIS a1 a2 a3 a5 a6 a7 a8 a9 a10 a11 a12 a13 a15 a16 a17 a18 a19 a21
  /PRINT INITIAL KMO EXTRACTION ROTATION
  /FORMAT SORT BLANK(.5)
  /PLOT EIGEN
  /CRITERIA MINEIGEN(1) ITERATE(100)
  /EXTRACTION PC
  /CRITERIA ITERATE(100) DELTA(0)
  /ROTATION OBLIMIN
  /METHOD=CORRELATION.
```

**Structure Matrix**

| | Component | | | |
|---|---|---|---|---|
| | 1 | 2 | 3 | 4 |
| a8 | .687 | | | .526 |
| a9 | .680 | | | |
| a11 | .673 | | | |
| a10 | .672 | | | |
| 廣告態度 A21 | .609 | | | |
| a12 | .606 | | | |
| a13 | .561 | | | |
| a15 | .543 | | | |
| a16 | | .820 | | |
| a18 | | .808 | | |
| a17 | | .792 | | |
| a6 | | | -.828 | |
| a7 | | | -.791 | |
| a5 | | | -.764 | |
| 廣告態度 A1-A21 | | | | .857 |

| 廣告態度 A2 | | | | .852 |
|---|---|---|---|---|
| 廣告態度 A3 | | | | .767 |
| a19 | | | | |

Extraction Method: Principal Component Analysis.
Rotation Method: Oblimin with Kaiser Normalization.

1. 因 a19 變數與所有因素變數的相關都 <0.5 者，沒有收斂效度，故予以刪除，剩 17 個變數再第 3 回分析。

**Step 5.** 第 4 回合因素分析，將「區別效度 / 收斂效度」低的題目刪除。

```
title " 刪除 a19，剩 17 個變數再第三回分析 ".
subtitle "factor3.sps,「廣告態度量表 A1-A21.sav」資料檔 ".
FACTOR
  /VARIABLES a1 a2 a3 a5 a6 a7 a8 a9 a10 a11 a12 a13 a15 a16 a17 a18 a21
  /MISSING LISTWISE
  /ANALYSIS a1 a2 a3 a5 a6 a7 a8 a9 a10 a11 a12 a13 a15 a16 a17 a18 a21
  /PRINT INITIAL KMO EXTRACTION ROTATION
  /FORMAT SORT BLANK(.5)
  /PLOT EIGEN
  /CRITERIA MINEIGEN(1) ITERATE(100)
  /EXTRACTION PC
  /CRITERIA ITERATE(100) DELTA(0)
  /ROTATION OBLIMIN
  /METHOD=CORRELATION.
```

| Structure Matrix | | | | |
|---|---|---|---|---|
| | Component | | | |
| | 1 | 2 | 3 | 4 |
| a8 | .692 | | | .537 |
| a9 | .683 | | | |
| a11 | .677 | | | |
| a10 | .673 | | | |
| a12 | .605 | | | |

| 廣告態度 A21 | .603 | | | |
|---|---|---|---|---|
| a13 | .565 | | | |
| a15 | .546 | | | |
| a16 | | .839 | | |
| a18 | | .825 | | |
| a17 | | .815 | | |
| a6 | | | -.843 | |
| a7 | | | -.787 | |
| a5 | | | -.780 | |
| 廣告態度 A1-A21 | | | | .866 |
| 廣告態度 A2 | | | | .863 |
| 廣告態度 A3 | | | | .765 |

Extraction Method: Principal Component Analysis.

Rotation Method: Oblimin with Kaiser Normalization.

小結

　　將上述 4 回合因素分析，結果整理成下表的準則如下。

　　本研究重複進行一連串的因素分析，每次因素分析過程刪除問卷題目的準則，有下列三項：

1. 若某一題目自成一個因素者，因為沒有信度故刪之。

2. 該題目在所屬因素之因素負荷量必須大於 0.50，否則沒有收斂效度 (Convergence validity) 應刪之。

3. 每一個題目，其所對應的因素負荷量，必須接近 1.0，但在其它因素之因素負荷量必須接近 0。此隱含著，若該題目在所有因素之因素負荷量小於 0.5、或該題目因素負荷量有二個以上是大於 0.5( 橫跨二個因素以上 ) 者，都須刪除，因為它沒有區別效度 (Discriminant validity)。

　　上述第二及第三準則，在以往研究如 Lederer & Sethi(1991) 中亦常被使用。

　　接著根據上述三個準則，將初試量表 21 個項目進行第一次因素分析，共刪「a4, a14」二題，並在表 1 的最右一欄標示「第一次因素分析刪之」，如此

重複進行第二次因素分析，因具有建構效度而停止。歷經 3 回合的因素分析之後，最後剩下 17 個題目，它們分別屬於不同的四個構面，其解釋的總變異量爲 57.7%。此結果若與第一次因素分析結果做比較，可以發現第一次因素分析係抽出五個構面，其可解釋的總變異量爲 59.9%。由此可看出，只做一次因素分析和連續做一連串因素分析來刪題目，二者所能解釋原量表的總變異量非常接近，因此，本研究自編量表可說是一個精簡的網路廣告態度量表，用較少的指標 (17 個) 即可測出與初試量表 (21 個指標 ) 相當的態度成分。

表 10-2　網路廣告態度量表之來源及探索性因素分析結果

| 題目 / 資料來源 | 處理結果 |
|---|---|
| 因素四：好感 (Eigenvalue=3.597, Var=54.05 %, Alpha =0.794 )<br>1. 整體而言，我喜歡網路廣告。[1][3][6][7][8]<br>2. 我所看到的大多數網路廣告都令人覺得愉快。[1][3][6][7]<br>3. 我常以網路廣告中所看到的資訊作為選擇物品的參考。[6][7][8] | Factor4 |
| 4. 對於以網路廣告作為選擇物品的參考，我覺得有信心。[6][7]<br>14. 政府不須對網路廣告的內容嚴加審核。[6][7] | 第 1 次因素分析刪之 |
| 因素二：屈辱感 (Eigenvalue=0.408 , Var=6.14 %, Alpha = 0.755)<br>5. 大多數的網路廣告會讓我覺得智慧受到了侮辱。[3][6][7]<br>6. 網路廣告的內容常令我覺得反感。[6][7][8]<br>7. 我常覺得網路廣告會企圖誤導我。[1][7] | Factor2 |
| 因素一：信任感 (Eigenvalue= 2.142 , Var= 32.19 %, Alpha = 0.75)<br>8. 一般而言，我覺得我可以相信網路廣告。[6][7][8]<br>9. 網路廣告中對產品所保證的品質與效果，通常和實際上相符。<br>　[6][7]<br>11. 網路廣告會促使產品降價。[6][9]<br>10. 透過網路廣告中的電話和地址購物，我覺得很放心。[3][6][7]<br>21. 透過網路廣告，我可以得到贈品的機會。[1][2][3][4]<br>12. 有網路廣告的商品會比沒廣告的商品讓我覺得有價值。[6][7]<br>13. 網路廣告會提高產品的成本及售價。[6][7]<br>15. 由廣告界自行訂定網路廣告的規範會比讓政府插手好。[6][7] | Factor1 |
| 20. 我認為網路廣告可以增加網站的可看性。[1][2][3][4]<br>19. 我認為網路廣告可以增加商品資訊。[1][2][3][4] | 第 2 次因素分析刪之<br>第 3 次因素分析刪之 |

| 題目／資料來源 | 處理結果 |
|---|---|
| 因素三 ( 反向 )：廣告干擾性 (Eigenvalue=0.527, Var=7.92%, Alpha =0.797)<br>16. 我認為目前政府對網路廣告的法規仍然不足。[6][7]<br>17. 我覺得網路廣告占用太多網頁空間。[1][5]<br>18. 我認為網路廣告會干擾我對網頁內容的閱讀。[1][2][3][4][5] | Factor3 |

題目來源：[1]Alwitt & Prabhaker(1992); [2]Andrews(1989); [3] Berwoitz et al.(1990); [4] Banes(1982); [5] Bonnal(1990); [6] Briggs & Hollis(1997); [7] Chen & Wells(2002); [8] Lutz et al.(1986); [9] Schlosser et al.(1999)

**Step 6.** 第4回合因素分析建構四個構念，用RELIABILITY指令分別求其信度。

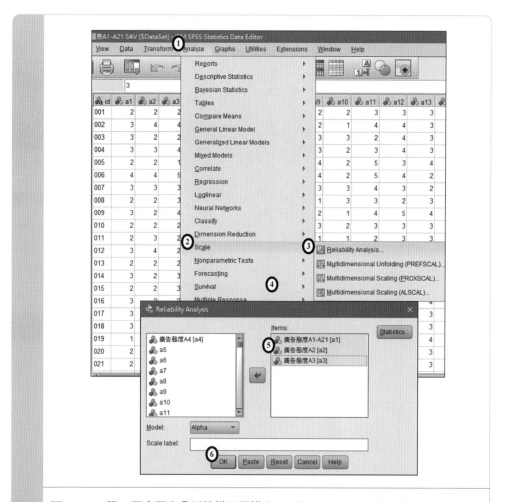

圖 10-19　第 4 回合因素分析建構四個構念， 用 RELIABILITY 指令分別求其信度

對應的指令語法：

```
title "alpha 指令求「a1,a2,a3」好感構面的信度 ".
RELIABILITY
  /VARIABLES=a1 a2 a3
  /SCALE('ALL VARIABLES') ALL
  /MODEL=ALPHA.
```

**Reliability Statistics**

| Cronbach's Alpha | N of Items |
|---|---|
| .794 | 3 |

Chapter

11

多維標度法／多向度
量尺：空間／心理距
離(Multidimensional
scaling)

前面章節談的主成分分析與因素分析，聚焦於變數之間的關聯性。接下來兩張的焦點將轉移至試著去了解觀察值之間的相似性型態。

主成分分析與因素分析也是一種 scaling 的方法，將觀察值以較少構面表達於空間圖。多維標度法／多向度量尺 (Multidimensional scaling, MDS) 所使用的資料與主成分分析 ( 或因素分析 ) 不同，它所利用的資訊是成對個體間的相對接近性或相似性，它的目的是利用此種資訊去建構合適的低次元空間，使得個體間在此空間的距離與其相似性盡可能保持一致。多維標度法／多向度量尺 MDS 是用來獲得個體 (entities) 間的相似性的空間表達。

## 11-1 古典 (classical) 多維標度法／多向度量尺 (Multidimensional scaling, MDS) 之重點整理 (MDS 指令 )

### 一、MDS 應用：市場區隔及產品定位 (Market segmentation and product positioning)

1. 當做產品定位時，我們除了要確定我們的產品與目標顧客心中的其他品牌產品能有所區別外，也希望我們的產品能在顧客的知覺空間中占有一個有吸引力的地位。

2. 為了要解決這樣的問題，我們可以使用 MDS 來同時決定產品空間圖及個別顧客每個產品偏好的分布圖。

3. 下圖是根據 100 位汽車消費者以 1 到 10 分來表示每個人對 10 種不同廠牌汽車喜好，使用 MDPREF 分析所獲得的空間知覺圖。

5. 這樣的圖可以告訴我們這 100 位汽車消費者對於不同廠牌汽車喜好的分布形態及不同汽車的空間知覺分布。因此，我們可以根據這樣的資料來作為新汽車品牌投入市場時其產品定位及市場區隔。

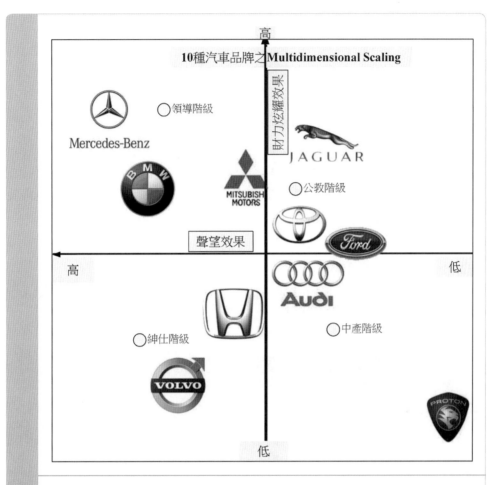

圖 11-1　10 種汽車品牌之 Multidimensional Scaling 示意圖 (+ correspondence analysis) 品牌 Logo 國版權歸該公司所有、 本文僅供教學示意

　　多維標度 (Multidimensional scaling，MDS，又譯多向度量尺 ) 也稱作「相似度結構分析」(Similarity structure analysis)，屬於多變量分析的方法之一，是社會學、數量心理學、市場行銷等統計實證分析的常用方法。

## 二、多維標度法的種類

　　SPSS 提供 mds 指令語法如下表，mds 旨在處理二維資料之多維標度 / 多向度量尺 (Multidimensional scaling for two-way data) ，mds 指令分 3 種 method() 選項：

1. classical：**(** 古典 **)** 度量性 **(** 多維 **)** 標度。當 mds 指令不指定 loss() 也不指定 transform()。

   (1) 處理等距 ( 區隔 ) 純量和比率純量。

   (2) 一定是採用歐氏距離。

   (3) 範例請見：圖 11-8「**mds** climate-econ, **std** (climate-econ) id(city) dimension(2) **method**(*classical*)」。

2. modern：現代 (modern)MDS，此為內定值，它界定 loss() 或 transform()。

3. nonmetric( 非度量性 )：非度量性多維標度。當 mds 指令同時界定 loss() 及 transform(monotonic) 時。

   (1) 處理次序純量。

   (2) 不一定採用歐氏距離。

   (3) 範例請見：圖 11-12「**mdsmat cands, method**(*nonmetric*) config dimension(2) **noplot**」。

## 11-1-1 多維標度法 / 多向度量尺之概念

### 一、什麼是多維標度法

　　多維標度法是一種將多維空間的研究對象 ( 樣本或變數 ) 簡化到低維空間進行定位、分析和歸類，同時又保留對象間原始關係的數據分析方法。

### 二、MDS 假定 (assumption)

1. 有許多特徵是互相關聯的，而受測者原本並不知道其特徵為何。

2. 存在著這樣一個空間：它的正交軸是欲尋找的特徵。

3. 這個特徵空間滿足這個要求：相似的對象能以相對較小的距離描摹。

### 三、MDS 目的

　　多維標度是一個探索性的過程方法，其功能包括：

1. 減少 ( 觀察 ) 變數。

2. 如果可能，在數據中揭示現有結構。

3. 揭示相關特徵。

4. 尋找儘可能低維度的空間 ( 最小化條件 )。

5. 空間必須滿足「單調條件」。

6. 解釋空間的軸，依照假設提供關於感知和評判過程的資訊。

## 四、MDS 應用領域

用於評判和感知：

1. ( 民眾 ) 對政治家的態度。

2. 對影星的喜愛度。

3. 跨文化的差異和比較。

4. 心理學中的人類感知。

5. 揭示市場空白。

6. 評價產品設計和市場行銷中的廣告。

### MDS 應用 1：多維標度法在行銷廣告的應用

在市場營銷調研中，多維標度法的用途十分廣泛。被用於確定空間的級數 ( 變數、指標 )，以反映消費者對不同品牌的認知，並且在由這些維構築的空間中，標明某關註品牌和消費者心目中理想品牌的位置。

MDS 應用 2：多維標度法在行銷廣告的應用

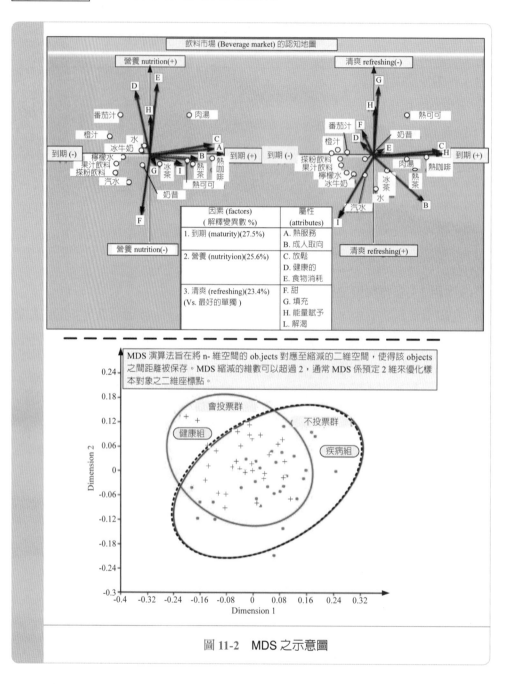

圖 11-2　MDS 之示意圖

## 五、多維標度法 vs. Cluster 分析的比較

多維標度法是多元統計分析方法的總稱，包含各種各樣的模型和手段，其目的是通過各種途徑把高維的研究對象轉化成低維度再進行研究，具體地說，多維標度法旨在研究對象之間某種親近關係 ( 如：距離、相似係數，親疏程度的分類情況等 )，合理地將研究對象 ( 樣品或變數 ) 在低維空間中給出標度或位置，以便全面而又直觀地呈現原始各對象之間的關係，同時在此基礎上也可按對象點之間距離的遠近實現對樣品的分類，多維標度法能彌補聚類 (cluster，群集 ) 分析的不足之處，因為聚類分析將相似的樣品歸類，最後得到一個反映樣品親疏關係的譜系圖。聚類分析比較簡便易行，但是，聚類分析的缺點是將一些高維的樣品強行納入單一維度的譜系分類中，常常使原始樣品之間的關係簡單化，甚至有時失真。而多維標度法是將幾個高維研究對象，在近似的意義下，從高維約簡到一個較低維的空間內，並且尋求一個最佳的空間維數和空間位置 ( 如二維或三維 ) 而仍保持各研究對象數據的原始關係。

## 六、多維標度法的發展史

多維標度法的產生與發展，和它在心理學各個分支中的應用是分不開的，40年代是它的萌芽和準備時期，50 年代是計量的多維標度法的發展時期，1952 年 Torgerson 首先給出 J 計量的多維標度法的數學模型，為以後的發展奠定了基礎，60 年代是非計量的多維標度法的發展時期，70 年代以後上面提出的各種方法趨於成熟，出現了許多近似計演算法，並且提出了許多新的方法和模型，從應用角度來說，在 50 年代多維標度法僅應用於心理學，60 年代又應用於銷售和消費領域中，從 70 年代以來，多維標度法的應用範圍迅速擴大，已應用於交通、社會學、生態學及地質學等領域。

## 七、MDS 與其他多變量分析方法的比較

### ( 一 ) 因素 ( 因子 ) 分析 (Factor analysis)

相同：通過歸因於少數幾個不相關的特徵來減少數據 ( 維度減少 )。

不同：多維標度僅僅需要相似性或者距離，而不需要相關性 ( 因素分析需要相關性 )。

如果僅僅對因素值感興趣，可以用作因素分析的替代方法。

**(二) 聚類 ( 集群 ) 分析 (Cluster analysis)**

相同：把觀察值 ( 對象 ) 分組。

不同：聚類分析把觀測到的特徵當作分組標準，而多維標度僅僅取用感知到的差異。

為劃分類別提供實際的支持。

## 八、多維標度法的基本思想

多維標度法的基本思想是：用 r 維空間 (r 待定 ) 中的點分別表示各樣品，使得各樣品間距離的次序能完全反映原始輸入的相似次序 ( 兩樣品間的距離愈短，則愈相似 )。通常，要通過兩步來完成。首先構造一個 f 維坐標空間，並用該空間中的點分別表示各樣品，此時點間的距離未必和原始輸入次序相同，通常把這一步稱為構造初步圖形結構。其次是逐步修改初步圖形結構，以得到一個新圖形結構，使得在新結構中，各樣品的點間距離次序和原始輸入次序盡量一致。

## 九、多維標度法的特點

多維標度法的特點是將消費者對品牌的感覺或偏好以點的形式反映在多維空間上，而對不同品牌的感覺或偏好的差異程度是通過點與點間的距離體現的，我們稱這種品牌或項目的空間定位點因為空間團。空間的軸代表形成感覺或偏好的各種因素或變數。

## 十、所使用的純量 (scalar) 類型

1. 次序變數 (Ordinal variable)：可以就某一特質之多少或大小次序將團體中各份子加以排序。

2. 等距變數 (Interval variable)：等距變數 (Interval variable)：除了可以說出名稱和排出大小次序之外，還可以算出差別之大小量的變數，是為等距變數。等距變數有一項基本特性是「相等單位」(Equal unit)，亦即系列上各段之基本單位的間隔應完全相等。等距變數沒有絕對的 0 點，其量數可以加減，但不能乘除。

3. 比率 (ratio) 變數：除了可以說出名稱、排出次序、和算出差距之外，還可以說某比率和某比率相等的變數，是為比率變數。

當相似性資料的性質具度量性 (metric) 時，( 即它們代表個體間的真實距離 )，我們所使用的方法為 metric MDS 去還原資料空間。本章所要介紹的 metric

MDS 方法是指 Torgerson(1958) 所提出的古典 MDS。

就大部分的應用問題而言，其相似性資料並不具有 Metric scale 的性質 ( 例如 ordinal)，此時我們使用非度量性 (nonmetric) MDS。在 nonmetric MDS 方法中，排序資料是由單一個人提供，或由多人提供但整合為一個排序 ( 假設這些人在評估個體間相似性時，所使用的標準及權重都一樣的，即 homogeneous)。

但若承認不同個人使用的標準及權重有差異時，我們需使用另一種方法：Individual differences scaling；此法所建立的空間圖，允許不同個人對在評估的個體間相似性時，使用不同的特徵及不同權重。

## 十一、相似 ( 度 ) 矩陣

|  | 紅色 | 橙色 | 黃色 | 綠色 | 藍色 | 紫色 |
|---|---|---|---|---|---|---|
| 紅色 | - | | ( 對稱 ) | | | |
| 橙色 | 7 | - | | | | |
| 黃色 | 8 | 0 | - | | | |
| 綠色 | 10 | 8 | 9 | - | | |
| 藍色 | 10 | 9 | 6 | | - | |
| 紫色 | 0 | 7 | 10 | 9 | 8 | - |

例子 1：相似度矩陣 ( 數字愈小表示愈相似 )

例如：10 個對象，2 維空間，坐標個數則為 10×2=20，「相似度」的個數為 $C\begin{pmatrix} 10 \\ 2 \end{pmatrix} = 45$，數據壓縮係數 = 相似度的個數 ÷ 坐標個數 =45÷20=2.25( 數據壓縮係數要大於等於 2 才可接受，否則不能做多維標度分析 )。

例子 2：有時資料涉及兩個不同組的個體間的相似性資料，例如一組包含若干消費者，另一組為 4 種品牌手機，每一個消費者表達他對 4 種手機的偏好順序，因此我們就有每個消費者與 3 種手機的相對相似性。

## 十二、間接 ( 數據 ) 採集方法

### ( 一 ) 完全排序法

$C\begin{pmatrix} n \\ 2 \end{pmatrix}$ 對「相似度」進行排序，最相似的一對得到序數 1，最不相似的一對得到序數 $C\begin{pmatrix} n \\ 2 \end{pmatrix}$。

### ( 二 ) 錨點法

### ( 三 ) 評級法 (Rating)

與「完全排序法」不同的是，雖然最相似的一對得到序數 1，但是可以有多於一對得到相同的序數，最不相似的一對也不一定會依序得到 $C\begin{pmatrix} n \\ 2 \end{pmatrix}$。

## 11-1-2 古典多維標度法 / 多向度量尺之統計基礎

下圖顯示一份手寫數字的樣本，其中每一數字以大小為 16×16 像素 (pixel) 的灰階圖片儲存。你不妨想像樣本所含的 200 張數字圖片對應於 $\mathbb{R}^{256}$ 空間的 200 個數據點。我們提出下面的問題：給定這份樣本資料，如何「目視」數據點於高維空間的散布？主成分分析 (Principal components analysis) 是當今最常採行的一種降維技術。在保留數據集的最大變異前提下，將高維數據點正交投影至一個特定的二維空間，此空間由對應樣本共變異數矩陣的最大兩個特徵值的特徵向量擴張而成。如此一來，我們可在平面上觀察所有數據點的投影位置 ( 稱為主成分係數 )。

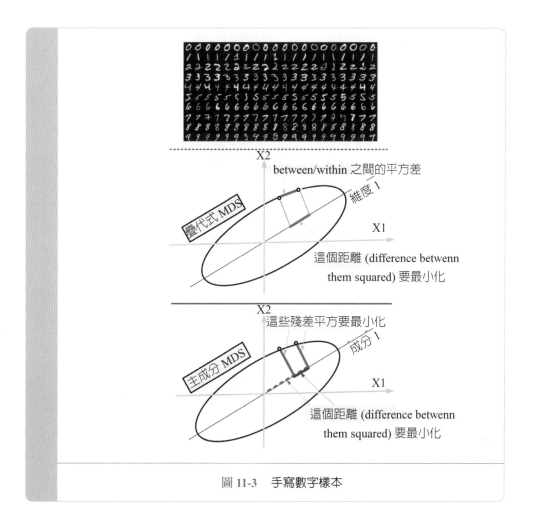

圖 11-3 手寫數字樣本

　　不過，在某些應用場合，我們僅知道任兩數據點的相異性 (dissimilarity)。舉例來說，手寫數字包含許多變異，如位移、旋轉、伸縮與形變，直接計算兩數字圖片於同一像素位置的灰階差距並不能反映實際的型態差異，我們必須先把兩圖放在可供比較的基準上。為了降低上述變異造成的影響，在比對圖片之前，我們容許一圖 ( 或兩圖 ) 些微調整轉變，並採用各種複雜的圖片相異性算法。因為這些緣故，主成分分析不適用於手寫數字圖片的降維。本文介紹一個建立於數據點的相異性的降維方法，稱為多維標度法 (Multidimensional scaling，簡稱 MDS)。下圖顯示手寫數字集經多維標度法處理後得到的二維標度散布圖。根據相異性的定義，多維標度法可區分為度量性 (metric) 與非 (nonmetric)，前者採用歐幾里得

距離 ( 簡稱歐氏距離 )，後者則泛指任何非歐氏距離。本章節將介紹度量性，也稱古典多維標度法，並解說古典多維標度法與主成分分析的關係。

SPSS 提供三種 MDS 法：(1) 古典 (Classical) MDS 、(2)( 度量性 )Metric MDS 、(3) 非度量性 (Nonmetric)MDS 。

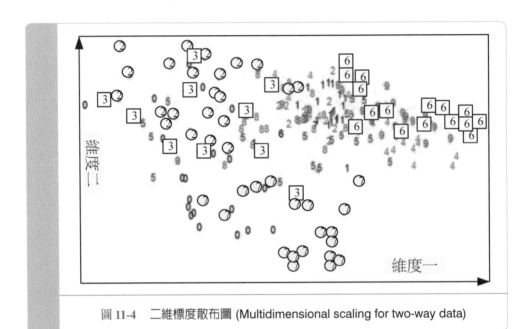

圖 11-4　二維標度散布圖 (Multidimensional scaling for two-way data)

考慮 $p$ 維歐幾里得空間的 $n$ 的點 $x_1, \cdots, x_n$ ，其中 $x_r = (x_{r1}, \cdots, x_{rp})^T$。兩點 $x_r$ 和 $x_s$ 的歐氏距離可由下列算式求得：

$$d_{rs}^2 = \sum_{i=1}^{p}(x_{ri} - x_{si})^2 = \| x_r - x_s \|^2 = (x_r - x_s)^T(x_r - x_s)$$

令 $B = [b_{rs}]$ 為 $n \times n$ 階內積矩陣，其中 $b_{rs}$ 等於 $x_r$ 和 $x_s$ 的內積，$b_{rs} = x_r^T x_s$。因為 $x_r^T x_s = x_s^T x_r$，$B$ 是對稱矩陣。給定任兩數據點的距離平方 $\{d_{rs}^2, r, s = 1, \cdots, n\}$，下面我先解說如何計算內積矩陣 $B$，隨後推導滿足所有兩數據點之距離的數據集座標 $\{x_r, r = 1, \cdots, n\}$。

為了排除平移的影響，我們將數據點的中心置於座標系統的原點，即有：

$$\sum_{r=1}^{n} \mathbf{x}_r = 0$$

將歐氏距離平方乘開：

$$d_{rs}^2 = \mathbf{x}_r^T \mathbf{x}_r + \mathbf{x}_s^T \mathbf{x}_s - 2\mathbf{x}_r^T \mathbf{x}_s$$

由上式可推得下列結果：

$$\frac{1}{n}\sum_{r=1}^{n} d_{rs}^2 = \frac{1}{n}\sum_{r=1}^{n} \mathbf{x}_r^T \mathbf{x}_r + \mathbf{x}_s^T \mathbf{x}_s$$

$$\frac{1}{n}\sum_{s=1}^{n} d_{rs}^2 = \mathbf{x}_r^T \mathbf{x}_r + \frac{1}{n}\sum_{s=1}^{n} \mathbf{x}_s^T \mathbf{x}_s$$

$$\frac{1}{n^2}\sum_{r=1}^{n}\sum_{s=1}^{n} d_{rs}^2 = \frac{2}{n}\sum_{r=1}^{n} \mathbf{x}_r^T \mathbf{x}_r$$

將前面兩式相加再減去第三式，可得：

$$\mathbf{x}_r^T \mathbf{x}_r + \mathbf{x}_s^T \mathbf{x}_s = \frac{1}{n}\sum_{r=1}^{n} d_{rs}^2 + \frac{1}{n}\sum_{s=1}^{n} d_{rs}^2 - \frac{1}{n^2}\sum_{r=1}^{n}\sum_{s=1}^{n} d_{rs}^2$$

將上式代入 $d_{rs}^2$ 的展開式，可得：

$$b_{rs} = \mathbf{x}_r^T \mathbf{x}_s$$

$$= -\frac{1}{2}\left(d_{rs}^2 - \mathbf{x}_r^T \mathbf{x}_r - \mathbf{x}_s^T \mathbf{x}_s\right)$$

$$= -\frac{1}{2}\left(d_{rs}^2 - \frac{1}{n}\sum_{r=1}^{n} d_{rs}^2 - \frac{1}{n}\sum_{s=1}^{n} d_{rs}^2 + \frac{1}{n^2}\sum_{r=1}^{n}\sum_{s=1}^{n} d_{rs}^2\right)$$

這個結果看似繁雜，我們將它改寫為較簡明的表達式。令 $a_{rs} = -\frac{1}{2}d_{rs}^2$。統計學家常採用下列記號：

$$a_{r.} = \frac{1}{n}\sum_{s=1}^{n} a_{rs}$$

$$a_{.s} = \frac{1}{n}\sum_{r=1}^{n} a_{rs}$$

$$a_{..} = \frac{1}{n^2}\sum_{s=1}^{n}\sum_{r=1}^{n} a_{rs.}$$

據此，$b_{rs} = a_{rs} - a_{r.} - a_{.s} + a_{..}$。定義 $n \times n$ 階矩陣 $A = [a_{rs}]$，內積矩陣 $B$ 可表示為：

$$B = CAC$$

其中 $C = I - \frac{1}{n}E$，這裡 $E$ 的每一元都等於 1。

接著討論如何重建數據點的座標。考慮內積矩陣 $B$ 的另一個表達式：

$$B = \begin{bmatrix} \mathbf{x}_1^T \\ \vdots \\ \mathbf{x}_n^T \end{bmatrix} [\mathbf{x}_1 \ \cdots \ \mathbf{x}_n] = XX^T$$

上面我們令 $X = [\mathbf{x}_1 \ \cdots \ \mathbf{x}_n]^T$ 為 $n \times p$ 階座標矩陣。因為 $B$ 是實對稱半正定矩陣，故可正交對角化為：

$$B = QMQ^T$$

其中 $M = \text{diag}(\mu_1, \cdots, \mu_n)$，$\mu_1 \geq \cdots \geq \mu_n \geq 0$ 是 $B$ 的特徵值，$Q = [\mathbf{q}_1 \ \cdots \ \mathbf{q}_n]$ 是 $B$ 的單範正交 (orthonormal) 特徵向量構成的正交矩陣 (orthogonal matrix)，$Q^T = Q^{-1}$。交互乘積不改變矩陣秩序：

$$\text{rank } B = \text{rank } (XX^T) = \text{rank } X \leq \min\{n, p\}$$

在一般情況下，$n > p$，即有 $\text{rank } B \leq p$。所以，$B$ 至多有 $p$ 個非 0 特徵值 $\mu_1$, $\cdots, \mu_p$ ( 即至少有 $n - p$ 個 0 特徵值 )，可知：

$$B = [\mathbf{q}_1 \ \cdots \ \mathbf{q}_p] \begin{bmatrix} \mu_1 & & \\ & \ddots & \\ & & \mu_p \end{bmatrix} \begin{bmatrix} \mathbf{q}_1^T \\ \vdots \\ \mathbf{q}_p^T \end{bmatrix}$$

因為 $B = XX^T$，即得座標矩陣：

$$X = [\mathbf{q}_1 \ \cdots \ \mathbf{q}_p] \begin{bmatrix} \sqrt{\mu_1} & & \\ & \ddots & \\ & & \sqrt{\mu_p} \end{bmatrix} = [\sqrt{\mu_1}\mathbf{q}_1 \ \cdots \ \sqrt{\mu_p}\mathbf{q}_p]$$

注意，重建的座標矩陣 $X$ 並不唯一存在。設 $X' = XP$，其中 $P$ 是任意 $p \times p$ 階正

交矩陣，$P^T = P^{-1}$，則

$$X'X'^T = (XP)(XP)^T = XPP^TX^T = XX^T = B$$

所有 $X' = XP$ 皆為符合要求的座標矩陣。換句話說，旋轉、鏡射 ( 反射 ) 與平移不改變數據點之間的距離。

例子。考慮 $\mathbb{R}^2$ 的四個點，其座標矩陣為：

$$\hat{X} = \begin{bmatrix} 2 & 1 \\ 1 & 4 \\ -3 & -2 \\ 0 & -3 \end{bmatrix}$$

假設四點的座標未知，但我們有它們之間的歐氏距離平方，以矩陣 $D_2 = [d_{rs}^2]$ 表示為：

$$D_2 = \begin{bmatrix} 0 & 10 & 34 & 20 \\ 10 & 0 & 52 & 50 \\ 34 & 52 & 0 & 10 \\ 20 & 50 & 10 & 0 \end{bmatrix}$$

則有：

$$A = -\frac{1}{2}D_2 = \begin{bmatrix} 0 & -5 & -17 & -10 \\ -5 & 0 & -26 & -25 \\ -17 & -26 & 0 & -5 \\ -10 & -25 & -5 & 0 \end{bmatrix}$$

內積矩陣即為：

$$B = CAC$$

$$= \begin{bmatrix} 3 & -1 & -1 & -1 \\ -1 & 3 & -1 & -1 \\ -1 & -1 & 3 & -1 \\ -1 & -1 & -1 & 3 \end{bmatrix} \begin{bmatrix} 0 & -5 & -17 & -10 \\ -5 & 0 & -26 & -25 \\ -17 & -26 & 0 & -5 \\ -10 & -25 & -5 & 0 \end{bmatrix} \frac{1}{4} \begin{bmatrix} 3 & -1 & -1 & -1 \\ -1 & 3 & -1 & -1 \\ -1 & -1 & 3 & -1 \\ -1 & -1 & -1 & 3 \end{bmatrix}$$

$$= \begin{bmatrix} 5 & 6 & -8 & -3 \\ 6 & 17 & -11 & -12 \\ -8 & -11 & 13 & 6 \\ -3 & -12 & 6 & 9 \end{bmatrix}$$

計算正交對角化，$B = QMQ^T$，結果如下：

$$Q = \begin{bmatrix} -0.302 & 0.469 & -0.815 & -0.154 \\ -0.663 & -0.365 & -0.087 & 0.648 \\ 0.527 & -0.618 & -0.572 & 0.114 \\ 0.438 & 0.514 & -0.006 & 0.737 \end{bmatrix}, M = \begin{bmatrix} 36.422 & 0 & 0 & 0 \\ 0 & 7.578 & 0 & 0 \\ 0 & 0 & 0 & 0 \\ 0 & 0 & 0 & 0 \end{bmatrix}$$

所以重建的座標矩陣為：

$$X = \begin{bmatrix} -0.302 & 0.469 \\ -0.663 & -0.365 \\ 0.527 & -0.618 \\ 0.438 & 0.514 \end{bmatrix} \begin{bmatrix} \sqrt{36.422} & 0 \\ 0 & \sqrt{7.578} \end{bmatrix} = \begin{bmatrix} -1.823 & 1.291 \\ -4.001 & -1.005 \\ 3.180 & -1.701 \\ 2.643 & 1.415 \end{bmatrix}$$

原始座標與重建座標之間的差異僅在於相對原點的旋轉。

最後，我們討論古典多維標度法與主成分分析的關係。令 $X$ 表示一 $n \times p$ 階數據矩陣，$X = [x_1 \cdots x_n]^T$。假設樣本平均數向量為 $0$，則 $p \times p$ 階樣本共變異數矩陣為：

$$S = \frac{1}{n-1} \sum_{r=1}^{n} x_r^T x_r = \frac{1}{n-1} X^T X$$

因為 $S$ 是實對稱半正定矩陣，故可正交對角化為 $S = W \Lambda W^T$，其中 $\Lambda = \text{diag}(\lambda_1, \cdots, \lambda_p)$，$\lambda_1 \geq \cdots \geq \lambda_p \geq 0$ 是 $S$ 的特徵值（即主成分權值），$W = [w_1 \cdots w_p]$ 是單範正交的特徵向量構成的主成分矩陣。內積矩陣 $B = XX^T$ 與樣本共變異數矩陣 $S = \frac{1}{n-1} X^T X$ 有甚麼關係呢？首先，$XX^T$ 和 $X^T X$ 有相同的特徵值，前者再加上 $n - p$ 個 $0$ 特徵值。理由如下。寫出 $BQ = QM$ 的第 $i$ 行，$XX^T q_i = \mu_i q_i$。上式等號兩邊左乘 $X^T$

$$X^T X X^T q_i = X^T X (X^T q_i) = \mu_i (X^T q_i)$$

另一方面，$SW = W\Lambda$ 的第 $i$ 行是：

$$\frac{1}{n-1}X^TX\mathrm{w}_i = \lambda_i\mathrm{w}_i$$

比較上面兩式，可得 $\lambda_i = \mu_i/(n-1)$ 且 $\mathrm{w}_i = X^T\mathrm{q}_i/\|X^T\mathrm{q}_i\|$。另計算：

$$\|X^T\mathrm{q}_i\|^2 = \mathrm{q}_i^TXX^T\mathrm{q}_i = \mu_i\mathrm{q}_i^T\mathrm{q}_i = \mu_i$$

使用以上結果，主成分係數矩陣 $Z$ 即為古典多維標度法重建的座標矩陣：

$$Z = XW = X[\mathrm{w}_1 \quad \cdots \quad \mathrm{w}_p]$$
$$= X[X^T\mathrm{q}_1/\|X^T\mathrm{q}_1\| \quad \cdots \quad X^T\mathrm{q}_p/\|X^T\mathrm{q}_p\|]$$
$$= XX^T[\mathrm{q}_1/\sqrt{\mu_1} \quad \cdots \quad \mathrm{q}_p/\sqrt{\mu_p}]$$
$$= [\sqrt{\mu_1}\mathrm{q}_1 \quad \cdots \quad \sqrt{\mu_p}\mathrm{q}_p]$$

# 11-2 多維標度法／多向度量尺 (Multidimensional scaling, MDS) 之範例

## MDS 應用：知覺對映圖 (Perceptual mapping)

1. 知覺對映圖是 MDS 最廣泛的應用之一。Nonmetric MDS 的一個優點是它能提供心理距離的尺度以描繪個人心中的心理地圖。

2. 知覺對映圖最經典的範例是 Roger.N. Shepard 探討個別居民關於美國本土各州間相對接近性的主觀判斷。他用的是 nonmetric MDS。

3. 以「11-2-1 美國 10 城市社會經濟特徵」為例，此為美國居民對於美國本土各州相對接近性的主觀判斷所繪成之美國地圖。

## 11-2-1 古典 MDS：美國 10 城市（對稱）距離 (Alscal 指令)

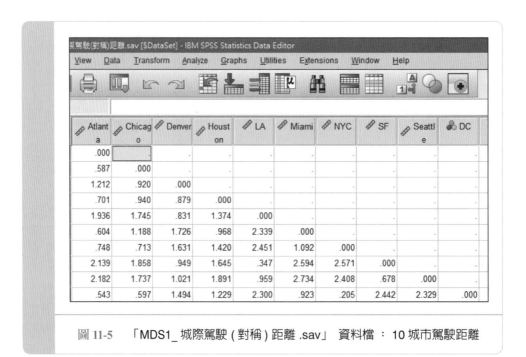

圖 11-5 「MDS1_城際駕駛（對稱）距離 .sav」 資料檔 ： 10 城市駕駛距離

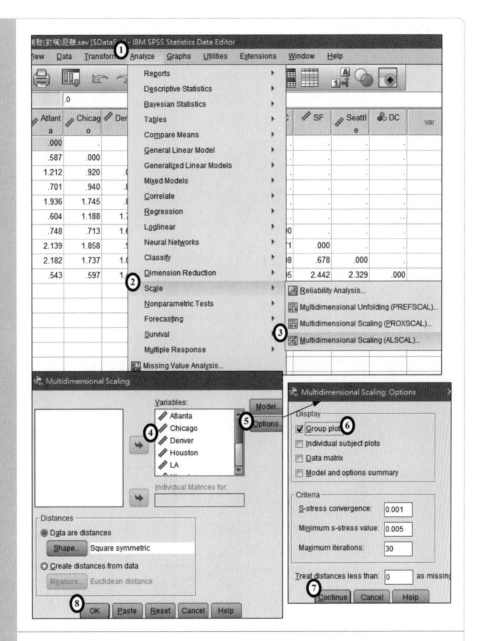

圖 11-6　古典 MDS 「城際駕駛（對稱）距離」 分析

對應的指令語法：

```
title " 古典 MDS「城際駕駛（對稱）距離」分析 ".
subtitle " 古典 MDS「城際駕駛（對稱）距離」分析 .sps".

GET
  FILE='D:\CD\MDS1_ 城際駕駛（對稱）距離 .sav'.
ALSCAL
  VARIABLES=Atlanta Chicago Denver Houston LA Miami NYC SF Seattle DC
  /SHAPE=SYMMETRIC
  /LEVEL=ORDINAL
  /CONDITION=MATRIX
  /MODEL=EUCLID
  /CRITERIA=CONVERGE(0.001) STRESSMIN(0.005) ITER(30) CUTOFF(0) DIMENS(2,2)
  /PLOT=DEFAULT.
```

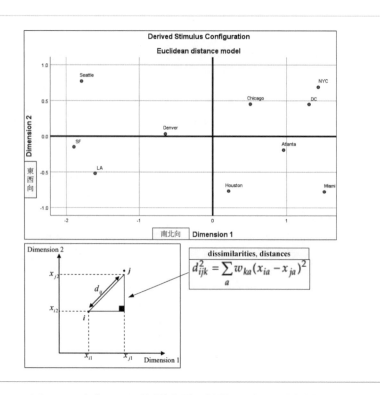

圖 11-7　古典 MDS 「城際駕駛（對稱）距離」 分析結果

## 11-2-2 古典多維標度法 / 多向度量尺：美國 10 城市社會 經濟特徵 ( 非對稱距離 )(infile 、mds 、screeplot 、 mdsconfig 、mdsshepard 指令 )

1. 以圖 11-5 為例，其顯示出「美國 10 城市社會經濟特徵」之間的直線距離，我 們將以此為資料來重建此 10 個城市的相對位置圖。

2. 若我們以手製圖，所描繪出的地圖與實際地圖之間可能會產生以下問題：

   (1) 會失去個別城市的絕對位址 (Absolute location)。

   (2) 地圖有可能是實際地圖的鏡像。

   (3) 地圖可能被旋轉而與實際不同。

3. 我們可以利用 Metric MDS 來解決上述問題。

### 一、古典 MDS 的算法

1. 首先列出不同受估個體 (object) 間的相似性或不相似性矩陣，而這些矩陣內的 數字與個體之間的距離是線性相關 ( 透過一個線性函數 ) 的，其斜率可為正向 ( 不相似性 ) 或負向 ( 相似性 )

2. 若資料是屬於相似性資料，我們先將資料中每一個資料值減去資料中的最大 值，以轉換為不相似性資料，隨後在上述的線性函數中求出常數項，函數的 斜率可設為 1，因為圖是任意的，如此只剩下截距項 ( 常數項 ) 需設法求出

3. 另外，在 Torgerson(1958) 中指出，有許多方法可以求出上述的常數項，但最 為被廣泛使用的是其書上所提。

4. 根據 Torgerson，將上述求得的常數項作為所有不相似性資料 $\delta_{jk}$ 之加項，以轉 換成估計的距離 $d_{jk}$：

$$c = \max_{i,j,k} (\delta_{ij} - \delta_{ik} - \delta_{jk})$$

$$d_{jk} = \delta_{jk} + c$$

$$d_{ij} < d_{ik} + d_{jk} \text{ for all i, j, k}$$

5. 當資料矩陣為對稱的且其對角線直接為 0，則我們所求得的距離近似於歐基里 德 (Euclidean) 距離。

6. 為了解決每個受估個體在空間構面座標位置的問題，我們使用下面幾何關係

式：

$$d_{jk}^2 = d_{ij}^2 + d_{ik}^2 - 2d_{ij}d_{ik}\cos\theta_{jik}$$

上式再重排為：

$$-\frac{1}{2}(d_{jk}^2 - d_{ij}^2 - d_{ik}^2) = d_{ij}d_{ik}\cos\theta_{jik}$$

7. 若以個體 i 為原點，$d_{ij}$ 指個體 j 在空間圖上距離原點的距離，$d_{ik}$ 亦同，因為：

$$x_j' x_k = \|x_j\|\|x_k\|\cos\theta_{jik}$$

因此，上式可再轉換為：

$$-\frac{1}{2}(d_{jk}^2 - d_{ij}^2 - d_{ik}^2) = X_j' X_k$$

8. 由上式，我們可以用以求得個受測者的座標位置。

為求個體 i 的座標位置，我們另外新建 (n-1)×(n-1) 維度的矩陣 B(i)，i 表示個體 i 被選為座標圖上的原點。

因為 B(i) 為對稱矩陣，故又可表達為 $B(i) = U_i\Lambda_i U_i'$，其中，U 為特徵向量的矩陣，而 Λ 為特徵值的對角矩陣，故 $X_i = U_i\Lambda_i^{1/2}$。

範例請見作者《多變量統計之線性代數基礎：應用 STaTa 分析》一書。

## 11-2-3a 非度量性 (nonmetric)：多維標度法／多向度量尺：2004 年美國總統候選人 (matrix dissimilarity、mdsmat、mdsconfig、mdsshepard 指令)

### 一、非度量性 (nonmetric)MDS 的算法

前節談到 Torgerson 對於 Metric MDS 問題的解決方法是很有用的，但通常我們所遇到的應用問題，通常不涉及實際距離資料或可度量 (metric) 相近性資料。因此，我們通常對於非度量性資料的空間表達較感興趣。

以下範例，針對單一民眾對於 13 位背景相當的不同總統候選人之不相似性的認知。接受測試的人以 1 至 100 分來排序每對車款的相似性，1 分代表最喜愛，

100分代表最不喜愛。「therms.sav」資料檔再用 Step 2「**matrix dissimilarity** 指令」轉換為總統候選人間的知覺不相似性矩陣，矩陣中的資料為次序尺度 (ordinal)。

Nonmetric 不相似性資料轉換成距離資料是困難的，因為兩者間非簡單的線性關係，而是非線性關係；因此 Togerson 的 metric MDS 方法不適合用來解決問題。以下將介紹 Kruscal 的 Iterative approach。

**Kruskal 的 Two-way nonmetric MDS 算法**：求得的相異性矩陣。

**Step1**：選擇空間圖的構面數 r。

**Step2**：選擇起始空間分布圖。用 metric MDS 所獲得的解，可以作為一個很好的起始分布。若能嘗試使用多個起始分布，可避免最終圖形分布陷入局部最佳解 (local optimum)。

**Step3**：計算空間圖上的點兩兩間的距離。

$$d_{ij} = \sqrt{(x_{i1} - x_{j1})^2 + (x_{i2} - x_{j2})^2 + ... + (x_{ir} - x_{jr})^2}$$

**Step4**：評估距離 $d_{ij}$ 與不相似性 $\delta_{ij}$ 之間的一致性。利用最小平方單調迴歸法 (least squares monotone regression) 將 $\delta_{ij}$ 轉換為 $\hat{d}_{ij}$，再利用下面的公式計算當前解的壓力係數，旨在評估 $d_{ij}$ 與 $\delta_{ij}$ 之間的一致性。

Krustal(1964) 為前述的一致性找到衡量的指標「Stress」值，當此值愈小時，空間圖點的兩兩間距離的排序與原始不相似性資料的排序愈一致，即愈適配 (fit)：

$$Stress = \sqrt{\frac{\sum_i \sum_j (d_{ij} - \hat{d}_{ij})^2}{\sum \sum d_{ij}^2}}$$

**Step5**：使用數值最適法 ( 例如：gradient search method) 搜尋空間圖各點的移動方向，使減低壓力係數；回 Step3。若所有點都無法移動以得到更好的壓力係數時，表示已經收斂，此時可回 Step1，選擇另一個 r 或終止此程序。

範例請見作者《多變量統計之線性代數基礎：應用 STaTa 分析》一書。

對應分析
(Correspondence
analysis,
CORRESPONDENCE指令)

　　對應分析 (Multiple correspondence analysis, MCA) 早在二戰前就出現在歐洲，但其潛力目前尚未受到社會科學的重視。西元 2000 年左右介紹進美國之後，已經應用在語言學的研究中，成為該學門中的重要研究方法 (Glynn, et al., 2014; Glynn, & Robinson, 2014)。商管學院也已在使用，但並未在國內形成風氣。

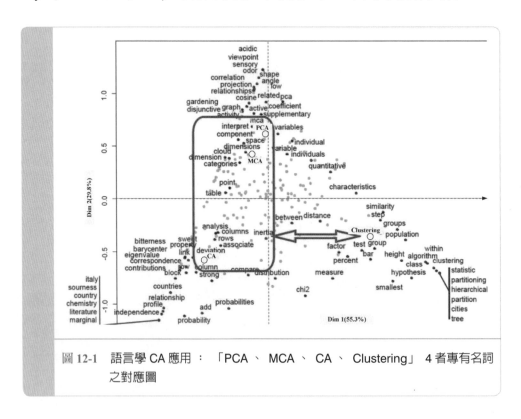

圖 12-1　語言學 CA 應用：「PCA、 MCA、 CA、 Clustering」 4 者專有名詞之對應圖

## 12-1 對應分析之概念

　　多變量分析 (MVA) 是基於線性代數的統計學原理，它涉及一次觀察和分析多個統計結果變數。多變量分析之目標有 4 類，如下圖。

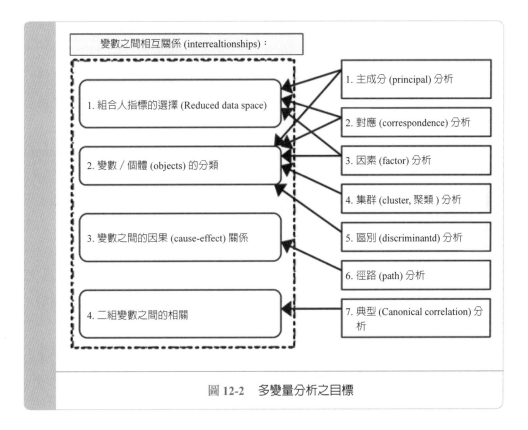

圖 12-2　多變量分析之目標

　　對應分析 (Correspondence analysis, **CA**) 是將高維度資料簡化爲低維度資料的統計技術。例如：教科書主題之研究，藉由對應分析產出的空間圖，可讓教科書研究者立即掌握內容分析類目表中的不同類別變數之相似性及區隔性，且研究者可根據其對研究主題的熟悉度，來得到合理的研究資料詮釋及解釋。

　　對應分析旨在處理兩個或多個不連續的變數或類別之間的關係。對應分析的特點有：

1. 對應分析以列聯表爲基礎，將資料的特性呈現於空間分布的圖示中，CA 接近幾何學的概念甚過於統計的概念 (Greenacre, 1993)。透過各個類別或變數在空間的分布距離探討類別間或變數間的關係，將複雜的資料結構視覺化 (Clausen, 1998)。

2. 對應分析是探索性的資料分析方法，主旨不在於檢證資料是否適配研究者設定的理論模型，而是呈現資料本身的結構 (Greenacre, 1993)。將 CA 從理論層次應用到社會科學界的是 Benzécre 特別強調歸納法的資料分析，而不是一般統

計方法較常使用的演繹法 (Clausen, 1998)。此外，如 Bourdieu 所說，對應分析是一種對眾多關係的「思考」的方法，不同於一般的統計模式蘊含著某種社會或行動的因果哲學 (Tarnai & Wuggenig, 1998)。對於社會學而言，對應分析以低度抽象以及圖解的方式提供社會學者探討和思索社會位置、價值取向以及行為模式之間可能關係的有效方法 (陳家倫，2001)。

對應分析的基本原理與因素分析相關的主成分分析 (Principal component analysis) 相符合 (Clausen, 1998)。其次，對應分析強調空間分布圖顯示資料結構的特徵，和 MDS(Multi-dimensional scaling) 有許多相似之處 (陳家倫，2001)。

在非對稱圖 (Asymmetric map) 中，頂點 (Vertex or vertices points) 代表想像的列極端奇異值，限定奇異值點之位置的範圍，最分散的點就在於 Vertices points 上。因此，在非對稱圖中所有的點都落在頂點之內。某個代表列的奇異值的點越接近頂點 ( 代表行的類別 )，表示對應的列和行的相關性愈高。在非對稱圖中，頂點和列的奇異值都同樣重要，列的奇異值可以直接參考頂點作為解釋。此外，不論是對列的分析或是對行的分析所得到的對應分析表，彼此有很高的相似性，也就是兩者相關非常高 (Greenacre, 1994)。

## 一、什麼是對應分析 (Correspondence analysis)

對應分析又稱為相應分析，也稱 R-Q 分析。是因素分子基礎發展起來的一種多元統計分析方法。它主要通過分析定性變數構成的列聯表來揭示變數之間的關係。在因素分析中人們通常只是分析原始變數的因素結構，找出決定原始變數的公共因素，從而使問題的分析簡化和清晰。這種研究對象是**變數的因素分析稱為 R 型因素分析**。但是對於有些問題來說，我們還需要研究樣品的結構，若對於**樣品進行因素分析，稱為 Q 型因素分析**。當我們對同一觀測數據施加 R 和 Q 型因素分析，並分別保留兩個公共因素，則是對應分析的初步。

運用這種研究技術，我們可以獲取有關消費者對產品品牌定位方面的圖形，從而幫助您及時調整營銷策略，以便使產品品牌在消費者中能樹立起正確的形象。

這種研究技術還可以用於檢驗廣告或市場推廣活動的效果，我們可以通過對比廣告播出前或市場推廣活動前與廣告播出後或市場推廣活動後消費者對產品的不同認知圖來看出廣告或市場推廣活動是否成功的向消費者傳達了需要傳達的信息。

## 二、對應分析的基本思想

　　對應分析的基本思想是將一個聯列表的行和列中各元素的比例結構以點的形式在較低維的空間中表示出來。它最大特點是能把眾多的樣品和眾多的變數同時作到同一張圖解上，將樣品的大類及其屬性在圖上直觀而又明瞭地表示出來，具有直觀性。另外，它還省去了因素選擇和因素軸旋轉等複雜的數學運算及中間過程，可以從因素載荷圖上對樣品進行直觀的分類，而且能夠指示分類的主要參數 ( 主因素 ) 以及分類的依據，是一種直觀、簡單、方便的多元統計方法。

## 三、對應分析方法的優缺點

(1) 定性變數劃分的類別越多，這種方法的優越性越明顯。

(2) 揭示行變數類間與列變數類間的聯繫。

(3) 將類別的聯繫直觀地表現在圖形中。

(4) 不能用於相關關係的假設檢驗。

(5) 維數有研究者自定。

(6) 受極端值 (outlier) 的影響。

## 四、對應分析主要應用

　　主要應用在市場細分、產品定位、地質研究以及電腦工程等領域中。原因在於，它是一種視覺化的數據分析方法，它能夠將幾組看不出任何聯繫的數據，通過視覺上可以接受的定點陣圖展現出來。

## 五、對應分析的特點

　　對應分析的基本思想是將一個聯列表的行和列中各元素的比例結構以點的形式在較低維的空間中表示出來。

　　它最大特點是能把眾多的樣品和眾多的變數同時作到同一張圖解上，將樣品的大類及其屬性在圖上直觀而又明瞭地表示出來，具有直觀性。另外，它還省去了因素選擇和因素軸旋轉等複雜的數學運算及中間過程，可以從因素載荷圖上對樣品進行直觀的分類，而且能夠指示分類的主要參數 ( 主因素 ) 以及分類的依據，是一種直觀、簡單、方便的多元統計方法。

### 六、對應分析法處理過程

　　對應分析法整個處理過程由兩部分組成：表格和關聯圖。對應分析法中的表格是一個二維的表格，由行和列組成。每一行代表事物的一個屬性，依次排開。列則代表不同的事物本身，它由樣本集合構成，排列順序並沒有特別的要求。在關聯圖上，各個樣本都濃縮為一個點集合，而樣本的屬性變數在圖上同樣也是以點集合的形式顯示出來。

## 12-2 簡單的對應分析 (CORRESPONDENCE 指令)

### 12-2-1對應分析：「性別與學歷」對科學信仰之對應 (correspondence table 指令)

範例1：對應分析：「性別與學歷」對科學信仰之對應 (correspondence table 指令)

　　本例想了解，「性別 (sex) 與學歷 (edu)」對變數 A 的影響，變數 A 是「我們經常相信科學，而且在感情或信仰方面還不夠」，變數 A 採 Likert 五點反向計分方式 (1：非常同意、5：非常不同意 )。性別 (sex) 是二分類別變數。學歷 (edu) 共分 6 個等級。

### 一、資料檔之內容

　　資料檔「issp93.sav」，如下圖所示，共有 871 受試者。

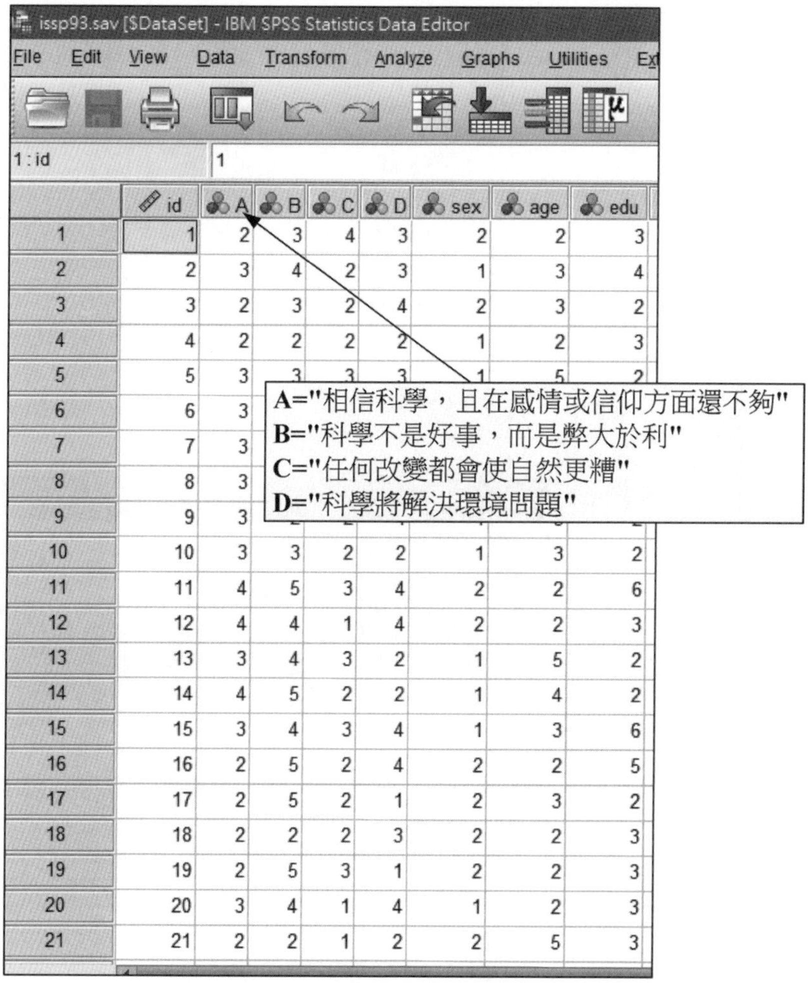


| | id | A | B | C | D | sex | age | edu |
|---|---|---|---|---|---|---|---|---|
| 1 | 1 | 2 | 3 | 4 | 3 | 2 | 2 | 3 |
| 2 | 2 | 3 | 4 | 2 | 3 | 1 | 3 | 4 |
| 3 | 3 | 2 | 3 | 2 | 4 | 2 | 3 | 2 |
| 4 | 4 | 2 | 2 | 2 | 2 | 1 | 2 | 3 |
| 5 | 5 | 3 | 3 | 3 | 3 | 1 | 5 | 2 |
| 6 | 6 | 3 | | | | | | |
| 7 | 7 | 3 | | | | | | |
| 8 | 8 | 3 | | | | | | |
| 9 | 9 | 3 | | | | | | |
| 10 | 10 | 3 | 3 | 2 | 2 | 1 | 3 | 2 |
| 11 | 11 | 4 | 5 | 3 | 4 | 2 | 2 | 6 |
| 12 | 12 | 4 | 4 | 1 | 4 | 2 | 2 | 3 |
| 13 | 13 | 3 | 4 | 3 | 2 | 1 | 5 | 2 |
| 14 | 14 | 4 | 5 | 2 | 2 | 1 | 4 | 2 |
| 15 | 15 | 3 | 4 | 3 | 4 | 1 | 3 | 6 |
| 16 | 16 | 2 | 5 | 2 | 4 | 2 | 2 | 5 |
| 17 | 17 | 2 | 5 | 2 | 1 | 2 | 3 | 2 |
| 18 | 18 | 2 | 2 | 2 | 3 | 2 | 2 | 3 |
| 19 | 19 | 2 | 5 | 3 | 1 | 2 | 2 | 3 |
| 20 | 20 | 3 | 4 | 1 | 4 | 1 | 2 | 3 |
| 21 | 21 | 2 | 2 | 1 | 2 | 2 | 5 | 3 |

圖 12-3 「issp93.sav」 資料檔內容 (N=871 個人)

## 二、分析結果與討論

**Step 1.** 類別變數的次數分配

圖 12-4　類別變數的次數分配

對應的指令語法：

```
FREQUENCIES VARIABLES=A age edu sex
  /ORDER=ANALYSIS.
```

### A: 相信科學，且在感情或信仰方面還不夠 (5 categories)

| | | Frequency | Percent | Valid Percent | Cumulative Percent |
|---|---|---|---|---|---|
| Valid | agree strongly | 119 | 13.7 | 13.7 | 13.7 |
| | agree | 322 | 37.0 | 37.0 | 50.6 |
| | neither agree nor disagree | 204 | 23.4 | 23.4 | 74.1 |
| | disagree | 178 | 20.4 | 20.4 | 94.5 |
| | disagree strongly | 48 | 5.5 | 5.5 | 100.0 |
| | Total | 871 | 100.0 | 100.0 | |

### age (6 categories)

| | | Frequency | Percent | Valid Percent | Cumulative Percent |
|---|---|---|---|---|---|
| Valid | 16-24 | 91 | 10.4 | 10.4 | 10.4 |
| | 25-34 | 210 | 24.1 | 24.1 | 34.6 |
| | 35-44 | 158 | 18.1 | 18.1 | 52.7 |
| | 45-54 | 146 | 16.8 | 16.8 | 69.5 |
| | 55-64 | 124 | 14.2 | 14.2 | 83.7 |
| | 65-- | 142 | 16.3 | 16.3 | 100.0 |
| | Total | 871 | 100.0 | 100.0 | |

### education (6 categories)

| | | Frequency | Percent | Valid Percent | Cumulative Percent |
|---|---|---|---|---|---|
| Valid | primary incomplete | 38 | 4.4 | 4.4 | 4.4 |
| | primary completed | 378 | 43.4 | 43.4 | 47.8 |
| | secondary incomplete | 242 | 27.8 | 27.8 | 75.5 |
| | secondary completed | 94 | 10.8 | 10.8 | 86.3 |
| | tertiary incomplete | 49 | 5.6 | 5.6 | 92.0 |
| | tertiary competed | 70 | 8.0 | 8.0 | 100.0 |
| | Total | 871 | 100.0 | 100.0 | |

**Step 2.** 二個類別變數「A × edu」的 CA 分析

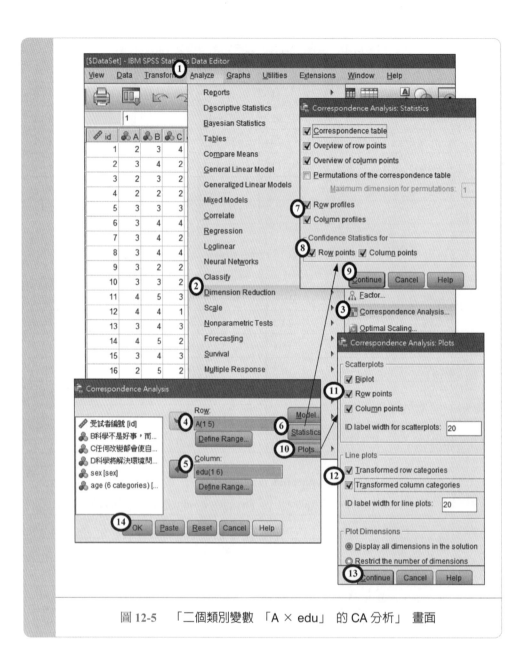

圖 12-5 「二個類別變數 「A × edu」 的 CA 分析」 畫面

對應的指令語法：

```
title" 對應分析 , CORRESPONDENCE.sps ".
subtitle "「issp93.sav」資料檔 ".

CORRESPONDENCE TABLE=A(1 5) BY edu(1 6)
  /DIMENSIONS=2
  /MEASURE=CHISQ
  /STANDARDIZE=RCMEAN
  /NORMALIZATION=SYMMETRICAL
  /PRINT=TABLE RPOINTS CPOINTS RPROFILES CPROFILES RCONF CCONF
  /PLOT=NDIM(1,MAX) BIPLOT(20) RPOINTS(20) CPOINTS(20) TRROWS(20) TRCOLUMNS(20).
```

**Correspondence Table**

| A 相信科學，且在感情或信仰方面還不夠 | education (6 categories) | | | | | | |
|---|---|---|---|---|---|---|---|
| | primary incomplete | primary completed | secondary incomplete | secondary completed | tertiary incomplete | tertiary competed | Active Margin |
| agree strongly | 7 | 59 | 29 | 11 | 5 | 8 | 119 |
| agree | 15 | 155 | 84 | 27 | 20 | 21 | 322 |
| neither agree nor disagree | 7 | 84 | 65 | 18 | 11 | 19 | 204 |
| disagree | 8 | 68 | 54 | 26 | 8 | 14 | 178 |
| disagree strongly | 1 | 12 | 10 | 12 | 5 | 8 | 48 |
| Active Margin | 38 | 378 | 242 | 94 | 49 | 70 | 871 |

1. Active Margin：印出二個類別變數「A × edu」交叉表的邊際人數。

| A 相信科學，且在感情或信仰方面還不夠 | education (6 categories) | | | | | | |
|---|---|---|---|---|---|---|---|
| | primary incomplete | primary completed | secondary incomplete | secondary completed | tertiary incomplete | tertiary competed | Active Margin |
| agree strongly | .059 | .496 | .244 | .092 | .042 | .067 | 1.000 |
| agree | .047 | .481 | .261 | .084 | .062 | .065 | 1.000 |
| neither agree nor disagree | .034 | .412 | .319 | .088 | .054 | .093 | 1.000 |
| disagree | .045 | .382 | .303 | .146 | .045 | .079 | 1.000 |
| disagree strongly | .021 | .250 | .208 | .250 | .104 | .167 | 1.000 |
| Mass | .044 | .434 | .278 | .108 | .056 | .080 | |

**Row Profiles**

1. 橫列 (row): agree strongly = .059 = 7/119。agree = .047 = 15/322.

**Summary**

| Dimension | Singular Value | Inertia | Chi Square | Sig. | Proportion of Inertia | | Confidence Singular Value | |
|---|---|---|---|---|---|---|---|---|
| | | | | | Accounted for | Cumulative | Standard Deviation | Correlation 2 |
| 1 | .176 | .031 | | | .752 | .752 | .038 | .084 |
| 2 | .076 | .006 | | | .140 | .892 | .034 | |
| 3 | .062 | .004 | | | .092 | .984 | | |
| 4 | .025 | .001 | | | .016 | 1.000 | | |
| Total | | .041 | 35.938 | .016[a] | 1.000 | 1.000 | | |

a. 20 degrees of freedom

1. 卡方 = 35.938 (p < .05) 達顯著水準，表示二個類別變數「A × edu」有顯著的關聯性。

2. Singular value，SPSS 計算：點間距離並將距離矩陣應用於主成分分析，在這種情況下產生 4 個維度。

3. 特徵值 (Eigen values) 謂之 Inertia( 慣性 ) 欄：是每個維度解釋的變化百分比，而不是完整的解決方案，這就是為什麼 4 個特徵值累加仍小於 100%。本例在「Dimension 4」情況下，僅為 0.001 = 1.0%。它反映「A × edu」之間的相關性雖然顯著，但相關性卻很微弱。

4. 特徵值 ( 這裡稱為慣性 ) 反映了每個維度的相對重要性，第一個總是最重要的，第二個次最重要…等等。

5. 奇異值 (Singular value) 是特徵值 ( 即 Inertia) 的平方根。它代表任一維度，分析類別變數之間的最大典型相關性。

6. 「慣性比例」(cumulative) 欄是特徵值除以特徵值總合 (Total)。也就是說，它們是每個維度解釋變異數所解釋的變異數百分比 (They are the percent of variance each dimension explains of the variance explained)：因此第一維度解釋了該模型變異數的 4.1 % 的 75.2 %。

7. 標準差 (Standard Deviation) 是指奇異值 (Singular Value)，它有助於研究人員評估每個維度的相對精準度。

**Overview Row Points[a]**

| A 相信科學，且在感情或信仰方面還不夠 | Mass | Score in Dimension 1 | Score in Dimension 2 | Inertia | Of Point to Inertia of Dimension 1 | Of Point to Inertia of Dimension 2 | Of Dimension to Inertia of Point 1 | Of Dimension to Inertia of Point 2 | Total |
|---|---|---|---|---|---|---|---|---|---|
| agree strongly | .137 | -.293 | .263 | .004 | .066 | .124 | .574 | .199 | .774 |
| agree | .370 | -.255 | .188 | .006 | .136 | .171 | .751 | .176 | .927 |
| neither agree nor disagree | .234 | -.004 | -.373 | .003 | .000 | .428 | .000 | .711 | .711 |
| disagree | .204 | .252 | -.213 | .005 | .073 | .122 | .457 | .141 | .598 |
| disagree strongly | .055 | 1.521 | .462 | .024 | .724 | .155 | .953 | .038 | .991 |
| Active Total | 1.000 | | | .041 | 1.000 | 1.000 | | | |

a. Symmetrical normalization

　　「Overview Row Points table」：對應表中「類別變數 A」每個 row 點，都會顯示如下欄位：「For each row point in the correspondence table, displays the mass, scores in dimension, inertia, contribution of the point to the inertia of the dimension, and contribution of the dimension to the inertia of the point」.

1. *Mass*( 質量 )：row 變數的邊際比例 (Marginal proportions)，用於在計算點距離時對點輪廓 (Point profiles) 進行加權。這種加權具有補償不同數量 cases 的效果。

2. *Scores in dimension*：繪製對應關係圖時，當作點的坐標的分數。每個點在每個維度上都有一個分數。

3. *Inertia*：變異數 (Variance)。

4. *Contribution of points to dimensions*：用於表示對應維度的含義。其意義如同「因素分析」的 loadings。

5. *Contribution of dimensions to points*：這些是多重相關 (Multiple correlations)，它反映了主成分模型如何很好地解釋任何給定的點 ( 類別 )。

6. 「Overview Column Points table」解釋 Column 變數 (edu) 的情況，如同「Overview Row Points table」解釋 row 變數 A 的情況一樣。

| A 相信科學，且在感情或信仰方面還不夠 | **Confidence Row Points** | | |
|---|---|---|---|
| | Standard Deviation in Dimension | | Correlation |
| | 1 | 2 | 1-2 |
| agree strongly | .213 | .529 | .009 |
| agree | .110 | .239 | .121 |
| neither agree nor disagree | .186 | .500 | -.005 |
| disagree | .206 | .753 | .074 |
| disagree strongly | .291 | .548 | -.335 |

1. 「Confidence Row Points tables」顯示 Row 分數的標準差 ( 用作繪製對應圖的坐標的值 ) 並用於評估其精準度。

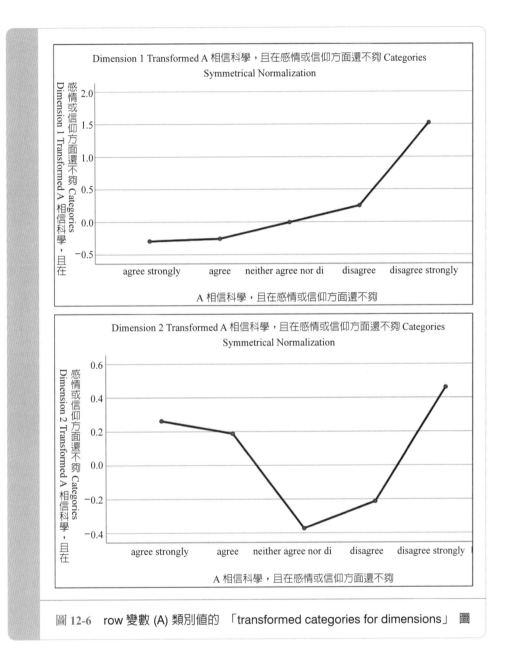

圖 12-6　row 變數 (A) 類別值的 「transformed categories for dimensions」 圖

1. 「transformed categories for dimensions」 圖，會將 row 類別值和 column 類別值
   的轉換的圖形顯示為維度的分數，每個維度繪製一個圖。

2. 上面二個圖是 row 變數 A，其 5 個 levels 在「Diminsion 1」及「Diminsion 2」
   的分數。

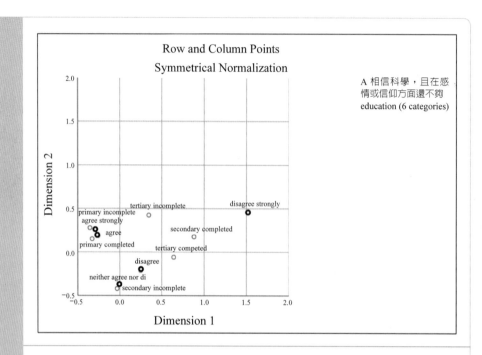

圖 12-7　繪出二個類別變數 「A × edu」 的 CA 對應圖

## 12-2-2輸入矩陣：5 個國家與 11 個資源之 11×5 矩陣 ( 非 725×2)(anacor table 指令 )

範例 2 ：對應分析：5 個國家與 11 個資源之指令

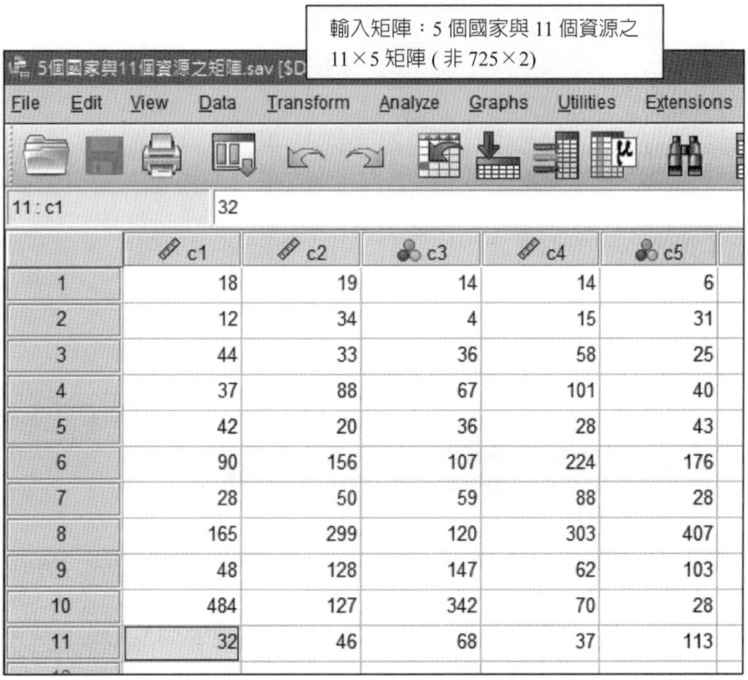

輸入矩陣：5 個國家與 11 個資源之 11×5 矩陣 ( 非 725×2)

圖 12-8 「5 個國家與 11 個資源之矩陣 .sav」 内容

【A. 分析結果】：只能用 SPSS 指令

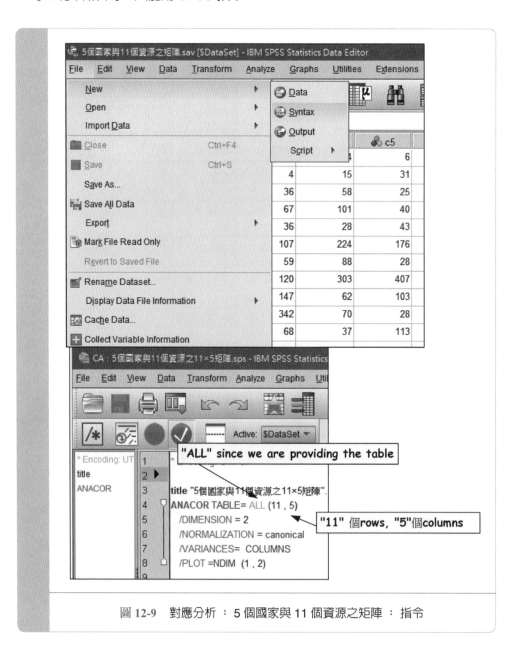

圖 12-9　對應分析 ：5 個國家與 11 個資源之矩陣 ： 指令

【B. 分析結果說明】

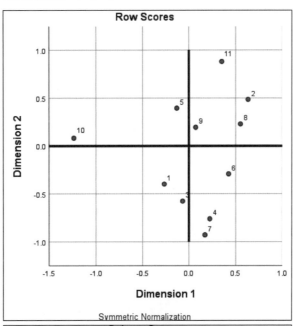

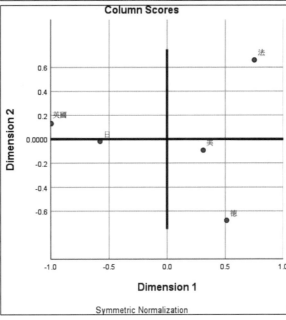

圖 12-10　5 個國家 (country) 與 11 個資源 (source) 之對應圖

參考文獻

Afifi, A, Clark, V and May, S.(2004). *Computer-Aided Multivariate Analysis*. 4th ed. Boca Raton, Fl, Chapman & Hall/CRC.

Anscombe, F. J. (1948).The Validity of Comparative Experiments . *Journal of the Royal Statistical Society. Series A (General). 111* (3), 181-211.

Bailey, R. A (2008). *Design of Comparative Experiments*. Cambridge University Press.

Balock, H.M., Jr., (1972). *Social statistics* (2nd ed.). New York, McGraw-Hill.

Bapat, R. B. (2000). *Linear Algebra and Linear Models* (Second ed.). Springer.

Bartlett, M. S. (1954). *A Note on the Multiplying Factors for Various chi-square Approximations*. J R Stat Soc Series B. 16 (2), 296-298.

Baxter, M.J. (1994). *Exploratory multivariate analysis in archaeology*. Edinburgh, Edinburgh University Press.

Bazzoli, GJ; Shortell, SM; Dubbs, N; Chan,C; and Kralovec, P; A.(1999). *Taxonomy of Health Networks and Systems*, Bringing Order Out of Chaos. Health Services Research, February.

Benzécri, J.P. (1973). *L'analyse des données. II. L'analyse des correspondances. Dunod*, Paris, France. 619.

Bernstein, I.H., Garbin, C.P., & Teng, G.K. (1988). *Applied multivariate analysis.*New York, Springer-Verlag.

Berry, W.D., & Feldman, S. (1985). *Multiple regression in practice*. Beverly Hills, CA, Sage.

Bray, J.H., & Maxwell, S.E. (1985). M*ultivariate analysis of variance*. Beverly Hills, CA, Sage.

Brown, J. D., and E. Beerstecher. (1951). *Metabolic patterns of underweight and overweight individuals*. In Biochemical Institute Studies IV, No. 5109. Austin, TX, University of Texas Press.

Bryman, A., & Cramer, D. (1990). *Quantitative data analysis for social sciences.* London, Routledge.

Bryne, B.M. (1989). *A primer of LISREL, Basic applications and programming for confirmatory factor analytic models.* New York, Springer-Verlag.

Busch, D.H. (1991). *The new critical path method, CPM, The state-of-the-art in project modeling and time reserve management.* Chicago, Probus Publishing Company.

Cali ski, Tadeusz & Kageyama, Sanpei (2000). *Block designs, A Randomization approach, Volume I, Analysis. Lecture Notes in Statistics*. 150. New York, Springer-Verlag.

Cali ski, Tadeusz & Kageyama, Sanpei (2003). *Block designs, A Randomization approach, Volume II, Design. Lecture Notes in Statistics*. 170. New York, Springer-Verlag.

Carroll, J.D., & Green, P.E. (1997). *Mathematical tools for applied multivariate analysis*. San Diego, Academic Press.

Cattell, R. B. (1943). The description of personality, Basic traits resolved into clusters. *Journal of Abnormal and Social Psychology. 38* (4), 476-506.

Cauraugh, J.H. (2002). Experimental design and statistical decisions tutorial, Comments on longitudinal ideomotor apraxia recovery. *Neuropsychological Rehabilitation, 12,* 75-83.

Child, D. (1990). *The essentials of factor analysis* (2en ed.). London, Cassell.

Christensen, R. (1990). *Log-linear models*. New York, Springer-Verlag.

Clausen, S.(1998). *Applied Correspondence Analysis: An Introduction*. Thousand Oaks:Sage.

Cooley, W.W., & Lohnes, R.R. (1971). *Multivariate data analysis*. New York, Wiley.

Crowder, M.J., & Hand, D.J. (1990). *Analysis of repeated measures* (1st ed.). London, Chapman and Hall.

Derrick, B; Toher, D; White, P (2016). Why Welchs test is Type I error robust. *The Quantitative Methods for Psychology. 12* (1), 30-38.

Derrick, B; Toher, D; White, P (2017). *How to compare the means of two samples that include paired observations*, A companion to Derrick, Russ, Toher and White (2017). The Quantitative Methods for Psychology. 13 (2), 120-126.

Gillham, Nicholas Wright (2001). *A Life of Sir Francis Galton, From African Exploration to the Birth of Eugenics*. Oxford University Press, New York.

Dunn, O.J., & Clark, V.A. (1987). *Applied statistics, Analysis of variance and regression* (2nd ed.). New York, Wiley.

Dwyer, J.H. (1983). *Statistical models for the social and behavioral sciences.* New York, Oxford University Press.

Edwards, A.L. (1985). *Multiple regression and the analysis of variance and covariance* (2nd ed.). New York, W.H. Freeman.

Elifson, K.W., Runyon, R.P., & Haber, A. (1982). *Fundamentals of social statistics.* Reading, MA, Addison-Wesley.

Everitt, B.S., & Dunn, G. (2001). *Applied multivariate data analysis.* London , Arnold ; New York , Oxford University Press.

Fadem, Barbara (2008). *High-Yield Behavioral Science* (High-Yield Series). Hagerstwon, MD, Lippincott Williams & Wilkins.

Fang, K., & Zhang, Y. (1990). *Generalized multivariate analysis.* Beijing, Science Press.

Farrell, R.H. (1985). *Multivariate calculation, Use of the continuous groups.* New York, Springer-Verlag.

Field, A. (2009). *Discovering Statistics Using SPSS* (3rd edition). Los Angeles, Sage.

Fisher Box, Joan (1987). Guinness, Gosset, Fisher, and Small Samples. *Statistical Science. 2* (1), 45-52.

Fisher, R. A. (1936). The use of multiple measurements in taxonomic problems , *Eugen. 7,* 179-188

Flury, B., & Riedwyl, H. (1988). Multivariate statistics, A practical approach.London, Chapman and Hall.

Garson, G. David (2015). *GLM Multivariate, MANOVA, and Canonical Correlation.* Asheboro, NC, Statistical Associates Publishers.

Geer, J.P. van de. (1993). *Multivariate analysis of categorical data.* Newbury Park, CA , Sage. (Available at the UH Downtown, QA278.G433 1993 v. 2 )

Geisser, S. and Greenhouse, S.W. (1958). *An extension of Box's result on the use of the F distribution in multivariate analysis.* Annals of Mathematical Statistics, 29, 885-891.

Girden, E.R. (1992). ANOVA, Repeated measures. Newbury Park, CA, Sage.

Goodman, L.A., & Magidson, J. (Ed.). (1985). *Analyzing qualitative/categorical data, Log-linear models and latent structure analysis.* Lanham, MD, University Press of America.

Green, P.E. (1978). *Mathematical tools for applied multivariate analysis.* New York, Academic Press.

Greenacre, M(1994).*Correspondence Analysis and its interpretation.* In M. Greenacre & J. Blasius (Eds.),Correspondence Analysis in the Social Sciences(pp.23-52). London: Academic Press.

Greenance, M.(1984).*Theory and Applications of Correspondence Analysis.* London: Academic Press.

Grimm, L. G. and Yarnold, P. R. (editors). (1995). *Reading and Understanding Multivariate Statistics.* Washington, D.C., American Psychological Association.

Grimm, L.G.,& Yarnold, P.R. (Ed.). (2000). *Reading and understanding more multivariate statistics.* Washington, DC , American Psychological Association.

Gueorguieva, R. & Krystal, J.H. (2004). Progress in analyzing repeated-measures data and its reflection in papers published in the archives of general psychiatry. *Archives of General Psychiatry, 61,* 310-317.

Guilford, J.P., & Fruchter, B. (1978). *Fundamental statistics in psychology and education* (6th ed.). New York, McGraw-Hill.

Gupta, A.K. (Ed.). (1987). *Advances in multivariate statistical analysis.* Boston, Kluwer Academic Publishers.

Gupta, S.K, T.C. Ghosh (2001). Gene expressivity is the main factor in dictating the codon usage variation among the genes in Pseudomonas aeruginosa. *Gene* 273:63-70.

Haberman, S.(1975). *Maximum likelihood estimates in exponential response models.* Technical Report. Chicago, IL, University of Chicago.

Hagenaars, J.A. (1990). *Categorical longitudinal data, Log-linear panel, trend,and cohort analysis.* Newbury

Park, CA, Sage.

Hair, J.F., Anderson, R.E., & Tatham, R.L (1987). *Multivariate data analysis with readings* (2nd ed.). New York, Macmillan.

Hand, D.J., & Taylor, C.C. (1987). *Multivariate analysis of variance and repeated measures, A practical approach to behavioral scientists.* London, Chapman and Hall.

Hanushek, E.A., & Jackson, J.E. (1977). *Statistical methods for social scientists.*New York, Academic Press.

Harris, R.J. (2001). *A primer of multivariate statistics.* Mahwah, N.J., Lawrence Erlbaum Associates.

Hayduk, L.A. (1987). *Structural equation modeling with LISREL, Essentials and advances.* Baltimore, Johns Hopkins University Press.

Hays, W.L. (1973). *Statistics for the social sciences* (2nd ed.). New York, Holt,Rinehart, and Winston.

Healey, J.F. (1984). *Statistics, A tool for social research.* Belmont, CA, Wadsworth.

Hill, M.O. (1974). Correspondence analysis: a neglected multivariate method. Appl. Stat.23, 340-54.

Hinkelmann, Klaus and Kempthorne, Oscar (2008). *Design and Analysis of Experiments. I and II* (Second ed.). Wiley.

Hopkins, D.K., Hopkins, B.R., & Glass, G.V. (1996). *Basic statistics for the behavioral sciences.* Boston , Allyn and Bacon.

Howard, E.A., & Steven D. B. (Ed.). (2000). *Handbook of applied multivariate statistics and mathematical modeling.* San Diego , Academic Press.

Howell, D. (2010). *Statistical Methods for Psychology* (7th edition). Australia, Wadsworth.

Huberty, C. J. and Olejnik, S. (2006). *Applied MANOVA and Discriminant Analysis*, Second Edition. Hoboken, New Jersey, John Wiley and Sons, Inc.

Huck, S.W. & McLean, R.A. (1975). Using a repeated measures ANOVA to analyze the data from a pretest-posttest design, A potentially confusing task. *Psychological Bulletin, 82,* 511-518.

Hyunh, H. and Feldt, L.S. (1970). Conditions under which mean square ratios in repeated measurements designs have exact F-distributions. *Journal of the American Statistical Association, 65,* 1582-1589.

James. S. (2001). *Applied multivariate statistics for the social sciences.* Mahwah,N.J., Lawrence Erlbaum Associates.

Johnson, R.A., & Wichern, D.W. (1982). *Applied multivariate statistical analysis.* Englewood Cliffs, NJ, Prentice-Hall.

Johnson, R.A., & Wichern, D.W. (1988). *Applied multivariate statistical analysis.*(2nd ed.). Englewood Cliffs, NJ, Prentice-Hall.

Johnsson, T. (1989). *On stepwise procedures for some multiple inference problems.* Gteborg, Alqvist & Wiksell International.

Kachigan, S.K. (1982). *Multivariate statistical analysis.* New York, Radius Press.

Kachigan, S.K. (1986). *Statistical analysis, An interdisciplinary introduction to univariate & multivariate methods.* New York, Radius Press.

Kariya, T. (1985). *Testing in the multivariate general linear model.* Tokyo, Kinokuniya Co.

Kaufman, L., and P. J. Rousseeuw. (1990). Finding Groups in Data: An Introduction to Cluster Analysis. New York: Wiley.

Kempthorne, Oscar (1979). *The Design and Analysis of Experiments* (Corrected reprint of (1952) Wiley ed.). Robert E. Krieger.

Keppel, G., & Zedeck, S. (1989). *Data analysis for research designs, Analysis-of variance and multiple regression/correlation approaches.* New York, W.H. Freeman.

Khattree, R., & Naik, D. N. (1999). *Applied multivariate statistics with SAS software.* Cary, NC , SAS Institute ; [New York] , J. Wiley & Sons.

Krippendorff, K. (1986). *Information theory, Structural models for qualitative data.*Beverly Hills, CA, Sage.

Krzanowski, W.J. (2000). *Principles of multivariate analysis , A user's perspective*. Oxford [Oxfordshire] ; New York , Oxford University Press.

Kuehl, R.O. (2000). *Design of experiments , Statistical principles of research design and analysis*. Pacific Grove, CA , Duxbury/Thomson Learning.

Larsen, R.J., & Marx, M.L. (1981). *An introduction to mathematical statistics and its applications*. Englewood Cliffs, NJ, Prentice-Hall.

Lazarsfeld, P. F. and Henry, N. W. (1968). *Latent structure analysis*. Boston, Houghton Mifflin.

Lentner, Marvin; Thomas Bishop (1993).The Generalized RCB Design (Chapter 6.13) . *Experimental design and analysis* (Second ed.). P.O. Box 884, Blacksburg, VA 24063, Valley Book Company. 225-226.

Lepš J, P Šmilauer (1999). *Multivariate Analysis of Ecological Data. Faculty of Biological Science*. Univ. South Bohemia,　eské Bud jovice.

Levine, G. (1991). *A guide to SPSS for analysis of varian*ce. Hillsdale, NJ, Lawrence Erlbaum Associates.

Lindzey, G., & Aronson, E. (Eds.). (1968). *The handbook of social psychology(end ed.) (Vol. 2 Research Methods). Reading*, MA, Addison-Wesley.

Liu Q, Y Feng, Q Xue (2004) Analysis of factorsshaping codon usage in the mitochondrion genome of Oryza sativa. *Mitochondrion 4*, 313-320.

MacEachron, A.E. (1982). *Basic statistics in the human services, An applied approach*. Baltimore, university Park Press.

Manly, B.F.J. (1986). *Multivariate statistical methods, A primer. London*, Chapman and Hall.

Mardia, K. V., J. T. Kent, and J. M. Bibby. (1979).  Multivariate Analysis.  New York: Academic Press.

Mardia, K., J. T. Kent and J. Bibby (1979). *Multivariate Analysis*. Academic Press. ISBN 0-12-471250-9.

McDonald, R.P. (1985). *Factor analysis and related methods*. Hillsdale, NJ, Lawrence Erlbaum Associates.

McPherson, G. (2001). *Applying and interpreting statistics , A comprehensive guide*. New York , Springer.

Morrison, D.F. (1990). *Multivariate statistical methods* (2nd e3d.). New York, McGraw-Hill.

Næs, T., & Risvik, E. (Ed.). (1996). *Multivariate analysis of data in sensory science. Amsterdam* ; New York , Elsevier. (QP435 .M83 1996)

Narayan C. G. (1996). *Multivariate statistical analysis.* New York , M. Dekker.

Neter, J., Wasserman, W., & Kutner, M.H. (1990). *Applied linear statistical models, Regression, analysis of variance, and experimental designs* (3rd ed.).Homewood, IL, Irwin.

Nikiforov, A.F., Suslov, S.K., & Uvarov, V.B. (1991). *Classical orthogonal polynomials of a discrete variable*. Berlin, Springer-Verlag.

Nishisato, S. (1980). *Analysis of Categorical Data: Dual Scaling and Its Applications*. Univ.Toronto, Toronto, Canada. 276.

Norris, C.N., & Rolph, J.E. (1981). *Introduction to data analysis and statistical inference*. Englewood Cliffs, NJ, Prentice-Hall.

Ohrnstedt, G.W.B., & Knoke, D. (1982). *Statistics for social data analysis*. Itasca, IL, Peacock.

Parsa, A.R. (1990). *Analysis of contingency tables with structural zeros and ordered categories*. Unpublished doctoral dissertation, Texas A & M University, College

Pedhazur, E. (1997). *Multiple Regression in Behavioral Research*. 3rd ed. Orlando, Fl, Holt, Rinehart and Winston, Inc.

Pollatsek, A. & Well, A.D. (1995). On the use of counterbalanced designs in cognitive research, A suggestion for a better and more powerful analysis. *Journal of Experimental Psychology, 21*, 785-794.

Raghavarao, Damaraju (1988). *Constructions and Combinatorial Problems in Design of Experiments* (corrected reprint of the 1971 Wiley ed.). New York.

Rao, C. R(1951). An asymptotic expansion of the distribution of Wilks' criterion" . Bulletin de l' Institut *International de Statistique. 33*, 177-180.

Rao, C. R. (1955). Estimation and tests of significance in factor analysis. *Psychometrika 20*, 93-111.

Rasch, G. (1960). *Probabilistic models for some intelligence and attainment tests*. Chicago, University of Chicago Press.

Read, T.R.C., & Cressie, N.A.C. (1988). *Goodness-of-fit statistics for discrete multivariate data*. New York, Springer-Verlag.

Rencher, A. C. (1998). *Multivariate Statistical Inference and Applications*. New York, Wiley.

Rencher, A. C.(1998). *Multivariate Statistical Inference and Applications*. New York, Wiley.

Rencher, A. C., and W. F. Christensen.(2012). *Methods of Multivariate Analysis*. 3rd ed. Hoboken, NJ, Wiley.

Richard Mankiewicz (2004). *The Story of Mathematics* (Paperback ed.). Princeton, NJ, Princeton University Press.

Richard, A. R., & Enrico, S. (1999). *Aspects of multivariate statistical analysis in geology*. Amsterdam ; New York , Elsevier.

Richard, A.J., & Dean, W.W. (2002). *Applied multivariate statistical analysis*. Upper Saddle River, N.J., Prentice Hall.

Santner, T.J., & Duffy, D.E. (1989). *The statistical analysis of discrete data*. New York, Springer-Verlag.

Shah, Kirti R. & Sinha, Bikas K. (1989). *Theory of Optimal Designs*. Lecture Notes in Statistics.

Shen, M.L. (1998). *Applied Multivariate Analysis*.(in Chinese) p.243-301. Jeou Chou Book Co. Ltd., Taipei, Taiwan.

Smith, H., R. Gnanadesikan, and J. B. Hughes. (1962). Multivariate analysis of variance (MANOVA). B*iometrics 18*, 22-41.

Snedecor, G. W., and Cochran, W. G. (1989). Statistical Methods, eighth edition. Iowa State University Press.

Spearman, C. (1904).The Proof and Measurement of Association between Two Things. *American Journal of Psychology 15*, 88-103.

Stevens, J. (2002). *Applied multivariate statistics for the social sciences*. Hillsdale, NJ, L. Erlbaum Associates.

Stone, M. (1987). *Coordinate-free multivariate statistics, An illustrated geometric progression from Halmos to Gauss and Bayes*. Oxford, Clarendon Press.

Street, Anne Penfold & Street, Deborah J. (1987). *Combinatorics of Experimental Design*. Oxford U. P.

Tabachnick, B.G., & Fidell, L.S. (2001). *Using multivariate statistics*. Boston , Allyn and Bacon.

Tan Q, K Brusgaard, TA Kruse, E Oakeley, et al.(2004). Correspondence analysis of microarray time-course data in case-control design. *J. Biomed. Informatics 37*:358-365.

Tandy, R.D. (1989). *An empirical comparison of univariate and multivariate repeated measures analysis techniques when applied to motor performance data microform, A Monte Carlo study*. Unpublished doctoral dissertation, Texas A & M University, College Station, TX.

Tatsuoka M.M. (1988). *Multivariate analysis: Techniques for Educational and Psychological Research*. 2nd. Macmillan Pub. Co., New York, USA. 477.

Tatsuoka, M. M.(1971). Multivariate Analysis, Techniques for Educational and Psychological Research. New York, John Wiley and Sons.

Tekaia. F, E. Yeramian, B. Dujon(2002). Amino acid composition of genomes, lifestyles of organisms, and evolutionary trends : a global picture with correspondence analysis. *Gene,297*,51-60.

Thomas T.H. W. (2002). *Evidence-based health care management , Multivariate modeling approaches*. Boston , Kluwer Academic Publishers.

Thurstone, L. L. (1947). *Multiple Factor Analysis. Chicago*, University of Chicago Press.

Tong, Y.L. (1990). *The multivariate normal distribution*. New York, SpringerVerlag.

Tryon, Robert C. (1939). *Cluster Analysis, Correlation Profile and Orthometric (factor) Analysis for the Isolation of Unities in Mind and Personality*. Edwards Brothers.

Wickens, T.D. (1995). *The geometry of multivariate statistics*. Hillsdale, N.J., L. Erlbaum Associates.

Wilk, M. B. (June 1955).The Randomization Analysis of a Generalized Randomized Block Design . *Biometrika. 42* (1-2), 70-79.

Wishart, J. (1928). The generalised product moment distribution in samples from a normal multivariate population. *Biometrika. 20*A (1-2), 32-52.

Wright, S. (1921). Correlation and causation. *J. Agric. Res. 20*, 557-585.

Yuan Z.F., J.Y. Zhou (2003). *Multivariate Statistical Analysis.* (in Chinese) p.188-195. 2nd. Science Press, Beijing, China. 303.

Oksanen, J. (2004). *Multivariate Analysis in Ecology-Lecture Notes.* p.63-70. Department of Biology, Univ. Oulu, Oulu, Finnish.

Zeller, R.A., & Carmines, E.G. (1978). *Statistical analysis of social data.*Chicago, Rand McNally.

Zeller, R.A., & Carmines, E.G. (1980). *Measurement in the social sciences, The link between theory and data*. New York, Cambridge University Press.

Zyskind, George (Dec 1963).Some Consequences of randomization in a Generalization of the Balanced Incomplete Block Design . *The Annals of Mathematical Statistics. 34* (4), 1569-1581.

Addelman, Sidney (Oct 1969).The Generalized Randomized Block Design . *The American Statistician. 23* (4), 35-36.

Addelman, Sidney (Sep 1970).Variability of Treatments and Experimental Units in the Design and Analysis of Experiments . *Journal of the American Statistical Association. 65* (331), 1095-1108.

Gates, Charles E. (Nov 1995).What Really Is Experimental Error in Block Designs? . *The American Statistician. 49* (4), 362-363.

林清山 (1988). 《多變項分析統計法》，第 5 版，臺北：東華。

陳家倫 (2001). 臺灣宗教行動圖像的初步建構，在「宗教與社會變遷」第三期第五次臺灣社會變遷基本調查之研究分析研討會，中央研究院社會研究所，檢索於 http://www.ios.sinica.edu.tw/pages/seminar/scs3-5/scs3-54.doc，2018-01-13。

# 五南研究方法書系 STaTa 系列　張紹勳 博士 著

**1H0U**

多變量統計之線性代數基礎：
應用STaTa分析

**1H0R**

有限混合模型(FMM)：STaTa分析
(以EM algorithm做潛在分類再迴歸分析)
（附光碟）

**1H0Q**

邏輯斯迴歸及離散選擇模型：
應用STaTa統計 （附光碟）

**1H0P**

多層次模型（HLM）及
重複測量——使用STaTa （附光碟）

**1H0F**

STaTa在財務金融
與經濟分析的應用 （附光碟）

**1H0C**

STaTa在結構方程模型
及試題反應理論的應用 （附光碟）

**1HA8**

生物醫學統計：
使用STaTa分析 （附光碟）

**1H99**

STaTa與高等統計
分析 （附光碟）

**1HA1**

Panel-data迴歸模型：STaTa在
廣義時間序列的應用 （附光碟）

  五南文化事業機構 WU-NAN CULTURE ENTERPRISE

 f 五南財經異想世界

106臺北市和平東路二段339號4樓
Tel：02-27055066 轉824、889 林小姐

國家圖書館出版品預行編目資料

多變量統計之線性代數基礎：應用SPSS分析
／張紹勳, 林秀娟著.－－初版.－－臺北市：
五南, 2018.09
　　面；　公分
　ISBN 978-957-11-9843-9（平裝附光碟片）
　1.統計套裝軟體　2.統計分析
512.4　　　　　　　　　　　107012421

1H1A

# 多變量統計之線性代數基礎：
# 應用SPSS分析

作　　者 ― 張紹勳　林秀娟

發 行 人 ― 楊榮川

總 經 理 ― 楊士清

主　　編 ― 侯家嵐

責任編輯 ― 黃梓雯

文字校對 ― 劉祐融　黃志誠

封面設計 ― 盧盈良

出 版 者 ― 五南圖書出版股份有限公司

地　　址：106台北市大安區和平東路二段339號4樓

電　　話：(02)2705-5066　　傳　　真：(02)2706-6100

網　　址：http://www.wunan.com.tw

電子郵件：wunan@wunan.com.tw

劃撥帳號：01068953

戶　　名：五南圖書出版股份有限公司

法律顧問　林勝安律師事務所　林勝安律師

出版日期　2018年9月初版一刷

定　　價　新臺幣890元

※版權所有·欲利用本書內容，必須徵求本公司同意※

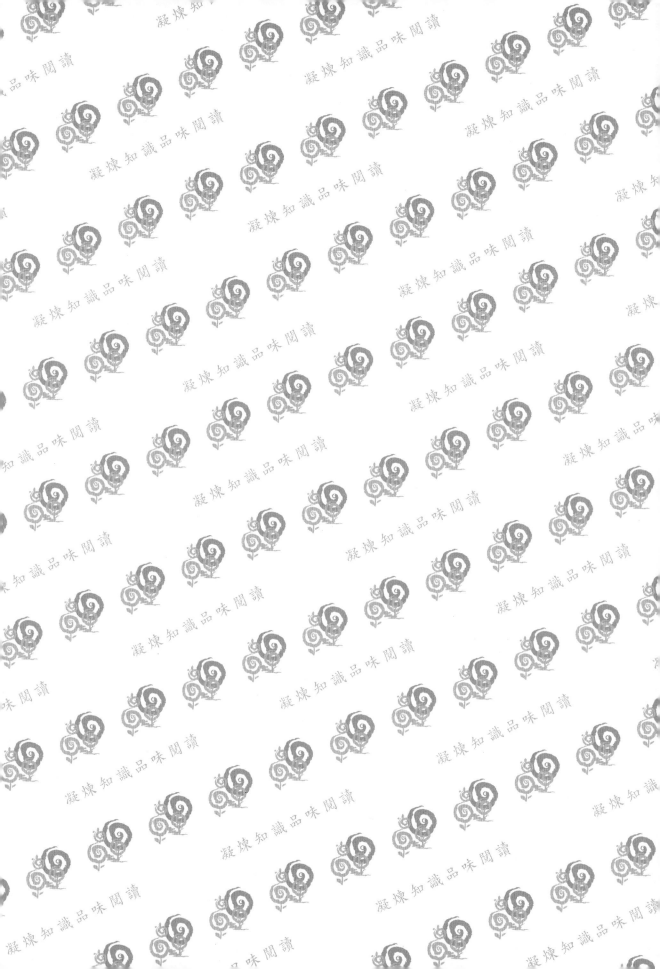